Diethard G a t z
Johann-Sump-Str. 8a
2300 K i e l 17
Telefon 0431/363459

Roland Gööck

Das neue große Kochbuch

Mosaik Verlag

ZEICHNUNGEN: Betty Kothe-Marxmeier (Farbtafeln »Fische«, »Pilze«);
Hans Grohé (Sachdarstellungen); Herbert Lange (illustrative Abbildungen)

SCHUTZUMSCHLAGGESTALTUNG: Franz Wöllzenmüller

TYPOGRAPHISCHE GESTALTUNG: Wolfgang Zill

Bearbeitete Neuausgabe 1975

© 1963 Mosaik Verlag GmbH, München 1976 / 4 · 5432
Gesamtherstellung Mohndruck Reinhard Mohn OHG, Gütersloh
Gesetzt aus 8 Punkt Trump-Mediäval Linotype mit Akzidenz-Grotesk Linotype
Printed in Germany · ISBN 3-570-00012-5 · Alle Rechte vorbehalten

Vorwort

Jede erfahrene Hausfrau, jeder Berufskoch, jede private oder firmengebundene Versuchsküche verfügt über einen Schatz erprobter Rezepte und Zubereitungskniffe, der auf einem bestimmten Gebiet ein Höchstmaß an kulinarischer und küchentechnischer Perfektion erreicht. Verfasser und Verlag waren bei der Vorbereitung dieses Buches der Meinung, daß es möglich sein müsse, diesen Schatz im Interesse aller kochenden Hausfrauen zu heben. So kam es, daß am Anfang der nicht alltäglichen Entstehungsgeschichte dieses modernen Küchenkompendiums eine umfassende Bestandsaufnahme der häuslichen Kochkunst unserer Zeit stand. Neben zahlreichen Fachleuten erklärten sich viele erfahrene Hausfrauen aus allen »Küchengebieten« der Bundesrepublik dazu bereit, an dieser Bestandsaufnahme mitzuwirken. In einer großzügigen Testaktion wurden Hunderte von Rezepten aus allen Kochbereichen ausprobiert, wurde Bewährtes überprüft und Neues begutachtet. Manche liebgewordene Vorstellung fiel modernen Erkenntnissen zum Opfer, mancher Irrtum, durch Jahrzehnte weitergetragen, wurde bei der Auswertung der Testfragebogen beseitigt.
Gleichzeitig kamen die Fachleute zu Wort, wurde jede Seite des Buches wieder und wieder nach verschiedenen Gesichtspunkten überprüft, von Ballast befreit, nach den klassischen Regeln der Kochkunst kontrolliert und mit den Maßstäben der modernen Ernährungswissenschaft, Kochkunst und Feinschmeckerei gemessen.
So entstand ein Buch, das neben dem Grundbestand der Alltagsküche eine Fülle von Anregungen auf vielen nicht alltäglichen Gebieten der Kochkunst und der Tafelkultur, des Wissens um eine gesunde Ernährung und des Verständnisses für den Hintergrund der Küchenarbeit und der Rezeptwahl enthält. Rund 1000 Abbildungen verdeutlichen zahllose Kniffe und Anregungen, geben aber vor allem eindrucksvolle Hinweise für das kunstgerechte und stilvolle Anrichten schlichter und festlicher Speisen und Speisefolgen, die in mehr als 1500 Rezepten enthalten sind.
Das Nützliche wurde mit dem Schönen verbunden, das sachliche Rezept mit dem liebevoll gestalteten Bild, der knapp gefaßte Tip mit der großflächigen Farbtafel, der man es nicht anmerkt, daß Köchin und Fotograf oft stunden- und tagelang an einem einzigen Motiv arbei-

teten, bis es zur Zufriedenheit von Verfasser und Gestalter, künstlerischem Berater und Drucker ausfiel.

Eine fast unübersehbare Zahl von textlichen und bildlichen Informationen mußte, Mosaiksteinchen gleich, zusammengetragen werden, bevor dieses Buch sich als geschlossene Leistung präsentieren konnte. Im Kreuzfeuer der Teste und Kontrollen hat es seine erste Bewährungsprobe schon bestanden. Daß es sich ebenso in der täglichen Küchenpraxis bewähren möge, ist der Wunsch, den Verfasser und Verlag diesem Buch mit auf die Reise geben. Ihr Dank gilt neben den Hausfrauen, die sich für die Testarbeit der Versuchsküche zur Verfügung stellten, allen Persönlichkeiten, Firmen und Fachverbänden, die auf ihren Spezialgebieten beratend am Zustandekommen dieses Werkes beteiligt waren:

KÜCHENMEISTER RICHARD BOELKE, Frankfurt/Main, Chefredakteur der »Zeitung der Köche« (Durchsicht des gesamten Manuskriptes)

ERNÄHRUNGSBERATUNGSDIENST DER DEUTSCHEN GESELLSCHAFT FÜR ERNÄHRUNG, Frankfurt/Main

DIPL. RER. POL. K. H. BACKHAUS, Geschäftsführer des Bundesausschusses für volkswirtschaftliche Aufklärung (Verbraucherdienst), Köln

DR. ROSMARIE ZACHARIAS, Bundesforschungsanstalt für Hauswirtschaft, Stuttgart-Hohenheim

LISELOTTE KRETSCHMER-DEHNHARDT, Leitende Diätassistentin der Reformhaus-Fachschule, München

OBERSCHULRAT KARL DUCH, Direktor der Berufsschule für Gastgewerbe, Wien

DR. WERNER BÖTTICHER, Leiter der Zentralstelle für Pilzforschung und Pilzverwertung, München

KÜCHENMEISTER HANS KEIL, Singen/Hohentwiel

DIPLOMLANDWIRT DR. KURT BREMER, Geschäftsführendes Vorstandsmitglied der Förderungsgemeinschaft der Kartoffelwirtschaft e. V., Hamburg

FORSCHUNGSSTELLE »GEWÜRZE«, Bielefeld

DEUTSCHES TIEFKÜHLINSTITUT, Bremerhaven

VERBAND DER DEUTSCHEN HOCHSEEFISCHEREIEN, Bremerhaven

VERSUCHSKÜCHE DER AEG Allgemeine Elektricitäts-Gesellschaft, Nürnberg

KRAFT-BERATUNGSDIENST, Frankfurt/Main

Verfasser und Verlag

Inhaltsverzeichnis

Vorwort

12 **Vom Geist der Kochkunst**

19 **Abc der Ernährung**
19 Die Nährstoffe
25 Regeln für richtige Ernährung

26 **Küchentechnik und Vorratswirtschaft**
26 Ein Kapitel Küchenplanung
32 Der Küchengerätebedarf
34 Von der Vorratshaltung

38 **Vernünftig einkaufen**

43 **Kleine Kochschule**
44 Grundbegriffe der Kochtechnik
47 Hilfe bei Pannen

48 **Gewürze und Kräuter**

55 **Am Frühstückstisch**

59 **Die Suppenküche**

59 Klare Suppen
61 Suppeneinlagen
65 Gebundene Suppen
69 Gemüsesuppen
75 Süße Suppen

78 **Vorspeisen und Zwischengerichte**
79 Kalte Vorspeisen
84 Warme Vor- und Zwischengerichte

91 **Eierspeisen**
91 Gekochte und gefüllte Eier
94 Spiegel- und Rühreier
96 Eierspeisen in Förmchen
97 Eierkuchen

100 **Die Soßenküche**
100 Warme Soßen
106 Kalte Soßen
111 Süße Soßen

113 **Salate**
113 Blattsalate
114 Rohe und Frischkostsalate
116 Gemüsesalate
120 Fisch- und Käsesalate
122 Gemischte Salate

123 Eier- und Fleischsalate
127 Obstsalate

129 Fleischgerichte

130 Rind- und Ochsenfleisch
137 Kalbfleisch
141 Schweinefleisch
148 Hammel- und Lammfleisch
152 Innereien
157 Fleischteiggerichte

163 Die Grillküche

171 Toastgerichte vom Grill
172 Grillen in der Folie
172 Vom Grillen im Freien

174 Mit Wein und Spirituosen

176 Flambierte Gerichte

181 Geflügel

192 Wildbret

202 Fischgerichte

202 Seefische

209 Heringsgerichte
211 Räucherfischgerichte
213 Süßwasserfische
218 Krusten- und Schalentiere, Rogen

223 Gemüse

224 Blumenkohl und Artischocken
226 Von Salat bis Sauerkraut
232 Von Wurzeln, Rüben und Knollen
234 Von Spargel bis Chicorée
238 Fruchtgemüse – nahrhaft und vielseitig
244 Von grünen Erbsen und Bohnen
249 Hülsenfrüchte

251 Pilze

259 Kartoffelküche

260 Gekochte
     und gedämpfte Kartoffeln
263 Gebackene
     und gebratene Kartoffeln
265 Kartoffel-Mischgerichte
267 Im Fett gebackene Kartoffeln
268 Kartoffelbreigerichte

271 Knödel und Klöße

271 Kartoffelknödel und -klöße
275 Mehl-, Semmel- und Grießknödel

281	**Reis und Teigwaren**	**335**	**Tiefkühlkost**

281 Die Reisküche
286 Von der Hirse bis zum Buchweizen
287 Teigwaren – selbstgemacht, gekauft

290 Mehlspeisen

290 Breie, Pfannengerichte, Schmarren
293 Süße Knödel und Aufläufe
299 Strudel und Puddinge

303 Eintopfgerichte

308 Quark und Käse

308 Quarkgerichte
310 Käse in der Küche

317 Die Kalte Küche

318 Kalte Fleischgerichte
319 Kalte Fischgerichte
320 Dips und Käsebissen
322 Sülzen
323 Bunte Spießchen
324 Belegte Brote und Sandwiches
327 Einladung zum Kalten Büfett

328 Schnellküche

335 Tiefkühlkost

336 Geflügel aus der Tiefkühltruhe
337 Tiefgefrorenes Fleisch
338 Tiefgekühlter Fisch
339 Gemüse- und Kartoffelgerichte
340 Tiefgefrorenes Obst
340 Backfertiger Teig

341 Vollwertkost, Schutzkost, Diät

341 Reformkost
344 Schutzkost
348 Krankendiät

356 Kinderernährung

363 Süßspeisen

363 Süße Obstspeisen
368 Süße Reisgerichte
372 Puddinge (Flammeris)
374 Cremespeisen
376 Geleespeisen
377 Süße Quarkspeisen
380 Eis und Eisspeisen

385 Getränke

385 Kaffee, Tee, Kakao
390 Von Glühwein bis Feuerzangenbowle

393 Milchmischgetränke – heiß und kalt
394 Fruchtsaftgetränke
395 Abc der Bowlenzubereitung
396 Die kleine Hausbar
399 Vom richtigen Temperieren
400 Die Getränkefolge

401 Das Backen

402 Allgemeine Backregeln
406 Hefeteig
417 Knetteig (Mürbteig)
431 Rührteig
438 Brandteig
441 Blätterteig
448 Schaumgebäck (Baisers)
450 Fettgebackenes
453 Waffeln und Eiserkuchen
455 Biskuitteig
460 Torten
468 Glasuren, Cremes, Füllungen
474 Weihnachtsgebäck
488 Süße Kleinigkeiten, selbstgemacht
490 Salzgebäck
  und Käsegebäck

492 Deutsche Landschaftsküche

492 Norddeutsche Spezialitäten
494 Von Berlin bis Königsberg
496 Vom Münsterland
  bis Saarbrücken
500 Süddeutsches Allerlei

503 Nachbars Kochtopf

503 Von Marseille bis Amsterdam
506 Die britischen Inseln
508 Die nordischen Länder
509 Polen und Rußland
511 Von Budapest bis Sofia
512 Reise ans Mittelmeer
518 Von Ankara bis Kairo
519 Amerika von Norden nach Süden
521 Fernöstliche Genüsse

523 Tisch und Teller

536 Wenn Gäste kommen

537 Kleine Einladungen
539 Einladung zum Essen
540 Feste das ganze Jahr über
542 Feste im Familienkreis

543 Einmachen und Tiefgefrieren

544 Allgemeine Einmachregeln
545 Die Marmelade-Zubereitung
547 Früchte in Alkohol
548 Das Trocknen von Obst und Gemüse
549 Gemüse – sauer und pikant
553 Tiefgefrieren im Haushalt

557 Küchendolmetscher

563 Grundrezepte

564 Schlagwortregister

565 Kalorienregister

583 Bildquellen

Küchenmaße und -gewichte

1 gestrichener Teelöffel =
Inhalt ca. 5 ccm

Zimt 2 g
Paprika 2 g
Speisestärke 3 g
Backpulver 3 g
Zucker 4 g
Salz 5 g

3 gestrichene Teelöffel =
ca. 1 gestrichener Eßlöffel

1 Tasse =
Inhalt ca. 120 ccm

Haferflocken 64 g
Mehl 80 g
Grieß 96 g
Graupen 96 g
Zucker 96 g
Reis 120 g

1 gestrichener Eßlöffel =
Inhalt ca. 15 ccm

Haferflocken 8 g
Speisestärke 9 g
Mehl, Semmelmehl 10 g
Graupen, Grütze 12 g
Zucker, Grieß 12 g
Salz, Reis 15 g

2 gestrichene Eßlöffel =
ca. 1 gehäufter Eßlöffel

Flüssigkeitsmaße =
Wasser, Milch, Suppe, Öl o. ä.

$1/4$ l = 1 Suppenteller, -tasse
$1/8$ l = 8 Eßlöffel = 1 Normaltasse
$1/10$ l = knapp 6 Eßlöffel
$1/16$ l = 4 Eßlöffel
1 Eßlöffel = 3 Teelöffel = 15 ccm
1 Teelöffel = 5 ccm

Alle Rezepte sind für 4 Personen berechnet, wenn nichts anderes vermerkt ist. – Grundrezepte-Übersicht: Seite 563

Vom Geist der Kochkunst

»Das Essen«, soll Montesquieu gesagt haben, »ist einer der vier Zwecke des Daseins. Welches die drei anderen sind, darauf bin ich noch nicht gekommen.« Diese reichlich überspitzte Formulierung blieb schon zu Montesquieus Zeiten nicht unwidersprochen. Immerhin bringt sie zum Ausdruck, daß man die Bedeutung des mit guten Dingen gefüllten Kochtopfs nicht unterschätzen sollte – heute sowenig wie damals. Zweieinhalb Jahre unseres ganzen Lebens verbringen wir am Eßtisch. Das hat Franz Werfel einmal ausgerechnet, und er knüpfte daran die Überlegung: »Ein guter Statistiker könnte errechnen, daß unsere Tragödien, unsere seelischen Kämpfe, unsere geistigen Stürme, unsere philosophischen und künstlerischen Erlebnisse eine weit geringere Weile in Anspruch nehmen. Wieviel aber reden die Menschen und ihre Bücher von diesen großartigen Dingen, deren Besitz adelt, während sie die wichtigste und ausdauerndste Beschäftigung ihres Daseins mit hochmütigem Schweigen übergehen. Dies ist eine zimperliche Heuchelei und gouvernantenhafte Prüderie, welche die Alten nicht kannten, da sie das Mahl zu einem rechtmäßigen Mittelpunkt ihrer Tage und Werke setzten.«

Nicht nur das Mahl, sondern vor allem der Herd stand in grauer Vorzeit im Mittelpunkt. Bei vielen Völkern galt die Feuerstätte als eine Art Heiligtum, mit dem sich zahlreiche Riten und Bräuche verbanden. Eine Geschichte der Kochkunst und des Essens wird deshalb immer auch ein Stück Menschheits- und Kulturgeschichte sein müssen. Und wenn heute die Archäologen nach den Überresten verschollener Kulturen fahnden, orientieren sie sich häufig an jenen Erdschichten, deren Brandspuren Zeugnis davon ablegen, daß an diesem Platz Menschen seßhaft waren, sich an einem Feuer wärmten und ihre Mahlzeiten zubereiteten.

Wie sieht es heute mit dieser zentralen Stellung der Küche aus? »Die Küche ist eine Kultstätte, Essen und Trinken sind von Urzeit her mit dem Sakralen verbunden«, stellte Herbert Fritsche in einem Aufsatz »Der Mensch und die Küche« fest. »Der Dank an die Macht, die uns die Gaben beschert, von denen wir uns ernähren, wird nur dort lebendig, wo weder Rationalisierung des Lebens noch tabellarische Berechnung der einzelnen Speisen auf ihren biologischen Wert eine kalte

Atmosphäre schaffen, wo vielmehr die liebende Fürsorge und die kultivierte Kochkunst walten.« Anders ausgedrückt: Die Liebe geht durch den Magen, und wer der Meinung ist, man könne die Kochkunst bis aufs I-Tüpfelchen automatisieren und rationalisieren, steuert an wesentlichen Dingen vorbei.

Gegen die Mißachtung des Kochens und Essens wandte sich auch Alfred Walterspiel, einer der angesehensten deutschen Kochkünstler dieses Jahrhunderts. »Wenn einer sagt: Es ist mir gleich, wann, wo und was ich esse«, schreibt Walterspiel in seinen Lebenserinnerungen, »so verdient er unser tiefstes Mitleid, weil er mit den schönsten Gaben Gottes nichts anzufangen weiß.« Lange vor Walterspiel befaßte sich Georg Christoph Lichtenberg mit den Auswirkungen der Kochkunst auf die Geschichte: »Die Speisen haben vermutlich einen sehr großen Einfluß auf den Zustand der Menschen, wie er jetzt ist... Wer weiß, ob wir nicht einer gutgekochten Suppe die Luftpumpe und einer schlechten den Krieg oft zu verdanken haben. Es verdient dies eine genauere Untersuchung.«

Weltgeschichte und Kochkunst – man könnte Bände damit füllen, und es gibt ganz ernsthafte Abhandlungen über die Frage, ob satte Völker jemals Revolutionen angezettelt haben und ob die Geschichte einen anderen Verlauf genommen hätte, wenn sich Friedrich der Große nicht so intensiv um den Speisezettel der Hoftafel gekümmert hätte. Ebenso kann man nachlesen, wie es kommt, daß Diktatoren weder vom Kochen noch vom Essen etwas zu verstehen pflegen, weshalb Ludwig XI. von Frankreich seinen Kaffee selbst kochte, und ob Königin Christine von Schweden, die Tochter Gustav Adolfs, wirklich so gut Latein verstand, daß sie die Rezeptvorschriften des römischen Feinschmeckers Apicius ausprobieren konnte.

Die Apicius-Rezepte, etwa im 1. Jahrhundert nach Christi Geburt von einem unbekannten Koch im alten Rom zusammengestellt, gehören zu den ältesten Kochvorschriften der Welt. Das älteste deutschsprachige Dokument dieser Art stammt aus dem 14. Jahrhundert und wurde vermutlich von einem Mönch verfaßt. Als »Würzburger Pergamenthandschrift« liegt es in den Sammlungen der Münchner Universitätsbibliothek. Man kann darin nachlesen, nach welcher Vorschrift »ris

Küchen aus vergangener Zeit: Vom Titelblatt eines 1587 zu »Franckfort am Mayn« erschienenen Kochbuches stammt die links stehende Abbildung. Rechts: Küche des Goethehauses in Frankfurt am Main.

Berühmte Köche und Feinschmecker: Jean-Anthelme de Brillat-Savarin (links, 1755–1826); Alexandre-Balthazar-Laurent Grimod de la Reynière (Mitte, 1758–1837) und Antoine Carême (1783–1833).

von kriechen« (Reis von Griechen) oder »eine kluge spise von pflumen« (Speise von Pflaumen) zur Zeit der letzten Kreuzzüge zubereitet wurde. Zahlreiche Gerichte aus diesem Dokument gibt es in abgewandelter Form auch heute noch – zum Beispiel Lammbraten mit Weinsoße, Hecht vom Grill, Hühnerragout, Fischpastete und Reis mit Mandelmilch. Andere würden uns heute wegen ihrer merkwürdigen Gewürzkompositionen nicht mehr munden, obwohl der klösterliche Koch immer wieder mahnt: »... und versalzt niht!«

Das starke Würzen entsprach dem Geschmack der Zeit, aber es war darüber hinaus bei vielen Speisen auch einfach eine Notwendigkeit. Wie sollte man sonst den »Hautgout« überdecken, für den mangelnde Kühl- und Konservierungsmöglichkeiten verantwortlich waren? Nur ein König konnte es sich leisten, Speisen und Getränke mit Schnee vom nächsten Berggipfel zu kühlen oder Eilstaffetten für die Beförderung leichtverderblicher Nahrungsmittel einzusetzen. Zu Napoleons Zeiten gab es eine ernste Auseinandersetzung zwischen dem Kaiser der Franzosen und seinem Erzkanzler Cambacérès, weil er die kaiserlichen Kuriere für den Transport von Austern und Seezungen mißbrauchte. Napoleon war der Meinung, die Kuriere hätten sich auf die offiziellen Staatsdepeschen zu beschränken. Cambacérès dagegen, der zu seiner Zeit die beste Küche von Paris führte, hielt es für wichtig, ausländischen Diplomaten auch in Zukunft erlesene Kostbarkeiten der Tafel vorzusetzen. Er bestand auf der Aufhebung des Austern-Transportverbotes – und setzte sich dem Kaiser gegenüber durch.

In jener Zeit bemühte sich jeder Koch ehrgeizig, die Nahrungsgrundstoffe so zu verändern, daß man sie an der Tafel kaum noch wiedererkannte. »Geben Sie den Befehl, Monseigneur«, erbot sich Bertrand, der Küchenchef des Prinzen Soubise, »und diese fünfzig Schinken werden auf so raffinierte Weise zerlassen und eingekocht, daß nur ein Extrakt übrigbleibt, der in einer daumengroßen Flasche Platz findet.«

Was der deutsche Kochkunsthistoriker Carl Friedrich von Rumohr – der Titel seines bedeutendsten Werkes ist diesem Kapitel vorangestellt – nicht viel später verkündete, liest sich dagegen schon bedeutend moderner: »Entwickle aus jedem eßbaren Ding, was dessen natürlicher Beschaffenheit am meisten angemessen ist.« Rumohr hielt nicht viel von den monströsen Tafelaufbauten von Kochkünstlern wie

Carl Friedrich von Rumohr (links, 1785–1843) schrieb über den »Geist der Kochkunst«; Auguste Escoffier (Mitte, 1847–1935) nannte man den »Kaiser der Köche«. Rechts: Alfred Walterspiel (1881–1960).

Carême, der sich mit Architektur befaßte, weil er seine Patisseriekonstruktionen für die Tafel Napoleons, Georgs IV. von England, des Zaren oder der Rothschilds noch wirkungsvoller zustande bringen wollte. Auch über seine Vorgänger Brillat-Savarin, den Philosophen der Küche, und Grimod de la Reynière, den man den »Zyniker der Gabel« genannt hat, setzte sich Rumohr hinweg. In seinem Geist wirkte später George Auguste Escoffier, der »Kaiser der Köche«. »Die Kochkunst muß sich – ohne ihren Charakter als Kunst einzubüßen – zur Wissenschaft erheben und ihre Rezepte, die oft noch zu empirisch sind, einer Methode und Präzision unterwerfen, welche jeden unliebsamen Zufall ausschließt«, forderte Escoffier. Sein Nachlaß – er starb 1935 – waren zahlreiche gastronomische Bücher, darunter das in viele Sprachen übersetzte Prunkkochbuch »Guide Culinaire«, das heute noch als Standardwerk der französischen »Haute Cuisine« gilt. Als einem der wenigen Köche in der Küchengeschichte setzte man ihm sogar ein Denkmal.

Die letzten hundert Jahre brachten auf dem Gebiet des Kochens, der Küchentechnik und der Lagerhaltung so viele Umwälzungen, daß man ohne Übertreibung von einer Revolution sprechen darf. Allerdings – »die besten technischen Fortschritte können nur dann segensreich wirken, wenn der Mensch darüber nicht krank wird«. Dieser Ausspruch stammt von einem Ernährungswissenschaftler unserer Tage, von Professor Werner Kollath. Sein oberster Grundsatz lautet: »Laßt das Natürliche so natürlich wie möglich.« Im Gegensatz zu mancher anderen Lehrmeinung Kollaths wird man dieser These nicht gut widersprechen können. Sie steht am Ende einer jahrhundertealten Entwicklung auf dem Gebiet des Kochens und Essens. Aber wie wird sich unsere Ernährung in den kommenden Jahrzehnten weiterentwickeln? Steuern wir wirklich auf das »Tablettenmenü« zu, das es der Hausfrau möglich machen soll, den Monatsbedarf für die ganze Familie in der Handtasche heimzutragen? Werden wir es wirklich noch erleben, daß ein komplettes Mittagessen aus höchstens fünf Kubikzentimeter Nahrungskonzentrat besteht?

So etwas wäre nicht zu erhoffen, und hoffentlich brauchen wir es auch nicht zu befürchten. Die Tablettenmahlzeit sollte man höchstens für außergewöhnliche Situationen, etwa für Weltraumfahrten,

Antarktisexpeditionen und Himalajabesteigungen empfehlen. Im übrigen bliebe alles beim alten – oder doch nicht?
Wissenschaftler und Fachleute der amerikanischen Landwirtschaft und Lebensmittelindustrie haben sich lange über dieses Problem Gedanken gemacht. Ihre Prognose mag einstweilen nur für die Vereinigten Staaten gelten, aber es ist abzusehen, daß sich Europa mit angemessener Verzögerung dieser Entwicklung anschließen wird. Wichtigste Erkenntnis: Lebensmittel sollen gesünder, bekömmlicher, schmackhafter und billiger werden, und zwar als logische Konsequenz aus der Fortsetzung der technischen und wissenschaftlichen Revolution in Landwirtschaft und Lebensmittelindustrie. Die fünf Hauptpunkte der amerikanischen Prognose:
Fast jedes Obst und jedes Gemüse wird in etwa zehn Jahren schmackhafter und nahrhafter sein als heute. Das soll vor allem durch neue Anbau- und Erntegrundsätze, neue Verarbeitungsmethoden, bessere Verpackung und schnelleren Transport erreicht werden.
Mindestens fünfzig Prozent aller frischen Produkte wird man künftig küchen- bzw. tafelfertig, gewaschen, geschält, geschnitten, entkernt und sortiert verkaufen.
Durch die fortschreitende Mechanisierung und Rationalisierung, zum Beispiel durch das Abpacken auf dem Feld und die Beschleunigung fast aller Arbeitsgänge, sollen Lebensmittel billiger werden.
Der größte Teil aller Gemüse- und Obstsorten soll unabhängig von den Jahreszeiten an fast jedem Ort der Welt stets frisch angeboten werden. Das will man durch die Züchtung neuer Früh- und Spätsorten und durch den Einsatz neuer Düsen-Transportflugzeuge erreichen.
Alle Lebensmittel werden künftig weitestgehend nach den Wünschen der Hausfrau »gestaltet« sein; dabei ist zum Beispiel an abgepackte Portionen für Einzelpersonen und Haushalte gedacht, an speziell gezüchtete Kartoffeln für Brat- und Pellkartoffeln, Püree und Kartoffelsalat, an kernlose Melonen und dergleichen.
Wenn man sich vor Augen hält, welche Entwicklung Küchentechnik und Lebensmittelangebot in den Jahren seit dem zweiten Weltkrieg durchgemacht haben – man denke nur an Fertig- und Halbfertigwaren, an Kühl- und Tiefkühltechnik –, kann man sich ohne weiteres vorstellen, daß der in den Vereinigten Staaten vorausgesagte Stand eines Tages Wirklichkeit wird. Und das wäre auch zu begrüßen, vorausgesetzt, die »Aufbereitung« der Lebensmittel geht nicht bis zur künstlichen Nährstoff-Anreicherung, zur Hormonfütterung von Schlachtgeflügel und zur Konservierung *um jeden Preis.*
Denn »je mehr unsere Lebensmittel gegenüber dem natürlichen Zustand verändert werden, um so gefährlicher werden sie«, schrieb ein gelehrter Kenner. Und ein anderer: »In Wahrheit verzehrt der Mensch nicht Eiweiß, Fett, Mineralsalze, Spurenstoffe, Vitamine und andere Substanzen, sondern er lebt von Organen, von organischen Gebilden, welche die Natur geschaffen hat. Dieses fremde Leben in seiner Gesamtheit nehmen wir im Körper auf, es unterhält und fördert das Leben des menschlichen Organismus; und es ist einleuchtend, daß das um so besser geschieht, je weniger das Nahrungsmittel durch den Menschen verändert wird.«

Erfahrungen und Wissen aus Jahrtausenden haben Getreide und Brot zu unserem unentbehrlichsten und vielseitigsten Nahrungsmittel werden lassen. Unser tägliches Brot ist maßgebend für unsere Leistungsfähigkeit und für die Erhaltung unserer Lebenskraft.

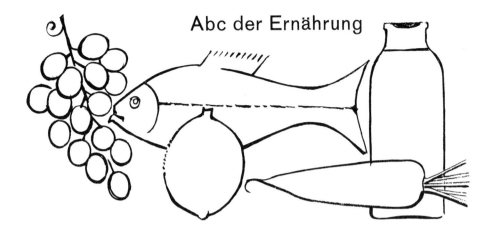

Abc der Ernährung

»Der Mensch ist, was er ißt« – das war ursprünglich ein Schlagwort mit politischem Hintergrund. Ludwig Feuerbach verwendete es 1850 bei der Ankündigung der bahnbrechenden »Lehre der Nahrungsmittel für das Volk« von Jakob Moleschott. Er verkündete: »Menschliche Kost ist die Grundlage menschlicher Bildung und Gesittung. Wollt ihr das Volk bessern, so gebt ihm statt Deklamationen gegen die Sünde bessere Speisen. Der Mensch ist, was er ißt.« Heute faßt man das aus dem Zusammenhang gerissene Zitat fast immer wörtlich auf und verwendet es in Verbindung mit der Forderung nach einer vernünftigen und richtigen Ernährung: Wenn dem Körper nicht ganz bestimmte Nährstoffe in einer ganz bestimmten Menge und Zusammensetzung zugeführt werden, rächt sich das auf die Dauer, es bleibt ihm oft nur die Flucht in die Krankheit. Man kann deshalb nicht nur nach Gefühl, Instinkt und Erfahrung kochen. Ohne ein paar grundsätzliche Überlegungen und ein bißchen Theorie kommt man auch auf dem anscheinend alltäglichen Gebiet des Kochens nicht aus: Was dem Körper nicht als Nahrung gegeben wird, kann er sich nicht aus anderen Quellen beschaffen.

Die Nährstoffe

Der Mensch ist keine Maschine; er ist nicht wie ein Auto auf einen ganz bestimmten »Treibstoff« angewiesen, sondern besitzt die hochentwickelte Fähigkeit, fast unübersehbar viele und verschiedenartige Nahrungsmittel in ihre Bestandteile zu zerlegen und für seine Bedürfnisse auszuwerten. Bei diesem Verarbeitungsvorgang, dem Stoffwechsel, werden die brauchbaren Stoffe, die Nährstoffe, vom Körper aufgenommen und verarbeitet; die unbrauchbaren, unverdaulichen Bestandteile der Nahrung scheidet der Körper aus. Der größte Teil der

Eine Vielzahl von Vitaminen steuert und regelt die Lebensvorgänge in unserem Körper. Mindestens ein »Vitaminträger« aus jeder der abgebildeten fünf Gruppen sollte täglich auf dem Küchenzettel stehen. Auf dem Foto: 1. Vitamin A, 2. Vitamin B1, 3. Vitamin B2, 4. Vitamin C, 5. Vitamin D (siehe Abschnitt »Die Vitamine« ab S. 21).

Nährstoffe – vor allem Eiweiß, Fett und Kohlenhydrate – wird flammenlos und unsichtbar im Körper verbrannt und liefert Wärmeenergie. Man mißt sie nach Kalorien (lateinisch calor = Wärme). 1 g Eiweiß liefert zum Beispiel 4,1 Kalorien, 1 g Fett 9,3 Kalorien und 1 g Kohlenhydrate 4,1 Kalorien.

Eiweiß, Fett, Kohlenhydrate

Ohne Eiweiß kann der Mensch nicht leben, es ist der Hauptbaustoff der Zellen und läßt sich nicht ersetzen. Tierisches oder auch pflanzliches Eiweiß muß der Körper erst für seinen Bedarf »umbauen«, in menschliches Eiweiß verwandeln, bevor er es seinen Zellen zuführt. Eiweiß ist kein einheitlicher Stoff – es gibt unzählige verschiedene Eiweißstoffe (Proteine). Ein Erwachsener braucht täglich ungefähr 1 g Eiweiß pro Kilogramm Körpergewicht. Etwa ein Drittel bis die Hälfte des täglichen Eiweißbedarfs sollte aus Nahrungsmitteln tierischer Herkunft (Milch, Quark, Käse, Fleisch, Fisch, Eier) gedeckt werden, der Rest aus pflanzlichen Eiweißträgern, zum Beispiel Brot, Kartoffeln, Mehl, Teigwaren, Reis und Hülsenfrüchten. Der biologische Wert von pflanzlicher Eiweißnahrung reicht allein nicht aus, man sollte sie immer durch tierisches Eiweiß ergänzen. Man kann zum Beispiel Reis (pflanzliches Eiweiß) mit Milch (tierisches Eiweiß) zubereiten oder nach einem Hülsenfrüchte-Eintopf eine Quarkspeise reichen.

Mit den Kohlenhydraten gehört das Fett zu den wichtigsten Energielieferanten. Der Körper braucht Fett – aber bei weitem nicht in solchen Mengen, wie es ihm meist zugemutet wird. Im Durchschnitt sind für den Erwachsenen 75 g Fett pro Tag ausreichend. Bei zunehmender körperlicher Tätigkeit kann mehr Fett verbraucht werden. Heute liegt aber, wie statistisch erwiesen ist, der Durchschnittsverbrauch der ganzen Bevölkerung bei 100 g pro Tag. Übergewicht und damit zusammenhängende Gesundheitsschäden sind die Folgen.

Die wichtigsten Fettarten: Butter ist eine leichtverdauliche Emulsion von Fett und (höchstens 18 Prozent) Wasser; Pflanzenöle und -fette (z. B. Kokosfett) sind wie Öle tierischer Herkunft reines Fett. Butter und Pflanzenöle enthalten auch fettlösliche Vitamine. Margarine ist eine Mischung von pflanzlichen und tierischen, zum Teil gehärteten Fetten und Ölen, die mit Wasser oder entrahmter Frischmilch emulgiert wird. Die meisten Margarinesorten werden mit fettlöslichen Vitaminen (A und D) angereichert.

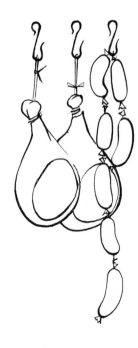

Bei der Berechnung der täglichen Fettmenge sind nicht nur diese drei »sichtbaren« Fettarten zu berücksichtigen, sondern auch das »unsichtbare« Fett in fettem Fleisch oder Fisch, Pralinen oder Sahne. Gute Wärme- und Energiespender sind die Kohlenhydrate Zucker und Stärke, die der Körper in Traubenzucker umwandelt, bevor er sie der Blutbahn zuführt. Der Bedarf richtet sich wie beim Fett nach der Art der Tätigkeit jedes einzelnen. Für den Erwachsenen reichen 365 g pro Tag im Durchschnitt aus, Schwerarbeiter und Sportler brauchen mehr. Der Bedarf an Kohlenhydraten soll zum überwiegenden Teil durch Stärke (Brot, Kartoffeln, Nährmittel) gedeckt werden, darüber hinaus wird der Körper durch den in der Nahrung enthaltenen Zukker (Trauben- und Fruchtzucker, Rübenzucker, Honig, Malz und Milchzucker) mit Kohlenhydraten versorgt. Auch die Zellulose (zum Beispiel in Obst, Gemüse und Vollkornbrot) ist ein Kohlenhydrat, hat aber keinen Nährwert. Dafür nimmt sie die wichtige Funktion wahr, die Darmtätigkeit anzuregen.

Eiweißstoffe sind Aufbaustoffe für den Körper, die ihm täglich und reichlich zugeführt werden müssen. Die wichtigsten Eiweißlieferanten: Milch, Käse, Quark (links); Fleisch, Fisch, Eier (rechts).

Die Vitamine Farbfoto S. 18

Neben dem Eiweiß als Aufbaustoff und den Energiespendern Kohlenhydrate und Fett, die allein noch keine vollwertige Nahrung ergeben, braucht der Körper in richtig abgezirkelten Mengen auch Vitamine, die hauptsächlich für die Regelung von Stoffwechselvorgängen im Körper notwendig sind. Vitamine (von lateinisch vita = Leben) entfalten in kleinsten Mengen große Wirkungen, sie können vom Körper nicht selbst erzeugt, sondern müssen von außen zugeführt werden. Eine unzureichende Vitaminversorgung (Hypovitaminose) macht den Körper in erhöhtem Maß krankheitsanfällig. Im Gegensatz dazu sind die »Avitaminosen« (wie Beriberi, Skorbut), bei denen dem Körper ein Vitamin ganz fehlt, in Mitteleuropa und den Vereinigten Staaten nur noch selten anzutreffen. Die meisten Vitamine werden von Pflanzen gebildet, wandern aber häufig auch auf dem Umweg über das Tier (Fleisch, Innereien) in den menschlichen Körper. Die wichtigsten Vitamine:

Vitamin A: Durchschnittlicher Tagesbedarf 5 000 Internationale Einheiten (abgekürzt I. E.; international festgelegte Maßeinheit für einige Vitaminarten); bei Schwangeren 6 000 I. E.; bei stillenden Müttern 8 000 I. E. Vitamin-A-Gehalt einiger Nahrungsmittel (in I. E.):

20 g Rinderleber	8 780	5 g Lebertran	5 000
50 g Karotten	6 000	60 g Spinat	3 800
75 g Grünkohl	5 650	100 g frische Aprikosen	2 270

Vitamin-A-Mangel hat Nachtblindheit bzw. herabgesetzte Sehschärfe bei Dämmerlicht zur Folge, außerdem Haut- und Schleimhautschäden.

Vitamin B_1: durchschnittlicher Tagesbedarf etwa 1,6 mg, bei fettreicher Nahrung weniger, bei kohlenhydratreicher Nahrung mehr. Vitamin-B_1-Gehalt einiger Nahrungsmittel (in Milligramm):

100 g Schweinefleisch	0,70	100 g Haferflocken	0,60
200 g grüne Erbsen	0,70	300 g Weizenvollkornbrot	0,60
100 g Rinderherz	0,60	300 g Roggenvollkornbrot	0,45

Zucker, Stärke und Fett sind Energielieferanten, sie versorgen den Körper mit »Brennstoff«. Über den Bedarf des Körpers hinaus aufgenommene »Brennstoffmengen« verwandeln sich in Fettpolster.

Mangel an Vitamin B1 führt zu Störungen des Nervensystems (Nervenentzündung), Magen-Darm-Störungen und Muskelschwäche. Oft bekommt der Körper deshalb zuwenig von diesem Vitamin, weil er einseitig mit hochraffinierten Nahrungsmitteln (Weißmehl, poliertem Reis usw.) bedacht wurde.

Vitamin B2: Diesem Vitamin, dem zweitwichtigsten der sehr umfangreichen »Vitamin-B-Gruppe«, kommt besondere Bedeutung im Entwicklungsalter zu, da es das Wachstum und die Zunahme des Körpergewichtes fördert. Erwachsene brauchen durchschnittlich 1,8 mg pro Tag. Einige Beispiele für Nahrungsmittel mit hohem Vitamin-B2-Gehalt (in Milligramm):

75 g Niere	1,90	300 g Weizenvollkornbrot	0,45
60 g Leber	1,90	300 g Roggenvollkornbrot	0,45
500 g Vollmilch	0,75	100 g Camembert	0,45

Vitamin-B2-Mangel kann zu entzündlichen Veränderungen an Haut und Schleimhäuten, zu Augenerkrankungen, Herabminderung der Sehschärfe und rascher Ermüdung führen. Häufig treten mehrere dieser Symptome gleichzeitig auf.

Vitamin C: Ein Erwachsener braucht täglich etwa 75 mg. Vor allem in den Winter- und Frühjahrsmonaten ist auf die Deckung dieses Bedarfs zu achten. Vitamin-C-Gehalt einiger Nahrungsmittel (in Milligramm):

70 g Grünkohl	80	100 g Erdbeeren	60
40 g schw. Johannisbeeren	75	100 g Zitronen	50
100 g Blumenkohl	70	100 g Spinat	37

Die Unterversorgung mit diesem Vitamin äußert sich in Abgeschlagenheit und rascher Ermüdbarkeit, Appetitlosigkeit und verminderter Widerstandsfähigkeit gegen Infektionskrankheiten.

Vitamin D: Dieses Vitamin ist vor allem für den Kalk- und Phosphorstoffwechsel verantwortlich, deshalb ist ihm besonders beim Säugling und Kleinkind große Bedeutung zuzumessen. Beispiele für Nahrungsmittel mit hohem Vitamin-D-Gehalt (in I. E.):

30 g Hering	500	1	Ei (ca. 60 g)	400
5 g Lebertran	500	100 g	Kalbfleisch	140
10 g Lachs	400	100 g	Sahne	50

Vitamin-D-Mangel ruft Rachitis (englische Krankheit) hervor, allgemeine Störungen des Knochenwachstums und Hemmungen der Knochenverkalkung, Verformungen des Brustkorbes (bei Erwachsenen) und Neigung zu Knochenbrüchen.

Mineralstoffe, Wasser

In jedem tierischen und pflanzlichen Nahrungsmittel sind auch Mineralstoffe enthalten, die im Körper schützende und regelnde Funktionen erfüllen. Kalk ist zum Beispiel für Knochen und Zähne notwendig, Phosphor für Knochen und Gehirn, Eisen für das Blut, Fluor für den Zahnschmelz, Natrium und Kalium für Blut und Zellen. Mineralstoffe sind auch für die Tätigkeit der Muskeln, Nerven und Drüsen sowie für die Spannung der Gewebe unentbehrlich. Sie kommen in unterschiedlichen Mengen im Körper vor, manche nur in Spuren, man bezeichnet sie dann als Spurenelemente.

Voraussetzung jeden pflanzlichen und tierischen Lebens ist das Wasser. Gäbe es auf der Erde kein Wasser mehr, würde jede Art von Leben schlagartig erlöschen. Fortwährend gibt der Körper durch die Lungen mit der Atemluft, durch die Haut, die Nieren und den Darm Wasser ab. Es trägt nicht nur zur Spannung der Gewebe bei, sondern löst auch alle Salze und Nährstoffe, die nur in gelöster Form zu den Zellen transportiert werden können.

Gemüse und Obst führen dem Körper unter anderem wichtige Vitamine, Mineralstoffe und Spurenelemente zu, die er als Schutz- und Reglerstoffe braucht. Frischkost ist die günstigste Zubereitungsart.

Kühle und saubere Lagerung und Aufbewahrung der Nahrungsmittel tragen dazu bei, die wertvollen Nährstoffe zu erhalten.

Schnittflächen bieten Licht und Luft Angriffsflächen für die Minderung des Nährstoffgehaltes. Deshalb Nahrungsmittel erst kurz vor der weiteren Verarbeitung vorbereiten.

Der »Brennwert« der Nahrung

Maßeinheit für den Brennwert eines Nährstoffs, d. h. die dem Körper zugeführte Energie, ist die Kalorie. 1 Kilokalorie (kcal) entspricht der Wärmemenge, die die Temperatur eines Liters Wasser um ein Grad Celsius erhöht. Ab 1978 tritt an die Stelle der Kalorie das Joule (gesprochen: dschul). Umrechnung: 1 Kalorie = 4,186 Joule. Unser Kalorienregister (ab S. 565) gibt die Kalorien- und Joule-Werte je Portion für alle Rezepte dieses Buches an.

Zu bedenken ist, daß die Energiezufuhr nur *ein* Gesichtspunkt für die Nahrungsversorgung sein kann. Mindestens ebenso wichtig sind die ausreichende Versorgung des Körpers mit Eiweiß, der mäßige Fettverbrauch, die vitamin- und mineralstoffreiche Ernährung. Einige Beispiele für den Kalorien- und Nährstoffgehalt des genießbaren Teiles von 100 g eines Nahrungsmittels, zitiert nach der 9. Auflage der „Kleinen Nährwerttabelle" der Deutschen Gesellschaft für Ernährung (DGE). Bei der Berechnung der Werte wurde auch der Ausnutzungsgrad berücksichtigt:

	Eiweiß	*Fett*	*Kohlenhydrate*	*Kalorien*
	g	g	g	
Rindfleisch, mittelfett	20	12	–	194
Hering	13	13	–	174
Hühnerei	12	11	1	156
Vollmilch	3,3	3	5	62
Butter	1	80	1	752
Hartkäse, 20 Prozent Fett i. T.	36	10	3	253
Roggenvollkornbrot	7	1	48	235
Haferflocken	14	7	67	397
Kartoffeln (mit Schalen)	2	–	16	74
Reis, poliert	7	1	79	362
Nudeln	10	1	76	362
Tomaten	1	–	3	16
Spinat	2	–	2	18
Äpfel	0,4	–	13	58
Apfelsinen	0,6	–	9	43
Bananen	1	–	20	86

Arbeitsleistung und Nahrungsbedarf

Je nach der Art seiner Beschäftigung, seinem Lebensalter und seiner Körpergröße hat jeder Mensch einen anderen Nährstoffbedarf. Gegen diese Begrenzung sündigt man nicht ungestraft, wenn man nicht den Ehrgeiz hat, den Gewichtsrekord seiner Altersklasse zu schlagen. Nach den Empfehlungen des Ausschusses für Nahrungsbedarf der DGE beträgt die wünschenswerte Höhe der Nahrungszufuhr bei einigen »Durchschnittsgruppen«:

	Kalorien pro Tag
Kinder bis zu 3 Monaten	120 je kg Körpergewicht
Kinder, 10 – 12 Monate	85 je kg Körpergewicht
Kinder, 7 – 9 Jahre	65 je kg Körpergewicht
Kinder, 10 – 14 Jahre	50 bis 60 je kg Körpergewicht
Jungen, 15 – 18 Jahre	2800
Mädchen, 15 – 18 Jahre	2400

ohne körperliche Arbeit:
Männer, 25 Jahre	2550
Männer, 45 Jahre	2400
Männer, 65 Jahre	2250
Frauen, 25 Jahre	2200
Frauen, 45 Jahre	2100
Frauen, 65 Jahre	2000

mittelschwere körperliche Arbeit:
Männer	2400 + 75 bis 150 je Stunde
Frauen	2200 + 60 bis 120 je Stunde

Schwerstarbeiter   2400 + 225 je Stunde und mehr

Regeln für richtige Ernährung

Was in den vorausgegangenen Abschnitten ausführlich erläutert wurde, hat die Deutsche Gesellschaft für Ernährung in zehn Regeln für eine richtige Ernährung zusammengefaßt:
1. Essen Sie mäßig, aber regelmäßig! Nehmen Sie die Mahlzeiten in Ruhe ein; bedenken Sie: »Gut gekaut ist halb verdaut.«
2. Bei der Verteilung der täglichen Nahrungsmenge beherzigen Sie bitte den Grundsatz: Das Frühstück soll ein guter Auftakt für den Tag sein, die letzte Mahlzeit einige Stunden vor dem Schlafengehen eingenommen werden.
3. Halten Sie die Kost so vielseitig und abwechslungsreich wie möglich, damit der Körper alle erforderlichen Nährstoffe erhält.
4. Das lebensnotwendige Eiweiß ist in besonders hochwertiger Form in Milch, Quark, Käse, Fisch, Fleisch und Ei enthalten. Reich an Eiweiß *und* an gut verwertbarem Kalk ist die Milch. Nehmen Sie möglichst jeden Tag einen guten halben Liter Milch zu sich!
5. Fett ist kalorienreich und führt leicht zu Übergewicht, wenn man zu viel davon ißt. Stoffwechsel-, Herz- und Kreislauferkrankungen können die Folge sein! 75 g Fett am Tag einschließlich des in den Nahrungsmitteln selbst enthaltenen Fetts genügen für den, der körperlich nicht schwer arbeitet.
6. Bringen Sie täglich Obst und Gemüse auf den Tisch und essen Sie einiges davon als Frischkost (rohes Obst, rohe Salate, rohe Säfte), dann sind Sie ausreichend mit wichtigen Vitaminen, Mineralstoffen und den für die Verdauung wichtigen Ballaststoffen versorgt. – Ihre Zähne sollten etwas zum Kauen haben, um gesund bleiben zu können.
7. Dunkles Brot und Vollkornerzeugnisse (wie Vollkornhaferflocken und Vollkornbrot) haben viele Vorzüge.
8. Bedenken Sie bei der Zusammenstellung des Küchenzettels, daß viele Berufstätige im Abendessen, Kinder und alte Leute dagegen in Zwischenmahlzeiten eine Ergänzung zu ihren übrigen Mahlzeiten finden müssen.
9. Bereiten Sie die Speisen schmackhaft und schonend zu! Richten Sie die Mahlzeiten appetitlich an, und decken Sie den Tisch recht hübsch, damit das Auge Freude hat. Auch das gehört zu einer richtigen Ernährung, ebenso wie eine heitere Stimmung beim Essen.
10. Denken Sie bei der Planung Ihres Küchenzettels auch an Ihren Geldbeutel! Berücksichtigen Sie vorteilhafte Marktangebote (z. B. in den Haupterntezeiten!). Milch, Quark und Käse sind ebenso wie Fisch hochwertige Nahrungsmittel zu günstigem Preis. Richtige Ernährung braucht nicht mit erhöhten Ausgaben verbunden zu sein.

Fleisch, Fisch, Obst und Gemüse möglichst unzerteilt waschen, dann erst nach Belieben zerkleinern.

Nach dem Zerkleinern die Nahrungsmittel nicht mehr wässern, sondern sofort aufsetzen, kurz und schonend kochen, dünsten, schmoren oder braten.

Küchentechnik und Vorratswirtschaft

Zum größten Komfort der Küche in Goethes Elternhaus gehörte die eigene Wasserversorgung: eine Pumpe mit mächtigem Schwengel, die für das nötige Koch- und Spülwasser sorgte. Damals mögen nur drei oder vier Haushalte in Frankfurt über solchen Luxus verfügt haben. Alle anderen Hausfrauen waren darauf angewiesen, ihr Wasser von der Pumpe an der nächsten Straßenecke zu holen oder holen zu lassen. Heute zerbricht man sich den Kopf über Geschirrtuchschränke mit eingebautem Elektrotrockner, liebäugelt mit einem Abfallzerkleinerer und diskutiert Berichte über elektronisch-vollautomatische Küchen mit Fernsehkontrolle, Radarherd und selbstfahrender Geschirrspülmaschine.

Die Küchentechnik hat einen Stand erreicht, an den man vor fünfzehn oder zwanzig Jahren nicht einmal im Traum dachte. Aber haben es die Hausfrauen deshalb auch leichter? Gewiß, manche schwere und zeitraubende Arbeit können sie sich von modernen Haushaltsgeräten und Herden abnehmen lassen. Trotzdem beträgt die durchschnittliche Wochenarbeit der Nur-Hausfrau (nach einer Statistik der Vereinten Nationen) bei uns mindestens 60 Stunden. Vom Achtstundentag und der 45-Stunden-Woche kann also keine Rede sein. Eine berufstätige Hausfrau arbeitet zwischen 90 und 110 Stunden in der Woche, die Bäuerin muß mit dem 14-Stunden-Arbeitstag rechnen. Und vom freien Samstag oder Sonntag ist hier wie dort keine Rede.

Ein Kapitel Küchenplanung

Die Küchen früherer Zeiten waren geräumig. In der Mitte, unter der Lampe, stand der Küchentisch. Das Büfett, der Stolz der Hausfrau, hatte seinen Platz an der repräsentativsten Wand. Herd, Wasserhahn mit Ausguß, Vorratsschrank und Abfalleimer verteilten sich an den übrigen Wänden, so wie es sich gerade ergab. Als Folge dieser Geräumigkeit und Planlosigkeit mußte die Hausfrau täglich zehn Kilometer und mehr von einem Gerät, einem Arbeitsplatz zum anderen marschieren.

Heute wird zwar auf diesem Gebiet in der Praxis noch immer viel gesündigt, aber man weiß wenigstens in der Theorie, wie die ideale

Küche beschaffen sein muß. Zahlreiche Untersuchungen über die besten Arbeitsbedingungen in der Küche haben gezeigt, daß der Herd, die Spüle mit der Wasserzapfstelle und der Arbeitsplatz am Herd die am stärksten beanspruchten Einrichtungsstücke der Küche sind. Es folgen (etwa in dieser Reihenfolge) Kühlschrank, Speisenschrank, Geräteschrank und Zubereitungsplatz. Diese Erkenntnis in Verbindung mit Arbeitsablaufstudien führte zum Schema einer »Keimzelle« für die moderne Küche, die aus
▶ der Spüle mit Abtropfvorrichtung links von dem oder den Becken,
▶ der (mindestens 90 x 60 cm, möglichst 120 x 60 cm großen) Arbeits- und Abstellfläche rechts daneben und
▶ dem Küchenherd im Anschluß an die Arbeitsfläche besteht.
Alle anderen Küchenbestandteile müssen sich diesem Grundschema unterordnen. Töpfe, Pfannen, Kochlöffel und Siebe sollten beispielsweise in Herdnähe untergebracht werden. Häufig gebrauchte Lebensmittel, außerdem Gewürze, Kaffee, Kakao und Tee und der Geschirrschrank müssen von der Arbeitsfläche aus erreichbar sein.
Wie man die einzelnen Möbelstücke und Geräte anordnet, hängt von der Größe und dem Zuschnitt des verfügbaren Raumes ab. Gleichgültig, welche Form man wählt oder wählen muß – ob U- oder L-förmige, zweizeilige oder Eßplatzküche (siehe Zeichnungen auf S. 28) –, immer muß dabei die orthodoxe, der »Griffolge« angepaßte Reihenfolge Spüle–Arbeitsfläche–Herd (von links nach rechts) eingehalten werden.

Tips für die Einrichtung

Leider gibt es keine Patentlösung für die ideale Kücheneinrichtung und -ausstattung. Ansprüche, Raumgrößen und Geldbeutel, Kochgewohnheiten und Kochbegeisterung schaffen für jeden Fall andere Voraussetzungen. Nicht jeder ist in der glücklichen Lage, eine neue Küche von Grund auf planen und einrichten zu können, obwohl sich (nach Umfragen) jede zweite Hausfrau eine neue Küche wünscht.

Links: Eine Pantry-Küche, die auf engstem Raum in einem Schrank alles enthält, was Kleinhaushalt oder Junggeselle sich an Küchenkomfort wünschen. Rechts: Ein Hausarbeitsraum neben der Küche (hier mit Hausputz- und Schuhputzschrank, Wasch- und Bügelmaschine, Wäsche- und Waschmittelschrank) ist der Traum vieler Hausfrauen.

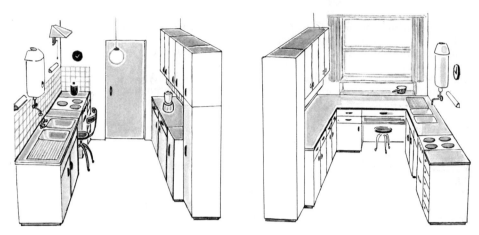

Beispiele für Anbauküchen. Für welche Form man sich entscheidet, hängt u. a. von Raumgröße, Haushaltsgröße und Lage der Fenster und Türen ab. Links: Zweizeilige Küche, rechts: U-förmige Küche.

Ein paar Einrichtungstips:
▶ Für ausreichende Beleuchtung von der richtigen Seite sorgen. Das Fenster muß höher liegen (mindestens 90 cm über dem Fußboden) als in Wohnräumen. An schlecht ausgeleuchtete Arbeitsplätze gehören Wandleuchten.
▶ Genügend Steckdosen einplanen – je nach Ansprüchen für den Herd (Dose für Festanschluß), für Kühlschrank und Küchenmaschine, Grill und Toaster, Bügeleisen und Geschirrspülmaschine. Die elektrische Planung muß sich nach der Einrichtung richten, nicht etwa nach der Vorstellung des Elektrikers.
▶ Ein Wrasenabzug über dem Herd, auch ein Fenster- oder Wandventilator sorgen für eine »dunstarme« Küche und halten die Wohnung von allzu aufdringlichen Küchengerüchen frei.
▶ Ideal ist die Trennung von Kochstelle und (ohne Bücken zugänglichem) Back- und Bratofen in Augenhöhe.
▶ Der Kühlschrank sollte nicht neben dem Herd oder der Heizung stehen. Vorteilhaft ist ein guteingeteilter Schrank für die übrigen, nicht im Kühlschrank unterzubringenden Vorräte, gegebenenfalls ein Dreheckschrank.
▶ Der Abfalleimer darf nicht zu weit von Spüle oder Arbeitsplatz entfernt stehen. Man kann ihn in einen Schrank einbauen. Abfallzerkleinerer sind praktisch, haben sich aber noch nicht allgemein durchgesetzt. Sie schlucken alle Küchenabfälle außer Dosen und Flaschen, zermahlen sie und spülen sie in die Kanalisation.
▶ Anzahl und Aufstellung der übrigen Schrankteile – zum Beispiel Besen- und Putzmittelschrank, Schüttenschränke, Brotschrank, Küchenmaschinenschrank – richten sich nach Küchengröße und unterzubringendem Gerät. Hängeschränke für Geschirr und Vorräte sollten nicht über Spüle oder Herd hängen.
▶ Wandbekleidung, Oberfläche der Schränke und Schubladen, Arbeitsflächen und Fußboden verlangen nach unempfindlichem, leicht sauberzuhaltendem Material – Fliesen, Kunststoff, kratzfeste Anstriche.
▶ Unentbehrlich ist eine zusätzliche Arbeitsfläche (herausziehbar), die sich für alle im Sitzen ausführbaren Tätigkeiten eignet.

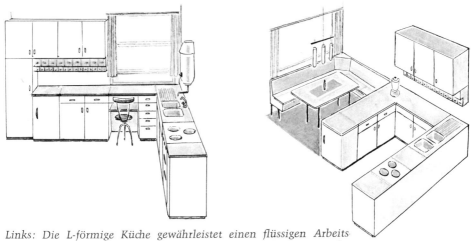

Links: Die L-förmige Küche gewährleistet einen flüssigen Arbeitsablauf. Rechts: U-förmige, frei im Raum stehende Küche mit angegliedertem Eßplatz, eine gute Lösung für größere Küchenräume.

Im Mittelpunkt: der Herd

Unsere Vorväter zündeten ein offenes Feuer an und hängten ihre Bratspieße darüber. Im Zeitalter des Grills und des Hobbykochens im Freien kehren wir allmählich zu dieser Sitte zurück. Zwischen diesen beiden Extremen liegt eine ganze Skala technischer Möglichkeiten, wie man die Nahrung am schnellsten und sichersten, am billigsten und kräftesparendsten kocht und brät, dünstet und schmort, dämpft und backt. Einem Höchstmaß an technischer Perfektion steht das Bemühen der Hausfrau gegenüber, wirtschaftlich zu arbeiten. Ob die Wahl auf einen Kohlen-, Gas- oder Elektroherd fällt, hängt vom Geldbeutel, von den verfügbaren Energiequellen (mit örtlich verschiedenen Tarifen) und von der Familiengröße ab.

Der Kohlenherd

Im Gegensatz zu seinen beiden Geschwistern liefert der Kohlenherd nicht nur Koch-, Brat- und Backhitze, sondern auch noch Heizwärme. In den Wintermonaten ist das eine schätzenswerte Eigenschaft. Sein richtiges Arbeiten hängt wesentlich von einem gut ziehenden Schornstein ab. Es gibt moderne Kohlenherde, die es an Wirtschaftlichkeit durchaus mit Alles- oder Dauerbrennern aufnehmen. Von allen Herdtypen verlangt der Kohlenherd von der Hausfrau die zeitraubendsten Pflege- und Bedienungsarbeiten, vom regelmäßigen Nachheizen bis zum Ofenkehren im Sechswochenturnus. Da sich die Kochhitze der Herdplatte kaum regulieren läßt, ist das Schema des Ankochens bei großer und des Garens bei schwacher Hitze beim Kohlenherd kaum durchzuhalten. Man kann sich nur durch das Verschieben der Töpfe auf der nicht überall gleich heißen Herdplatte helfen. Vor allem zum Backen braucht die Hausfrau Erfahrung. Anhaltspunkte für die Backhitze gibt die Farbe von kurz in den Ofen gelegtem Pergamentpapier:

hellgelb: leichte Hitze   *hellbraun:* starke Hitze
dunkelgelb: Mittelhitze   *dunkelbraun:* Brathitze

Wer ganz sichergehen will, kontrolliert die Hitzegrade des Kohlenbackofens mit Hilfe eines Backthermometers.

Der Gasherd

Dieser Gerätetyp hat in den letzten Jahren eine Entwicklung durchgemacht, die seiner Universalität und Gebrauchstüchtigkeit sehr zugute kam. Moderne Gasherde – nicht nur für Stadtgas, sondern auch für Propan- oder Butangas – verfügen heute über einen Backofen mit automatischer Temperaturregelung. Viele von ihnen sind mit einer Zündsicherung ausgerüstet, die das Ausströmen von unverbranntem Gas verhindert; bei einer ganzen Reihe von Herden gibt es eingebaute Zentralzündungen, Schaltuhren für automatisches Kochen und Grillgeräte. Für das Kochen auf dem Gasherd eignen sich niedrige Töpfe mit großem Durchmesser besser als schlanke, hohe Töpfe. Man kocht mit großer Flamme an (die aber nicht über den Topfboden hinausschlagen darf), schaltet dann zurück und kocht in Kleinstellung (Sparflamme) weiter. Der Gasbackofen braucht in der Regel nicht vorgeheizt zu werden. Bei eingebautem Thermostat stellt man (wie beim Elektroherd) mit dem Achtstufenschalter die vorgeschriebene Temperatur ein und schiebt das Gebäck in den Ofen. Moderne Gasbacköfen sind thermisch so gesteuert, daß man sich um die Begriffe »Oberhitze« und »Unterhitze« nicht mehr zu kümmern braucht. Bei älteren Modellen muß man darauf achten, daß zum Backen oder Braten fast immer Ober- und Unterhitze zugleich nötig sind. Reine Oberhitze benutzt man nur zum Überbacken, reine Unterhitze zum Einkochen. Umrechnungstabelle für Backöfen ohne Thermostat:

Stufe	Bezeichnung	Verwendungsart	Grade	Flammengröße
1–2	leichte Hitze	Schaumgebäck	160–180	$1/3$
2–3	Mittelhitze	Biskuit, Rührteig	180–200	$1/2$
3–4	gute Mittelhitze	Hefegebäck	200–220	$2/3$
4–5	starke Backhitze	Blätterteig	220–240	$2/3$
4–8	Brathitze	Fleisch, Aufläufe	220–300	$2/3 - 1/1$

Links: Beispiel für automatisches Kochen. Suppe, Hähnchen mit Rotkohl und Salzkartoffeln und Nachspeise wurden in einem Arbeitsgang im Backofen gegart. – Mitte: Vorbildlich gestalteter Schnellkocher. Rechts: Küchenmaschine mit Fleischwolf gekoppelt.

Links: Fassungsvermögen eines Geschirrspülautomaten. Mitte: Der unter der Spüle eingebaute Abfallzerkleinerer »frißt« außer Glas und Knochen alle Küchenabfälle. Rechts: 5-Liter-Kochendwassergerät.

Der Elektroherd

Sicherheit, Sauberkeit, Wirtschaftlichkeit und Wartungsfreiheit haben den Elektroherd in den letzten Jahrzehnten zum beliebtesten Küchenherd gemacht. Je günstiger der Haushaltsstromtarif ist, desto wirtschaftlicher läßt sich der Elektroherd einsetzen. Bei der Anschaffung ist zu berücksichtigen, daß zu den Herdkosten noch die Kosten für Elektrogeschirr mit ebenem Boden kommen. Bei modernen Herden kann man zwar auch gutes »Normalgeschirr« ohne Schaden verwenden, muß dann aber mit etwas höherem Stromverbrauch rechnen. Elektroherd-Kochplatten sind heute in der Regel mit Sieben-Takt-Schaltern ausgerüstet, die eine feine Differenzierung der Kochtemperatur erlauben. Die drei Hauptstufen (1, 2 und 3) entsprechen dabei den Stufen der früher üblichen Viertaktschalter:

Stufe	Bezeichnung	Verwendung
3	Ankochstufe	starke Hitze zum Ankochen, Anbraten
2 •	große Bratstufe	Weiterbraten bei hoher Temperatur
2	kleine Bratstufe	Weiterbraten bei geringerer Temperatur
1 •	große Fortkochstufe	Fortkochen bei leichtem Geschirr und großen Speisemengen
1	kleine Fortkochstufe	Fortkochen bei Elektrogeschirr und kleineren Speisemengen
• 1	Warmhaltestufe	Warmhalten der Speisen
0	ohne Strom	Fertiggaren, Quellen bei Nachwärme

Von wenigen Ausnahmen abgesehen, werden heute alle Elektroherde mit einer stufenlos regelbaren Automatikplatte, die bei Bedarf auch als Blitzkochplatte benutzt werden kann, ausgestattet. Die stufenlosen Automatikplatten ermöglichen eine noch individuellere Anpassung des Wärmebedarfs an das Kochgut. Das Umschalten von Ankoch- auf

Fortkochstellung braucht man nicht mehr selbst zu besorgen. Nach dem Einschalten einer Merkzahl übernimmt die Automatikkochplatte die Beaufsichtigung des Kochgutes.

Ist der Herd mit einer Zeitschaltuhr ausgerüstet, kann diese die Automatikplatte entweder selbsttätig ein- und ausschalten oder einen von Hand begonnenen Kochvorgang selbsttätig ausschalten. Der Bratofen kann ebenfalls mit der Schaltuhr verbunden werden. Ihm kann die Hausfrau ein vollständiges Menü anvertrauen; die Uhr schaltet zur gewünschten Zeit ein und selbsttätig wieder aus. Der moderne Elektroherd arbeitet vollautomatisch und befreit die Hausfrau von der Beaufsichtigung des Kochgutes.

Die Backöfen moderner Elektroherde sind mit stufenlosen Schaltern ausgerüstet, die auf die erforderliche Backtemperatur eingestellt werden können. Ein Thermostat überwacht die Einhaltung dieses Hitzegrades. In der Regel gibt man das Backgut erst in den Ofen, wenn durch Vorheizen die richtige Backtemperatur erreicht ist. Für Backöfen ohne Thermostat gelten folgende Anhaltspunkte für die Umrechnung (O = Oberhitze, U = Unterhitze):

Bezeichnung	Verwendungsart	Vorheizen bei O 3–U 3	Backen
leichte Hitze	Schaumgebäck	5 Minuten	O 1–U 2
Mittelhitze	Biskuit, Rührteig	5 Minuten	O 1–U 3
gute Mittelhitze	Hefegebäck	10 Minuten	O 2–U 3
starke Backhitze	Blätterteig	10 Minuten	O 3–U 3

Der Küchengerätebedarf

Die Zusammenstellung der Grundausrüstung hängt von der Familiengröße, von Kochgewohnheiten und Ansprüchen ab. Wer zum Beispiel nur selten Kuchen backt, braucht auf diesem Gebiet nur eine Mindestausstattung. Bei der folgenden Übersicht wurde der Bedarf eines Vierpersonenhaushalts zugrunde gelegt:

Töpfe und Pfannen: 1 Sechslitertopf, 2 Vierlitertöpfe, 1 Zweilitertopf, 1 Schmortopf, 1 Bratenpfanne, 1 Milchtopf, 1 Wasserkessel, 1 Stieltopf (Kasserolle), 1 Pfanne, 1 Pfanne mit Deckel, ggf. 1 Einkochkessel (für den Elektroherd Geschirr mit plangeschliffenem Boden).

Schüsseln und Siebe: 1 Schüsselsatz (Plastik, Steingut oder Email), je ein Drahtsieb, Plastikdurchschlag, Passiersieb, Soßensieb, Kaffeesieb.

Allgemeines Arbeitsgerät: Zitronenpresse, Eierschneider, Schüttelbecher, 2 Schneebesen, Gemüsehobel, Raffel für Frischkost, Reibeisen, Muskatreibe, Tranchierbrett, 2 kleine Brettchen, Untersetzer, Puddingform, Kochpuddingform, Auflaufform.

Messer, Löffel, Kleingerät: 2 Küchenmesser, Kartoffelschäler, 2 Küchenbestecke, Brot- und Fleischmesser, Tomatenmesser, Buntmesser, Tranchierbesteck, Geflügelschere, Salatbesteck, 3 Rührlöffel (Holz), Quirle, Kartoffelstampfer, Fleischklopfer, Soßenlöffel, 2 Schöpfkellen, Schaumlöffel, Pfannenmesser, Bratenwender, Dosenöffner, Korkenzieher, Kapselheber, Messerschärfer, Spicknadel.

Backgeräte: Meßbecher, Backbrett, Nudelholz, Küchenwaage, Kuchengitter, Teigkarte und -schaber, 1 Satz Ausstechformen, Teigrädchen, Backpinsel, Rührlöffel, Spritzbeutel, Backschüssel, Kastenform, Springform, Napfkuchenform.

Küchenmaschinen: Elektroquirl, Mixgerät, Entsafter, Fleischwolf, Mandelmühle (oder Küchenmaschine mit allem Zubehör), elektrische Kaffeemühle.

Putz- und Spülgerät: Scheuerbürste, Handfeger, Kehrschaufel, Flaschenbürste, Spülbürste, Plastikeimer und -schüssel, Staub- und Scheuertücher, außerdem Besen, Schrubber, Mop und bei Bedarf Staubsauger und Teppichbürste.

Immer beliebter: Küchenmaschinen

Die Zahl der elektrisch betriebenen Haushalts- und Küchengeräte hat in den letzten Jahren so stark zugenommen, daß ein auch nur annähernd vollständiger Überblick unmöglich ist. Maßgebend für den Entschluß, ob ein bestimmtes Gerät angeschafft werden soll, muß immer das Ergebnis der ganz nüchternen Überlegung sein, ob sich das Gerät in vollem Umfang auswerten läßt und ob es auch wirklich eine Arbeitserleichterung oder einen gleichwertigen Vorteil mit sich bringt. Am vielseitigsten sind Küchenmaschinen, deren Elektromotor wahlweise mit verschiedenen Zusatzgeräten gekoppelt werden kann – zum Beispiel mit einem Mixgerät, einem Rührgerät mit Knethaken, einem Schlaggerät oder einem Gemüseschneider. Diese Teile könnte man als Grundausstattung betrachten. Darüber hinaus gibt es koppelbare Entsafter, Kaffeemühlen, Zitruspressen, Messerschärfer, Fleischwölfe und Rohkostgeräte. Der richtige Einsatz einer kompletten Küchenmaschine bedeutet für den Haushalt eine einschneidende Änderung der Arbeitstechnik. Es dauert zwar ein paar Monate, bis man es versteht, alle Finessen des Gerätes richtig auszunutzen. Hat man es aber erst einmal so weit gebracht, wird man an dem Gerät viel Freude haben, vor allem in Haushalten, in denen regelmäßig Kuchen gebacken wird, Milch-, Obst- und Quarkspeisen oder -getränke verlangt werden oder viel Gemüse verarbeitet wird. Für den enger umgrenzten Bedarf gibt es zahlreiche Geräte, die nur auf eine Teilfunktion abgestellt sind, zum Beispiel Entsafter, Mixgeräte, elektrische Kaffeemüh-

Links: Übersichtlicher Vorratsschrank für die Aufbewahrung von Lebensmitteln. Mitte: Die Haushaltgefriertruhe ermöglicht die hauseigene Produktion von Tiefkühlkost. Rechts: Dieser »Doppelschrank« ist oben als Kühlschrank, unten als Gefrierschrank ausgebildet.

len. Auch die beliebten Handrührgeräte verschiedener Fabrikate wären hier zu nennen. Sie sind eher erschwinglich als eine komplette Universalküchenmaschine und lassen sich vielseitig einsetzen. Weitere Elektrogeräte: Brotröster, Waffeleisen, Expreßkocher, Grillgerät (S. 163) u. a.

Spültisch und Spülmaschine

Die Spüle besteht heute zumeist aus einem Schrankunterbau (mit Platz für Zubehör, Spül- und Scheuermittel, Geschirrtücher), der eine Abdeckung aus rostfreiem Chromnickelstahl, emailliertem Stahlblech oder Kunststoff trägt. Das Normalmodell hat zwei Spülbecken und (auf der linken Seite) eine geräumige Abtropffläche. In der Mitte über den beiden Becken sind Mischbatterie und Schwenkhahn angebracht. Oft gibt es daneben noch eine Schlauchbürste. Wichtig ist, daß die Spülenabdeckung gegen Unterbau, Wand- und anstoßende Arbeits- oder Abstellfläche gut abgedichtet ist, damit nirgends Spritzwasser einsickern kann. Praktisch ist ein Becken für Schmutzwasser, das unabhängig von der Spüle montiert wird.
Von den Geschirrspülmaschinen, die heute auf dem Markt sind, arbeiten die meisten Stand- und Tischgeräte vollautomatisch. (Eine Ausnahme bilden einstweilen noch die mit Spülen kombinierten Geräte.) Das heißt, daß man sich auf das Beladen des Gerätes und auf das Einschalten beschränken kann. Spülvorgang, »Einschleusen« des Reinigungs- und Klarspülmittels und Trockenvorgang laufen ab, ohne daß man sich um Einzelheiten zu kümmern braucht. Da die Maschine automatisch abschaltet, kann man Geschirr, Bestecke und Töpfe oder Pfannen auch erst zu einem späteren Zeitpunkt herausnehmen. Eine Geschirrspülmaschine mit größerem Fassungsvermögen wird in einem Haushalt mit 2-4 Personen nur einmal am Tag eingeschaltet.

Von der Vorratshaltung

Viele Hausfrauen wollen von einer Vorratshaltung alten Stils nichts mehr wissen. Darüber klagen zum Beispiel die Bauern und Kartoffelhändler und die Obsthändler. Wer legt sich heute noch einen Kartoffelvorrat an, wer müht sich mit Obsthorden ab, die regelmäßig nachgesehen werden müssen, und wer beschäftigt sich noch in größerem Umfang mit dem Einkochen von Obst und Gemüse? Auch wenn man diese Entwicklung als unabänderliche Tatsache betrachtet, muß man sie nicht in vollem Umfang gutheißen. Immerhin gibt es neben den klassischen Methoden zahlreiche Möglichkeiten, sich wenigstens ein gewisses Vorratspolster zu schaffen. Eine Speisekammer scheinen die meisten modernen Architekten für überflüssig zu halten. Sie hat trotzdem ihre unbestreitbaren Vorteile, vor allem, wenn sie von der Küche aus erreichbar ist.

Kühlschrank, Gefrierschrank, Gefriertruhe

Durchschnittlich jeder zweite Haushalt im Bundesgebiet verfügt über einen Kühlschrank. Die Vorschriften für seine richtige Behandlung – Einstellung der Kühltemperatur, regelmäßiges Säubern und Ab-

Moderne Küchen müssen nicht unbedingt vor Chrom und Nüchternheit blitzen. Wer Behaglichkeit und Wohnlichkeit auch in der Küche liebt, wird an dieser »Küche mit Atmosphäre« seine Freude haben.

tauen – sind den meisten Hausfrauen schon in Fleisch und Blut übergegangen, was viele aber nicht hindert, die Leistungsfähigkeit dieses Gerätes immer wieder falsch einzuschätzen. Ein Kühlschrank ist keine Gefriertruhe, er arbeitet bei Temperaturen zwischen +2 und +8 Grad, kann also Lebensmittel nicht unbegrenzt frisch halten und die Verminderung des Nährstoffgehaltes nur verzögern, nicht verhindern. Die nachstehende Tabelle gibt vernünftige *Durchschnittszeiten* für die richtige Lagerungsdauer an. Den unter A angegebenen Zeitraum sollte man nicht überschreiten, wenn man auf ein hochwertiges Endprodukt Wert legt. Unter B ist die Zeitspanne zu finden, nach deren Ablauf die Qualität (bei frischer Ausgangsware und gleichbleibenden Lagerbedingungen) gerade noch befriedigend ist (Zahlen = Tage).

Lebensmittel	*A*	*B*	*Lebensmittel*	*A*	*B*
Butter (im Butterfach)	2	8	Spinat, Erbsenkörner	1	2
Buttervorrat	6	14	Erbsen in Hülsen	3	7
Eier	10	14	Gemüsekonserven, offen	1	3
Fleisch (im Fleischfach)	2	5	Salate (Gemüseschale)	2	5
Fleisch, gekocht	3	6	Käse (geschloss. Behälter)	4	14
Hackfleisch, roh	1/2	1	Konditorwaren	2	6
Hackfleisch, gebraten	2	4	Milch, Sahne	2	5
Wurst, angeräuchert	2	4	Dosenmilch, offen	3	5
Fisch, frisch (auf Eis)	1	3	Obst (Gemüseschale)	2	10
Fisch, gekocht	2	4	Obstkonserven, offen	2	5
Marinaden, geöffnet	3	6	Speisen, zubereitet	2	4

Im Frosterfach sollten nur bereits gefrorene Lebensmittel untergebracht werden. Es eignet sich nicht zum Einfrieren frischer Lebensmittel. Tiefgekühlte Ware kann man im Frosterfach bei kältester Reglereinstellung bis zu 3 Wochen lagern.
Gefriergeräte sind in drei Typen im Handel. Es gibt Gefriertruhen (mit obenliegendem Deckel), Gefrierschränke (mit Schranktür wie beim Kühlschrank) und Kombinationen aus Gefrierschränken und Kühlschränken. Man kann Gefriergeräte in der Küche oder Speisekammer, aber auch im Keller oder auf dem Flur aufstellen.
Nach der entsprechenden DIN-Vorschrift muß ein Gefriergerät je 100 l Fassungsvermögen innerhalb von 24 Stunden mindestens 7 kg frisch eingelegte Lebensmittel durchgefrieren können. Schränke und Truhen sind mit Schnellgefriereinrichtungen ausgestattet, die man beim Einlegen von Gefriergut einschaltet. Die normale Lagertemperatur beträgt mindestens −18 °C. Kontrollampen erlauben die Überwachung des Gerätes. Bei Stromausfall läßt man das Gerät geschlossen und verständigt sofort den Kundendienst der Lieferfirma. Angesetzten Reif entfernt man von Zeit zu Zeit mit einem Teigschaber oder einem Kunststoffspachtel.

Tiefgefriertechnik s. Seite 553, Tiefkühlkost-Rezepte s. Seite 335.

Oben: Eine Küche mit allen technischen Raffinessen, die der Hausfrau die Arbeit erleichtern. Vom Kühlschrank und Backofen in Augenhöhe bis zu Grill, Geschirrspülmaschine und Wrasenabzug fehlt nichts, was zur küchentechnischen Perfektion gehört. – Unten: Abseits vom Arbeitsplatz besitzt diese Küche eine Eßbar in Form einer Theke. Das Eßgeschirr für die ganze Familie hat in dem geräumigen Schrank über der Bar ausreichend Platz.

Vernünftig einkaufen

Alle Meisterschaft am Küchenherd nützt nichts, wenn die Köchin nicht zugleich auch eine gute Einkäuferin ist. Nicht zufällig sind die berufsmäßigen Einkäufer großer Firmen hochbezahlte Spezialisten: von ihren Dispositionen hängt das Wohl und Wehe des Betriebes ab. Nicht anders ist es im Haushalt: rund 35 Prozent des Nettoeinkommens der Durchschnittsfamilie werden für Nahrungs- und Genußmittel ausgegeben. Da lohnt es sich schon, mit dem Pfennig zu rechnen, sich Warenkenntnisse anzueignen und Preise zu vergleichen, und zwar nicht nur bei größeren Anschaffungen, sondern gerade auch beim täglichen Bedarf.

Ausführliche gesetzliche Bestimmungen – in erster Linie das Lebensmittelgesetz – sollen dafür sorgen, daß der Verbraucher nur mit »genußtauglicher« Ware bedient wird. Über die Einhaltung dieser Vorschriften wachen eigens ausgebildete Beamte, die aus den Geschäften in regelmäßigen Abständen Stichproben (auf 1 000 Einwohner jährlich 6 Proben, davon eine Milchprobe) entnehmen und an staatliche Stellen zur Untersuchung weiterleiten.

Das Lebensmittelgesetz enthält unter anderem auch das Verbot des Zusatzes von Fremd- und Farbstoffen. Einige Ausnahmen wurden wegen ihrer Unbedenklichkeit zugelassen. Seit 1959 dürfen zum Beispiel nur noch die Konservierungsstoffe Sorbinsäure, Benzoesäure, PHB-Ester und Ameisensäure (beispielsweise für bestimmte Fischerzeugnisse, Fleischsalat, Sauerkonserven wie Gurken oder Essiggemüse, Meerrettichzubereitungen und bestimmte Obsterzeugnisse) verwendet werden. Die Waren müssen aber mit einem vorgeschriebenen Zusatz gekennzeichnet sein. Erlaubt ist außerdem das Spritzen von Zitrusfrüchten (Foto S. 40) und der Zusatz von Farbstoffen bei 16 Warengruppen.

Brot, Zucker, Teigwaren

Brot muß nach den Vorschriften »naturrein« sein, darf also nicht aus gebleichtem oder chemisch behandeltem Mehl gebacken werden. Am nährstoffhaltigsten ist Vollkornbrot aus Roggen- oder auch Weizenschrot. Die wichtigsten Roggenbrotarten sind neben Vollkorn- und Roggenfeinbrot das Kommißbrot, das Schwarzbrot, der Pumpernickel und die meisten Knäckebrotsorten. Weißbrot, Stuten und Semmeln werden aus Weizenmehl gebacken. Außerdem gibt es verschiedene Mischbrotsorten. Bauernbrot ist entweder ebenfalls ein Mischbrot oder ein Roggenbrot. Am bekömmlichsten sind Sauerteigbrote. Ob ein Brot richtig ausgebacken ist, erkennt in der Regel nur der Fachmann.

Zucker in verschieden feinen Körnungen und als Würfelzucker ist ein konzentrierter Kalorienspender, da er fast zu hundert Prozent aus reinem Kohlenhydrat besteht. Brauner Rohrzucker ist keineswegs gesünder als Raffinadezucker, sondern nur unreiner, noch mit Melasse durchsetzt. Das Bleichen von Zucker ist nicht mehr üblich.

Teigwaren (Nudeln) werden aus Hartweizengrieß (oft unter Zusatz von Trockeneigelb) hergestellt. Sie dürfen nicht gefärbt werden. Bei Eierteigwaren müssen mindestens 225 Eidotter auf 100 kg Rohstoff verwendet werden, mit »hoher Eigehalt« bezeichnete Ware muß sogar 400 Eidotter auf 100 kg Rohstoff enthalten.

Milch, Butter, Käse

Milch kommt über die Molkerei und das Milchgeschäft grundsätzlich bearbeitet zum Verbraucher. Sie wird gereinigt, im Erhitzungsapparat keimarm gemacht, in bestimmten Fällen homogenisiert (damit das Fett gleichmäßig verteilt bleibt und die Milch nicht »aufrahmt«) und allgemein auf einen einheitlichen, gesetzlich vorgeschriebenen Fettgehalt abgestimmt. Neben der Vollmilch (nicht unter 2,8 Prozent Fettgehalt), die als Trinkmilch auch lose verkauft wird, gibt es die höheren Qualitätsanforderungen entsprechende, meist in Flaschen abgefüllte Markenmilch und die noch strengeren Bestimmungen unterworfene Vorzugsmilch. Dosenmilch (Kondensmilch) enthält zwischen 7,5

Kleine Brotkunde (von links nach rechts): Roggenbrot, vorwiegend aus Mehl der Type 1150 gebacken; Kommißbrot besteht aus reinem Roggenmehl der Type 1370; Weißbrot wird aus hellem Weizenmehl (Type 550 oder 405) hergestellt; Vollkornbrot enthält sämtliche Bestandteile des Korns einschließlich Schale und Keimling; Mischbrot besteht in der Regel aus 60 % Roggenmehl und 40 % Weizenmehl.

Kartoffeln kommen seit einiger Zeit auch in Tüten abgepackt auf den Markt. Für diese »Markenkartoffeln« (links) gelten strenge Qualitätsbestimmungen. Zitrusfrüchte (wie Apfelsinen, Zitronen, Mandarinen und Pampelmusen) werden oft in gespritzter Schale verkauft. Solche Schalen sind ungenießbar und dürfen nicht verarbeitet werden.

und 10 Prozent Fett, Schlagsahne zwischen 28 und 32 Prozent. Magermilch ist entrahmte Vollmilch, Buttermilch fällt als Nebenprodukt bei der Buttererzeugung ab.

Butter wird in drei Handelsklassen verkauft, für die genaue Qualitätsrichtlinien existieren. »Deutsche Markenbutter«, die höchste Qualitätsklasse, wird in rot und blau bedruckter Verpackung in den Handel gebracht, »Deutsche Molkereibutter« hat eine Verpackung mit blauem und »Deutsche Landbutter« mit schwarzem Aufdruck. Auslandsbutter unterliegt den gleichen Beurteilungsgrundsätzen wie Inlandsbutter. Die Mindestvoraussetzungen für Butter schreiben 80 Prozent Milchfett, höchstens 18 Prozent Flüssigkeitsanteil (Magermilch) und geringe Mengen Kochsalz vor.

Die nach der »Käseverordnung« zugelassenen 28 deutschen Käsesorten unterscheidet man erstens nach ihrem Fettgehalt (vom Magerkäse mit weniger als 10 Prozent bis zum Doppelrahmkäse mit mindestens 60 Prozent Fett in der Trockenmasse, abgekürzt »Fett i. T.«), zweitens nach ihren Herstellungsverfahren. Zur Gruppe der Sauermilchkäse gehören u. a. Harzer und Mainzer Käse, Olmützer Quargel und Kräuterkäse. Die Süßmilch- oder Labkäse werden unterteilt in Hartkäse (z. B. Emmentaler, Bergkäse), Schnittkäse (z. B. Gouda, Edamer, Tilsiter, Edelpilzkäse) und Weichkäse (Limburger, Romadur, Camembert usw.). Zu den Frischkäsesorten zählen Quark, Schichtkäse, Rahmfrischkäse und Doppelrahm-Frischkäse (Typ Gervais, Philadelphia).

Neben den klassischen Naturkäsesorten haben sich die verschiedenen Schmelzkäsesorten in den letzten Jahren in steigendem Ausmaß die Gunst der Verbraucher erobert. Schmelzkäse wird in einem besonderen Verfahren aus zahlreichen Naturkäsesorten hergestellt, er kommt sowohl schnittfest in Portionspackungen (Scheibletten, Schmelzkäsescheiben) als auch streichfähig (Velveta, Milkana) auf den Markt, der Fettgehalt liegt zwischen 20 und 60 Prozent. Schmelzkäsesorten mit Zusätzen (z. B. Butter, Sahne, Milchzucker und -salze, Salami, Pilze, Schinken) heißen »Käsezubereitungen«.

Obst und Gemüse

Für das Sortieren von Obst und Gemüse gibt es gesetzliche Bestimmungen, die der Hausfrau den Einkauf und die Wahl erleichtern und den Erzeuger zwingen, Produkte gleicher Qualität und Größe zusammengefaßt auf den Markt zu bringen: die Einteilung in Handelsklassen. Für Äpfel, Birnen, einige Pflaumen- und Zwetschgensorten, Spargel, Tomaten, Zwiebeln und Kohlarten ist eine Kennzeichnung in diesem Sinn zwingend vorgeschrieben, Handelsklassen wurden aber auch für fast alle anderen Obst- und Gemüsearten festgelegt. Als Beispiel ein Auszug aus der Handelsklasseneinteilung für Äpfel und Birnen:
Handelsklasse Auslese: auserlesene Früchte bestimmter Sorten, sorgfältig und baumreif gepflückt, mit unbeschädigtem Stiel, in Sorten unvermischt, gesund, sauber, trocken, sortentypisch in Größe, Form und Farbe, einheitlich reif und versandreif. Schale und Fruchtfleisch dürfen keine Fehler aufweisen. Mindestdurchmesser 60 mm bei kleinen, 70 mm bei großen Sorten. Sorgfältige und ansprechende Verpackung.
Handelsklasse A: erstklassige Früchte nach den Auslesebedingungen, aber etwas kleiner. Geringe Abweichungen in Größe, Form und Farbe sowie kleine Schalenfehler (bis zu 1 qcm) sind zulässig, das Fruchtfleisch muß aber makellos sein.
Handelsklasse B: gute Konsumware mit etwas stärkeren Wuchs- und Schalenfehlern als in Klasse A, Fruchtfleisch ohne wesentliche Mängel. Die Früchte müssen baumreif gepflückt sein. Abgefallene Äpfel, die im übrigen den Vorschriften der Klasse B entsprechen, werden unter der Bezeichnung BF (Fallobst) gehandelt.
Handelsklasse C: Küchen- und Mostäpfel, gepflückt oder geschüttelt, nicht überreif, naß, unsauber oder teigig. Wuchsfehler, Schorfflecken und leicht angeschlagene Früchte sind zulässig, bis zu 20 Prozent auch wurmstichige Früchte. – Ausfall nennt man Früchte, die der Handelsklasse C nicht mehr entsprechen.

Fleisch, Fisch, Eier

Die Fleischqualität hängt von der Rasse und Fütterung des Tieres ab, vor allem aber vom Alter. Mastkälber sollten im Alter von 6 bis 10 Wochen geschlachtet werden, Schweine mit 7 bis 12 Monaten, Mastbullen mit 12 bis 18 Monaten und Mastochsen mit 4 bis 6 Jahren. Alle Fleischarten, vor allem aber das Rindfleisch, sollten nur gut abgehangen in die Küche wandern. Zu frisches Fleisch kann leicht einen zähen Braten ergeben. Bei der Preisbeurteilung nicht ganz uninteressant ist die übliche Knochenbeigabe. Es gibt zwar dafür keine gesetzlichen Bestimmungen, aber über 20 Prozent beim Schweinefleisch, über 25 Prozent beim Rindfleisch und über 30 Prozent beim Kalbfleisch sollten beigelegte und eingewachsene Knochen zusammen nicht ausmachen – das ist Handelsbrauch.
Für die Wurstzubereitung gibt es strenge, regelmäßig kontrollierte Vorschriften über den Gehalt an Muskelfleisch, Innereien, Wasser und Zusatzstoffen. Ähnlich sorgfältig wird die Hackfleischherstellung überwacht: Da Hackfleisch zu den am schnellsten verderbenden Nahrungsmitteln gehört, muß es der Fleischer kurz vor dem Verkauf frisch zubereiten; er darf Hackfleisch nicht über Nacht aufbewahren.
Der Konsum von Geflügel hat sich in den letzten Jahren bedeutend erhöht. Bei den weitgehend standardisierten Masthähnchen geht man – im Gegensatz zum früheren Einkauf von frischem Geflügel auf dem Markt – kein Risiko mehr ein. Ähnlich ist es bei den anderen

Junge Enten haben helle Schwimmhäute (ganz oben). Spitze Krallen (oben) und ein Brustkorbknochen, der sich leicht eindrücken läßt (unten), sind Merkmale für junges, zartes Geflügel.

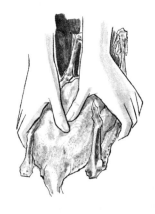

Geflügelarten, die in der Regel bratfertig gehandelt werden, so daß die Hausfrau viel Arbeit spart.

Beim Fischeinkauf sollte man auf festes, frisch und salzig riechendes Fleisch achten, das glänzend und blank aussehen soll. Die geöffneten Kiemen müssen hellrot sein und dürfen nicht blaß wirken, die Augen sollten frisch und klar aussehen und nicht trübe und eingefallen. See- und Süßwasserfischsorten: siehe Tafeln S. 206 und S. 215.

Für Eier gibt es neben der gesetzlichen Handelsklasse »Deutsches Standardei« und dem mit Gütezeichen versehenen »Markenei« die mit einem K-Stempel bezeichneten Kühlhauseier.

Margarine, Fette, Öle

Margarine ist ein streichfähiges Nahrungsfett, das aus pflanzlichen (zu 85 Prozent) und tierischen Fetten und Ölen hergestellt wird. Die wichtigsten Margarinerohstoffe sind Sojaöl, Kokosfett, Palmöl, Palmkernöl, Rüböl, Erdnußöl, Baumwollsaatöl, Walöl, Fischöl, Sonnenblumenöl und Rindertalg. Einige der verwendeten Öle werden gehärtet, um die Streichfähigkeit des Endproduktes zu sichern. Spitzensorte ist die Super- und Delikateßmargarine, Mittelsorte die Standardmargarine, einfachste Sorte die Tafelmargarine ohne Markenbezeichnung. Daneben gibt es noch Diät- und Reformmargarine (salzarm), Schmelzmargarine und verschiedene Margarinesorten für Bäcker und Konditoren. Im »Fetthaushalt« der Bundesrepublik liegt die Margarine vor allen anderen Ölen und Fetten weit an der Spitze. An Beliebtheit gewonnen haben neben dem Kokosfett vor allem die Öle verschiedener Herkunft vom Olivenöl bis zum Mais- und Weizenkeimöl, in vielen Fällen auch kaltgepreßt. Besonders die Keimöle sind reich an Vitaminen, außerdem an ungesättigten Fettsäuren (z. B. Linolsäure), die zur Verminderung des Cholesteringehaltes des Blutes beitragen und damit der Arterienverkalkung entgegenwirken.

Für den Fleischeinkauf ist es wichtig, daß die Ware gut abgehangen ist (links: Blick in einen Kühlraum) und daß die Knochenbeigabe (rechtes Bild) sich in den üblichen Grenzen (siehe S. 41) hält.

Kleine Kochschule

Für die meisten Hausfrauen ist die Küchen- und Etatplanung kein Problem, an das sie große Überlegungen wenden. Sie wissen, daß man sich nicht erst an der Theke des Fleischerladens überlegen sollte, was es als Mittagessen gibt, sie haben ihre kleinen Tricks, mit denen sie es immer wieder schaffen, mit dem Wirtschaftsgeld auszukommen, und sie halten es nur selten für nötig, sich mit Papier und Bleistift hinzusetzen, um einen Wochenspeiseplan oder ein ähnliches Dokument auf längere Sicht zu entwerfen. Ausnahmen bestätigen die Regel.
Auch wenn man eine bis in Einzelheiten gehende Vorausplanung verabscheut, ist es gut, wenn man sich von Zeit zu Zeit Rechenschaft darüber ablegt, was der Haushalt kostet – und was er kosten darf. Nur so behält man den Überblick, kann man größere Anschaffungen einplanen und saisonbedingte Zusatzkosten – etwa für das Einkochen, die Vorratshaltung oder die Weihnachtsfeiertage – rechtzeitig berücksichtigen.
Noch wichtiger als diese Planung in großen Zügen ist, vor allem für unerfahrene Hausfrauen, die Organisation des täglichen Küchenbetriebes. Wie schafft man es, die drei bis fünf Einzelgerichte des Mittagessens nicht nur pünktlich, sondern auch noch möglichst gleichzeitig, heiß, frisch und ansehnlich auf den Tisch zu bringen? Wenn man schon am Vorabend Überlegungen anstellt, was es am nächsten Tag geben soll, kann man eine ganze Reihe von Vorarbeiten leisten, zum Beispiel das Herrichten kalter Speisen (Salate, Süßspeisen), das Einweichen von Hülsenfrüchten, das Kochen von Kartoffeln, die kalt weiterverarbeitet werden sollen.
Bevor man am Tag darauf mit der Kocharbeit beginnt, macht man sich zunächst darüber Gedanken, welche Speisen die längste Zubereitungszeit erfordern. Ein Auflauf oder ein Omelett muß frisch und heiß aus dem Ofen bzw. von der Pfanne auf den Tisch kommen. Hier kann man ziemlich genau ausrechnen, wann man mit dem Backen oder Braten beginnen muß. Kartoffelbrei verlangt ungefähr eine halbe Stunde Arbeitszeit, gebratene Leber nur wenige Minuten. Ein Gemüse- oder Obstsalat sollte eine Stunde Zeit zum Durchziehen bekommen, eine gekochte Forelle dagegen muß aufgetragen werden, wenn sie fertig ist. Ohne längere Erfahrung ist das Problem der Arbeitsvorberei-

Töpfe und Pfannen aus rostfreiem Chromnickelstahl oder bunt emailliertem Silitstahl sind praktisch und schön. Man spart Zeit und Abwasch, wenn man die Speisen gleich darin auf den Tisch bringt.

tung und Zeiteinteilung in der Küche trotz aller guten Ratschläge nicht zu bewältigen. Die folgenden Tabellen wollen deshalb nur einige Anhaltspunkte geben, mit welcher Garzeit man in einigen wichtigen Fällen rechnen muß; die Vorbereitungszeit blieb dabei unberücksichtigt:

Backen	*Minuten*	*Braten*	*Minuten*
hohes Gebäck	60– 80	Gans, Ente	90–150
halbhohes Gebäck	40– 50	Schweinebraten	60–120
geformtes Gebäck	40– 50	Wild, Kalbsbraten	40– 70
flache Kuchen	25– 35	Aufläufe	30– 90
Windbeutel	20– 30	Roastbeef, Filet	30– 60
Honigkuchen	20– 25	Hähnchen	20– 40
Blätterteig	15– 20	Fisch in Stücken	10– 25
Kleingebäck	12– 15	gekochte Kartoffeln	10– 15

Kochen	*Minuten*	*Grillen*	*Minuten*
Ochsenzunge	150–240	Hähnchen	25– 40
Ochsenfleisch	80–120	Filetbraten	20– 30
Huhn	60–100	Taube	15– 20
Trockenerbsen	50– 80	Schweinefilet	10– 15
Rote Rüben	40– 60	Kalbsherz	12– 15
Schellfisch	15– 25	Deutsches Beefsteak	10– 12
Kartoffeln, Reis	18– 30	Schaschlik	8– 10
Karotten	15– 25	Fischfilet	8– 10

Die angegebenen Zahlen sind Durchschnittswerte. Die Back-, Brat-, Koch- und Grillzeiten sind abhängig von der Heizkraft der Geräte, von Alter, Form, Menge und Vorverarbeitung des Materials und schließlich auch von der Eßgewohnheit – der eine liebt das Fleisch rosa, der andere durchgebraten.

Grundbegriffe der Kochtechnik

Ablöschen: Einbrenne (Mehlschwitze) oder auch Bratensatz (Fond) nach und nach unter ständigem Rühren mit wenig Flüssigkeit (Brühe) aufgießen und glattrühren.

Abschäumen: Abschöpfen des Eiweißgerinnsels auf Fleischbrühen bzw. des Zuckerschaums beim Geleekochen und bei Süßspeisen.

Abschrecken: Nahrungsmittel nach dem Kochen kurz mit kaltem Wasser übergießen, damit sie nicht verkleben (Reis, Teigwaren) oder sich die Schale leichter löst (Eier).
Andünsten: (auch Anschwitzen) Gemüse, Zwiebel usw. in heißem Fett erhitzen, ohne daß es bräunt.
Ausbacken: In heißem Fettbad (180–210 °C) schwimmend garen, z. B. Berliner Pfannkuchen.
Ausbeinen: Herauslösen der Knochen bei Fleisch und Geflügel.

Ausbacken

Backen: In heißer Luft (160–250 °C) im geschlossenen Backofen garen, Kuchen zum Beispiel (Backzeiten siehe S. 405).
Beizen: siehe Marinieren.
Binden: Suppen, Soßen und Gemüsegerichte durch Mehl- oder Speisestärkezugabe sämig machen. Mehl kalt anrühren, in die kochende Flüssigkeit geben, unter Umrühren aufkochen lassen. Gebunden werden kann auch mit Eigelb oder Eiern. Vielfach verwendet man dazu Mehlbutter (Mehl und Butter zu gleichen Teilen verkneten, dem Kochgut beigeben und verrühren). Gemüse mit geringer Wasserzugabe kann man auch mit Mehl bestäuben und dann gut umrühren.
Blanchieren: siehe Überbrühen.
Braten: In der Pfanne in wenig heißem Fett (180–225 °C) garen (z. B. Schnitzel, Steaks). Im Backofen: bei hoher Temperatur (200–250 °C) auf dem Rost in heißer Luft garen (Schweinebraten).
Dämpfen: In heißem Dampf (geschlossener Topf, Nahrungsgut im Siebeinsatz) garen; ohne Druck bei 100 °C, im Drucktopf (0,3–1,0 atü) bei 104–121 °C, zum Beispiel Kartoffeln, Gemüse.

Backen

Dörren: Obst und Gemüse an der Luft oder durch Ofenhitze trocknen und damit lagerfähig machen.
Dressieren: In die gewünschte Form bringen; zum Beispiel beim Geflügel vor dem Braten Flügel und Keulen festbinden, bei Forellen vor dem Kochen Kopf und Schwanz zusammenbinden.
Dünsten: In Fett und eigenem Saft ohne Bräunung garen, bei Bedarf mit geringer Wasserzugabe; im Kochtopf bei 100–104 °C, im Backofen bei 175–200 °C (zum Beispiel Gemüse, Fisch).
Einbrenne (Mehlschwitze): Mehl in zerlassenem Fett gelb oder braun werden lassen, nach und nach mit Flüssigkeit (Brühe) auffüllen, gut durchrühren, 5 bis 10 Minuten schwach kochen.
Farce: Füllung (Füllsel) für Fleisch, Fisch, Geflügel, Pasteten, Gemüse und Gebäck.

Braten in der Pfanne

Flambieren: Abbrennen einer Speise mit angezündetem Weinbrand, Kirschwasser, Rum oder einer anderen Spirituose zur Geschmacksverbesserung. Auch: Absengen von Geflügel.
Fond: Nach dem Fleischbraten an der Pfanne haftender, angebackener Bratensatz mit Aufguß, der zu Soße verarbeitet wird.
Fritüre: Fettiegel dieser oder jener Form, in dem das Backgut (zum Beispiel Gemüse in Ausbackteig, Berliner Pfannkuchen) in heißem Fett schwimmend gebacken wird.
Garziehen: In viel Flüssigkeit nach kurzem Aufwallen (70–100 °C) oder auch ohne vorangegangenes Sieden (70–95 °C) garen, zum Beispiel Gemüse.

Braten im Backofen

Gratinieren: siehe Überbacken.
Grillen: Durch trockene Strahlungshitze bei direkter Hitzeeinwirkung und hoher Temperatur (300–350 °C) garen, zum Beispiel Geflügel, Fleisch.
Kochen: In viel Flüssigkeit garen, und zwar ohne Druck bei 100 °C, im Drucktopf (0,3–1,0 atü) bei 104–121 °C, z. B. Fleisch, Kartoffeln.

Dämpfen

Dünsten

Garziehen

Grillen

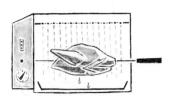

Legieren (Abziehen): Mit Flüssigkeit verrührtes Ei oder Eigelb unter ständigem Rühren in die fertige, nicht mehr kochende Speise einlaufen lassen.

Marinieren (Beizen): Fisch, Fleisch oder Salat in einer Marinade (Salatsoße, Beizbrühe), beispielsweise aus Essig, Öl, Wein, Salz und Gewürzen, ziehen lassen.

Panieren: Fleisch- und Fischstücke vor dem Backen oder Braten in Mehl, mit Wasser verschlagenem Ei und Semmelmehl (Paniermehl) wenden. Auch bei manchen Mehlspeisen angewendet.

Passieren: Gekochte Kartoffeln, Gemüse, Obst, dicke Soßen und Suppen durch ein feines Sieb rühren.

Pochieren: Aufgeschlagene Eier in siedendem Essigwasser kochen (Verlorene Eier). Auch: Fisch in wenig Flüssigkeit gar ziehen, nicht kochen lassen.

Pürieren: Zu glattem Brei (Püree) verarbeiten, zum Beispiel Kartoffeln, Gemüse.

Rösten: In heißem Fett (180–200°C) anbraten und bräunen, zum Beispiel Zwiebeln, Suppengemüse (dann auffüllen, schmoren).

Schmoren: Nach starkem Anbraten in erhitztem Fett (Rösten) unter Zugabe von Flüssigkeit oder gebundener Soße im geschlossenen Topf bei 100°C garen, Schmorbraten zum Beispiel.

Speisestärke: Sammelbegriff für Erzeugnisse wie Kartoffel- und Reismehl, Maizena, Mondamin, Gustin oder ähnliches, die zum Binden von Suppen und Soßen, zur Herstellung von Süßspeisen und zur Verfeinerung von Backwaren verwendet werden.

Spicken: Mageres Fleisch (auch Fisch) entlang der Fleischfaser mit Speckstreifen durchziehen. Wegen des damit verbundenen Saftverlustes zieht man heute das Umwickeln des Fleisches mit Speckscheiben vor.

Toasten: Brotscheiben im Toaströster, im Grillgerät, Backofengrill oder in wenig Fett in der Pfanne hellbraun rösten.

Tranchieren: Fachgerechtes Zerlegen von Fleisch und Geflügel.

Überbacken (Überkrusten, Gratinieren): Speisen bei starker Oberhitze (300–350°C) im Backofen oder Grill rasch eine leichte Kruste oder Haut bilden lassen.

Überbrühen (Blanchieren): Nahrungsmittel kurz mit kochendem Wasser übergießen (oder sie in kochendes Wasser tauchen).

Wasserbad: Topf mit kochendem Wasser, in dem ein kleinerer Topf hängt. Zum Garen von empfindlichen Soßen und Cremespeisen. Auch Kochpuddinge werden im Wasserbad gegart.

Mengenbedarf pro Person

Suppe als Vorgericht	1/4 l
Suppe als Hauptgericht	1/2 l
Fisch als Vorgericht	100–150 g
Fischfilet als Hauptgericht	200 g
Fleisch zum Braten	100–125 g
Fleisch zu Ragout, Rouladen	150–200 g
Soße	1/8–1/10 l
Frischgemüse	150–250 g
Kartoffeln	250–300 g
Teigwaren als Hauptgericht	100–125 g
Reis als Hauptgericht	80–100 g
Dörrobst	60 g
Obst zu Kompott	200–250 g

Hilfe bei Pannen

Angebrannte Töpfe kratzt man nicht mit dem Messer aus, sondern weicht sie ein paar Stunden ein oder kocht sie mit Salz- oder Sodawasser aus.

Backbleche mit Rostflecken bestreut man mit Salz, reibt sie mit einer Speckschwarte ab und wischt mit Papier nach.

Butter oder Margarine zum Sahnigrühren, die zu hart ist, soll nicht erhitzt werden, man kann aber die Rührschüssel vorher mit heißem Wasser ausspülen.

Buttercreme, die gerinnt, erwärmt man vorsichtig über einer Asbestplatte oder im Wasserbad und rührt sie langsam glatt.

Eier zum Backen schlägt man zunächst in eine Tasse und prüft, ob sie einwandfrei sind, bevor man sie an den Teigansatz gibt.

Eiweiß, das nicht steif wird, kann man oft mit ein paar Tropfen Zitronensaft oder einer Messerspitze Salz retten.

Fisch zerfällt beim Kochen: Gräten auslösen, Fisch zerteilen und mit passender Soße als Frikassee anrichten.

Fleisch ist angebrannt: Angebrannte Stellen abschneiden, das Fleisch in einem anderen Topf noch einmal aufsetzen.

Fleisch bleibt zäh: Durch den Fleischwolf drehen und zu Haschee, Klopsen oder Aufläufen verwerten.

Galle platzt bei Geflügel: Mit heißem Wasser oder in einer rosaroten Lösung von Kaliumpermanganat waschen, unter fließendem Wasser spülen. Besser zum Kochen als zum Braten verwenden.

Gelatine klumpt nach dem Auflösen: Leicht erhitzen und durchsieben.

Gemüse ist angebrannt: Aus dem Topf in ein Sieb schütten, einige Zeit ausdünsten lassen. Angebrannte Teile nicht zu retten versuchen. Noch gut erhaltenes Gemüse in frischem Topf weiter zubereiten.

Heringsgeruch an Händen und Küchengeräten verschwindet nach einer Abreibung mit Essig und Zitronensaft.

Kalkeier platzen nicht so leicht, wenn man sie vor dem Kochen am dicken Ende mit einer Nadel durchsticht.

Kartoffeln mit schwarzen Stellen kocht man zur Milderung dieses Schönheitsfehlers in leichtem Essigwasser.

Kuchen ist zu braun geworden: Mit dem Reibeisen abreiben, den Kuchen dick mit Puderzucker bestreuen oder mit Glasur überziehen.

Mayonnaise gerinnt: In einem neuen Gefäß ein Eigelb mit einer Prise Salz und ein paar Tropfen Öl verrühren, die geronnene Mayonnaise unter ständigem Rühren zugeben.

Milchpulver ist hart geworden: Durch die Mandelmühle drehen.

Puderzucker hat Klumpen: Mit dem Nudelholz glattrollen oder durch ein Drahtsieb reiben.

Pudding wird nicht fest: Einige Blatt Gelatine einweichen, in heißem Wasser auflösen und mit der Masse verrühren. Kalt stellen.

Semmeln vom Vortag werden wieder knusprig frisch, wenn man sie kurze Zeit im Backofen aufbackt.

Soße ist zu hell geraten: Einen halben Teelöffel Zucker in der Pfanne mit etwas Fett bräunen, in der Soße auflösen.

Speisen sind zu salzig: Mit etwas Wasser oder Milch verdünnen, eine Messerspitze Zucker zugeben, eine Kartoffel mitkochen (oder hineinreiben).

Torte mit buckliger Oberfläche: Glattschneiden, die Torte umdrehen.

Zwiebel zu braun geworden: Nicht mit Wasser aufgießen, sondern Fleisch aus der Pfanne nehmen und mit frischer Zwiebel in der gereinigten Pfanne weiterbraten.

Kochen

Rösten

Schmoren

Überkrusten

Gewürze und Kräuter

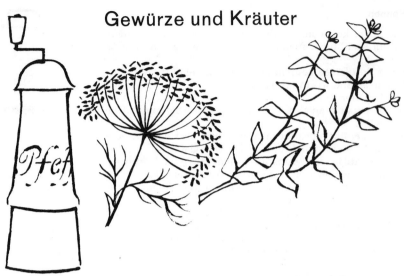

Die Kunst des richtigen Würzens ist keine Geheimwissenschaft, wie manche Kochanfängerin nach ein paar mißglückten Würzversuchen glaubt, aber sie gehört doch zur Hohen Schule des Kochens. Es gibt keine Patentrezepte, keine haargenauen Mengenangaben auf diesem Gebiet, man kann sich nur auf Erfahrung, Finger- und Zungenspitzengefühl verlassen. Ein paar allgemeine Regeln:
▶ Gewürz soll den Eigengeschmack einer Speise hervorheben, es darf ihn nicht überdecken.
▶ Kenner halten eine Speise dann für vorbildlich gewürzt, wenn kein einzelnes Gewürz mehr »durchschmeckt« und man die Gewürzkomposition nur mit Mühe definieren kann.
▶ Frisch gemahlene, in gut verschlossenen Dosen aufbewahrte Gewürze sind besonders ergiebig. Kräuter werden den Speisen fein gehackt beigegeben und in der Regel nicht oder nur kurz mitgekocht.
▶ So sparsam wie möglich salzen; anstelle von Salz lieber Gewürze oder Kräuter verwenden.
▶ Niemals den Kochlöffel (Rührlöffel) zum Abschmecken nehmen, sondern einen frischen Löffel.

Lexikon der Würzstoffe

Anis: Die besten Sorten kommen aus Spanien. Verwendet werden neben den Samen der Pimpinella anisum vor allem die Früchte des Sternanisbaumes. Anis ist als Backgewürz unentbehrlich und wird auch in der Likörherstellung verwendet.
Backgewürz gehört zu den Gewürzmischungen, von denen verschiedene Zusammenstellungen vor allem für die Honig- und Lebkuchenbäckerei im Handel sind. Sie bestehen aus 6 bis 12 Einzelgewürzen, beispielsweise Anis, Ingwer, Kardamom, Muskat, Nelken und Zimt.
Basilikum: Küchenkraut aus dem Mittelmeergebiet, das meist getrocknet und pulverisiert, seltener frisch gehackt zu Suppen und Soßen verwendet wird, häufig zusammen mit Salbei und Rosmarin.
Beifuß: Beliebtes Küchenkraut als Beigabe zu Geflügel und fettem Fleisch, das getrocknet oder auch frisch verwendet werden kann.

Bohnenkraut: Minzenartiges Gewächs aus dem heimischen Kräutergarten, das zu Bohnengemüse, Hülsenfrüchten und Hammelfleisch paßt. Meist kocht man es nur kurze Zeit mit und nimmt es vor der Fertigstellung heraus.

Borretsch: Zu Gurkengerichten und einigen Salaten paßt dieses nur frisch verwendete Würzkraut, das auch als Gurkenkraut bekannt ist. Die Pflanze stammt aus dem Orient und ist bei uns in jedem Kräutergarten zu finden.

Cayennepfeffer: Außerordentlich scharfes südamerikanisches Gewürz, hergestellt aus getrockneten und gemahlenen Chillies, auch Peperoni genannt und mit den Paprikaschoten verschwägert. Vorsichtig verwenden! Paßt zu scharfen Soßen, Heringen und Mixed Pickles.

Curry: Gewürzmischung aus der indischen Küche, in der vom Pfeffer bis zum Ingwer und vom Koriander bis zur Muskatblüte 12 bis 15 tropische Gewürze enthalten sind. Zu Reisgerichten, Fisch, Fleisch, Geflügel und verschiedenen Soßen. Gut verschlossen aufbewahren, bleicht sonst aus.

Dill: Frisch oder getrocknet zu Salaten und Soßen, unentbehrlich beim Gurkeneinmachen. Eine Delikatesse: Gekochter Seefisch mit Dillsoße. Der aus Indien stammende Dill sollte in keinem Kräutergarten fehlen.

Estragon: Heimische Gewürzpflanze, deren Blätter und Blütenspitzen man für feine Marinaden, als Suppengewürz und für Kräuteressig verwendet. Wird frisch oder auch getrocknet beigefügt.

Ingwer: Getrocknete Wurzel einer schon vor 2 000 Jahren bekannten Staude, ursprünglich in Indien und China als Heilmittel und Gewürz geschätzt. Wegen seiner Ausgiebigkeit vorsichtig verwenden – unter anderem zu Birnenkompott und eingemachtem Kürbis, Schweinebraten, Ragouts, Marinaden, Marmelade und Gebäck.

Kaneel: siehe Zimt.

Kapern: Blütenknospen des rings um das Mittelmeer vorkommenden Kapernstrauches, die in einer Essig-Salzlösung in den Handel kommen. Mildes Gewürz für Suppen, Soßen und Salate, vor allem aber für Ragouts und Fleischklopse.

Kardamom: Getrocknete Kapseln des in Vorderindien und auf Ceylon angebauten Kardamomstrauches. Kardamomsaat: die von den Kapseln befreiten kleinen Körner der Frucht. »In der Schale vermahlen«: pulverisierte Kapseln einschließlich der Körner. – Für Gebäck, süße Soßen und Speisen, aber auch als Wurstgewürz.

Kerbel: Nur frisch verwendbares Würzkraut, hocharomatisch. Für Suppen und Soßen und als Beigabe zu Endiviensalat gut geeignet.

Knoblauch: Zwiebeln der Knoblauchpflanze, die in Mittel- und Südeuropa kultiviert wird. In Deutschland bei Nürnberg angebaut. Der durchdringende Knoblauchgeruch (Knoblauchöl wird durch Lunge und Haut ausgeschieden) verlangt sparsamste Dosierung. Zu Hammelfleisch, fettem Fleisch, Soßen und als Wurstgewürz.

Koriander: In der Weihnachtsbäckerei (zum Beispiel Aachener Printen) und als Wurstgewürz verwendetes Gewürz, das schon in Sanskritschriften erwähnt wird. Auch im Currypulver enthalten.

Kümmel: Seit über 5 000 Jahren nachgewiesenes Gewürz mit magenstärkender Wirkung, das aus den getrockneten Spaltfrüchten einer Krautpflanze besteht. Für Suppen und Soßen, Kartoffeln, Gemüse, Fleischgerichte, Quark, Kochkäse und Käsegebäck.

Liebstöckel: Schmeckt durchdringend nach einer bekannten Suppenwürze. Die gefiederten, tiefgrün glänzenden Blätter der bis zu 2 Meter hohen Liebstöckelstaude werden fast immer frisch verwendet.

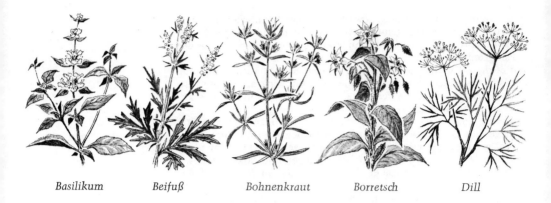

Basilikum   Beifuß   Bohnenkraut   Borretsch   Dill

Lorbeer: Getrocknete Lorbeerblätter (sie sollen noch grün aussehen) und die schwarzblauen Lorbeerfrüchte passen zu eingelegten Gurken und Heringen, Marinaden, Fleisch und Fisch. Nicht überwürzen!

Majoran: Fleischgewürz, besonders zu Hackbraten und pikanten Soßen, auch zu Geflügel. Als Leberwurstgewürz in der Fleischerei unentbehrlich. Verwendbar sind abgestreifte Blätter und Blütenstände.

Muskat: Die Muskatnuß ist der Kern der aprikosenartigen Muskatfrucht, die auf den Molukken und in Westindien angebaut wird. Geriebene Muskatnuß eignet sich zur Geschmacksverbesserung bei herzhaften und süßen Suppen und Soßen, Hackfleisch und Klopsen, Gemüse, Klößen und Gebäck. Der rote, fleischige Samenmantel der Nuß wird als Muskat- oder Macisblüte gehandelt. Pulverisiert dient er zum Würzen von Lebkuchen und anderem Weihnachtsgebäck, Fleischbrühe, Innereien und Wurstwaren.

Nelken: Getrocknete Blütenknospen des bis zu 12 Meter hohen Gewürznelkenstrauchs. Nicht nur für Glühwein und Kompott, sondern auch für Suppen, Gemüse, Fleisch- und Wildgerichte.

Nelkenpfeffer: siehe Piment.

Orangeat: Kandierte und glasierte Schalen der bitteren Orangen und Pomeranzen. Für Gebäck und süße Omeletts.

Paprika: Einjährige Pflanze, die in mehreren Formen gezüchtet wird. Das Paprikagewürz wird aus den getrockneten, länglichen, brennendroten Schoten des Capsicum longum gewonnen. Der »Schärfeträger« Capsaicin sitzt hauptsächlich in den dünnen Scheidewänden der Schoten und in den Samen. Nach dem Zufügen oder Weglassen dieser Bestandteile richtet sich die Schärfe. Es gibt fünf Sorten mit ansteigendem Schärfegrad: Delikateß-Paprika (mild), Edelsüß-Paprika (mild und würzig, am meisten verwendet), Halbsüß-Paprika (von kräftiger Schärfe), Rosenpaprika (extra scharf) und Scharfpaprika (aus minderwertigen Grundstoffen, bei uns nicht im Handel).

Petersilie: Das meistverwendete einheimische Küchenkraut. Nicht mitkochen, sondern erst kurz vor dem Anrichten hinzufügen.

Pfeffer: Wichtigstes Samengewürz. Weißer (geschälter) Pfeffer ist milder als schwarzer Pfeffer. Ganze Pfefferkörner fügt man Marinaden zu, gemahlener Pfeffer wird bei zahlreichen Fleisch- und Fischgerichten, Soßen, Suppen und Gemüsegerichten verwendet.

Piment: Auch Nelkenpfeffer genannt, da der Geschmack dieses mittelamerikanischen Gewürzes zwischen Pfeffer und Nelken liegt. Bei gleicher Würzwirkung weniger scharf als Pfeffer. Für Soßen, Suppen und Aufläufe, Fischsud und Marinaden, Süßspeisen und Gebäck.

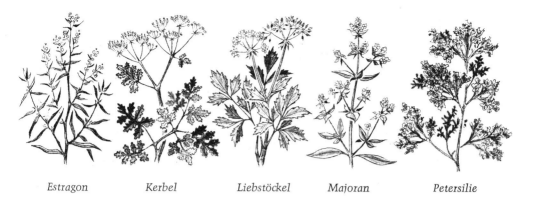

Estragon   *Kerbel*   *Liebstöckel*   *Majoran*   *Petersilie*

Pimpinelle: Nur noch selten verwendetes einheimisches Küchenkraut, wird meistens frisch zum Würzen von Soßen und Suppen benutzt.

Pistazien: Früchte einer am Mittelmeer vorkommenden Pflanze, die bis zu 2 cm lang werden und mandelähnlich schmecken. Für Gebäck und feine Wurstwaren.

Rosmarin: Südeuropäisches Gewürzkraut, mit dessen Blättern man in erster Linie Hammelfleischgerichte würzt.

Safran: Aus den Blütennarben einer westeuropäischen Krokusart hergestelltes Gewürz (Backwerk, Safranreis, Hammelfleisch), das früher auch als Färbemittel eine große Rolle spielte. Für 1 kg trockenen Safran werden bis zu 80 000 Blütennarben gebraucht. Delikat, aber verhältnismäßig teuer.

Salbei: Dalmatinisches Minzkraut, bei manchen Fleischgerichten (Leber, italienische Küche) sehr beliebt.

Schnittlauch: Nur frisch verwendbar; sollte in keinem Haushalt fehlen. Gehört zu den Lauchgewächsen. Zu Suppen, Soßen, Gemüse, Rührei, Quark und vielen anderen Gerichten.

Senfkörner: Samenkörner von Sinapis alba (weißer Senf) werden zum Einmachen von Gurken, für Marinaden und zur Dauerwurstherstellung benutzt. Speisesenf enthält oft auch die schärferen schwarzen Senfsamen.

Thymian: Küchenkraut aus Südamerika, für viele Wurstarten unentbehrlich. Auch zu Hackbraten, Hülsenfrüchten und Tomaten.

Vanille: Schoten einer mittelamerikanischen Orchideenart, die sich einem komplizierten Reifeverfahren unterziehen müssen. Die »Königin der Gewürze« darf beim Kuchenbacken und bei Süßspeisen aller Art nicht fehlen.

Wacholder: Die Beeren des immergrünen Wacholderstrauches brauchen zwei Jahre Reifezeit. Für Soßen, Sauerkrautgerichte und Wild.

Zimt: Ceylon-Kaneel und die weniger hochwertigen Zimtsorten aus Sumatra und China stellt man aus der Rinde einer Lorbeerbaumart her. Stangenzimt wird in meterlangen Stücken geliefert und zum Verkauf in 10-cm-Abschnitte geteilt. Je heller und dünner die Stangen, desto edler die Zimtsorte. Für süße Suppen und Soßen, Kompotte und Gebäck.

Zitronat: Kandierte Schalen der im Mittelmeerraum geernteten Zedratfrüchte. Zitronat ist meistens grün, man nennt es auch Sukkade oder Zedrat. Als Backzutat und Gewürz viel gebräuchlich.

Zitrone: Die Schale der Zitrone ist (dünn geschält oder abgerieben) ein beliebtes Gewürz für Kuchen, Süßspeisen und Getränke.

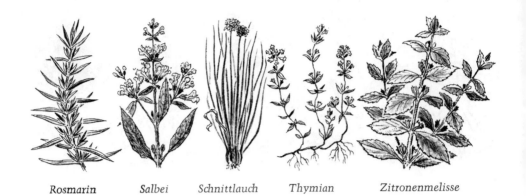

| Rosmarin | Salbei | Schnittlauch | Thymian | Zitronenmelisse |

Zitronenmelisse: Einheimisches Küchenkraut mit kräftiggrünen Blättern, die würzig und zitronenartig riechen. Zum Anrichten von Salaten, aber auch für Fisch- und Fleischgerichte zu empfehlen.
Zwiebel: Unentbehrliches Küchengewürz mit hohem Vitamin-C-Gehalt, zugleich ein altes Hausmittel gegen Schlaflosigkeit. Es gibt kaum ein Gericht, dessen Geschmack sich nicht durch Zwiebelzusatz verbessern läßt. Sorten: Sommerzwiebel (übliche Küchenzwiebel), Winterzwiebel (auch Zipolle genannt, selten im Handel), Perlzwiebel (haselnußgroß, hauptsächlich für Mixed Pickles), Schalotte (besonders milder Geschmack).

Würzsoßen und Soßenwürzen

Unter den Speisewürzen auf dem deutschen Markt, die in flüssiger Form angeboten werden, nimmt Maggi Würze den ersten Platz in der Gunst der Verbraucher ein. Seit einigen Jahren hat sich das aus der englischen und amerikanischen Würztradition stammende Tomatenketchup durchgesetzt, eine kräftige Würzsoße auf der Basis von reifen Tomaten, die in verschiedenen Geschmacksrichtungen angeboten wird. Auch die Worcestersoße stammt aus England, sie enthält verschiedene Pfefferarten, Paprika, Curry und 10 bis 12 weitere Zutaten und dient (tropfenweise) zum Würzen von Ragouts, Fleisch, Fisch und Soßen. Noch schärfer ist die Tabascosoße, mit deren Hilfe man pikante Soßen verfeinern kann. Die in Japan und China weitverbreitete Sojasoße wird im Gärverfahren, das zwischen einem und fünf Jahren dauert, aus gekochten und gemahlenen Sojabohnen hergestellt. Chillisoße gibt es in der milden, ketchupartigen amerikanischen und in der feurigen chinesischen Art. Glutamat-Streuwürze (auch in Würfelform) ist ein geschmacksanhebender Speisezusatz, kein Gewürz. Glutamat ist u. a. in »Fondor« und »Aromat« enthalten.

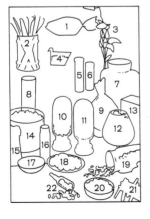

Exotische Gewürze, neben einheimischen Kräutern die Grundlage jeder guten Küche, geben sich ein Stelldichein: 1. Curry, 2. Vanille, 3. Peperoni (eine Paprikaart), 4. schwarzer Pfeffer, 5. Kümmel, 6. weißer Pfeffer, 7. Lorbeerblätter, 8. Piment, 9. Paprika, 10. Kardamom, 11. Koriander, 12. Ingwer, 13. Senfkörner (Senfsaat), 14. Muskatblüte (Macis), 15. Glutamat, 16. Wacholderbeeren, 17. Safran, 18. Muskatnuß, 19. Chillies, 20. Gewürznelken, 21. Kaneel (Zimt) und 22. Pistazien (siehe Kapitel »Gewürze und Kräuter« ab S. 48).

Der Frühstückstisch

Das »Angstbrötchen«, in letzter Sekunde aus Angst vor dem Zuspätkommen mit einem Schluck Kaffee heruntergewürgt, ist ein unglücklicher Start in den Tag. Der Körper braucht gerade am Morgen eine solide Grundlage, und ein gutes Frühstück spürt man den ganzen Tag. Im Gegensatz zu weitverbreiteten »lieben Gewohnheiten« sollte man nach Meinung von Fachleuten, die es wissen müssen:
▶ ein Viertel bis ein Drittel der täglichen Nahrung beim ersten oder zweiten Frühstück zu sich nehmen;
▶ nicht »einseitig« frühstücken (Weißbrot, Kaffee, Marmelade, Butter), sondern sich mit dem Frühstück alle jene Nährstoffe anteilig zuführen, die der Körper braucht.
Der alte Rat »Frühstücke wie ein König« hat also seine Berechtigung. Zum vorbildlichen, abwechslungsreichen Frühstück, für das man sich Zeit lassen sollte, gehören zum Beispiel:
  Milchsuppe oder -brei, Haferflocken, Müsli
  Obstsaft oder Milch oder Kaffee mit Milch oder Kakao
  Vollkornbrot und Semmeln
  Butter und Margarine
  Quark oder Käse oder Ei oder Wurst
  Marmelade oder Honig
  etwas »Frisches«: Tomaten, Radieschen, Schnittlauch.
Das zweite Frühstück könnte aus einem Apfel oder einer Mohrrübe, Butter- oder Wurstbrot und Milch bestehen. Solch ein »ausführliches« Frühstück erlaubt es, die Portionen beim Mittag- und Abendessen sparsamer zu bemessen.
Zum abwechslungsreichen Frühstück passen Milchmischgetränke (S. 392), Frischkostsalate (S. 114) und Brotaufstriche (S. 309, ab S. 324). Besonders beim Frühstück für Kinder sollten Obst und Haferflocken nicht fehlen. Auch wer schlank werden oder bleiben will, sollte es mit

Der einladend zum Sonntagsfrühstück oder Brunch gedeckte Tisch zeigt Quark-Pampelmusen (Rezept S. 58), gefülltes Weißbrot (oben rechts, Rezept S. 58) und Würstchen im Blätterteigmantel (oben links, Rezept S. 58). Frischkost sollte auch beim Frühstück nicht fehlen.

Auch auf dem Frühstückstisch hat die Technik ihren Einzug gehalten. Kaffeemaschine und automatischer Brotröster sind Beispiele dafür.

Hafernährmitteln versuchen. Schon in einem Buch über Krankenkost aus dem Jahre 1715 wird »denen gar fetten Leuten, die gerne abnehmen wollen«, die »Haberbrot-Kost« angeraten.

Kollath-Frühstück siehe S. 346.

Pro Person:
2 bis 3 Eßlöffel Haferflocken, 1/4 l heiße Milch
2 Eßlöffel Trockenobst
1 Teelöffel Honig
geriebene Nüsse

Haferflocken-Frühstück *Foto siehe rechte Seite*

Haferflocken mit Milch übergießen und mit zerkleinertem Obst (zum Beispiel getrocknete Datteln, Feigen, Aprikosen, Äpfel oder Rosinen) vermengen. Mit Honig abschmecken, mit Nüssen bestreut auf den Tisch bringen. Dazu Knäcke- oder Vollkornbrot, Milch oder Tomatensaft. – Abwandlung: heiße Milch durch 1/4 l Butter- oder Sauermilch oder Joghurt, kalt verwendet, ersetzen.

250 g Magerquark
3 bis 4 Eßlöffel saure Sahne
je 1 Eßlöffel gehackte Zwiebeln und Kräuter
Paprika, Vollkornbrot
Radieschen, gehackter Schnittlauch

Frischkostbrote *Foto siehe rechte Seite*

Quark mit Sahne cremig rühren, Zwiebel und Kräuter unterheben. Beliebig geschnittenes Vollkornbrot damit bestreichen. Teils mit Radieschenscheiben, teils mit Radieschenraspel belegen, teils mit Schnittlauch bestreuen. Nach Belieben mit Paprika bestreuen und mit Käsegebäck garnieren. Dazu gekochte Eier, Kakao oder Milch.

Pro Person:
2 Scheiben Weißbrot
1/2 Päckchen Doppelrahm-Frischkäse (30 g)
gekochter Schinken
Dosenobst (Pfirsich, Kirschen, Mandarinen)

Krankenfrühstück *Foto S. 58*

Eine Brotscheibe mit Frischkäse bestreichen, 1/2 Pfirsich und 1 Kirsche darauflegen. Zweite Brotscheibe leicht buttern, mit geschnittenem Schinken (zu fette Stellen wegschneiden) und Mandarinenspalten belegen. Dazu ein Schüsselchen mit gedünstetem Obst und eine Tasse Tee oder Milch. (Auch roher Schinken und Rauchfleisch sind geeignet.)

Vollkornbrot, Kräcker
Butter, 2 Bananen
125 g Quark
Zucker, 1 Eigelb
Marmelade, Honig

Kinderfrühstück *Foto S. 58*

Vollkornbrotscheiben beliebig teilen. Quark süßen und mit Eigelb verrühren, die Brote damit bestreichen und mit Bananenscheiben belegen. Kräcker buttern, wahlweise mit Marmelade und Honig bestreichen. Dazu Kakao und ein paar Apfelschnitze.

Sonntagsfrühstück Brunch *Farbfoto S. 54*

In den USA hat sich die Sitte eingebürgert, am Sonntag auf die herkömmliche Mahlzeitenfolge zu verzichten und Frühstück *(Breakfast)* und Mittagessen *(Lunch)* zum »Brunch« zu kombinieren. Für dieses Sonntagsfrühstück gibt es keine allgemeingültigen Regeln. Wichtigster Grundsatz ist eine vielseitige, bunte und originelle Speisefolge.

Nußporridge mit frischem Obst

Haferflocken mit Milch zum Kochen bringen, ausquellen lassen, mit Honig, Salz und Butter abschmecken, in Schälchen füllen. Den Rand der Speise mit gemahlenen Nüssen oder Mandeln bestreuen, die Mitte mit frischen Früchten oder Marmelade garnieren.

³/₄ l Milch
120 g Haferflocken
Salz, Honig, Butter
75 g Nüsse oder Mandeln
Früchte oder Marmelade

Allgäuer Hirtenfrühstück *Foto siehe unten*

Aus Mehl, Milch, Eiern und Salz einen Eierkuchenteig rühren. In der Pfanne Fett heiß werden lassen, zunächst die Hälfte des Teiges hineingeben, auf einer Seite backen und wenden. Mit Käseflöckchen und dünnen Tomatenscheiben belegen und mit gehackter Petersilie bestreuen. Pfanne zudecken, damit der Käse leichter schmilzt, und den Eierkuchen bei milder Hitze goldgelb backen. Halb zusammengeklappt mit Tomatenketchup anrichten. Zweite Teighälfte ebenso behandeln.

2 Eier, 30 g Mehl
2 Eßlöffel Milch, Salz
Füllung:
1 Ecke (62,5 g) Streichschmelzkäse, 2 Tomaten
gehackte Petersilie,
Bratfett, Tomatenketchup

Speckpfannkuchen

Haferflocken mit der Milch verrühren, 15 Minuten ausquellen lassen. Eier, Salz und Mehl hineinrühren. In Streifen geschnittenen Speck (in 4 Portionen unterteilt) in der Pfanne glasig braten, Teig darübergeben, von beiden Seiten goldbraun backen.

200 g Haferflocken
³/₈ l Milch, 50 g Mehl
3–4 Eier, Salz
150 g durchwachsener Speck

Frischkostbrote (links, Rezept S. 56) sind ein guter Start in den Tag. Wer etwas Kräftiges bevorzugt, probiert das Allgäuer Hirtenfrühstück (Mitte, Rezept siehe oben). Rechts: Haferflockenfrühstück (S. 56).

1 Packung (250 g) tiefgekühlter Blätterteig 2 Knackwürstchen 1 dicke Scheibe Käse 1 Scheibe gekochter Schinken, Eigelb zum Bestreichen	**Würstchen im Blätterteigmantel** *Farbfoto S. 54* Blätterteig auftauen, etwa messerrückendick ausrollen, zu acht gleich großen Dreiecken schneiden. Würstchen, Käse und Schinken zu Streifen schneiden, den Teig damit belegen und so zusammenrollen, daß eine Dreieckspitze in der Mitte der Rolle den Abschluß bildet. Mit Eigelb bestreichen, bei guter Mittelhitze etwa 20 bis 25 Minuten backen.
2 Pampelmusen 1 Mandarine 375 g beliebige Früchte (z. B. Erdbeeren, Kirschen) 250 g Quark ca. 100 g Zucker	**Quark-Pampelmusen** *Farbfoto S. 54* Pampelmusen halbieren, Fruchtfleisch vorsichtig auslösen, Rand der Pampelmusenhälfte mit scharfem Messer auszacken. Etwa $1/2$ des Fruchtfleisches und $2/3$ der übrigen Früchte klein schneiden. Quark mit dem Saft des restlichen Pampelmusenfleisches verrühren und zuckern, Früchte unterheben, in die Schalen füllen, mit Früchten garnieren.
$1/2$ Meterbrot vom Vortag 50 g Butter, 375 g Sahnequark, 50 g Gewürzgurken 100 g gekochter Schinken 50 g Emmentaler Käse 1 Eßlöffel Schnittlauch 4 Blatt weiße Gelatine etwas Milch, Salz, Paprika Zucker, Petersilie Radieschen	**Gefülltes Weißbrot** *Farbfoto S. 54* Gurken, Schinken und Käse würfeln, mit dem gehackten Schnittlauch, Butter und Quark verrühren. Gelatine in wenig kaltem Wasser quellen lassen, in wenig heißer Milch lösen und mit der Quarkmasse vermengen. Weißbrot vorsichtig aushöhlen, die Füllung hineingeben. 3 Stunden in den Kühlschrank stellen, in Scheiben schneiden.

Blick in andere Frühstücksländer

In Österreich ist neben dem herkömmlichen ersten Frühstück mit Kipfeln und Brezeln das gegen 10 oder 11 Uhr eingenommene »Gabelfrühstück« beliebt. Es besteht zum Beispiel aus Würstchen, kaltem Fleisch mit Meerrettich oder einem kräftigen Saftgulasch. Zum Frühstück auf französische Art gehören knusprige Brioches (S. 416), frische Croissants (Hörnchen) und Kaffee mit viel heißer Milch. Das englische Frühstück (Breakfast) setzt sich in der Regel aus sehr nahrhaften Dingen zusammen: Porridge (S. 57), gegrillte Hammelkoteletts oder Nierchen, Spiegeleier auf knusprig gebratenem Speck, dünne Toastscheiben mit Butter und Orangengelee, dazu Fruchtsaft und Tee.

Leicht, bekömmlich und dabei abwechslungsreich ist das Krankenfrühstück (links). Rechts: Kinderfrühstück (Rezepte siehe S. 56).

Die Suppenküche

»Die Suppe ist eine gesunde, leichte, nahrhafte Speise, die aller Welt zusagt«, definierte Brillat-Savarin. »Sie erfreut den Magen, wirkt appetitanregend und bereitet die Verdauung vor.« Im gleichen Atemzug empfahl der große Küchentheoretiker aber auch »Leuten, die zur Fülle neigen«, sich mit klarer Fleischbrühe zu begnügen, also auf gebundene und allzu nahrhafte Suppen zu verzichten. Diese etwas zwiespältigen Erkenntnisse wirken bis heute fort. Während man in manchen Familien auf den Wahlspruch »Wer lange suppt, lebt lange« schwört, kann man andernorts geradezu vom »notleidenden Suppentopf« sprechen, weil die Suppe der schlanken Linie geopfert wurde. Dabei hat erst kürzlich eine Umfrage ergeben, daß zumindest die Männer großen Wert auf eine feine Suppe legen. Die richtig gewählte Suppe soll die Mahlzeit nicht nur einleiten oder bereichern, sie kann auch den Nährwert des ganzen Menüs erhöhen und ausgleichend wirken, wenn man zum Beispiel vor einer Mehlspeise eine Gemüsesuppe oder vor einem vitaminarmen Gericht eine Obstkaltschale mit frischen Früchten reicht. Immer wird man darauf achten müssen, daß die Suppe in Farbe, Geschmack und Konsistenz von den folgenden Gerichten abweicht. (Vor Hühnerfrikassee also keine Reissuppe, vor Rindfleisch keine Ochsenschwanzsuppe.) Weitere Tips für die Suppenküche:

▶ Suppengrün (Wurzelzeug) besteht aus 1 Mohrrübe, 1 Stange Porree, 1 Stückchen Sellerie, 1 Petersilienwurzel.

▶ Geschnittene oder gehackte Kräuter nicht mitkochen, sondern erst kurz vor dem Anrichten zur Suppe geben.

▶ Eigelb zum Legieren mit kalter Flüssigkeit verschlagen und erst in letzter Minute mit der vom Feuer genommenen Suppe verrühren, nicht mitkochen.

▶ Suppenwürfel und -würzen sind häufig schon gesalzen, deshalb Salz besser erst nach dem Abschmecken zufügen.

KLARE SUPPEN

Die Brühe wird besonders kräftig, wenn man Fleisch, Knochen und die übrigen Zutaten mit kaltem Wasser aufsetzt. Soll das Fleisch allerdings saftig bleiben, weil man es für das Hauptgericht braucht, gibt

Grießklößchen (Grießnockerl) werden mit einem Teelöffel abgestochen und über schwacher Hitze gegart (links). Eierteig (Mitte) kann man durch ein Sieb in kochende Brühe oder heißes Fett drücken. Zum Schneiden und Hacken von Küchenkräutern (rechts) sollte man immer ein Brettchen mit Kunststoffbelag nehmen.

man es in kochendes Wasser. Nach dem Garen nimmt man es sofort aus der Brühe. Das Suppengrün bleibt nicht für die ganze Kochdauer im Topf. Entweder legt man es gebündelt hinein und nimmt es nach einer Stunde wieder heraus, oder man fügt es erst hinzu, wenn das Fleisch schon fast gar ist und kocht es nur während der letzten 30–50 Minuten mit. Das zweite Verfahren ist vorzuziehen, wenn das feingeschnittene Suppengrün nicht abgeseiht werden, sondern in der Suppe bleiben soll.

250 g Rinderknochen (am besten Markknochen) 375 bis 500 g Rindfleisch 2 l Wasser, Salz, Suppengrün, 1 Zwiebel, 1 Tomate 1 Stückchen Lorbeerblatt, Petersilie

Klare Fleischbrühe Farbfoto S. 71

Fleisch und Knochen mit Wasser kalt aufsetzen. Kurz nach dem ersten Aufkochen auf schwache Hitze schalten, 60 Minuten weiterkochen lassen. Suppengrün, Zwiebel, Tomate und Lorbeerblatt hineingeben, weitere 50 bis 90 Minuten kochen lassen. Trocken geröstete Zwiebel gibt der Brühe eine goldgelbe Farbe. Durchseihen, salzen, nach Belieben Suppeneinlage hineingeben, nochmals kurz ziehen lassen, mit Petersilie bestreut servieren.

800 g Rindfleisch 500 g Rinderknochen 2 l Wasser, Suppengrün, 1 Zwiebel, 4 Pfefferkörner 1/2 Lorbeerblatt 1 Eßlöffel Kräuter Salz, 3 Eiweiß

Consommé double *Extrastarke Kraftbrühe*

Fleisch von den Knochen lösen und durch den Fleischwolf drehen (grobe Scheibe). Knochen mit kaltem Wasser aufsetzen, zum Kochen bringen und auf kleiner Flamme weiterkochen lassen. Inzwischen das zerkleinerte Fleisch mit geschnittener Zwiebel, Suppengrün und Eiweiß gut vermengen, nach 60 Minuten Kochzeit nach und nach der Brühe zugeben, milde würzen und etwa 2 Stunden auf kleiner Flamme kochen. Gehackte Kräuter nur etwa 15 Minuten mitkochen. Durch ein Tuch seihen und mit Kräutern bestreut servieren oder eine Einlage hineingeben. Bei Bedarf nach dem Durchseihen entfetten.

Knochenbrühe

Die vom Fleischer zerteilten Knochen gut waschen, mit kaltem Wasser aufsetzen, etwa 3 Stunden kochen. Suppengrün, Tomate und Zwiebel hinzufügen, weitere 60 Minuten kochen. Durchseihen, salzen, nach Belieben Suppeneinlage hineingeben oder zu gebundener Suppe weiterverarbeiten. Das zweite Verfahren empfiehlt sich vor allem, wenn die Brühe zu trübe ausgefallen ist.

500 bis 750 g Rinderknochen, 2 l Wasser, Salz Suppengrün, 1 Zwiebel 1 Tomate

Feine Knochenbrühe

Knochen waschen und zerhacken (bzw. vom Fleischer zerkleinern lassen), mit Innereien, Fleischfett, Suppengrün, Zwiebel und Tomate in heißem Fett von allen Seiten anrösten. Mit kaltem Wasser auffüllen, salzen und etwa 3 Stunden kochen. Durchseihen, mit gehackter Petersilie bestreut servieren oder durch Einlagen anreichern.

Zutaten wie Knochenbrühe; außerdem ca. 200 g Innereien (Leber, Herz, Milz), etwas Fleischfett vom Rind gehackte Petersilie

Hühnerbrühe Farbfoto S. 143

Huhn vorbereiten, mit Magen und Herz in kaltem, leicht gesalzenem Wasser aufsetzen, zum Kochen bringen und (je nach Alter des Tieres) 1 bis 3 Stunden auf kleiner Flamme kochen. In den letzten 30 Minuten Zwiebel und Suppengrün mitkochen. Das Huhn ist gar, wenn sich das Fleisch leicht von den Knochen lösen läßt. Herausnehmen, die Brühe durchseihen und abschmecken. Hühnerfleisch entweder fein schneiden und in die Brühe geben oder zu Frikassee, Nudelsuppe mit Huhn, Geflügelsalat o. ä. weiterverarbeiten. Zu fette Brühe nach dem Erkalten entfernen. (Ebenso: Taubenbrühe aus 2 Täubchen.)

*1 Suppenhuhn
ca. 2 l Wasser
1/2 Zwiebel
1/2 Portion Suppengrün
Salz, gehackte Petersilie*

Geflügelkleinbrühe

Anstelle von Suppengeflügel kann man auch Geflügelklein (Hals, Flügel, Magen, Herz) zu Geflügelbrühe verarbeiten, das man von Bratgeflügel zurückbehalten hat. Wenn die Menge nicht ausreicht, nimmt man noch etwas Kalbfleisch dazu.

Klare Gemüsebrühe

Gemüse waschen, putzen und fein schneiden, in Fett anrösten, mit kaltem Wasser aufgießen und 25 bis 35 Minuten kochen. Durchseihen und abschmecken, mit gehackten Kräutern bestreut servieren. Nach Belieben kann man das feingeschnittene Gemüse auch in der Suppe lassen.

*350 bis 500 g Gemüse (auch Gemüsereste)
1 Zwiebel, 40 g Fett
Salz, 1 1/2 l Wasser
2 Eßlöffel gehackte Kräuter
Suppenwürze*

SUPPENEINLAGEN

Einlagen machen eine Suppe kräftiger und nahrhafter. Man kann sie sowohl in der Brühe (Trübungsgefahr!) als auch gesondert in Salzwasser garen. Bei fertig gekauften Einlagen (Fadennudeln, Sternchen) rechnet man 60 bis 80 g auf 1 l Suppe.

Reissuppe

Reis mehrmals waschen, mit etwa 3/8 l Wasser aufsetzen, zum Kochen bringen und bei schwacher Hitze in 18 Minuten ausquellen lassen. In ein Sieb geben, rasch mit kaltem Wasser abspülen und mit der heißen Brühe vermengen.

60 bis 80 g Reis

40 bis 50 g Grieß

Grießsuppe

Grieß unter ständigem Rühren langsam in die kochende Brühe streuen, am sichersten durch die Spitze einer rasch zusammengedrehten Papiertüte. Auf kleiner Flamme in etwa 10 Minuten gar quellen lassen. Nach Belieben mit Eigelb legieren.

125 g Mehl, 1 bis 2 Eier
¼ l Milch, 1 Prise Salz
Backfett

Flädle *Frittaten Foto siehe unten*

Eier und Milch gut verquirlen, nach und nach das Mehl dazugeben, leicht salzen. Aus dem Teig dünne Pfannkuchen backen, in breite Bänder und dann in feine Streifen schneiden und auf die Teller verteilen. Mit heißer Brühe übergießen.

100 g Rindermark
1 Ei, 100 g Semmelmehl
gehackte Petersilie
Salz, Muskatnuß

Markklößchen *Foto siehe unten*

Rindermark schmelzen, durch ein feines Sieb geben und erkalten lassen, dann schaumig rühren. Ei, Petersilie und Semmelmehl unterrühren, mit Salz und Muskatnuß abschmecken. Falls die Masse nicht fest genug wird, noch etwas Semmelmehl unterkneten. Klößchen abstechen, in die kochende Brühe legen und in etwa 10 Minuten garen.

125 g Rinderleber
30 g Speck oder Nierenfett
2 altbackene Semmeln
2 bis 3 Eßlöffel Milch
Semmelmehl
1 kleine Zwiebel, 1 Ei
Salz, Pfeffer, Majoran

Leberknödel *Foto siehe unten*

Semmeln in Milch einweichen und fest ausdrücken, zusammen mit Leber, Speck oder Nierenfett und Zwiebel durch den Fleischwolf drehen. Mit Ei und Gewürzen verkneten, bei Bedarf etwas Semmelmehl zugeben. Mit nassen Händen kleine Knödel formen und in Salzwasser 10 bis 20 Minuten (je nach Größe) garen, dann in die Brühe legen. – Leberknödel als Hauptgericht (zum Beispiel zu Sauerkraut): doppelte Menge aller Zutaten verarbeiten, größere Knödel formen und in kochendem Salzwasser garen.

Drei sehr beliebte Suppeneinlagen: Leberknödel (links), Markklößchen (Mitte) und Flädle, auch Frittaten genannt (Rezepte siehe oben).

Zwei Möglichkeiten, Suppen zu binden: Mehl wird mit kalter Flüssigkeit verquirlt und in die kochende Brühe eingerührt (links); Mehl wird in heißem Fett angeschwitzt (Mitte) und langsam mit Wasser oder Brühe abgelöscht (rechts) zur Einbrennsuppe (Rezept S. 65).

Eierstich

Eier und Milch gut verquirlen, mit Salz und Muskat (nach Belieben gehackte Kräuter hinzufügen) abschmecken. In ein gebuttertes Förmchen füllen, 15 bis 20 Minuten im Wasserbad stocken, kurz abkühlen lassen. Vorsichtig stürzen, in Streifen oder Würfel schneiden und in die heiße Brühe geben.

*2 Eier, 1/8 l Milch
Salz, Muskat, etwas Butter*

Einlauf

Eier, Mehl und Wasser zu dünnflüssigem Teig verrühren, mit Salz und Muskat abschmecken. In die stark kochende Brühe tropfenweise einlaufen lassen, bei schwacher Hitze etwa 5 Minuten ziehen lassen.

*2 Eier, 2 Eßlöffel Mehl
1 bis 2 Eßlöffel Wasser
Salz, Muskat*

Riebele

Ei, Salz und Mehl zu einem sehr festen Nudelteig verarbeiten, den man auf einem groben Reibeisen (immer nach einer Richtung) abreibt. Etwa 2 Stunden trocknen lassen, in die Brühe streuen und etwa 10 Minuten aufkochen, bis die Riebele an die Oberfläche steigen. Die fertige Suppe mit Schnittlauch bestreuen.

*1 Ei, ca. 100 g Mehl
Salz, Schnittlauch*

Spätzle

Aus Mehl, Salz, Ei und etwas Wasser Spätzle zubereiten, in die kochende Brühe geben und 5 bis 10 Minuten ziehen lassen.

*150 g Mehl, 1 Ei
Salz, etwas Wasser*

Suppennudeln

Aus Mehl, Eier, Wasser und Salz einen festen Nudelteig kneten, 30 Minuten ruhen lassen, in Portionen (3 bis 4) teilen, jede für sich dünn ausrollen und 20 Minuten trocknen lassen. Vorsichtig zusammenrollen, beliebig breite Nudeln schneiden, 30 Minuten trocknen lassen. In kochendem Salzwasser etwa 10 Minuten garen, abschrecken, gut abtropfen lassen und in Fleisch- oder Geflügelbrühe geben.

*200 g Mehl, 1 bis 2 Eier
etwas Wasser, 1 Prise Salz*

Zu Fleischbrühe in Tassen kann man in Fett gebackene Käsebällchen reichen (links, Rezept siehe unten). Rechts: Gebundene Ochsenschwanzsuppe (Rezept S. 67), mit Rotwein pikant abgeschmeckt.

$1/8$ l Milch, 30 g Butter
65 g Mehl, 1 bis 2 Eier
Salz, Muskat

Schwemmklößchen Farbfoto S. 498

Zutaten zu Brandteig (S. 438) verarbeiten, mit feuchtem Teelöffel Klößchen abstechen und in einigen Minuten in der Brühe garen.

2 Eier, etwas Milch
60 bis 70 g Mehl
Salz, Muskat
Ausbackfett

Gebackene Teigtropfen

Eier, Milch, Mehl, Salz und Muskat zu einem dickflüssigen Teig verarbeiten, portionsweise durch ein Sieb mit großen Löchern in heißes Ausbackfett rühren, so daß kleine, gebackene Tropfen entstehen. Herausnehmen, abtropfen lassen und heiß in die Brühe legen.

60 g Butter, 1 bis 2 Eier
100 bis 125 g Grieß
Salz, Muskat

Grießnockerl

Butter schaumig rühren, nach und nach Grieß und Eier zugeben, würzen und 30 Minuten ruhen lassen. Mit dem Teelöffel Nockerl abstechen, in die kochende Brühe geben und 10 bis 15 Minuten bei schwacher Hitze ziehen lassen. Die Nockerl sind fertig, wenn sie innen noch einen gelben Kern zeigen.

125 g Fleisch oder Fleischreste, 1 kleine Zwiebel
1 Ei, $1/2$ eingeweichte, ausgedrückte Semmel (oder 3–4 Eßlöffel Semmelmehl), Salz, Pfeffer
Petersilie

Fleischklößchen

Fleisch, Zwiebel und Semmel durch den Wolf drehen (oder im Mixer verarbeiten, dann aber nur $1/2$ Zwiebel nehmen), mit dem Ei durchkneten, salzen, pfeffern und gehackte Petersilie hineingeben. (Semmelmehl erst nach dem Zerkleinern mit dem Fleisch verkneten.) Aus der Masse Klößchen formen und in Fleischbrühe gar ziehen lassen. Abwandlung: Statt Fleisch oder Fleischreste Hackfleisch verwenden.

100 g Mehl, 50 g Butter
2 Eier, etwas Wasser
40 g Reibkäse
Backfett

Käsebällchen Foto siehe oben

Aus Butter, Wasser, Mehl, Salz, Käse und Eiern einen Brandteig (S. 438) zubereiten, mit angefeuchtetem Teelöffel Klößchen abstechen und in heißem Fett goldbraun backen. Gesondert zu Fleischbrühe reichen.

GEBUNDENE SUPPEN

Eine kräftige Fleischbrühe ist auch die ideale Grundlage der gebundenen Suppe. Steht sie nicht zur Verfügung, kann man sich mit Würfelbrühe helfen oder die fast fertige Suppe mit Suppenwürze oder -würfeln würzen. Mit Eigelb- oder Sahnelegierung kann man fast jede gebundene Suppe verbessern, ebenso mit Butter oder Reibkäse.

Helle Einbrennsuppe

Aus Mehl und Fett helle Einbrenne zubereiten, Zwiebel dazugeben, mit Brühe auffüllen, gut verrühren und etwa 15 Minuten kochen. Ei mit Sahne verquirlen, die Suppe damit legieren, salzen. Mit Petersilie bestreut anrichten.

*40 g Mehl, 40 g Fett
1 Teelöffel gehackte Zwiebel, 1¼ l Brühe
1 Eßlöffel Sahne oder Dosenmilch, 1 Ei, Salz
gehackte Petersilie*

Dunkle Einbrennsuppe

Aus Mehl und sehr heißem Fett dunkle Einbrenne zubereiten, Zwiebel dazugeben und kurz mitrösten, mit Brühe aufgießen, 20 bis 30 Minuten kochen, mit Salz und Rotwein abschmecken.

*40 g Fett, 60 g Mehl
1 Teelöffel gehackte Zwiebel, 1¼ l Brühe
Salz, etwas Rotwein*

Schleimsuppe

Haferflocken, Reis oder Graupen kalt aufsetzen, zum Kochen bringen, bei schwacher Hitze garen. Passieren, mit Salz und Muskat würzen.

*50 g Haferflocken,
Reis oder Graupen
1 l Wasser
Salz, Muskat*

Echte Schildkrötensuppe

Inhalt der Dose erhitzen, aber nicht aufkochen. Mit Sherry abschmecken und in vorgewärmten kleinen Tassen servieren. – Abwandlung: Auf jede Tasse eine Haube aus geschlagener Sahne setzen, mit Curry bepudern, kurz im Ofen oder Grill überbacken.

*1 Dose Schildkrötensuppe
etwas Sherry*

Grieß kann man durch die Spitze einer Papiertüte in die kochende Brühe einlaufen lassen (links). Suppe läßt sich (ebenso wie gedünstetes Sauerkraut) auch mit geriebener roher Kartoffel binden (rechts).

Kräftige Suppen, lecker angerichtet. Links: Königinsuppe, mit Mohrrübenscheibchen garniert (Rezept siehe unten). Krabben-Fischsuppe (rechts, Rezept S. 68) ist etwas für Liebhaber würziger Fischgerichte.

500 g Kalbsknochen
100 g Schinken
Suppengrün
1/2 Lorbeerblatt
1 Nelke, Pfefferkörner
40 g Fett, 1 l Fleischbrühe
1 Glas Weißwein
1 Eßlöffel Tomatenmark
12 g Speisestärke, Salz
1 Schuß Madeira, Pfeffer
1/2 Dose Champignons

Mockturtlesuppe *Falsche Schildkrötensuppe Farbfoto S. 72*

Kalbsknochen und Schinken mit Suppengrün, Lorbeerblatt, Nelke und Pfefferkörnern in Fett braun anbraten, mit Brühe auffüllen, 1 Stunde kochen und durchseihen. Mit kalt angerührter Speisestärke binden, Weißwein und Tomatenmark hineingeben, kurz aufkochen. Mit Salz, Pfeffer und Madeira (oder Weinbrand) pikant abschmecken. Das von den Knochen abgelöste Fleisch und die Champignons fein schneiden, als Einlage in die Suppe geben. Mockturtlesuppe wird wie Schildkrötensuppe in kleinen Tassen (siehe Farbfoto) angerichtet. Sie eignet sich besonders als Vorgericht für ein leichtes Abendessen oder auch als Mitternachtsimbiß.

40 g Mehl, 40 g Butter
1 l Hühnerbrühe
Suppengrün, Salz
Muskat, 1 Eigelb
etwas Weißwein
2 Eßlöffel Sahne
Hühnerfleischreste

Königinsuppe *Foto siehe oben*

Mehl in Butter schwitzen, mit Brühe auffüllen, feingeschnittenes Suppengrün dazugeben und zum Kochen bringen. Auf kleiner Flamme weiterkochen, bis das Gemüse gar ist. Mit Salz und Muskat abschmecken, Eigelb mit Weißwein oder Zitronensaft und Sahne oder Dosenmilch verquirlen, in die heiße, vom Feuer genommene Suppe rühren. Hühnerfleisch fein schneiden und in die Suppe legen.

1/2 Suppenhuhn
40 g Mehl, 40 g Butter
Suppengrün, Salz
Muskat, 1 Prise Curry
3 Eßlöffel Sahne
oder Dosenmilch
1 kleine Dose
Champignons
2 Eßlöffel Weißwein

Hühnercremesuppe

Huhn in etwa 1 1/4 l Wasser mit Salz und Suppengrün gar kochen, herausnehmen, Fleisch von den Knochen lösen. Größere Fleischteile in feine Streifen schneiden und warm stellen, kleine Fleischteile durch den Wolf drehen. Mehl in der Butter schwitzen, mit der abgesiebten Brühe auffüllen, das zerkleinerte Hühnerfleisch dazugeben, etwa 10 Minuten gut durchkochen und passieren. Mit Sahne legieren, mit Salz, Muskat und wenig Curry abschmecken, Weißwein und Pilzbrühe hineinrühren. Zum Schluß das in Streifen geschnittene Hühnerfleisch und die blättrig geschnittenen Champignons hineingeben, in der Suppe heiß werden lassen. In Suppentassen zu Tisch geben.

Die zarten Gemüse des Frühsommers geben sich ein Stelldichein in der Bunten Gemüsesuppe (links, Rezept S. 69). Rechts: Eine schnell zu bereitende Allgäuer Käsesuppe (Rezept S. 68), stilgerecht serviert.

Gulaschsuppe

Fleisch würfeln, mit den ebenfalls gewürfelten Zwiebeln in Schmalz andünsten, mit etwas Mehl bestäuben, kurz anrösten. Tomatenmark und gehackten Kümmel dazugeben, mit Wasser auffüllen, garen. Mit Salz, Paprika und Majoran abschmecken. – Gulaschsuppe ist ein vorzüglicher Mitternachtsimbiß für Gäste, sollte dann aber noch pikanter (Tomatenketchup, Worcestersoße) abgeschmeckt werden. Dazu Weißbrot oder Semmeln.

*350 g Rindfleisch
3 Zwiebeln
50 g Schweineschmalz
15 g Mehl
1 kleine Dose Tomatenmark, ³/₄ l Wasser
Salz, Rosenpaprika
Kümmel, Majoran*

Ochsenschwanzsuppe *Foto S. 64*

Ochsenschwanz an den Gliedern zerteilen (oder den Fleischer darum bitten, es gleich beim Einkauf zu tun), gut abspülen, abtrocknen und mit Suppengrün in Fett und Speck gut braun anrösten. Mit kaltem Wasser auffüllen, würzen, 2 Stunden kochen lassen. Den Ochsenschwanz herausnehmen, der Suppe nußbraune Mehlschwitze, Tomatenmark und Rotwein beifügen, Fleisch wieder hineingeben, gar kochen, Suppe durchseihen und das von den Knochen gelöste Fleisch als Einlage verwenden.

*500 g Ochsenschwanz
80 g Speck oder Speckreste
Suppengrün, Pfeffer
2 Eßlöffel Mehl, Bratfett
Lorbeerblatt, Salz
1 Teelöffel Tomatenmark
1¹/₄ l Wasser, Rotwein*

Wildsuppe

Zubereitung nach dem Rezept für Ochsenschwanzsuppe, aber Wildknochen (Hase, Reh) und Reste von Wildfleisch nehmen. Falls Wildknochen und -fleisch nicht ausreichen, etwas Rindfleisch dazunehmen. Nach Belieben 100 g Pilze andünsten, 15 Minuten mitkochen.

Brotsuppe

Brot zerbröckeln und einweichen; Zwiebel und Suppengrün in Fett anrösten, das gut ausgedrückte Brot dazugeben, mit Brühe auffüllen, 20 bis 30 Minuten kochen. Passieren, salzen, mit Sahne verrührtes Eigelb hineingeben. Mit Petersilie bestreut anrichten.

*150 g Schwarzbrot, Fett
Suppengrün, 1 Zwiebel
1¹/₄ l Fleischbrühe
1 Eigelb, 2 Eßlöffel Sahne
Salz, gehackte Petersilie*

Erbsensuppe mit Würstchen (links, Rezept S. 70), mit gerösteten Weißbrotwürfeln angerichtet, ist ein beliebtes Wintergericht. Rechts: Gurkensuppe mit Weißwein (Rezept S. 70), Kartoffelwürfeln und Sahne.

750 g Fischreste,
-köpfe und -gräten
1/4 l Weißwein, 1 l Wasser
30 g Butter, 30 g Mehl
Salz, Suppengrün
1 Zwiebel, 1 Lorbeerblatt
Petersilie, 2 Pfefferkörner
1 Eigelb, etwas Bratfett

Fischsuppe

Fischreste mit Weißwein, Wasser, Butter und Salz etwa 25 Minuten kochen, dann abgießen. Verwendbares Fischfleisch zerpflücken oder in Streifchen schneiden, warm stellen. Suppengrün und Zwiebel in Fett anrösten, mit Mehl bestäuben und mit Fischbrühe aufgießen, Lorbeerblatt, Pfefferkörner und Petersilie hinzufügen, etwa 15 Minuten kochen. Durchseihen, abschmecken, mit Eigelb legieren und das Fischfleisch hineingeben. Dazu Toast oder Weißbrot.

3 geschnittene Zwiebeln
2 Eßlöffel Öl, feingeschnittenes Suppengrün
375 g kleingeschnittene Kartoffeln
1 Knoblauchzehe
1 Lorbeerblatt, Thymian
1 kleine Dose Tomatenmark, 1 l Fleischbrühe
375 g Fischfilet
100 g Krabbenfleisch
2 Teelöffel Speisestärke
Salz, Pfeffer, Weißwein

Krabben-Fischsuppe Foto S. 66

Zwiebeln in Öl goldbraun rösten, dann Suppengrün, Kartoffeln, Knoblauch, Lorbeerblatt, Thymian und Tomatenmark zugeben, kurz im Zwiebelöl dünsten. Mit Brühe auffüllen, etwa 15 Minuten kochen. Fischfilet vorbereiten, in kleine Stücke schneiden, sorgfältig alle Gräten herausnehmen. Fischstücke in die Brühe geben und aufkochen. Krabbenfleisch hinzufügen, die Suppe auf kleiner Flamme 15 Minuten ziehen lassen. Mit kalt angerührter Speisestärke binden, mit Salz, Pfeffer und Weißwein (oder Zitronensaft) abschmecken. Dazu Semmeln. – Anstelle von Fleischbrühe kann auch Fischbrühe zum Auffüllen verwendet werden. Verfeinerung: Zusätzlich einige Scampi hineingeben.

Hamburger Aalsuppe siehe S. 493; Bouillabaisse siehe S. 504.

50 g Butter, 50 g Mehl
1 l schwach gewürzte Fleischbrühe
125 g Streichschmelzkäse
Salz, Pfeffer, Muskat
gehackte Petersilie
Weißbrotwürfel, Bratfett

Allgäuer Käsesuppe Foto S. 67

Aus Butter und Mehl eine helle Mehlschwitze zubereiten, mit Brühe ablöschen, gut durchkochen lassen. Käse in kleinen Flocken hineingeben, unter Rühren auflösen lassen. Mit Salz, Pfeffer und Muskat würzen. Vor dem Auftragen gehackte Petersilie darüberstreuen. Dazu geröstete Weißbrotwürfel.

Herzhafter Käsetopf siehe S. 312

Urner Käsesuppe

Mehl in der Butter kräftig braun anrösten, mit kaltem Wasser ablöschen, ca. 1 Teelöffel Kümmel dazugeben, zudecken und 15 Minuten schwach kochen lassen. Knoblauchzehe hineingeben (vor dem Anrichten wieder herausnehmen). In der Suppenschüssel Käse mit Milch verrühren, die heiße Suppe darübergießen, mit Salz, Pfeffer und Muskatnuß abschmecken.

100 g Emmentaler Käse, gerieben, 50 g Butter
50 g Mehl, 1 l Wasser
Kümmel, Salz, Pfeffer
Muskatnuß, Knoblauch
³/₈ l Milch

GEMÜSESUPPEN

Auch Gemüsesuppen gewinnen, wenn man zu ihrer Zubereitung Knochen- oder Fleischbrühe verwendet oder mit Gemüsekochbrühe auffüllt. Frisches Gemüse wird bei hoher Kochtemperatur in Butter angeschwitzt bzw. mit Flüssigkeit angekocht, dann gart man es auf kleiner Flamme bzw. mit der kleinsten Fortkochstufe. Hülsenfrüchte weicht man am besten über Nacht ein und setzt sie am nächsten Tag mit dem Einweichwasser auf. Statt mit Mehlschwitze kann man die Suppe auch mit kalt angerührter Speisestärke binden. In diesem Fall gibt man kurz vor dem Auftragen der Suppe ein Stückchen Butter hinein. Zum Anschwitzen der meisten Gemüsearten kann man anstelle von Butter oder Margarine auch Öl nehmen.

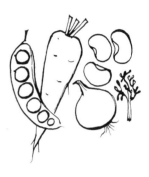

Bunte Gemüsesuppe Foto S. 67

Gemüse vorbereiten, fein schneiden, in der heißen Butter kurz anrösten, mit Mehl bestäuben, Brühe auffüllen, leicht salzen. In etwa 30 Minuten weich kochen, abschmecken und mit Petersilie bestreut anrichten. Dazu passen geröstete Brotwürfel und in der Suppe erhitzte Würstchen.

Klare Gemüsebrühe siehe S. 61.

250 bis 350 g Gemüse
(z. B. Blumenkohl, Erbsen,
Rosenkohl, Spargel oder
Schwarzwurzeln, Wirsing,
Karotten, Kohlrabi)
40 g Butter, 40 g Mehl
1¼ l Brühe, Salz, gehackte
Petersilie, Streuwürze

Schwarzwurzelsuppe

Schwarzwurzeln schaben oder schälen, in 2 bis 3 cm lange Stücke schneiden und in mildes Essigwasser (oder mit Zitronensaft gesäuertes Wasser) legen, damit sie sich nicht verfärben. Mit 1 l Wasser aufsetzen, leicht salzen, in etwa 25 bis 30 Minuten gar kochen, aus der Brühe nehmen. Mehl in Butter hellgelb anschwitzen, langsam mit Gemüsebrühe auffüllen, auf kleiner Flamme 10 Minuten durchkochen. Eigelb mit Sahne verrühren, die vom Feuer genommene Suppe damit abziehen, mit Salz, Pfeffer und Zitronensaft abschmecken, die Schwarzwurzeln hineingeben.

250 g Schwarzwurzeln
Essig oder Zitronensaft
40 g Butter, 40 g Mehl
1 Eigelb, 3 Eßlöffel Sahne
oder Dosenmilch, Salz
Pfeffer

Selleriesuppe

Sellerie waschen, schälen und in dünne Scheiben schneiden, in schwach gesalzenem Wasser zum Kochen bringen und bei schwacher Hitze in etwa 25 Minuten garen. Selleriescheiben aus der Brühe nehmen, etwa ¼ in Streifen schneiden und als Einlage zurückbehalten, den Rest passieren und mit der Brühe verrühren. Mehl in Butter hellgelb schwitzen, nach und nach mit der Selleriebrühe aufgießen, 12 Minuten bei schwacher Hitze durchziehen lassen. Mit Salz abschmecken, Selleriestreifen hineingeben und anrichten. Dazu passen Toast oder geröstete Brotwürfel.

250 g Sellerie
1 l Wasser, 40 g Butter
40 g Mehl, Salz

2 bis 3 Kartoffeln
½ l Brühe, ¼ l Weißwein
1 Eßlöffel geriebene Zwiebel, Salz, Pfeffer
¼ l süße Sahne
1 frische Schlangengurke
1 Prise Zucker

Gurkensuppe mit Weißwein Foto S. 68

Kartoffeln in Brühe und Wein gar kochen, passieren, mit Sahne vermengen. Zwiebel, Salz und Pfeffer dazugeben, nochmals erhitzen, die geschälte, halbierte, entkernte und grob geschnittene Gurke hineingeben, kurz aufkochen lassen und vor dem Anrichten mit Zucker abschmecken.

350 bis 500 g Spargel
ca. ½ l Hühnerbrühe
40 g Mehl, 40 g Butter
1 Eigelb, 3 Eßlöffel Sahne
Salz, Streuwürze

Feine Spargelsuppe Farbfoto S. 72

Spargel schälen und waschen, in 2 bis 3 cm lange Stückchen schneiden, mit Wasser bedeckt gar kochen und abseihen. Spargelbrühe mit Hühnerbrühe zu 1 l Flüssigkeit auffüllen. Mehl in Butter hellgelb schwitzen, auffüllen und gut durchkochen. Eigelb mit Sahne verrühren, die Suppe damit legieren, abschmecken und Spargelstücke hineingeben.

250 bis 350 g Blumenkohl
(1 kleiner Kopf)
40 g Butter, 40 g Mehl
1 Eigelb, 3 Eßlöffel Sahne
oder Dosenmilch, Salz
Streuwürze

Blumenkohlsuppe

Blumenkohl in Röschen teilen, gut waschen, in leicht gesalzenem Wasser garen. Aus Butter und Mehl Einbrenne herstellen, mit abgesiebter Brühe (ca. 1 l) aufgießen, gut durchkochen, mit Sahne und Eigelb legieren, abschmecken und Blumenkohlröschen hineingeben. Abwandlung: Blumenkohl nach dem Garen passieren.

350 g Kartoffeln
1 Zwiebel, 500 g Spinat
1 l Brühe, 4 Eßlöffel Sahne
oder Dosenmilch
30 g Mehl, 3 Eßlöffel Öl
Salz, Pfeffer, Reibkäse
Butterflöckchen

Spinatsuppe

Kartoffeln würfeln, mit der kleingeschnittenen Zwiebel in Öl anbraten. Grobgehackten rohen Spinat dazugeben. Mit Mehl bestäuben, mit Fleischbrühe und darin verrührter Sahne auffüllen, garen und abschmecken. Kurz vor dem Anrichten Butterflöckchen aufsetzen. Reibkäse getrennt servieren.

250 g Zwiebeln
60 g Butter
1 l Fleischbrühe
¼ l Weißwein, Salz
gehackte Petersilie

Zwiebelsuppe Farbfoto siehe rechte Seite

Zwiebeln grob schneiden, in heißer Butter hellbraun rösten, mit Brühe auffüllen, etwa 15 Minuten kochen, mit Weißwein und Salz abschmecken, mit Petersilie bestreut anrichten. – Abwandlung (Zwiebelsuppe mit Käse, Foto S. 74): 2 Scheiben entrindetes Weißbrot mit der heißen Suppe verschlagen, die sehr heiße Suppe über 200 g feingewürfelten Edamer Käse gießen und sofort zu Tisch geben.

Erbsensuppe mit Würstchen Foto S. 68

500 g Erbsen verlesen, waschen und über Nacht einweichen. Am nächsten Tag mit dem Einweichwasser zum Kochen bringen. Feingeschnittenes Suppengemüse und 1 geschnittene Zwiebel in 40 g Fett anschwitzen, mit etwas Suppe auffüllen, nach 60 Minuten Kochzeit mit der Suppe verrühren und bei schwacher Hitze die Erbsen garen, mit Salz und Suppenwürze abschmecken. 4 abgespülte Würstchen in der Suppe heiß werden lassen. Mit Röstbrotwürfeln zu Tisch bringen.

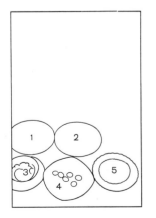

Eine richtig gewählte Suppe ist die beste Menüeinleitung. Auf dem Farbfoto: 1. Tomatensuppe (Rezept S. 73), 2. Klare Fleischbrühe (S. 60) mit Gemüsestreifen, 3. Obstsuppe (Rezept S. 75) als Kaltschale, 4. Erbsensuppe (Rezept S. 73) und 5. Zwiebelsuppe (Rezept siehe oben).

Erbsensuppe mit Kartoffeln *Farbfoto S. 71*

Erbsen verlesen, waschen und über Nacht einweichen. Am nächsten Tag im Einweichwasser zum Kochen bringen. Nach etwa 45 Minuten Kochzeit gewürfelte Kartoffeln und in Fett angedünstetes, mit etwas Brühe aufgefülltes Suppengrün und Zwiebel dazugeben, alles miteinander garen, abschmecken, Wurstscheiben hineingeben.

500 g Kartoffeln
250 g Erbsen, 1 Zwiebel
Suppengrün, 40 g Fett
Salz, Suppenwürze
Fleischwurst

Frische Erbsensuppe

Erbsen in Fett anschwitzen, mit Mehl bestäuben, auffüllen und salzen. Aufkochen lassen, bei schwacher Hitze in etwa 20 Minuten garen. Abschmecken, mit Petersilie bestreuen, Fleischklößchen hineingeben und servieren.

250 g frische Erbsen
40 g Butter, 40 g Mehl
1 l Wasser oder Brühe
Salz, gehackte Petersilie
Einlage: Fleischklößchen

Linsensuppe

Linsen verlesen, waschen, einige Stunden einweichen, mit dem Einweichwasser zum Kochen bringen. Nach 60 Minuten Suppengrün und feingeschnittene Zwiebel hineingeben. Alles miteinander garen. Mehl in Fett hellgelb schwitzen, mit etwas Brühe ablöschen, in der Suppe verrühren, gut durchkochen. Mit Salz und Suppenwürze abschmecken. – Abwandlung: Suppe nach Belieben ganz oder auch nur zu einem Teil passieren.

250 g Linsen, 1¼ l Brühe
Suppengrün, 1 Zwiebel
20 g Fett, 15 g Mehl
Salz, Suppenwürze

Rumfordsuppe

Erbsen verlesen, waschen und über Nacht einweichen. Mit dem Einweichwasser aufkochen, bei schwacher Hitze 60 Minuten weiterkochen, dann gewürfelte Zwiebel und feingeschnittenes Suppengrün dazugeben, garen und passieren. Speck ausbraten, mit der Suppe auffüllen, Graupen und gewürfelte Kartoffeln hineingeben und bei schwacher Hitze garen. Abschmecken, mit Röstbrotwürfeln anrichten.

125 g Erbsen
1¼ l Wasser oder Brühe
Suppengrün, 1 Zwiebel
30 g gewürfelter Speck
30 g Graupen, 1 Kartoffel
Salz, Suppenwürze
Röstbrotwürfel

Tomatensuppe *Farbfoto S. 71*

Zwiebel klein schneiden, in Fett andünsten. Die kleingeschnittenen Tomaten (oder Tomatenmark) dazugeben, kurze Zeit mitdünsten, mit Wasser oder Brühe auffüllen, Zitronenschale zugeben und etwa 10 Minuten bei schwacher Hitze kochen. Passieren, wieder zum Kochen bringen, Reis oder Sago einstreuen, umrühren und bei schwacher Hitze in etwa 20 Minuten gar quellen. Mit Salz, Zucker und Pfeffer abschmecken, beliebige Einlage hineingeben.

375 g Tomaten (oder 1 kleine Dose Tomatenmark), 40 g Butter
1 Zwiebel, 1 l Wasser oder Brühe, 50 g Sago oder Reis
Salz, Zucker, 1 Stück Zitronenschale, 1 Prise Pfeffer

Tomatenkaltschale

Tomaten vierteln und durch ein Sieb streichen. Den rohen Tomatensaft mit Zitronensaft, Öl und Sahne verrühren, feingeriebene Zwiebel hineingeben. Wasser damit vermengen, mit Salz, Paprika und Zucker abschmecken, sehr fein gehackte Kräuter hineingeben. 60 Minuten im Kühlschrank kalt stellen. Nach Belieben mit gerösteten Weißbrotwürfeln anrichten.

7 bis 8 Tomaten
⅜ l Wasser
Saft einer halben Zitrone
1 Eßlöffel Öl
1 Eßlöffel süße Sahne
Salz, Rosenpaprika
1 Prise Zucker
1 geriebene Zwiebel
2 Eßlöffel frische Kräuter (z. B. Thymian, Basilikum, Schnittlauch, Petersilie)

Beliebte Suppen, geschmackvoll angerichtet. Oben: Mockturtlesuppe (Rezept S. 66). – Unten: Feine Spargelsuppe (Rezept S. 70).

In bunten Tassen (links) eine Zwiebelsuppe mit Käse, auch als Mitternachtsimbiß das passende Gericht (Rezept S. 70); rechts: Buttermilchkaltschale (Rezept S. 76) mit Schwarzbrot oder Pumpernickel.

350 bis 500 g beliebige Pilze
1 Zwiebel, 1 l Brühe
1 Eßlöffel Öl, 40 g Mehl
60 g Speckwürfel
⅛ l Sahne, Salz
Pfeffer, Petersilie
1 Prise Zucker

Jägersuppe *Pilzsuppe*

Kleingeschnittene Pilze und gewürfelte Zwiebel in Öl und Speckwürfeln andünsten. Mit Mehl bestäuben, mit Brühe auffüllen und zum Kochen bringen. Bei schwacher Hitze kochen lassen, bis die Pilze gar sind. Sahne hineinrühren und abschmecken, mit gehackter Petersilie bestreut anrichten. Verbesserung: Kurz vor dem Anrichten 1 Glas Portwein hineingeben.

300 g Champignons
40 g Butter, 30 g Mehl
1 kleine Zwiebel
1 l Brühe, Salz
Pfeffer, Petersilie
⅛ l Sahne, ½ Zitrone

Champignoncremesuppe

Champignons putzen, durch den Fleischwolf drehen, mit der fein gehackten Zwiebel in Butter andünsten. Mit Mehl bestäuben, langsam mit Brühe aufgießen, gut durchkochen lassen, mit Salz, Pfeffer und Zitronensaft abschmecken. Topf vom Herd nehmen, die Suppe mit Sahne legieren und mit gehackter Petersilie bestreuen. Nach Belieben einige zurückbehaltene Champignons dünsten, als Einlage nehmen.

400 g Kartoffeln
1 Zwiebel, Suppengrün
1¼ l Brühe, 30 g Fett
40 g Speck, 15 g Mehl
Schnittlauch, Salz
Muskat

Kartoffelsuppe

Kartoffeln schälen, waschen und würfeln, mit geschnittenem Suppengrün in die kochende, leicht gesalzene Brühe geben, aufkochen und bei schwacher Hitze garen, passieren. Mehl in Fett mit Speck- und Zwiebelwürfeln hellgelb schwitzen, nach und nach mit Suppe auffüllen, 10 Minuten gut durchkochen, mit Salz und Muskat abschmecken. Vor dem Anrichten feingeschnittenen Schnittlauch darüberstreuen. Nach Belieben geröstete Semmelwürfel dazu reichen.

Hackfleisch-Schnellbrühe siehe S. 328.

SÜSSE SUPPEN

Nahrhafte Milchsuppen und erfrischende Kaltschalen, zumeist mit Speisestärke oder Grieß gebunden, sind nicht weniger beliebt als anregende Wein- oder Biersuppen. Im Sommer vertritt eine Obstkaltschale vor der Mahlzeit häufig die traditionelle warme Suppe. Milchsuppen eignen sich auch als Auftakt für Frühstück oder Abendessen, außerdem spielen sie in der Kinder- und Krankenernährung eine wichtige Rolle. Obstsuppen kann man auch aus getrockneten, über Nacht eingeweichten Früchten kochen.

Obstsuppe *Farbfoto S. 71*

Obst waschen und zerkleinern, mit etwa 1 l kaltem Wasser und Vanille aufkochen, bei schwacher Hitze garen. Nach Belieben passieren, ggf. einige Früchte oder Stückchen als Einlage zurücklassen. Nochmals aufkochen, die kalt angerührte Speisestärke hineingeben, aufwallen lassen. Vanille herausnehmen, Suppe nach Bedarf süßen, mit Zitronensaft abschmecken und nach Belieben mit einem Schuß Weißwein verfeinern. Kalt oder warm mit Suppenmakronen, gerösteten Semmelwürfeln, Grießklößchen oder Zwieback zu Tisch bringen.

500 g Obst (Äpfel, Birnen, Kirschen, Pflaumen, Stachelbeeren, Heidelbeeren)
25 g Speisestärke
1/2 Vanillestange
100 bis 200 g Zucker
Zitronensaft

Fruchtsuppe mit Schwänchen *Foto siehe unten*

Fruchtsaft nach Geschmack süßen, erhitzen. Speisestärke kalt anrühren, Saft vom Herd nehmen und die angerührte Speisestärke langsam hineinrühren, mit Vanillezucker würzen. Eiweiß zu steifem Schnee schlagen, mit Zucker vermengen. Schnee in den Spritzbeutel füllen und kleine Schwänchen auf die heiße Suppe spritzen. Im verschlossenen Suppentopf in etwa 5 bis 10 Minuten fest werden lassen, nicht mehr kochen.

1 l verdünnter Fruchtsaft
Zucker nach Bedarf
30 g Speisestärke
Vanillezucker
1 Eiweiß
2 bis 3 Teelöffel Zucker

Mit Schwänchen aus steifgeschlagenem Eiweiß besetzt ist diese Fruchtsuppe (Rezept siehe oben), aus beliebigem Fruchtsaft zubereitet.

Milchsuppe

1 l Milch
30 g Speisestärke
50 g Zucker, 1 Prise Salz
1 Päckchen Vanillezucker
1 Eigelb, 1 Eiweiß

Speisestärke mit etwas kalter Milch anrühren, Rest der Milch kurz aufkochen, von der Brennstelle nehmen, Speisestärke langsam hineinrühren, noch einmal aufkochen. Zucker, Vanillezucker und Salz hineinrühren, Eigelb mit etwas kaltem Wasser verquirlen, die Suppe damit abziehen. Eiweiß zu steifem Schnee schlagen, vorsichtig mit etwas Zucker vermengen, kleine Klöße auf die heiße Suppe setzen. Zugedeckt etwa 5 bis 10 Minuten stehen lassen, bis die Klößchen fest sind; dann anrichten.

Milchsuppe mit Nudeln

1 l Milch, 50 g Zucker
1 Prise Salz, 1 Päckchen
Vanillezucker
80 bis 125 g Band-
oder Formnudeln

Milch mit Zucker, Vanillezucker und Salz zum Kochen bringen, die Teigwaren hineingeben, gar kochen. – Nach Belieben die Teigwaren auch in Salzwasser garen, abschrecken und in die süße Milch geben.

Karamelsuppe

1 l Milch
30 g Speisestärke
1 Päckchen Vanillezucker
80 g Zucker, 1 Prise Salz

Zucker in der Pfanne hellbraun rösten, mit ¾ der Milch ablöschen, unter Rühren aufkochen. Speisestärke, Vanillezucker und Salz mit der restlichen Milch kalt anrühren, in die vom Herd genommene heiße Milch rühren, kurz aufkochen, mit Zucker abschmecken.

Schokoladensuppe

30 g Speisestärke
30 g Kakao, 60 g Zucker
1 l Milch
1 Päckchen Vanillezucker

Kakao, Zucker und Speisestärke mit etwas kalter Milch anrühren. Übrige Milch zum Kochen bringen, vom Herd nehmen und die angerührte Flüssigkeit langsam unter ständigem Rühren hineingeben. Noch einmal aufkochen lassen, Vanillezucker in die Suppe rühren, anrichten. – Abwandlung: Anstelle von Kakao etwa die doppelte Menge Bruchschokolade verwenden, dafür nur halb so viel Zucker. Schokolade mit der Milch aufkochen.

Buttermilchkaltschale *Foto S. 74*

1 l Buttermilch
2 Zitronenscheiben
50 g Rosinen
3 Scheiben Schwarzbrot
Zucker nach Belieben

Buttermilch mit Zitronenscheiben und gewaschenen Rosinen 1 Stunde kaltstellen. Mit geriebenem oder zerbröckeltem Schwarzbrot (oder Pumpernickel) und Zucker zu Tisch geben.

Weinkaltschale mit Äpfeln *Foto siehe rechte Seite*

500 g Äpfel, ¾ l Wasser
½ Stange Zimt
Schale einer halben Zitrone
30 g Sago, 75 g Zucker
etwa ¼ l Rotwein

Äpfel schälen, in Spalten schneiden. Wasser mit Zimt, dünn abgeschälter Zitronenschale und Zucker aufkochen, Sago hineinrühren, etwa 10 Minuten kochen. Die Apfelspalten hineingeben und garen, aber nicht zerfallen lassen. Nach dem Erkalten mit Rotwein und etwas Zucker abschmecken.

Apfelsinenkaltschale

80 g Reis
Schale einer Zitrone
3 bis 4 Stück Würfelzucker
Saft von 3 bis 4 Apfelsinen
¾ l Weißwein
¼ l Wasser
Zucker zum Nachsüßen

Reis waschen, in sprudelnd kochendes Wasser geben und bei sehr schwacher Hitze gar quellen lassen. In ein Sieb schütten, abschrecken und abtropfen lassen. In einer Schüssel mit Apfelsinensaft und auf Würfelzucker abgeriebener Zitronenschale vermengen, 2 Stunden kalt stellen. Kurz vor dem Anrichten mit Wasser verdünnten Wein darübergießen, mit Zucker abschmecken.

Türmchen aus Vanillereis in einer Rhabarberkaltschale (Rezept siehe unten, Foto links). Rechts: Die Weinkaltschale mit Äpfeln (Rezept siehe linke Seite) ist eine Erfrischung an einem heißen Sommertag.

Rhabarberkaltschale mit Vanillereis   Foto siehe oben

Rhabarber waschen, in kleine Stücke schneiden, in etwa 1 l Wasser mit Zucker weichkochen. Mit kalt angerührter Speisestärke binden, abkühlen lassen, hin und wieder umrühren. – Zum Vanillereis Milch mit Zucker und Vanille zum Kochen bringen, Reis hineingeben und auf kleiner Flamme ausquellen lassen. Den Reis in kalt ausgespülte Förmchen drücken, etwas abkühlen lassen und stürzen. In der Rhabarbersuppe servieren. Dazu nach Belieben mit Zimt gemischten Zucker reichen.

500 g Rhabarber
200 g Zucker
25 g Speisestärke
Zum Vanillereis:
1/2 l Milch, 25 g Zucker
1/4 Vanillestange
125 g Reis

Rotweinsuppe

Wasser mit Zimt und Nelken aufkochen, Sago hineinstreuen, über schwacher Hitze ausquellen lassen. Wein dazugeben, süßen und erhitzen, aber nicht zum Kochen bringen. Warm oder kalt servieren. Dazu nach Belieben Suppenmakronen reichen.

1/2 l Wasser
etwas Zimt, 2 Nelken
40 g Sago, 1/2 l Rotwein
75 g Zucker

Russische Biersuppe

Bier mit Zucker erhitzen und rühren, bis der Zucker zergangen ist. Vom Feuer nehmen. Eigelb mit Sahne glattrühren, 3 Eßlöffel heißes Bier dazurühren, diese Masse mit dem heißen Bier vermengen. Mit Salz, Pfeffer und Zimt würzen. Nochmals heiß werden lassen, ohne zu kochen, und mit Toast anrichten.

3/4 l helles Bier
100 g Zucker, 4 Eigelb
6 Eßlöffel saure Sahne
Salz, Pfeffer, Zimt

Bierkaltschale

Bier und Milch mit den Gewürzen aufkochen, die kalt angerührte Speisestärke hineinrühren, nochmals aufkochen, vom Feuer nehmen. Sahne und Eigelb miteinander verquirlen, in die Suppe rühren, mit Zucker abschmecken, nach Belieben mit etwas Weinbrand verfeinern, Zimt und Nelken herausnehmen. Gut gekühlt servieren.

1/2 l helles oder dunkles Bier, 1/2 l Milch
Zucker, Zitronenschale
Stangenzimt, 2 Nelken
35 g Speisestärke
4 Eßlöffel süße Sahne
1 Eigelb

Kompotte siehe S. 365.

Vorspeisen und Zwischengerichte

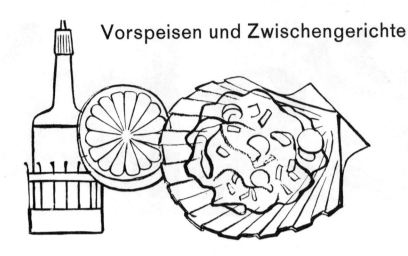

Wichtigste Eigenschaft einer gelungenen Vorspeise: sie soll nur den appetitanregenden Auftakt zu einer Mahlzeit bilden, darf also nicht sättigend wirken. Das besagt auch der kulinarische Fachausdruck für die Vorspeise: »hors d'œuvre«, was wörtlich übersetzt soviel wie Beiwerk, Nebensache bedeutet. Es empfiehlt sich immer, die Vorspeise sparsam zu bemessen, statt mit einer zu ausgedehnten und kompakten Einleitung des Mahles den folgenden Genüssen jeden Reiz zu nehmen. Je nach der Zusammenstellung der Mahlzeit kann man deshalb die Mengenangaben in den Zubereitungsvorschriften dieses Kapitels getrost halbieren, wenn man den Eindruck hat, daß die Vorspeise sonst zu massiv ausfällt. Viele dieser Rezepte eignen sich auch für kalte oder warme Abendmahlzeiten, zur Bereicherung des Kalten Büfetts oder für einen spätabendlichen Imbiß, wenn man Gäste beispielsweise zu einem Glas Wein eingeladen hat.
Anstelle einer einzigen warmen oder kalten Vorspeise kann man zur Abwechslung auch einmal ein kleines oder größeres Vorspeisenbüfett aufbauen, das verschiedene Hors d'œuvres enthält – etwa nach dem Vorbild der Sakuska (S. 88). Es muß kein ausgewachsenes Büfett sein – Teewagen oder Vorspeisentablett tun es auch.
Für große Festmahle schreibt die gastronomische Tradition vor, daß kalte Vorspeisen *vor* der Suppe, warme dagegen *nach* der Suppe zu reichen sind. Eine vielbeschäftigte Hausfrau wird kalten Vorgerichten den Vorzug geben, weil sie sich in aller Ruhe am Tag zuvor oder Stunden vorher zubereiten lassen. Bei der Zusammenstellung eines Menüs sollte man darauf achten, daß sich eine Hauptzutat der Vorspeise nicht bei einem folgenden Gang wiederholt. Auf eine Eiervorspeise sollte also als Nachspeise kein Omelett mit Früchten folgen, auf einen Hühnersalat kein gebratener Puter.
Entscheidend für die Wirkung einer Vorspeise ist das verlockende Drum und Dran. Mit etwas Phantasie und Übung lassen sich immer wieder neue Garnierungsmöglichkeiten finden. Abweichend von den Vorschriften der klassischen Küche hat sich heute vielfach der Brauch durchgesetzt, anstelle einer herkömmlichen Vorspeise, oft auch stellvertretend für die Suppe, einen Frischkostsalat (S. 114) aus Obst und Gemüse zu reichen oder einen Gemüsecocktail anzubieten.

KALTE VORSPEISEN

Neben den Standardgerichten der Kalten Küche (S. 317) wie beispielsweise belegten Broten aller Art, Schwedenplatte, kalter Platte, gefüllten Eiern und Tomaten, gibt es zahllose Spezialitäten, die sich besonders als Einleitung für ein festliches Essen eignen. Sie sollten möglichst frisch und kalt auf den Tisch kommen, weil sie sonst viel von ihrer Anziehungskraft verlieren. Bei einem großen Menü trägt man sie bereits kurz vor dem Zutischgehen auf.

Tomatencocktail *Foto S. 80*

Tomaten häuten, halbieren, entkernen und zerschneiden. Aus Zitronensaft, Öl, Salz und Pfeffer eine Marinade bereiten, über die Tomatenstückchen geben, etwa 2 Stunden im Kühlschrank ziehen lassen. Sahne sehr steif schlagen, kräftig mit Meerrettich abschmecken, kalt stellen. Kurz vor dem Anrichten die Tomaten in flache Stielgläser geben, mit Meerrettichsahne überziehen, nach Belieben Ketchuptupfen daraufsetzen. Mit Salatblättchen und Zitronenscheiben garniert zu Tisch bringen. Dazu Toast und Butter. Auch als Katerfrühstück ausgezeichnet geeignet.

1 kg Tomaten
Saft einer kleinen Zitrone
1 Eßlöffel Olivenöl
Salz, Zucker, Pfeffer
150 g süße Sahne
geriebener Meerrettich
Tomatenketchup nach Belieben

Joghurt mit Paprika *Foto S. 85*

Paprikaschoten entkernen, gut waschen. Mit den Tomaten im Mixgerät pürieren. Püree mit Joghurt vermengen, mit Zucker, Salz, Muskat, Zitronensaft und (nach Belieben) Worcestersoße abschmecken, in flache Kelchgläser füllen und mit Tupfen von steifer, ungesüßter Schlagsahne verzieren. Etwas gehackte Petersilie darüber streuen, je 1 Olive daraufsetzen.

2 kleine Paprikaschoten
2 bis 4 Tomaten
1 Flasche Joghurt
Salz, Zucker, Muskat
1 Spritzer Zitronensaft
Worcestersoße, Petersilie
4 gefüllte Oliven
etwas Schlagsahne

Hummercocktail

Hummerfleisch zerschneiden oder zerpflücken, Spargelköpfe und Champignons in gleichmäßige Stückchen schneiden, in flache Kelchgläser füllen, etwas davon als Garnitur zurückbehalten. Mayonnaise, Tomatenmark, Milch und Zitronensaft gut miteinander verrühren, mit Salz, Pfeffer und einer Prise Zucker abschmecken. Die Soße in die gefüllten Gläser gießen, den Cocktail mit Hummerfleisch, Spargelstückchen und Champignonköpfen verzieren, etwas gehackte Petersilie darüberstreuen. Dazu Toast oder Weißbrot und Butter.

1 Dose Hummerfleisch
je 1 kleine Dose Spargelköpfe und Champignons
125 g Mayonnaise
2 Teelöffel Tomatenmark
3 Eßlöffel Dosenmilch
Salz, Zucker, Pfeffer
Saft einer halben Zitrone
Petersilie

Quarkvorspeise

Quark mit Sahne kräftig schlagen, mit Zwiebel, Salz, Pfeffer und Zitronensaft würzen, in Schüsselchen anrichten und mit Nüssen bestreuen. Mit halben Apfelsinenscheiben und Zitronenschnitzen umlegt servieren, nach Belieben etwas angemachten Feldsalat dazu reichen. Abwandlung: Tomatenachtel als Garnitur verwenden.

350 g Quark
3 Eßlöffel saure Sahne
1 Eßlöffel gehackte Zwiebel, Salz, Pfeffer
Zitronensaft
2 Eßlöffel geriebene Nüsse
1 Blutapfelsine
Zitronenschnitze

Bunte Käsebissen siehe S. 321.

Schinkenbananen Panama (links, Rezept S. 87) mit Käsesoße sind etwas für Freunde pikanter Gerichte. Mitte: Matrosenliebe, eine Vorspeise mit Matjesfilets und Äpfeln (Rezept siehe unten), die auch ein ideales Abendbrot ist. Rechts: Tomatencocktail (Rezept S. 79).

250 g Gänseleber
1 Gänseherz
250 g Kalbfleisch
150 g Rückenfett
1 Ei, Pastetengewürz
geriebene Zwiebel
Majoran, Madeira
1 kleine Dose Trüffeln
Speckscheiben

Gänseleberpastete

Gänseleber, Fleisch und Fett zwei- bis dreimal durch den Fleischwolf drehen, Ei und kleingeschnittene Trüffeln untermischen, mit Gewürzen und Madeira abschmecken. Eine Pudding-, Kuppel- oder Kastenform mit dünnen Speckscheiben auslegen, die Mischung einfüllen und 1 Stunde im Wasserbad kochen. Vorsichtig stürzen, abkühlen lassen und im Kühlschrank bis zur Verwendung aufbewahren. Dazu Weißbrot oder Toast und Butter.

Gänseleberbissen

Weißbrot rund oder viereckig (Keksform) ausstechen, leicht buttern und mit dicken Scheiben von Gänseleberparfait belegen. Frisch zubereitet auf den Tisch geben, auf weitere Beigaben verzichten.

Pro Person:
1 Scheibe Weißbrot
2 Apfelscheiben
1 Matjesfilet
Zitronensaft, Mayonnaise
2 Eßlöffel Milch
je 1 Teelöffel gehackte
Zwiebel und gewürfelte
Äpfel

Matrosenliebe Foto siehe oben

Brot auf beiden Seiten leicht toasten, mit Apfelscheiben (falls die Äpfel nicht mürbe genug sind, leicht andünsten) belegen, etwas Zitronensaft darauf träufeln, damit die Scheiben nicht braun werden. Matjesfilet waschen, gut abtropfen lassen und auf die Apfelscheiben legen. Mayonnaise mit Milch, gehackter Zwiebel und Apfelwürfeln zu einer cremigen, pikanten Soße verrühren, das Matjesfilet damit überziehen. Nach Belieben mit Petersiliensträußchen und Tomatenachteln oder auch Apfelschnitzen garnieren.

1 kleine Dose Kaviar
Zitronenbutter (S. 325)
Weißbrotscheiben

Kaviarhappen

Aus Weißbrotscheiben mit der Keksform runde Scheiben ausstechen, mit Zitronenbutter bestreichen, dick mit Kaviar belegen. Nach Belieben mit Eierscheiben belegt servieren.

Krabbenschnitten

Aus Eiern und Salz Rührei zubereiten, erkalten lassen, mit den gewaschenen, gut gekühlten Krabben mischen und auf Toastscheiben verteilen. Mit Tomatenscheiben garnieren, nach Belieben mit etwas Ketchup beträufeln.

Pro Person:
1 bis 2 Eßlöffel Krabben
(frisch oder aus der Dose)
1 bis 2 Eier
Salz, Tomatenketchup
Tomatenscheiben, Toast

Heringscreme

Heringe mindestens 12 Stunden wässern, entgräten und klein schneiden, in eine flache Schüssel geben. Eigelb, Butter, Zwiebel, Zucker, Senf und Essig gut vermischen und bei schwacher Hitze oder im Wasserbad (die Masse darf nicht kochen) zu einer Creme abschlagen. Nach dem Erkalten über die Heringe gießen, kalt stellen. Mit Eier- und Tomatenscheiben garniert zu Tisch geben.

3 Heringe, 3 Eigelb
60 g Butter
1 geriebene Zwiebel
1 Teelöffel Zucker
1/2 Teelöffel Senf
1/8 l Weinessig

Hummer-Obst-Salat

Ananas, geschälten Apfel und Bananen fein würfeln. Mayonnaise mit Milch verrühren und mit Salz, Zucker und Zitronensaft abschmecken. Hummerfleisch (falls noch in der Schale, davon befreien) zerkleinern. Alle Zutaten miteinander vermengen, nochmals abschmecken und in flachen Kelchgläsern servieren.

2 Scheiben Ananas
1 Apfel, 2 Bananen
100 g Mayonnaise
2 Eßlöffel Dosenmilch
Salz, Zucker, Zitronensaft
1 Dose Hummerfleisch

Langustensalat in Pampelmusen

Langustenfleisch in kleine Stücke schneiden, Pampelmusen halbieren und vorsichtig aushöhlen. Fleisch einer Pampelmuse würfeln, Eier grob hacken. Mayonnaise mit etwas Pampelmusensaft verrühren, steifgeschlagene Sahne darunter heben. Langustenfleisch, Pampelmusenwürfel und Eier mit der Soße vermengen, den Salat in die Pampelmusenhälften füllen und mit etwas Langustenfleisch garnieren.

1 Dose Langustenfleisch
2 Pampelmusen
3 hartgekochte Eier
150 g Mayonnaise
1/8 l Schlagsahne

Salatschiffchen

Mehl auf das Backbrett sieben, Butter klein schneiden, mit den übrigen Zutaten rasch zu Knetteig verarbeiten, 1 Stunde kalt stellen. Etwa messerrückendick ausrollen, Rechtecke oder Rauten ausradeln, in passende schiffchenförmige (notfalls auch runde) Förmchen drücken, bei Mittelhitze goldgelb backen. Nach dem Erkalten mit Salat gefüllt servieren, garnieren mit Eier- oder Tomatenscheiben, Fleischresten, Radieschen, Sardellen, Appetitsild o. a.

250 g Mehl, 100 g Butter
1 Ei, ca. 2 Eßlöffel Wasser
Paprika, Salz, gemahlener Kümmel
Zur Füllung:
beliebiger Fleisch-, Fisch- oder Geflügelsalat

Ochsenmaulsalat

Ochsenmaul sorgfältig säubern, in leicht gesalzenem Wasser gar kochen, entbeinen und abkühlen lassen. Fleisch in möglichst feine Streifen schneiden, über Nacht in einer Marinade aus Öl, Essig, Salz, Pfeffer, Zwiebel und Wein ziehen lassen. Mit Toast servieren.

500 g Ochsenmaul
1 Eßlöffel feingehackte Zwiebel, Öl, Essig
Salz, Pfeffer
2 bis 3 Eßlöffel Weißwein

Gefüllte Selleriestangen *Foto S. 85*

Von der Selleriestaude die Blätter abschneiden und die Stengel lösen, gründlich waschen, abtropfen lassen. Käse mit Eigelb cremig rühren, mit Salz und Paprika (oder Pfeffer) abschmecken. Creme in die Stengel spritzen, mit dem Rest ausgehöhlte Tomaten füllen. Dazu Toast.

1 Staude Bleichsellerie
2 Eigelb
125 g Doppelrahm-Frischkäse, Salz, Paprika
4 kleine Tomaten

2 kleine Salatgurken
Zitronensaft, Zucker
1 Beutel Mayonnaise
1 Apfel, 1 Apfelsine
1 Stück Sellerie
1 kleiner Salatkopf

Amerikanische Gurke *Foto siehe rechte Seite*

Salatgurken schälen, halbieren, aushöhlen und mit Zucker und Zitronensaft marinieren. Äpfel, Apfelsinen und Sellerie in kleine Würfel, Salat in feine Streifen schneiden, alles gut mit Mayonnaise vermengen und in die Gurken füllen. Dazu reicht man Toast.

1 kg Spargel
Essig, Salz, Zucker
Pfeffer, 1 Dose
Räucherlachsscheiben
4 Eier, Mayonnaise
Kapern

Spargel mit Lachseiern *Foto S. 85*

Spargel waschen und schälen, holzige Teile wegschneiden. Von den unteren Enden ca. 6 cm abschneiden. Kopfstücke bündeln, mit den ungebündelten Endstücken in kochendes, leicht gesalzenes Wasser geben. Kopfstücke nach 25 bis 30 Minuten herausnehmen. Endstücke noch weitere 5 bis 10 Minuten kochen lassen, später zu Spargelsuppe verarbeiten. Ein wenig Spargelbrühe mit Essig, Zucker und Pfeffer kräftig abschmecken, die aufgebundenen Kopfstücke hineinlegen und 1 Stunde ziehen lassen. Eier weich kochen, mit den Spargelkopfstücken auf eine Platte legen, mit Lachsstreifen und -scheiben garnieren. Verzierungen aus Mayonnaise und Kapern.

12 Blatt weiße Gelatine
(oder 25 g Aspikpulver)
1/2 l Gemüsebrühe
1 Glas Sherry
Tomatenmark
1/4 l Fleischbrühe
Zitronensaft oder Essig
Als Füllung:
halbierte, gedünstete
Spargel; Oliven- und
Räucherlachsscheiben
gedünstete
Karottenscheiben, Erbsen

Gemüsesülzchen auf schwedische Art *Foto siehe rechte Seite*

Gelatine nach Vorschrift quellen lassen, in heißer Gemüsebrühe lösen. Mit Sherry und Fleischbrühe zu 1 l Gelierflüssigkeit auffüllen, mit Zitronensaft oder Essig abschmecken. 1/2 Tasse Gelierbrühe mit Tomatenmark verrühren, in einem hohen Förmchen erstarren lassen. Die Böden von kleinen Formen mit einem Spiegel (S. 322) aus Gelierflüssigkeit bedecken, erstarren lassen. Erste Gemüseschicht, zu hübschen Mustern geformt, einlegen, mit Gelierflüssigkeit übergießen, erstarren lassen. Übriges Gemüse daraufgeben, mit Gelierbrühe auffüllen, kalt stellen. Ränder der Sülzchen mit spitzem Messer lockern. Förmchen in heißes Wasser tauchen, Sülzen stürzen. Mit der ebenfalls gestürzten Tomatensülze auf einer Platte anrichten, mit Mayonnaise verzieren. Dazu Weißbrot und Remouladensoße.

Radieschen sind eine beliebte Garnitur für kalte Vorspeisen. Links: Verschiedene »Schnittmuster«. Die rechte Abbildung zeigt einen Radieschenschneider, der auf einen Druck Radieschenrosen liefert.

Amerikanische Gurke (links) ist ein Frischkostgericht, das auch von Gegnern dieser Zubereitungsart geschätzt wird. Rechts: Vitaminreiche Gemüsesülzchen auf schwedische Art (Rezepte siehe linke Seite).

Geflügelsülze Farbfoto S. 89

Geflügel kochen, Fleisch ablösen, in feine Streifen schneiden und abkühlen lassen. Gelatine in ¼ l kaltem Wasser quellen lassen, in kochende Geflügelbrühe einrühren, mit Weißwein zu 1 l Gelierflüssigkeit auffüllen, abschmecken. In eine Kastenform einen Spiegel (S. 322) gießen, erstarren lassen. Aus Erbsen, Tomatenstückchen und feingeschnittenen Champignons ein Muster legen, vorsichtig mit etwas Gelierbrühe überziehen, erstarren lassen. Abwechselnd Gurken- und Olivenscheiben, Hühnerfleisch und Gelierbrühe (immer zwischendurch erstarren lassen) in die Form füllen, erkalten lassen. Die Sülze auf eine Platte stürzen, mit Radieschen garnieren. Dazu Toast und Mayonnaise, nach Belieben auch Kartoffelsalat oder Bratkartoffeln.

375 g Geflügelfleisch
12 Blatt Gelatine (oder
25 g Aspikpulver)
½ l Geflügelbrühe
ca. ¼ l Weißwein
Zucker, Zitronensaft
Streuwürze
1 Gewürzgurke
gefüllte Oliven
1 Tomate
2 Eßlöffel Erbsen
2 Eßlöffel Champignons

Schinkenpastetchen

Fleischreste fein wiegen oder durch den Fleischwolf drehen, Milch mit Zitronensaft dick schlagen und mit dem Fleisch vermengen. Gelatine in kaltem Wasser quellen, herausnehmen, vorsichtig erhitzen, bis sie sich aufgelöst hat. Gelierflüssigkeit mit der Fleischmasse verrühren, in kleine Förmchen oder Tassen füllen, erstarren lassen. Erkaltete Pastetchen stürzen und mit Salatblättern garniert anrichten.

250 g magerer Schinken,
Schinkenreste oder Reste
von Kasseler Rippespeer
5 Eßlöffel Dosenmilch
(zehnprozentig)
etwas Zitronensaft
2 Blatt weiße Gelatine

Italienische Vorspeisen Antipasti

In der italienischen Küche nimmt man als Vorspeisen mit Vorliebe pikante »Winzigkeiten« verschiedener Art, auf einer Platte angerichtet. Ein Teller mit Antipasti könnte zum Beispiel enthalten:

papierdünne Salamischeiben
hauchdünne Schinkenscheiben
mit Melonenscheibchen
geräucherte Gänsebrust
Essiggürkchen

Sardellenstreifchen
Scheiben von geräuchertem Lachs
gefüllte Oliven
Radieschen
Artischockenböden

Butterlocken für den Vorspeisen- oder kalten Abendtisch hebt man (Abbildung links) mit einem Schäufelchen mit gewellter Schneide ab. Zum Drehen von Butterkugeln braucht man (Mitte) zwei gerillte Brettchen. Rechts: Einige Vorschläge für originelle Zitronengarnituren.

WARME VOR- UND ZWISCHENGERICHTE

Die warmen Vorgerichte müssen – vor allem bei einem Essen mit mehreren Gängen – so sorgfältig eingeplant werden, daß sie auf die Minute genau fertig sind und sofort aufgetragen werden können. Bei überbackenen Speisen, die auf der Platte oder in Förmchen vorbereitet werden können und ein paar Minuten vor dem Servieren nur in den heißen Backofen geschoben zu werden brauchen, macht das die geringsten Schwierigkeiten.

150 g Krabben
125 g gekochter Spargel
Salz, Zitronensaft
25 g Butter, 20 g Mehl
Salz, 1/8 l Fleischbrühe
1 Eigelb, 30 g Reibkäse
2 Eßlöffel Weißwein
etwas Spargelwasser
1 Eßlöffel Semmelmehl
Butterflöckchen

Büsumer Krabben

Krabben waschen und abtropfen lassen, salzen und mit Zitronensaft beträufeln. Mehl in Butter hell anschwitzen, mit Brühe und Spargelwasser auffüllen, mit Salz und Weißwein abschmecken, vom Feuer nehmen und das Eigelb unterziehen. Die Krabben und den in 1 cm lange Stückchen geschnittenen Spargel dazugeben, in Ragoutförmchen verteilen, mit geriebenem Käse, Semmelmehl und Butterflöckchen bestreuen und bei guter Mittelhitze 10 bis 15 Minuten überbacken. – Abwandlung: Statt Spargel können Champignons, statt Krabben gekochtes Krebsfleisch oder Reste von beliebigem gekochtem Fisch verwendet werden.

375 g Steinpilze (frisch
oder aus der Dose)
50 g Räucherspeck
100 g Fleischreste
125 g Tomaten
20 g Speisestärke
1/8 l saure Sahne
Salz, Pfeffer, Reibkäse
Butterflöckchen

Steinpilzragout *Farbfoto S. 89*

Pilze säubern, in Würfelchen schneiden, 10 Minuten in ausgelassenem Speck dünsten (Dosenpilze abtropfen lassen, nur 2 bis 3 Minuten dünsten). Gare zerkleinerte Fleischreste und abgezogene, entkernte und gewürfelte Tomaten dazugeben, 8 bis 10 Minuten kochen; Sahne mit Speisestärke verquirlen, das Ragout damit binden, abschmecken. In feuerfeste flache Portionsförmchen füllen, mit Reibkäse bestreuen, Butterflöckchen aufsetzen. Im vorgeheizten Ofen bei 230 bis 250° C etwa 10 Minuten überbacken. Reibkäse gesondert dazu reichen.

Ragoût fin siehe S. 140.

Schinkenschaum

Schinken durch den Fleischwolf drehen oder sehr fein wiegen. ²/₃ davon mit einem ganzen Ei und zwei bis drei Eigelb, Milch, Kräutern und Senf verrühren, in gut gefettete Förmchen füllen und bei 230 bis 250° C etwa 10 bis 12 Minuten überbacken. Inzwischen zwei bis drei Eiweiß zu steifem Schnee schlagen, den zurückbehaltenen Schinken vorsichtig damit vermengen, auf die Förmchen füllen und nochmals überbacken. Rasch zu Tisch bringen.

125 g gekochter Schinken
3 bis 4 Eier
2 Eßlöffel Dosenmilch
1 Eßlöffel gehackte Petersilie und Kerbel
etwas Senf

Überbackener Schinkentoast *Foto S. 87*

Zwiebel in Butter glasig dünsten, Apfelwürfel und Curry dazugeben. Wenn der Apfel weich ist, mit Mehl überstäuben und Milch dazugeben; gut durchkochen lassen, bis eine cremige Soße entsteht. Mit Petersilie, gewürfeltem Schinken und grobgehackten Eiern vermengen und abkühlen lassen. Weißbrot toasten, 4 Scheiben buttern, daumenhoch mit der Masse bestreichen und mit einer zweiten Toastscheibe zudecken. Butter mit Reibkäse verrühren, die obere Scheibe damit bestreichen. Bei 230 bis 250° C im Backofen oder Grill schnell überbacken und heiß servieren.

1 kleingeschnittene Zwiebel, 30 g Butter
¹/₂ gewürfelter Apfel
¹/₂ Teelöffel Curry
15 g Mehl, ¹/₄ l Milch
gehackte Petersilie
125 g gekochter Schinken
2 hartgekochte Eier
8 Scheiben Kastenweißbrot
1 Eßlöffel Butter
2 Eßlöffel Reibkäse

Geflügelleber auf Ananas

Leber sehr fein wiegen oder durch den Fleischwolf drehen, mit feingehackter Zwiebel und Petersilie kurz anbraten, abschmecken und mit Sahne verrühren. Weißbrotscheiben in der Größe der Ananasscheiben zuschneiden, mit etwas Butter auf beiden Seiten goldbraun rösten, mit Ananasscheiben belegen, Lebermasse aufstreichen, nach Belieben nachsalzen.

1 kleine Zwiebel
gehackte Petersilie
Zitronensaft, Streuwürze
2 Eßlöffel saure Sahne
200 g Geflügelleber
4 Scheiben Kastenweißbrot
4 Scheiben Ananas
etwas Butter

Spargel mit Lachseiern (links, Rezept S. 82) sind eine appetitanregende Vorspeise. Joghurt mit Paprika (Mitte, Rezept S. 79) wurde mit Tupfen von ungesüßter Schlagsahne garniert. Rechts: Gefüllte Selleriestangen (Rezept S. 81) mit einer würzigen Frischkäsefüllung.

Schinkenbananen auf Reis (links, Rezept siehe unten) kann man mit Tomatenketchup oder -soße servieren. Der Überraschungstoast (rechts, Rezept siehe unten) bietet zahlreiche Variationsmöglichkeiten.

4 Scheiben Kastenweißbrot
4 Scheiben Mortadella
8 Scheiben Salami
2 Scheiben Dosensellerie
2 Scheiben Dosenananas
4 Scheiben Emmentaler
Schmelzkäse, etwas Butter

Überraschungstoast *Foto siehe oben*

Weißbrot leicht toasten, buttern. 2 Scheiben mit Mortadella belegen, darauf Ananasscheiben geben, mit Käsescheiben abdecken. Die anderen beiden Toastscheiben mit Salami und Selleriescheiben belegen, mit Käsescheiben zudecken. Die Schnitten im vorgeheizten Ofen überbacken, bis der Käse zu schmelzen beginnt. Ananastoast mit Mandarinenspalten, Sellerietoast mit Olivenscheibchen garnieren.

4 Scheiben Kastenweißbrot
4 Scheiben roher oder
gekochter Schinken
4 Ananasscheiben
4 Scheiben Chesterkäse
4 Sauerkirschen zum
Garnieren, etwas Butter

Hawaiitoast

Brotscheiben auf einer Seite toasten, auf der anderen Seite mit Butter bestreichen. Jede Scheibe Brot mit Schinken und Ananas belegen und mit Chester abdecken. Im vorgeheizten Backofen bei etwa 250° C überbacken, bis der Käse cremig zerläuft. Mit einer Kirsche garniert servieren. – Verfeinerung: Toast bei Tisch mit angewärmtem Kirschwasser übergießen und brennend servieren.

250 g Kalbsleber
4 Scheiben Kastenweißbrot
1 kleine Dose
Mandarinenspalten
Salz, Butter

Lebertoast mit Mandarinen

Leber in Scheiben schneiden, kurz in Butter braten, salzen und auf die gebutterten und beiderseits getoasteten Weißbrotscheiben legen. Mit Mandarinenspalten garnieren. Schmeckt auch kalt ausgezeichnet. – Abwandlung: Gebratene Leber mit gedünsteten Apfelscheiben belegen, dann mit Mandarinen garnieren.

125 g Reis
¼ l Fleischbrühe
4 Bananen
etwas Butter
Zitronensaft
4 Scheiben roher Schinken
gehackte Petersilie

Schinkenbananen auf Reis *Foto siehe oben*

Reis gründlich waschen, in Brühe körnig ausquellen lassen. Unterdessen Bananen ganz leicht in Butter andünsten, mit Zitronensaft beträufeln, in Schinkenscheiben wickeln und mit Spießchen durchstechen. Den garen Reis in ausgespülte Sülzkotelettformen drücken, auf den vorgewärmten Teller stürzen, mit Petersilie bestreuen und die Schinkenbananen darauf anrichten. Dazu Ketchup oder Tomatensoße.

Zwei Toastvorschläge, die sich auch für den Abendbrottisch oder für einen Imbiß zu später Stunde eignen: Piemonter Tomatentoast (links, Rezept s. unten) und überbackener Schinkentoast (rechts, Rezept S. 85).

Schinkenbananen Panama *Foto S. 80*

Bananen schälen, Schinkenscheiben leicht mit Senf bestreichen und die Bananen darin einwickeln, in eine feuerfeste, gefettete Form legen. Milch erhitzen, in Flöckchen zerteilten Käse nach und nach hineingeben und rühren, bis er sich gelöst hat. Mit Pfeffer und Petersilie würzen. Die eingewickelten Bananen mit der Soße übergießen, zugedeckt etwa 25 bis 30 Minuten bei Mittelhitze backen, dann Deckel abnehmen und 5 Minuten bräunen.

4 Bananen
4 Scheiben gekochter Schinken, etwas Senf
Zur Soße:
125 g Streichschmelzkäse
1/8 l Milch
Pfeffer, Petersilie

Piemonter Tomatentoast *Foto siehe oben*

Von den Tomaten Deckel abschneiden, aushöhlen, innen leicht pfeffern und salzen. Fleisch fein wiegen oder im Mixer zerkleinern, Zwiebel hacken und beides in heißer Butter oder Margarine andünsten, mit Kräutern und Reis vermengen, pikant würzen und die Tomaten damit füllen. Brotscheiben toasten, auf einer Seite mit Butter bestreichen, mit einer Käsescheibe belegen und die gefüllten Tomaten darauf setzen. Die letzte Käsescheibe vierteln, in der Mitte diagonal ein Kreuz einschneiden, die Tomaten damit belegen. Bei Mittelhitze im Backofen etwa 15 Minuten überbacken und heiß servieren.

4 Scheiben Kastenweißbrot
5 Scheiben Chester-Schmelzkäse
4 große Tomaten
200 g Suppenfleisch
1 Zwiebel
1/2 Tasse gekochter Reis
Pfeffer, Salz, gehackte Kräuter, Butter oder Margarine

Käsesoufflés

Butter mit Salz und Paprika schaumig rühren, nach und nach Eigelb und geriebenen Käse, Sahne und Mehl dazugeben. Eiweiß steif schlagen und vorsichtig unterheben. In kleinen, gebutterten und mit Semmelmehl ausgestreuten Förmchen 10 Minuten goldgelb überbacken.

150 g Emmentaler Käse
75 g Butter
4 Eier
1/8 l saure Sahne
2 Eßlöffel Mehl, Salz
Paprika, Semmelmehl

Tomateneier

Von 4 Tomaten Deckel abschneiden, aushöhlen, innen salzen und pfeffern. In jede Tomate ein rohes Ei schlagen, nachsalzen und -pfeffern. Bei Mittelhitze im Ofen überbacken, bis das Ei gestockt ist.

Sakuska-Vorschläge

In Rußland gibt es eine Vorspeisentradition eigener Art: vor jedem »großen« Essen werden Sakuski (= Vorspeisen) in verschwenderischer Fülle gereicht, und zwar teils warm, teils kalt. Neben Schwarz- und Weißbrot, Butter und Käse, Wodka und (bei feierlichen Anlässen) Sekt gehören dazu gebutterte Weißbrotscheiben mit Kaviar, in Essig mit vielen Gewürzen marinierte Steinpilze, Mixed Pickles, verschiedene Salate, zahllose Fischgerichte – und vor allem Piroggen, russische Pasteten, entweder wie ein gedeckter Obstkuchen auf dem Blech gebacken und mit verschiedenen Füllungen variiert oder nach dem folgenden Rezept bereitet. Die Sakuski werden wie ein Kaltes Büfett (S. 327) aufgebaut, man kann sie aber auch auf dem Teewagen servieren. Jeder Gast bedient sich selbst aus dem vielseitigen Angebot.

250 g Mehl
200 g Butter, 1 Ei
1 Eßlöffel Wasser, Salz
Eigelb zum Bestreichen

Piroschki *Kleine Piroggen*

Aus Mehl, Butter, Ei, Wasser und Salz einen glatten Teig kneten, 2 Stunden kühl ruhen lassen, messerrückendick ausrollen, Scheiben von ca. 6 cm Durchmesser ausstechen. Mit Füllung belegen, nach oben wie einen Zweispitz zusammenklappen, Rand festdrücken. Mit Eigelb bepinseln, auf gefettetem Blech goldgelb backen. Heiß zu klarer Suppe oder Fleischbrühe servieren. Piroschki passen auch zum Wein oder als Mitternachtsimbiß. Man kann sie einen oder zwei Tage aufbewahren und im Backofen aufwärmen.
Füllungsvorschläge: 1. gedünstete Champignons mit Zwiebeln; 2. Fischreste mit hartgekochten, gehackten Eiern; 3. kräftig angebratenes, gewürztes Hackfleisch; 4. Korinthen und Speckwürfelchen zu gleichen Teilen; 5. in Fett mittelbraun angeschmortes Weißkraut; 6. in Butter oder Schmalz mittelbraun geröstete Zwiebeln. (Zubereitung siehe Zeichnung links.)

Englische Savouries *Würzbissen*

Die Savouries der englischen Küche sind als Vorspeisen beliebt, man reicht sie aber oft auch als Zwischengerichte oder zum Schluß der Mahlzeit als »Durstmacher«. Sie zeichnen sich vor allem durch originelle Zusammenstellungen und pikante Würzen aus. Zwei Beispiele:

200 g Räucherspeck
8 bis 12 Trockenpflaumen

Prunes in Bacon *Trockenpflaumen im Speckmantel*

Trockenpflaumen über Nacht einweichen, entsteinen und gut abtropfen lassen. Jede Pflaume in eine dünne Speckscheibe wickeln, mit einem Hölzchen zusammenstecken und bei kräftiger Hitze im Backofen oder Grill überbacken, bis der Speck knusprig gebraten ist.

4 Scheiben Kastenweißbrot
Butter, Anchovispaste
4 bis 6 Eier
Salz, Paprika

Scotch Woodcock *Schottische Waldschnepfen*

Brotscheiben beiderseits toasten, auf einer Seite buttern, mit Anchovispaste bestreichen. Eier gut verquirlen, salzen und zu Rührei verarbeiten. Toast damit belegen, mit Paprika überpudern.

Vorspeisen sollen nicht nur gut schmecken, sondern auch appetitanregend aussehen. Zwei Beispiele als Anregung: Geflügelsülze (oben, Rezept S. 83) und Steinpilzragout (unten, Rezept S. 84) in Förmchen.

Eierspeisen

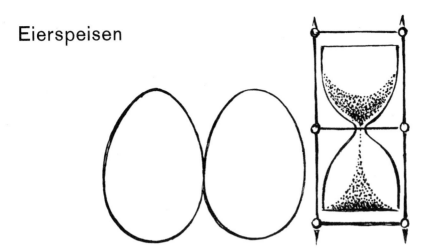

Schon die alten Griechen zerbrachen sich den Kopf darüber, was zuerst da war: die Henne, ohne die es keine Eier, oder das Ei, ohne das es keine Henne geben kann. Das Problem ist auch heute noch ungelöst, aber weder die Griechen noch wir können deshalb auf Eier verzichten: rund 226 Hühnereier pro Person werden im Bundesgebiet alljährlich gekocht, gestockt, gebraten, zu zarten Omeletts verarbeitet, in Eierkuchen verbacken, zum Legieren, Binden oder Garnieren verwendet oder auf dem Umweg über Back- und Teigwaren verzehrt. Zusammen macht das rund 12 Milliarden Eier pro Jahr aus.
Je frischer das Ei, desto besser der Geschmack, desto größer aber auch der Gehalt an Nährstoffen. Die Kennzeichnung der Eier nach Gewichtsklassen und Herkunft soll der Hausfrau die Gewähr bieten, daß sie weder ein verschmutztes noch ein gewaschenes, konserviertes oder gekühltes, sondern ein garantiert frisches Ei vor sich hat. Trotzdem bevorzugen etwa 10 Prozent der Verbraucher den direkten Einkauf beim Erzeuger. Hier wie dort ist der Eierkauf Vertrauenssache, denn einerseits läßt der Stempel nicht erkennen, wie lange das Ei vom Erzeuger bis zum Käufer gebraucht hat, andererseits sind Schmutzflekken auf ungestempelten Eiern kein Beweis für »Legefrische«.

GEKOCHTE UND GEFÜLLTE EIER

Eierkochen sollte eigentlich keine Sache des Fingerspitzengefühls, sondern einer zuverlässigen Uhr sein. Nur so kann man den erwünschten »Härtegrad« mit einiger Zuverlässigkeit erreichen. Sicherer als die herkömmliche Sanduhr ist dabei ein Küchenwecker (Kurzzeitwecker).

Verlockende Eierspeisen in bunter Vielfalt. Oben: Schaumomelett mit Pilzen (Rezept S. 99). Unten: 1. Verlorene Eier auf baltische Art (Rezept S. 94), 2. Eier auf Geflügelresten (Rezept S. 96), 3. Spiegeleier auf Bananen (Rezept S. 95), 4. Harte Eier in Aspik (Rezept S. 93), 5. Gebackene Eier nach Hausfrauenart (Rezept S. 94), 6. Pikantes Ei (Rezept S. 97), 7. Reis mit Eiersoße (Rezept S. 111) und 8. Rührei mit Paprikastreifen und Schinken in Blätterteigpasteten (Rezept S. 95).

Schnell zubereitet sind die Eierigel (links, Rezept siehe rechte Seite), dazu Russische Soße. Auf dem rechten Foto: Gefüllte Eier (vorn, Rezepte siehe unten) und würzige Käseeier im Nest (Rezept S. 311).

Gekochte Eier

Man setzt die Eier nie mit kaltem Wasser auf, sondern läßt es sprudelnd aufkochen und salzt es, gibt die Eier hinein, wartet, bis das Wasser wieder aufwallt und stellt nun erst die Uhr ein. Weiche Eier brauchen 3 bis 4 Minuten, pflaumen- oder wachsweiche etwa 5 Minuten, harte 6 bis 10 Minuten. Die fertigen Eier schreckt man kurz unter fließendem kaltem Wasser ab, damit sie sich leichter schälen lassen und nicht nachhärten.

*4 bis 8 hartgekochte Eier
1 Tube Sardellenpaste
2 Eßlöffel Butter
1 Teelöffel Senf
Suppenwürze, Radieschen*

Gefüllte Eier Russische Eier Foto siehe oben

Eier halbieren, das Gelbe herausnehmen, durch ein Drahtsieb streichen und mit Butter, Senf und Sardellenpaste glattrühren, mit Suppenwürze abschmecken. Die Masse in die Eihälften spritzen oder mit einem Teelöffel einfüllen, mit Radieschenscheiben garnieren.

Füllungsvariationen

Nach dem Rezept für hartgekochte Eier mit Füllung lassen sich zahlreiche Abwandlungen zubereiten, zum Beispiel auch als Resteverwertung. Ein paar Vorschläge:
Eigelb, feingehackte Räucherlachsscheiben, 1 Teelöffel Öl, Essig;
Eigelb, Hühnerfleischreste, 1 Eßlöffel Butter, Salz;
Eigelb, feingewiegter Matjeshering, 1 Eßlöffel Butter oder Mayonnaise;
Eigelb, gehackter roher Schinken, 1 kleine gehackte Gewürzgurke, 1 bis 2 feingewiegte Sardellen, Mayonnaise;
Eigelb, gehackte Kräuter, 1 Messerspitze Currypulver, Butter und Salz;
Eigelb, gehackte Oliven, Butter, Selleriesalz, geriebene Zwiebel;
Eigelb, Tomatenmark, geriebener Apfel, feingehackte Zwiebel, Zitronensaft, feingewiegte Sardellen, etwas Mayonnaise.

Hartgekochte Eier mit Soße

Gefüllte oder ungefüllte, halbierte Eier (hartgekochte oder verlorene Eier) passen zu zahlreichen warmen oder kalten Soßen; Rezepte ab S. 100 im Soßenkapitel. Einige Zusammenstellungen:
Kalte Soßen: Mayonnaise (mit Abwandlungen), Senfsoße, Remouladensoße, Sauce Vinaigrette, Russische Soße.
Warme Soßen: Tomatensoße, Senfsoße, Béchamelsoße, Käsesoße.

Eierigel *Foto siehe linke Seite*

Eier hart kochen, abschrecken, schälen und im Wasser etwas abkühlen lassen. Tomaten in dicke Scheiben schneiden, salzen und pfeffern. Eier der Länge nach halbieren. Jede Eihälfte (Dotter nach unten) auf eine Tomatenscheibe setzen, oben drei- bis viermal einschneiden. Salatgurken in Scheiben schneiden, halbieren und die Ei-Einschnitte damit besetzen. Auf einer Platte anrichten und mit Soße übergießen.

4 Eier, 2 Tomaten
je 1 Prise Salz und Pfeffer
½ Salatgurke
Russische Soße (S. 110)

Harte Eier in Aspik *Farbfoto S. 90*

Gelatine kalt einweichen, Eier hart kochen und schälen, erkalten lassen. Gelatine mit der heißen Brühe verrühren, leicht erkalten lassen. In kalt ausgespülte oder gefettete ovale Förmchen einen Spiegel (S. 322) gießen, Petersilie und beliebig geformte Stückchen von entkernten Tomaten zur Dekoration auflegen, mit etwas abgekühlter, aber noch flüssiger Gelierbrühe begießen, erstarren lassen. Eier in die Förmchen legen, leicht salzen, mit Gelierbrühe auffüllen. Nach dem Festwerden stürzen, mit Pfeffer und Salz gewürzt auf Tomatenscheiben anrichten.

4 Eier
½ l entfettete Fleischbrühe
6 Blatt Gelatine oder 10 g Aspikpulver
Petersilie, Tomaten
Salz, Pfeffer

Soleier

Eier hart kochen, die Schale ringsherum etwas brüchig klopfen und 24 Stunden in starke Salzlösung (3 bis 4 Eßlöffel Salz auf 1 l Wasser) legen. Die Eier können etwa 1 Woche im Salzwasser aufbewahrt werden, sollen aber kühl stehen.

Spiegeleier bekommen eine gefällige Form, wenn man Eierringe (links) benutzt. Rechts: Garnierungsbeispiele für gefüllte hartgekochte Eier.

Verlorene (pochierte) Eier schlägt man in eine Schöpfkelle und läßt sie in kochendes Essigwasser gleiten (links), damit sie nicht auseinanderlaufen. Eierstich läßt man im Wasserbad stocken (rechts).

4 bis 6 Eier
Salz, Essig

Verlorene Eier *Pochierte Eier*

Leicht gesalzenes Wasser mit etwa 2 Eßlöffel Essig säuern und zum Kochen bringen. Die Eier einzeln in eine Schöpfkelle schlagen, dicht über das Wasser halten und vorsichtig hineingleiten lassen. In 3 bis 4 Minuten garen. Eier mit dem Schaumlöffel herausnehmen, abschrecken und die Ränder sauber schneiden. Mit kalter oder warmer Soße, auf Toast, zu Salaten oder als Suppeneinlage servieren.

Pro Person:
1 Ei, 1 Scheibe Toast
etwas Butter
1 Eßlöffel Kaviar
½ Eßlöffel Käsesoße (S. 103)

Verlorene Eier auf baltische Art *Farbfoto S. 90*

Das Ei nach dem vorstehenden Rezept pochieren. Toast buttern, gleichmäßig mit Kaviar bestreichen, das Ei darauf legen und mit Käsesoße überziehen.

Pro Person:
1 Ei, Mehl, Eiweiß
Semmelmehl, Backfett

Gebackene Eier nach Hausfrauenart *Farbfoto S. 90*

Ei in 4 bis 5 Minuten wachsweich kochen, abschrecken, schälen und gut abtropfen lassen. In Mehl, Eiweiß und Semmelmehl wenden, in Fett schwimmend ausbacken. Auf Salatblättern anrichten.

SPIEGEL- UND RÜHREIER

Spiegeleier und Rühreier sind noch immer die beliebtesten Schnellgerichte. Neben den herkömmlichen Grundrezepten für beide Eierspeisen gibt es zahlreiche abwechslungsreiche Abwandlungen.

30 g Butter oder Margarine
4 bis 6 Eier, Salz

Spiegeleier

Eier vorsichtig aufschlagen, nebeneinander in das in der Pfanne erhitzte Fett gleiten lassen, leicht salzen und bei schwacher Hitze fest werden lassen. In einer Pfanne aus feuerfestem Porzellan oder Glas kann man sie gleich zu Tisch geben, sonst auf vorgewärmter Platte. Backringe (Zeichnung S. 93) sorgen für einen gleichmäßigen Rand.

Spiegeleier auf Bananen *Farbfoto S. 90*

Bananen quer und längs halbieren, mit wenig Paprika überstäuben, leicht in Butter anbraten, auf eine vorgewärmte Platte legen und mit Schinken zudecken. Ei zu Spiegelei verarbeiten, auf die Schinkenscheibe setzen.

Pro Person:
1 Banane, 1 Ei
1 Scheibe roher Schinken
1 Eßlöffel Butter
Salz, Paprika

Spiegeleier auf Tomaten

Butter in der Pfanne zerlassen, Tomaten abziehen, in Scheiben schneiden und in das Fett legen. Die Eier nebeneinander darauf schlagen, leicht salzen und bei schwacher Hitze fest werden lassen. Abwandlung 1: Eier mit etwas Salz verquirlen, über die angedünsteten Tomaten geben und zu Rührei stocken lassen. Abwandlung 2: Eier auf Speckscheiben schlagen, die mit grob geraspeltem Käse bestreut wurden. Im Ofen backen, bis die Eier fest sind.

1 bis 2 Eßlöffel Butter
2 bis 4 Tomaten
4 bis 6 Eier
Salz

Rühreier

Eier mit Milch gut verquirlen, salzen und in das in der Pfanne erhitzte Fett geben. Bei schwacher Hitze stocken lassen, dabei leicht mit dem Holzlöffel umrühren, damit die Eimasse gleichmäßig gerinnt. Saftig und flockig zu Tisch geben. Abwandlungen: 50 g feingewürfelten Schinken, Speck, Krabben, Kräuter, Zervelatwurst, Pilze, Käse oder Spargel mit der Eimasse verrühren. Nach Belieben ausgehöhlte Tomaten (Foto siehe unten) leicht salzen und pfeffern und mit Rührei füllen, mit Schnittlauch bestreuen.

6 bis 8 Eier
1 Eßlöffel Milch, Salz
Butter oder Margarine

Rührei im Blätterteigpastetchen *Farbfoto S. 90*

Eier mit Salz und Paprikastreifchen verquirlen, in der Pfanne zu Rührei stocken lassen, in die vorgewärmte Pastete füllen. Rand mit Schinkenwürfeln verzieren, in die Mitte (nach Belieben) Ketchup setzen. Heiß servieren. Paßt zu Reis, Spargel oder auch Blumenkohl.

Pro Person:
1 Blätterteigpastetchen
(fertig gekauft oder nach Rezept S. 442)
2 Eier, Salz, Pfeffer
Butter, 1 Teelöffel
Tomatenketchup
½ Scheibe Schinken
1 Eßlöffel Streifchen von grüner, überbrühter Paprikaschote

Rührei in Tomaten (links, Rezept siehe oben) richtet man auf Salatblättern an. Tomaten-Käse-Eier (rechts, Rezept S. 96) und ähnliche Gerichte kann man in Eierkochern oder Förmchen zubereiten.

EIERSPEISEN IN FÖRMCHEN

Man verwendet dazu Portionsförmchen aus feuerfestem Porzellan oder Glas (Jenaer Glas), notfalls bei einigen Gerichten auch große Tassen. Für Eierspeisen, die im Wasserbad gegart werden, sind verschließbare Förmchen (Eierkocher) besonders vorteilhaft. (Siehe auch Zeichnung auf Seite 94.)

125 g gekochter Schinken
75 g Reibkäse
½ Teelöffel Worcestersoße
4 Eier; Öl oder Butter

Bismarck-Eier

Schinken sehr fein hacken, mit Reibkäse und Worcestersoße verrühren. 4 kleine Förmchen mit Butter oder Öl ausstreichen, je 1 Ei hineinschlagen, die Schinken-Käse-Masse darüber schichten. Im Wasserbad etwa 10 bis 12 Minuten ziehen lassen, dann stürzen und mit holländischer Soße anrichten. Dazu Toast und Weißbrot, nach Belieben auch Bratkartoffeln und Tomaten- oder Spargelsalat.

Pro Person:
1 Ei, ½ Tomate
30 g Streichschmelzkäse
50 g gewürfelter,
angebratener Schinken

Tomaten-Käse-Eier *Foto S. 95*

Schinken in ein Förmchen geben, mit Käse- und Tomatenstückchen belegen, Ei daraufschlagen und salzen. Form verschließen, 6 bis 8 Minuten im Wasserbad garen. In der Form auftragen. Dazu Weißbrot, Toast oder auch Röstkartoffeln.

Pro Person:
75 g Reste von gekochtem
Geflügelfleisch
1 Eßlöffel Sahne
1 Ei, Salz, Paprika
etwas Reibkäse

Eier auf Geflügelresten *Farbfoto S. 90*

Geflügelfleisch fein würfeln, in gebutterte, feuerfeste Förmchen geben. Sahne mit Ei und Gewürzen verquirlen, über das Fleisch gießen, mit Reibkäse bestreuen und im Backofen in 10 bis 15 Minuten garen. Dazu Toast, Butterreis oder Spargelsalat.

Eierstich siehe S. 63.

Das gefüllte Omelett (rechts) klappt man zusammen und läßt es auf eine vorgewärmte Platte gleiten. Mit einer Schaufel (linke Zeichnung) gelingt das Umwenden von Eierkuchen am leichtesten.

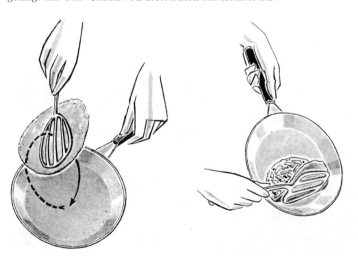

Zwei duftig-lockere Omeletts: Mit Puderzucker bestreut wird das Omelett mit Kirschen (links, Rezept S. 98) angerichtet. Rechts: Omelett mit Champignons (Rezept S. 98), mit Tomatenscheiben garniert.

Pikantes Ei *Farbfoto S. 90*

Ein Deckelförmchen leicht mit Butter ausstreichen, Schinkenspeck einfüllen, die feingewürfelte Gewürzgurke darauf verteilen. Das verquirlte Ei darübergeben mit Salz und Paprika bestreuen. In verschlossener Form 6 bis 8 Minuten im Wasserbad garen. Dazu Toast reichen.

Pro Person:
1 Eßlöffel feingehackter Schinkenspeck
1/2 kleine Gewürzgurke
1 Ei, etwas Butter
Salz, Paprika

EIERKUCHEN *Palatschinken*

Mehl durchsieben, nach und nach Milch und Eier zugeben, leicht salzen, zu einem nicht zu flüssigen Teig verrühren. Soviel Fett in der Pfanne heiß werden lassen, daß der Boden gerade bedeckt ist. Etwas Teig hineingeben, Pfanne schwenken, damit der Teig nach allen Seiten auseinanderläuft. Unterseite leicht bräunen, dann den Pfannkuchen wenden und von der anderen Seite bräunen. Auf eine vorgewärmte Platte legen, zuckern. Mit Kompott oder Apfelmus reichen.

Einfacher Teig:
250 g Mehl, 1/2 l Milch
3 Eier, etwas Salz

Feiner Teig:
100 g Mehl, 1/8 l Milch
3 Eier, etwas Salz
Backfett

Abwandlungen:
1. Zimt-Eierkuchen: Eierkuchen mit Zucker und Zimt bestreuen und mit etwas Zitronensaft beträufeln.
2. Eierkuchen mit Schlagsahne: Eierkuchen aus feinem Teig geviertelt falten, auf eine Platte legen, in die Mitte Schlagsahne füllen.
3. Obst-Eierkuchen: Teig mit entsteinten Kirschen, Apfelspalten oder Stachelbeeren mischen, backen, mit Zimtzucker bestreuen.
4. Käse-Eierkuchen: Den in der Pfanne zerlaufenen Teig mit Reibkäse bestreuen und backen. Zweite Seite nicht bestreuen.
5. Kräuter-Eierkuchen: 2 bis 3 Eßlöffel gehackte Kräuter (z. B. Petersilie, Kerbel, Estragon, Schnittlauch, Melisse) mit dem Teig mischen.
6. Fleisch-Eierkuchen: Teig mit feingewürfelten Fleisch-, Wurst- oder Schinkenresten mischen und backen.
7. Fisch-Eierkuchen: Teig mit zerkleinertem gekochtem Fischfleisch (auch Räucherfischfleisch) mischen und backen.
8. Pilz-Eierkuchen: Teig mit feingeschnittenen, in Butter gedünsteten Pilzen mischen und backen.

Pro Person:
3 Eier, 25 g Zucker
1 Päckchen Vanillezucker
25 g Mehl
1 Eßlöffel süße Sahne
ca. 200 g entsteinte und gedünstete Kirschen
etwas Butter

Omelett mit Kirschen Foto S. 97

Eigelb mit Zucker und Vanillezucker schaumig rühren. Eiweiß zu festem Schnee schlagen, auf die Eigelbcreme gleiten lassen, Mehl darüber sieben und zusammen mit der Sahne vorsichtig darunter heben. Schaummasse in eine gut gebutterte Pfanne füllen, in den vorgeheizten Backofen schieben und bei mäßiger Hitze nur die Unterseite mittelbraun backen. Die Oberfläche soll gar, aber noch schaumig-weich sein. Mit Kirschen füllen, das Omelett beim Gleiten auf die Platte überklappen, sofort servieren. – Abwandlung: Beliebiges anderes gedünstetes Obst als Füllung verwenden.

Aufläufe siehe S. 296, Crêpes Suzette siehe S. 178.

Pro Person:
3 Eier
60 bis 125 g Räucherspeck
Salz, Butter
1 Paprikaschote
3 Eßlöffel Tomatenmark
etwas Brühe
5 g Speisestärke

Omelett auf ungarische Art Foto siehe rechte Seite

Eier tüchtig mit dem Schneebesen schlagen und leicht mit Salz würzen. Butter in eine saubere, stark erhitzte Pfanne geben. Die Eimasse hineingeben, sobald die Butter zu schäumen beginnt. Unter ständigem Schütteln der Pfanne und vorsichtigem Umrühren Eier gleichmäßig garen. Die noch weiche Masse in einer Ecke der Pfanne zusammenschieben, auf eine gut vorgewärmte Platte stürzen und in der Mitte einen Längsschnitt machen. Die Schnittkanten etwas auseinanderdrücken und mit der in Streifen geschnittenen, in Räucherspeck gedünsteten Paprikaschote füllen. Bodensatz des Topfes oder der Pfanne, in der die Füllung zubereitet wurde, mit etwas Brühe ablöschen, Tomatenmark zugeben, gut durchkochen und die Soße mit kalt angerührter Speisestärke binden. Omelett mit der Soße umziehen und sofort servieren. Abwandlung: Omelett wie im vorstehenden Rezept backen, mit den gedünsteten Paprikastreifen füllen und zusammenklappen. Anstelle der warmen Tomatensoße eine Soße aus Tomatenketchup, mit etwas Dosenmilch verrührt und erhitzt, nehmen.

Pro Person:
250 g Champignons
1 Eßlöffel Butter
5 g Speisestärke
2 Eßlöffel Sahne
3 Eier, 30 g Butter
Salz, Muskatnuß

Omelett mit Champignons Foto S. 97

Champignons putzen, mit leicht gesäuertem Wasser abspülen (damit sie weiß bleiben), in Butter zugedeckt dünsten und den Sud mit der in Sahne angerührten Speisestärke binden. Eigelb mit Salz und Muskat glattrühren, steif geschlagenes Eiweiß darunter heben. Butter in der Pfanne zerlassen, die Omelettmasse hineingeben, mit heißem Deckel zudecken und im vorgeheizten Ofen bei mittlerer Hitze von einer Seite goldgelb backen. Auf eine Platte gleiten lassen, mit Pilzen füllen und die Seiten hochschlagen. Garnitur: Zitronenachtel und Tomatenscheiben.

3 Eier, etwas Salz
30 g Butter
10 g Speisestärke

Schaumomelett

Eigelb schaumig rühren, Eiweiß zu steifem Schnee schlagen, auf die Eigelbcreme gleiten lassen, Speisestärke darüber sieben, leicht salzen, vorsichtig unterheben. In der Pfanne Butter erhitzen, die Masse hineingeben und entweder im vorgeheizten Backofen oder auf der Brennstelle bei mäßiger Hitze nur von der Unterseite leicht bräunen. Das Omelett auf eine vorgewärmte Platte gleiten lassen, beliebig füllen und zusammenklappen. Abwandlung für süße Füllung: Schaummasse mit 50 g Zucker, Saft und abgeriebener Schale einer halben Zitrone verarbeiten, vor dem Zusammenklappen mit Konfitüre oder Kompott füllen.

Ein Kartoffelomelett mit Spargel (links, Rezept siehe unten) bringt Abwechslung in die Spargelküche. Rechts: Omelett auf ungarische Art (Rezept siehe linke Seite) mit gedünsteten Paprikaschoten und Speck.

Schaumomelett mit Pilzen *Farbfoto S. 90*

Omelett nach vorstehendem Rezept zubereiten, mit 125 g in Fett gedünsteten Pilzen füllen. Dazu Tomaten- oder grüner Salat.

Kartoffelomelett mit Spargel *Foto siehe oben*

Spargel waschen, sorgfältig schälen, in Stücke schneiden und in leicht gesalzenem Wasser gar kochen. Eigelb mit Milch, Salz und Paprika gut verquirlen, Kartoffelknödelmehl zugeben, den steif geschlagenen Eischnee unterheben. Die Masse in einer gut gefetteten Pfanne im Ofen bei schwacher Hitze etwa 15 Minuten ohne Umwenden backen. Mit den heißen, gut abgetropften Spargelstücken füllen, zusammenklappen, auf eine heiße Platte gleiten lassen und mit heißer Butter begießen oder mit holländischer Soße umkränzen. Dazu grüner Salat.

500 g Spargel
4 Eier, Salz, Paprika
8 Eßlöffel Milch
65 g Kartoffelknödelmehl
Butter

Eierauflauf *Omelette soufflée*

Eigelb und Zucker schaumig rühren. Eiweiß sehr steif schlagen, auf die Eigelbcreme gleiten lassen, Speisestärke darüber sieben, mit Rum oder Zitronenschale vorsichtig darunter heben. Bergförmig auf eine gut gefettete Platte geben, im vorgeheizten Backofen bei 180 bis 190°C in etwa 20 Minuten backen, mit Puderzucker besieben.

4 Eier, 85 g Zucker
20 g Speisestärke
10 g Puderzucker
1 Eßlöffel Rum oder etwas abgeriebene Zitronenschale

Salzburger Nockerl siehe S. 299.

Überbackene Eierkuchen

Hackfleisch, eingeweichte und ausgedrückte Semmel, Kräuter, Milch, Ei und Gewürze zu einem nicht zu festen Fleischteig verarbeiten, auf die gebackenen Eierkuchen streichen, zusammenrollen und in etwa 2 cm breite Scheiben schneiden. Feuerfeste Form gut fetten, die Scheiben hineinlegen, mit Soße begießen und 15 bis 20 Minuten im vorgeheizten Backofen bei Mittelhitze überbacken. Nach Belieben Reibkäse dazu reichen.

3 bis 4 Eierkuchen
200 g Hackfleisch
1 altbackene Semmel
2 Eßlöffel gehackte Kräuter
1 Eßlöffel Milch, 1 Ei
Salz, Muskat
¼ l Holländische Soße
(S. 103)

Die Soßenküche

Mit den Soßen ist es ähnlich wie mit den Gewürzen: sie dürfen den Eigengeschmack eines Gerichtes nicht überdecken, sondern sollen ihn heben. Das richtige Soßenkochen ist eine hohe Kunst, und es ist deshalb kein Zufall, daß der Saucier, der Soßenkoch, in allen großen Hotels der Welt nach dem Küchenchef den ersten Platz innerhalb der Küchenbrigade einnimmt.
Über die Kunst der Soßenzubereitung sind zahllose dicke Bücher geschrieben worden. Das berühmteste stammt von Graf Augustin de Croze, es enthält über 3 000 Soßenrezepte. Und Brillat-Savarin erzählte die Geschichte des Grafen d'Albignac, der zu Beginn des 19. Jahrhunderts in Paris ein gesuchter Soßenkünstler war. In einer Kutsche reiste er von Palast zu Palast, ließ seinen Diener aus mitgebrachten Ingredienzien geheimnisvolle Soßen brauen – und verdiente sich auf diese Weise Ruhm, Ansehen, ein mittleres Rittergut und für sechzigtausend Franc Staatspapiere.

Ein paar Soßenmerksätze:
▶ Helle Soßen sollte man möglichst nur mit Butter zubereiten, dunkle Soßen sind weniger empfindlich und vertragen auch andere Fettarten.
▶ Warme helle Soßen kann man, wie Suppen, mit Eigelb legieren, sie dürfen danach aber nicht mehr aufgekocht werden.
▶ Mit Bindemitteln sollte man bei allen Soßen sparsam sein. Mehl und Speisestärke werden zuerst kalt angerührt und dann an die kochende Soße gegeben.
▶ Wein und Dessertwein, Senf, Meerrettich, Sahne und gehackte Kräuter, mit denen warme Soßen abgeschmeckt werden, sollten nach Möglichkeit nicht mitkochen.

WARME SOSSEN

Wie die Konfliktsituationen im Drama lassen sich auch die Soßen auf eine begrenzte Anzahl von Grundrezepten zurückführen. Wenn man sie beherrscht, wird man bald Lust verspüren, selbst Abwandlungen zu erfinden. Im folgenden Rezeptteil stehen diese Grundsoßen jeweils vor den Variationen.

Helle Grundsoße

Butter zerlassen, das Mehl darin hellgelb anschwitzen. Kalte oder lauwarme Brühe unter ständigem Rühren nach und nach zufügen. 10 Minuten auf kleiner Flamme gut durchkochen, mit Salz abschmecken, nach Belieben durchsieben.

35 g Butter, 35 g Mehl
1/2 l Fleischbrühe, Salz

Kapernsoße

Grundsoße zubereiten, Eigelb mit Sahne verquirlen, die Soße damit legieren, Kapern hineingeben. Paßt zu Reis, Klopsen, Eiern und gedünstetem oder gekochtem Fisch.

1/2 l helle Grundsoße
1 Eßlöffel Kapern
1 Eßlöffel saure Sahne
1 Eigelb

Dillsoße

Dill in die Soße geben, 5 bis 10 Minuten ziehen lassen, ohne aufzukochen. Mit Salz abschmecken. Paßt zu gekochtem Fisch, Rindfleisch und Eierspeisen.

1/2 l helle Grundsoße
1 gehäufter Eßlöffel gehackter Dill, Salz

Sahne-Kräutersoße *Foto siehe unten*

Kräuter fein hacken, in Butter anschwitzen, mit Mehl bestäuben, gut durchrühren, nach und nach mit Brühe auffüllen und durchkochen. Mit Salz und Zitronensaft abschmecken. Eigelb mit Sahne verrühren, die Soße damit binden. Mit gehacktem Schnittlauch bestreut zu gekochtem Fisch, Eiern, Kalbfleisch oder Reis reichen.

60 g Butter, 40 g Mehl
3/8 l Fleischbrühe
Salz, Zitronensaft
1 Eigelb, 1/8 l süße Sahne
Schnittlauch, Basilikum
Dill, Petersilie

Polnische Soße *Foto siehe unten*

Mehl in Butter anschwitzen, nach und nach mit Brühe und Sahne auffüllen, 10 Minuten gut durchkochen. Mit Zitronensaft, Meerrettich, Fenchel und Petersilie abschmecken. Paßt zu Fisch und gekochtem Rindfleisch.

40 g Butter
30 bis 40 g Mehl
1/4 l Kalbs- oder Hühnerbrühe
1/4 l saure Sahne
Zitronensaft, 1 Teelöffel geriebener Meerrettich
gehackte Petersilie
gehackter Fenchel, Salz

Die Sahne-Kräutersoße (links, Rezept siehe oben) mit Schnittlauch, Basilikum, Dill und Petersilie paßt zu Reis, Fisch und Fleisch. Polnische Soße (rechts, Rezept siehe oben) wird mit Meerrettich abgeschmeckt, man bereitet sie mit etwas gehacktem Fenchel zu.

½ l helle Grundsoße
1 bis 2 Eßlöffel Senf
Salz, Essig, Zucker

Senfsoße

Soße mit Senf verrühren, mit Salz, Zucker und Essig vorsichtig abschmecken. Paßt zu Fisch, Eiern, Hackfleischgerichten und Rindfleisch.

250 g Zwiebeln
60 g Butter
30 g Mehl
½ l Fleischbrühe
½ Lorbeerblatt
2 Nelken
Salz, Essig, Zucker

Zwiebelsoße *Farbfoto S. 262*

Zwiebeln fein schneiden, in Butter goldgelb rösten, Mehl darin anschwitzen, nach und nach mit Brühe auffüllen, mit Lorbeerblatt und Nelken 10 Minuten durchkochen. Nach Belieben passieren, andernfalls Gewürze herausnehmen, mit Salz, Essig, Zucker abschmecken.

Wiener Zwiebelsoße siehe S. 106.

125 bis 200 g
Krabbenfleisch
40 g Fett, 20 g Mehl
1 kleine Zwiebel
1 Eßlöffel Tomatenmark
¼ l Fleischbrühe
⅛ l Sahne, Salz
Pfeffer, Zucker

Krabbensoße

Feingewiegte Zwiebel in Fett glasig dünsten, Mehl und Tomatenmark dazu geben, gut verrühren, mit Brühe und Sahne auffüllen, 10 Minuten durchkochen und die gründlich gewaschenen Krabben hineingeben, abschmecken. Paßt zu Pellkartoffeln, warmen Heringsgerichten und Eierkuchen. Abwandlung: Anstatt Krabben zerpflückte Reste von gekochtem Fisch verwenden; Soße mit Krebsbutter (im Handel) verfeinern.

2 Salzheringsfilets
2 mittlere Zwiebeln
50 g Schweinefett
1 Teelöffel gehackte
Kapern, 2 Eßlöffel Mehl
Weißwein, abgeriebene
Zitronenschale
2 Teelöffel gehackte
Kräuter, Muskat

Heringssoße

Heringsfilets vorbereiten, sehr fein hacken. Feingewiegte Zwiebeln und Mehl in zerlassenem Fett gelb rösten, mit Brühe auffüllen. Heringshack dazugeben, mit Weißwein, Kapern und Zitronenschale zu pikanter Soße verkochen, nach Belieben durchsieben. Mit einer Spur Muskat würzen, zum Schluß Küchenkräuter zugeben. Paßt zu Pellkartoffeln und warmen Heringsgerichten.

Bei der Mayonnaise-Zubereitung (Rezept S. 109) gibt man das Öl tropfenweise zu (links). Dabei hilft ein eingekerbter Korken. Holländische Soße (rechts, Rezept siehe rechte Seite) schlägt man im Wasserbad mit dem Schneebesen. Über direkter Hitze würde sie gerinnen.

Holländische Soße (links, Rezept siehe unten) paßt zu Spargel, Blumenkohl und Reis. Kräuter-Pilzsoße (rechts, Rezept S. 106) erhält ihren delikaten Geschmack von Estragon, Kerbel und Koriander.

Meerrettichsoße

Mehl in Butter anschwitzen, unter ständigem Rühren nach und nach mit heißer Milch aufgießen. Eigelb mit wenig kaltem Wasser verquirlen, die Soße damit legieren, mit Zitronensaft verrühren, mit Pfeffer und Salz abschmecken. Vor dem Anrichten Meerrettich unterrühren. Paßt zu gekochtem Rindfleisch und zu Fisch.

30 g Butter, 30 g Mehl
$1/2$ l Milch, 2 Eigelb
Saft einer halben Zitrone
Pfeffer, Salz
2 Eßlöffel geriebener Meerrettich

Käsesoße

Käse mit der Soße verrühren, bis er sich gelöst hat. Mit Salz und Zitronensaft abschmecken. Paßt zu Fisch, Eiern und Teigwaren.

$1/2$ l helle Grundsoße
125 bis 175 g geriebener Käse, Salz, Zitronensaft

Béchamelsoße *Farbfoto S. 108*

Zwiebel und Schinken würfeln, in Fett glasig dünsten, Mehl darin anschwitzen, mit Brühe und Milch auffüllen, gut durchkochen und mit Pfeffer, Salz, Muskatnuß und Zitronensaft pikant abschmecken. Paßt zu Kartoffeln, Schwarzwurzeln, Fenchel. Abwandlungen:
1. Sauce Mornay: 100 g Reibkäse und 30 g Butter kurz mit der heißen Soße aufkochen, abschmecken.
2. Sauce Soubise: 3 Zwiebeln dünsten, pürieren und mit der Soße verrühren, gut durchkochen. Mit Sahne verfeinern, mit Cayennepfeffer abschmecken.

1 Zwiebel
100 g Schinkenspeck
20 g Fett, 40 g Mehl
$1/4$ l Fleischbrühe
$1/4$ l Milch
Pfeffer, Salz
Muskat, Zitronensaft

Holländische Soße *Foto siehe oben*

$1/3$ der Butter in einem kleinen Rührtopf im Wasserbad zerlassen, unter ständigem Schlagen etwas Brühe und 1 Eigelb dazugeben. Nach weiterem Schlagen wieder $1/3$ der Butter, etwas Flüssigkeit und 1 Eigelb in die Flüssigkeit rühren. Wenn die Soße dicklich zu werden beginnt, die restliche Butter hineingeben, etwas Sahne mit der Soße verrühren, mit Salz, Muskat, Zucker und Zitronensaft abschmecken. Paßt zu Spargel, Blumenkohl und Reis.

90 g Butter, 2 Eigelb
knapp $1/4$ l Fleisch- oder Gemüsebrühe, Salz
Muskat, Zucker
Zitronensaft
1 Eßlöffel saure Sahne

Sauce Chantilly (links, Rezept S. 110) paßt gut zu saftigen Steaks und Grilladen. Die altbekannte Remouladensoße (rechts, Rezept S. 110) ist eine beliebte Beigabe zu Sülzen, kaltem Fleisch und gebratenem Fisch.

Zutaten wie Holländische Soße, außerdem:
1 Teelöffel Tomatenmark
½ Zwiebel, Paprika, Senf Pfeffer, ½ Glas Weißwein gehackte Petersilie

Teufelssoße

Holländische Soße zubereiten, Tomatenmark aber schon mit dem ersten Eigelb zugeben, kleingewürfelte Zwiebel in Weißwein stark einkochen, abgekühlt unter die Soße rühren. Zum Schluß mit Paprika, frischgemahlenem Pfeffer, Senf und Petersilie pikant abschmecken. Paßt zu hartgekochten Eiern und kaltem Fleisch.

Béarner Soße *Farbfoto S. 144*

Eine Soße nach dem Rezept für holländische Soße zubereiten, aber statt Brühe zur Hälfte Wasser und Weißwein nehmen. Mit feingehacktem Estragon, Fleischextrakt und Salz würzen, nach Belieben etwas feingehackte, in Weißwein gedünstete Zwiebel dazugeben. Zu Rumpsteak, Filetsteak, Blumenkohl, Spargel und Reis.

½ l helle Grundsoße
1 Teelöffel Kapern
1 Teelöffel gehackte Pilze
1 Sardelle, 1 Eigelb
1 Eßlöffel Zitronensaft
2 Eßlöffel saure Sahne

Frikasseesoße

Soße mit Kapern, Pilzen, gehackter Sardelle und Zitronensaft 10 Minuten bei schwacher Hitze ziehen lassen, Eigelb mit Sahne verrühren und die vom Feuer genommene Soße damit legieren. Zu Frikassee aus Geflügel, Kalbfleisch oder Fisch und zu Reis.

20 g Speisestärke
2 Eigelb, 60 g Butter
⅜ l Fleischbrühe
1 Blutapfelsine
etwas Zucker

Malteser Soße *Farbfoto S. 240*

Speisestärke und Eigelb mit der kalten Brühe gut verquirlen, im heißen Wasserbad cremig schlagen. Nach und nach Butterstückchen und den Saft der Apfelsine hineinrühren, mit etwas abgeriebener Apfelsinenschale abschmecken. Paßt zu Spargel, Blumenkohl und Fisch.

½ l helle Grundsoße
1 Eßlöffel Tomatenmark
Salz, Zucker, Zitronensaft

Tomatensoße

Soße mit Tomatenmark verrühren, etwa 10 Minuten bei schwacher Hitze ziehen lassen, mit Salz, Zucker und Zitronensaft abschmecken. Paßt zu Fisch, Eiern, Kartoffelgerichten, Reis und Teigwaren.

Die pikante Frankfurter Grüne Soße (links, Rezept S. 110) war schon zu Goethes Zeiten berühmt. Sie soll mindestens 9 Kräuter enthalten. Rechts: Sauce Vinaigrette (Rezept S. 111) aus der französischen Küche.

Dunkle Grundsoße

Fett zerlassen, Mehl unter Umrühren auf kleiner Flamme darin anschwitzen, bis es dunkelbraun ist. Nach und nach mit kalter oder lauwarmer Brühe aufgießen, zwischendurch immer wieder aufkochen lassen und mit dem Schneebesen rühren. Etwa 30 Minuten gut durchkochen lassen.

40 g Fett, 50 g Mehl
½ l Fleisch- oder Gemüsebrühe

Madeirasoße *Fotos S. 176 und 274*

Mehl in Fett kräftig anbräunen, mit Brühe auffüllen. Zwiebel und Wurzelzeug fein hacken, mit der gewürfelten Tomate in feingeschnittenem Speck anrösten, mit der Soße vermischen, gut durchkochen. Nach etwa 25 Minuten durchsieben, mit Zitronensaft, Madeira, Salz und Zucker abschmecken, zum Schluß etwas Butter hineingeben. Paßt zu Rinderbraten und Pökelrinderzunge.

40 g Fett, 40 g Mehl
½ l Fleischbrühe
1 Zwiebel
etwas Suppengrün
1 bis 2 Tomaten
50 g Räucherspeck
1 Eßlöffel Zitronensaft
3 Eßlöffel Madeira
Zucker, Salz, etwas Butter

Burgunder Soße

Aus Fett und Mehl eine dunkelbraune Mehlschwitze zubereiten. Brühe und Burgunder aufgießen, glattrühren und 20 Minuten kochen. Schalotten schälen, mit kochendem Wasser überbrühen. Zucker in der Pfanne mit Butter bräunen; wenig Brühe dazugeben, die Schalotten darin langsam glasig schmoren, die Soße zugeben und 10 Minuten gut durchkochen. Mit Zitronensaft und Salz würzen. Zu Wild, Braten und Zunge.

50 g Fett, 50 g Mehl
⅜ l Brühe
⅛ l Burgunder Wein
50 g Schalotten, 10 g Butter
10 g Zucker, Salz
Zitronensaft

Wiener Zwiebelsoße

250 g Zwiebeln
1 Teelöffel Zucker
60 g Butter, 40 g Mehl
1 Glas Rotwein
½ l Fleischbrühe
Essig, Zucker
Pfeffer, Salz

Zwiebeln fein hacken. Zucker in Butter braun anrösten, Zwiebeln dazugeben, weiterrösten, mit Mehl verrühren, mit Rotwein ablöschen, Brühe zugießen und Zwiebeln weich schmoren. Soße passieren, mit Essig (oder Zitronensaft), Zucker, Pfeffer, Salz und Rotwein abschmecken. Paßt zu gekochtem Rindfleisch und Eierspeisen.

Braune Kräutersoße *Farbfoto siehe rechte Seite*

½ Tasse gehackte Kräuter
(z. B. Schnittlauch, Kerbel, Petersilie, Estragon)
1 Glas Rotwein
20 g Mehl, 30 g Fett
¼ l Fleischbrühe
Zitronensaft, Salz, Pfeffer

Kräuter in Rotwein zugedeckt ziehen lassen. Mehl in Fett braun rösten, mit Brühe ablöschen, gut durchkochen. Abgesiebten Kräuterwein unterziehen, mit Zitronensaft, Salz, Pfeffer und frischen Kräutern abschmecken. Paßt zu Fischen aller Art, magerem Fleisch, Teigwaren und Reis.

Kräuter-Pilzsoße *Foto S. 103*

Estragon, Kerbel
und Petersilie
zu gleichen Teilen
etwas frischer Koriander
2 Schalotten
50 g Butter, 30 g Mehl
⅜ l Fleischbrühe
⅛ l Pilzbrühe
1 Tasse gehackte Steinpilze
Salz, Zitronensaft, Pfeffer
Zucker, 1 Eigelb
3 Eßlöffel Sahne

Kräuter und Zwiebeln hacken, in Butter anschwitzen, Mehl zugeben und mit Fleisch- und Pilzbrühe auffüllen. Steinpilze aus der Dose hinzugeben (frische Pilze gleich mit den Kräutern anschwitzen), durchkochen, mit Salz, Zitronensaft, Pfeffer und etwas Zucker abschmecken. Eigelb mit Sahne verrühren, die Soße damit legieren. Zu Fisch, Eiern, gekochtem Fleisch und Teigwaren. Abwandlung: Anstatt Steinpilze Champignons oder Pfifferlinge (frisch oder aus der Dose) verwenden.

Helle und dunkle Pilzsoße siehe S. 253.

KALTE SOSSEN

Die am häufigsten zubereiteten kalten Soßen sind die Marinaden zu grünem Salat. An dieser Stelle versagt die Kunst der Rezeptur: die Geschmäcker sind zu verschieden, als daß man allen gerecht werden könnte. Ob mit Zucker und saurer Sahne, ob mit Essig und angebratenem Räucherspeck, ob mit Olivenöl und Zitronensaft – der Abwandlungen sind so viele, daß allein die häusliche Tradition entscheiden muß. Zur Königin der kalten Soßen hat man die Mayonnaise (S. 109) ernannt. Ihre Herstellung ist kein Geheimnis, wenn man ein paar Grundregeln beachtet. Trotzdem sind viele Hausfrauen dazu übergegangen, ihre Mayonnaise in Tüten, Tuben oder Gläsern fertig zu kaufen. Aber auch dann bietet diese köstliche, sehr nahrhafte Soße aus der französischen Haute Cuisine noch vielfältige Anreize, Abwandlungen zu erproben und zu erfinden.

Salatsoße

3 Eßlöffel Salatöl
1 bis 2 Eßlöffel Essig
oder Zitronensaft
etwas Salz
1 gehäufter Teelöffel
gehackte Kräuter

Öl, Zitronensaft oder Essig und Salz gut miteinander verrühren, die Kräuter dazugeben und jetzt erst den gut abgetropften Salat mit der Soße vermengen. – Abwandlungen: Soße mit Zucker abschmecken oder etwas feingehackte oder geriebene Zwiebel dazugeben. Nach Belieben etwas Pfeffer zufügen.

Zu Fischgerichten und magerem Fleisch paßt die aus einem halben Dutzend schmackhafter Kräuter zubereitete Braune Kräutersoße (Rezept siehe oben), in Frankreich »Sauce aux fines herbes« genannt.

Salatsoße mit Sahne

Öl, Essig, Salz und Zucker gut miteinander verrühren, Sahne und feingehackte oder geriebene Zwiebel dazugeben, weiterrühren, zum Schluß die Kräuter hineingeben.

je 1 bis 2 Eßlöffel Öl, Essig oder Zitronensaft und saure Sahne
Salz, Zucker, Zwiebel
gehackte Kräuter

Sahnesoße

Zitronensaft und Sahne gut verquirlen, mit Salz und Zucker abschmecken. Abwandlungen: Soße mit 1 Eßlöffel Senf, 1 bis 2 Eßlöffel geriebenem Meerrettich, 2 Eßlöffel gehackten Kräutern oder 1 knappen Eßlöffel gehacktem Dill verrühren.

1/4 l saure Sahne
2 Eßlöffel Zitronensaft
Salz, Zucker

Mayonnaise

Alle Zutaten sollten Zimmertemperatur haben, damit die Mayonnaise beim Rühren nicht gerinnt. (Geronnene Mayonnaise läßt sich wieder verwendungsfähig machen, siehe Tips auf S. 47.) – Eigelb mit Salz, Pfeffer oder Paprika, Senf (nach Belieben) und Zitronensaft kräftig mit einem kleinen Schneebesen (oder im Rührgerät der Küchenmaschine, nicht im Mixer!) schlagen, dann tropfenweise Öl dazugeben und weiterschlagen. Wenn die Hälfte der Ölmenge verbraucht ist, kann der Rest rascher unter die steife Masse geschlagen werden.

2 Eigelb, Salz
Pfeffer (oder Paprika)
1 Teelöffel Senf
1 Teelöffel Zitronensaft
1/8 l Salatöl

Verlängerte Mayonnaise

Nach dem vorstehenden Rezept Mayonnaise zubereiten. 1 Eßlöffel Speisestärke mit 1/8 l kaltem Wasser anrühren, unter ständigem Rühren aufkochen, den heißen Stärkebrei mit der Mayonnaise verschlagen.

Currymayonnaise *Farbfoto S. 161*

Mayonnaise mit der Dosenmilch gut verrühren. Johannisbeergelee und Curry hineingeben, so lange rühren, bis die Soße gleichmäßig gefärbt ist, mit Zitronensaft und Zucker abschmecken. Paßt zu gegrilltem Fleisch und zur Fondue bourguignonne.

125 g Mayonnaise
je 1 Teelöffel Curry und Johannisbeergelee
2 Teelöffel Dosenmilch
1 Spritzer Zitronensaft
1 Prise Zucker

Tomatenmayonnaise *Sauce Tyrolienne*

Mayonnaise kräftig mit Tomatenmark verrühren, mit Petersilie vermengen und mit Pfeffer vorsichtig nachwürzen. Zu Eier- und Fischgerichten und Sülzen.

125 g Mayonnaise
2 Eßlöffel Tomatenmark
1 Eßlöffel gehackte Petersilie, Pfeffer

Dillmayonnaise *Farbfoto S. 161*

Mayonnaise mit der Sahne gut verrühren, nach und nach die anderen Zutaten dazugeben, mit Salz abschmecken. Paßt zu gegrilltem Fleisch und zur Fondue bourguignonne. Abwandlung zur Kräutermayonnaise: Anstelle von Dill 1 Eßlöffel gehackte Kräuter (Schnittlauch, Petersilie, Estragon, Kerbel usw.) nehmen.

125 g Mayonnaise
2 Teelöffel feingehackter Dill, 1 Teelöffel Zucker
2 Teelöffel saure Sahne
Salz

Zwei berühmte Soßen, die in der ganzen Welt geschätzt werden. Oben: Cumberlandsoße (Rezept S. 111), bevorzugt zu kaltem Wildbraten gereicht. Unten: Béchamelsoße (Rezept S. 103), hier mit Fenchelgemüse. Bekanntestes Gericht: Béchamelkartoffeln (Rezept S. 260).

125 g Mayonnaise
2 Teelöffel geriebener Meerrettich, etwas Zucker
1 Eßlöffel saure Sahne

Meerrettichmayonnaise *Farbfoto S. 161*

Mayonnaise mit der Sahne gut verrühren. Die übrigen Zutaten hineingeben, weiterrühren. Verwendung wie Currymayonnaise.

125 g Mayonnaise
2 Eßlöffel süße Sahne
100 g Quark, etwas Zucker

Quarkmayonnaise

Quark durch ein Sieb streichen, mit der Sahne glattrühren, unter die Mayonnaise rühren. Paßt zu Frischkostsalaten.

125 g Mayonnaise
3 Eßlöffel Tomatenketchup
knapp 1 Teelöffel geriebener Meerrettich

Russische Soße

Mayonnaise mit Tomatenketchup verrühren, bis zur gleichmäßigen Färbung kräftig mit dem Schneebesen schlagen, mit geriebenem Meerrettich pikant abschmecken. Zu Eiern, gedünstetem Fisch, Fleisch.

250 g Mayonnaise
1 Eßlöffel Senf, 1 Zwiebel
1 Teelöffel Kapern
1 Sardelle, 1 kleine gehackte Gewürzgurke
1 Eßlöffel gehackte Kräuter

Remouladensoße *Foto S. 104*

Mayonnaise mit den gut zerkleinerten Zutaten verrühren, kalt servieren. Wer eine flüssigere Soße vorzieht, rührt zu Anfang etwas saure Sahne in die Mayonnaise. – Paßt zu Sülzen und kaltem Fleisch, (warmem) gebackenem Kalbskopf und gebratenem Fisch.

125 g Mayonnaise
Saft einer Zitrone, Zucker
4 Eßlöffel süße Sahne

Sauce Chantilly *Foto S. 104*

Mayonnaise mit Zitronensaft und Zucker verrühren, sehr steif geschlagene Sahne unterziehen. Paßt zu Grilladen oder Steaks.

5 Eßlöffel gehackte Kräuter (Borretsch, Estragon, Kerbel, Liebstöckel, Petersilie, Pimpinelle, Schnittlauch, Sauerampfer, Dill)
2 bis 3 hartgekochte Eier
1/8 l Öl, 2 Eßlöffel Essig
Salz, 1 Prise Zucker

Frankfurter Grüne Soße *Foto S. 105*

Kräuter und Eier fein hacken, in die gut verrührte Essig-Öl-Mischung geben, mit Salz und Zucker abschmecken. Abwandlung: Gehackte Kräuter mit 125 g Mayonnaise und saurer Sahne vermischen, etwas ziehen lassen. Zu kaltem und warmem Fleisch und Sülze.

Soßen kann man sowohl in den herkömmlichen Soßengefäßen (Saucieren) als auch in bunten Stieltöpfen auf den Tisch bringen.

Sauce Vinaigrette *Foto S. 105*

Kräuter, Kapern, Zwiebel und Gurken fein hacken, mit den hartgekochten, feingewiegten Eiern in der gut verrührten Essig-Öl-Mischung ziehen lassen, abschmecken. Zu kaltem Fleisch, Eiern, gebratenem Fisch und Sülzen.

5 Eßlöffel gehackte Kräuter
1/8 l Salatöl, 3 Eßlöffel Essig
4 Kapern, 1 kleine Zwiebel
2 Essiggürkchen
2 Eier, Salz, Pfeffer

Eiersoße *Farbfoto S. 90*

Semmeln in Milchwasser einweichen, gut ausdrücken, mit dem Eigelb durch ein Sieb streichen, mit Öl verrühren und abschmecken. Zum Schluß das feingehackte Eiweiß unterziehen. Zu Fischfilet, Salzkartoffeln, grünem Salat. – Abwandlung: Geschmack durch Zitronensaft, Senf oder gehackten Schnittlauch verfeinern.

2 hartgekochte Eier
2 altbackene Semmeln
1 bis 2 Eßlöffel Öl
Salz, Paprika, Zucker

Cumberlandsoße *Farbfoto S. 108*

Johannisbeergelee schaumig rühren, die anderen Zutaten nach und nach (das Öl tropfenweise) dazugeben, sehr gut verrühren, abschmecken. Paßt zu kaltem Wild und anderem kalten Fleisch.

1 Eßlöffel scharfer Senf
2 bis 3 Eßlöffel Olivenöl
4 Eßlöffel Johannisbeergelee
2 Eßlöffel Rotwein
Zitronensaft, Salz
Zucker, abgeriebene
Apfelsinenschale

Wiener Fürstensoße *Farbfoto S. 162*

Käse mit der Gabel zerdrücken, mit Zucker und Weißwein glattrühren, Zitronensaft, Apfel und Meerrettich dazugeben, zum Schluß die steif geschlagene Sahne unterziehen, mit Paprika oder gehackten Kräutern bestreuen. Nach Belieben mit Eigelb verfeinern. Paßt zu Braten, Geflügel, Grilladen.

1 Eßlöffel Zitronensaft
3 Eßlöffel Weißwein
3 Eßlöffel geriebener Apfel
1 Teelöffel geriebener Meerrettich
1 Eßlöffel Zucker
4 Eßlöffel süße Sahne
125 g Doppelrahm-Frischkäse, etwas Paprika

SÜSSE SOSSEN

Milch, Obstsaft oder Wein sind neben Stärkemehl und Eiern die Grundbestandteile der süßen Soßen. Die meisten von ihnen lassen sich sowohl kalt als auch warm verwenden. Auch hier sollen Eigelb und Sahne nicht mitgekocht werden, wenn sie zum Legieren verwendet werden.

Vanillesoße *Foto S. 112*

Milch mit Zucker und Vanille aufkochen, etwas ziehen lassen. Speisestärke kalt anrühren, in die wieder zum Kochen gebrachte Milch rühren, kurz aufkochen. Vanille herausnehmen, die vom Feuer genommene Soße mit verquirltem Eigelb abziehen, unter gelegentlichem Rühren abkühlen lassen. Nach dem Erkalten den steifen Eischnee unterziehen. – Abwandlung: Anstelle von Stangenvanille Vanillezucker verwenden.

1/2 l Milch, 40 g Zucker
1/4 Stange Vanille
20 g Speisestärke, 1 Ei

Schokoladensoße

Zucker und Kakao verrühren und vor dem Abziehen mit der Vanillesoße vermengen, dann nach dem vorstehenden Rezept verfahren.

Zutaten wie Vanillesoße
dazu 1 Eßlöffel Zucker
1 Eßlöffel Kakao

| ⅛ l Fruchtsaft
⅛ l Wasser
nach Belieben Zucker
etwas Zitronensaft
3 Teelöffel Speisestärke

Fruchtsaftsoße

Fruchtsaft mit Wasser zum Kochen bringen, nach Belieben süßen. Speisestärke mit 3 Eßlöffel kaltem Wasser anrühren, in den kochenden Saft rühren, kurz aufkochen lassen. Nach dem Erkalten (gelegentlich durchrühren) bei Bedarf nachsüßen, mit Zitronensaft abschmecken. Falls die Soße schneller benötigt wird, Topf in eine Schüssel mit kaltem Wasser stellen und umrühren. Zu Puddingen, Reis, gedünstetem Obst, Süß- und Mehlspeisen.

¼ l Rotwein
¼ l Wasser (oder Fruchtsaft)
ca. 75 g Zucker
etwas Zimt, 1 Nelke
20 g Speisestärke

Weinsoße *Foto siehe unten*

Wein und Wasser bzw. Fruchtsaft mit Zucker, Zimt und Nelke erhitzen. Speisestärke mit kaltem Wasser anrühren, in die kochende Flüssigkeit rühren, kurz aufkochen lassen. Kalt zu Obstspeisen, Reis oder Mehlspeisen.

½ l Milch, 30 g Zucker
1 Vanille-Soßenpulver
2 Eier
2 bis 3 Eßlöffel Rum

Rumsoße *Farbfoto S. 298*

Aus Milch, Zucker, Soßenpulver und Eiern nach Vorschrift Vanillesoße kochen, kräftig mit Rum abschmecken und nach Bedarf nachsüßen. Der Rum darf nicht mitkochen. Paßt zu Reis, Mehlspeisen und Puddingen.

¼ l Weißwein
1 Eßlöffel Zitronensaft
65 g Zucker, 2 Eier
1 Teelöffel Speisestärke
abgeriebene Zitronenschale

Weinschaumsoße *Chaudeau Foto S. 177*

Alle Zutaten mit dem Schneebesen gut verrühren. Im Wasserbad unter ständigem Schlagen erhitzen. Wenn die Masse abgebunden hat, sofort heiß zu Tisch bringen. Die Soße darf nicht kochen, weil sie sonst sofort gerinnt. Da sie ihr Volumen beim Schlagen fast verdoppelt, muß der Topf für die Zubereitung groß genug gewählt werden. – Paßt zu warmen Puddingen, Cremes, lockeren Beignets und anderen Süß- oder Mehlspeisen.

Vanillesoße (links, Rezept S. 111) paßt zu zahlreichen Puddingen und Obstspeisen (hier mit Apfel-Himbeer-Pudding, Rezept S. 374, abgebildet). Auch Weinsoße (rechts, Rezept siehe oben) ist vielseitig verwendbar, auf dem Foto mit Reistörtchen (Rezept S. 371) und Birnen.

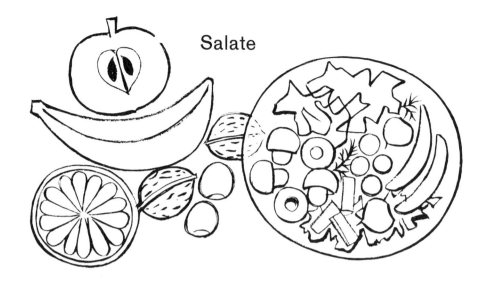

Salate

Fleisch oder Geflügel, Gemüse oder Fisch, Eier oder Früchte – aus fast jedem Nahrungsmittel kann man Salat machen, in immer neuer, überraschender Zusammenstellung, schlicht oder raffiniert, zauberhaft leicht oder kräftig und nahrhaft. Für alle Salate gilt die Regel, daß sie frisch und appetitlich auf den Tisch kommen sollen. Wer gegen diese Vorschrift verstößt, braucht sich nicht zu wundern, wenn die Familie salatmüde wird.

BLATTSALATE

Alle Blattsalate verlangen sorgfältige und fachgerechte Zubereitung, wenn sie nicht welk, zerknickt und lappig auf den Tisch kommen sollen. Ein paar Grundregeln:
▶ Die vorsichtig ausgelösten Blätter sehr gründlich waschen und ebenso gründlich abtropfen lassen, am besten in einem Draht- oder Kunststoffkorb ausschwenken, aber nicht ausdrücken.
▶ Geschnittener oder zerpflückter Salat soll nicht längere Zeit im Wasser liegen, er verliert sonst an Nährwert.
▶ Blattsalate werden unansehnlich, wenn man sie fertig angerichtet zu lange stehen läßt. Am besten kurz vor dem Auftragen oder bei Tisch anmachen.

Kopfsalat

Äußere Blätter entfernen, die übrigen Blätter vom Strunk lösen, die größeren dabei teilen. Gut waschen, abtropfen lassen oder ausschwenken. Kurz vor dem Auftragen mit einer der angegebenen Soßen vermengen.

2 Köpfe Salat
Salatsoße (S. 106)
Salatsoße mit Sahne
(S. 109) oder
Mayonnaise (S. 109)

Kopfsalat mit Radieschen

Salat vorbereiten, waschen und abtropfen lassen, mit dünn gehobelten Radieschenscheiben vermischen und kurz vor dem Auftragen mit Salatsoße vermengen. Abwandlung: Scheiben von mildem, zartem Rettich oder Tomatenachtel anstelle von Radieschen.

2 Köpfe Salat, 1 Tasse
Radieschenscheiben
Salatsoße (S. 106)

Beliebte Wildsalate (von links nach rechts): Sauerampfer, Löwenzahn (nur die Jungblätter verwendbar), Kapuzinerkresse, Brunnenkresse und Feldsalat (Rapunzel). Zubereitung mit Salatsoße (Rezept S. 106).

2 Köpfe Endivien
Salatsoße (S. 106)

Endiviensalat

Äußere Blätter entfernen, Wurzelreste abschneiden. Übrige Blätter waschen und in feine Streifen schneiden, mit der Soße vermengen.

2 Köpfe Salat
2 mittelgroße Apfelsinen
1 gehäufter Eßlöffel
gehackte Mandeln
Salatsoße (S. 106)

Salat Ninon *Farbfoto S. 126*

Kopfsalat vorbereiten. Apfelsinen zerteilen, klein schneiden und mit den Salatblättern vermengen. In Salatsoße marinieren, nach Belieben mit etwas Salz und Zucker nachwürzen. Mit Mandeln bestreut servieren. Abwandlung: Nüsse anstatt Mandeln nehmen.

Wildsalate

Bei Wildsalaten (Feldsalat, Löwenzahnjungblätter, Kapuziner- und Brunnenkresse, Sauerampfer u. a.) rechnet man pro Person 50 bis 60 g. Die Blättchen werden gründlich gewaschen, ausgeschwenkt und kurz vor dem Anrichten mit Salatsoße oder Mayonnaise angemacht.

ROHE UND FRISCHKOSTSALATE

Einmal täglich Frischkost – das ist eine der wichtigsten Forderungen der modernen Ernährungswissenschaft. Wer eins der folgenden Rezepte ausprobiert hat, wird bald feststellen, daß die Frischkost unserer Tage nichts mit gewissen Vegetarierbräuchen zu tun hat, die vielfach (aber nicht immer zu Unrecht) über die Schulter angesehen oder belächelt werden. Frischkostsalate eignen sich nicht nur als Einleitung des Mittagessens, sondern auch zur Ergänzung von Frühstück oder Abendessen.

Frischkostgeräte siehe S. 343, weitere Frischkostsalate siehe ab S. 342.

1 Salatgurke
Salatsoße (S. 106)
1 gehäufter Teelöffel
gehackter Borretsch

Gurkensalat

Gurke von der Spitze zum Stiel schälen, fein hobeln, mit der Soße und dem Kraut vermengen und sofort auftragen. (Gurkenscheiben nicht vorher einsalzen und ziehen lassen, sie verlieren dabei an Nährwert und werden schwer verdaulich.)

Paprikasalat

Paprikaschoten sorgfältig von Stiel, Kernen und Scheidewänden befreien, in möglichst feine Streifen schneiden. Zwiebel fein hacken, mit Paprikastreifen und Salatsoße vermengt zu Tisch geben.

200 bis 300 g Paprikaschoten
Salatsoße (S. 106)
1 kleine Zwiebel

Tomatenfrischkost

Tomaten in Scheiben schneiden, Gurken möglichst dünn hobeln, Paprikaschoten entkernen, in feine Streifchen schneiden, Zwiebeln schälen und reiben. Mit Salatsoße oder Mayonnaise anmachen, mit Dill und Petersilie bestreuen.

250 g Tomaten
250 g frische Gurken
2 kleine Paprikaschoten
50 g Zwiebeln
Dill und Petersilie, gehackt
Salatsoße (S. 106) oder Mayonnaise (S. 109)

Tomatensalat

500 g Tomaten waschen, in Scheiben schneiden, mit Salatsoße (S. 106) und gehackten Zwiebeln anmachen, mit Petersilie bestreuen.

Weißkohlsalat mit Äpfeln *Foto siehe unten*

Das Herz des Kohlkopfes fein schneiden oder hobeln, nach Belieben kurz mit heißem Wasser überbrühen oder stampfen, mit den in feine Scheiben geschnittenen Äpfeln in eine gut verrührte Soße aus Essig, Öl, Sahne, Salz, Pfeffer und Zwiebeln geben, mit Nüssen bestreuen.

1 Kopf Weißkohl, Salz
Pfeffer, Essig, Öl
1 bis 2 feingehackte Zwiebeln, 3 Äpfel
1 Eßlöffel saure Sahne
gehackte Walnüsse

Karottensalat mit Rettichblumen *Foto siehe unten*

Karotten gründlich waschen und bürsten, raffeln und mit feingewürfeltem Schinken und Kokosraspel vermengen. Mayonnaise, abgeriebene Schale und die Hälfte des Saftes der Apfelsine gut miteinander verrühren und mit etwas Honig abschmecken, den Karottensalat hineingeben. Rettich schälen, quer in feine Scheiben schneiden, je zwei davon mit einem Karottenstiftchen zu einer »Blume« zusammenfassen und mit Hölzchen festhalten.

250 g Karotten
1 Apfelsine
100 g Räucherschinken
1 Eßlöffel Kokosraspel
Mayonnaise, Honig
Zitronensaft, 1 Rettich

Karottensalat mit Rettichblumen (links, Rezept siehe oben) erfreut nicht nur den Magen, sondern auch das Auge. Weißkohlsalat mit Äpfeln (rechts, Rezept siehe oben) eignet sich auch als Vorspeise.

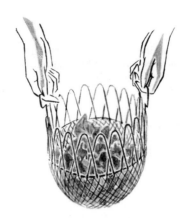

Drei Tips für die Salatzubereitung: Kräuter lassen sich rasch und wirkungsvoll mit einer Kräutermühle (links) zerkleinern; Blattsalat schwenkt man am besten in einem Drahtkorb aus; Walnüsse für Obstsalate überbrüht man mit heißem Wasser und zieht sie ab.

300 g Sauerkraut
200 g Äpfel
100 g Meerrettich
50 g Zwiebeln
Mayonnaise oder
Quarkmayonnaise
(S. 109, 110)

Sauerkrautfrischkost

Sauerkraut ausdrücken und hacken, Äpfel ungeschält raffeln, Meerrettich schälen und fein reiben, Zwiebeln abschälen und reiben. Äpfel nach dem Raffeln sofort unter das Sauerkraut mischen. Alles miteinander vermengen und mit Mayonnaise anmachen. – Abwandlung: Ananas statt Zwiebeln verwenden; mit Salatsoße anmachen.

500 g Sauerkraut
Salatsoße (S. 106)
1 Teelöffel Senf, Pfeffer

Sauerkrautsalat Foto S. 119

Sauerkraut etwas ausdrücken, nach Belieben schneiden und in Salatsoße, die mit Senf und Pfeffer abgeschmeckt wurde, ziehen lassen. Verfeinerung: etwas Weißwein oder ein Schuß Sekt.

300 g Chicorée
125 g feingeschnittene
Äpfel, Zitronensaft
Salz, Öl, 1 Prise Zucker

Chicoréesalat Farbfoto S. 126

Chicoréekolben waschen, den bitteren Kern vorsichtig mit einem spitzen Messer entfernen, fein schneiden, mit den Äpfeln vermengen, in eine Soße aus Zitronensaft, Öl, Salz und Zucker geben. – Abwandlung: Statt Äpfel kann man auch Mandarinenspalten (frisch und abgezogen oder aus der Dose) verwenden.

GEMÜSESALATE

Für alle Salate aus *einer* Gemüseart gilt, daß man die gekochten oder gedämpften Gemüse nach dem Zerschneiden möglichst noch warm mit der gewählten Salatsoße vermischen soll. Nur bei der Anwendung von Mayonnaise läßt man das Gemüse in der Regel zuerst etwas abkühlen. Für alle Kartoffelsalate nimmt man am besten Salatkartoffeln.

500 g Brechspargel
Salatsoße (S. 106)

Spargelsalat

Spargel schälen, in 3 bis 4 cm lange Stückchen schneiden und in Salzwasser garen. Herausnehmen, abtropfen lassen und noch warm mit der Soße vermengen. Kalt servieren.

Bohnensalat

Bohnen abziehen, waschen und in 4 bis 5 cm lange Stücke teilen, in Salzwasser garen. Mit Soße und Zwiebel mischen.

500 g grüne Bohnen
1 feingewürfelte Zwiebel
Salatsoße (S. 106)

Rote-Rüben-Salat

Rote Rüben sorgfältig säubern, in Salzwasser in 60 bis 90 Minuten garen, herausnehmen, schälen und mit dem Buntmesser in Scheiben schneiden. Noch heiß mit erhitztem Essig übergießen, mit der gewürfelten oder in Ringe geschnittenen Zwiebel vermengen und mit Zucker und Salz nachwürzen. Nach Belieben 1 Teelöffel Kümmel hinzufügen. Gut durchziehen lassen.

500 g rote Rüben
(rote Beete)
1 kleine Zwiebel, Salz
1/8 l Essig, 1 Prise Zucker

Kartoffelsalat

Kartoffeln in der Schale garen, abpellen und in feine Scheiben schneiden, mit der gewürfelten Zwiebel und Salatsoße vermengen, nachsalzen, etwa 2 Stunden ziehen lassen. Mit Petersiliensträußchen oder Gurkenscheiben verziert zu Tisch bringen. Abwandlung: Statt Salatsoße Mayonnaise (S. 109) oder Quarkmayonnaise (S. 110).

750 g Salatkartoffeln
1 kleine Zwiebel
Salatsoße (S. 106), Salz

Gemüse-Kartoffelsalat *Foto siehe unten*

Erbsen und Karotten in Salzwasser nicht zu weich dünsten, abgießen und noch warm mit Kartoffeln, Äpfeln und Mayonnaise locker vermischen. Mit Zitronensaft, Salz und Pfeffer würzen. Gut durchziehen lassen.

3 Tassen gekochte,
gewürfelte Salatkartoffeln
gut 1/2 Tasse grüne Erbsen
gut 1/2 Tasse in Stifte
geschnittene Karotten
1 Tasse würflig
geschnittene Äpfel
Salz, Zitronensaft, Pfeffer
125 g Mayonnaise

Außer grünem Salat (im Hintergrund) präsentiert dieser Salat-Tisch: Gemüse-Kartoffelsalat (vorn links, Rezept siehe oben), Kartoffel-Heringssalat (links Mitte, Rezept S. 119) und Konfettisalat (rechts vorn und Mitte, Rezept S. 122) mit Paprika und Schinken.

Warmer Kartoffelsalat mit Gemüse (links, Rezept siehe unten) paßt gut zu heißen Würstchen aller Art. Rechts: Bohnensalat in Paprikaschoten (Rezept siehe unten) wirkt originell und dekorativ.

500 g Salatkartoffeln etwas Kümmel, Essig Salz, Zucker, Pfeffer 1 Dose Erbsen und Karotten, etwas braune Butter

Warmer Kartoffelsalat mit Gemüse Foto siehe oben

Kartoffeln waschen, mit einigen Kümmelkörnern garen, noch heiß schälen und in nicht zu dünne Scheiben schneiden. Mit einer Marinade aus Essig, Wasser, Salz, Zucker und Pfeffer heiß übergießen, kräftig durchrütteln. Erbsen und Karotten erhitzen, abseihen, mit den Kartoffeln vermengen und mit brauner Butter beträufelt servieren. Falls der Salat zu dicklich ausfällt, mit etwas Gemüsebrühe vermengen. Dazu passen heiße Würstchen. Abwandlung: Statt brauner Butter ausgebratene Speckwürfel nehmen.

500 g Wachsbohnen 4 Eßlöffel Öl 2 Eßlöffel Essig 2 feingeschnittene Schalotten, Salz, Zucker 4 große Paprikaschoten, grün oder rot, Mayonnaise gehackte Kräuter Garnitur: Zitronenachtel

Bohnensalat in Paprikaschoten Foto siehe oben

Wachsbohnen abziehen, waschen und bei Bedarf brechen, in kochendem Salzwasser etwa 30 Minuten gar, aber nicht zu weich kochen. Die heißen Bohnen in einer Marinade aus Öl, Essig, Schalotten, Salz und wenig Zucker ziehen lassen. Von den Paprikaschoten Deckel abschneiden, Stiele herausnehmen, Kerne und Scheidewände entfernen. Die Schoten gründlich waschen, kurz überbrühen. Nach dem Abkühlen in jede Schote etwas Mayonnaise füllen, den Bohnensalat hineingeben, Kräuter darüberstreuen. Zusammen mit mayonnaiseverzierten Deckeln und Zitronenachteln anrichten.

je 150 g Spargelspitzen und Tomatenviertel je 100 g Prinzeßbohnen und gedünstete Karotten Estragonessig Mayonnaise, Senf, Salz 1 kleine Zwiebel

Chicagosalat Farbfoto S. 126

Gut abgetropfte Spargelspitzen, Tomatenviertel, halbierte Bohnen, Karottenscheiben und feingewürfelte Zwiebel 2 Stunden in Estragonessig (oder einem anderen Kräuteressig) beizen. ³/₄ Mayonnaise und ¹/₄ scharfen Senf gut miteinander verrühren, den Salat damit anmachen, bei Bedarf etwas nachsalzen. – Abwandlung: Anstelle der vorgeschriebenen Gemüsesorten kann man auch Leipziger Allerlei aus der Dose verwenden.

Salatschiffchen siehe S. 81.

Sauerkrautsalat (links, Rezept S. 116) sollte in den Wintermonaten oft auf den Tisch kommen. In Scheiben geschnittener Gemüsesalat (Rezept siehe unten) ist ein ausgefallener Vertreter seiner Art.

Gemüsesalat in Aspik Foto siehe oben

Gemüse abtropfen lassen. Blattgelatine in kaltem Wasser quellen, in wenig heißem Wasser lösen. Aspikpulver nur mit wenig Wasser vorquellen. Fleischbrühe mit abgetropfter Gemüsebrühe und Zitronensaft nach Geschmack auf knapp 1 l auffüllen, mit dem Geliersud verrühren, mit Salz, Pfeffer (oder Paprika), Zucker und Streuwürze kräftig abschmecken. Nach und nach die Mayonnaise unterrühren, das Gemüse mit Tomatenstückchen und in Scheiben geschnittenen Oliven und Radieschen hineingeben, die Masse in eine Kastenform füllen. Nach dem Erkalten stürzen, in Scheiben schneiden und zu Toast und Butter reichen.

750 g gemischtes Gemüse aus der Dose
14 Blatt Gelatine oder
30 g Aspikpulver
½ l Fleischbrühe
Zitronensaft, Streuwürze
Salz, Pfeffer, Zucker
125 g Mayonnaise
6 gefüllte Oliven
4 Radieschen
2 entkernte Tomaten

Gemüsesülzchen auf schwedische Art siehe S. 82.

Kartoffel-Heringssalat Foto S. 117

Kartoffeln, Hering, Äpfel und Gurken in feine Scheiben bzw. Stücke schneiden, mit feingehackter Zwiebel in eine große Schüssel geben, salzen, mit Zitronensaft beträufeln und die Mayonnaise darunterheben. Gut durchziehen lassen. Abwandlung: Mayonnaise mit 2 bis 3 Eßlöffel saurer Sahne verrühren. Nach Belieben Reste von gekochtem Geflügel- oder Kalbfleisch zusätzlich für den Salat verwenden.

350 g gekochte Kartoffeln
1 bis 2 Bismarckheringe
1 Zwiebel, 1 Tasse Äpfel
½ Tasse Gewürzgurken
Salz, Zitronensaft
100 g Mayonnaise

Blumenkohlsalat Farbfoto S. 125

Blumenkohl in Salzwasser mit Zitronenscheiben nicht zu weich kochen. In Röschen zerteilen, mit den in Spalten geschnittenen Eiern, der würflig geschnittenen Gewürzgurke und Tomatenscheiben vorsichtig mischen. Mit Essig-Öl-Marinade anmachen, zum Schluß mit Kräutermayonnaise (Borretsch oder Petersilie mit Mayonnaise verrührt) überziehen. Abwandlung: Eier weglassen, dafür den Blumenkohlsalat mit Eiersoße (S. 111) übergießen oder mit Quarkmayonnaise (S. 110) anmachen.

1 Blumenkohl, ¼ Zitrone
2 bis 3 hartgekochte Eier
½ Gewürzgurke
1 Tomate, Essig, Öl, Salz
125 g Mayonnaise
1 Teelöffel gehackter Borretsch oder Petersilie

Räucherfischsalat à la Waldorf (links, Rezept siehe rechte Seite) ist eine schmackhafte Abwandlung des Waldorfsalates. Für Kabeljausalat (rechts, Rezept siehe unten) eignen sich auch Fischreste.

2 mittelgroße
Sellerieknollen
1/2 Dose Prinzeßbohnen
1 Zwiebel, Salz, Pfeffer
Muskat, Salatsoße (S. 106)

Selleriesalat mit Bohnen *Farbfoto S. 125*

Sellerie in Salzwasser kochen, in Scheiben schneiden, mit quer halbierten Bohnen und gehackter oder in Scheiben geschnittener Zwiebel vermengen, mit Salz, Pfeffer und einer Spur Muskat würzen, in Essig-Öl-Marinade ziehen lassen.

350 g Äpfel
200 g Sellerie
3 Eßlöffel Walnußkerne
125 g Mayonnaise

Waldorfsalat

Äpfel schälen, Kerngehäuse entfernen, Sellerie schälen. Beides roh in feine Streifchen schneiden. Nüsse abziehen und fein hacken. Zutaten miteinander vermengen, mit Mayonnaise verrühren und 2 Stunden ziehen lassen.

FISCH- UND KÄSESALATE

Viele Fischsalate lassen sich gut als Resteverwertung aufziehen, außerdem kann man auf Räucherfisch und Konserven zurückgreifen, wenn überraschend Gäste kommen. Die Käsesalate haben sich erst in den letzten Jahren durchzusetzen begonnen. Wer die leckeren, bekömmlichen und leicht herzustellenden Salate dieser Gruppe schätzen gelernt hat, wird sicher häufig darauf zurückgreifen.

450 g Kabeljau
Zitronensaft, Salz
3 Gläser Weißwein
Mayonnaise, süße Sahne
2 bis 3 Äpfel
4 hartgekochte Eier
1 kleine Dose Kaviar
gehackte Petersilie
als Garnitur:
1 kleine Dose Spargelköpfe

Kabeljausalat *Foto siehe oben*

Kabeljaufleisch säubern, säuern und salzen, in Weißwein dünsten; im Sud auskühlen lassen, von den Gräten befreien und blättrig auseinander nehmen. Mayonnaise mit etwas Sahne verrühren, das Fischfleisch damit anmachen, auf Salatblättern anrichten. Äpfel schälen, in Scheiben schneiden und weich dünsten, den Salat damit umlegen. Eier der Länge nach halbieren und Eigelb vorsichtig herausnehmen. Eiweiß mit Kaviar füllen. Eigelb passieren, mit Mayonnaise verrühren und auf die Eiweißränder spritzen. Salat mit gehackter Petersilie bestreuen und (nach Belieben) mit Spargelköpfen garnieren.

Tomaten mit Käsesalat (links, Rezept siehe unten) passen zu derbem Brot und einem Glas Milch. Auch das andere Foto zeigt eine Käsespezialität: Käsesalat provençale (Rezept S. 122) mit Salami.

Räucherfischsalat à la Waldorf Foto siehe linke Seite

Sellerie nicht zu weich kochen, schälen, Äpfel waschen und abtrocknen. Beides in Streifen schneiden und mit Essig (oder Zitronensaft) beträufeln. Fisch häuten, entgräten und zerpflücken oder zerschneiden. Mayonnaise mit Nüssen, Majoran und Dosenmilch verrühren, mit Streuwürze abschmecken, unter die Zutaten heben und ziehen lassen. Dazu passen Röstkartoffeln.

*1 kleine Sellerieknolle
2 Äpfel, Essig
250 g Räucherfisch
125 g Mayonnaise
30 g gehackte Walnüsse
Majoran, Streuwürze
2 Eßlöffel Dosenmilch*

Dänischer Fischsalat Farbfoto S. 126

Sardinen gut abtropfen lassen, der Länge nach teilen, Hauptgräte herausnehmen. Sardinenhälften mit Zitronensaft beträufeln und mit Sahne begießen, 2 Stunden ziehen lassen. Vorsichtig mit geraffeltem Apfel, Gurke und Karottenscheiben vermengen, etwas nachsalzen.

*1 Dose Ölsardinen
Zitronensaft, Salz
2 Eßlöffel saure Sahne
½ Apfel, 1 feingehackte Senfgurke, 1 gedünstete Karotte*

Rheinischer Heringssalat

Heringsfilets, Äpfel, gekochte und geschälte Kartoffeln, Gurken, gekochte und geschälte rote Rübe und das gekochte Fleisch fein würfeln, Zwiebelwürfel und gehackte Nüsse dazugeben, mit Sahne verrührte Mayonnaise damit vermengen, mit Zucker, Essig und Pfeffer abschmecken. In einer Schüssel anrichten, mit gehackter Petersilie und (nach Belieben) Eierachteln garnieren.

*6 Heringsfilets, 2 Äpfel
400 g Kartoffeln
2 Gewürzgurken
1 rote Rübe, 1 Zwiebel
100 g Rindfleisch
3 Eßlöffel Walnußkerne
¼ l saure Sahne
50 g Mayonnaise
Zucker, Essig, Pfeffer*

Hummer-Obst-Salat und Langustensalat in Pampelmusen siehe S. 81.

Tomaten mit Käsesalat Foto siehe oben

Käse, Wurst, Gurken und Äpfel würflig oder in Stifte schneiden, mit der Mayonnaise vermischen und 1 Stunde ziehen lassen. Tomaten waschen, abtrocknen und dreimal über Kreuz (nicht ganz bis zum Boden) einschneiden, Kerne auslösen. Tomatenkörbchen leicht salzen und mit Salat füllen. Dazu Toast und ein Glas Milch.

*8 mittelgroße Tomaten
125 g Schweizer Käse
2 Gewürzgurken
2 Äpfel
125 g Salami
100 g Mayonnaise*

Käsesalat Farbfoto S. 126

300 g Edamer Käse
2 hartgekochte Eier
3 Eßlöffel gewürfelte Champignons
6 schwarze Oliven
Essig, Öl, Salz
gehackte Petersilie

Käse in Würfel, Eier in Scheiben schneiden, vorsichtig mit Champignons und feingeschnittenen Oliven vermengen und mit Essig-Öl-Marinade anmachen. Schwach salzen, mit Petersilie bestreut anrichten, nach Belieben mit ganzen Oliven garnieren. Wer den Salat kräftiger gewürzt liebt, schmeckt mit Pfeffer oder Paprika ab. Abwandlung: Statt Essig-Öl-Marinade Mayonnaise verwenden.

Käse-Reissalat Farbfoto S. 315

5 g Reis, 1 großer Apfel
125 g Schweizer Käse
125 g Weintrauben
Zitronensaft, Salz, Pfeffer
250 g Mayonnaise

Reis in Salzwasser nicht zu weich kochen, kalt abspülen und abtropfen lassen. Apfel schälen, in Stifte schneiden, Käse in Streifen schneiden, miteinander vermengen und mit Zitronensaft, Salz und Pfeffer marinieren, etwas durchziehen lassen. Mayonnaise mit 1 Tasse heißem Wasser verrühren, mit dem Reis zusammen zu den marinierten Zutaten geben, locker vermischen und zum Schluß Weintrauben unterziehen. Bergartig und locker in einer Schüssel anrichten. Nach Belieben mit gehackten Walnüssen verfeinern.

Obst-Käsesalat Foto siehe rechte Seite

250 g Käse (Schweizer, Edamer)
375 g Früchte (Bananen, Mandarinen, Ananas Weintrauben, Äpfel)
1 Eßlöffel gehackte Nüsse
Mayonnaise, Dosenmilch
Zitronensaft, Paprika

Käse in schmale Rechtecke schneiden, mit Bananenscheiben, Mandarinenschnitzen, Ananasecken und/oder halbierten Apfelscheiben vermengen. Mayonnaise mit Dosenmilch, Zitronensaft und etwas Ananassaft schlank rühren, mit Paprika pikant abschmecken und unter die Zutaten heben. Salat mit Weinbeeren garnieren.

Gefüllte Selleriestangen siehe S. 81.

Käsesalat provençale Foto S. 121

250 g Salami, 1 Zwiebel
250 g Emmentaler Käse
1/2 Tasse Pflanzenöl
1/4 Knoblauchzehe
1 Zweigchen Rosmarin
1/2 Lorbeerblatt
1/4 Tasse Weinessig
je 1 Prise Salz und Zucker

In einem gut verschließbaren Glas das Öl mit Knoblauch, Rosmarin und Lorbeerblatt 3 Stunden ziehen lassen, dann den Knoblauch herausnehmen, Essig dazugeben, mit Salz und Zucker würzen. Glas verschließen, kräftig schütteln und über die lagenweise in eine Schüssel gefüllte Salami (in dünnen Scheiben), Käse (in kleine Quadrate geschnitten) und Zwiebel (feingewürfelt) geben. Dazu reicht man Toast. Wie die meisten Käsesalate eignet sich der Käsesalat provençale gut als Beigabe zum Kalten Büfett.

GEMISCHTE SALATE

Die Zahl der dezent oder auch abenteuerlich gemischten Salate ist Legion. Wenn man erst einmal ein paar davon versucht hat, wird man sich selbst auf Entdeckungsreisen begeben. Wichtig ist dabei, daß man sich auf eine oder zwei Hauptzutaten festlegt, die geschmacksbestimmend sind und denen sich die übrigen Zutaten, Soßen und Gewürze unterordnen.

Konfettisalat Foto S. 117

500 g gekochte Kartoffeln
125 g roher Schinken
1 bis 2 Paprikaschoten
Salz, 100 g Mayonnaise
3 Eßlöffel Dosenmilch

Kartoffeln schälen und fein würfeln. Paprikaschoten von Kernen, Scheidewänden und Stielen befreien, sorgfältig waschen (nach Belieben kurz überbrühen) und in feine Streifchen schneiden, Schinken würfeln. Mayonnaise mit Dosenmilch und Salz verrühren, die Zutaten damit vermengen.

Drei buntgemischte, schmackhafte Salate: Salat Caroline (rechts, Rezept siehe unten) mit Chicorée und Paprika; Apfel-Reissalat (Mitte, Rezept siehe unten) mit Schinken und Mayonnaise; Obst-Käsesalat (links, Rezept siehe linke Seite) mit gehackten Nüssen und Paprika.

Salat Caroline Foto siehe oben

Tomaten überbrühen, schälen und achteln, mit Mandarinenspalten, Paprikaringen und in feine Streifen geschnittenem Chicorée vermischen. Die übrigen Zutaten zu einer pikant abgeschmeckten Soße verrühren und über den angerichteten Salat geben. Dazu Toast, ungesüßtes Blätterteiggebäck oder knusprige Hörnchen.

je 100 g Tomaten, Mandarinorangen, Paprikaschoten, Chicorée
6 Eßlöffel Öl
2 Eßlöffel Kräuteressig
Senf, Chillisoße
Mango Chutney

Apfel-Reissalat Foto siehe oben

Reis nicht zu weich kochen, abschrecken und abtropfen lassen, mit der Mayonnaise mischen, mit Zitronensaft beträufeln und mit Zwiebel, Salz und Pfeffer würzen. Apfel- und Schinkenwürfel und Gurkenscheiben darunter ziehen, etwa 1 Stunde kalt stellen.

70 g Reis, 1 Apfel
100 g gekochter Schinken
1 Gewürzgurke
etwas geriebene Zwiebel
100 g Mayonnaise
Salz, Pfeffer, Zitronensaft

Windsor-Salat

Fleisch, Sellerie, Apfel und Banane in feine Würfel oder Streifen schneiden. Übrige Zutaten zur Salatsoße verrühren, alles miteinander vermengen, 2 Stunden ziehen lassen, mit Petersilie bestreuen.

EIER- UND FLEISCHSALATE

Salate aus gebratenem und gekochtem Fleisch sind nicht nur eine nahrhafte Delikatesse, sondern gleichzeitig auch eine vorzügliche Gelegenheit zur Resteverwertung. Dasselbe gilt für Salate aus Geflügelfleisch, Wurst und Schinken. Die meisten Salate dieser Gruppe lassen sich durch Pilz- oder Spargelbeigaben verfeinern.

125 g geräucherte Ochsenzunge
125 g Kalbsbraten
4 Scheiben gekochter Sellerie, 1 Apfel
1 Banane
125 g Mayonnaise
1 Eßlöffel gehackte Essiggurke
½ Teelöffel Worcestersoße
Salz, Curry, Essig, Zucker
gehackte Petersilie

Ochsenmaulsalat siehe S. 81.

4 bis 6 hartgekochte Eier
2 bis 3 Tomaten
½ Tasse Selleriestreifen
Essig, Öl
1 Teelöffel Senf, Salz
gehackter Schnittlauch

Eiersalat

Eier und Tomaten in Scheiben schneiden, lagenweise abwechselnd mit den gedünsteten Selleriestreifchen in eine Schüssel schichten, mit einer gut verrührten Soße aus Öl, Essig, Senf, Salz und Schnittlauch übergießen, 1 Stunde ziehen lassen. Abwandlung: Tomaten durch Spargel ersetzen, mit Sahne verrührte Mayonnaise als Salatsoße verwenden.

300 g magerer Schweinebraten
125 g gedünstete Erbsen
125 g gehackte Essiggurken
50 g Dosenpilze, Salz
Pfeffer, Zitronensaft
Mayonnaise

Pikanter Fleischsalat *Farbfoto S. 126*

Fleisch fein aufschneiden, mit Erbsen und Gurken vermengt in Mayonnaise ziehen lassen. In Scheiben geschnittene Pilze und (nach Belieben) Kapern dazugeben, mit Pfeffer, Salz und Zitronensaft abschmecken. Abwandlung: Statt Schweinebraten Kalb- oder Geflügelfleisch verwenden.

250 g gekochtes Rindfleisch
2 große Paprikaschoten
1 Gewürzgurke
125 g körnig gekochter Reis
2 Eßlöffel Öl, ½ Zwiebel
Essig, Salz
8 bis 10 große Tomaten

Rindfleischsalat

Fleisch, sorgfältig gereinigte Paprikaschoten und Gurke fein würfeln, Zwiebel würfeln und überbrühen. Mit der gut verrührten Marinade aus Öl, Essig und Salz vermengen, Reis darunterheben. Gut durchziehen lassen. Tomaten aushöhlen und mit Salat füllen, restliche Füllung ringsherum verteilen. Auf Salatblättern anrichten. – Abwandlung: Anstelle von Rindfleisch kann man auch gekochten Schinken oder Fleischwurst nehmen.

250 g Eiermakkaroni
250 g Fleischwurst
je 1 bis 2 Eßlöffel gedünstete Erbsen und Karotten, Essig, Öl, Pfeffer
Salz, nach Belieben Kapern

Schwäbischer Nudelsalat *Farbfoto S. 126*

Makkaroni in Salzwasser mit einem sparsamen Schuß Essig kochen, abschrecken, abtropfen lassen, in fingerlange Stücke teilen. Mit Wurst (in feine Würfel schneiden), Erbsen und Karotten (in dünne Scheiben schneiden) vermengen. Essig, Öl, Pfeffer und Salz zu Salatsoße verrühren, mit den Zutaten mischen, nach Belieben Kapern dazugeben. Den Salat vor dem Auftragen 2 Stunden ziehen lassen. Abwandlung: Anstatt Fleischwurst Reste von gebratenem Fleisch oder Geflügel verwenden; zusätzlich Champignons und/oder Spargelstückchen hineingeben.

400 g Jagdwurst
1 große Zwiebel
Öl, Essig, Salz
Pfeffer, Senf

Wurstsalat

Jagdwurst abziehen, in feine Würfel schneiden, in die gut verrührte Marinade aus Zwiebel, Öl, Essig, Salz, Pfeffer und mildem Senf geben und zwei Stunden durchziehen lassen. Paßt zu Bier und dunklem Brot mit Butter.

350 g gares Geflügelfleisch
100 g Krabben
100 g Champignons aus der Dose, Mayonnaise
Zitronensaft, Kapern

Geflügelsalat mit Krabben

Geflügelfleisch in feine Würfel schneiden, mit halbierten Champignons und den gut gewaschenen und abgetropften Krabben vermengen, mit Zitronensaft beizen und mit Mayonnaise anmachen. Nach Belieben einen Teelöffel Kapern dazugeben.

Frisch aus dem Garten in die Salatschüssel: Kopfsalat mit Radieschen (Mitte links, Rezept S. 113), Blumenkohlsalat (vorn links, Rezept S. 119) und Selleriesalat mit Bohnen (vorn rechts, Rezept S. 120).

Geflügelsalat mit Spargel

Geflügelfleisch in feine Streifen schneiden, Spargel in 3 bis 4 cm lange Stücke schneiden und in Salzwasser nicht zu weich kochen. Mayonnaise mit Senf pikant abschmecken, mit gehackten Kräutern verrühren, Fleisch und Spargelstücke damit vermengen. – Abwandlung: 2 bis 3 Scheiben Ananas aus der Dose in Stückchen schneiden und daruntermischen.

350 g gekochtes Geflügelfleisch
250 g Spargel
1 Teelöffel gehackte Kräuter, Mayonnaise, Senf

Gefüllte Ananas *Farbfoto siehe linke Seite*

Von der Ananasfrucht Deckel abschneiden, Fruchtfleisch mit spitzem Messer aushöhlen. Holzigen Kern wegwerfen, restliches Fleisch in kleine Stücke schneiden und zuckern. Hühnerfleisch und Sellerie in feine Streifen schneiden, Paprika säubern, kurz überbrühen und ebenfalls in Streifen schneiden, Champignons blättrig schneiden. Alles mit dem Ananasfleisch vermengen, mit Mayonnaise und Zitronensaft anmachen, bei Bedarf leicht nachsalzen. Den fertigen Salat in die ausgehöhlte Frucht füllen, die auf Endivienblätter gesetzt wird. Restlichen Salat rings um die Frucht verteilen, mit Zitronenachteln garnieren. Den abgeschnittenen Deckel mit den Blättern wieder auf die Frucht setzen. Gut gekühlt servieren.

1 mittelgroße Ananas
3 Eßlöffel Zucker
150 g gekochtes Hühnerfleisch
150 g gekochte Selleriescheiben
½ rote Paprikaschote
2 Eßlöffel Champignons
Mayonnaise, Saft einer Zitrone, Salz
Garnitur: Endivienblätter Zitronenachtel

Frische Ananas mit Früchten und Gefüllte Melone siehe S. 364.

OBSTSALATE

Diese Salatgattung schmeckt besonders gut, wenn man verschiedene Fruchtarten mischt. Salate aus einer Obstsorte können leicht eintönig wirken. Neben frischen Früchten eignen sich auch Dosenfrüchte oder getrocknete Früchte wie Rosinen, Korinthen und Feigen.

Gemischter Obstsalat

600 bis 750 g frische oder Dosenfrüchte in Stückchen, Scheiben oder Streifen schneiden, nach Bedarf zuckern, mit etwas Zitronensaft beträufeln und ziehen lassen. Nach Belieben mit Rosinen und ganzen oder gehackten Mandeln mischen oder verzieren, mit Schlagsahne spritzen oder überziehen, Dosenmilch oder Sahne dazu reichen, den Salat mit Wein, Weinbrand, Kirschwasser oder (in der klassischen Form) mit Maraschino verfeinern, mit Makronen und kleinen Biskuits garnieren. Für Obstsalat eignen sich unter anderem Bananen, Apfelsinen, Mandarinen oder Mandarinorangen, Ananasecken, Äpfel, Birnen, Weintrauben, Pfirsiche, Kirschen, Aprikosen und Reineclauden. Weniger geeignet sind stark färbende Früchte wie Heidelbeeren oder sehr saure Früchte wie Stachelbeeren und Johannisbeeren. Erdbeeren sind als Garnitur beliebt.

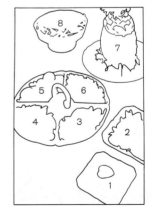

Eine reichhaltige Palette pikanter Salate für alle Gelegenheiten. 1. Chicoréesalat (Rezept S. 116), 2. Salat Ninon (Rezept S. 114), 3. Dänischer Fischsalat (Rezept S. 121), 4. Käsesalat (Rezept S. 122), 5. Chicagosalat (Rezept S. 118), 6. Pikanter Fleischsalat (Rezept S. 124), 7. Gefüllte Ananas (Rezept siehe oben) und 8. Schwäbischer Nudelsalat (Rezept S. 124). Jeder Salat sollte frisch und appetitlich angemacht als eine Art Höhepunkt der Mahlzeit auf den Tisch kommen.

Obstsalat im Pampelmusenkörbchen Foto siehe unten

2 Pampelmusen, Zucker
ca. 250 g Früchte
(Kirschen, Mandarinen,
Bananen, Äpfel usw.)
50 g gehackte Walnüsse
1 Eßlöffel Mayonnaise
1 Glas Weinbrand oder
Maraschino

Pampelmusen waschen, abtrocknen, halbieren und das Fruchtfleisch sorgfältig herauslösen. 1 Eßlöffel Fruchtfleisch zurückbehalten, Rest anderweitig (zum Beispiel zu Saft) verwenden. Von der Schale der Pampelmusenhälften einen etwa 5 mm breiten Streifen abschneiden, jedoch an 2 gegenüberliegenden Stellen nicht durchschneiden. Die Streifen (siehe Abbildung) zu Schlaufen zusammenlegen und mit einem Hölzchen festhalten. Aus den Früchten einen leicht gezuckerten Salat zubereiten, etwas Pampelmusenfleisch damit vermengen. Ziehen lassen, mit Mayonnaise vermischen, in die Körbchen füllen und mit Weinbrand oder Maraschino beträufeln. Abwandlung: Pampelmusenkörbchen mit beliebigem anderem Salat füllen.

Obstsalat mit Quarksahne

600 bis 800 g Früchte
(Bananen, Ananas,
Apfelsinen, Äpfel,
Kirschen, Birnen, Pfirsiche)
200 g Quark, 4 Eßlöffel
Sahne, Zucker, 1 Eßlöffel
geriebene Nüsse, 1 Zitrone
1 Eßlöffel Maraschino

Früchte schälen, in Würfel oder kleine Scheiben schneiden. Mit Zitronensaft und Maraschino beträufeln; 30 Minuten zugedeckt stehenlassen. Den durchgestrichenen Quark mit Sahne, dem Saft der Früchte (der sich in der Schüssel angesammelt hat), geriebenen Nüssen und Zucker verrühren, Früchte dazugeben. In flachen Gläsern oder Schalen anrichten. Nach Belieben mit geriebener Schokolade bestreuen. Gut gekühlt zu Tisch geben.

Party-Obstsalat Foto siehe unten

750 bis 1000 g frische oder
Dosenfrüchte (Ananas,
Apfelsinen, kernlose
Weintrauben, Mandarinen,
Äpfel, Bananen usw.)
Zur Soße:
4 Eigelb, 100 g Zucker
Saft einer Zitrone
3 Eßlöffel Ananassaft
50 g zerlassene Butter
Salz und Paprika
1 Teelöffel Aspikpulver
250 g (ca. 1/2 l) Schlagsahne
65 g gehobelte Haselnüsse

Eigelb mit Zucker, Zitronen- und Ananassaft, Butter, Salz und Paprika im Wasserbad cremig schlagen, unter gelegentlichem Umrühren abkühlen lassen, mit den zerkleinerten Früchten vermischen. Aspikpulver in 2 Teelöffel kaltem Wasser quellen lassen, bis zur Lösung erhitzen. Gelierflüssigkeit unter die steife Schlagsahne (vorher abkühlen lassen) mischen, mit Haselnüssen vermengen und unter den Obstsalat heben. Mindestens 12 Stunden im Kühlschrank ziehen lassen, dann mit einigen Früchten garniert servieren. (Besonders gut geeignet für Feste, die schon am Vortag vorbereitet werden müssen.)

Obstsalat im Pampelmusenkörbchen (rechts, Rezept siehe oben) schmeckt so gut, wie er aussieht. Party-Obstsalat (links, Rezept siehe oben) kann man schon lange vor dem Verzehr zubereiten.

Fleischgerichte

Seit vorgeschichtlicher Zeit gehört das Fleisch zu den wichtigsten und wertvollsten Nahrungsmitteln. Wie Milch, Käse, Eier und Fisch sorgt das Fleisch für die Zufuhr von Nahrungseiweiß, das der Körper nicht selbst erzeugen kann und das sich auch nicht durch andere Stoffe ersetzen läßt. Die Eiweißstoffe der menschlichen Muskulatur werden zum Beispiel innerhalb von 150 Tagen zur Hälfte durch neue ersetzt, die der Leber sogar schon in 10 Tagen. Es muß also für Nachschub gesorgt werden, und zwar für möglichst regelmäßigen Nachschub. Ein saftiger großer Sonntagsbraten ist eine schöne Sache, aber wenn ihm mehrere fleisch- bzw. eiweißarme Tage folgen, hat der Körper nicht viel davon, weil er Eiweiß nur in geringen Mengen speichern kann. Für die Gesundheit ist es besser, wenn man die wöchentliche »Fleischration« auf mehrere Tage verteilt.

Verglichen mit früheren Jahrhunderten wird heute bedeutend weniger Fleisch gegessen. In einem Bericht über ein Festgelage des Mittelalters heißt es: »Pro Mann wurden zwei gebratene Enten, eine Schweinekeule und vielerlei anderes Fleisch auf den Tisch gebracht, und es war ein Schmausen, das bis zum frühen Morgen währte.« 125 kg Fleisch pro Kopf und Jahr betrug damals der Durchschnittsverbrauch; dem stehen heute rund 57 kg Fleisch gegenüber. Mehr als die Hälfte davon ist Schweinefleisch, 30 Prozent des jährlichen Fleischverbrauchs stammen vom Rind, die restlichen 20 Prozent verteilen sich auf alle anderen Fleischsorten einschließlich Innereien und Geflügel. Und noch eine aufschlußreiche Zahl: ein Viertel des Nahrungsmitteletats einer durchschnittlichen Familie wird für Fleisch und Fleischwaren ausgegeben. Ein gewichtiger Grund, beim Einkauf von Fleisch auf preisgünstige Sorten zu achten. Zur Zeit wird mageres Fleisch einseitig bevorzugt; wen wundert es da, daß es am höchsten bezahlt werden muß?

Ein paar allgemeine Hinweise für die Behandlung von Fleisch:
▶ Fleisch so kurz wie möglich und vor allem unzerkleinert waschen, damit keine Nährstoffe verlorengehen.
▶ Soll das Stück gebraten oder gegrillt werden, trocknet man es gut ab, damit es leichter bräunt und das Fett nicht aus der Pfanne spritzt.

▶ Fleisch nicht vorzeitig salzen und liegenlassen, weil Salz den Saft aus dem Gewebe zieht.
▶ Fleisch in heißem Fett braten und umwenden oder in kochendes Wasser legen, damit das Eiweiß gerinnt, die Poren sich schließen und der Saft nicht auslaufen kann.
▶ Fleisch nur dann mit kaltem Wasser aufsetzen, wenn eine besonders kräftige Brühe (S. 60) gewünscht wird.
▶ Bei der Garprobe einen Löffel nehmen und auf den Braten drücken. Wenn er sich fest anfühlt, ist er gar. Zum Wenden zwei Löffel oder eine Fleischzange, aber keine Gabeln benutzen.

RIND- UND OCHSENFLEISCH

Die einst verbreitete Ansicht, Rindfleisch sei das Fleisch des kleinen Mannes, hat sich in den letzten Jahrzehnten entscheidend geändert – nicht nur beeinflußt durch den Zug zum mageren Fleisch, sondern auch als Folge der aus rindfleischreichen Ländern nach Deutschland importierten Grill- und Steakmode. Besonders gefragt ist das Filet, auch Lende genannt, der unterhalb des Rückgrates zwischen den Nieren liegende Fleischteil. Er gibt einen zarten Braten ab, aus ihm schneidet man Steaks, Chateaubriands und andere Stücke (siehe Zeichnung S. 132) für Pfannen- und Grillgerichte. Aus dem darüberliegenden Roastbeef wird der Rostbraten (Entrecôte) herausgeschnitten. Querrippe, Beinfleisch, Bug (Schulter) und Brust eignen sich in erster Linie zum Kochen und Dämpfen, die übrigen Stücke zum Braten und Schmoren. Zum Sauerbraten verwendet man meist Teile der Oberschale, Nuß oder Schulter, zu Mischgerichten den Kamm, zu Gulasch Bein- oder Schulterfleisch. Der Schwanz wird zu Suppen (siehe S. 67) verwertet, das Maul zu Ochsenmaulsalat (siehe S. 81). Neben Zunge und Hirn bilden die Innereien Herz, Nieren, Leber und Lunge die Grundlage von schmackhaften und preiswerten Gerichten.
Ochsen- und Mastochsenfleisch ist dem Kuhfleisch vorzuziehen, weil es einen höheren Nährwert hat und besser schmeckt. Fleisch von jungen Mastochsen erkennt man an der hellroten Farbe, am weißen Fett und der kurzen Fleischfaser. Ältere Tiere haben dunkel- bis bläulichrotes Fleisch und gelbliches Fett. Zum Braten und Schmoren nimmt man gut abgehangenes Fleisch. Zu frisches Rindfleisch kann man in einer Schüssel mit Olivenöl bedeckt bis zu einer Woche im Kühlschrank lagern, es wird dann bedeutend zarter. Beim Braten braucht man in diesem Fall kein Fett mehr zuzugeben. Wenn das Fleisch von einem zu alten Rind stammt, hilft allerdings weder Abhängen noch Lagern in Öl, man kann es nur für eine kräftige Fleischbrühe oder, durch den Fleischwolf gedreht, zu Fleischteig für verschiedene Gerichte (S. 157) verarbeiten.

Kleine Fleischstücke klopft man am besten mit einem glatten Fleischklopfer (oben). Fleisch ist gar, wenn es beim Druck mit einem Löffel nicht mehr nachgibt (unten).

Gekochtes Rindfleisch

500 bis 750 g *Ochsenbrust*
1 *Zwiebel, Salz*
Suppengrün
1/2 *Lorbeerblatt*
Pfefferkörner

Fleisch kurz waschen, mit der ganzen Zwiebel, dem Suppengrün und den Gewürzen in soviel kochendes Wasser geben, daß das Stück bedeckt ist. Wenn das Wasser wieder sprudelnd zu kochen beginnt, auf Fortkochstufe schalten und das Fleisch in etwa 2 bis 3 Stunden garen. Nach der ersten Stunde salzen. Das fertige Fleisch herausnehmen, in Scheiben schneiden und mit Pell- oder Salzkartoffeln zu Meerrettich-, Senf-, Zwiebel-, Kümmel- oder Frankfurter Grüner Soße servieren. Auch Petersilienkartoffeln und alle Arten von Gemüse passen dazu. Die Brühe zu Suppen und Soßen verwenden.

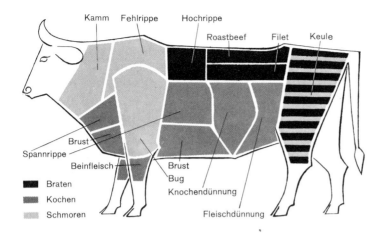

Pökelrinderbrust mit Gemüse *Foto S. 135*

Rinderbrust abspülen, in kochendes Wasser legen, so daß das Fleisch gerade bedeckt ist, und auf kleiner Flamme in 2 bis 3 Stunden gar kochen. In der letzten Kochstunde das vorbereitete Gemüse hinzufügen. Nicht salzen! Dazu passen Reis (nach Belieben in der abgegossenen Fleischbrühe körnig kochen) und Meerrettichsoße oder Sahnemeerrettich. – Abwandlung (vereinfacht): Reis in den letzten 30 Minuten mitkochen, das gare Fleisch herausnehmen, in Stücke schneiden und wieder in die Brühe geben; Gericht als Eintopf servieren. (Vorspeise: Frischkostsalat, Rezepte ab S. 114)

750 g Pökelrinderbrust
500 g Gemüse (Karotten, weiße Rüben, Petersilienwurzeln, Sellerie, Porree)

Würzfleisch

Fleisch in 1½ cm dicke Scheiben schneiden, mit Pfeffer und Salz einreiben, in Mehl wenden und in heißem Schmalz von allen Seiten braun anbraten. Zwiebelwürfel leicht mitrösten, gut ½ l kochendes Wasser darübergießen. Gewürze zufügen. Zugedeckt etwa 90 Minuten schmoren lassen. Mehl mit Sahne verrühren und die Soße damit binden. Mit Madeira, Paprika und wenig Salz abschmecken. Dazu Kartoffelbrei, Teigwaren oder Reis und grüner Salat. Zu Würzfleisch eignen sich besonders Bug, Schulter oder Rippe vom Ochsen.

750 g Ochsenfleisch
Pfeffer, Salz, Mehl zum Wenden, 50 g Schmalz
1 Zwiebel
1 Teelöffel Paprika
6 Pfeffer- und 3 Gewürzkörner
½ Lorbeerblatt, 1 Nelke
30 g Mehl, ⅛ l saure Sahne
1 bis 2 Eßlöffel Madeira

Schmorbraten

Fleisch kurz abwaschen, trocknen und leicht klopfen. Schmalz im Schmortopf heiß werden lassen, das mit Salz und Pfeffer eingeriebene Fleisch darin von allen Seiten rasch bräunen. Suppengrün und Zwiebel kurz mitrösten. Mit etwas kochendem Wasser angießen, verdampfen lassen, mit Wasser angerührtes Tomatenmark zufügen und das Fleisch im geschlossenen Topf auf kleiner Flamme weich schmoren, zwischendurch häufig heißes Wasser nachgießen. Nach etwa 2 bis 3 Stunden Schmorzeit Fleisch herausnehmen, etwas ruhen lassen und quer zur Faser in Scheiben schneiden. Soße mit Mehl und Sahne binden, kurz durchkochen und durchseihen und abschmecken. Dazu Knödel, Salzkartoffeln oder Teigwaren und Salat, nach Belieben auch Reis oder Gemüse.

750 bis 1 000 g Ochsenfleisch
2 Eßlöffel Schmalz
Suppengrün, 1 Zwiebel
Salz, Pfeffer
1 Teelöffel Mehl
1 Teelöffel Tomatenmark
2 Eßlöffel saure Sahne

Zutaten wie Schmorbraten, außerdem:
3 bis 4 Scheiben Emmentaler Käse
3 bis 4 dünne Scheiben fetter Speck
1 Eßlöffel Senf

Schweizer Saftbraten

Das vorbereitete Fleisch trocknen und klopfen, mit Senf bestreichen und abwechselnd mit Käse- und Speckscheiben belegen; das ganze leicht festbinden. Wie Schmorbraten zubereiten.

Nürnberger Sauerbraten siehe S. 501.

1 kg Roastbeef
100 g Fett, Salz, Pfeffer
etwas Brühe oder Wasser

Roastbeef Foto siehe rechte Seite

Roastbeef waschen, von der dicken Sehne befreien, trocknen und würzen, mit der Fettseite nach unten in die Bratenpfanne legen, mit rauchheißem Fett übergießen und im Bratofen bei starker Hitze braten. Dabei regelmäßig mit Brühe oder Wasser beschöpfen, aber nicht wenden und mit der Flüssigkeit möglichst sparsam sein. Die Bratzeit richtet sich danach, ob das Roastbeef gut durchgebraten (rosa), oder noch leicht blutig sein soll. Pro cm Fleischhöhe rechnet man normalerweise 8 Minuten Bratzeit. Das quer zur Faser aufgeschnittene Fleisch bringt man warm mit Pommes frites und jungen Gemüsen, kalt mit Remouladensoße zu Tisch. Nach Belieben kann man den Bratensatz klar (durchsieben und abschmecken) oder mit Sahne und etwas Speisestärke gebunden als Soße dazu reichen.

750 g Filet, 60 g Speck
Salz, Pfeffer, 60 g Butter
3 Eßlöffel saure Sahne
10 g Speisestärke

Filetbraten Lendenbraten

Das gut abgelagerte Filet bei Bedarf häuten; waschen, abtrocknen und leicht klopfen, mit Salz und Pfeffer einreiben und mit Speckscheiben umbinden. In die Bratenpfanne legen, mit heißer Butter übergießen und auf allen Seiten anbraten. Mit wenig Wasser (oder Brühe) angießen, bei guter Hitze unter regelmäßigem Beschöpfen garen. Fleisch aus der Pfanne nehmen und heiß stellen, Stärkemehl mit Sahne verquirlen und den Fond damit binden, bei Bedarf noch etwas Brühe nachgießen. Dazu passen Pommes frites, junge Gemüse und Teigwaren.

4 Scheiben Roastbeef
50 g Butter, etwas Fett
Salz, Pfeffer

Rumpsteaks

Die Scheiben vorsichtig klopfen, wieder zusammenschieben, würzen, in heißem Fett von beiden Seiten anbraten und in Butter fertig braten. Bratzeit, je nach Stärke der Fleischscheiben und ob man es durchgebraten, rosa oder blutig wünscht, 5 bis 8 Minuten. Dazu Pommes frites, geröstete Zwiebelscheiben, Salate.

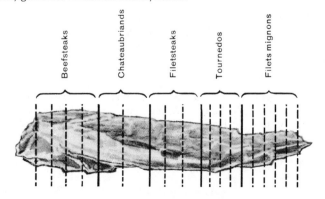

Die klassischen französischen Bezeichnungen für die einzelnen Fleischstücke aus dem Rinderfilet sind auch auf den deutschen Speisekarten zu finden.

Roastbeef (links, Rezept siehe linke Seite) kann man warm mit Pommes frites, kalt mit Remouladensoße zu Tisch geben. Rechts: Porterhouse-Steak auf Preßburger Art (Rezept siehe unten).

Tournedos exquisit *Foto S. 136*

Brotscheiben beiderseits in Butter rösten, dünn mit Béarner Soße bestreichen, mit gedünsteten geschnittenen Champignons belegen und auf vorgewärmter Platte anrichten. Lendenschnitten (Tournedos) in heißem Fett von beiden Seiten bräunen, nach Belieben mehr oder weniger stark durchbraten, salzen und pfeffern. Auf den Brotscheiben anrichten, nach Belieben mit Spargelspitzen und Tomatenscheiben garnieren. Das Bratfett mit etwas Weißwein löschen und vorsichtig unter die Béarner Soße rühren, die gesondert gereicht wird. Spargel in Buttersoße und Strohkartoffeln passen dazu.

4 Scheiben Kastenweißbrot
4 Lendenschnitten
200 g Champignons
etwas Weißwein
Bratfett, Salz, Pfeffer
Béarner Soße (S. 104)

Chateaubriand *Farbfoto S. 144*

Fleisch waschen, abtrocknen, Fett in der Pfanne kräftig erhitzen und das Fleisch hineingeben. In 12 bis 18 Minuten auf beiden Seiten anbräunen und braten. – Beim Braten auf dem Rost Fleisch mit Öl bepinseln und Speckscheiben unterlegen, in etwa 15 bis 25 Minuten garen. Das fertige Fleisch einige Minuten ruhen lassen und erst dann anschneiden, damit der Saft nicht herausläuft. Das Chateaubriand darf nicht ganz durchgebraten, sondern muß innen noch zartrosa sein. Auf vorgewärmter Platte mit gedünsteten Tomaten, Erbsen, Karotten und Spargel anrichten. Dazu Pommes frites und Béarner Soße.

350 bis 500 g Rinderlende (Mittelstück), Bratfett
Salz, Pfeffer
beim Braten auf dem Rost:
2 Eßlöffel Öl

Porterhouse-Steak auf Preßburger Art *Foto siehe oben*

Roastbeefscheiben vorbereiten, mit Knoblauch einreiben, pfeffern und mit Öl bestreichen. Im Backofen oder Grill bei starker Hitze etwa 2 bis 3 Minuten von beiden Seiten bräunen, dann bei Mittelhitze zugedeckt in etwa 15 Minuten durchbraten (bzw. nicht zugedeckt grillen), dabei häufig mit Fett begießen. Mit feinem Salz bestreuen. Aus den Käsescheiben acht bis zehn runde Plätzchen ausstechen, auf das Fleisch legen und nochmals 4 bis 6 Minuten in den Ofen schieben. Dazu passen gefüllte Paprikaschoten und in Butter geschwenkte Karotten.

2 dicke Scheiben Roastbeef mit Filet (4 bis 5 cm)
1 Knoblauchzehe, Pfeffer
Salz, Öl zum Bestreichen
2 Scheiben Käse
ca. 1 cm dick

*4 Lendenschnitten
(ca. 2 cm dick)
60 g Butter, etwas Bratfett
Salz, Pfeffer*

Filetsteaks *Lendenschnitten*

Zubereitung wie Rumpsteaks; die Bratzeit richtet sich danach, ob man die Steaks durchgebraten oder rosa bis blutig wünscht. Verfeinerung: Mit etwas Kräuterbutter (siehe S. 325) servieren.

*Pro Person:
125 bis 175 g Rinderfilet
Backfett oder -öl*

Fondue bourguignonne *Farbfoto S. 161*

Fleisch in 2 bis 3 cm große Würfel schneiden, roh in Portionsschüsselchen anrichten. In einer Fleischfondue-Kupferpfanne Fett oder Öl bis zur leichten Rauchbildung heiß werden lassen, auf den Tisch bringen, über einem Rechaud heiß halten. Jeder spießt sich mit der Fonduegabel (oder einem langen Holzstäbchen mit oder ohne Griff) ein Stück Fleisch auf und taucht es in das siedende Fett, bis es durchgebraten ist. Während das gebratene Stückchen mit Messer und Gabel verzehrt wird, gart an der Fonduegabel schon das nächste Stück. Dazu reicht man Meerrettich-, Curry und/oder Dillmayonnaise oder Cumberlandsoße, Weißbrot, Pfeffer, Salz, Senf und nach Belieben Tomatenketchup, Worcestersoße, Senfgurken, gefüllte Oliven, Mixed Pickles, Preiselbeergelee, Paprikachips, Mango Chutney und Kräuterbutter. Als Getränk: Weiß- oder Rotwein, als Auftakt ein Glas Kirschwasser oder Slibowitz.

*4 Scheiben Rindfleisch
Salz, Pfeffer, Senf
1 Zwiebel, 50 g fetter
Räucherspeck, etwas Mehl
50 g Butter, Fleischbrühe*

Rinderrouladen

Fleischscheiben vorsichtig klopfen, salzen, pfeffern und dünn mit Senf bestreichen. Mit gehackten Zwiebeln und schmalen Speckstreifen (nach Belieben auch mit Essiggurkenstreifen) belegen. Von der Schmalseite her zusammenrollen und mit Rouladenklammern festhalten oder mit gebrühtem Faden umwickeln. Mit Mehl bestäuben, in heißem Fett von allen Seiten bräunen, mit Brühe angießen und im zugedeckten Topf schmoren. Rouladen herausnehmen und warm stellen, die Soße mit kalt angerührtem Mehl oder Speisestärke binden und abschmecken. Nach Belieben 1 bis 2 Tomaten oder 1 grobgeschnittene Paprikaschote mitschmoren oder die Soße mit saurer Sahne legieren.

Zubereitetes Fleisch schneidet man gegen die Faserrichtung (links). Die rechte Abbildung zeigt das Belegen mit Füllung, Rollen und Zusammenklammern von Rinderrouladen.

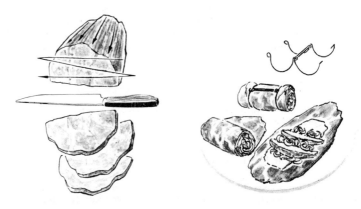

Gekochte Pökelrinderbrust mit Gemüse (links, Rezept S. 131) stammt aus der norddeutschen Küche. Rouladen auf Berner Art (rechts, Rezept siehe unten) sind etwas für Liebhaber pikanter Käsegerichte.

Rouladen auf Berner Art Foto siehe oben

Kartoffeln und Käse klein würfeln, Eier hacken. Béchamelsoße mit Eigelb verrühren, die zerkleinerten Zutaten hineingeben, abschmecken und die Rouladen damit füllen. Zusammenrollen, die Ecken dabei einschlagen, gut zubinden, damit die Masse nicht auslaufen kann. In heißem Fett von allen Seiten gut anbraten, mit Wasser ablöschen und die Rouladen gar dämpfen. Soße mit etwas kalt in Sahne angerührter Speisestärke binden, abschmecken und gesondert reichen. Dazu passen Salzkartoffeln oder Kartoffelbrei und in Butter geschwenkte Gemüse.

4 Scheiben Rindfleisch
2 bis 3 gekochte Kartoffeln
125 g Emmentaler Käse
2 hartgekochte Eier
Béchamelsoße (S. 103)
1 Eigelb, Bratfett
1/8 l saure Sahne
etwas Speisestärke

Bœuf Stroganoff

Filet in etwa 2 cm dicke Streifen schneiden, in heißer Butter von allen Seiten bräunen, dann salzen, pfeffern und aus der Pfanne nehmen. Gewürfelte Tomaten und gehackte Zwiebel in der Pfanne gut durchschmoren, mit Sahne verrühren und mit Zitronensaft und Senf abschmecken. Champignons blättrig schneiden, kurz in Butter andünsten, zusammen mit den gewürfelten Gurken in die Soße geben, gut durchziehen lassen. Fleisch wieder in die Soße legen, heiß werden lassen und sofort auftragen. Dazu Röstkartoffeln und grüner Salat, nach Belieben auch Teigwaren oder Semmelknödel.

500 g Rinderfilet
60 g Butter, Salz, Pfeffer
1/8 l saure Sahne
Zitronensaft, Senf
2 Tomaten, 1 große Zwiebel, 1 kleine Dose Champignons, etwas Butter, 2 Gewürzgurken

Ungarisches Gulasch

Zwiebeln in Scheiben schneiden, in heißem Fett goldgelb dünsten, Tomatenmark und zerdrückte Knoblauchzehe dazugeben, das Fleisch hinzufügen und kräftig umrühren. Paprika über das Fleisch streuen, im Fleischsaft dünsten, dann mit Wasser ablöschen. Im geschlossenen Topf schmoren, bis das Fleisch gar ist, etwas Kümmel und Zitronenschale hineingeben und salzen. Bei Bedarf verdunstetes Wasser ergänzen. Mit Sahne legieren und mit Salz und Paprika abschmecken. Beilage: Salzkartoffeln, Teigwaren oder Semmelknödel.

750 g Rindfleisch
300 g Zwiebeln
1 Teelöffel Rosenpaprika
Kümmel, Salz
1 Knoblauchzehe
80 g Schweinefett
2 Eßlöffel Tomatenmark
etwas Zitronenschale
2 Eßlöffel saure Sahne

Pußtagulasch

Ungarisches Gulasch mit kleingeschnittenem, kurz angebratenem Räucherspeck und Ringen von grünen Paprikaschoten belegt anrichten. Nach Belieben Paprikaringe auch 10 bis 15 Minuten mitschmoren.

Karlsbader Gulasch

15 Minuten vor der Fertigstellung von ungarischem Gulasch 1 bis 2 würflig geschnittene Gewürzgurken hineingeben und mitschmoren. Mit etwas Pfeffer abschmecken.

Szegediner Gulasch

30 Minuten vor der Fertigstellung ungarisches Gulasch mit ca. 350 g vorgekochtem, etwas zerkleinertem Sauerkraut vermengen.

750 g Rindfleisch
1 Zwiebel, Suppengrün
40 g Fett, 60 g Mehl
½ l Brühe
Salz, Pfeffer, Zitronensaft
2 Eßlöffel Madeira oder
Rotwein, 1 Gewürzgurke
oder 100 g Rosinen

Rindfleischragout

Fleisch 60 Minuten in Salzwasser kochen, die in Scheiben geschnittene, trocken geröstete Zwiebel und das Suppengrün zufügen, weitere 30 bis 45 Minuten kochen. Fleisch herausnehmen, in große Würfel schneiden. Aus Fett und Mehl eine dunkle Mehlschwitze bereiten, Brühe zufügen, pikant mit Salz, Pfeffer, Zitronensaft und Wein abschmecken, das Fleisch hineingeben und nochmals kurz aufkochen. Als Einlage entweder gewürfelte Gurke oder gewaschene, ausgequollene Rosinen. Dazu Salzkartoffeln, Reis oder Teigwaren und Salat.

Pro Person:
150 g Beefsteakhack
1 Scheibe magerer
Räucherspeck, Salz,
Pfeffer, Öl
1 Scheibe Toast
Béarner Soße (S. 104)

Feinschmeckersteaks *Foto siehe unten*

Hackfleisch zu Steaks formen, mit Speck umwickeln und mit einem Hölzchen durchstechen. Mit Öl bestreichen, in vier bis acht Minuten auf dem Grill mehr oder weniger stark durchbraten, dann salzen und pfeffern. Auf Toast anrichten. Dazu Béarner Soße und Mixed Pickles.

Weitere Grillgerichte siehe ab S. 165.

Feinschmeckersteaks (rechts, Rezept siehe oben) aus Beefsteakhack bleiben saftig, wenn sie mit Speckscheiben umwickelt werden. Tournedos exquisit (links, Rezept S. 133) garniert man mit Spargelspitzen.

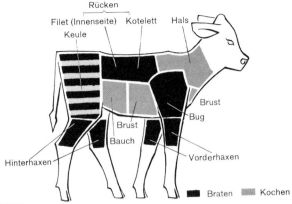

KALBFLEISCH

Diese Fleischart ist nährstoffärmer und wasserhaltiger als Rindfleisch, dafür aber leichter verdaulich. Kalbfleisch spielt deshalb, von knusprigen Schnitzeln, leckeren Koteletts und Braten abgesehen, vor allem in der Krankenernährung und Diätkost eine große Rolle. Die alte Behauptung »Kalbfleisch ist Halbfleisch« geht auf die Tatsache zurück, daß diese Fleischsorte bei der Zubereitung beträchtlich zusammenschrumpft.

Die besten Braten stammen vom Kalbsrücken und aus der Keule, der Rücken liefert auch die Koteletts, die Schnitzel schneidet man vorwiegend aus der Keule. Das an die Keulen angrenzende Kotelettstück wird zusammen mit dem anschließenden Bauch zu Kalbsnierenbraten gerollt. Eine süddeutsche Spezialität sind gebratene Kalbshaxen. Kalbskopf und -füße ergeben gute Sülzen, die übrigen Stücke eignen sich teils zum Braten, teils zur Gulaschbereitung, zum Kochen und Dünsten. Auch die Innereien werden wegen ihrer Zartheit besonders geschätzt.

Kalbsnierenbraten mit Artischockenböden Foto S. 139

Fleisch in die Pfanne legen, mit heißem Fett begießen, in den Bratofen schieben und unter gelegentlichem Beschöpfen anbräunen. Dann Brühe angießen, den Braten leicht salzen und unter weiterem Beschöpfen bei mäßiger Hitze in etwa 1½ Stunden garen. Braten aus der Pfanne nehmen und warm stellen. Fond mit Rotwein loskochen, geschnittene Schalotten, Lorbeerblatt, gehackte Petersilie und Thymian hinzufügen, durchkochen und passieren. Speisestärke kalt anrühren, die Soße damit binden. Mit Salz, Pfeffer, Zitronensaft und Streuwürze abschmecken, etwas kleingewürfeltes, überbrühtes Ochsenmark unter die Soße rühren. Artischockenböden erhitzen, 1 Scheibe Ochsenmark darauf geben und mit der Soße begießen. Den aufgeschnittenen Braten und die Artischockenböden auf vorgewärmter Platte anrichten, mit Soße begießen. Dazu passen junge, in Butter geschwenkte Gemüse und grüner Salat.

1 Kalbsnierenbraten
Bratfett, Salz
¼ l Fleischbrühe
¼ l Rotwein
3 Schalotten
½ Lorbeerblatt
Petersilie, Thymian
2 Teelöffel Speisestärke
Salz, Pfeffer, Zitronensaft
Streuwürze, 1 Dose Artischockenböden
75 g Ochsenmark

Kalbsbraten

Zubereitung nach dem Schmorbratenrezept (S. 131), aber mit (je nach Größe des Bratens) kürzerer Schmorzeit. Soße nach Belieben mit Speisestärke und/oder Sahne binden oder nur mit Sahne legieren.

1 kg Kalbfleisch
Zutaten wie Schmorbraten (S. 131), aber ohne Tomatenmark

1 kg Kalbsbrust
Salz, Zitronensaft
50 g Butter
2 Teelöffel Speisestärke
⅛ l saure Sahne
Zur Füllung:
75 g Reis, Salz, 1 Zwiebel
40 g Butter, 1 Ei
125 g Champignons
2 Eßlöffel gehackte
Petersilie, Streuwürze

Kalbsbrust mit Pilzreisfüllung

Vom Fleischer die Rippen aus der Kalbsbrust heraustrennen und eine Tasche einschneiden lassen. Das Fleisch innen und außen mit Salz und Zitronensaft einreiben, die Füllung hineingeben und zunähen. Für die Füllung den Reis in Salzwasser garen, abtropfen lassen. Zwiebelwürfel und in Scheiben geschnittene Champignons in Fett andünsten, mit Reis, Ei und einem Eßlöffel Petersilie vermischen, abschmecken. Das Fleisch in heißer Butter anbraten, mit 3 bis 4 Tassen Wasser begießen und im Bratofen bei Mittelhitze in 100 bis 120 Minuten garen. Speisestärke mit Sahne verrühren, Soße damit binden, abschmecken, mit der restlichen Petersilie vermengen. Beilage: Salzkartoffeln oder Spätzle, Erbsen oder Bohnen, grüner Salat. Reste von gefüllter Kalbsbrust sind, kalt aufgeschnitten, eine Delikatesse.

Fleischzutaten wie oben
Zur Füllung:
3 altbackene Semmeln
¼ l heiße Milch
25 g Fett, 1 Ei, 1 Zwiebel
1 Eßlöffel gehackte Kräuter
(etwas Majoran dabei)
Salz, Pfeffer, Muskat

Kalbsbrust mit Semmelfüllung

Kalbsbrust wie im vorstehenden Rezept herrichten lassen, füllen und braten. Soße zubereiten. Zur Füllung die Semmeln in Milch einweichen, etwas ausdrücken, Fett erhitzen und die gewürfelte Zwiebel darin glasig dünsten. Die Semmelmasse hineingeben, auf kleiner Flamme solange rühren, bis sich die Masse vom Topf löst. Nach dem Abkühlen mit Ei, Kräutern und Gewürzen vermengen und abschmecken. – Dazu passen Salzkartoffeln und Gemüse, grüner Salat (Rezept reicht für 4 bis 6 Personen). Kalbsbrust mit Semmelfüllung schmeckt auch kalt aufgeschnitten ausgezeichnet.

1 große Kalbshaxe
2 Eßlöffel Essig, 1 Zwiebel
1 Nelke, 1 Lorbeerblatt
einige Pfefferkörner
2 kleine Mohrrüben
1 Stück Sellerie
50 g Butter
⅛ l saure Sahne
1 Teelöffel Speisestärke

Kalbshaxe

1 l Salzwasser mit Essig, Gewürzen und geputztem Gemüse zum Kochen bringen, die vorgerichtete Kalbshaxe hineingeben und halbweich werden lassen (etwa 30 Minuten). Haxe herausnehmen, abtropfen lassen, mit Butter bestreichen und im Backofen bei Mittelhitze unter mehrmaligem Begießen in etwa 45 Minuten braun braten. Bratensatz mit etwas Brühe (Haxenbrühe) verdünnen. Speisestärke mit Sahne verrühren, Soße damit binden, kurz durchkochen, abschmecken. (Restliche Brühe zu Suppe verarbeiten.) Beilage zur Kalbshaxe: Kartoffelklöße, grüner Salat oder auch Kartoffelsalat.

4 Kalbsschnitzel
1 bis 2 Eier
Mehl, Semmelmehl
Salz, Pfeffer
Zitronenachtel
Öl oder Butter zum Braten

Wiener Schnitzel

Schnitzel waschen und klopfen, mit Salz und Pfeffer einreiben, in Mehl, Ei und Semmelmehl wenden, sofort in reichlich heißem Fett von beiden Seiten goldbraun backen und trocken anrichten. Mit Zitronenachteln servieren, dazu Salzkartoffeln und grüner Salat.

4 Kalbsschnitzel
Salz, Pfeffer, Bratfett
¼ l Fleischbrühe
1 Zwiebel
¼ l saure Sahne
2 Teelöffel Speisestärke
Zitronensaft, Zucker
gehackte Petersilie

Rahmschnitzel

Schnitzel vorbereiten, klopfen, salzen und pfeffern, in Fett von beiden Seiten leicht anbräunen. Mit Brühe auffüllen, feingeschnittene Zwiebel (nicht mitbräunen) dazugeben, etwa 20 Minuten im zugedeckten Topf garen. Speisestärke mit Sahne verrühren, die Soße damit binden und mit Salz, Zitronensaft, Zucker und Pfeffer abschmecken. Mit Petersilie bestreut servieren. Dazu grüner Salat, Salzkartoffeln oder Teigwaren, nach Belieben auch körnig gekochter Reis.

Paprikaschnitzel siehe S. 512, Geschnetzeltes Kalbfleisch siehe S. 330.

Eine beliebte Kalbfleischzubereitung ist der Kalbsnierenbraten (links, Rezept S. 137), hier mit Artischockenböden garniert. Rechts: Kanarische Schnitzel (Rezept siehe unten), mit gebratenen Bananen serviert, sind etwas für Liebhaber ausgefallener Gerichte.

Kanarische Schnitzel Foto siehe oben

Schnitzel vorbereiten, klopfen, salzen und mit Paprika bestäuben. In Mehl wenden, in geklopftes Ei tauchen, in Semmelmehl wenden und in heißem Fett von einer Seite bräunen. Umdrehen, eine mit Zitronensaft beträufelte und mit Paprika bestäubte halbe Banane auf jedes Schnitzel legen, unter häufigem Begießen der Banane mit Bratfett von der zweiten Seite bräunen und garen. Auf vorgewärmter Platte mit Zitronenscheiben, Tomaten- und Bananenscheiben anrichten. Dazu passen in Butter geschwenkte Salzkartoffeln und Salate.

*4 dünne Kalbsschnitzel
Salz, Paprika, 1 Ei
Mehl, Semmelmehl
Bratfett, 2 Bananen
Zitronensaft*

Cordon bleu Käseschnitzel

Die ungeklopften Schnitzel an der Seite flach zu Taschen aufschneiden, innen mit Ketchup bestreichen, mit je 1/2 Scheibe Käse füllen, um die je 1 Schinkenscheibe gelegt wurde. Mit Hölzchen oder Rouladenspießchen zustecken, panieren, in heißem Fett goldbraun braten und mit Zitronenachteln garniert anrichten. Dazu passen Salzkartoffeln, Salat und Blumenkohl. Abwandlung: Dünne Schnitzel klopfen, eine Hälfte mit Käse- und Schinkenscheiben belegen, andere Hälfte darüberklappen, mit Hölzchen feststecken, die Schnitzel braten.

*4 Kalbsschnitzel
4 Scheiben roher Schinken
2 Scheiben Emmentaler
Käse, Tomatenketchup
Salz, Mehl, Semmelmehl
1 Ei, Bratfett*

Kalbsröllchen mit Schinken Foto S. 140

Schnitzel flach klopfen. Semmel einweichen, ausdrücken und mit Eigelb, Petersilie, Schalotte und gehacktem Schinken vermengen, mit Salz, Pfeffer und Thymian abschmecken. Die Schnitzel mit dieser Masse bestreichen, aufrollen und mit Hölzchen durchstechen oder mit Rouladenklammern zusammenhalten. In heißem Fett von allen Seiten anbraten. Weißwein angießen, zugedeckt garen. Speisestärke mit Sahne anrühren, den Bratensatz damit binden, mit Salz und Suppenwürze abschmecken. Anstelle der halben Semmel kann man auch (etwa 3 Eßlöffel) Semmelmehl nehmen. Dazu passen Salzkartoffeln, Teigwaren und pikant abgeschmeckte Gemüse.

*4 Kalbsschnitzel
1/2 Semmel, 1 Eigelb
gehackte Petersilie
1 geriebene Schalotte
65 g Räucherschinken
Salz, Pfeffer, Thymian
Bratfett
1 Glas Weißwein
1/8 l saure Sahne
1 Eßlöffel Speisestärke
Salz, Suppenwürze*

*500 g Kalbfleisch
(Hals, Brust)
1 Lorbeerblatt, 1 Nelke
3 Eßlöffel Sahne
1/2 Glas Weißwein
einige Pfefferkörner
Suppengrün
40 g Fett, 50 g Mehl
Pfeffer, Zucker
Zitronensaft, 1 Eigelb*

Kalbsfrikassee

Das gewaschene Fleisch in große Würfel schneiden, in kochendem Salzwasser mit den Gewürzen 30 Minuten ziehen lassen. Suppengrün putzen und zufügen; etwa weitere 30 Minuten kochen. Aus Fett und Mehl eine helle Mehlschwitze bereiten. Brühe und Weißwein hinzugeben. Soße 20 Minuten kochen. Fleisch hineingeben, abschmecken und mit Sahne und Eigelb legieren. Im Reisring anrichten, mit gekochten Mohrrübenscheiben, feinen Erbsen und gehackter Petersilie garnieren. – Abwandlung: Dem Frikassee zusätzlich Spargelstückchen, Pilze, Fleischklößchen oder Krebsschwänze zufügen.

*1 gekochte Kalbszunge
200 g gekochtes Kalbfleisch
oder Hühnerfleisch
und 1 gekochtes Kalbshirn
40 g Butter, 40 g Mehl
1/2 l Brühe
80 g Champignons
1 bis 2 Sardellenfilets
1 Teelöffel Kapern
1/2 Glas Weißwein
Salz, 2 Eigelb
Semmelmehl, Reibkäse
Butterflöckchen*

Ragoût fin

Zunge, Fleisch und Hirn in Würfel schneiden. Aus Butter und Mehl hellgelbe Mehlschwitze zubereiten, nach und nach mit Brühe auffüllen, die feingeschnittenen Champignons zufügen und 10 Minuten durchkochen lassen. Gehackte Sardellenfilets und Kapern hineingeben, mit Weißwein und Salz abschmecken, das Fleisch in die Soße legen und heiß werden lassen. Vom Feuer nehmen, mit verquirltem Eigelb legieren. Das Ragout in gebutterte Förmchen oder Muscheln füllen, mit Semmelmehl und Reibkäse bestreuen, Butterflöckchen aufsetzen. 10 bis 12 Minuten im Ofen oder Grill überbacken. Heiß mit Worcestersoße, Zitronenachteln und Weißbrot servieren. Abwandlung: Ragout in heißen Blätterteigpastetchen (S. 443, Farbfoto S. 335) zu Tisch bringen.

*750 g Kalbfleisch
(Brust, Schulter)
60 g Schmalz
2 feingeschnittene
Zwiebeln
1/2 Knoblauchzehe
Salz, Rosenpaprika
1/4 l Fleischbrühe
1/8 l saure Sahne
2 bis 3 Paprikaschoten
2 Teelöffel Speisestärke*

Kalbsgulasch mit Paprika *Foto siehe unten*

Fleisch waschen und in große Würfel schneiden, mit Knoblauch und Zwiebeln in heißem Fett anbräunen, mit Paprika und Salz bestreuen und sofort mit Brühe und Sahne ablöschen. Etwa 45 Minuten schmoren, dann die in Ringe geschnittenen Paprikaschoten dazugeben, in etwa 15 Minuten Fleisch und Paprika garen. Nach Bedarf mit Brühe auffüllen und mit kalt angerührter Speisestärke binden.

Kalbsröllchen mit Schinken (links, Rezept S. 139) bekommen eine pikant abgeschmeckte Füllung. Zu Kalbsgulasch mit Paprika (rechts, Rezept siehe oben) passen Teigwaren, Salzkartoffeln oder Reis.

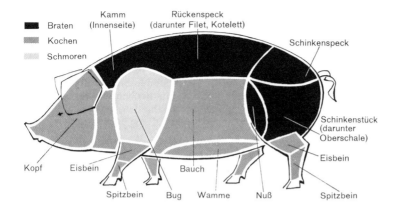

SCHWEINEFLEISCH

In der Gunst der Verbraucher liegt das Schweinefleisch weit an der Spitze. Das ist durchaus nicht selbstverständlich, sondern eine Errungenschaft des 20. Jahrhunderts. Noch vor 100 oder 200 Jahren hielt man – vom Schinken abgesehen – nicht viel vom »Schweinernen«, das als zu schwer verdaulich, zu alltäglich und zu deftig von den Verfechtern der feinen französischen Küche über die Schulter angesehen wurde. Der zu hohe Fettanteil beim Schweinefleisch macht auch heute vielen Leuten arges Kopfzerbrechen – Hausfrauen, Ernährungswissenschaftlern, Schweinezüchtern und Viehhändlern gleichermaßen, vor allem aber den Fleischern, die nicht wissen, was sie mit den fetten Fleischpartien anfangen sollen. Diese Entwicklung hat in vielen Ländern zu dem Versuch geführt, eine Art »Idealschwein« zu züchten, das zwar nicht ausschließlich aus Koteletts besteht, wie es sich mancher Fleischer seufzend wünscht, aber doch 16 statt nur 13 Rippenpaare und Koteletts von mindestens 35 Quadratzentimeter Oberfläche besitzt. Die Hausfrau weiß, daß die begehrtesten Stücke auch am teuersten sind. Sie wird sich deshalb bei den alltäglichen Gerichten der preiswerteren und weniger gefragten Fleischteile erinnern.
Neben dem Kotelett, auch Karree, Karbonade, Schoßstück oder Kotelettstrang genannt, ist der Schinken der am vielseitigsten verwendbare Fleischteil. Er wird wie viele andere Stücke des geschlachteten Schweins gepökelt oder geräuchert. Was weder dazu noch zum Braten, Schmoren, Dünsten und Kochen geeignet ist, läßt sich zur Wurst- und Sülzezubereitung verwenden. Die Innereien, ebenfalls beliebte Wurstzutaten, geben leckere Hausmannsgerichte ab.

Gekochtes Schweinefleisch mit Gemüse

Das gewaschene Fleisch mit Salz, Zwiebel und Gewürzen in möglichst wenig heißem Wasser aufsetzen und auf kleiner Flamme garen. Fleisch herausnehmen, ruhen lassen und in Scheiben schneiden. Fleischbrühe zum Gemüsekochen oder -dämpfen verwenden, nach Belieben das Gemüse mit dem abgeschöpften Fett andünsten, dann mit Brühe auffüllen. Fleisch kurz vor dem Anrichten auf das fertige Gemüse legen und heiß werden lassen.

500 bis 750 g Schweinefleisch, Salz
1 Zwiebel, 3 Gewürzkörner
1/2 Lorbeerblatt
750 bis 1 000 g Gemüse (Weißkraut, Sauerkraut, Mohrrüben, Kohlrabi)

2 kg *Schweineschinken*
Salz, Pfeffer
Zwiebel, Suppengemüse
Tomaten, Lorbeerblätter
Nelken, Pfefferkörner
2 Teelöffel Speisestärke
Suppenwürze

Schweinebraten mit pikanten Birnen

Aus dem Schweineschinken den Knochen lösen. Das Fleisch mit Salz und Pfeffer einreiben, Schwarte einkerben, den Braten fest mit gebrühtem Faden umwickeln. In die Bratenpfanne legen, mit ca. ¼ l kochendem Wasser begießen, etwa 2 Stunden bei 200°C im Ofen braten, dabei fleißig begießen, bei Bedarf heißes Wasser nachgießen. Gemüse und Gewürze dazugeben, noch etwa 1 Stunde braten. Braten herausnehmen, Fond bei Bedarf entfetten, mit heißem Wasser aufkochen und mit kalt angerührter Speisestärke binden, passieren und abschmecken. Dazu pikante Birnen (S. 365), Klöße oder Kartoffeln, Salat.

1 kg Schweinefleisch mit
Schwarte, Salz, 1 Zwiebel
1 Tomate
3 Eßlöffel Dosenmilch
oder saure Sahne
1 Teelöffel Speisestärke

Schweinebraten vom Rost *Farbfoto S. 162*

Fleisch waschen, abtrocknen und salzen, Schwarte kreuzweise einschneiden. Mit der Schwarte nach oben auf den Rost legen, in den Ofen schieben und bei kräftiger Mittelhitze anbraten. Wenn der Bratensatz bräunt, mit heißem Wasser auffüllen. Grobgeschnittene Zwiebel und Tomate 15 Minuten vor Ende der Bratzeit in die Pfanne geben. Soße mit kalt in Sahne verrührter Speisestärke binden, abschmecken.

1 kg Schweinekarree
ca. 1 Eßlöffel Senf
2 geschnittene Zwiebeln
½ geschnittene
Sellerieknolle
1 Lorbeerblatt, Salz
2 bis 3 Teelöffel
Speisestärke
Tomatenketchup, Pfeffer

Schweinekarree *Foto S. 146*

Fleisch waschen, abtrocknen und mit Senf bestreichen. In eine Bratenpfanne ca. ½ l kochendes Wasser gießen, Zwiebeln, Sellerie und Lorbeerblatt hineingeben, das Fleisch daraufgelegen. Im heißen Bratofen unter fleißigem Beschöpfen (bei Bedarf heißes Wasser nachgießen) in etwa 1½ Stunden goldbraun braten. Fleisch kurz vor dem Herausnehmen mit ca. ⅜ l kräftig gesalzenem heißem Wasser begießen. Den Satz loskochen (bei Bedarf Brühe oder Wasser dazugeben), passieren und mit kalt angerührter Speisestärke binden. Mit Ketchup, Pfeffer und Salz abschmecken. Dazu passen körnig gekochter Reis, Knödel, Teigwaren, Salzkartoffeln und jede Art von Gemüse.

1 kg Schweinebauch oder
-rippe, Salz, Pfeffer
500 g Äpfel
65 g Rosinen oder
Backpflaumen
je 1 Prise Zimt und Zucker
1 Teelöffel Majoran
½ l Wasser
1 Eßlöffel Speisestärke

Schweinebauch mit Obstfüllung *Foto S. 493*

Vom Fleischer in den Schweinebauch eine Tasche schneiden und die Schwarte einritzen lassen. Eine dünne Fettschicht herausnehmen, damit Platz für die Füllung entsteht. Fleisch innen und außen mit Salz und Pfeffer einreiben. Die Äpfel schälen, entkernen, in dünne Scheiben schneiden, mit eingeweichten Rosinen oder Backpflaumen vermischen und mit Zimt, Zucker und Majoran abschmecken. Füllung in die Tasche geben, Öffnung zunähen. Herausgetrenntes Fett würfig schneiden, auslassen und das Fleisch darin kräftig von allen Seiten anbraten. Kochendes Wasser darübergießen, etwa 90 Minuten schmoren lassen. Soße entfetten und mit kalt angerührter Speisestärke binden, nochmals abschmecken. Der Braten kann bei guter Mittelhitze auch im Ofen zubereitet werden. Als Beilage Kartoffelklöße und Rotkohl, Kartoffelbrei, Rosenkohl oder gemischter Salat.

Ein festliches Menü für Feinschmecker: Hühnerbrühe (oben rechts, Rezept S. 61) mit Gemüseeinlage, Lammrippchen (Rezept S. 150) mit Blumenkohl und Käsesoße (Rezept S. 103), als Nachtisch Rhabargelee (Rezept S. 376), garniert mit Tupfen von süßer Schlagsahne.

Schweinebauch mit Fleischfüllung Foto S. 146

Schweinebauch wie im vorstehenden Rezept herrichten lassen und braten. Füllung: Hackfleisch mit Ei, in Milch eingeweichter und ausgedrückter Semmel, gehackter Zwiebel und Petersilie vermischen und mit Salz und Pfeffer abschmecken. Braten mit 2 bis 3 Nelken spicken. – Bratensatz mit etwas Wasser loskochen, Speisestärke in Sahne verquirlen und die Soße damit binden. Dazu Salzkartoffeln, Kartoffelklöße oder Teigwaren und Rotkohl. – Der Braten schmeckt auch kalt aufgeschnitten ausgezeichnet.

1 kg Schweinebauch
Salz, Pfeffer
250 g Schweinehackfleisch
125 g Beefsteakhack
1 Ei, 1 Semmel
etwas Milch
2 bis 3 Nelken, 1 Zwiebel
gehackte Petersilie
2 Eßlöffel saure Sahne
2 Teelöffel Speisestärke

Schweinepfeffer

Fleisch, Speck und Zwiebeln würfeln, Speck ausbraten, Fleisch im Speckfett von allen Seiten anbraten, Zwiebel dazugeben und goldgelb rösten. Mit Mehl bestäuben, Gewürze dazugeben, mit kochendem Wasser ablöschen und etwa 90 Minuten schmoren. Beilage: Kartoffelklöße oder Salzkartoffeln, Teigwaren, Salat oder Gemüse.

750 g Schweinefleisch
60 g fetter Speck
250 g Zwiebeln, 25 g Mehl
1 Lorbeerblatt, je 2 bis 3
Pfeffer- und Gewürzkörner
etwas Basilikum, Salz

Rippchen in pikanter Soße

Rippchen mit Salz und Pfeffer einreiben, in heißem Schmalz von allen Seiten anbraten. Zwiebelwürfel und Mehl dazugeben und kurz mitbräunen. Mit kochendem Wasser ablöschen (ca. ½ l). Gewürze, in wenig Wasser angerührtes Tomatenmark und würflig geschnittene Gurke dazugeben, etwa 60 Minuten schmoren, Gewürze herausnehmen, nochmals abschmecken. Beilage: Kartoffelbrei, Salzkartoffeln oder Teigwaren, Sauerkraut oder grüner Salat.

1 kg Schweinerippchen
Salz, Pfeffer
25 bis 50 g Schmalz
1 Zwiebel, 25 g Mehl
1 Lorbeerblatt, 1 Nelke
2 Gewürzkörner
2 Eßlöffel Tomatenmark
1 große Gewürzgurke

Schweinekamm in Weißbier

Das gewaschene Fleisch mit Salz und Pfeffer einreiben, mit Bier, feingeschnittenem Suppengrün und Tomatenmark kalt aufsetzen und nach dem Aufkochen auf kleiner Flamme garen. Soße mit kalt angerührter Speisestärke binden, mit Salz, Pfeffer und Zitronensaft abschmecken. Als Beilage Salzkartoffeln, Sauerkraut oder süßsauer abgeschmecktes Weißkraut.

1 kg Schweinekamm
1 Flasche Weißbier
Suppengrün, Salz, Pfeffer
Zitronensaft, Streuwürze
2 Teelöffel Tomatenmark
10 g Speisestärke

Koteletts auf Apfelkartoffeln Foto S. 147

Kartoffeln schälen und würfeln, in leicht gesalzenem Wasser zum Kochen bringen. Nach etwa 10 Minuten Zwiebeln und die geschälten, entkernten, grobgewürfelten Äpfel dazugeben, alles miteinander garen, mit Zucker und wenig Essig abschmecken. Koteletts vorrichten und braten, auf dem Kartoffelgericht anrichten, nach Belieben mit Tomatensoße überziehen und mit gedünsteten Apfelringen garnieren. Dazu paßt grüner Salat. – Abwandlung: Zwiebelscheiben mit Apfelringen dünsten und auf die gebratenen Koteletts legen, dazu Salzkartoffeln reichen.

1 kg Kartoffeln
2 geschnittene Zwiebeln
750 g Äpfel
Zucker, Essig
4 Koteletts, Bratfett
Nach Belieben:
Tomatensoße (S. 104)

Gerichte aus Fleisch und Innereien, liebevoll garniert. Oben: Chateaubriand (Rezept S. 133) mit gedünsteten und gebutterten Gemüsen, dazu Béarner Soße (Rezept S. 104). Unten: Kalbsbries nach Allgäuer Art (Rezept S. 152) mit Kartoffelbrei (mit gebräuntem Semmelmehl, Rezept S. 268) und Erbsen mit Karotten in Butter (Rezept S. 244).

Schweinekarree (rechts, Rezept S. 142) ist ein im ganzen gebratenes Kotelettstück. Dazu gefüllte Zwiebeln (Rezept S. 237). Schweinebauch mit Fleischfüllung (links, Rezept S. 145) schmeckt auch kalt sehr gut.

750 g Kasseler Rippespeer im Stück 1 Zwiebel, 1 Mohrrübe, 2 Wacholderbeeren, 1/8 l saure Sahne	**Kasseler Rippespeer gebraten** Rippespeer waschen, in der Bratenpfanne mit einem 1/2 l heißen Wasser begießen, Wacholderbeeren, zerkleinerte Zwiebel und Mohrrübe dazugeben. Das Fleisch im heißen Bratofen bräunen und garen, regelmäßig begießen. Bei Bedarf heißes Wasser zufügen. 15 Minuten vor der Fertigstellung Rippespeer mit Sahne bestreichen, braun werden lassen. Soße passieren, nach Belieben mit Mehl binden. Fleisch in Scheiben schneiden und zu Sauerkraut reichen.
500 g Kasseler Rippespeer 2 l Wasser	**Kasseler Rippespeer gekocht** Fleisch waschen, mit kochendem Wasser aufsetzen und in 70 bis 90 Minuten garen. Zu überbackenem Grünkohl, Erbspüree, Sauerkraut oder Bohnen und Mohrrüben.
400 g gekochter Schinken 60 g Schmalz, 8 Eier Salz, 60 g Butter, Paprika gehackter Schnittlauch	**Schinken mit Rührei** Schinken in nicht zu dünne Scheiben schneiden, in heißem Fett in der Pfanne von beiden Seiten leicht anbraten, auf vorgewärmte Teller legen. Eier mit Salz und Paprika verquirlen, zu Rührei verarbeiten, auf die Schinkenscheiben verteilen und mit Schnittlauch bestreuen.
200 g gekochter Schinken 4 altbackene Semmeln 2 Eier, 1 bis 2 Zwiebeln Salz, Paprika, gehackte Petersilie, Semmelmehl Mehl und Backfett	**Schinkenkroketten** Schinken fein hacken, mit den eingeweichten und ausgedrückten Semmeln, Eigelb, gehackten Zwiebeln, Salz, Paprika und Petersilie nicht zu locker verarbeiten. Kroketten formen, in Ei und Semmelmehl wälzen und in heißem Fett schwimmend goldgelb backen.
400 bis 600 g gekochter Schinken, Burgundersoße (S. 105)	**Schinken in Burgunder** Schinken in fingerdicke Scheiben schneiden, in der heißen Burgundersoße 10 Minuten ziehen lassen. Zu Butterreis oder Teigwaren.

Eine Delikatesse für hohe Feiertage ist Schinken im Mantel (links, Rezept siehe unten). Koteletts auf Apfelkartoffeln (rechts, Rezept S. 145) werden Freunden süßsaurer Gerichte besonders gut munden.

Schinken im Mantel Foto siehe oben

Schinken 8 bis 10 Stunden wässern (ein gespritzter Schinken braucht nicht gewässert zu werden), gut abbürsten, den Schlußknochen auslösen (oder den Fleischer darum bitten, es zu tun), den Haxenknochen etwas kürzen. In kaltem Wasser aufsetzen, aufkochen und dann leise weiterkochen lassen, wobei man für 1 Kilo 20 Minuten Kochzeit rechnet. Schinken herausnehmen, erkalten lassen, den oberen Teil mit einem glatten Schnitt am Knochen entlang heraustrennen, in dünne Scheiben schneiden und diese wieder an ihren ursprünglichen Platz zurücklegen. Den Schinken in Teig hüllen, wobei die »Nahtstelle« nach unten kommen soll; beliebig mit Teigblättern usw. verzieren, in der Mitte ein Loch als Dampfabzug lassen. 1 Stunde im vorgeheizten Ofen backen. Zum Servieren die Kruste deckelförmig mit einem scharfen Messer abschneiden, den Schinken beliebig mit pikant abgeschmeckter Tomaten- oder Burgundersoße (S. 104, 105) überziehen und heiß oder kalt servieren. Teig: Mehl, Salz und Schmalz locker zu einer krümeligen Masse verrühren, nach und nach Wasser zugeben, den Teig zu einem Ball formen, kalt ruhen lassen dann ausrollen und den Schinken darin einhüllen. – Zu Schinken im Mantel paßt grüner Salat, man kann auch Spargel und andere feine Gemüse dazu reichen.

1 roher Schinken (reicht für 18 bis 20 Personen)
Teig für den Mantel:
1 kg Mehl, etwas Salz
500 g Schmalz
ca. 1/4 l Wasser

Schinkenpudding Foto S. 159

Margarine schaumig rühren, nach und nach die Eier unterrühren; Salz, Pfeffer und Paprika dazugeben. Mehl mit Backpulver sieben und abwechselnd mit Milch unterrühren. Zuletzt feingeschnittenen Schinken und Schnittlauch unterheben. Teig in eine gut gefettete, mit Semmelmehl ausgestreute Form füllen, gut verschließen und etwa 1¼ Stunden im Wasserbad auf kleiner Flamme kochen. Dann aus dem Wasser nehmen, die Form öffnen, einige Minuten stehenlassen. Den Rand mit spitzem Messer lösen, Pudding auf eine vorgewärmte Platte stürzen und mit Tomatensoße und grünem Salat zu Tisch bringen. Ausreichend für 4 bis 6 Personen.

125 g Margarine, 3 Eier
Salz, Pfeffer, Paprika
375 g Mehl, 1/2 Päckchen Backpulver, 1/4 l Milch
250 g roher Schinken
gehackter Schnittlauch
Semmelmehl

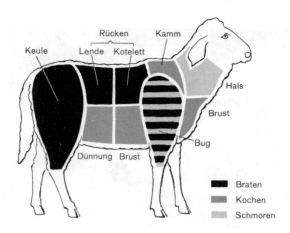

HAMMEL- UND LAMMFLEISCH

Lamm nennt man das noch nicht 1 Jahr alte Schaf, und zwar unterscheidet man Weidemastlämmer, deren Fleisch schon fast so derb ist wie Hammelfleisch, und Stallmastlämmer mit zarterem Fleisch. Lämmer werden vorwiegend im Alter von 3 bis 4 Monaten geschlachtet, und zwar in den Monaten Dezember bis Mai. Gutes Hammelfleisch soll dunkel, bräunlich-rot aussehen, festes, weißes Fett haben und 8 bis 14 Tage abgehangen sein. Lammfleisch ist heller und hat zartere Fasern. Den besten Braten geben Lende und Kotelett ab. Beides zusammen wird als Hammelrücken verkauft. Auch die Keule gibt einen ausgezeichneten Braten ab. Hammelragout bereitet man aus Hammelbrust und -bug zu. Eine Delikatesse sind die Hammelnieren, aber auch die anderen Innereien lassen sich zu deftigen Gerichten verarbeiten. Alle Hammelgerichte gibt man möglichst heiß zu Tisch.

4 bis 8 Hammelkoteletts
Salz, Pfeffer
Zitronensaft, Tabascosoße
1 Zwiebel, Bratfett

Hammelkoteletts

Fett von den Koteletts abschneiden, die Fleischstücke waschen, klopfen, salzen, pfeffern und in heißem Fett rasch von beiden Seiten bräunen, dann aus dem Topf nehmen und mit etwas Zitronensaft und wenig Tabascosoße beträufeln. Im heißen Fett die gewürfelte Zwiebel bräunen und über die Koteletts geben. Dazu in Butter geschwenkte Prinzeßbohnen und grüner Salat.

500 g Hammelfleisch
(oder je 250 g Hammel-
und Schweinefleisch)
1 Eßlöffel Olivenöl
Saft einer Zitrone
½ Teelöffel Zucker
100 g magerer
Räucherspeck
2 mittelgroße Zwiebeln
Salz, Pfeffer

Schaschlik *Farbfoto S. 280*

Öl, Zitronensaft, Salz, Pfeffer und Zucker mit dem Schneebesen gut miteinander verschlagen. Das in talergroße, etwa ½ cm dicke Scheiben geschnittene Fleisch 1 bis 2 Stunden in der Soße ziehen lassen. Fleischstücke herausnehmen, abtropfen lassen. Abwechselnd mit Zwiebel- und Speckscheiben auf Spießchen schieben, mit Olivenöl bestreichen und im Backofen oder Grill etwa 10 bis 20 Minuten braten. Bei Bedarf nachsalzen. Dazu Curryreis und Tomaten- oder Paprikasalat. Die Spießchen können auch in heißem Öl in der Pfanne gebraten werden, müssen dann aber häufig gewendet werden. – Abwandlungen: Anstelle von Hammelfleisch kann man auch Rindfleisch, Scheiben von Leber und Niere o. ä. allein oder gemischt verwenden. Tomaten- und Zwiebelscheiben lassen sich austauschen gegen Paprika- und Olivenscheiben oder auch Pilze.

Lammbrust vom Rost *Foto siehe unten*

Lammbrust vorbereiten, in eine Bratenpfanne legen. Wenn sie sehr fett ist, mit heißem Wasser, sonst mit heißem Kokosfett begießen. Im Bratofen in etwa 1 Stunde hellbraun braten, dann auf den gefetteten Grillrost legen, mit etwas Butter bestreichen und etwa 10 Minuten überbacken. Kreuzweise eingeschnittene Tomaten salzen, pfeffern, mit Butter beträufeln und 10 Minuten mitgrillen. Bratensatz loskochen, mit kalt in Sahne verrührter Speisestärke binden. Dazu passen Blumenkohl, grüne Bohnen oder andere junge Gemüse.

1 Lammbrust
1/4 l heißes Wasser oder
65 g heißes Kokosfett
etwas Butter, 8 Tomaten
Salz, Pfeffer
1 Teelöffel Speisestärke
1/8 l saure Sahne

Lammschulter *Foto siehe unten*

Lammschulter abspülen, in der Bratenpfanne mit kochendem Wasser begießen, in den vorgeheizten Bratofen schieben. Wenn das Wasser verdampft ist, das Fleisch salzen und im eigenen Saft schmoren. Zwiebel und Tomaten schneiden, in die Pfanne geben (nur in der letzten halben Stunde). Nach Bedarf während der Bratzeit heißes Wasser nachgießen. Das gare Fleisch herausnehmen, warm stellen. Bratensatz mit Wasser loskochen, bei Bedarf entfetten. Speisestärke in der Sahne verrühren, die Soße damit binden, passieren, mit Pfeffer und Salz abschmecken. Dazu passen gedünstete Gemüse und Kartoffelbrei.

1 Lammschulter (Bug)
1/4 l kochendes Wasser
1 Zwiebel
1 bis 2 Tomaten
1 Teelöffel Speisestärke
1/8 l saure Sahne
Salz, Pfeffer

Hammelragout nach Jägerart

Das Fleisch waschen, falls notwendig, von überflüssigem Fett befreien, zwei bis drei Tage in eine Marinade aus den angegebenen Zutaten (aufkochen und abkühlen lassen). Dann abtrocknen, in große Würfel schneiden, in 1/2 l Wasser und 1/8 bis 1/4 l der Beize langsam in 80 Minuten gar kochen. Aus Fett, Mehl und Zwiebelwürfeln eine dunkle Mehlschwitze bereiten. Brühe zugießen, Soße 20 Minuten kochen, mit Salz, Zucker und Rotwein abschmecken, das Fleisch hineingeben. Beilage: Salzkartoffeln oder Kartoffelbrei, Gemüsesalat.

750 bis 1 000 g
Hammelfleisch
Zur Marinade:
1/8 l Essig, 1/2 l Wasser
1 Zwiebel, 1 Lorbeerblatt
3 Pfefferkörner, 1 Nelke
1 Gewürzkorn, Salz
Zur Soße:
60 g Fett, 1 kleine Zwiebel
oder Knoblauchzehe
40 g Mehl, 1 Prise Zucker
3 Eßlöffel Rotwein

Lammbrust vom Rost (links) kann man mit gegrillten Tomaten und jungen Gemüsen anrichten. Auch zur Lammschulter (rechts) reicht man Gemüse (Mohrrüben, Erbsen, Bohnen), außerdem garnierten Kartoffelbrei (Rezepte siehe oben). Auch grüne Bohnen passen dazu.

Ein garnierter Lamm- oder Hammelrücken (Rezept siehe unten) ist ein ausgewachsener Festtagsbraten. Gemüse und Ketchup passen dazu.

---

1 Lammrücken (oder Hammelrücken)
Fleischbrühe, Salz
1 Zwiebel
2 Teelöffel Speisestärke
Pfeffer, etwas Madeira
Garnitur:
Tomatenketchup
Artischockenböden
etwas Butter, Karotten
Erbsen, grüne Bohnen

Garnierter Lammrücken *Foto siehe oben*

Fleisch waschen, abtrocknen, in die Bratenpfanne legen nach und nach von der Seite mit Fleischbrühe aufgießen, das Fleisch salzen und unter häufigem Begießen mit der Bratflüssigkeit (bei Bedarf etwas Brühe nachfüllen) mit der halbierten Zwiebel in 1 bis 1½ Stunden garen. Fleisch herausnehmen, in nicht zu dünne Scheiben schneiden, auf vorgewärmter Platte anrichten und warm stellen. Bratensatz nach Bedarf auffüllen, mit angerührter Speisestärke binden, aufkochen, passieren und mit Salz, Pfeffer und Madeira abschmecken. Als Garnitur Tomatenketchup in kleinen Muscheln oder Förmchen, in Butter geschwenkte Erbsen und grüne Bohnen in fertig gekauften, ungesüßten, aufgebackenen Torteletts und Karotten in Artischockenböden (beides aus der Dose) anrichten. Die Soße gesondert reichen.

---

600 bis 750 g Lammrippchen
¼ l Milch, 2 Ecken Streichschmelzkäse
Muskatnuß, Salz, Pfeffer
Mehl, Fett zum Braten

Lammrippchen mit Käsesoße *Farbfoto S. 143*

Lammrippchen abspülen, nach Belieben überflüssiges Fett wegschneiden, salzen, pfeffern, in Mehl wenden und in Fett auf beiden Seiten bräunen, bis das Fleisch gar ist. Milch auf kleiner Flamme erhitzen, zerdrückte Käseecken hineingeben und rühren, bis sie sich aufgelöst haben. Mit geriebener Muskatnuß abschmecken.

---

500 g Hammelfleisch
60 g Schmalz
1 bis 2 Zwiebeln
250 bis 300 g Brühreis
1 Eßlöffel Tomatenmark
Salz, 1 Teelöffel Rosenpaprika, 2 Eßlöffel geriebener Käse

Serbisches Reisfleisch *Farbfoto S. 280*

Fleisch würfeln und in heißem Schmalz von allen Seiten anbraten. Würflig geschnittene Zwiebeln zugeben und mit Wasser bedeckt fast gar kochen. Etwas gehackte Zwiebel in Butter anschwitzen, gewaschenen Reis zufügen, kurz anrösten, mit Hammelbrühe auffüllen und aufkochen. Das gekochte Fleisch, Tomatenmark und Paprika zufügen und zugedeckt bei schwacher Hitze 20 Minuten quellen lassen. Das fertige Gericht mit Käse vermischen. Als Beilage grüner Salat.

Hammelrippe gebraten

Hammelrippen auslösen, überflüssiges Fett abschneiden und das Fleisch in zerlassene Butter oder Margarine tauchen, dann leicht salzen und pfeffern. Semmelmehl mit Reibkäse mischen und das Fleisch damit bestreuen, gut andrücken. In der Pfanne goldgelb braten, mit frischer Butter zu grünen Bohnen oder beliebigen Salaten reichen.

*600 bis 750 g Hammelrippe
etwas Butter oder Margarine, Salz, Pfeffer
Reibkäse, Semmelmehl*

Hammelfleisch mit grünen Bohnen

Hammelfleisch vorbereiten, in Gulaschwürfel schneiden, mit den geputzten, gebrochenen Bohnen und Zwiebelscheiben in den Topf geben und knapp mit Wasser bedecken, zum Kochen bringen, zwischendurch salzen und das Fleisch zu Dreiviertel garen. Kartoffeln schälen, waschen und würfeln, Bohnenkraut (später wieder herausnehmen) und Pfeffer zugeben und alles zusammen garen, etwas sämig kochen lassen.

*500 bis 750 g Hammelfleisch (Schulter, Hals), 1 Zwiebel, Salz Pfeffer
750 g grüne Bohnen
500 bis 750 g Kartoffeln
etwas Bohnenkraut*

Irish Stew

Hammelfleisch vorbereiten, in Gulaschwürfel oder auch größere Stücke schneiden, mit Wasser (knapp bedeckt) aufsetzen und einmal aufkochen. Zwiebeln in dünne Scheiben schneiden, Karotten putzen und in bleistiftdicke Streifen schneiden, Weißkohl ebenfalls in Streifen schneiden, Rüben putzen und Kartoffeln schälen, beides in Scheiben oder kleine Würfel schneiden. Boden eines Topfes mit dünnen Speckscheiben belegen, abwechselnd Gemüse und Fleisch einschichten, jede Lage leicht salzen und pfeffern, etwas Kümmel dazwischenstreuen. Mit etwa ¼ l Hammelbrühe auffüllen, den Topf zudecken und das Gericht ohne Umrühren zum Kochen bringen, dann bei schwacher Hitze etwa 90 Minuten dünsten. Abwandlung: Speckscheiben leicht anbraten, Fleisch im Speckfett kurz anrösten und dann erst mit dem Gemüse in den Topf schichten.

*750 g Hammelfleisch (Schulter, Hals)
4 Zwiebeln
500 g Karotten
80 g fetter Räucherspeck
1 Weißkohl
2 weiße Rüben
500 bis 600 g Kartoffeln
Pfeffer, Salz
1 Teelöffel Kümmel*

Hammelgulasch mit Schwarzwurzeln

Hammelfleisch säubern, von überflüssigem Fett befreien, das Fleisch in Würfel schneiden und in ausgebratenem Hammelfett anbraten. Zwiebel in Scheiben schneiden, Schwarzwurzeln säubern, in leicht angesäuertes Wasser legen, in Stücke schneiden. Kartoffeln schälen, waschen und in Scheiben oder Streifen schneiden. Abwechselnd Fleisch, Zwiebeln, Schwarzwurzeln und Kartoffeln in einen Topf schichten, jede Lage vorsichtig salzen und pfeffern, etwa ⅜ l Wasser oder Brühe angießen. Topf gut zudecken, bei starker Hitze zum Kochen bringen und bei schwacher Hitze in etwa 60 bis 80 Minuten garen.

*500 g Hammelfleisch
2 Zwiebeln, Salz, Pfeffer
750 g Schwarzwurzeln
500 g Kartoffeln*

Hammelpilaw

Öl im Topf erhitzen, die Knoblauchzehe unzerdrückt darin anrösten und wieder herausnehmen. Zwiebeln fein schneiden, mit dem gewürfelten Fleisch im heißen Öl bräunen, mit Salz und Paprika würzen, Tomatenmark zugeben und ablöschen (ca. ¾ l Brühe oder Wasser). Etwa 1 Stunde zugedeckt kochen, dann den gewaschenen Reis zugeben und bei schwacher Hitze in etwa 20 Minuten gar quellen lassen. Abwandlung: Zum Hammelpilaw nach türkischer Art gehören zusätzlich 1 Messerspitze in Rosenwasser aufgelöster Safran, 25 g abgezogene, angeröstete Mandeln, 75 g Rosinen und frische Pfefferminze.

*500 g Hammelfleisch
3 Eßlöffel Öl, 2 Zwiebeln
Salz, Paprika
1 Knoblauchzehe
2 Eßlöffel Tomatenmark
200 g Reis*

INNEREIEN

Zu den Innereien zählen bei allen Schlachttieren Nieren, Leber und Herz, im weiteren Sinn außerdem Hirn und Zunge. Nicht jedermanns Geschmack sind Lunge, Milz und Gekröse. Kenner schätzen beim Kalb das Brieschen, auch Kalbsmilch oder Schweser genannt. Innereien sind preiswerter als die meisten anderen Fleischsorten, ihr Nährstoff- und Vitamingehalt ist besonders hoch. Viele schmackhafte Gerichte aus dieser Gruppe lassen sich schnell zubereiten.

2 bis 3 Kalbsbrieschen
40 g Butter
1 kleine Zwiebel
150 bis 200 g Pfifferlinge
Fleischbrühe, Salz, etwas Mehl, gehackte Petersilie

Kalbsbries nach Allgäuer Art *Farbfoto S. 144*

Kalbsbries säubern, in lauwarmem, leicht gesalzenem Wasser (mehrmals wechseln) liegenlassen, bis kein Blut mehr heraustritt. Abtropfen lassen, in Butter anbraten, mit wenig Fleischbrühe auffüllen, etwa 15 Minuten dünsten. Pfifferlinge fein schneiden, dazugeben, nochmals auffüllen, leicht mit kalt angerührtem Mehl binden. Dünsten, bis Pfifferlinge und Brieschen gar sind, dann salzen und mit Petersilie bestreut auftragen. Dazu passen in Butter geschwenkte Erbsen und Karotten oder andere feine Gemüse und Kartoffelbrei.

2 bis 3 Kalbshirne
Salz, Essig, gehackte Kräuter
etwas Butter

Gekochtes Kalbshirn

Hirn in kaltes Wasser legen, bis kein Blut mehr ausgezogen wird. Mit den Kräutern in leicht gesalzenes, heißes Essigwasser geben und sechs bis sieben Minuten bei ganz schwacher Hitze ziehen lassen. Herausnehmen, vorsichtig abziehen, mit heißer Butter begießen oder in Butter anbraten.

2 bis 3 Kalbshirne
Salz, Essig, Mehl
Butter zum Braten

Gebratenes Kalbshirn

Hirn gut wässern, kurz mit heißem Essigwasser übergießen, abziehen und von den Äderchen befreien. Gut abtropfen lassen, in dicke Scheiben schneiden, in Mehl wenden und in heißer Butter von beiden Seiten goldbraun braten, dann erst salzen und pfeffern. Dazu paßt Tomatensalat.

Hirn (Zeichnung links) muß vor der Zubereitung sorgfältig enthäutet und gewässert werden. Rechts: Lunge und Kutteln werden nach dem Kochen sorgfältig in Streifen geschnitten.

Pikante Kalbszunge (Rezept siehe unten) ist eine Delikatesse von Rang. Man richtet sie mit Gemüsen oder mit Madeirasoße an.

Hammelzungen in Biersoße

Die Zungen mit den Gewürzen in heißes Salzwasser geben und so lange kochen, bis sich die Spitzen leicht durchstechen lassen. Zungen abziehen, Knorpelteile entfernen, Fleisch in Scheiben schneiden. Aus Fett und Mehl eine helle Mehlschwitze zubereiten, mit Bier und Brühe ablöschen. Soße 20 Minuten kochen, pikant abschmecken und das Fleisch darin erhitzen. Als Beilage Salzkartoffeln und Salat.

2 bis 3 Hammelzungen
1 Zwiebel, 1/2 Lorbeerblatt
einige Pfefferkörner
1 Nelke, 2 Gewürzkörner
60 g Fett, 50 g Mehl
1/2 l helles Bier
1/4 l Fleischbrühe
Salz, Pfeffer, 1 Prise Zucker

Pikante Kalbszunge Foto siehe oben

Kalbszunge gründlich waschen und gut abbürsten, in leicht gesalzenem Wasser mit Suppengrün gar kochen und sofort in kaltem Wasser abziehen. Hälfte der Kochbrühe kräftig mit Weißwein abschmecken, mit Pfefferkörnern, Lorbeerblatt, Pimentkörnern und Schalotten aufkochen, die Zunge hineingeben und ziehen lassen. Zunge herausnehmen, aufschneiden und mit gebutterten Gemüsen anrichten. Brühe kräftig einkochen, mit angerührter Speisestärke binden, passieren, mit Sojasoße abschmecken und ein Stückchen Butter hineinrühren. Soße gesondert reichen.

1 große oder 2 kleine Kalbszungen, Salz, etwas Weißwein, Suppengrün Pfefferkörner
1/2 Lorbeerblatt
2 Pimentkörner
1 Teelöffel Sojasoße
1 Teelöffel Speisestärke
2 bis 3 Schalotten
etwas Butter

Nierenragout

Nieren 1 bis 2 Stunden wässern, Harnstränge herausschneiden, Nieren mit heißem Wasser übergießen und 1/2 Stunde stehenlassen. Dann herausnehmen, abspülen, in kleine Würfel schneiden. Gewürfelten Speck mit den feingeschnittenen Zwiebeln ausbraten, Nierenstückchen dazugeben, langsam durchschmoren lassen. Mit Mehl überstäuben, mit Fleischbrühe angießen, etwa 15 bis 20 Minuten dünsten. Mit Madeira, Zitronensaft und den Gewürzen pikant abschmecken. Dazu Salzkartoffeln und Salat. Verfeinerung: 125 g Champignons in Scheibchen schneiden, 10 Minuten mitdünsten.

500 bis 650 g Schweinenieren
125 g durchwachsener Speck, 1 bis 2 Zwiebeln
2 Eßlöffel Mehl, etwas Fleischbrühe
1 Glas Madeira
Zitronensaft, Salz
Pfeffer, Thymian

500 g Kalbsnieren
¼ l Rotwein, 150 g Speck
einige Schalotten, Fett
Salz, Pfeffer

Kalbsnieren am Spieß

Nieren rundherum vom meisten Fett befreien, 2 bis 3 Stunden in Wein legen. Herausnehmen, abtrocknen, in Scheiben schneiden und abwechselnd mit Speckscheiben und Schalotten auf Spießchen schieben. Mit flüssigem Fett oder Öl bepinseln, in sechs bis zehn Minuten gar grillen, würzen, mit Kartoffelbrei oder auf Curryreis anrichten.

Weitere Grillgerichte siehe S. 165.

500 g Schweinenieren
Tomatenketchup
2 große Tomaten
1 bis 2 Zwiebeln
4 Scheiben Räucherspeck
¼ l Fleischbrühe, Bratfett
2 Eßlöffel Tomatenmark
1 Teelöffel Speisestärke
Salz, Pfeffer

Geschmorte Nieren Foto siehe unten

Nieren der Länge nach einschneiden (nicht durchschneiden), den Harnstrang entfernen. Sorgfältig in mehrfach erneuertem Wasser waschen, mit heißem Wasser übergießen und einige Minuten darin stehenlassen. Gut abtrocknen, innen mit Ketchup bestreichen. Tomaten und Zwiebeln zerkleinern, in die Nieren legen, zuklappen, mit Speckscheiben umwickeln und mit Hölzchen durchstechen. In heißem Fett von allen Seiten anbräunen, von der Seite Fleischbrühe und Tomatenmark zugeben, die Nieren gar dünsten. Bratensatz mit angerührter Speisestärke binden, abschmecken. Soße gesondert reichen. Dazu paßt mit Fleischbrühe gekochter, pikant abgeschmeckter Reis.

500 g Kalbslunge
Salz, 40 g Fett
Suppengrün
½ Lorbeerblatt, Gewürz-
und Pfefferkörner
50 g Mehl
1 bis 2 Zwiebeln
1 Eßlöffel Zitronensaft
Pfeffer, Zucker
1 saure Gurke

Lungenhaschee

Luftröhre aus der Lunge lösen, die Lunge unter fließendem Wasser abspülen, grob zerschneiden, in kochendes Salzwasser geben und nach dem Aufkochen bei schwacher Hitze unter Beigabe von Suppengrün, Zwiebeln, Gewürz- und Pfefferkörnern gar kochen. Lunge herausnehmen, gut abtropfen lassen, durch den Fleischwolf drehen. Aus Fett und Mehl eine hellbraune Mehlschwitze bereiten, etwas feingeschnittene Zwiebel mitrösten, nach und nach mit ½ l Kochbrühe auffüllen, ständig rühren, etwa 15 Minuten kochen lassen. Soße mit Zitronensaft oder Essig, Salz, Pfeffer und Zucker abschmecken, mit der Lunge und der feingewürfelten Gurke vermengen. Dazu Kartoffeln und Salat.

Gebratene Leber auf Berliner Art (links, Rezept siehe rechte Seite) bereitet man mit Zwiebeln und Äpfeln zu. Rechts: Geschmorte Nieren (Rezept siehe oben) kann man auf Reis anrichten.

Gefülltes Kalbsherz

Kalbsherz aufschneiden, von Sehnen befreien, unter fließendem Wasser abspülen und 2 bis 3 Stunden in Buttermilch legen. Herausnehmen, abtropfen lassen, mit gewürfelten Äpfeln und eingeweichten Pflaumen füllen, zusammenklappen, zunähen, mit Speckscheiben umwickeln. Speckwürfel anbraten, das Herz mit Zwiebeln und Champignons von allen Seiten bräunen, mit Buttermilch und Rotwein angießen, Gewürze dazugeben und das Herz in 50 bis 60 Minuten garen. Soße mit kalt in Sahne verrührter Speisestärke binden, abschmecken. Das Herz in Scheiben schneiden, mit Soße und Gemüsen anrichten.

1 Kalbsherz
¼ l Buttermilch
2 bis 3 Äpfel
100 g Backpflaumen
100 g Champignons
2 Zwiebeln, 150 g Speck
⅛ l Rotwein
½ Lorbeerblatt
3 Gewürzkörner, Salz
Pfeffer, ¼ l saure Sahne
1 Teelöffel Speisestärke

Geschmortes Rinderherz

Das gesäuberte und gewürzte Herz mit Mehl bestäuben und in Speckwürfeln von allen Seiten anbraten. In einen Topf geben; kleingeschnittenes Suppengrün und die feingehackte Zwiebel in dem Fett in der Bratpfanne anschwitzen. Auch dieses in den Topf geben und Tomatenmark, Thymian und Lorbeerblatt und etwas Wasser zufügen. Das Herz langsam schmoren lassen und nach einer halben Stunde Bratensoße und Wein zugeben. Gar schmoren lassen und mit Salz und Pfeffer abschmecken. Dazu Reis und grüner Salat.

1 Rinderherz
80 g Räucherspeck
1 Zwiebel, Suppengrün
½ l Bratensoße
1 Teelöffel Tomatenmark
20 g Mehl, ½ Glas Wein
Salz, Pfeffer, Thymian
½ Lorbeerblatt

Gebackenes Rinderherz

Das gesäuberte Herz mit zerkleinertem Suppengrün, Zwiebel, Gewürzkörnern, Lorbeerblatt und Salz in wenig Wasser gar dünsten, in der Brühe erkalten lassen, in dicke Scheiben schneiden. Diese mit Pfeffer und Streuwürze bestreuen, in Ei und Semmelmehl panieren, gut festklopfen und in heißem Fett ausbacken. Dazu Makkaroni.

1 Rinderherz
Suppengrün
1 Zwiebel, Gewürzkörner
2 Eier, ½ Lorbeerblatt
Semmelmehl, Backfett
Salz, Pfeffer, Streuwürze

Wiener Beuschel Foto S. 277

Kalbsgeschlinge vorbereiten und mit Lorbeerblatt, Zwiebel, Küchenkräutern und Knoblauch etwa 25 Minuten in leichtem Salzwasser kochen, dann das Fleisch herausnehmen und erkalten lassen. Mehl in Butter anschwitzen, mit Wein ablöschen, durchgeseihte Kochbrühe dazugeben, gut durchkochen. Mit Kapern, gehackter Gurke, Salz, Pfeffer, Zitronensaft und -schale würzen, das in feine Streifen geschnittene Fleisch hineingeben, auf kleiner Flamme 10 bis 15 Minuten ziehen lassen. Mit Zitronenscheiben und Kapern garniert zu Semmelknödeln (S. 278) reichen. – Verfeinerung: Gehackte Sardellenfilets zufügen.

ca. 1 000 g Kalbsgeschlinge
(Lunge, Herz, ggf. Milz)
½ Lorbeerblatt, 1 Zwiebel
Küchenkräuter
½ Zehe Knoblauch
30 g Mehl, 30 g Butter
1 Glas Weißwein
Kapern, 1 Gewürzgurke
Salz, Pfeffer
Saft und abgeriebene
Schale einer Zitrone

Gebratene Leber auf Berliner Art Foto siehe linke Seite

Leber vorbereiten (Rinderleber ½ Stunde in Milch legen) in Scheiben schneiden, salzen, pfeffern und in Mehl wenden. In heißem Fett bei mittlerer Hitze von beiden Seiten je nach Stärke 2 bis 4 Minuten bräunen. Zwiebelringe und Apfelscheiben gesondert in Butter braten und über die angerichtete Leber geben. Dazu paßt Kartoffelbrei.

500 g Kalbs- Schweine-
oder Rinderleber
Salz, Pfeffer, Mehl
1 bis 2 Zwiebeln
2 Äpfel, Bratfett, Butter

Saure Leber

Zwiebeln fein hacken, in Fett glasig braten, Leber in Würfel schneiden, anschwitzen, bis kein Blut mehr austritt, mit Mehl bestäuben, etwas bräunen und Brühe auffüllen; die Leber weich dünsten. Mit Salz, Pfeffer und Majoran würzen, mit Kräuteressig abschmecken.

500 g Leber, 2 Zwiebeln
40 g Fett, 30 g Mehl
¼ l Fleischbrühe, Salz
Pfeffer, Majoran
etwas Kräuteressig

500 g Schweinenieren
50 g Fett, 1 Zwiebel
25 g Mehl, etwas Essig
Zucker, Salz
Pfeffer, etwas Majoran
3 Eßlöffel Sahne

Saure Nieren

Nieren waschen und von Haut und Röhren befreien, einige Stunden in Milch legen, dann in feine Scheiben schneiden. Zwiebel fein schneiden, in heißem Fett anschwitzen, die Nieren dazugeben, kurz anrösten, mit Mehl bestäuben und mit etwa $3/8$ l Wasser oder Brühe aufgießen. Mit Pfeffer und Salz würzen, 4 bis 6 Minuten zugedeckt schmoren, dann mit Essig, Zucker, nach Belieben Majoran und Sahne verfeinern. Dazu Salzkartoffeln, Teigwaren oder Knödel und Salat.

750 g Schweine- oder
Kalbslunge, $1/8$ l Essig
Salz, 2 Zwiebeln
3 Gewürzkörner
3 Pfefferkörner
1 Nelke, $1/2$ Lorbeerblatt
$1/4$ Zitrone
60 g Fett, 60 g Mehl
Zitronensaft, Zucker

Saure Lunge

Lunge waschen, Luftröhre auslösen. Essig, Salz, grob geschnittene Zwiebeln, Gewürze und Zitrone mit etwa 2 l Wasser aufkochen, die Lunge hineingeben und bei schwacher Hitze gar kochen, dann die Lunge aus dem Topf nehmen, zwischen zwei Brettern (etwas Schweres darauflegen) erkalten lassen und in feine Streifchen schneiden. Mehl in Fett goldbraun anschwitzen, mit etwa 1 l Kochbrühe aufgießen, die Lungenstreifchen hineingeben und etwa 10 bis 15 Minuten kochen. Nach Belieben mit etwas Zucker, Salz und Zitronensaft abschmecken. Dazu Knödel, Salzkartoffeln oder Teigwaren und Salat.

250 g Reis, 3 Eßlöffel Öl
$3/4$ l Fleischbrühe
250 g Kalbsleber
40 g Butter, 1 Zwiebel
Pfeffer, Salz, Majoran
1 Apfel, etwas Rotwein

Leberreis

Reis trocken in Öl glasig rösten, mit heißer Brühe auffüllen und 10 Minuten bei schwacher Hitze kochen lassen. Leber vorbereiten, fein schaben, mit der fein geschnittenen Zwiebel in Butter anrösten und mit Pfeffer, Salz und Majoran würzen, zusammen mit dem geschälten und geraffelten Apfel unter den Reis mischen. Im zugedeckten Topf bei sehr schwacher Hitze gar ziehen lassen, kurz vor dem Anrichten mit einem Schuß Rotwein verfeinern, nach Belieben statt dessen etwas Reibkäse darüberstreuen oder untermischen.

250 g große Champignons
250 g Kalbs- oder
Schweineleber
einige Scheiben Weißbrot
etwas Olivenöl
Pfeffer, feines Salz

Leberschaschlik

Champignons putzen, Leber vorbereiten und in zentimeterdicke Scheiben von etwa 4 cm Durchmesser schneiden, Weißbrot in gleicher Größe zuschneiden. Abwechselnd Champignons, Leber und Weißbrot auf Spießchen stecken, mit Öl beträufeln und im Backofen oder Grill von allen Seiten braten und garen. Kurz vor dem Anrichten mit Pfeffer und feinem Salz würzen. Zu Reis oder zu Kartoffelbrei reichen.

250 g Kalbs- oder
Schweineleber
50 g magerer Räucherspeck
1 Schweinenetz
Salz, Pfeffer, Salbeiblätter
Butter zum Braten

Leberspießli auf Schweizer Art

Leber vorbereiten und in möglichst dünne Scheiben von etwa 4 cm Durchmesser schneiden, Räucherspeck in gleicher Größe und Stärke herrichten. Schweinenetz gut waschen, in 5 x 7 cm große Rechtecke schneiden. Je 1 Leberscheibe salzen und pfeffern, mit 1 Speckscheibe und 1 Salbeiblatt belegen (oder etwas gemahlene Salbei daraufstreuen, wenn keine frischen Blätter zur Verfügung stehen), das Leber-Speckbündel in ein Schweinenetz-Rechteck rollen. Jeweils drei bis fünf Rollen auf ein Spießchen stecken, in der Pfanne in heißer Butter (oder im Grill) in 5 bis 8 Minuten gar braten oder grillen, zu Kartoffelbrei und beliebigem Gemüse reichen. Wenn kein Schweinenetz zur Verfügung steht, kann man die Leberstückchen mit Salbeiblättern oder -pulver auch in dünne Speckscheiben wickeln und braten oder grillen.

Der Bienenkorb (Rezept siehe unten) ist mit Fleischteig gefüllt und hat einen Mantel aus Makkaroni; er wird im Wasserbad gegart. Seine Zubereitung macht zwar viel Arbeit, dafür sieht das Ergebnis aber auch ansprechend aus. Kräuter- oder Tomatensoße schmeckt dazu.

FLEISCHTEIGGERICHTE

Für die Beliebtheit dieser Gattung von Speisen spricht schon die Vielzahl von Bezeichnungen für gehacktes Fleisch – beispielsweise Hackepeter, Hackfleisch, Gehacktes, Mett, Hack oder Brät. Gerichte aus »ungestrecktem« Hackfleisch stehen ebenso wie Fleischteiggerichte regelmäßig auf der Familienspeisekarte, weil sie meistens leicht und rasch zuzubereiten und verhältnismäßig preiswert sind. – Beim Einkauf von Hackfleisch sollte man darauf achten, daß man möglichst frische Ware bekommt – am besten solche, die erst in Gegenwart des Kunden durch die Fleischmaschine gedreht wurde. Hackfleisch darf auch im Kühlschrank nur kurze Zeit aufbewahrt werden. Vor allem im Sommer muß man es unmittelbar nach dem Einkauf verarbeiten.

Bienenkorb *Foto siehe oben*

250 g Makkaroni
etwas Fett
375 g Hackfleisch, gemischt
2 Semmeln, 2 Eier
1 Zwiebel, gehackte
Petersilie, Salz
Pfeffer, Muskat

Die ungebrochenen Makkaroni in reichlich Salzwasser garen, auf ein Sieb geben und abschrecken. Aus den übrigen Zutaten einen gut abgeschmeckten Fleischteig zubereiten; dazu Semmeln einweichen und ausdrücken, Zwiebel würfeln. Den Boden einer Puddingform schneckenartig mit Makkaroni auslegen, etwas Fleischteig daraufgeben, ein Stück Rand ringsum sorgfältig mit Makkaroni belegen, wieder Teig nachfüllen und so abwechselnd fortfahren, bis die Form gefüllt ist. Deckel schließen, den Bienenkorb etwa 50 bis 60 Minuten auf kleiner Flamme im Wasserbad garen. Form aus dem Wasser nehmen, den Rand mit spitzem Messer lösen und den Bienenkorb auf eine vorgewärmte Platte stürzen. Dazu passen Tomaten- oder Paprikagemüse, Kräuter- oder Tomatensoße, auch Gewürzgurken oder geschmorte Gurken.

400 bis 500 g Hackfleisch (halb Rind-, halb Schweinefleisch) 30 g Butter, Salz, Pfeffer 1 bis 2 Zwiebeln, Bratfett 1 Teelöffel Speisestärke

Deutsches Beefsteak

Zerlassene Butter mit dem Fleisch vermengen, nach Geschmack salzen und pfeffern, flache Steaks formen und in heißem Bratfett rasch von beiden Seiten braten. In Scheiben geschnittene Zwiebeln mitbraten, Fleisch und Zwiebeln herausnehmen. Satz mit wenig Wasser loskochen, mit kalt angerührter Speisestärke binden. – Abwandlung: ½ bis 1 eingeweichte und ausgedrückte Semmel oder die entsprechende Menge Semmelmehl mit dem Hackfleisch verarbeiten.

400 bis 500 g Hackfleisch 1 altbackene Semmel 1 kleine Zwiebel, 1 Ei Salz, Pfeffer, Bratfett

Frikadellen

Fleisch mit der eingeweichten und ausgedrückten Semmel, der gewürfelten Zwiebel, dem Ei und den Gewürzen verkneten, flache und ovale Bratlinge formen und in heißem Fett auf beiden Seiten bräunen. Bratensatz nach Belieben mit etwas Wasser loskochen und mit kalt angerührter Speisestärke binden. Als Resteverwertung: Anstelle von Hackfleisch die gleiche Menge gebratene oder gekochte Fleischreste verwenden, zusammen mit der eingeweichten und ausgedrückten Semmel und der Zwiebel durch den Fleischwolf geben, mit Ei durcharbeiten.

Hamburger siehe S. 520.

750 g Hackfleisch 2 altbackene Semmeln 1 bis 2 Eier, 1 Zwiebel Salz; Paprika oder Pfeffer Semmelmehl, 50 g Speck Bratfett, 1 Teelöffel Speisestärke oder etwas Mehl

Falscher Hase *Hackbraten*

Fleisch mit den eingeweichten, gut ausgedrückten Semmeln, kleingewürfeltem, angebratenem Speck, dem Ei, der feingeschnittenen Zwiebel und den Gewürzen gut vermengen, zu einem länglichen Kloß formen, in Semmelmehl wälzen und in die gut gefettete Bratenpfanne legen. Mit kurzen Speckstreifchen »spicken«, bei etwa 220° C im Bratofen braten. Nach etwa 15 Minuten etwas heißes Wasser oder Fleischbrühe angießen. Bratensatz loskochen, mit kalt angerührter Speisestärke binden, abschmecken und gesondert reichen. Das Fleisch in Scheiben geschnitten anrichten. Abwandlung: 3 bis 4 hartgekochte, geschälte Eier in den Teig hüllen.

Beim Wirsingpudding (rechts) schichtet man abwechselnd Fleischteig und Wirsingblätter in eine Form. Links: Bitki à la Mascotte sind schmackhafte russische Klopse (Rezepte siehe rechte Seite).

Fleisch einmal ganz anders: Schinkenpudding (links, Rezept S. 147) wird im Wasserbad gekocht; Fleisch-Käse-Strudel (Mitte, Rezept S. 160) macht man aus Hackfleisch und Blätterteig; die kalte Fleischpastete (rechts, Rezept S. 160) paßt zu würziger Soße oder zu Kaffee.

Wirsingpudding   *Foto siehe linke Seite*

Aus dem Wirsingkopf den Strunk herausschneiden. Den Kohl etwa 5 Minuten in kochendes Salzwasser geben, herausnehmen, abtropfen lassen und entblättern. Zur Füllung das Hackfleisch mit eingeweichten, ausgedrückten Semmeln, Eiern, feingeschnittenen Zwiebeln und geweichten, in Räucherspeck gedünsteten Pilzen zu Fleischteig verarbeiten, Petersilie zugeben, mit Salz, Pfeffer und Paprika würzen. Eine gut gefettete Puddingform mit großen Kohlblättern auslegen, dann abwechseln Fleischteig und Kohlblätter hineingeben, mit Kohl abdecken, die Form schließen. Im Wasserbad etwa 1 Stunde garen, herausnehmen und stürzen. Dazu Kartoffelklöße oder Salzkartoffeln.

1 Wirsingkopf (ca. 1 kg)
250 g Hackfleisch
2 altbackene Semmeln
2 Eier, 1 bis 2 Zwiebeln
1 Päckchen Trockenpilze
2 Scheiben Räucherspeck
1 Eßlöffel gehackte Petersilie, Salz, Pfeffer Paprika, Bratfett

Bitki à la Mascotte   *Foto siehe linke Seite*

Fleisch fein hacken oder durch den Wolf drehen, mit den geschnittenen und gebräunten Zwiebeln, den Eiern, dem Salz, dem Pfeffer und dem gehackten Kümmel zu Klopsen verarbeiten. Trockenpilze einweichen, in die kochende Fleischbrühe geben, die Klopse darin auf kleiner Flamme in etwa 15 Minuten garen. Speisestärke mit Sahne verrühren, die Brühe damit binden, aufkochen. Dazu passen Salzkartoffeln oder Kartoffelbällchen, Rosenkohl oder Karottengemüse, Endiviensalat oder -gemüse.

300 g gekochte oder gebratene Fleischreste
2 bis 3 Zwiebeln
2 Eier, Salz, Pfeffer
1/2 Teelöffel Kümmel
3/8 l Fleischbrühe
1 Eßlöffel Trockenpilze
1 Eßlöffel Speisestärke
1/8 l saure Sahne

Hackfleischkroketten

Reis in etwa 1/4 l Wasser oder Brühe körnig ausquellen, erkalten lassen. Den abgekühlten Reis mit Hackfleisch, Eigelb, Apfelsinenschale, Salz und Zucker zu Fleischteig verarbeiten, das Eiweiß entweder mit dem Eigelb in den Teig kneten oder zu steifem Schnee schlagen und unterziehen. Kroketten formen, in heißem Fett goldgelb backen.

250 g Rinderhackfleisch
100 g Reis, 1 Ei
abgeriebene Schale einer Apfelsine, Salz, 1 Prise Zucker, Bratfett

250 g gemischtes Hackfleisch, 1 Zwiebel
40 g Fett, etwas Rotwein
3 Eßlöffel Tomatenmark
Salz, Pfeffer, Thymian
gehackte Petersilie
250 g Reis
½ l Fleischbrühe
4 Eßlöffel Sahne oder Dosenmilch
3 Eßlöffel Reibkäse
Butterflöckchen

Elsässischer Hackfleischtopf

Hackfleisch mit der feingeschnittenen Zwiebel in Fett anrösten, mit etwa 1 Glas Rotwein verrühren, Tomatenmark hineingeben, mit Salz, Pfeffer, Thymian und Petersilie würzen. Reis in Brühe (oder Wasser) körnig ausquellen, etwas abkühlen lassen und abwechselnd mit der Hackfleischmasse in eine gefettete feuerfeste Form füllen. Mit Sahne oder Dosenmilch begießen, mit Reibkäse bestreuen, Butterflöckchen aufsetzen. Im vorgeheizten Ofen etwa 10 bis 20 Minuten goldbraun überbacken. Abwandlung: Reis mit Hackfleisch mischen, in eine Form füllen, mit Käse bestreuen, Butterflöckchen aufsetzen und überbacken. Dazu passen grüner oder Tomatensalat.

Gefüllte Tomaten (mit Hackfleischfüllung) siehe S. 241.

300 g tiefgekühlter Blätterteig
400 g Rinderhackfleisch
3 Eßlöffel Öl, 1 mittlere Zwiebel, 200 g grüne Paprikaschoten
2 Eßlöffel Tomatenketchup
1 Teelöffel Salz, Pfeffer
125 g Chester-Schmelzkäse
1 Eigelb zum Bestreichen

Fleisch-Käse-Strudel Foto S. 159

Blätterteig nach Vorschrift auftauen lassen, zu einem Rechteck von etwa 40 x 45 cm ausrollen. Zwiebel fein hacken, mit den entkernten, gewaschenen und gehackten Paprikaschoten etwa 10 Minuten in Öl dünsten. Hackfleisch mit Ketchup, Salz und Pfeffer abschmecken, Zwiebeln und Paprika dazugeben, mit der Gabel verkneten. Diese Füllung auf dem Teig verteilen. Käse fein würfeln, auf der Masse verteilen. An den Rändern Teigstreifen stehenlassen. Von der Schmalseite her zu einer Rolle aufwickeln, Enden gut andrücken. Rolle mit Eigelb bepinseln. Im vorgeheizten Backofen bei 220° C 10 Minuten backen, dann weitere 25 Minuten bei 175° C. Herausnehmen, 5 Minuten stehenlassen, in Scheiben schneiden und heiß servieren. Dazu grüner Salat oder Endiviensalat.

Zum Teig:
500 g Mehl
½ Päckchen Backpulver
2 Eier, ½ Tasse Milch
125 g Butter, Salz
Muskat, Pfeffer
Zur Füllung:
500 g Hackfleisch (halb Rind-, halb Schweinefleisch)
2 Eier, 2 Semmeln
1 Zwiebel
gehackte Petersilie
65 g Räucherspeck
Salz, Pfeffer

Kalte Fleischpastete Foto S. 159

Aus den angegebenen Zutaten einen Knetteig (S. 418) bereiten und nicht zu dünn ausrollen. Eine runde Teigplatte in der Größe des Tortenformbodens ausradeln, eine zweite mit etwa 4 cm größerem Durchmesser. Zur Füllung das Hackfleisch mit verquirlten Eiern (etwas zum Bestreichen zurücklassen), eingeweichten und ausgedrückten Semmeln, der gewürfelten und in Fett angedünsteten Zwiebel, Petersilie und gewürfeltem Speck gut vermengen, mit Salz und Pfeffer abschmecken. Eine gefettete Tortenform mit der größeren Teigplatte auslegen, die Füllung hineingeben und glattstreichen. Den überstehenden Teigrand mit Ei bestreichen und auf die Füllung nach innen umlegen. Zweite Teigplatte als Deckel aufsetzen. Aus Teigresten Blätter, Scheiben oder Dreiecke ausradeln, mit Ei bestreichen und als Verzierung auf den Deckel setzen. Den Deckel ebenfalls mit Ei bepinseln. In etwa 1 Stunde im Ofen goldbraun backen. Schmeckt auch warm ausgezeichnet. Zur kalten Pastete Tomaten-, Petersilien- oder Meerrettichsoße reichen.

Veal and Ham-Pie (Kalbfleisch-Schinken-Pastete) siehe S. 507.

Hier ist zur Fondue bourguignonne (Fleischfondue, Rezept S. 134) gedeckt. Neben Rindfleischwürfeln in Portionsschälchen und der kupfernen Fonduepfanne gehören verschiedene pikante Soßen, Gewürze, Würzsoßen, Weißbrot und natürlich ein guter Rotwein dazu.

Die Grillküche

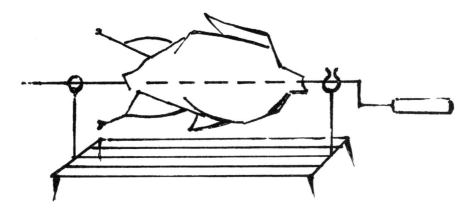

Lange bevor sie es lernten, sich Töpfe anzufertigen und mit deren Hilfe zu kochen, kannten unsere Vorfahren die Grilltechnik, das Garen von Fleisch am drehbaren Spieß über offenem Feuer. Unser heutiges Grillen mit infraroten Strahlen ist im Prinzip nichts anderes, auch wenn es technisch verfeinert und mit ernährungswissenschaftlichen Regeln untermauert wurde. Die starke Grillhitze verschließt sofort die Poren des Fleisches, es bleibt saftig, behält überdies seinen Nährwert und seine Geschmacksstoffe. Überschüssiges Fett tropft ab, ohne zu verbrennen – dadurch wird das gegrillte Stück leichter verdaulich als ein herkömmlicher Braten. Bei vielen Fleischarten braucht kein fremdes Fett zugefügt zu werden – das kann in einem Zeitalter, in dem mehr Menschen auf der ganzen Welt an Überernährung als an Unterernährung sterben, nur von Vorteil sein. Gegrillte Gerichte sind also besonders gut bekömmlich, kommen der schlanken Linie zugute und werden in vielen Fällen auch von Diätkranken vertragen, die auf gebratenes Fleisch verzichten müssen. Dazu kommt der Vorteil der schnelleren Zubereitung.
Das einfachste Grillgerät ist der Pfannengrill, der auf jeder Brennstelle verwendet werden kann. Anspruchsvoller und vielseitiger sind die in Gas- oder Elektroherden eingebauten Grilleinrichtungen. Bei einigen Herdtypen läßt sich der Einbau des Grills auch nachträglich vornehmen. Den größten Grillkomfort bieten die freistehenden Grillgeräte, die in der Regel mit Drehspieß ausgerüstet sind. Für das Grillen im Freien gibt es zahlreiche, meist mit Holzkohlen beheizte Gartengrills. Wer das »romantische« Kochen liebt, wird sich schnell mit einem solchen Gerät anfreunden.

Spezialitäten von Rost und Grill zeigt diese Aufnahme, dazu einige in der Grillküche übliche Beilagen. 1. Schweinebraten vom Rost (Rezept S. 142), 2. Gefüllter Gänsehals vom Grill (Rezept S. 169) mit Tomaten vom Grill (Rezept S. 170), 3. Geflügel vom Grill (Rezepte ab S. 168) mit Ananas vom Grill (Rezept S. 170), 4. Kopfsalat mit Tomatenachteln (Rezept S. 113), 5. Wiener Fürstensoße (Rezept S. 111), 6. Bananen vom Grill (Rezept S. 169), 7. Röstkartoffeln (Rezept S. 264) und 8. Bratäpfel vom Grill (Rezept S. 170), im Tischgrill vorgeführt.

Zwei Tischgrillgeräte mit Drehspieß und anderem Zubehör, die sich zur Zubereitung aller Grillgerichte eignen. Sie lassen sich auch auf einem Tischchen im Eß- oder Wohnzimmer in Betrieb nehmen, ebenso auf der Terrasse oder in Hausnähe im Garten. Familienmitglieder und Gäste können dann zusehen, wie »ihr« Gericht gegrillt wird.

Grilltechnik und Grilltips

Zum Grillen eignen sich fast alle Fleischarten einschließlich der Innereien, außerdem einige Gemüse und Früchte, Fisch und Wild. Daneben kann man im Grill überbacken und toasten. In der Regel wird das Grillgut in den fünf bis zehn Minuten vorgeheizten Grill gegeben.

▶ Den Grillspieß verwendet man zum Grillen von ganzem Geflügel, großen Fleischstücken und (wenn die nötige Zusatzvorrichtung vorhanden ist) kleinen Spießchen. Auch verschiedene Wurstsorten kann man am Drehspieß grillen. Das Fleisch muß so um den Spieß angeordnet sein, daß nach keiner Seite ein Übergewicht besteht, weil der Spieß sich sonst nicht gleichmäßig drehen kann. Geflügel und größere Fleischstücke bindet man mit gebrühten Faden zusammen, wenn das Gerät nicht mit Dressierkörben ausgerüstet ist.

▶ Auf dem Grillrost bereitet man kleinere Fleischstücke wie Steaks, Leber, Fisch und Hackfleisch zu, außerdem Gemüse- und Obstgerichte und überbackene Speisen. Manche Geräte sind mit einem Doppelrost ausgerüstet, der es erlaubt, auch kleinere Fleischstücke am Drehspieß zu grillen. Dabei fällt das sonst notwendige regelmäßige Wenden des Grillgutes fort.

▶ Die Grilldauer ist nicht nur von der Qualität des Grillgutes, von seiner Oberfläche und Dicke abhängig, sondern auch von der (von Gerät zu Gerät abweichenden) Temperatur und vom Abstand zwischen Grillgut und Wärmequelle. Die angegebenen Zeiten sind deshalb nur Durchschnittswerte.

▶ Der Abstand zwischen Grillrost und Wärmequelle ist verstellbar. Je geringer er ist, desto schneller grillt das Fleisch, wird außen gar, bleibt innen aber noch rosa bzw. roh. Bei größerem Abstand wird das Grillgut langsamer gar. Das ist beispielsweise bei 6 bis 8 cm dikken Steaks und anderen großen Fleischstücken nötig.

▶ Gegrillte Speisen sollen (möglichst auf vorgewärmten Tellern) sofort auf den Tisch gebracht werden, damit sie knusprig bleiben. Es ist nicht zu empfehlen, Grillgerichte aufzuwärmen oder längere Zeit warm zu halten, sie verlieren sonst Geschmack, Nährwert und gutes Aussehen.

▶ Beim Grillen mit dem eingebauten Herdgrill muß die Bratofentür ganz oder einen Spalt offenbleiben.

Filetsteaks vom Grill

Steaks vorbereiten, falls notwendig von Sehnen befreien, auf beiden Seiten leicht pfeffern und mit Öl bepinseln, auf den geölten Rost legen und in den vorgeheizten Grill schieben. Auf beiden Seiten etwa 6 bis 8 Minuten grillen, salzen und anrichten. Dazu passen Pommes frites und junge Gemüse.

*4 Steaks, ca. 3 cm dick,
Öl, Pfeffer, Salz*

Kalbs- oder Rumpsteaks vom Grill

Die Fleischscheiben vorsichtig klopfen und zusammenschieben, dünn mit Öl bepinseln, auf den heißen, geölten Grillrost legen und in den vorgeheizten Grill schieben. Jede Seite etwa 4 bis 7 Minuten grillen, dann leicht salzen und servieren. Rumpsteak nach Belieben mit Butterflöckchen oder Kräuterbutter anrichten.

*4 Steaks, ca. 2 cm dick
Öl, Salz*

Entrecôte double vom Grill Foto S. 169

Rumpsteak pfeffern, mit Öl bestreichen und im vorgeheizten Grill auf der obersten Schiebeleiste von beiden Seiten 2 Minuten angrillen. Dann auf die tiefere Leiste setzen und unter gelegentlichem Begießen mit Brühe von beiden Seiten in 6 bis 8 Minuten durchgrillen. Herausnehmen, leicht salzen und mit Kräuterbutter belegt servieren. Dazu passen Spargel und gedünstete Champignons, nach Belieben auch Pommes frites.

*1 doppeltes Rumpsteak
(ca. 400 g)
Pfeffer, Salz, Öl
etwas Fleischbrühe
Kräuterbutter (S. 325)*

Der Grillrost wird mit zerlassenem Fett oder Öl eingepinselt (links) und dann erst mit dem vorbereiteten Grillgut belegt (Mitte). Rechts: Der Handrost wird eingepinselt, mit Fleisch oder Fisch »beschickt« und am Drehspieß in den vorgeheizten Grillapparat eingesetzt.

Hammelnierchen am Spieß (links, Rezept siehe rechte Seite) sind in vier bis sechs Minuten durchgegrillt und werden auf Reis angerichtet. Gegrillten Lachs (rechts, Rezept S. 168) reicht man mit Kräuterbutter.

1 Schweinefilet (ca. 500 g)
Pfeffer, Salz, Öl

Gegrilltes Schweinefilet

Filet im Stück etwas flach klopfen, pfeffern, mit Öl bestreichen und im vorgeheizten Grill zunächst auf der oberen Schiebeleiste von beiden Seiten je 2 Minuten angrillen damit sich die Poren schließen. Dann auf die tiefere Leiste setzen und beiderseits durchgrillen, leicht salzen.

ca. 750 g Schweinebraten
Pfeffer, Salz, Öl
5 g Speisestärke

Schweinerollbraten am Spieß

Fleisch vom Fleischer rollen und schnüren lassen. Waschen, abtrocknen und leicht mit Pfeffer und Salz bestreuen. Grillspieß genau in der Mitte durchstecken, Halteklammern oder Dressierkörbe anlegen. Je nach Größe des Fleischstückes etwa 45 bis 60 Minuten am Drehspieß bei stärkster Temperaturstufe grillen. Bratensatz in der Fettwanne mit etwas Wasser loskochen, mit kalt angerührter Speisestärke binden und mit Pfeffer und Salz abschmecken.

2 Kalbshaxen, Salz
Pfeffer, Öl und Bier
zum Bestreichen

Kalbshaxe am Spieß

Kalbshaxen waschen, abtrocknen und auf den Spieß stecken, mit Halteklammern oder Dressierkörben befestigen, leicht salzen und mit Öl bestreichen. Spieß in den vorgeheizten Grill setzen, etwa 90 bis 110 Minuten grillen, zwischendurch mit Bier und Öl beträufeln. Fond nach Belieben mit etwas kalt angerührter Speisestärke binden. Dazu gemischter Salat.

4 Kalbs- oder
Schweineschnitzel
Salz, Paprika
4 Scheiben magerer
Schinken, Butter zum
Bestreichen, Petersilie
Zitronenachtel

Schinkenschnitzel vom Grill

Schnitzel waschen, abtrocknen und mit Salz und Pfeffer (oder Paprika) einreiben. Jedes Schnitzel mit einer Schinkenscheibe umwickeln (oder auf beiden Seiten mit gleich großen Schinkenscheiben belegen) und im Doppelrost oder auf dem großen Rost von jeder Seite 4 bis 6 Minuten grillen. Zwischendurch mehrmals mit zerlassener Butter beträufeln. Mit Zitronenachteln und Petersiliensträußchen anrichten.

Gegrillte Fleischbällchen (links, Rezept siehe unten) aus Beefsteakhack bringt man mit Reis und Tomatensoße zu Tisch. Rechts: Gegrillte Würstchen, mit angewärmtem Ketchup serviert (Rezept S. 168).

Mixed Grill

Fleisch und Speck in zentimeterdicke, talergroße Stücke schneiden, abwechselnd mit Tomaten und Würstchen auf Spießchen schieben, mit Öl bestreichen und auf dem Rost oder am Drehspieß (mit Zusatzeinrichtung für Spießchen) etwa 20 Minuten grillen. Herausnehmen, leicht salzen, nach Belieben mit Pfeffer oder Paprika überpudern. Dazu paßt Reis in beliebiger Zubereitung.

je 100 bis 150 g Hammel-, Kalb- und Rindfleisch
2 bis 3 Cocktailwürstchen
100 g Räucherspeck
3 bis 4 Tomaten, Salz, Öl

Hammelhacksteak vom Grill

Fleisch waschen, abtropfen lassen, in größere Stücke schneiden und durch den Fleischwolf drehen. Mit Majoran, Salz und Ketchup würzen, zu 4 Steaks formen, in die leicht geölte Grillpfanne legen und auf einer Seite 7 bis 9 Minuten grillen. Die Steaks wenden, mit je einer Speckscheibe belegen, weitere 7 bis 9 Minuten grillen. Halbierte Tomaten und Ananasringe dazulegen, nochmals 6 Minuten grillen. Dazu paßt grüner Salat.

500 g zartes Hammelfleisch
1/4 Teelöffel Majoran
1/2 Teelöffel Salz
1 Teelöffel Tomatenketchup
4 Scheiben Räucherspeck
2 Tomaten
4 Ananasringe

Hammelnierchen am Spieß *Foto siehe linke Seite*

Hammelnieren vorbereiten, in talergroße Scheiben schneiden und abwechselnd mit gebrühten Zwiebelscheiben und Speckröllchen auf Spieße schieben, zum Abschluß eine kleine Tomate nehmen. Mit Pfeffer einpudern, mit Öl bestreichen, im vorgeheizten Grill 4 bis 6 Minuten von allen Seiten grillen, leicht salzen. Dazu Reis oder Weißbrot reichen, nach Belieben auch Kartoffelbrei.

4 bis 8 Hammelnieren (ca. 500 g), 4 Zwiebeln
4 Scheiben Speck
4 kleine Tomaten
Öl, Pfeffer, Salz

Gegrillte Fleischbällchen *Foto siehe oben*

Hackfleisch mit feingehackter oder geriebener Zwiebel und Gewürzen zu Fleischbällchen verarbeiten, auf Spießchen stecken und mit flüssiger Butter bestreichen. Im vorgeheizten Grill etwa 4 bis 6 Minuten ringsum grillen. Dazu Reis und Tomatensoße oder Kartoffelsalat.

500 g Beefsteakhack
1 Zwiebel, Salz, Pfeffer
2 Teelöffel Worcestersoße
Butter zum Bestreichen

8 Würstchen
Öl zum Bestreichen
2 Scheiben Schweizer Käse
Tomatenketchup

Gegrillte Würstchen Foto S. 167

Würstchen viermal quer einschneiden, aber nicht ganz durchschneiden. Mit Öl bepinseln. Käse zu kleinen Rechtecken schneiden, in die Wurstspalten stecken. Auf dem geölten Rost etwa 4 bis 6 Minuten im vorgeheizten Grill garen. Mit angewärmtem Ketchup zu Tisch bringen.

500 bis 750 g frischer Lachs
Zitronensaft, Salz, Öl
1 Zwiebel, gehackte
Petersilie, Zitronenachtel
Kräuterbutter

Gegrillter Lachs Foto S. 166

Lachs in Portionsstücke schneiden, waschen, mit Zitronensaft beträufeln und salzen, mit Öl bepinseln und mit Zwiebelringen und Petersilie belegen. Etwa 1 Stunde ziehen lassen, gelegentlich umwenden. Dann Zwiebeln und Petersilie abnehmen, nochmals mit Öl bepinseln und auf dem geölten heißen Rost im vorgeheizten Grill (mittlere Schiebeleiste) etwa 7 bis 9 Minuten von jeder Seite grillen. Mit Zitronenachteln und Petersilie anrichten, mit Kräuterbutter belegen.

Gegrillte Süßwasserfische

Vorbereitete Fische (Forellen, Felchen, Hecht o. ä.) nach dem vorstehenden Rezept würzen, mit Öl bepinseln und im vorgeheizten Grill (je nach Größe) von jeder Seite 3 bis 8 Minuten grillen. Damit die Fische saftig bleiben, kann man sie auch mit Speckscheiben belegen.

1 Ente, 1 Sträußchen Beifuß
Öl, Pfeffer, Salz

Ente am Spieß

Ente vorbereiten, salzen und pfeffern, ein Sträußchen Beifuß hineinlegen, auf den Drehspieß stecken, festklammern und mit gebrühtem Faden umbinden. Mit Öl bestreichen und 40 bis 60 Minuten grillen. Zwischendurch noch ein- oder zweimal mit Öl beträufeln. Mit Mandarinen garniert zu Reis servieren.

Der Gartengrill (links) wird mit Holzkohle beheizt, er eignet sich für alle weniger empfindlichen Grillgerichte. Mitte: So wird der Drehspieß in den Tischgrill eingesetzt. Rechts: Elektrisch angetriebener Drehspieß für einen in den Backofen eingebauten Infrarotgrill.

Hähnchen vom Grill (links, Rezept siehe unten), hier mit gegrillten Äpfeln angerichtet, sind das beliebteste Grillgericht. Rechts: Entrecôte double vom Grill (Rezept S. 165) mit Champignons und Spargel.

Hähnchen vom Grill Foto siehe oben

Hähnchen vorbereiten, innen und außen mit Salz und Pfeffer einreiben, ein Petersiliensträußchen hineinlegen. Die Hähnchen auf den Grillspieß stecken, festklammern und mit gebrühtem Faden Flügel und Beine festbinden. Mit zerlassener Butter bestreichen, im vorgeheizten Grill in 35 bis 45 Minuten grillen. Äpfel schälen, Kerngehäuse ausstechen, in Scheiben schneiden, leicht mit Butter bestreichen und in den letzten 5 Minuten mitgrillen. Dazu Weißbrot oder Salat.

2 Hähnchen
Salz, Pfeffer, Petersilie
Butter zum Bestreichen
2 bis 4 Äpfel

Gefüllter Gänsehals vom Grill Farbfoto S. 162

Gänsehals säubern, an einem Ende zunähen. Leber und Magen grob zerschneiden, durch den Fleischwolf drehen, mit Schweinehackfleisch, gewürfelter Zwiebel, Ei und Semmelmehl zur Füllung verarbeiten, mit Salz und Pfeffer abschmecken, den Hals damit füllen und zunähen. Auf den Grillrost legen, mit zerlassenem Gänsefett bestreichen und von allen Seiten grillen und bräunen. Heiß zu Kartoffeln oder Knödeln und gegrillten Tomaten reichen; kalt aufgeschnitten mit Schwarzbrot und Butter zum Abendessen auf den Tisch bringen.

1 Gänsehalshaut
1 Gänseleber und -magen
250 g Schweinehackfleisch
1 Zwiebel, 1 Ei, 1 Eßlöffel Semmelmehl, Salz, Pfeffer
etwas Gänsefett

Bananen vom Grill Foto S. 170

Bananen aus der Schale nehmen, der Länge nach halbieren, auf dem leicht gebutterten Rost Schnittflächen mit reichlich Zucker bestreuen, im vorgeheizten Grill auf der obersten Schiebeleiste so lange grillen, bis sich der Zucker zu bräunen beginnt. Auf vorgewärmter Platte zu Tisch geben, mit etwas angewärmtem Weinbrand übergießen, anzünden und brennend servieren.

2 bis 4 Bananen
Zucker, Weinbrand

Gegrillte Pfirsiche

Frische Pfirsiche abziehen, halbieren, die Steine herausnehmen. Mit Zitronensaft beträufeln, mit Honig bestreichen und im vorgeheizten Grill 5 bis 8 Minuten grillen, bis sich die Pfirsiche bräunen.

4 Pfirsiche
Zitronensaft, Butter
1 bis 2 Eßlöffel Honig

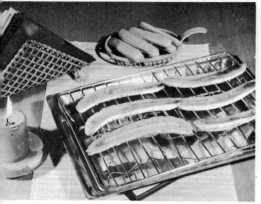 

Bananen vom Grill (links, Rezept S. 169) kann man mit Weinbrand oder Rum flambieren. Rechts: Gegrillte Äpfel (Rezept siehe unten) sind eine vorzügliche Nachspeise, passen aber auch zu Grilladen.

4 Äpfel, Zimtzucker
etwas Butter
2 Eßlöffel Rosinen

Gegrillte Äpfel *Foto siehe oben*

Äpfel schälen, in Scheiben schneiden, Kerngehäuse ausstechen. Mit Zimtzucker bestreuen, kleine Butterflöckchen aufsetzen. Auf den geölten Rost setzen, in den vorgeheizten Grill schieben und von jeder Seite 3 bis 4 Minuten grillen. Rosinen waschen, überbrühen und nach dem Grillen in die Kernhauslöcher der Apfelscheiben geben. Nach Belieben Zucker oder Zimtzucker dazu reichen. Abwandlung: Apfelscheiben nach dem Grillen zu dritt oder zu viert aufeinandersetzen, Kernloch mit Rosinen füllen, nachzuckern.

Ananas vom Grill *Farbfoto S. 162*

Frische Ananasscheiben (schälen, holzige Stellen abschneiden) oder gut abgetropfte Scheiben aus der Dose mit Zucker bestreuen und wie im vorstehenden Rezept grillen. Nach Belieben mit Rum flambieren.

Kartoffeln vom Grill

Etwa gleich große Kartoffeln halbieren, Schnittflächen auf ein Salz-Kümmel-Gemisch drücken. Kartoffeln mit den Schnittflächen nach oben auf den Rost legen, vorsichtig mit Öl beträufeln. Etwa 25 Minuten auf der mittleren Schiebeleiste grillen. Junge Kartoffeln grillt man in der Schale, ältere kann man vor dem Grillen schälen. Gegrillte Kartoffeln passen als Beigabe zu Fleisch oder Fisch, als Alleingericht kann man sie mit saurer Sahne oder mit frischer Butter servieren. Abwandlung: Schnittflächen vor dem Grillen wahlweise mit Paprika, Reibkäse oder Senf belegen.

Tomaten vom Grill *Farbfoto S. 162*

Große Tomaten halbieren, mit Salz und Pfeffer bestreuen, auf der mittleren Schiebeleiste in der Pfanne grillen und ab und zu mit Öl bestreichen. Als Beigabe zu Fleisch und Fisch.

Zwei Beispiele für Toastgerichte vom Grill: Hackfleisch und Eier sind die Grundlagen der Grillspezialschnitten (links, Rezept siehe unten); der Schinken-Käsetoast (rechts, Rezept S. 172) ist schnell zubereitet.

TOASTGERICHTE VOM GRILL

Alle überbackenen Toastgerichte (siehe auch Seite 84) lassen sich schnell und sicher im Grill zubereiten. Besonders praktisch ist der Grill, wenn man rasch größere Mengen von getoastetem Brot braucht. Je nach Fassungsvermögen des Grills kann man vier bis acht Scheiben in einem Arbeitsgang toasten. Für die erste Seite braucht man 1 bis 1½ Minuten, für die zweite knapp 1 Minute.

Toast mit Bücklingsrührei

Brotscheiben auf einer Seite toasten, auf der anderen Seite dünn mit Butter bestreichen. Eier zu Rührei verarbeiten, auf die Toastscheiben verteilen, mit sauber entgräteten Bücklingsstückchen belegen und mit Käse bestreuen. Auf der mittleren Schiebeleiste im vorgeheizten Grill etwa 5 Minuten grillen und sofort zu Tisch bringen.

*4 Scheiben Kastenweißbrot
2 Eier, Salz, etwas Butter
2 bis 3 Bücklinge, Salz
geriebener Parmesankäse*

Grillspezialschnitten Foto siehe oben

Brotscheiben auf einer Seite toasten, andere Seite dünn buttern und dick mit Hackfleisch bestreichen. In der Pfanne auf der obersten Schiebeleiste etwa 5 bis 7 Minuten grillen, dann herausnehmen, auf jeden Toast vorsichtig 1 Eigelb setzen, mit Soße überziehen und mit Reibkäse bestreuen. Nochmals in den Grill schieben und auf der mittleren Schiebeleiste schön hellbraun überbacken.

*4 Scheiben Kastenweißbrot
etwas Butter, 4 Eigelb
400 g gewürztes
Hackfleisch, Reibkäse
¼ l Holländische Soße
(S. 103)*

Roqueforttoast

Äpfel schälen, entkernen raspeln oder raffeln und mit Calvados beträufeln. Brotscheiben auf beiden Seiten toasten, auf einer Seite leicht mit Butter bestreichen, mit den Äpfeln belegen und mit je einer Käsescheibe zudecken. Auf dem Rost überbacken, bis der Käse zu zerlaufen beginnt, und heiß mit Tomatenachteln und Petersiliensträußchen servieren.

*4 Scheiben Kastenweißbrot
4 kleine säuerliche Äpfel
2 Eßlöffel Calvados
4 Scheiben Roquefort
(ca. 3 bis 4 mm dick)
etwas Butter*

*4 Scheiben Kastenweißbrot
etwas Butter
4 Scheiben gekochter oder
roher Schinken
4 Scheiben Schweizer Käse*

Schinken-Käsetoast Foto S. 171

Brotscheiben auf einer Seite toasten, auf der anderen Seite dünn mit Butter bestreichen, mit je 1 Scheibe Schinken und Käse belegen. Im vorgeheizten Grill auf der mittleren Schiebeleiste in etwa 5 Minuten überbacken, sofort auftragen.

GRILLEN IN DER FOLIE

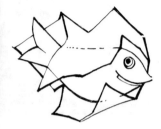

Diese Arbeitstechnik, eine Weiterentwicklung des Grillens oder Dünstens in Pergamentpapier (en papillote), hat den Vorzug, daß das Aroma der Speisen in vollem Umfang erhalten bleibt, der Saft nicht auslaufen kann und jede Fettzugabe überflüssig ist. Das Grillen in der Folie hat sich vor allem bei Fischgerichten und kleinen Fleischstückchen bewährt, in der Diätküche ist es beinahe unentbehrlich. Die Grillzeiten sind bei dieser Zubereitungsart, die sich auch für das Grillen im Freien eignet, etwas länger als gewöhnlich. Man kann die Gerichte gleich in der geöffneten Folie auf den Tisch bringen. Aluminiumfolie ist in Rollen oder Stücken im Handel erhältlich.

*4 Portionsscheiben
Fischfilet, 1 Eßlöffel
geriebene Zwiebel
Zitronensaft, Salz*

Fischfilet in Folie

Filets säubern, säuern und salzen, mit Zwiebel bestreuen und etwas ziehen lassen. Dann in Folie wickeln, den Rand auf allen Seiten sorgfältig umlegen, damit der Saft nicht herauslaufen kann, im vorgeheizten Grill in acht bis zehn Minuten garen. – Abwandlung: Filets vor dem Einwickeln mit einer Käsescheibe, mit Würfeln von Räucherspeck und Paprika oder mit Tomatenketchup und Reibkäse belegen bzw. bestreichen, die Folie schließen und grillen.

*4 Schweinesteaks
Salz, Pfeffer
200 g Schinkenspeck
2 Eßlöffel gehackte Kräuter
1 geriebene Zwiebel*

Schweinesteaks in Folie

Steaks salzen und pfeffern, mit einer Fülle aus gekochtem, feingewiegtem Speck, Kräutern und Zwiebel belegen, zusammenklappen und in Folie wickeln. Ränder gut umlegen, damit der Saft nicht herauslaufen kann. Auf dem Rost bei kräftiger Hitze in etwa 15 bis 20 Minuten garen, nach Ablauf der halben Grillzeit wenden. Abwandlungen: Fülle aus Hackfleisch, Ei und Semmeln oder aus gedünsteten Pilzen, mit Zwiebelwürfelchen vermengt.

*4 bis 8 Tomaten
300 g Hackfleisch, gewürzt
1 Scheibe Käse (ca. 6 mm
dick), Salz, Pfeffer*

Tomaten in Folie

Tomaten waschen und abtrocknen, einen Deckel abschneiden, aushöhlen und innen gut salzen und pfeffern. Mit Hackfleisch füllen, 1/4 Käsescheibe darauflegen, den Deckel aufsetzen, einzeln in Folie wickeln. Im vorgeheizten Grill in 8 bis 12 Minuten garen, heiß zu Toast oder Weißbrot servieren.

VOM GRILLEN IM FREIEN

Das Grillen unter freiem Himmel, von manchen Leuten als Spielerei abgetan, von anderen als Hobby heiß geliebt, ist eine amerikanische Tradition, die auf die »Barbecue« der Gründerzeit zurückgeht. Damals pflegte man bei festlichen Anlässen ganze Ochsen im Freien zu braten. An die Stelle der Barbecue ist der Gartengrill getreten, der sich in den letzten Jahren auch bei uns mehr und mehr eingebürgert hat.

Auch in der »zivilisierten« und perfektionierten Form haftet dem Grillen im Freien ein bißchen Cowboy- und Lagerfeuerromantik an.
Das schlichteste Grillgerät kann man sich aus ein paar Ziegelsteinen und einem handfesten Rost (etwa 20 cm über der Feuerstelle) in einer windgeschützten Ecke des Gartens selbst mauern. Als Heizmaterial verwendet man Holzkohlen oder auch Buchen- und Eichenholz. Passionierte Gartengriller schwören auf Aroma und Heizkraft von trockenen Tannenzapfen. Holzkohlen kann man mit wenig Papier und einem Schuß Brennspiritus oder auch Speiseöl leichter und sauberer zum Brennen bringen als mit Anfeuerholz. Man wartet, bis keine offene Flamme mehr zu sehen ist und Kohlen oder Holz weiß glühen. Wenn Fett in das Feuer tropft und die Flammen hoch auflodern, dämpft man sie mit ein paar Wasserspritzern. Neben der selbstgebauten Grilleinrichtung gibt es Dutzende von transportablen Geräten mit oder ohne Drehspieß, Rost und Handgrill. Sie haben den Vorteil, daß man sie nach Gebrauch wieder wegräumen und wettersicher unterstellen kann.

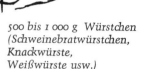

Würstchen vom Holzkohlengrill

Rohe Würste heiß überbrühen, mit den leicht angefeuchteten anderen Würsten auf dem gleichmäßig geheizten Rost knusprig grillen, mit Senf oder einer scharfen Merrettichsoße portionsweise servieren. Wichtig ist, daß die Würstchen regelmäßig gewendet werden, damit sie von allen Seiten gleichmäßig bräunen.

500 bis 1 000 g Würstchen (Schweinebratwürstchen, Knackwürste, Weißwürste usw.)

Spießchen vom Holzkohlengrill

Fleisch vorbereiten, in talergroße Scheiben schneiden und abwechselnd mit ganzen, kleinen Tomaten und Speckscheiben auf Spießchen schieben, leicht pfeffern. Auf dem gleichmäßig geheizten Holzkohlengrill von allen Seiten grillen. Dazu passen Curry- oder Paprikareis, Paprikasalat und scharfe Soßen. Abwandlungen: Fleisch abwechselnd mit Oliven, Paprikastückchen oder Gurkenscheiben aufspießen. Die Spießchen werden erst nach der Fertigstellung mit Salz bestreut.

750 bis 1 000 g Fleisch (Rind-, Hammel- und/ oder Schweinefleisch, Leberscheiben, Nierchen) 200 g Speck, 4 bis 8 Tomaten, Pfeffer, Salz

Steaks vom Holzkohlengrill

Steaks leicht klopfen, zusammenschieben und auf dem gleichmäßig geheizten Grill leicht gepfeffert und mit Öl bepinselt von beiden Seiten grillen – nach Geschmack gut durchgebraten oder rosig. Salzen, mit einer pikanten kalten Soße oder mit Kräuterbutter zu gegrillten Tomaten oder Weißbrotscheiben servieren.

4 Lendenschnitten Salz, Pfeffer, etwas Öl

Fisch vom Holzkohlengrill

Seefischfilets und Flußfische (Forellen, Felchen, Hechte) grillt man am besten in der Folie. Jedes Stück bzw. jeder ganze Fisch wird sorgfältig gesäubert, mit Zitronensaft beträufelt und leicht gesalzen, mit gehackten frischen Kräutern und Butterflöckchen besetzt, in Folie gewickelt und auf dem Rost (oder direkt in der Glut) von beiden Seiten gegrillt – je nach Größe zwischen 20 und 40 Minuten.

Mit Wein und Spirituosen

Die Weinküche ist so alt wie die Kochkunst selbst. Schon in der Würzburger Pergamenthandschrift, der ältesten deutschen Rezeptsammlung, findet sich hin und wieder die Vorschrift »und mengez mit wine« (»und vermenge es mit Wein«). Dabei kommt es in erster Linie gar nicht auf den Alkoholgehalt der Zutat an – beim Flambieren brennt man ihn sogar zum größten Teil weg – sondern auf das Aroma, das den Eigengeschmack des Gerichtes unterstützen und herausheben soll. Daß der billigste »Kochwein« oder Verschnitt nicht gerade ein verschwenderisches Aroma entfalten wird, liegt auf der Hand. Andererseits wird man natürlich nicht einen Spitzenwein nehmen. Einige Anhaltspunkte für die Verwendung von Alkoholika in der Küche:

▶ Sekt paßt zu jungem Sauerkraut, Wildgeflügel und einigen Salaten; ein kräftiger Schuß verfeinert Matjesfilets in Sahne.

▶ Weißwein (leichte Sorten) nimmt man für helle, gebundene Suppen, Frikassee- und ähnliche Soßen, Geflügel und Fischgerichte, außerdem zu zahlreichen Süßspeisen.

▶ Rotwein verfeinert dunkle, gebundene Suppen, Hammel- und Wildsoßen, Gulasch und Gulaschsuppe, Soßen für Fisch- und Geflügelgerichte.

▶ Sherry würzt Kalbs- und Geflügelragout, echte Schildkrötensuppe und zahlreiche süße Speisen.

▶ Madeira ist fast unentbehrlich für feine, pikante Suppen und paßt zu Soßen für Schinken- und Zungengerichte, wenn man sich nicht für eine Madeirasoße (S. 105) entschieden hat.

▶ Spirituosen werden in kleinen Mengen zur Verfeinerung von Süßspeisen, Obstsalaten, Eis und Gebäck verwendet, außerdem zum Flambieren von Fleisch-, Wild- und Geflügelgerichten und Früchten.

4 Kalbsschnitzel
etwas Fleischbrühe
Bratfett
5 g Speisestärke
3 Teelöffel Cointreau
Salz, Pfeffer

Schnitzel »Roi René«

Schnitzel klopfen, mit Salz und Pfeffer einreiben und in heißem Fett von beiden Seiten goldbraun braten, auf eine heiße Platte geben. Bratensatz mit etwas Fleischbrühe auffüllen, mit kalt angerührter Speisestärke binden und mit Cointreau abschmecken. Schnitzel mit der Soße übergießen und mit Zitronenachteln garniert auftragen.

Kalbsnieren mit Weinbrand

Die Nieren in mehrfach gewechseltem kaltem Wasser ausziehen lassen, häuten, mit kochendem Wasser begießen, abtropfen lassen und in nicht zu dünne Scheiben schneiden. In reichlich Butter 4 bis 6 Minuten durchbraten, aber nicht hart werden lassen. Aus der Pfanne nehmen, warm stellen. Bratensaft mit Rahm verrühren, mit Senf und Weinbrand abschmecken, bei Bedarf nachsalzen. Soße über die Nierchen geben, mit Reis oder Salzkartoffeln anrichten.

500 g Kalbsnieren
Butter, Salz
4 Eßlöffel saure Sahne
½ Teelöffel Senf
1 Gläschen Weinbrand

Huhn in Rotweinsoße *Foto siehe unten*

Das Huhn vorbereiten, in 8 bis 10 Teile zerlegen und in gewürfeltem, ausgelassenem Speck von allen Seiten bräunen. Mit Brühe und Rotwein auffüllen, grob geschnittene Zwiebeln, Thymian und Lorbeerblatt zufügen und bei schwacher Hitze gar dünsten. Satz mit kalt angerührter Speisestärke binden, aufkochen, mit Salz, Pfeffer, Zitronensaft und etwas Rotwein abschmecken, nicht mehr kochen lassen.

1 Masthuhn
65 g Räucherspeck
1 Glas Rotwein
¼ l Fleischbrühe
2 bis 3 kleine Zwiebeln
Thymian, ½ Lorbeerblatt
5 g Speisestärke
Salz, Pfeffer, Zitronensaft

Huhn in Weißwein *Foto siehe unten*

Das Huhn vorbereiten, in gewürfeltem, ausgelassenem Speck von allen Seiten bräunen, Suppengrün zugeben, ebenfalls anbräunen, mit Brühe und Wein auffüllen und in 70 bis 90 Minuten garen. Champignons nicht zu klein schneiden, in die Soße geben und fünf Minuten ziehen lassen. Mit kalt angerührter Speisestärke binden, mit Salz und Pfeffer abschmecken. Dazu Reis oder Kartoffelklöße.

1 Masthuhn
65 g fetter Speck
Suppengrün
½ bis ¾ l Fleischbrühe
⅛ l Weißwein
1 Dose Champignons
10 g Speisestärke
Salz, Pfeffer

Rotweingelee *Foto S. 176*

Saft der Mandarinen mit Rotwein und Wasser zu knapp ½ l auffüllen, mit Ingwer würzen und zum Kochen bringen, mit Zucker abschmecken. Gelatine in kaltem Wasser quellen, in der heißen Brühe lösen und in ein hohes Förmchen gießen. Nach dem Erstarren in Scheiben schneiden, diese nochmals halbieren und mit Mandarinen belegen.

1 Dose Mandarinen
Rotwein, Wasser
etwas gemahlener Ingwer
Zucker, 6 Blatt Gelatine

Geflügel und Wein passen ausgezeichnet zusammen. Rechts: Huhn in Weißwein (Rezept siehe oben) mit Champignons. Links: Huhn in Rotweinsoße (Rezept siehe oben), im Reisring angerichtet.

Rotweingelee (rechts, Rezept S. 175), hier als Garnitur zu Schweinebraten, kann man auch für kalte Platten verwenden. Links: Madeirasoße (Rezept S. 105) ist ein klassisches Gericht der Weinküche.

750 g Kabeljau
Zitronensaft, Salz
2 bis 3 Zwiebeln
etwas Butter
¼ l Weißwein
4 bis 6 Tomaten
Petersilie

Kabeljau in Weinsoße

Den Fisch säubern, mit Zitronensaft beträufeln und salzen; 30 Minuten ziehen lassen, dann in eine feuerfeste Form geben, mit Wein begießen und bei schwacher Hitze in 15 bis 20 Minuten garen. Zwiebeln in Ringe schneiden und in Butter goldgelb andünsten. Tomaten in Butter dämpfen. Den garen Fisch mit Tomaten um- und mit Zwiebelringen belegen, Soße mit Zitronensaft und Weißwein abschmecken, nach Belieben mit etwas kalt angerührter Speisestärke binden, nochmals einige Minuten ziehen lassen.

4 Äpfel, Zucker
⅛ l Weißwein
2 Eßlöffel Rosinen

Weinäpfel

Äpfel schälen, Kerngehäuse ausstechen und mit überbrühten Rosinen füllen, in eine feuerfeste Form setzen, Weißwein aufgießen. Zugedeckt bei schwacher Hitze gar dünsten. Mit Zucker bestreut als Nachspeise oder als Beigabe zu Gänsebraten reichen.

Weitere süße Gerichte mit Wein oder Spirituosen: S. 76, 371 und 376.

FLAMBIERTE GERICHTE

Flambieren oder überflammen heißt: ein fertiges Gericht mit hochprozentigem Branntwein oder Likör begießen und den Alkohol anzünden. Diese Technik stammt aus der französischen Küche, hat sich aber in vielen Ländern eingebürgert. Das Flambieren ist nicht nur eine nette Spielerei für festliche Stunden, sondern auch eine originelle Art, Speisen pikant zu würzen. In der Regel wird nicht in der Küche, sondern am Eßtisch flambiert. Dort müssen also auch die nötigen Geräte und Zutaten bereitstehen: ein Rechaud oder Stövchen mit Spiritusflamme, eine kupferne Pfanne (oder auch eine Stielpfanne aus feuerfestem Keramik- oder Porzellanmaterial), eine kleine Schöpfkelle und schließlich die Flambierspirituose, die nicht unter 38 Vol.-Prozent Alkoholgehalt haben darf, weil sie sonst nicht zum Entflammen ge-

Zwei Anregungen für die Verwendung von Wein in der Küche: Weinschaumsoße (rechts, Rezept S. 112) zum süßen Reisring und Pfirsich-Montblanc (links, Rezept S. 371), mit Wein oder Weinbrand dezent abgeschmeckt. Alle süßen Soßen lassen sich mit Wein verfeinern.

bracht werden kann. Je hochprozentiger, desto besser. Bevorzugte Flambierspirituosen sind Weinbrand, Rum und Arrak, außerdem die Edelbrände aus Obst (Kirsch- und Zwetschgenwasser, Himbeergeist) und hochprozentige Liköre wie Cointreau, Escorial und dergleichen. Es gibt zwei Flambierverfahren:
▶ Wer sichergehen will, erwärmt die Spirituose in einer kleinen Schöpfkelle über dem Spiritusbrenner, neigt den Löffel dann so weit, daß etwas von der Flüssigkeit über den Rand läuft, sich entzündet und den Löffelinhalt zum Entflammen bringt. Die brennende Spirituose gießt man über das zu flambierende Gericht, das ebenfalls sehr heiß sein muß.
▶ Wer schon ein geübter Flambierer ist, beträufelt die abzuflammende Speise mit der Spirituose, gießt einen kleinen Schuß von der Flüssigkeit auf einen Löffel und entzündet diese »Zündmenge« an der Spiritusflamme, bevor sie über das Gericht gegossen wird und dort den übrigen Branntwein entflammt.
Auf keinen Fall sollte man den Versuch machen, die kalte Spirituose über ein lauwarmes Gericht zu gießen und mit Streichhölzern anzuzünden. Sonst schmeckt das zarteste Steak nach Aschenbecher. Je wärmer Geschirr, Speise und Flambierspirituose sind, desto sicherer gelingt das Flambieren. Man muß sich nur davor hüten, die Spirituose so stark zu erhitzen, daß sie im Löffel zu kochen beginnt und der Alkohol verdunstet.
Zum Flambieren eignen sich in erster Linie kurz gebratene Pfannengerichte, Früchte (frisch oder aus der Dose) und feine Eierkuchen.

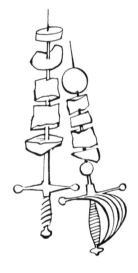

Flambierte Lendenschnitten

Zwiebeln und entkernte, gut gewaschene Paprikaschoten in dicke Scheiben bzw. Ringe schneiden, in Fett anbraten, leicht salzen und bei zugedecktem Topf auf kleiner Flamme garen. Fleisch salzen und pfeffern, von beiden Seiten bräunen und (nicht ganz) durchbraten. Das Gemüse mit den Steaks belegen, am Tisch mit Weinbrand flambieren.

*4 Lendenschnitten (ca. 1 cm dick)
Salz, Pfeffer, Bratfett
2 bis 3 große Zwiebeln
4 bis 5 Paprikaschoten
2 Gläschen Weinbrand*

Die Technik des Flambierens: Spirituose in der Schöpfkelle vorsichtig erwärmen (links), dann an der Spiritusflamme anzünden und brennend über das Gericht gießen (rechts), das ebenfalls gut heiß sein muß. Auf keinen Fall die kalte Spirituose mit dem Streichholz oder einem Feuerzeug zur Entzündung zu bringen versuchen.

Tournedos mexicain

4 Tournedos (kleine Lendenschnitten)
1 bis 2 Gläschen Tequila
etwas Butter, 1 Zwiebel
1 Paprikaschote, Petersilie
etwas Brühe, Pfeffer, Salz
Curry, Worcestersoße, Paprika, Senf, Tabascosoße

Zwiebeln und Paprikaschoten in Scheiben bzw. Streifchen schneiden, mit Petersilie in Butter andünsten, mit sehr wenig Brühe ablöschen und mit Pfeffer, Salz, Curry, Paprika, Senf und den Würzsoßen pikant abschmecken, zu einer dicken Soße einkochen. Tournedos leicht salzen, in Butter von beiden Seiten anbraten und garen. Mit Tequila flambieren und mit der Soße zu Tisch geben.

Crêpes Suzette

4 bis 8 hauchdünne Eierkuchen (S. 97)
60 g Butter
3 Apfelsinen (ungespritzt)
10 Stückchen Würfelzucker
Kirschwasser, 2 Eßlöffel gehobelte Mandeln

Butter in der Flambierpfanne über schwachem Feuer zergehen lassen. Apfelsinenschale an Würfelzucker abreiben. Zucker und Apfelsinensaft mit der Gabel gut unter die zerlassene Butter rühren. Die Eierkuchen rollen oder geviertelt zusammenfalten, in die Pfanne legen, kurz durchziehen lassen und mit Kirschwasser flambieren. Mit Mandeln bestreut sofort servieren.

Flambierte Aprikosen

4 bis 8 Aprikosenhälften aus der Dose
2 Gläschen Weinbrand

Aprikosenhälften in der Flambierpfanne im Zuckersaft aus der Dose heiß werden lassen, mit Weinbrand flambieren. Abwandlungen: Anstelle der Aprikosen Pfirsiche aus der Dose nehmen, statt mit Weinbrand mit einem hochprozentigen Likör flambieren. Bananen werden halbiert, in Butter angebraten und mit Rum flambiert.

Die hohe Kunst des Flambierens, vorgeführt an zwei Beispielen. Oben: Flambierte Lendenschnitten (Rezept S. 177) auf Paprikagemüse. Unten: Crêpes Suzette (Rezept siehe oben), mit Kirschwasser flambiert. Einzelheiten über Flambiertechnik und Rezepte siehe ab S. 176.

Geflügel

Niemals wurden in der Küchengeschichte Deutschlands so viele »gefiederte Festtagsbraten« gegessen wie in diesen Jahren. 300 000 Tonnen Geflügel wandern jährlich in die Bratpfannen und Kochtöpfe; das entspricht einem Durchschnittsverbrauch von 5,7 Kilogramm pro Person. Die Gründe dafür, daß Masthähnchen und Suppenhühner, Gänse und Puten, Enten und Tauben heute bei der Hausfrau »Hahn im Korb« sind, liegen erstens am relativ günstigen Preis und zweitens am bratfertigen Verkauf. Drittens spielt auch noch die Sicherheit, einen jungen und zarten Braten zu bekommen, beim Einkauf von »Markengeflügel« eine Rolle. Nur zu einem geringen Prozentsatz wird das Geflügel im »Rohzustand« eingekauft und erst von der Hausfrau bratfertig gemacht.

Für die Einstufung des Geflügels in Güteklassen ist der Fleischanteil im Verhältnis zum Einkaufsgewicht maßgebend. In der höchsten Güteklasse beträgt der Fleischanteil 60 bis 80 Prozent, bei Großgeflügel (Gans, Puter) noch mehr. Die wichtigsten Hausgeflügelarten:

Tauben ißt man im Alter von wenigen Wochen gefüllt und ganz gebraten; ältere Vögel verarbeitet man zu Suppen, Ragouts usw.

Stuben- oder Mastküken sind sehr zarte Junghühner im Gewicht von 400 bis 600 g, die immer im ganzen gebraten oder gegrillt werden.

Mast- oder Brathähnchen (Poulets) nennt man gemästete Junghühner von 8 bis 14 Wochen und 700 bis 1 200 g Gewicht. Sie sind in der Küche am vielseitigsten zu verwenden.

Poularden sind Jungtiere besonders schnellwüchsiger und fleischreicher Züchtungen, 12 bis 16 Wochen alt und 1 500 bis 2 500 g schwer. Ihr Fleisch ist hell, zart und wohlschmeckend.

Suppenhühner, selten jünger als 1 Jahr und (hoffentlich) niemals älter als 2 Jahre, werden gekocht und zu Suppen, Salaten, Ragouts usw. verwendet. Sie sollten weder zu fett noch zu mager sein.

Gänseklein einmal nicht in pikanter Soße, sondern lustig garniert in Aspik (oben, Rezept S. 188). – Eine »jut jebratene Jans« ist immer noch eine »jute Jabe Jottes«. Hier wurde sie (unten, Rezept S. 187) mit einer Garnitur von Geleeäpfeln auf den Tisch gebracht.

Enten kommen meist als Frühmastenten (8 bis 9 Wochen alt) auf den Markt, im Vergleich zu Mastenten brauchen sie eine etwas kürzere Bratzeit. Gut gemästete Enten wiegen 1 700 bis 2 500 g.
Gänse sind vom Frühjahr bis zum Herbst als Frühmastgänse, im Spätherbst und Winter als (6 bis 9 Monate alte) Mastgänse im Handel.
Truthahn oder Puter ist der amerikanische Lieblingsvogel. In den Vereinigten Staaten werden jährlich 80 Millionen Puter verzehrt. Ein großer Teil des deutschen Truthahn-Angebots stammt aus den USA.
Wildgeflügel (wie Fasan, Wildente, Rebhuhn) ist etwas für Feinschmecker. Im Gegensatz zum Hausgeflügel soll es in den Federn abhängen, bevor es in der Küche verarbeitet wird.

Geflügelsülze siehe S. 83.

4 Tauben, 2 altbackene Semmeln, 2 Eier etwas Milch 100 g feingewürfelter fetter Räucherspeck, gehackte Petersilie, Salz, Pfeffer geriebener Muskat Bratfett, ¼ l Brühe 10 g Speisestärke ⅛ l Sahne

Gefüllte Tauben Foto siehe rechte Seite

Tauben vorbereiten. Semmeln in Milch einweichen und gut ausdrücken, mit den Eiern, dem Speck, der Petersilie und den zerschnittenen oder durch den Wolf gedrehten Taubenherzen und -lebern zur Füllung verarbeiten, mit Salz, Pfeffer und Muskat abschmecken. Die Tauben damit füllen, zunähen, mit heißem Bratfett begießen und im Ofen bräunen. Brühe angießen und die Tauben garen. Herausnehmen, Fäden entfernen, warm stellen. Bratsatz mit etwas Wasser oder Brühe loskochen, Speisestärke mit Sahne (oder Dosenmilch) verquirlen und die Soße damit binden. Dazu paßt gemischter Salat.

4 Tauben 200 g fetter Räucherspeck ¼ l Fleischbrühe 5 Wacholderbeeren 2 Eßlöffel beliebige gehackte Pilze, Thymian Salz, ⅛ l Sahne 10 g Speisestärke

Tauben auf Jägerart Farbfoto S. 185

Tauben vorbereiten, innen salzen, mit dünnen Speckscheiben umwickeln und auf dem Rost unter häufigem Beschöpfen garen. In den letzten 15 Minuten Speck abnehmen, damit die Tauben besser bräunen. Bratsatz mit Brühe, zerdrückten Wacholderbeeren, Pilzen und Thymian durchkochen und passieren. Speisestärke mit Sahne verquirlen, die Soße damit binden. Tauben nach Belieben mit Mixed Pickles (S. 558) umlegt servieren, Soße getrennt reichen. Dazu Salzkartoffeln und Preiselbeergelee oder Weinkraut und Kartoffelklöße.

Geflügel wird sorgfältig gerupft (links), dann sengt man die Härchen und den Flaum über dem Gasbrenner oder einer Spiritusflamme ab. Gänse und Enten werden fast immer gefüllt (rechts); dann näht man die Öffnung mit gebrühtem Faden zu (Rezepte für Füllungen: S. 188).

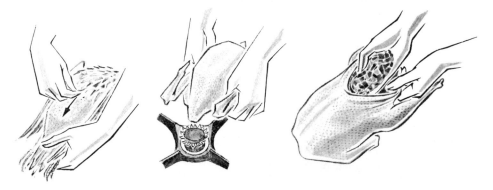

Tauben kann man mit oder ohne Füllung zubereiten. Bei den links abgebildeten Tauben (Rezept siehe linke Seite) wurden Taubenherzen und -lebern mit Semmeln zur Füllung verarbeitet. Rechts: Huhn »Chivry«, eine delikate, leichtbekömmliche Zubereitung (Rezept S. 184).

Huhn in Reissuppe

Huhn vorbereiten, mit dem Herzen, dem aufgeschnittenen Magen, dem Hals und dem Lorbeerblatt in kochendes Salzwasser geben und bei schwacher Hitze langsam gar kochen. Nach 60 Minuten Zwiebel, Sellerie, Karotten und Lauch dazugeben. Huhn herausnehmen, Fleisch von den Knochen befreien und in Streifen schneiden. Reis körnig weich kochen, abschrecken. Spargel schälen und in leicht gesalzenem Wasser gar kochen. Hühnerbrühe durchseihen, mit Salz, Suppenwürze und Muskat abschmecken. Fleisch, Spargel, Reis und zerkleinertes Suppengemüse in die Brühe geben, mit Petersilie bestreut anrichten. Abwandlung: Anstelle von Reis 150 g Nudeln verwenden.

1 Suppenhuhn
1 Zwiebel, Salz
1/4 Sellerieknolle
2 Karotten
1/2 Lauchstange
1/2 Lorbeerblatt
150 g Reis, Suppenwürze
geriebener Muskat
gehackte Petersilie
200 g Spargel

Hühnerbrühe siehe S. 61.

Gebratenes Huhn auf Gärtnerin-Art *Farbfoto S. 185*

Huhn vorbereiten, von innen und außen salzen. Herz, Leber und den aufgeschnittenen Magen (falls nicht für andere Verwendung vorgesehen) mit dem Petersiliensträußchen in das Huhn legen, Flügel mit gebrühtem Faden festbinden. Das Huhn in der Bratenpfanne mit heißem Fett übergießen und im vorgeheizten Ofen in etwa 50 Minuten bräunen und garen, dabei regelmäßig mit dem Bratfett beschöpfen. Bratensatz mit Brühe loskochen. Speisestärke mit Sahne verquirlen, die Soße damit binden, mit Salz und Streuwürze abschmecken. Das Huhn mit Salz- oder Schwenkkartoffeln (S. 263) und in Butter geschwenktem feinem Gemüse zu Tisch geben.

1 junges Huhn (oder 2 Hähnchen)
Salz, Petersiliensträußchen
80 g Fett, etwas Brühe
3 Eßlöffel Sahne
10 g Speisestärke
Streuwürze

Beilagen zu gebratenem Huhn

1. Gedünstete Pilze und Butterreis.
2. Risotto, Curry- oder Champignonreis.
3. Gekochter Stangenspargel und Salzkartoffeln.
4. Leipziger Allerlei und Strohkartoffeln.

Huhn »Chivry« Foto S. 183

1 Huhn (auch Suppenhuhn), Salz
1 Petersilienwurzel
2 Karotten, 1 Stückchen Sellerie, 40 g Mehl
40 g Butter
½ l Hühnerbrühe
⅛ l Weißwein
gehackte Petersilie Estragon oder Kerbel
gehackter Schnittlauch
etwas Zitronensaft
2 Eigelb, etwas Sahne

Huhn vorbereiten, in kochendes Salzwasser geben und bei schwacher Hitze etwa 1 Stunde kochen. Petersilienwurzel, Karotten und Sellerie hinzufügen, Huhn und Gemüse garen. Mehl in Butter hellgelb schwitzen, mit Hühnerbrühe und Weißwein auffüllen, durchkochen, Kräuter hineingeben, mit Salz und Zitronensaft abschmecken. Vom Feuer nehmen, mit in Sahne verquirltem Eigelb legieren. Das gare, abgetropfte Huhn auf vorgewärmter Platte mit beliebigem Gemüse (wie Erbsen, Karotten, Bohnen, Spargel) anrichten, mit etwas Soße übergießen, restliche Soße getrennt reichen. Dazu passen Salz- oder Schwenkkartoffeln, Reis oder Teigwaren.

Fessoudjan siehe S. 518.

Hühnerfrikassee

1 Suppenhuhn
gehackte Petersilie
Salz, 40 g Butter
60 g Mehl
¾ l Hühnerbrühe
4 Eßlöffel Sahne
3 Eigelb, Zitronensaft
4 Eßlöffel Weißwein
Streuwürze

Huhn vorbereiten, in kochendem Salzwasser garen, herausnehmen, Fleisch von den Knochen lösen und in grobe Stücke schneiden. Mehl in Butter hellgelb schwitzen, mit Hühnerbrühe auffüllen, 10 Minuten durchkochen. Vom Feuer nehmen, das mit Sahne verquirlte Eigelb hineinrühren, mit Weißwein, Zitronensaft und Streuwürze abschmecken. Hühnerfleisch in der Soße heiß werden lassen, aber nicht mehr aufkochen. Nach Belieben Spargelstücke, Krebsschwänze, Pilze oder Klößchen hinzugeben. Dazu passen Reis oder Salzkartoffeln, Spargel oder Blumenkohl. 1 Teelöffel Kapern macht die Soße pikanter.

Ragout vom Huhn Foto S. 188

1 Suppenhuhn, Salz
1 Mohrrübe
1 Petersilienwurzel
1 Stückchen Sellerie
40 g Mehl, 40 g Butter
2 Eigelb, 3 Eßlöffel Sahne
Zitronensaft, Salz
Pfeffer, Muskat
etwas Weißwein
1 kleine Dose Champignons
½ Dose Spargel
1 große oder 8 bis 12 kleine Blätterteigpasteten (S. 442)

Das Huhn vorbereiten, mit dem Gemüse in kochendes Salzwasser geben und bei schwacher Hitze gar kochen. In der Brühe auskühlen lassen, auf ein Sieb geben. Das Fleisch ablösen, die Haut abziehen. Fleisch in Würfel schneiden. Mehl in Butter hellgelb schwitzen, mit ½ l Hühnerbrühe und Pilzwasser auffüllen, 10 Minuten kochen lassen. Eigelb mit Sahne verrühren, die vom Feuer genommene Soße damit legieren und mit Zitronensaft, Salz, Pfeffer, Muskat und Weißwein abschmecken. Fleisch, Champignons und in kleine Stücke geschnittenen Spargel in die Soße geben, bis zum Gebrauch im Wasserbad warm halten. Pastete (oder kleine Pasteten) im Ofen erhitzen, mit Ragout füllen, Deckel aufsetzen und heiß zu Tisch geben. Zitronenachtel und Worcestersoße gesondert reichen.

Gebratene Ente

1 Ente, Salz
20 g Speisestärke

Zubereitung und Beilagen nach dem Rezept für gebratene Gans (S. 187). Zur gebratenen Ente passen auch Rosenkohl, Pilze, Chicorée- oder Endiviensalat und Preiselbeergelee.

Füllungen siehe S. 188.

Tauben auf Jägerart (oben, Rezept S. 182) bereitet man mit gehackten Pilzen und Wacholderbeeren und reicht sie mit kleinen Kartoffelklößen und Weinkraut. Auf Gärtnerin-Art angerichtet ist ein Huhn oder ein Hähnchen (unten, Rezept S. 183), wenn es mit zartem, in Butter geschwenktem Gemüse umlegt auf den Tisch gebracht wird.

Kleingeflügel wird vor dem Braten mit gebrühtem Faden umbunden (dressiert), dann läßt es sich besser zubereiten (links). Mitte und rechts: So wird ein Hähnchen oder eine Gans fachgerecht zerlegt.

Ente nach St. Mandé *Foto S. 189*

Ente vorbereiten, von innen und außen salzen, Beifuß hineinlegen, zunähen. In heißer Butter von allen Seiten leicht anbräunen, dann den Topf mit einem Deckel fest verschließen und die Ente bei mittlerer Hitze im eigenen Fett gar dünsten. In den letzten 30 Minuten Suppengrün mitdünsten. Ente aus dem Topf nehmen, Fäden entfernen. Bratensatz mit Brühe verkochen, mit kalt angerührter Speisestärke binden und aufkochen. Dazu Gurkengemüse und Salzkartoffeln.

1 Ente, Salz
1 Sträußchen Beifuß
Butter, Suppengrün
¼ l Brühe
10 g Speisestärke

Geschmorte Ente auf Kohl *Foto S. 188*

Wirsing putzen, vom Strunk befreien und grob schneiden, mit Speckscheiben und Pfefferkörnern in eine feuerfeste Form schichten, mit Brühe übergießen und zugedeckt fast gar kochen. Mit Entenfleisch belegen und 15 Minuten dämpfen. Speisestärke kalt anrühren, den Kohl damit andicken, aufkochen und mit Pfeffer und Salz abschmecken. Dazu Geflügel- oder Kartoffelklöße.

750 g bis 1 kg Wirsingkohl
125 g Räucherspeck
einige Pfefferkörner
½ l Brühe
ca. 500 g gebratenes Entenfleisch (Rest)
5 g Speisestärke
Salz, Pfeffer

Gebratene Gans mit Geleeäpfeln *Farbfoto S. 180*

Gans vorbereiten, von innen und außen salzen, Keulen und Flügel mit gebrühtem Faden festbinden, Füllung hineingeben, zunähen. Mit der Brustseite nach unten auf den Bratrost legen, 1 Tasse kochendes Wasser darüber gießen, in den vorgeheizten Ofen schieben. Nach etwa 1 Stunde die Brustseite nach oben drehen, unter regelmäßigem Beschöpfen (bei Bedarf etwas heißes Wasser nachgießen) in weiteren 1 bis 2 Stunden gar braten. In der letzten Viertelstunde Bratzeit nicht mehr begießen, damit die Haut knusprig wird. Gans aus dem Ofen nehmen, Fäden entfernen. Die Gans zerteilen und warm stellen. Bratensatz mit Brühe (oder heißem Wasser) loskochen, mit kalt angerührter Speisestärke binden und mit Salz und (nach Belieben) Majoran abschmecken. – Äpfel halbieren, in gezuckertem Weißwein nicht zu weich kochen, im Sud auskühlen lassen, mit gehacktem Johannisbeergelee füllen und die Gans damit umlegen. Anstelle der Geleeäpfel können auch gedünstete Äpfel oder Apfelmus zur Gans gereicht werden. Beilagen: Rot- oder Grünkohl, Kartoffelklöße und nach Belieben Sellerie- oder Rote-Rüben-Salat.

1 Gans, Salz
1 kg Maronenfüllung (S. 188)
¼ l Fleischbrühe
10 g Speisestärke
Majoran (nach Belieben)
4 Äpfel, ¼ l Weißwein
Zucker, Johannisbeergelee

Zur Pute auf portugiesische Art (Rezept S. 189) gehören Tomaten und pikant abgeschmeckter Putenleber-Reis. Wildente mit Bratäpfeln (unten, Rezept S. 191) und Kartoffelkroketten erhält durch Majoran ihre Würze; die Soße verfeinert man mit etwas Port- oder Rotwein.

Zur geschmorten Ente auf Kohl (links, Rezept S. 187) passen pikante kleine Knödel mit Geflügelleber. Rechts: Ragout vom Huhn, in einer großen Blätterteigpastete appetitlich angerichtet (Rezept S. 184).

Füllungen für Geflügel

1. 1 kg Maronen von Schale und Innenhaut befreien, in Brühe halbweich dünsten.
2. 500 g vorbereitete Maronen in Brühe halbweich dünsten, mit 500 g geschälten, in Scheiben geschnittenen Äpfeln.
3. 500 g geschälte, in Scheiben geschnittene Äpfel mit 500 g geweichten und entsteinten Backpflaumen, leicht gesüßt.
4. In Milch geweichte, gut ausgedrückte altbackene Semmeln mit den feingehackten Geflügelinnereien (Leber, Herz, vorgekochter Magen), Salz, Pfeffer und 1 bis 2 Eiern.
5. 1 kg gewürfelte Pellkartoffeln mit feingehackten Geflügelinnereien, Salz und Pfeffer.
6. Gemischtes Hackfleisch mit Eiern, Weißbrot, Salz, Pfeffer, Majoran und kleinen Apfelstücken.
7. Feingehackte Geflügelinnereien mit 3 Eßlöffel Semmelmehl, 150 g gedünsteten Champignons, einem geriebenen Apfel, Zitronensaft, 2 Eiern, Salz und Pfeffer.

1 Gänseklein
Suppengrün
1/2 Lorbeerblatt
2 Schalotten
Pfefferkörner, Salz
7 Blatt Gelatine (oder 12 g Aspikpulver)
2 Eßlöffel Milch
1 Mohrrübe
Petersiliensträußchen

Gänseklein in Aspik Farbfoto S. 180

Gänseklein vorbereiten, 1 Stunde in leicht gesalzenem Wasser kochen, Suppengrün, Lorbeerblatt, Schalotten und Pfefferkörner dazugeben und weitere 30 bis 45 Minuten kochen. Abseihen, die Brühe entfetten, das von den Knochen befreite Gänseklein in Streifen oder Würfel schneiden. Aspik bzw. Gelatine in wenig kaltem Wasser quellen lassen. Etwa 1 Teelöffel Geliermasse abnehmen, mit 1 Eßlöffel kochendem Wasser lösen, die Milch hineinrühren, in einen flachen Teller gießen und erstarren lassen. Übrige Gelatine in der heißen Gänsebrühe (ca. ½ l) lösen. In Portionsförmchen einen Spiegel (S. 322) gießen, erstarren lassen. Darauf ein Muster aus ausgestochenem Milchaspik, gedünsteten Mohrrübenscheiben und Petersiliensträußchen legen, mit abgekühlter Gelierbrühe begießen, erstarren lassen. Kaltes Gänseklein darauf geben, mit restlicher Gelierbrühe auffüllen, erstarren lassen, vor dem Stürzen kurz in heißes Wasser tauchen.

Mit einem Sträußchen Beifuß wird die Ente nach St. Mandé (links, Rezept S. 187) gebraten. Gänseklein in Currysoße (rechtes Bild, Rezept siehe unten) reicht man gern zu körnig-weich gekochtem Reis.

Gänseklein in Currysoße *Foto siehe oben*

Gänseklein gut säubern, etwa 45 Minuten in leicht gesalzenem Wasser kochen. Suppengrün, Schalotten, Pfefferkörner und Lorbeerblatt hinzufügen und weiterkochen, bis das Fleisch gar ist. Mehl in Butter anschwitzen, mit Brühe auffüllen, mit Curry würzen, 10 Minuten kochen und mit in Dosenmilch verquirltem Eigelb legieren. Nach Belieben mit Zitronensaft und Salz abschmecken. Dazu paßt körnig gekochter Reis.

1 Gänseklein (Kopf, Hals, Flügel, Innereien)
Suppengrün, 2 Schalotten
einige Pfefferkörner
1/2 Lorbeerblatt, Salz
Currypulver, 30 g Butter
30 g Mehl, 1 Eigelb
4 Eßlöffel Dosenmilch

Gebratene Pute

Zubereitung nach dem Rezept für gebratene Gans (S. 187). Wenn die Pute zu mager ist, zu Beginn des Bratens mit heißem Fett begießen. Zur gebratenen Pute passen die üblichen Geflügelbeilagen; zum Beispiel junge Gemüse, Rotkohl mit Äpfeln, Specklinsen, Schinkenröllchen, Reis, Preiselbeergelee, Apfelsinen- oder Mandarinenscheiben, Ananasscheiben, gefüllte Paprikaschoten, gefüllte Tomaten usw.

1 Pute, Salz
Pfeffer, Bratfett
beliebige Füllung (siehe linke Seite)
20 g Speisestärke

Pute auf portugiesische Art *Farbfoto S. 186*

Reis in Brühe körnig ausquellen lassen. Kleingeschnittene Putenleber und zwei gewürfelte Tomaten in etwas Butter anbraten und unter den Reis heben. Die innen und außen mit Pfeffer und Salz eingeriebene Pute mit zwei Drittel der Reismischung füllen, zunähen. In der Bratenpfanne mit Öl bestreichen, Brühe angießen, gehackte Zwiebeln hinzufügen. Die Pute unter fleißigem Begießen in 2½ bis 4 Stunden hellbraun braten. Acht ausgehöhlte, mit dem restlichen Reis gefüllte Tomaten gesondert einige Minuten in den heißen Ofen stellen, Deckel und Inneres der Tomaten in die Soße geben. Pute aus dem Topf nehmen, Fäden entfernen, die Füllung in eine vorgewärmte Schüssel geben. Pute und Tomaten auf vorgewärmter Platte anrichten. Bratensatz passieren, mit angerührter Speisestärke binden und mit Pfeffer und Salz abschmecken. – Dazu passen grüner Salat oder Endiviensalat, Salzkartoffeln oder Semmelknödel.

1 Pute, Salz, Pfeffer
250 g Reis, 1/2 l Brühe
10 Tomaten, Olivenöl
2 Zwiebeln, etwas Butter
10 g Speisestärke

Ein beliebter Festtagsbraten: Pute auf englische Art (Rezept siehe unten) mit Soße und in Butter geschwenkten jungen Gemüsen angerichtet.

1 Pute, Salz, Pfeffer
750 g Karotten
500 g Sellerie
60 g Mehl, 60 g Butter
Salz, Pfeffer
Zitronensaft, 1 Eigelb
¼ l Sahne
½ Dose Brechspargel
½ Dose grüne Erbsen
Petersilie

Pute auf englische Art Foto siehe oben

Pute vorbereiten, von innen und außen mit Salz und Pfeffer einreiben, ganz oder zerteilt in leicht gesalzenes kochendes Wasser legen und auf kleiner Flamme etwa 2 Stunden kochen. Geputzte Karotten und geschälten Sellerie hinzufügen, Pute und Gemüse gar kochen. Die Pute aus dem Topf nehmen und warm stellen, Brühe durchseihen, Sellerie in Streifen schneiden. Mehl in Butter hellgelb schwitzen, mit ¾ l Putenbrühe auffüllen, aufkochen, mit Salz, Pfeffer und Zitronensaft abschmecken. Eigelb mit Sahne verquirlen und die vom Feuer genommene Soße damit legieren. Pute auf vorgewärmter Platte anrichten, mit Karotten, Selleriestreifen, Spargel und Erbsen umlegen. Das Gemüse mit gehackter Petersilie bestreuen. Dazu Bratkartoffeln oder Kartoffelkroketten.

Putenfleisch im Ausbackteig

Reste von garem, gewürztem Putenfleisch (oder gekochte Portionsstücke aus der Tiefkühltruhe) durch Ausbackteig (S. 452) ziehen und in heißem Fett schwimmend knusprig goldgelb ausbacken. Dazu grüner, Endivien- oder Chicoréesalat.

Geflügel aus der Tiefkühltruhe siehe S. 336, Geflügel vom Grill S. 168.

4 Rebhühner, Salz, Butter
¼ l Brühe
5 g Speisestärke

Rebhühner auf Brabanter Art Foto siehe rechte Seite

Rebhühner vorbereiten, von innen salzen, in heißer Butter von allen Seiten anbraten, mit Brühe auffüllen und gar dünsten. Fond bei Bedarf mit Brühe strecken, mit kalt angerührter Speisestärke binden und abschmecken. Dazu passen Rosenkohl und gedünstete Tomaten, Kartoffelkroketten oder Petersilienkartoffeln, nach Belieben auch Bratwürstchen.

Wildente mit Bratäpfeln *Farbfoto S. 186*

Ente (bzw. 2 Enten) vorbereiten, Fettdrüse vorsichtig entfernen. Waschen, abtrocknen, von innen und außen salzen. Semmeln in Milch einweichen, ausdrücken, mit Eiern, Salz, Pfeffer, Majoran und Zitronensaft glattrühren. 50 g Speck würfeln und zerlassen, feingeschnittene Innereien (Herz, Magen und Leber) darin dünsten, mit der Semmelmasse verrühren. Die Ente damit füllen, zunähen. Keulen und Flügel mit Speckscheiben umwickeln und festbinden. Die Ente in die Bratenpfanne legen, mit heißem Speckfett begießen, unter häufigem Beschöpfen mit dem Bratfett und nach dem Bräunen angegossenem Wasser in etwa 90 Minuten garen. Bratensatz bei Bedarf auffüllen, mit kalt angerührter Speisestärke binden, mit Wein abschmecken. In den letzten 7 bis 10 Minuten der Bratzeit vom Kerngehäuse befreite Äpfel mitbraten, herausnehmen und mit Preiselbeergelee füllen. Ente auf vorgewärmter Platte mit den Äpfeln und Kartoffelkroketten umlegt anrichten. Soße gesondert reichen. Abwandlung: Wildentenbraten kalt mit Cumberlandsoße (S. 111) zu Tisch geben.

1 bis 2 Wildenten
2 altbackene Semmeln
¼ l Milch, 2 Eier
Salz, Pfeffer
Majoran, Zitronensaft
100 g fetter Räucherspeck
10 g Speisestärke
etwas Portwein oder Rotwein, 6 Äpfel
2 bis 3 Eßlöffel Preiselbeergelee

Gebratener Fasan *Foto siehe unten*

Fasan vorbereiten, innen und außen mit Salz einreiben. Leber, Herz und Magen zerkleinern, mit eingeweichter, ausgedrückter Semmel und Ei vermengen, mit Petersilie, Salz und Pfeffer abschmecken, Füllung in den Fasan geben, zunähen. Den Fasan mit flüssigem Fett bestreichen, mit Speckscheiben umwickeln, auf den Bratrost legen und in den vorgeheizten Ofen schieben. Falls der Bratensatz in der Fettpfanne zu stark bräunt, etwas Wasser angießen. Nach etwa 50 Minuten die Speckscheiben abnehmen, den Fasan mit Sahne begießen und noch etwa 15 Minuten braten. Fond mit Brühe oder Wasser loskochen und mit kalt angerührter Speisestärke binden. Soße mit Salz, Pfeffer, Streuwürze und Weinbrand abschmecken. Den Fasan auf vorgewärmter Platte mit den Speckscheiben und mit Zitronenachteln anrichten. Dazu nach Belieben in Butter geschwenkte Erbsen, gedünstete Tomaten, Specklinsen oder auch Kartoffelklöße.

1 Fasan, gut abgehangen
Salz, Pfeffer, gehackte Petersilie
100 g fetter Räucherspeck
Bratfett, 1 Semmel, 1 Ei
¼ l saure Sahne
5 g Speisestärke
Streuwürze
etwas Weinbrand

Wildgeflügel für Kenner: Rebhühner auf Brabanter Art (links; Rezept siehe linke Seite) mit Rosenkohl und gebratener Fasan (rechts; Rezept siehe oben) mit Zitronenscheiben, Erbsen in Tomaten und Linsen.

Wildbret

Wild kommt nicht alle Tage auf den Tisch, es nimmt von jeher unter den Fleischarten eine gewisse Sonderstellung ein. Im frühen Mittelalter zum Beispiel hatten die zum Braten geeigneten Stücke des Rot- und Damwilds in der Gesindeküche nichts zu suchen, sie blieben den vornehmen Herrschaften vorbehalten. Knechte und Mägde mußten sich mit dem Kochfleisch zufriedengeben. Die »bratfähigen« Stücke von Reh und Hirsch nannte man »wiltprat«. Daraus wurde später die für alles jagdbare Wild geltende Bezeichnung »Wildbret«. Sie ist also im Grunde ein küchentechnischer Begriff, dessen Bedeutung sich im Laufe der Jahrhunderte wandelte.

Im Gegensatz zu früheren Zeiten kann man Wildfleisch heute dank Tiefkühl- und Konservierungstechnik zu jeder Jahreszeit kaufen. Es ist nur dann an die Jagdzeit gebunden, wenn man auf frisch geschossenes Wild oder ein ganzes Stück Wert legt. Wild jeder Art muß gut abgelagert bzw. abgehangen sein, bevor es in der Küche verarbeitet wird. Moderne Lagerungsmethoden erlauben es, das Wildfleisch geruhsam abhängen zu lassen, ohne daß der mit dem Mürbewerden verbundene Zersetzungsprozeß, von dem in erster Linie Haut und Blutablagerungen betroffen sind, empfindlichen Nasen und Gaumen die Freude am Rehrücken oder der Hasenkeule verderben kann. Wer den strengen und scharfen Wildgeschmack (Hautgout) nicht liebt, kann also auf Wild zurückgreifen, das im Kühlhaus abgelagert wurde.

Ein paar Wildbret-Hinweise:
Junge Hasen (einjährige Tiere) eignen sich besser zum Braten als ältere, die man besser zum Schmoren verwenden sollte. Waldhasen haben besseres Fleisch als Feldhasen. Junge Tiere erkennt man an den leicht zerbrechbaren Rippen, außerdem müssen sich die Ohren (Löffel) leicht einreißen lassen. Jagdzeit: 16. Oktober bis 15. Januar.
Wildkaninchen werden nach den für Hasen gültigen Regeln verarbeitet, ihr Fleisch ist weiß und mürbe; sie haben keine Schonzeit. Hauskaninchen kann man ebenfalls nach Hasen-Rezepten zubereiten.
Rehe (Jagdzeit: männliches Rehwild 16. Mai bis 15. Oktober, weibliches Rehwild 16. September bis 31. Januar) und *Hirsche* (Jagdzeit: 1. August bis 31. Januar) werden im allgemeinen nach den gleichen

Rezepten zubereitet. Hirschfleisch wird fast immer gebeizt, Rehfleisch nur dann, wenn es von älteren Tieren stammt.
Wildschweine und Frischlinge (höchstens 15 Monate alte Tiere) liefern zarte und leichtverdauliche Braten, saftige Steaks und pikante Ragouts. Das Fleisch älterer Tiere muß gebeizt werden. Sie unterliegen keiner Schonzeit.

Wildgeflügel siehe ab S. 190.

Vom Beizen und Spicken

Das Beizen (Marinieren) soll weniger zarte Fleischstücke mürbe machen. Je schärfer die Beize, desto rascher und gründlicher wirkt sie. Allerdings wird der Braten durch das Beizen trockener und verliert an Nährwert. Statt der kräftigen Essigbeizen werden deshalb heute Butter- oder Sauermilchbeizen vorgezogen. Fleisch von jungen Tieren wird überhaupt nicht gebeizt, sondern für 24 Stunden in ein essiggetränktes Tuch gewickelt, das während dieser Zeit immer feucht gehalten werden muß. Vorschläge für Beizen:
1. Buttermilch mit Wacholderbeeren, Lorbeerblatt, Pfefferkörnern und einigen Zitronenscheiben. Kalt über das Fleisch gießen.
2. Rotwein, Essig und Wasser zu je einem Drittel, Salz, Zwiebel, Estragon und Wacholderbeeren. Kalt oder heiß über das Fleisch geben.
3. Rotwein mit Thymian, Pfefferkörnern, Lorbeerblatt, Gewürzkörnern, Petersilienwurzel, Zwiebeln und Majoran. Aufkochen und abgekühlt über das Fleisch gießen.

Da Wildfleisch (vor allem Reh und Hirsch) von Natur aus trocken ist, muß man beim Braten für die nötige Fettzufuhr sorgen. Empfehlenswert ist das Belegen der Fleischstücke mit dünnen Speckscheiben. Früher wurden die Braten gespickt. Diese Methode wendet man nur noch selten an, weil sie Zeit kostet und Saftverluste zur Folge hat.

Hasenrollen (Rezept S. 194) füllt man mit Speck, Zwiebeln und Semmeln; man serviert sie in einer würzigen Soße zu Reis oder Teigwaren.

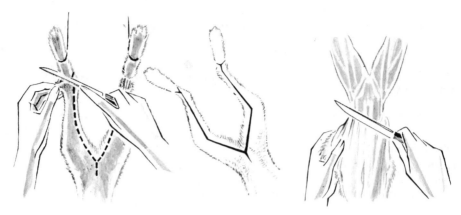

Abziehen eines Hasen: Das Fell wird rings um die Pfoten eingeschnitten; dann schlitzt man es an der Innenseite der Keulen auf und zieht es dem Hasen langsam und vorsichtig über die Ohren.

1 Hase, Salz, etwas Butter
150 g fetter Speck
1/8 l saure Sahne
10 g Speisestärke

Hasenbraten

Den Hasen vorbereiten, mit Salz einreiben und mit Butter bestreichen. Speckscheiben um Keulen und Läufe wickeln. Den Hasen in die Bratenpfanne legen, etwa 15 Minuten im vorgeheizten Ofen braten. Hasenrücken dazulegen und weiterbraten, bis das Fleisch gar ist, dann herausnehmen und warm stellen. Bratensatz mit Wasser oder Brühe loskochen, mit kalt in Sahne verrührter Speisestärke binden, aufkochen und abschmecken. Mit Kartoffelkroketten und Rotkohl zu Tisch geben, nach Belieben Preiselbeeren dazu reichen. Abwandlung: Fleisch 2 bis 3 Tage in Buttermilchbeize marinieren, dann braten. Soße mit etwas Marinade verfeinern.

Kaninchenbraten

Zubereitung und Zutaten wie Hasenbraten. Hauskaninchen mariniert man am besten in Buttermilchbeize, Wildkaninchen ihres süßlichen Geschmacks wegen in Rotwein-Essig-Beize (siehe S. 193).

Keulen und Läufe eines Hasen, Pfeffer Wacholderbeeren
2 altbackene Semmeln
1 Ei, 2 gewürfelte Zwiebeln
65 g magerer Speck
Salz, Majoran, Bratfett
1/2 l Brühe
20 g Speisestärke
1/8 l saure Sahne

Hasenrollen *Foto S. 193*

Knochen aus Keulen und Läufen lösen, das Fleisch flach klopfen und mit Pfeffer und gestoßenen Wacholderbeeren einreiben. Semmeln einweichen und ausdrücken, mit Ei, einer Zwiebel und gewürfeltem, angeröstetem Speck mischen, mit Salz, Pfeffer und Majoran würzen. Die Masse auf die Fleischscheiben streichen, fest zusammenrollen und mit gebrühtem Faden umwickeln. In heißem Fett von allen Seiten bräunen, mit Brühe aufgießen, eine Zwiebel hinzufügen und in geschlossenem Topf gar dünsten. Brühe mit kalt in Sahne verrührter Speisestärke binden, aufkochen und abschmecken. Dazu passen Teigwaren und grüner Salat.

Zu einem soliden Jagdessen gehört ein mit Speckscheiben gebratener Rehrücken (Rezept S. 198) mit Klößen. Kalt aufgeschnitten reicht man ihn mit Cumberlandsoße zum Kalten Büfett.

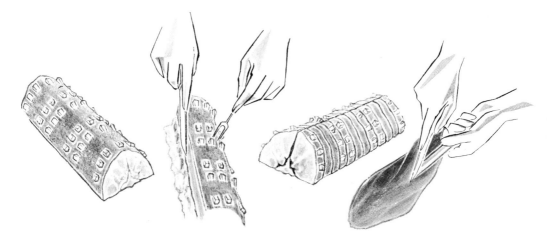

Vom kalten Rehrücken löst man das Fleisch ab, schneidet es schräg in Scheiben und legt es zum Anrichten auf die Knochen zurück. Rechts: Eine Wildkeule wird aufgeschlitzt, um den Knochen auszulösen.

Hasenpastete Foto S. 198

Schweinefleisch und die Hälfte des Hasenfleisches grob zerteilen, mit der Zwiebel zweimal durch den Fleischwolf drehen. Die Masse in heißer Butter anbraten, dabei Salz, Pfeffer, Streuwürze und Thymian zufügen. Leicht auskühlen lassen, mit Rotwein, Semmelmehl und Ei mischen. Puddingform fetten, abwechselnd Fleischmasse und den gewürfelten Rest des Hasenfleisches einschichten, mit Speckscheiben abdecken. Form schließen, die Pastete etwa 90 Minuten im Wasserbad kochen. Dazu paßt Tomatensoße. Die Pastete kann auch kalt serviert werden. Abwandlung: Beliebige andere Wildfleischreste verwenden (Kaninchen, Wildkaninchen, Reh oder auch Wildschwein).

250 g gebratenes Hasenfleisch (Reste)
250 g rohes Schweinefleisch
1 große Zwiebel
30 g Butter
Salz, Pfeffer, Thymian Streuwürze, 1 Ei
50 g Speck
4 Eßlöffel Rotwein
30 g Semmelmehl

Hasenpfeffer

Hasenklein waschen, in Ragoutstücke teilen (falls notwendig, einige Tage in Rotweinbeize, S. 193, marinieren), mit Zwiebelwürfeln in ausgebratenem Speck von allen Seiten kräftig bräunen. Mit Mehl bestäuben, kurz weiterbräunen, mit etwa 1/2 l Wasser auffüllen, salzen und pfeffern. Zugedeckt bei schwacher Hitze etwa 70 bis 80 Minuten schmoren. Vor dem Anrichten mit Rotwein oder Zitronensaft abschmecken und eine Spur Zucker dazugeben. Zuletzt (nach Belieben) das Blut in die vom Feuer genommene Soße rühren, nicht mehr kochen. – Wenn das Fleisch gebeizt wurde, nach dem Bräunen mit verdünnter Marinade auffüllen. Dazu passen Teigwaren oder Kartoffelbrei und Salat. Nach demselben Rezept kann man auch Kaninchenpfeffer zubereiten.

1 Hasenklein (Brust- und Bauchstücke, Kopf, Hals, Lunge und Herz)
50 g magerer Speck, gewürfelt
1 Zwiebel, gewürfelt
50 g Mehl, Salz
Pfeffer, Zucker
Zitronensaft oder Rotwein
1 Tasse Hasen- oder Schweineblut (nach Belieben)

Reste von Wildfleisch jeder Art lassen sich gut zu kleinen überbackenen Wildgerichten (Rezept S. 200) in Förmchen verarbeiten. Unten: Für den Frischlings-Rippenbraten (Rezept S. 201) mit Kartoffelklößen und gedünstetem Rosenkohl schwärmen die Kenner.

Kaninchen-Curry (links, Rezept siehe unten) kann man gewürzt oder mit Rosinen zubereiten. Hasenfleischreste sind die Grundlage für die Pastete (Mitte, Rezept S. 197). Zur Rehkeule (Rezept siehe rechte Seite) paßt Rotkohl, hier in gebratenen Äpfeln angerichtet.

*1 Kaninchen, Salz
Suppengrün, 1 Zwiebel
Pfefferkörner, Muskatblüte
65 g Butter
4 Zwiebeln
2 saure Äpfel
100 g Rosinen
(nach Belieben)
1 Teelöffel Curry
10 g Speisestärke
1/8 l saure Sahne*

Kaninchencurry *Foto siehe oben*

Kaninchen vorbereiten und zerlegen, mit Salz, geschnittenem Suppengrün, Zwiebel, Pfefferkörnern und Muskatblüte in sprudelnd kochendes Wasser geben und auf kleiner Flamme garen. Geschnittene Zwiebeln und in Würfel geschnittene Äpfel in Butter dünsten, das von den Knochen gelöste und zerkleinerte Fleisch dazugeben, mit ¾ l Kaninchenbrühe auffüllen. Eingeweichte Rosinen (nach Belieben) und Curry hinzufügen, 10 Minuten kochen lassen, die Brühe mit kalt in Sahne verrührter Speisestärke binden, nochmals aufkochen. Mit Reis und Mixed Pickles oder Gurken zu Tisch bringen, nach Belieben auch im Reisring anrichten. Nach demselben Rezept: Wildkaninchencurry (Fleisch in Rotwein-Essig-Beize marinieren) und Hasencurry.

*1 Rehrücken (ca. 2 kg)
Salz, Pfeffer
250 g Räucherspeck in
Scheiben, 100 g Butter
¼ l saure Sahne
30 g Mehl, 30 g Butter
Buttermilch-Marinade
(S. 193)*

Rehrücken *Farbfoto S. 195*

Rehrücken enthäuten, 2 Tage in Buttermilch-Marinade beizen, abtropfen lassen, abtrocknen, mit Salz und Pfeffer einreiben und dicht mit Speckscheiben belegen. In die Bratpfanne geben, mit heißer Butter übergießen und bei guter Mittelhitze im Ofen in etwa 40 bis 60 Minuten bräunen und innen schön rosa braten. Von Zeit zu Zeit begießen. In den letzten 10 Minuten Speck abnehmen, den Rücken vollends bräunen. Braten aus der Pfanne nehmen, mit einem Teil der Speckscheiben belegt auf vorgewärmter Platte anrichten, Bratensatz mit Wildbrühe oder Wasser ablöschen, Sahne zugeben, kurz durchkochen, mit Mehlbutter sämig machen und passieren. Dazu Kartoffelklöße oder Teigwaren, Rotkohl, Endiviensalat oder grüner Salat, Preiselbeergelee und Zitronenachtel. – Kalter Rehrücken: Filets vorsichtig von den Knochen lösen, schräg in Scheiben schneiden (Zeichnung S. 197), auf die Knochen zurücklegen. Dazu Cumberlandsoße.

Geschmortes Rehblatt *Foto siehe unten*

Das vorbereitete Rehblatt mit fettem Räucherspeck spicken oder belegen, mit Salz und Pfeffer bestreuen. Eine feuerfeste Form mit Speckscheiben auslegen, darauf das Rehblatt geben, mit heißem Fett begießen und von beiden Seiten anbräunen. Heiße Brühe angießen, Schalotten, Suppengrün, geviertelte Tomaten und Gewürz hinzufügen, das Fleisch bei gelegentlichem Wenden und Beschöpfen (bei Bedarf heiße Brühe nachgießen) garen. Brühe mit nußbrauner Mehlschwitze binden, einige Minuten kochen, mit Rotwein abschmecken, das Fleisch 10 Minuten darin ziehen lassen, in der Form auf den Tisch bringen. Dazu Kartoffelklöße oder Teigwaren und Apfelkompott mit Preiselbeeren.

1 Rehblatt
Räucherspeck zum Belegen
Salz, Pfeffer, Bratfett
¼ l Brühe
einige Schalotten
Suppengrün, 2 Tomaten
1 Lorbeerblatt
4 Pfefferkörner, 2 Nelken
40 g Mehl, 40 g Fett
1 Glas Rotwein

Rehkeule mit Bratäpfeln *Foto siehe linke Seite*

Rehkeule häuten (bei Bedarf marinieren), gut abtropfen lassen und mit Räucherspeck belegen oder spicken. Mit Salz, Pfeffer und zerdrückten Wacholderbeeren bestreuen, im Schmortopf in heißem Fett von allen Seiten anbräunen, ca. ¼ l heißes Wasser zugießen und die Keule unter gelegentlichem Wenden in etwa 90 Minuten gar schmoren. Aus den Äpfeln das Kerngehäuse entfernen, Höhlung mit Rotkohl füllen, die Äpfel etwa 10 Minuten auf dem Rost braten. Fleisch-Bratensatz bei Bedarf auffüllen, mit kalt angerührter Speisestärke binden und abschmecken. Dazu Röstkartoffeln reichen. Abwandlung: Rehkeule mit Preiselbeer-Aspik (S. 377) anrichten, Foto siehe unten.

1 kleine Rehkeule
Räucherspeck zum Belegen
Salz, Pfeffer,
Wacholderbeeren, Bratfett
6 bis 8 Äpfel
ca. 125 g geschmorter Rotkohl
10 g Speisestärke

Rehsteaks

Steaks mit Zitronensaft beträufeln, mit Öl bepinseln, salzen, pfeffern und mit gestoßenen Wacholderbeeren bestreuen, mit der in Scheiben geschnittenen Zwiebel kurz auf beiden Seiten braten, so daß sie innen noch rosa sind. Dazu Kartoffelkroketten und in Butter geschmorte Tomaten, nach Belieben auch Preiselbeer- oder Johannisbeergelee.

4 Rehsteaks, Öl
Zitronensaft, Salz
Wacholderbeeren, Pfeffer
1 Zwiebel, Butter

Zur gespickten Rehkeule (rechts, Rezept siehe oben) ist Preiselbeer-Aspik eine geschätzte Beilage. Geschmortes Rehblatt (links, Rezept siehe oben) reicht man in einer würzigen, mit Rotwein verfeinerten Soße und gibt Kartoffelklöße, Reis oder Teigwaren dazu.

*250 g Reis, ½ l Brühe
100 g Mehl, 1 Eßlöffel Öl
Salz, etwas Bier oder
Weißwein, 1 Ei
600 bis 750 g Rehrippchen
Ausbackfett*

Rehrippchen mit Reis *Foto siehe unten*

Reis in Brühe körnig ausquellen. Aus Mehl, Öl, Salz, Eigelb, etwas Bier oder Weißwein und steifem Eischnee einen dickflüssigen Ausbackteig anrühren, die vorbereiteten Rippchen darin wenden und sofort in heißem Fett schwimmend goldbraun ausbacken. Auf vorgewärmter Platte mit Reis anrichten. Dazu Kapernsoße und Zitronenachtel reichen. – Nach demselben Rezept beliebige Wildfleischreste durch Ausbackteig ziehen und in heißem Fett schwimmend ausbacken, mit Reis oder Kartoffelbrei reichen.

*500 g Rehfleisch,
2 Zwiebeln, 60 g Fett
125 g Pilze, 3 Tomaten
½ l Brühe
Salz, Pfeffer, Paprika
etwas Rotwein*

Rehragout

Fleisch vorbereiten, würfeln und würzen, mit kleingeschnittenen Zwiebeln in heißem Fett bräunen, geschnittene Pilze und Tomaten zugeben, mit Mehl bestäuben, Brühe auffüllen und bei schwacher Hitze garen. Soße mit Rotwein abschmecken. Abwandlung: Tomatenmark anstelle von frischen Tomaten verwenden, nach Belieben Nelken, Lorbeerblatt und Pfefferkörner mitkochen. Fleisch von älteren Tieren vor der Verwendung 1 bis 2 Tage in Rotwein-Essig-Beize (S. 193) legen. Zu Rehragout passen Salzkartoffeln, Kartoffelklöße oder Teigwaren und Salat.

*400 bis 500 g gebratenes
Wildfleisch, 40 g Mehl
40 g Butter, ½ l Brühe
1 Tasse geschnittene Pilze
Salz, Pfeffer, Streuwürze
Zitronensaft, 2 Eier
4 Scheiben Chesterschmelzkäse*

Überbackene Wildreste *Farbfoto S. 196*

Fleisch in kleine Würfel schneiden. Mehl in Butter hellbraun schwitzen, mit Brühe auffüllen, Soße 10 Minuten kochen. Fleisch und Pilze der Soße zugeben, mit Salz, Pfeffer, Streuwürze und Zitronensaft abschmecken und mit angerührten Eigelben (Topf vom Feuer nehmen) legieren. Steifen Eischnee unterziehen, die Masse in gefettete Ragoutförmchen füllen und etwa 20 Minuten backen. Käsescheiben (nach Belieben Muster ausstechen) auflegen, nochmals kurz überbacken, bis der Käse zu schmelzen beginnt. Heiß in den Förmchen mit beliebigem Salat zu Tisch geben.

Rehrippchen (rechts, Rezept siehe oben) zieht man durch Ausbackteig und backt sie in Fett; dazu passen Reis, Zitronenachtel und eine Kapernsoße. Der Frischlingsrücken (Rezept siehe rechte Seite) wurde mit Apfelsinenscheiben angerichtet und mit Weinbrandsoße überzogen.

Überbackenes Wildfleisch mit Kartoffeln

Fleisch in Würfel oder Streifen schneiden, Kartoffeln und Äpfel schälen und mit den Zwiebeln in Scheiben schneiden. Abwechselnd Fleisch, Kartoffel-, Apfel- und Zwiebelscheiben in eine gefettete feuerfeste Form schichten. Den Abschluß bildet eine Lage Kartoffeln. Mit etwas Bratensoße (Soßenrest oder Würfelsoße) begießen, mit Käse bestreuen, Butterflöckchen aufsetzen. Etwa 25 Minuten im vorgeheizten Ofen überbacken und garen. Dazu grüner Salat.

350 bis 500 g gebratenes Wildfleisch
500 g Kartoffeln
4 Äpfel, 2 Zwiebeln
2 Eßlöffel Reibkäse
etwas Bratensoße
Butterflöckchen

Ragout aus Wildresten

Soße mit den angegebenen Zutaten pikant abschmecken, das in Würfel geschnittene Fleisch zufügen und aufkochen. Nach Belieben gewürfelte Gurke hinzufügen. Mit Salzkartoffeln, Reis, Teigwaren oder Weißbrot anrichten, nach Belieben in Blätterteigpasteten servieren.

Wildsuppe siehe S. 67.

500 g gebratenes Wildfleisch, 1/2 l dunkle Grundsoße (S. 105)
Rotwein, Zitronensaft
Pfeffer, Zucker
1 Gewürzgurke (nach Belieben)

Wildschweinbraten

Fleisch unter fließendem Wasser abspülen, abtrocknen und mit Pfeffer und Salz einreiben. In der Bratenpfanne mit heißem Fett übergießen, kurz anbraten, mit heißem Wasser und etwas Rotwein auffüllen, unter regelmäßigem Beschöpfen gar braten. In den letzten 20 Minuten grobgeschnittene Zwiebeln mitdünsten. Soße bei Bedarf entfetten und mit heißem Wasser auffüllen, passieren und mit kalt in Sahne verrührter Speisestärke binden. Johannisbeergelee und restlichen Rotwein hineinrühren, gut durchkochen, mit Salz und Pfeffer abschmecken. Dazu Kartoffelklöße oder Salzkartoffeln und Rotkohl.

2 kg Wildschweinfleisch
Salz, Pfeffer, 60 g Schmalz
1/4 l Rotwein
1 bis 2 Zwiebeln
2 Eßlöffel Johannisbeergelee
20 g Speisestärke
3 Eßlöffel Sahne oder Dosenmilch

Frischlingsrücken mit Apfelsinen *Foto siehe linke Seite*

Frischlingsrücken abspülen, abtrocknen und mit Salz und Pfeffer einreiben. In der Bratenpfanne mit heißem Fett übergießen, kurz anbraten, geschnittene Zwiebel zugeben und heißes Wasser angießen, unter regelmäßigem Beschöpfen gar braten. 30 Minuten vor der Fertigstellung Saft und in Streifchen geschnittene Schale einer Apfelsine zugeben. Fleisch aus der Pfanne nehmen, Fond bei Bedarf auffüllen, mit Mehlbutter binden, mit Salz, Pfeffer, Apfelsinensaft und Weinbrand abschmecken. Das Fleisch aufschneiden und auf einer vorgewärmten Platte anrichten, zwischen zwei Fleischscheiben jeweils eine Apfelsinenscheibe legen. Dazu die Soße und Kartoffel- oder Maronenpüree reichen. Auch Grünkohl, Salzkartoffeln und Apfelmus passen dazu.

1 Frischlingsrücken
Salz, Pfeffer, 1 Zwiebel
65 g Schmalz
1 Apfelsine
40 g Butter, 40 g Mehl
1 Eßlöffel Weinbrand
Zur Garnitur:
1 bis 2 Apfelsinen

Frischlings-Rippenbraten *Farbfoto S. 196*

Fleisch abspülen, abtrocknen, mit Salz und Pfeffer einreiben und in die Bratenpfanne legen. In heißem Fett von beiden Seiten anbräunen, nach und nach Brühe angießen, die mit Nelken gespickte Zwiebel und Wacholderbeeren hinzufügen und das Fleisch im zugedeckten Topf gar schmoren, dann herausnehmen. Bratensatz mit Tomatenmark und Weißwein aufkochen, mit kalt angerührtem Mehl binden, mit Salz, Pfeffer und reichlich Madeira abschmecken und durchseihen. Braten in Scheiben schneiden, mit etwas Soße begießen. Restliche Soße gesondert reichen. Dazu Kartoffelklöße und Rosen- oder Rotkohl.

1 kg Frischlingsrippen
Bratfett, 1/2 l Brühe
Salz, Pfeffer, 1 Zwiebel
2 Nelken, einige Wacholderbeeren
1 Eßlöffel Tomatenmark
1/2 Glas Weißwein
1 bis 2 Teelöffel Mehl
Salz, Pfeffer, Madeira

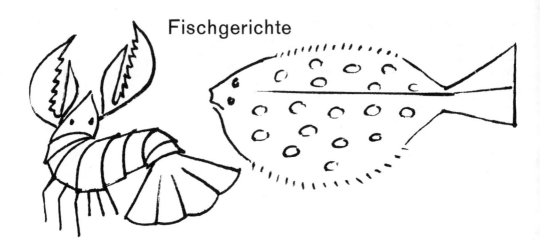

Fischgerichte

»Der Fisch kann unter den Händen eines geschickten Kochs zu einer unerschöpflichen Quelle geschmacklicher Genüsse werden«, konstatierte Brillat-Savarin in seiner »Physiologie des Geschmacks«. Diese Feststellung sollte in allen Küchen hängen, in denen die Hausfrau über gekochten Fisch mit Soße und panierten gebratenen Fisch nicht hinausgekommen ist. Es gibt gerade bei diesem nahrhaften und preiswerten Grundnahrungsmittel so viele Abwandlungsmöglichkeiten, daß es keine Schwierigkeiten machen würde, ein ganzes Jahr lang täglich Fisch auf den Tisch zu bringen, ohne auch nur *ein* Rezept zu wiederholen. Seefische und Süßwasserfische, Schalen- und Krustentiere und Rogen bieten nicht nur Abwechslung, wenn man sie zuzubereiten versteht. Sie kommen außerdem auch noch dem Wunsch der Hausfrau entgegen, möglichst wenig Zeit auf die Kocharbeit zu verwenden. »Gäbe es den Fisch nicht seit Jahrtausenden«, schrieb eine Fachautorin, »müßte er für unser rastloses Leben geradezu ›erfunden‹ werden.«

SEEFISCHE *Farbtafel S. 206*

Neben dem Hering (S. 209), der allein fast die Hälfte der deutschen Fänge ausmacht, stehen auf dem deutschen Markt vier Fischarten im Vordergrund:
Der Rotbarsch (Goldbarsch) wird erst seit etwa 25 Jahren gefangen. Sein Fleisch ist eiweißreich und enthält mehr Fett als das der nachstehenden drei Fischsorten.
Der Kabeljau wiegt im Durchschnitt 5 bis 8 kg. Sein wohlschmeckendes Fleisch enthält ebensoviel Eiweiß wie Rindfleisch. Ostsee-Kabeljau und junger Nordsee-Kabeljau werden *Dorsch* genannt.
Der Seelachs hat festes, besonders eiweißhaltiges Fleisch, dessen dunkle Tönung bei der Zubereitung aufgehellt wird.
Der Schellfisch ist wegen seines feinen Geschmacks beliebt, kommt aber heute seltener vor und wurde dadurch noch begehrter.
Für die Zubereitung von Seefisch gilt die Regel, daß man ihn niemals stundenlang wässern oder mit Salz eingerieben liegen lassen soll, weil sonst wertvolle Nährstoffe ausgelaugt werden. Kurzes Abspülen unter fließendem Wasser genügt. Damit er weiß bleibt und

das Fleisch fester wird, beträufelt man den Fisch anschließend mit Zitronensaft oder Essig, salzt ihn innen und außen und verarbeitet ihn möglichst bald weiter.

Gedünsteter Fisch

Den Fisch vorbereiten, säubern, säuern und salzen, ganz oder geteilt in einen gefetteten Topf geben, bei schwacher Hitze im geschlossenen Topf gar dünsten, keine Flüssigkeit zugeben. Abwandlungen: 1. ¼ l Weißwein über den Fisch geben und dünsten; 2. Fisch mit Zitronenscheiben belegen, mit Butterflöckchen besetzen und dünsten; 3. Fisch (Filet) mit Tomatenmark bestreichen, mit Zwiebelscheiben belegen und dünsten. – Zu gedünstetem Fisch passen Salzkartoffeln und zerlassene Butter oder eine pikante Soße (Senf-, Tomaten-, Meerrettich-, Kapern- oder Petersiliensoße, siehe Kapitel »Soßen«). Größere Stücke Seefisch kann man (mit Öl bestrichen oder mit Speckscheiben belegt) auch im Ofen in der offenen Bratenpfanne dünsten.

1 kg Seefisch, Salz
Zitronensaft
Butter oder Öl

Fischfilet gebraten siehe S. 331, Fischfilet in Folie siehe S. 172.

Seezungenröllchen in Weißwein

Filets säubern, säuern und salzen, zusammengerollt in eine gebutterte feuerfeste Form stellen, in der die gewürfelten Zwiebeln glasig angebraten wurden. Wein angießen, den Fisch mit gefettetem Pergamentpapier bedecken, im vorgeheizten Ofen in etwa 12 bis 15 Minuten gar dünsten. Fisch aus der Form nehmen und warm stellen. Sud aufkochen, mit kalt in Sahne verrührter Speisestärke binden, abschmecken, vom Feuer nehmen und Mayonnaise hineinrühren. Dazu Salzkartoffeln, Weißbrotscheiben, Toast oder Fleurons.

750 g Seezungenfilet
Zitronensaft, Salz
100 g Butter, 2 Zwiebeln
¼ l Weißwein
30 g Speisestärke
4 Eßlöffel Sahne
3 Eßlöffel Mayonnaise
etwas Zucker

Brathering Windsor (links, Rezept S. 211) ist eine neue Zubereitungsart für grüne Heringe. Gefüllte Fischfilets (Mitte, Rezept S. 208) werden mit Champignons bereitet. Fischfilet auf Feinschmeckerart (Rezept S. 204) mit Krabben und Rotwein reicht man zu Salzkartoffeln.

Von großen Seefischen schneidet man die Flossen mit der Schere ab (links). Die Schuppen werden (vom Schwanz zum Kopf) mit dem Messer abgestreift, dann schneidet man die Bauchseite auf (rechts) und nimmt die Eingeweide heraus. Die Galle dabei nicht verletzen!

Fischfilet auf Feinschmeckerart *Foto S. 203*

1 kg Seefischfilet, Salz
Pfeffer, Zitronensaft
2 Eßlöffel Butter
1 Zwiebel, 1 Eßlöffel
gehackte Kräuter
1 Glas Rotwein
20 g Mehl, 30 g Butter
150 g ausgelöste Krabben
1 Eßlöffel Weinbrand

Filet in große Stücke schneiden, mit Zitronensaft beträufeln, mit Salz und Pfeffer bestreuen. Butter in der Pfanne zergehen lassen, Zwiebel hacken und mit den Kräutern hinzufügen. Fisch in die Pfanne oder flache Kasserolle legen, mit Rotwein umgießen, bei mäßiger Hitze gar dünsten. Fisch herausnehmen, warm stellen. Butter mit Mehl verkneten, den Kloß in der Soße unter Umrühren zergehen lassen. Krabben waschen und dazugeben. Soße mit Weinbrand, Salz und Pfeffer abschmecken. Fisch auf vorgewärmter Platte anrichten und mit Soße übergießen. Dazu Salzkartoffeln und Salat.

Zigeunerfisch

1 kg Fischfilet, Salz
Zitronensaft, 30 g Mehl
1 Eßlöffel Semmelmehl
etwas Rosenpaprika
75 g Butter, 50 g magerer
Räucherspeck, 1 Zwiebel
40 g Mehl, 1/2 l Brühe
1 Eßlöffel Tomatenmark
1 Gewürzgurke
1 hartgekochtes Ei
2 Paprikaschoten

Den Fisch säubern, säuern und salzen. Mehl, Semmelmehl und Paprika mischen, die Fischstücke darin wenden, gut abklopfen. In heißer Butter braten. Gewürfelten Speck ausbraten, Zwiebelwürfel darin anrösten, Tomatenmark hineinrühren, mit Mehl bestäuben, mit Brühe auffüllen und abschmecken, gut durchkochen lassen. In Streifen geschnittene Gewürzgurke und Paprikaschoten (Stiel, Kerne und Scheidewände herausschneiden) und kleingehacktes Ei mit der Soße vermengen und aufkochen. Soße gesondert reichen, dazu Spaghetti oder Salzkartoffeln, Reibkäse nach Belieben, grüner Salat.

Katerfisch

1 kg Fischfilet
Tomatenketchup
geriebener Meerrettich
1 bis 2 Zwiebeln
2 bis 3 Gewürzgurken
Butterflöckchen

Fisch säubern, säuern und salzen, die Filets nebeneinander in eine feuerfeste Form legen. Ketchup mit Meerrettich verrühren und auf die Filets streichen, mit Gewürzgurken- und Zwiebelscheiben garnieren, obenauf Butterflöckchen setzen. 12 bis 20 Minuten bei Mittelhitze im Ofen garen. Dazu Toast oder Butterreis mit Kräutern.

Räucherfisch (oben) kann man zu kalten Gerichten verwenden; es gibt aber auch viele Rezepte für warme Räucherfischspeisen (ab S. 211). Unten: Lachs in Krabbensoße (Rezept S. 217) ist ein beliebtes Gericht für festliche Anlässe; auch zerlassene Butter paßt zu Lachsscheiben.

Die drei »S« der Fischküche sollte sich jede Hausfrau einprägen: Seefisch zuerst säubern, dann säuern und zum Schluß salzen.

Gefüllter Bratfisch

Den Fisch säubern, säuern und salzen, von der Bauchseite her entgräten. Zur Füllung das Filet durch den Fleischwolf drehen, mit angebratenen Speck- und Zwiebelwürfeln, Semmelmehl, Ei, Milch, Reibkäse, Salz und Senf zu einer pikant abgeschmeckten Masse verarbeiten. Den Fisch damit füllen, zunähen oder mit einer Rouladenklammer zusammenhalten, mit der Bauchseite nach unten in eine gefettete Bratenpfanne stellen, mit etwas heißem Bratfett übergießen und 30 bis 35 Minuten im vorgeheizten Bratofen braten. Bratensatz mit Sahne verrühren, mit etwas Mehlbutter sämiger machen und mit Salz und Zitronensaft abschmecken. Die Soße gesondert reichen.

1 kg Stückfisch
2 Eßlöffel Reibkäse
Semmelmehl, Bratfett
Mehlbutter, 1/4 l saure
Sahne, Salz, Zitronensaft
Zur Füllung:
150 g Fischfilet
30 g Speck, 1 Ei
1 Zwiebel, 2 Eßlöffel
Semmelmehl, Senf, Salz
1/8 l Milch

Überkrustete Seezunge   Foto S. 208

Die Fische häuten, säubern, säuern und salzen, kurz ziehen lassen, abtrocknen und in Mehl wälzen. In reichlich Fett von beiden Seiten goldgelb braten, auf eine vorgewärmte Platte legen, dick mit Reibkäse bestreuen, mit Butterflöckchen besetzen und im heißen Ofen oder Grill kurz überkrusten. Dazu Salzkartoffeln und Tomatensoße.

2 bis 4 Seezungen (je nach Größe), Zitronensaft, Salz
2 Eßlöffel Mehl, Bratfett
Reibkäse, Butterflöckchen

Fischfrikassee

Aus Mehl, Fett, Brühe und Milch eine helle Grundsoße zubereiten und mit Zitronensaft und Salz abschmecken, Kapern hineingeben. Filet säubern, säuern, salzen und in handtellergroße Stücke schneiden. In 10 bis 15 Minuten in der Soße gar ziehen lassen. Dazu Salzkartoffeln oder Reis, Blumenkohl oder Schwarzwurzeln.

1 kg Rotbarschfilet
80 g Fett, 60 g Mehl
1/4 l Brühe, 1/4 l Milch
Zitronensaft, Salz
Kapern

Fischgulasch siehe S. 330.

Fischrouladen

Filets säubern, säuern und salzen, die rauhe Seite mit Gurkenstreifchen und angedünsteten Zwiebel- und Speckwürfeln belegen, zusammenrollen und mit Rouladenklammern oder Holzspießchen festhalten. In der erhitzten Tomatensoße bei schwacher Hitze in 12 bis 15 Minuten ohne Umrühren garen, mit Salzkartoffeln und grünem oder Tomatensalat zu Tisch geben.

4 Scheiben Rotbarschfilet (ca. 750 g)
100 g Speck, durchwachsen
2 kleine Zwiebeln, Salz
Zitronensaft
2 kleine Gewürzgurken
1/2 l Tomatensoße (S. 104)

Zur überkrusteten Seezunge (rechts, Rezept S. 207) reicht man Zitronenscheiben und Tomatensoße. Stockholmer Fischrollen (Rezept siehe unten) kann man mit Remouladensoße und Zitrone servieren.

Gefüllte Fischfilets Foto S. 203

750 g Rotbarschfilet
Salz, Pfeffer, Zitronensaft
200 g Champignons
50 g Butter, 1 Eßlöffel geriebene Zwiebel
1 Knoblauchzehe
50 g Mehl, Salz, Zucker
Muskat, 1/8 l saure Sahne
Brühe oder Weißwein
100 g ausgelöste Krabben
Butterflöckchen

Filets säubern, säuern und salzen, der Länge nach halbieren und zusammengerollt in eine gebutterte feuerfeste Form stellen, so daß in der Mitte der Rollen Platz für die Füllung bleibt. Champignons grob hacken, mit Zwiebel und Knoblauch 10 Minuten in Butter dämpfen, etwas Brühe oder Wein zugeben. Mehl mit Sahne verquirlen, hineinrühren und einige Minuten kochen; die Krabben hinzufügen. Mit Salz, Muskat und wenig Zucker abschmecken, in die Fischrollen geben, Butterflöckchen aufsetzen. Zugedeckt in etwa 20 Minuten im Ofen gar dünsten, in der feuerfesten Form zu Tisch bringen.

Stockholmer Fischrollen Foto siehe oben

Zutaten wie bei den Fischrouladen (S. 207), aber statt Tomatensoße etwa 1/4 l Ausbackteig (S. 452). Die gefüllten Rouladen mit Holzspießchen durchstechen, in Ausbackteig tauchen und in heißem Fett schwimmend 10 Minuten backen. Gut abtropfen lassen, auf vorgewärmter Platte anrichten. Dazu Remouladensoße mit gehackten Kräutern, Tomatensalat oder zerlassene Butter mit gehackter Petersilie.

Fischragout Foto S. 218

1 kg Fischfilet, gekocht
3 Eßlöffel Krabben
2 Eßlöffel gedünstete Champignons
3 Sardellenfilets
40 g Mehl, 40 g Butter
1/4 l Brühe, 1/4 l Weißwein
10 g Sardellenbutter
Zitronensaft, Salz
Muskat, 2 Eigelb

Mehl in Butter schwitzen, mit Brühe und Weißwein auffüllen, gut durchkochen, mit Sardellenbutter, Zitronensaft, Salz und geriebenem Muskat abschmecken und vom Feuer nehmen, mit 2 verquirlten Eigelben legieren. Sardellen grob hacken, mit blättrig zerteiltem Fisch, Champignons und gesäuberten Krabben in die Soße geben, durchziehen lassen, bei Bedarf bis zum Auftragen im Wasserbad warm halten. Dazu Salzkartoffeln reichen oder das Ragout im Pastetenhaus, nach Belieben auch in kleinen Blätterteigpasteten (fertig gekauft oder nach den Rezepten auf S. 445 und 442 gebacken) anrichten.

Heilbutt am Spieß siehe S. 506, Rotgekochter Fisch siehe S. 522.

Überbackener Fisch mit Makkaroni

Makkaroni in Salzwasser gar kochen, abschrecken. Butter und Eier schaumig rühren, mit den etwas abgekühlten Makkaroni und der Hälfte des Reibkäses vermischen. Abwechselnd mit dem zerpflückten Fisch in eine gebutterte feuerfeste Form schichten, mit dem Reibkäserest bestreuen und mit Butterflöckchen belegen. Im vorgeheizten Ofen 12 bis 15 Minuten überbacken. Dazu nach Belieben Tomatensoße, Salzkartoffeln und Salat.

500 bis 750 g gekochter Fisch, 250 g Makkaroni Salz, 60 g Butter 150 g Reibkäse, 2 Eier Butterflöckchen

Fischhackteig

Filet säubern, säuern und salzen, grob zerschneiden, durch den Fleischwolf drehen und zugedeckt 1 Stunde kalt stellen. Speck und Zwiebeln fein würfeln und andünsten, mit den eingeweichten und gut ausgedrückten Semmeln und den Gewürzen zur Hackmasse geben, gut vermengen und nochmals durch den Wolf drehen. Dann in der Schüssel so lange kneten, bis sich der Teig von der Schüssel löst.

750 g Seelachsfilet 60 g Räucherspeck 2 Zwiebeln, 2 altbackene Semmeln, Salz, Muskat Zitronensaft, Petersilie

Verwendungsvorschläge:
1. Mit angefeuchteten Händen Klopse formen, in Salzwasser in etwa 6 Minuten gar ziehen lassen, mit Kapern- oder Kräutersoße anrichten.
2. Frikadellen formen, in Semmelmehl wälzen und in heißem Fett in der Pfanne von beiden Seiten bräunen. Dazu Salzkartoffeln und Salat.
3. Die Masse in eine gefettete Kasten- oder Puddingform füllen und im Wasserbad garen. Dazu Tomatenreis oder Salzkartoffeln.
4. Suppenklößchen formen, 5 Minuten in Brühe gar ziehen lassen.

Tiefgekühlter Fisch siehe S. 338, Fisch in Aspik siehe S. 323.

HERINGSGERICHTE

Heringe werden im Atlantik und in der Nordsee in gewaltigen Mengen gefangen und frisch oder auf verschiedene Arten verarbeitet in den Handel gebracht. Sie sind deshalb besonders preiswert. Dieser

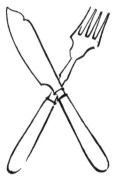

Schollen zieht man zuerst die Haut ab (links); dann löst man die Filets vorsichtig und gründlich von den Gräten und bereitet sie zu.

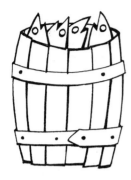

Umstand mag manche Hausfrau zu der Annahme verleiten, daß Hering eine ganz alltägliche Sache und beileibe keine Delikatesse sei. Aber ist das nicht eine Frage der Betrachtung? Vor etwa hundert Jahren mußte der Hamburger Senat noch ein Verbot erlassen, den Dienstmädchen täglich Lachs vorzusetzen. Heute ist echter Lachs eine hochbezahlte Delikatesse. Man sollte den Hering deshalb trotz seiner Preiswürdigkeit nicht geringschätzen.

Grüner (frischer) Hering kommt in erster Linie von Juli bis Dezember auf den Markt. Man kann ihn panieren und braten, als Brathering einlegen, nach Forellenart blau kochen oder zu Röllchen und anderen Gerichten verarbeiten.

Salzhering (meist auf See ausgenommen und gesalzen) heißt *Fetthering*, wenn er im Juni oder Juli gefangen und stark gesalzen ist; *Matjeshering* wird er genannt, wenn er aus der gleichen Fangzeit stammt, noch nicht gelaicht hat und mild gesalzen ist. Der *Vollhering* wird im August gefangen und enthält Milch und Rogen. Fetthering und Matjes haben den höchsten Fettgehalt (bis zu 23 Prozent).

Bückling ist geräucherter grüner Hering; gleicher Herkunft sind die Vollkonserven und *Marinaden* (Brathering, Rollmops, Bismarckhering usw.).

Heringscreme siehe S. 81.

6 bis 8 Salzheringe
2 bis 3 Zwiebeln
½ Lorbeerblatt
8 Pfefferkörner
¼ l Essig, ⅛ l Milch
3 bis 4 Eßlöffel Sahne

Eingelegte Heringe

Heringe 12 bis 24 Stunden wässern, dabei das Wasser mehrmals erneuern. Die Fische enthäuten, Kopf und Schwanz abtrennen, Filets von der Rückgratlinie aus vorsichtig von den Gräten lösen, unter fließendem Wasser abspülen, abtropfen lassen und abwechselnd mit Zwiebelscheiben in eine Steingut- oder Glasschüssel legen. Essig, Milch, Sahne und Gewürze miteinander verrühren und so über den Hering gießen, daß er bedeckt ist. 2 bis 3 Tage ziehen lassen. Abwandlung: Anstelle von Sahne 50 bis 75 g Quark in die Marinade rühren, 2 bis 3 Milcher durch ein Sieb treiben und ebenfalls für die Marinade verwenden.

Rollmöpse in Aspik (links, Rezept siehe rechte Seite) und geräucherte Flundern auf Kohl (Rezept S. 212) sind zwei ausgefallene Gerichte.

Eingelegte Bratheringe

Heringe ausnehmen, Köpfe abschneiden, waschen und abtrocknen, innen und außen mit Salz einreiben, in Mehl wenden und in heißem Fett von beiden Seiten goldbraun braten, dann abkühlen lassen. Essig mit ⅛ l Wasser verdünnen, über die mit Zwiebelscheiben und Gewürzen in eine Steingut- oder Glasschüssel gelegten Heringe gießen. Etwa 2 bis 3 Tage ziehen lassen.

6 bis 8 grüne Heringe
Salz, 30 g Mehl, 100 g Fett
2 kleine Zwiebeln
1 Eßlöffel Senfkörner
8 Pfefferkörner
¼ l Essig

Brathering Windsor *Foto S. 203*

Heringe putzen, Mittelgräte herausnehmen. Fische innen mit Senf bestreichen, mit dünnen Speckscheiben umwickeln und mit Holzspießchen zusammenhalten. In heißem Öl in der Pfanne von beiden Seiten goldbraun braten. Dazu paßt Kartoffelsalat.

8 bis 10 grüne Heringe
Senf, 200 g durchwachsener Speck, Olivenöl

Gefüllte Heringsröllchen

Heringe schuppen und reinigen, Kopf, Flossen und Mittelgräte herausnehmen, Fische in Hälften zerlegen. Die Filets unter fließendem Wasser abspülen, säuern und salzen, innen mit Senf bestreichen, mit fein gewiegten Gurken und Zwiebeln bestreuen, zusammenrollen und mit Holzspießchen festhalten. 7 bis 10 Minuten in Senfsoße gar ziehen lassen. Dazu Salzkartoffeln und Salat.

8 bis 10 grüne Heringe
2 Gewürzgurken
1 Zwiebel, Senf
Salz, Zitronensaft
½ l Senfsoße (S. 102)

Rollmöpse in Aspik *Foto siehe linke Seite*

Heringe der Länge nach halbieren, dünn mit Ketchup bestreichen, mit gehackten Zwiebeln, Gewürzgurkenstreifchen und Kapern belegen, fest aufrollen, mit Holzspießchen zusammenhalten. ½ l Wasser mit Salz, Pfeffer, Zwiebel und übrigen Gewürzen 10 Minuten im geschlossenen Topf kochen und abseihen. Gelatine in wenig Wasser 10 Minuten quellen lassen, ausdrücken und im heißen Sud lösen. (Aspikpulver gleich mit dem Sud verrühren und lösen.) In kleine Förmchen 5 mm dicken Spiegel (S. 322) gießen, erstarren lassen, die Rollmöpse darauflegen, mit abgekühltem Geliersud auffüllen, kalt stellen. Förmchen vor dem Stürzen in heißes Wasser tauchen. Dazu passen Bratkartoffeln oder Kartoffelbrei.

3 bis 4 Bismarckheringe
Tomatenketchup
gehackte Zwiebeln
Kapern
1 bis 2 Gewürzgurken
Salz, Essig, Senf-, Pfeffer- und Pimentkörner
½ Lorbeerblatt, 1 Zwiebel
15 g Aspikpulver oder 7 Blatt Gelatine

RÄUCHERFISCHGERICHTE

Neben den ganz geräucherten Fischen (Bückling, Sprotte, Makrele, Aal, Flunder u. a.) sind geräucherte Stücke von Schellfisch, Kabeljau, Rotbarsch, Heilbutt, Thunfisch im Handel. Unter den geräucherten Fischfilets nimmt die Schillerlocke den ersten Platz ein. Sie wird aus den enthäuteten, ausgeschnittenen Bauchlappen des Dornhais hergestellt. Räucherfisch kann kalt zu Butterbrot gegessen oder zu Vorspeisen und kalten Abendgerichten verarbeitet werden. Kenner schwören auch auf eine Reihe warmer Räucherfischgerichte.

Räucherfischkroketten

Fisch von Haut und Gräten befreien, hacken und mit Semmelmehl, Ei und Petersilie zu einer festen Krokettenmasse vermengen. Zu Rollen formen, in Semmelmehl wälzen und in heißem Fett schwimmend backen. Dazu Salate oder feine Gemüse.

500 g Räucherfisch
Semmelmehl, 2 Eier
gehackte Petersilie, wenig Salz, Ausbackfett

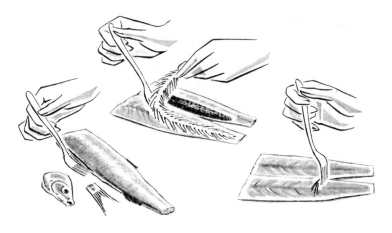

Einen Bückling schlitzt man an der Bauchseite auf, nimmt die Hauptgräte heraus und streift die übrigen Gräten mit der Gabel ab.

Pro Person:
1 Bückling, 1 bis 2 Eier
Butter

Rührei mit Bückling

Bückling entgräten und zerlegen, kurz anbraten. Das verquirlte Ei darübergeben und mit dem Bückling vermengt zu Rührei verarbeiten.

Bratkartoffeln
2 bis 3 Bücklinge

Fischerfrühstück

Bücklinge entgräten und zerlegen, das Bücklingfleisch mit den fast fertigen Bratkartoffeln vermengen und kurze Zeit mitbraten. Dazu grüner Salat.

750 g Weißkohl
125 g fetter Räucherspeck
125 g geschnittene Zwiebeln, 1/2 l Brühe
1 Teelöffel Kümmel
1 Teelöffel Speisestärke
Salz, Pfeffer, Streuwürze
2 bis 3 geräucherte Flundern

Geräucherte Flundern auf Kohl Foto S. 210

Kohl putzen, vierteln, den Strunk herausnehmen und den Kohl grob schneiden. Speck würfeln und ausbraten, den Kohl und die Zwiebeln hineingeben, mit Brühe übergießen, Kümmel hineinstreuen. Den Kohl bei mäßiger Hitze garen. Mit kalt angerührter Speisestärke binden und mit Salz, Pfeffer und Streuwürze abschmecken. In eine feuerfeste Form geben, die Flundern auf den heißen Kohl legen, mit Aluminiumfolie oder gebuttertem Pergamentpapier zudecken und 10 Minuten im vorgeheizten Ofen heiß werden lassen. Dazu passen Kartoffelklöße oder Salzkartoffeln, nach Belieben Salat.

500 g Räucherfisch
250 g gekochter Reis
40 bis 50 g Butter
gehackte Petersilie
2 bis 3 hartgekochte Eier

Räucherfisch mit Reis

Fisch 2 bis 3 Minuten in schwach kochendem Wasser ziehen lassen, herausnehmen, nach dem Abkühlen die Haut abziehen und die Gräten entfernen. Fischfleisch zerpflücken, in heißer Butter anbraten, mit gehackten Eiern und Petersilie vermengen. Mit dem körnig gekochten heißen Reis mischen, bei Bedarf etwas nachsalzen. Dazu passen grüner, Endivien- oder Chicoréesalat und Pilz-, Kräuter- oder Tomatensoße. Abwandlung: Reis weglassen, den zubereiteten Räucherfisch zu Teigwaren reichen.

Räucherfischsalat siehe S. 121.

SÜSSWASSERFISCHE Farbtafel S. 215

Forelle, Karpfen, Hecht und Aal sind die beliebtesten Süßwasserfische, die man fast in jeder Stadt kaufen kann. Daneben gibt es eine fast unübersehbare Zahl weiterer Fische dieser Gruppe, die nur in bestimmten Gewässerarten vorkommen und für deren Zubereitung es zahllose örtliche Spezialrezepte gibt. Grundsätzlich kann man die meisten Süßwasserfische nach den für Seefische gültigen Rezepten dünsten und braten. Auch die Zubereitungszeiten sind ähnlich, abgesehen vom Aal, der fast die doppelte Koch- oder Dünstzeit braucht. Für Forelle, Karpfen und andere Süßwasserfische typisch ist das »blau dünsten« oder kochen. Die Blaufärbung rührt von Schleim- und Farbbestandteilen der Fischhaut her; diese Fische dürfen deshalb nicht geschuppt oder abgerieben und auch nur möglichst wenig angefaßt werden, weil sonst die blaue Farbe zerstört wird. Man reinigt sie im Wasser oder auf einem nassen Brett.

Gegrillte Süßwasserfische siehe S. 168.

Forelle blau

4 Forellen
Salz, Essig
2 kleine Zwiebeln

Forellen vorsichtig ausnehmen und abspülen, innen salzen. Die Fische rundbinden (siehe Zeichnung), auf einer Platte mit kochendheißem Essigsud (Zwiebelscheiben darin aufkochen) übergießen, kurze Zeit in Zugluft stellen. Sud in die Rostbratenpfanne geben, Platte mit den Forellen auf den Rost stellen, im vorgeheizten Ofen bei mäßiger Hitze in 30 bis 35 Minuten dünsten. Wenn sich die Rückenflosse leicht herausziehen läßt, sind die Fische gar. Mit heißer Butter übergossen zu Tisch bringen. Dazu Zitronenachtel und Weißbrotscheiben. Abwandlung: Forellen in kochendes, mit Salz und Essig gewürztes Wasser legen und gar ziehen lassen. Springt die Forelle dabei auf, ist das ein Zeichen für ihre Frische.

Nach demselben Rezept Schleie (ebenfalls rundbinden) und Karpfen (rohe geschälte Kartoffel in die Höhlung legen, Fisch aufrecht auf dem Bauch auf die Platte stellen) blau dünsten.

Einen Hecht spickt man mit dünnen Speckstreifen, weil er trockenes Fleisch hat (links). – Forellen, Schleien und Heringe kann man »rundbinden« (rechts), bevor man sie kocht oder »blau dünstet«.

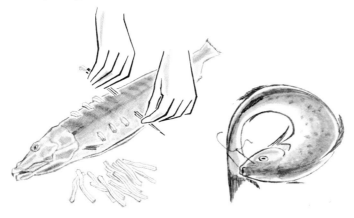

Gebratener Hecht (rechts, Rezept siehe unten) ist eine Delikatesse. Links: Feinschmecker-Forellen (Rezept siehe unten) gibt man mit einer Sahne-Kräutersoße und Kaviar in Zitronenschalen zu Tisch.

4 blau gedünstete Forellen
200 g Gemüsesalat (S. 116)
4 Salatblätter
2 hartgekochte Eier
gefüllte Oliven
Zitronen- und
Tomatenachtel

Gefüllte kalte Forellen Farbfoto S. 216

Die Forellen im Sud abkühlen lassen, mit Salatblättern unterlegt vorsichtig auf einer Platte anrichten. Hohlraum der Fischrundung mit Gemüsesalat füllen, mit Eierscheiben, Olivenscheibchen, Zitronen- und Tomatenachteln garnieren. Fische nach Belieben mit Aspik glasieren. Dazu Weißbrot oder Toast.

4 blau gedünstete Forellen
Zitronenscheiben, Kaviar
¼ l Sahne-Kräutersoße
(S. 101)

Feinschmecker-Forellen Foto siehe oben

Die Forellen auf vorgewärmter Platte mit Zitronenscheiben und Kaviar (in halbe, ausgehöhlte Zitrone füllen) garnieren, mit Soße übergießen, restliche Soße gesondert reichen. Sofort zu Tisch geben. Dazu Weißbrot, Toast oder Salzkartoffeln.

1 Hecht, Salz
Mehl, Butter
gehackte Petersilie
Zitronenachtel

Hecht nach Müllerin-Art

Hecht schuppen, ausnehmen und waschen. (Großen Hecht teilen oder Filets auslösen, kleinen Hecht ganz lassen.) Gut abgetropften Fisch salzen, in Mehl wenden und in reichlich heißer Butter goldbraun braten, mit Petersilie bestreuen. Mit Zitronenachteln zu grünem Salat und Salzkartoffeln oder Petersilienkartoffeln reichen. Nach demselben Rezept Karpfen, Schleie oder Forelle nach Müllerin-Art.

1 Hecht
125 g fetter Räucherspeck
Salz, Pfeffer
100 g Bratfett
¼ l saure Sahne
6 bis 8 Tomaten
Butterflöckchen
40 g Butter, 30 g Mehl

Gebratener Hecht Foto siehe oben

Den Hecht schuppen, ausnehmen, waschen, abtrocknen und den Fischrücken mit Räucherspeckstreifen spicken, dann mit Salz und Pfeffer bestreuen. In die Bratenpfanne stellen, mit heißem Fett begießen und etwa 20 Minuten im vorgeheizten Ofen braten. Den Fisch herausnehmen, Bratensatz mit Sahne und etwas Brühe verrühren, mit Mehlbutter binden; die Soße passieren. Tomaten kreuzweise einschneiden, salzen und pfeffern, je ein Butterflöckchen aufsetzen und einige Minuten gesondert im heißen Ofen garen. Den Hecht mit Tomaten und Kartoffelklößen anrichten. Soße gesondert reichen.

Karpfen bourguignon *Farbfoto siehe linke Seite*

Karpfen ausnehmen (Galle dabei nicht verletzen), abspülen, innen salzen, eine geschälte rohe Kartoffel hineinstecken und den Fisch aufrecht in die Bratenpfanne stellen. Rotwein, Wasser, Zwiebeln und Gewürze erhitzen, über den Karpfen gießen. Im vorgeheizten Ofen 35 bis 45 Minuten dünsten. Wenn sich die Rückenflosse leicht herausziehen läßt, ist der Karpfen gar. Auf vorgewärmter Platte anrichten. Dünstbrühe bei Bedarf auffüllen, passieren und mit Mehlbutter binden, abschmecken. Den Fisch mit Soße umgießen und mit Zitronenachteln garnieren. Dazu gedünstete Champignons, Salzkartoffeln oder Weißbrot.

1 großer (oder 2 kleinere) Karpfen, 1/4 l Rotwein, 1/4 l Wasser, Salz, Pfeffer 5 Perlzwiebeln 1/2 Lorbeerblatt, einige Pfefferkörner, 40 g Butter 30 g Mehl, Zitronenachtel

Karpfen auf polnische Art

Karpfen wie im vorstehenden Rezept gar dünsten. Brühe passieren, mit dem Schneebesen das beim Schlachten des Fisches aufgefangene Blut hineinrühren. Bier und Lebkuchenbrösel dazugeben, aufkochen, mit Salz, Zucker und Zitronensaft abschmecken. Den Karpfen 5 Minuten in der Soße ziehen lassen. Zuletzt Butter darin zergehen lassen.

Zutaten wie Karpfen bourguignon, anstelle von Rotwein Wasser zum Sud; außerdem: 1/2 l Bier, etwas Zitronensaft, etwas Zucker etwas Butter 75 g Lebkuchenbrösel

Waterzooi siehe S. 506.

Lachs in Krabbensoße *Farbfoto S. 205*

Lachs-Portionsscheiben säubern, säuern und salzen, in kochendes Salzwasser (mit einem Schuß Essig) legen, aufkochen und auf kleiner Flamme gar ziehen lassen. Wenn sich die Rückenflosse leicht herausziehen läßt, ist der Fisch gar. Auf vorgewärmter Platte (oder auf einer Serviette) anrichten und mit Petersiliensträußchen garnieren. Holländische Soße mit Krebsbutter und Sahne verrühren, mit Pfeffer und Salz abschmecken, die Krabben hineingeben. Soße gesondert reichen; dazu Salzkartoffeln. Abwandlung: Lachs mit holländischer Soße oder mit zerlassener Butter zu Tisch geben.

750 g bis 1 kg Lachs Essig, Salz, Zitronensaft Petersilie 1/4 l holländische Soße (S. 103) 1 Eßlöffel Krebsbutter Pfeffer, 1 Eßlöffel saure Sahne, 1 gehäufter Eßlöffel ausgelöste Krabben

Gegrillter Lachs siehe S. 168.

Feiner Aaltopf *Foto S. 218*

Aal abziehen, ausnehmen, in 5 cm lange Stücke schneiden und waschen. Boden einer Kasserolle mit den in Scheiben geschnittenen Zwiebeln, der zerdrückten Knoblauchzehe, Lorbeerblatt, Pfefferkörnern und Kräutern belegen, darauf die Aalstücke geben, mit Salz bestreuen und mit Rotwein begießen. In 15 bis 30 Minuten (je nach Stärke des Fisches) auf kleiner Flamme gar ziehen lassen. Aalstücke herausnehmen und warm stellen. Brühe mit kalt angerührter Speisestärke binden, mit Salz und Pfeffer abschmecken und passieren. Zwiebeln glasieren, mit Champignons, Scampi und Aalstücken in die Soße legen.

600 g frischer Aal 2 bis 3 Zwiebeln 1 Knoblauchzehe 1/2 Lorbeerblatt 4 Pfefferkörner, 1 Bündel Kräuter (z. B. Dill, Estragon, Kerbel, Petersilie, Thymian) Salz, 2 Glas Rotwein 10 g Speisestärke Pfeffer, 1 kleine Dose Champignons, 5 bis 6 kleine Zwiebeln 1 kleine Dose Scampi

Fisch vom Holzkohlengrill siehe S. 173. Hamburger Aalsuppe siehe S. 493, Hamburger Aal siehe S. 492.

Oben: Karpfen bourguignon (Rezept siehe oben), für den Silvesterabend angerichtet. Gefüllte Forellen (Rezept S. 214) eignen sich für ein »offizielles« Frühstück, als Vorspeise oder für ein Kaltes Büfett (unten).

KRUSTEN- UND SCHALENTIERE, ROGEN

Hinter dieser prosaischen Bezeichnung verbergen sich geschätzte Leckerbissen wie Krebse, Austern, Muscheln, Hummerschwänze und Kaviar. Der Fachmann kennt die folgende Aufgliederung der »Meeresfrüchte«:

Krustentiere: Hummer, Languste, Krebs, Krevette, Garnele, Scampo (Mehrzahl: Scampi), Krabbe;
Schalentiere (oder Schaltiere): Auster, Muschel;
Rogen: Kaviar, deutscher Kaviar (Seehasenrogen).

1 bis 2 lebende Hummern
Salz, Suppengrün

Hummer

Hummern unter fließendem Wasser abbürsten. Salzwasser mit Suppengrün zum sprudelnden Kochen bringen, den (oder die) Hummer mit dem Kopf voraus hineinwerfen, das Wasser wieder aufkochen lassen und den Hummer bei schwacher Hitze garen, in der Brühe erkalten lassen. Scheren ausbrechen und öffnen, Schwanz und Körper teilen, Darm aus dem Schwanz auslösen, das Fleisch heraustrennen und in Scheiben schneiden. Das Fleisch schuppenartig auf der aufgeschnittenen Schale anordnen, mit Toast oder Weißbrot, Butter und Mayonnaise zu Tisch geben.

1 bis 2 gekochte, ausgelöste
Hummern, 3 hartgekochte
Eier, 100 g Mayonnaise
Salz, Streuwürze
2 bis 3 Tomaten

Hummer mit Mayonnaise-Eiern *Foto S. 219*

Eier halbieren, Eigelb vorsichtig herausnehmen, passieren und mit Mayonnaise und Öl verrühren, mit Streuwürze und Salz abschmecken. Die Masse in die Eihälften spritzen, restliche Mayonnaise in halbierte, ausgehöhlte Tomaten füllen. Eier und Tomaten mit Toast und Butter zum Hummer reichen.

Für frischen Aal gibt es viele Rezepte, vom »Aal grün« der Berliner bis zur »Hamburger Aalsuppe«. Rechts: Feiner Aaltopf (Rezept S. 217) mit Scampi, Pilzen und Kräutern. – Mitte: Helgoländer Krabbenpudding (Rezept siehe rechte Seite). Das Fischragout (links, Rezept S. 208) ist im Pastetenhaus aus Blätterteig (Rezept S. 445) appetitlich angerichtet.

Frische Austern (links, Rezept S. 220) werden geöffnet, gewendet und auf Eis angerichtet. Die Krönung einer festlichen Mahlzeit ist der Hummer (Rezept siehe linke Seite): hier mit Mayonnaiseeiern und Toast präsentiert. Das Fleisch wurde ausgelöst und zerschnitten.

Krebse

Krebse unter fließendem Wasser abbürsten. Salzwasser mit Suppengrün und Dill zum sprudelnden Kochen bringen, die Krebse hineinwerfen, das Wasser wieder aufkochen lassen und die Krebse bei schwacher Hitze garen. Krebse entweder im Sud oder auf einer Platte servieren, dazu Toast und Butter. Das Fleisch aus dem Schwanz (Schale aufbrechen, Fleisch auslösen, Darm entfernen) und aus den Scheren wird bei den Krebsen gegessen.

*4 bis 8 Krebse, Salz
Suppengrün, etwas Dill*

Gebackene Krebse

Krebsfleisch ausbrechen, durch Ausbackteig ziehen und in heißem Fett schwimmend goldgelb backen. Mit Zitronenachteln und Petersilie anrichten, nach Belieben Remouladensoße, holländische Soße oder Kräutersoße dazu reichen. Abwandlung: Ausgebrochenes Krebsfleisch in holländischer Soße heiß werden lassen, mit gehacktem Dill überstreuen und mit Blätterteig-Halbmonden (Fleurons) garnieren.

*Krebsfleisch (frisch gekochte Krebse oder aus der Dose)
Ausbackteig (S. 452)
Zitronenachtel
Petersiliensträußchen*

Helgoländer Krabbenpudding *Foto siehe linke Seite*

Fischfilet grob zerschneiden und leicht salzen. Semmeln einweichen und ausdrücken. Beides durch den Fleischwolf drehen oder sehr fein hacken. Krabbenfleisch grob hacken. Butter schaumig rühren, nach und nach Eigelb unterrühren, die Fisch-Semmelmasse dazugeben. Speisestärke mit Sahne verquirlen und mit der Puddingmasse verrühren. Petersilie, Fisch und Krabbenfleisch hinzugeben, mit Salz und Muskat würzen, zuletzt vorsichtig das steifgeschlagene Eiweiß unterheben. Die Masse in eine gut gefettete, mit Semmelmehl ausgestreute Form füllen, verschließen und im Wasserbad in etwa 60 bis 70 Minuten gar kochen. Herausnehmen, 10 Minuten abkühlen lassen, stürzen und mit einigen Krabben garniert anrichten, nach Belieben mit Tomatenketchup beträufeln und mit Weißbrotschnitten zu Tisch geben. Dazu paßt grüner Salat.

*375 g Fischfilet
2 altbackene Semmeln
250 g Krabbenfleisch
125 g Butter, 3 Eier
65 g Speisestärke
1/4 l Sahne
1 Eßlöffel gehackte Petersilie, Salz
Muskat, Semmelmehl*

400 g *Krabben aus der Dose*
150 g *Mayonnaise*

Krabben in Mayonnaise

Krabben gründlich abspülen, abtropfen lassen und mit Mayonnaise vermengen. Dazu Toast und Butter. Abwandlung: Mayonnaise mit 1 Eßlöffel Zitronensaft verrühren.

250 g *Krabben aus der Dose, 100 g gedünstete Champignons*
1 feingeschnittene Zwiebel
1 Tasse Erbsen aus der Dose, 40 g Butter
40 g Mehl, 4 Eßlöffel Milch
1 Eigelb, Zitronensaft
¼ l Fleischbrühe, Salz
Pfeffer

Krabbenragout

Zwiebel und Mehl in Butter anschwitzen, mit Brühe auffüllen und 10 Minuten durchkochen. Eigelb mit Milch verquirlen, in die vom Feuer genommene Soße rühren, nicht mehr kochen. Soße mit Zitronensaft, Salz und Pfeffer abschmecken, die gewaschenen Krabben mit Erbsen und geschnittenen Pilzen in der Soße heiß werden lassen. Nach Belieben mit Krebsbutter verfeinern oder 1 gestrichenen Eßlöffel Kapern mit hineingeben. Ragout in Blätterteigpasteten füllen; mit Zitronenachteln zu Tisch geben.

Krabbensoße siehe S. 102, Krabbenschnitten siehe S. 81.

Kaviar

Echter Kaviar stammt von den Störarten des Schwarzen und Kaspischen Meeres. Bekannteste Sorten sind der grobkörnige Beluga, der als Malossol bezeichnet wird, wenn er nur schwach gesalzen in den Handel kommt. Schip und Ossiotr haben mittelgroße Körner, Sewruga hat sehr kleine Körner. Der rote Keta-Kaviar wird aus Lachsrogen zubereitet, ist also ebenso wie Deutscher Kaviar (aus Seehasenrogen) Kaviarersatz. Feinschmecker essen den echten Kaviar möglichst »pur«, also nur mit Zitronensaft beträufelt zu Toast und Butter. Es gibt aber auch eine Reihe von Kaviar-Rezepten, die diese Köstlichkeit phantasievoll abwandeln.

Kaviar-Happen siehe S. 80, Kaviareier siehe S. 319.

Austern werden mit einem Spezialmesser geöffnet.

Austern

Austern schmecken in den Monaten mit »r« (September bis April) am besten. Sie müssen beim Einkauf geschlossen sein. – Man legt die Auster mit der flachen Seite nach unten in die linke Hand, die Spitze mit dem »Schloß« nach vorn, bricht mit dem Austernöffner die Schale auf und zieht mit dem Öffner an der oberen Schale entlang, damit die Auster nicht verletzt wird. Dabei muß die Auster waagerecht gehalten werden, damit der Saft nicht ausläuft. Wenn die Sehne durchschnitten ist, kann die obere Schale abgenommen werden. Nun wird die zweite Sehne durchschnitten, die die Auster mit der unteren Schale verbindet, »Bart« und Schalensplitter werden entfernt und die Auster in der Schale gewendet. Man serviert sie auf Eisstückchen angerichtet mit Zitronenachteln. Die Austern werden beim Verspeisen mit etwas Zitronensaft beträufelt und aus der Schalenhälfte geschlürft. Man reicht sie grundsätzlich als Vorspeise ohne weitere Beigabe.

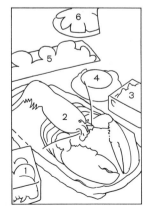

Köstliche »Meeresfrüchte«, zu einem Stilleben der Feinschmeckerei vereinigt: 1. Langustenschwänzchen, 2. Hummer, 3. deutsche Krabben, 4. echter Kaviar auf Eis, 5. geöffnete und gewendete Austern und 6. die dazugehörigen Austernschalenhälften (Rezepte ab S. 218).

Gemüse

Kraut und Rüben waren die ersten Gemüsearten, die die alten Germanen in den Krautgärten bei ihrer Hofstatt systematisch kultivierten. Ihre Rübenerzeugung scheint schon damals internationalen Ruf besessen zu haben. Tiberius, von 14 bis 37 nach Christi Geburt römischer Kaiser, ließ sich zum Beispiel Mohrrüben aus Germanien schicken weil sie bedeutend größer waren als die einheimischen. Noch älter als Kraut und Rüben dürften jedoch die Hülsenfrüchte sein. Man braucht sich nur an Esau zu erinnern, von dem man in der Bibel lesen kann, daß er sein Erstgeburtsrecht für ein Linsengericht verkaufte. Der Feinschmecker Baron Vaerst stellte vor hundert Jahren in seiner »Gastrosophie« die Betrachtung an, der Gartenbau sei als älteste menschliche Betätigung überhaupt anzusehen. Schließlich hätten Adam und Eva ihre ersten Lebenstage im Garten Eden verbracht.
Die Bezeichnung »Gemüse« klingt den heutigen Ernährungswissenschaftlern etwas grell in den Ohren. Gemüse nannte man in germanischen Zeiten alle Garten- und Feldfrüchte außer Obst, aus denen man Mus zuzubereiten pflegte – und man machte eben nichts anderes als Mus daraus. Inzwischen setzte sich aber die Erkenntnis durch, daß ein »totgekochter« Gemüsebrei fast allen Nährwert eingebüßt hat. Gerade in der Gemüseküche gilt der Grundsatz der schonenden und sorgfältigen Zubereitung (Regeln siehe nächste Seite).
Jede Jahreszeit hat ihre preiswerten und ihre teuren Gemüsesorten. Bei keinem Nahrungsmittel macht sich der überlegte Einkauf stärker im Haushaltsbudget bemerkbar als beim Gemüse. Der erste Kopfsalat, die ersten Gurken, der erste Spargel – das sind zwar köstliche Leckerbissen, aber wenn man ein paar Wochen warten kann, wird man die gleichen Gemüsesorten für einen Bruchteil des Preises erhal-

Jede Jahreszeit hat ihre Gemüsesorten, aber am reichsten ist der Tisch im Sommer gedeckt. Gemüse sollte täglich auf den Tisch kommen; es bringt Abwechslung in den Speisezettel und versorgt den Körper mit lebensnotwendigen Nährstoffen. Auf dem Bild: Geschmorte Tomaten mit Reibkäse (links), geschmorte Zwiebeln (Rezept S. 238) und Curryreis (vorn rechts, Rezept S. 283) vor der sommerlichen Gemüsepalette.

ten. Übrigens werden im deutschen Haushalt nur durchschnittlich 4,5 Prozent des Nahrungsmitteletats für Gemüse ausgegeben. Wenn man bedenkt, welchen Reichtum an Sorten und Zubereitungsmöglichkeiten das Gemüse bietet, ist das nicht sehr viel. Aber das Putzen und Herrichten mancher Gemüsearten kostet Zeit und verursacht »gemüsefarbene« Finger. So lange der Verkauf von kochfertig vorbereitetem Gemüse bei uns noch in den Kinderschuhen steckt – es gibt beispielsweise schon gehobelten Weißkohl, geputzten und verlesenen Spinat, tiefgekühlte kochfertige Gemüse – wird also kaum damit zu rechnen sein, daß die Forderung der Ernährungswissenschaftler, regelmäßig und reichlich Gemüse auf den Tisch zu bringen, in vollem Umfang erfüllt wird.

Beim Gemüseeinkauf sollte man sich daran erinnern, daß für die meisten Sorten Handelsklassen festgelegt wurden. Handelsklasse A bezeichnet jeweils die anspruchsvollste, allerdings auch die teuerste Sortierung. Allgemein besagt die Verordnung: »Frisches Gemüse muß, wenn nicht besondere Erleichterungen zugelassen sind, gesund, frei von Schädlingsbefall, ganz, sauber, trocken, unvermischt in Arten und Sorten, frei von Fremdkörpern, insbesondere Rückständen von Düngemitteln und Schädlingsbekämpfungsmitteln, sowie von fremdem Geruch und Geschmack sein.«

Regeln für die Gemüsezubereitung

▶ Nährstoffe im Gemüse sind wasserlöslich, deshalb Gemüse unzerkleinert waschen, nicht im Wasser liegenlassen, Kochwasser möglichst mitverwenden.
▶ Nährstoffe sind luftempfindlich, deshalb zerkleinertes Gemüse nicht unnötig an der Luft liegenlassen, bei geschlossenem Deckel kochen, Umrühren möglichst vermeiden.
▶ Dünsten ist für die meisten Gemüse die schonendste Zubereitungsart. Schnell ankochen, kürzeste Garzeit wählen, nicht länger auf dem Feuer lassen als notwendig.
▶ Gemüse geben beim Kochen Flüssigkeit ab. Deshalb beim Dünsten möglichst wenig Wasser (Topfboden 1 cm hoch bedeckt) zugeben, damit das Gericht nicht verwässert wird.
▶ Dicke Mehleinbrennen, zu starkes Salzen, zu langes und starkes Erhitzen vermeiden, damit das Gemüse seinen Eigengeschmack behält.
▶ Frische Kräuter, Milch, Sahne und Reibkäse eignen sich besonders gut zum Verfeinern und Abschmecken von Gemüsegerichten.
▶ Bei unregelmäßigen Tischzeiten Gemüse nicht stundenlang warm halten, sondern kalt stellen und schnell wieder erhitzen.
▶ Möglichst einmal am Tag ein Frischkostgericht (Rezepte S. 114 und S. 342) auf den Tisch bringen; reichlich frische Kräuter verwenden.

Gemüsegerichte siehe auch unter »Eintopfgerichte« und »Salate«.

BLUMENKOHL UND ARTISCHOCKEN

Beide Gemüsearten zählen zu den Blütengemüsen und sind italienischer Abstammung. Der leichtverdauliche Blumenkohl bürgerte sich in Deutschland erst im 17. Jahrhundert ein. Artischocken (die meisten kommen von der Insel Sardinien) gelten als Delikatesse mit hohem Vitamingehalt. Sie sind eigentlich die Blütenknospen einer Distelart und werden von Dezember bis April geerntet.

Kartoffeln und Gemüse kann man mit einem praktischen Dämpfeinsatz am schonendsten zubereiten.

Gekochter Blumenkohl

Blumenkohl putzen, dunkle Stellen wegschneiden, Strunk abschneiden. 30 Minuten mit der Oberseite nach unten in kaltes Salzwasser legen, damit Raupen und Insekten entfernt werden. Gut abspülen, mit dem Strunkende nach unten in wenig kochendes Salzwasser legen, etwas Salz aufstreuen. Bei schwacher Hitze gar kochen. Blumenkohl ganz oder geteilt mit holländischer Soße (etwas Blumenkohlbrühe zur Zubereitung verwenden), mit zerlassener Butter oder mit gebräunter Butter und darin angeröstetem Semmelmehl zu Tisch bringen. (Wenn man der Kochbrühe etwas Essig oder Zitronensaft beifügt, bleibt der Blumenkohl zwar weißer, verändert aber gleichzeitig seinen Geschmack.)

1 Blumenkohl, Salz
¼ bis ½ l holländische Soße (S. 103)

Blumenkohl mit Käsecremesoße siehe S. 311.

Überbackener Blumenkohl *Foto siehe unten*

Blumenkohl vorbereiten, in leicht gesalzenem Wasser gar kochen, abtropfen lassen, zerteilen und in kleine feuerfeste gefettete Förmchen schichten. Käse in die heiße, vom Feuer genommene Soße rühren, bis er sich auflöst. Mit Salz, Muskat und Zitronensaft abschmecken und mit verquirltem Eigelb legieren. Krabben abspülen und abtropfen lassen, in die Soße geben. Krabbensoße über die Blumenkohlportionen verteilen; im Backofen bei starker Hitze 10 Minuten überbacken.

1 Blumenkohl, Salz
¼ l helle Grundsoße (S. 101)
62,5 g Streichschmelzkäse
Salz, Muskat, Zitronensaft
1 Eigelb, 125 g ausgelöste Krabben

Artischockenböden nach Toselli

Gekochte kalte Artischockenböden mit gewaschenem, abgetropftem Hummerfleisch belegen, mit Soße überziehen und 10 bis 12 Minuten im vorgeheizten Ofen überbacken. Abwandlung: Mit Reibkäse bestreuen und mit zerlassener Butter beträufeln.

8 bis 12 Artischockenböden
1 kleine Dose Hummerfleisch
ca. ¼ l Béchamelsoße (S. 103)

Überbackener Blumenkohl (Rezept siehe oben) in Förmchen paßt zu Fleisch, eignet sich aber auch vorzüglich als warme Vorspeise.

Kopfsalatherzen mit Harlekinsoße (links) sind ein köstliches Sommergericht. Im Winter bereichern Kohlrouladen (rechts) mit pikanter Hackfleischfüllung den Speisezettel (Rezepte siehe rechte Seite).

4 bis 8 frische Artischocken *Salz, Zitronensaft oder* *Essig*	**Gekochte Artischocken** Artischocken waschen, Stengel mit dem Messer und Blattspitzen mit der Schere 2 bis 3 cm breit abschneiden, Mittelteil herausnehmen. In kochendes gesäuertes Salzwasser legen und bei schwacher Hitze gar kochen. Sie sind fertig, wenn sich die Blätter leicht herausziehen lassen. Mit holländischer Soße, Sauce Vinaigrette oder schaumig geschlagener, mit etwas Knoblauch und Zitronensaft gewürzter Butter zu Tisch bringen.
8 bis 12 Artischockenböden *Salz, Zitronensaft* *125 g Mayonnaise* *Kapern, Senf* *1 Gewürzgurke* *1 hartgekochtes Ei* *Kerbel und Estragon* *1 kleine Dose Kaviar*	**Artischockenböden Odessa** *Farbfoto S. 245* Artischockenböden in Salzwasser mit einem Spritzer Zitronensaft gar kochen (oder aus der Dose nehmen), erkalten lassen. Mayonnaise mit Kapern, Senf, gehackter Gurke, gehacktem Eiweiß (Eigelb anderweitig verwenden) und Kräutern pikant abschmecken und in die Böden füllen. Mit Kaviar bekränzt und garniert servieren. Abwandlung: Artischockenböden mit Hummermayonnaise füllen und mit gehackter Petersilie bestreuen.

VON SALAT BIS SAUERKRAUT

Salat, Mangold, der vitaminreiche Spinat und die meisten Kohlarten zählen zu den Blattgemüsen. Beim Putzen dieser Gemüse muß vor allem darauf geachtet werden, daß auch die äußeren, grünen Blätter mitverwendet werden, weil sie nährstoffreicher und chlorophyllhaltiger sind als die bleichen Innenblätter. Blattgemüse sind besonders wasserhaltig, verlangen bei der Zubereitung also nur geringe Wasserzugaben. Nach Möglichkeit sollte man auf bindende Mehlschwitzen verzichten und statt dessen mit Eigelb und Sahne legieren. Schonendes Kochen und kluges Würzen kommt diesen Gemüsesorten besonders zugute. Sie eignen sich auch als Grundlage von winterlichen Frischkostsalaten (ab S. 114).

Blattsalate siehe S. 113.

Kopfsalatherzen mit Harlekinsoße *Foto siehe linke Seite*

Salatkopf vorsichtig vierteln, so daß die Blätter nicht auseinanderfallen, unter fließendem Wasser abspülen, mit den Schnittseiten nach unten auf einem Sieb abtropfen lassen und etwa 20 Minuten im Kühlschrank kalt stellen. Mayonnaise mit gehacktem Ei, Zitronensaft und etwas Pfeffer verrühren, nach Belieben gehackte oder in Scheiben geschnittene Oliven und Knoblauch hinzufügen. Die gekühlten Salatherzen auf Glastellern anrichten, bei Tisch mit Soße überziehen.

1 fester Kopf Salat
125 bis 200 g Mayonnaise
1 hartgekochtes Ei
3 Eßlöffel Zitronensaft
Pfeffer, nach Belieben
etwas Knoblauch und
2 Eßlöffel gehackte gefüllte Oliven

Kohl auf westfälische Art

Weißkohl putzen und nicht zu fein schneiden oder hobeln. Fett im Topf zergehen lassen, den Kohl darin anschmoren. Wenn der Kohl etwas zusammengefallen ist, salzen, ca. 1/8 l Wasser zugeben, die in Scheiben geschnittenen, vom Kerngehäuse befreiten Äpfel darauf geben. Zudecken und etwa 30 Minuten dünsten, bis die Äpfel zerfallen. Rohe Kartoffel hineinreiben, zehn Minuten ziehen lassen, mit Salz, Essig und Zucker abschmecken. Nach Belieben etwas Kümmel mitdünsten. Dazu Salzkartoffeln reichen.

1 kg Weißkohl
75 g Schmalz
2 bis 4 säuerliche Äpfel
Salz, Essig, 1 Prise Zucker
1 rohe Kartoffel, nach Belieben etwas Kümmel

Kohlrouladen *Foto siehe linke Seite*

Weißkohl säubern, den Strunk abschneiden, in kochendem Salzwasser etwa 10 Minuten kochen, die Blätter ablösen und gut abtropfen lassen. Aus Hackfleisch, eingeweichten und ausgedrückten Semmeln, Ei, Zwiebel und Gewürzen einen Fleischteig bereiten, Rollen daraus formen und mit Kohlblättern umwickeln. Mit Holzspießchen, gebrühten Fäden oder Rouladenklammern zusammenhalten, in heißem Fett von allen Seiten anbraten, mit Brühe auffüllen und etwa 45 bis 60 Minuten zugedeckt auf kleiner Flamme dünsten. Rouladen auf vorgewärmter Platte anrichten, Klammer entfernen. Brühe mit Tomatenmark aufkochen, mit kalt angerührter Speisestärke binden und kräftig abschmecken, über die Rouladen gießen. Dazu Salz- oder Bratkartoffeln, Teigwaren oder Reis und grüner Salat.

1 Kopf Weißkohl, Salz
250 g Hackfleisch
1 bis 2 altbackene Semmeln
1 Ei, 1 gehackte Zwiebel
Salz, Pfeffer, Muskat
50 g Fett, 1/2 l Brühe
1 kleine Dose Tomatenmark
10 g Speisestärke

Kohl hobelt man mit einem doppelschneidigen Krauthobel (links) am schnellsten. Man kann den Kohlkopf aber auch aushöhlen und mit Fleischteig füllen (Mitte). Rechts: Kohlrouladen werden möglichst fest gewickelt und mit Rouladenklammern zusammengehalten.

Ein vorzügliches Mischgericht für den Winter: Überbackener Grünkohl mit Kartoffelbrei (Rezept siehe unten) in der feuerfesten Form.

250 g gemischtes Hackfleisch, 1 bis 2 Eier 1 bis 2 altbackene Semmeln, gehackte Petersilie, Salz, Pfeffer 1 Kopf Weißkohl Fleischbrühe 1 Zwiebel, 80 g Speck ¹/₂ Lorbeerblatt einige Pfefferkörner 1 kleine Dose Tomatenmark, Mehlbutter

Fleisch-Krauthäuptl *Farbfoto S. 239*

Aus Hackfleisch, Eiern, eingeweichten und ausgedrückten Semmeln, Petersilie, Salz und Pfeffer einen nicht zu lockeren Fleischteig bereiten. Kohlkopf vorbereiten, in kochendes Wasser legen, bei schwacher Hitze etwa 15 Minuten kochen lassen. Blätter ablösen und abtropfen lassen. Einige Blätter (Spitzen nach innen) auf einem Küchenbrett anordnen. Abwechselnd Fleischteig und restliche Blätter darauf schichten, zusammenbinden. Boden eines Topfes mit dünnen Speckscheiben belegen, anbraten, den gefüllten Kohlkopf daraufsetzen, mit Brühe auffüllen. Geschnittene Zwiebel, Lorbeerblatt und Pfefferkörner dazugeben. Etwa 90 Minuten im verschlossenen Topf garen. Krauthäuptl herausnehmen und warm stellen, Soße mit Tomatenmark verrühren und mit Mehlbutter binden, aufkochen, passieren und abschmecken. Krauthäuptl in der Soße anrichten. Dazu Salzkartoffeln und grüner Salat.

1 kg Grünkohl, Salz Muskat 250 g Räucherspeck etwas Brühe 1,5 kg Kartoffeln 2 Eigelb, Butterflöckchen

Überbackener Grünkohl *Foto siehe oben*

Grünkohl abstreifen, in Salzwasser 10 Minuten kochen, gut abtropfen lassen, durchdrehen, mit angebratenen Speckwürfeln vermengen, Brühe auffüllen und den Kohl in etwa 20 Minuten gar dünsten; nach Belieben mit etwas Muskat würzen. Inzwischen Kartoffeln schälen und kochen, zu steifem Kartoffelbrei verarbeiten (oder Püreemehl aus der Tüte verwenden), mit verquirltem Eigelb verrühren. Grünkohl mit Salz und Muskat abschmecken, heiß in eine feuerfeste Form füllen, mit Kartoffelbrei bedecken, zur Verzierung etwas zurückbehaltenen Brei als Rand aufspritzen. Mit Butterflöckchen belegen, im vorgeheizten Ofen goldgelb überbacken. Dazu passen erhitzte Brühwürstchen oder Kasseler Rippespeer. Nach demselben Rezept: Überbackener Weißkohl. – Grünkohl auf Hamburger Art siehe S. 494.

Gedünsteter Wirsing

1 kg Wirsing, etwas Brühe
80 g Schmalz oder Hammelfett, 1 Zwiebel
40 g Mehl, Salz, Muskat

Wirsing vorbereiten, den Strunk entfernen. Kohl in breite Streifen schneiden. Zwiebel würfeln, in zerlassenem Fett glasig braten. Kohl hinzufügen, im Fett kurz andünsten. Mit Brühe (ca. 1/8 l) auffüllen und den Wirsing bei schwacher Hitze in 45 bis 60 Minuten gar dünsten. Mit heller Mehlschwitze binden, mit Salz und Muskat abschmecken. Dazu Salzkartoffeln reichen. Nach demselben Rezept wird gedünsteter Grünkohl zubereitet, der sich mit etwas Gänseschmalz noch verfeinern läßt. Er schmeckt nach dem ersten Frost am besten.

Rotkohl *Rotkraut*

1 kg Rotkohl
70 g Schmalz oder Gänseschmalz, 1 Zwiebel
2 bis 3 säuerliche Äpfel nach Belieben
1/2 Lorbeerblatt und einige Gewürznelken, Salz Zucker, Essig

Rotkohl vorbereiten, welke Blätter und Strunk entfernen. Den Kohlkopf waschen und nicht zu fein schneiden oder hobeln. Schmalz heiß werden lassen, gewürfelte Zwiebel darin glasig anbraten, den Kohl hineingeben und einige Minuten schmoren. Mit ca. 1/8 l Wasser oder Brühe auffüllen, salzen, die Gewürze (nach Belieben) hinzufügen und die geviertelten Äpfel auf den Kohl legen, in 70 bis 90 Minuten bei schwacher Hitze gar dünsten. Mit Salz, Zucker und Essig abschmecken, nach Belieben mit wenig kalt angerührter Speisestärke binden. Verfeinerung: Den fertigen Rotkohl mit etwas herbem Rot- oder Weißwein abschmecken. Zu Schweinebraten, gebratenem Geflügel, Wild oder anderem Braten reichen.

Rosenkohl

1 kg Rosenkohl
80 g Butter, 50 g Mehl
1/2 l Brühe
Salz, Muskat, Pfeffer

Rosenkohl putzen und waschen, in Salzwasser aufkochen, abgießen, mit Brühe erneut aufsetzen und den Kohl in etwa 20 Minuten gar dünsten. Helle Mehlschwitze bereiten, die Kochbrühe auffüllen, Soße glatt rühren und 10 Minuten kochen, mit Salz, Pfeffer und Muskat würzen und den Kohl in die Soße geben. Dazu passen kleine Hackfleischbällchen. Abwandlung: Rosenkohl in Salzwasser kochen, gut abtropfen lassen, mit zerlassener Butter übergossen anrichten.

Spinat auf italienische Art (links, Rezept S. 230) wird mit Knoblauch und gehackten Sardellenfilets gewürzt. Überbackener Spinat mit Reis (Rezept S. 231) schmeckt ausgezeichnet mit einer cremigen Käsesoße.

Sauerkraut mit gefüllten Äpfeln (Rezept siehe rechte Seite) und Ananas wird im Ofen überbacken und paßt vorzüglich zu Kartoffelbrei.

1 kg Mangold, 50 g Butter
40 g Mehl
1 kleine Zwiebel, Salz
etwas Milch oder Sahne

Mangold

Mangoldblätter von den Stengeln abziehen und wie Spinat zubereiten, nach Belieben auch mit angerösteten Speckwürfeln bereiten. Die Stengel kann man gesondert in Salzwasser kochen und mit Butter oder einer Käsesoße zu Tisch geben. Feinschmecker lieben die gedünsteten Mangoldstiele auch zu rohem oder gekochtem Schinken.

1 kg Spinat, 60 g Butter
40 g Mehl
1 kleine Zwiebel, Pfeffer
Salz, etwas Milch und
Brühe

Spinat

Spinat verlesen, gründlich in mehrmals gewechseltem Wasser waschen, naß in kochendes Salzwasser geben, einmal aufkochen und gut abtropfen lassen. Spinat grob oder fein wiegen oder hacken, durch den Fleischwolf drehen oder im Mixgerät zerkleinern. Feingewürfelte Zwiebel in Fett glasig dünsten, Mehl darin anschwitzen, den Spinat hineingeben und unter Umrühren heiß werden lassen. Mit etwas Milch und Brühe auffüllen, würzen und mit Spiegeleiern oder hartgekochten, halbierten Eiern anrichten. Dazu passen Salz- oder Bratkartoffeln, Kartoffelbrei oder gebutterte, mit Käsescheiben belegte und kurz im Ofen überbackene Toastdreiecke. Zu Salzkartoffeln und Spinat kann man auch gekochtes Rindfleisch (S. 130) reichen.

1 kg Spinat, 50 g Butter
1 Knoblauchzehe
2 bis 3 gehackte
Sardellenfilets, Salz
Pfeffer, Muskat

Spinat auf italienische Art *Foto S. 229*

Spinat verlesen, gründlich waschen und abtropfen lassen, dann grob zerschneiden. Butter im Topf zerlassen, geriebene Knoblauchzehe, gehackte Sardellenfilets und vier Fünftel des Spinats hineingeben, im eigenen Saft in etwa 10 Minuten dünsten. Den restlichen rohen Spinat hineinrühren, mit Salz, Pfeffer und Muskat abschmecken und anrichten. Dazu passen hartgekochte Eier oder Rührei und Salzkartoffeln oder Kartoffelkroketten.

Überbackener Spinat mit Reis Foto S. 229

Reis in Brühe körnig ausquellen lassen. Spinat verlesen, gründlich waschen, abtropfen lassen und im eigenen Saft dünsten, dann abtropfen lassen und hacken oder durch den Fleischwolf drehen. Gewürfelte Zwiebel in ausgebratenem fettem Speck goldgelb rösten, den Spinat hineingeben, mit kalt angerührter Speisestärke binden und aufkochen. Vom Feuer nehmen, mageren Speck fein schneiden und mit dem Spinat vermengen, mit Salz und Muskat abschmecken. Halbe Reisportion in eine gefettete Auflaufform füllen, darauf den Spinat geben, mit dem restlichen Reis zudecken. Ei mit Milch (oder Sahne) verquirlen, über den Reis gießen. Semmelmehl und Reibkäse darauf streuen, Butterflöckchen aufsetzen und im vorgeheizten Ofen bei Mittelhitze goldgelb backen, heiß mit einer Käsesoße anrichten.

250 g Reis, 1/2 l Brühe
1 kg Spinat, 1 Zwiebel
50 g fetter Speck
10 g Speisestärke
125 g magerer Räucherspeck, Salz
Muskat, 1 Ei
1/4 l Milch, Semmelmehl
Butterflöckchen, Reibkäse

Sauerkraut

Wegen seines Reichtums an Milchsäure, Vitaminen und Mineralstoffen ist Sauerkraut besonders gesund, vor allem als Salat (S. 116) oder wenn es fettarm und kurz gekocht wurde. Auf keinen Fall darf es vor der Zubereitung gewaschen werden. Um den Wertverlust beim Kochen auszugleichen, kann man vor dem Anrichten etwas rohes Sauerkraut untermischen. Zum Andicken verwendet man rohe, geriebene Kartoffeln.

Gedünstetes Sauerkraut

Fett im Topf zerlassen, gewürfelte Zwiebeln darin goldgelb rösten. Sauerkraut dazugeben, kurze Zeit im Fett schmoren, dann mit Wasser auffüllen und bei schwacher Hitze gar dünsten, nach Belieben eine rohe Kartoffel zum Andicken hineinreiben, 1 Prise Zucker hinzufügen, mit Weißwein statt mit Wasser auffüllen oder einige Wacholderbeeren mitdünsten. – Abwandlungen: 1. 350 bis 500 g Schweinefleisch, Kasseler Rippespeer oder Räucherspeck halbgar kochen oder schmoren, einige Zeit mit dem fast fertigen Sauerkraut (ohne Fett aufsetzen!) dünsten; 2. 500 g Würstchen einige Zeit mitdünsten; 3. 350 g Tomaten klein schneiden und mitdünsten; 4. drei große Äpfel (oder Birnen) klein schneiden und mitdünsten; 5. 300 g weiße Bohnen (über Nacht eingeweicht) mit Sellerie und Porree gar kochen, unter das fertige Sauerkraut mischen und nochmals kurz aufkochen; 6. Ananaswürfel (aus der Dose) und etwas Ananassirup mit dem fertigen Kraut mischen; Sekt oder Weißwein darübergießen.

750 g Sauerkraut
40 g Schmalz, 1 Zwiebel
etwas Wasser

Sauerkraut mit gefüllten Äpfeln Foto siehe linke Seite

Fett im Topf zerlassen, feingeschnittene Zwiebel darin anrösten, Sauerkraut und etwas Wasser hineingeben, mit geriebenem Apfel gemischt fast gar dünsten, mit etwas Essig und Zucker abschmecken. Das Kraut in eine gefettete feuerfeste Form füllen, bei mittlerer Hitze im vorgeheizten Ofen etwa 20 Minuten überbacken. Inzwischen Äpfel aushöhlen, mit Preiselbeergelee füllen, die Äpfel an den Rand der Auflaufform setzen und 6 bis 10 Minuten mitbacken. Sauerkraut mit gefüllten Äpfeln und Ananasscheiben anrichten. Dazu passen Salzkartoffeln, Bratkartoffeln oder Kartoffelbrei.

750 g Sauerkraut
40 g Schmalz
1 geriebener Apfel, Essig
Zucker, 4 bis 6 große
Äpfel, Preiselbeergelee
nach Belieben
Ananasscheiben

Sauerkraut und Fisch siehe S. 335, Bigosch siehe S. 496.

500 bis 750 g *Sauerkraut*
100 g *durchwachsener*
Speck, 1 Glas Weißwein
1 bis 2 Karotten
1 bis 2 Zwiebeln
5 Wacholderbeeren

Sauerkraut auf elsässische Art *Farbfoto S. 239*

Boden des Topfes mit dünnen Speckscheiben belegen, kurz anbraten, Sauerkraut und Wein einfüllen, mit geschnittenen Karotten, Zwiebeln und den Wacholderbeeren bei schwacher Hitze gar dünsten. Dazu nach Belieben Bratwürste (getrennt braten), gekochten Schinken, Wellfleisch, frische Blut- oder Leberwürste (15 Minuten mitdünsten) oder Kasseler Rippespeer (mitdünsten) reichen. Im Elsaß ißt man Erbspüree und Kartoffelkroketten dazu, auch Salzkartoffeln oder Kartoffelbrei können dazu gereicht werden.

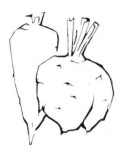

VON WURZELN, RÜBEN UND KNOLLEN

Die »Wurzelgemüse« haben den Vorteil, daß die Hausfrau fast das ganze Jahr hindurch auf sie zurückgreifen kann. Mohrrüben gibt es immer, sie sollten möglichst oft auch roh verwendet werden; Rettich ist das einzige Wurzelgemüse, das ausschließlich roh gegessen wird, und auf Sellerie als Gemüse oder Würzstoff kann keine Köchin verzichten. In die Literatur eingegangen sind die Teltower Rübchen, von denen schon Goethe begeistert war.

750 g bis 1 kg
Schwarzwurzeln, Salz
Zitronensaft, 50 g Butter
40 g Mehl, 1/8 l Sahne
Pfeffer

Schwarzwurzeln in Sahne *Foto siehe unten*

Schwarzwurzeln vorbereiten, in schwach gesalzenem Wasser mit einem Spritzer Zitronensaft gar kochen. Abgegossenes Kochwasser mit heller Mehlschwitze verrühren, Sahne zufügen, mit Pfeffer und Zitronensaft abschmecken. Dazu Kartoffeln und gekochter Schinken.

750 g *Schwarzwurzeln,*
gekocht, 3 Eßlöffel Öl
1 bis 2 Eßlöffel
Zitronensaft oder Essig
etwas Salz
125 g Mayonnaise
2 Eßlöffel gehackte Kräuter
Streuwürze

Schwarzwurzeln mit Ravigotesoße *Foto siehe unten*

Schwarzwurzeln mit Öl und Zitronensaft (oder Essig) marinieren, 2 bis 3 Stunden ziehen lassen. Mayonnaise mit den sehr fein gehackten Kräutern (zum Beispiel Kerbel, Petersilie, Schnittlauch, Kresse, Borretsch, Dill, Estragon) vermengen; leicht nachsalzen und mit Streuwürze abschmecken. Die Schwarzwurzeln mit der Soße zu Toast oder als Salatbeigabe zu gebratenem Fleisch reichen.

Zwei beliebte Schwarzwurzelgerichte: Links Schwarzwurzeln in Sahne und rechts mit kräutergewürzter Ravigotesoße (Rezepte siehe oben).

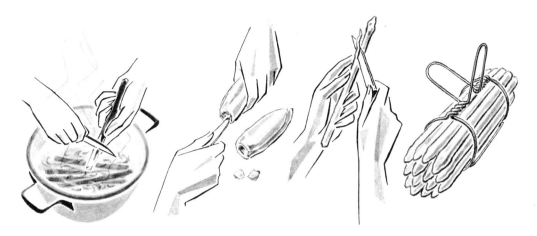

Gemüsetips (von links nach rechts): Schwarzwurzeln werden geschabt und in Essigwasser gelegt, damit sie weiß bleiben. Beim Chicorée wird der bittere Keil unten herausgeschnitten; Spargel vom Kopf zum Schnittende schälen; man gibt ihn gebündelt oder mit einer Klammer zusammengehalten in leicht gesalzenes kochendes Wasser.

Gedünstete Mohrrüben Karotten, Möhren, gelbe Rüben

Junge Mohrrüben abbürsten, ältere Mohrrüben schaben und in Scheiben oder Streifen schneiden. Fett zerlassen, Mohrrüben kurz darin anschmoren, mit ca. 1/8 l Wasser oder Brühe auffüllen, bei schwacher Hitze gar dünsten, mit Salz und Zucker abschmecken. Mit kalt angerührter Speisestärke binden, mit Petersilie bestreut anrichten.

750 g Mohrrüben
40 g Butter, Salz
etwas Zucker
5 g Speisestärke
gehackte Petersilie

Mohrrüben mit Schweinebauch

Schweinebauch mit etwa 1/2 l Wasser halb gar kochen, geputzte und in Scheiben geschnittene Mohrrüben hinzufügen und beides gar kochen. Fleisch aus dem Sud nehmen und in Scheiben schneiden. Brühe mit Mehlbutter binden, aufkochen, mit Salz, Zucker und Streuwürze abschmecken. Fleisch wieder dazugeben, mit Petersilie bestreut zu Salzkartoffeln anrichten.

500 g geräucherter
Schweinebauch
750 g bis 1 kg Mohrrüben
gehackte Petersilie
Mehlbutter, Salz
etwas Zucker, Streuwürze

Sellerie

Sellerie unter fließendem Wasser bürsten, in leicht gesalzenem Essigwasser gar kochen, herausnehmen und abschrecken. Die Knollen schälen und mit dem Buntmesser in Scheiben oder Würfel schneiden. Soße mit Salz, Zitronensaft und Streuwürze abschmecken, mit Petersilie vermengen und die Selleriescheiben oder -würfel hineingeben.

1 kg Sellerieknollen
Salz, Essig
1/2 l helle Grundsoße
(S. 101), Zitronensaft
Streuwürze
gehackte Petersilie

Selleriescheiben in Bierteig

Selleriescheiben mit Salz und Muskat würzen, 1 Stunde ziehen lassen. Unterdessen aus den angegebenen Zutaten einen dickflüssigen Ausbackteig herstellen, die Selleriescheiben hindurchziehen und in der Pfanne in reichlich heißem Fett (oder in Ausbackfett schwimmend) von beiden Seiten goldgelb backen. Heiß als Vorspeise oder als Beigabe zu gebratenem Fleisch zu Tisch geben.

500 g gekochte
Selleriescheiben, Salz
Muskat, 3 bis 4 Eßlöffel
Mehl, 1 Eigelb, 1/8 l helles
Bier, 1 Eischnee, Backfett

750 g bis 1 kg Rübchen
50 g Butter, etwas Zucker
5 g Speisestärke

Teltower Rübchen

Die Rübchen schaben und abspülen. Zucker in der zerlassenen Butter bräunen, die Rübchen darin kurz anschmoren, mit ca. $^1/_8$ l Wasser oder Brühe auffüllen und die Rübchen bei schwacher Hitze gar dünsten. Brühe mit kalt angerührter Speisestärke binden, mit Salz abschmecken. Nach Belieben mit Petersilie bestreut und mit etwas ausgebratenem Räucherspeck übergossen zu Tisch bringen.

250 g Teltower Rübchen
250 g frische Gurken
etwas Brühe, 60 g Fett
5 g Speisestärke
50 g gewürfelter Räucherspeck
200 g Rinderfilet
1 Zwiebel, Salz, Pfeffer

Teltower Gurkenpfanne *Foto siehe rechte Seite*

Rübchen schaben, waschen und zerteilen, Gurken schälen, entkernen und in Stücke schneiden, beides in heißem Fett kurz anschmoren, mit Brühe (ca. $^1/_8$ l) auffüllen und gar dünsten. Mit kalt angerührter Speisestärke binden, mit Salz und Pfeffer abschmecken. Fleisch in Würfel schneiden, mit der feingeschnittenen Zwiebel in den ausgebratenen Speckwürfeln bräunen und garen, dann salzen und pfeffern. Gemüse mit dem Fleisch vermengen, mit dem Bratfett übergießen. Dazu Salzkartoffeln reichen, nach Belieben auch Rettich mit Sahne.

1 kg rote Rüben, Salz
etwas Zitronensaft
$^1/_2$ l helle Grundsoße
(S. 101)

Rote Rüben *Rote Beete*

Rüben unter fließendem Wasser abbürsten, in kochendem Salzwasser in etwa 70 bis 90 Minuten gar kochen, abschrecken und schälen. In Scheiben schneiden oder grob raffeln, in die heiße, mit etwas Zitronensaft abgeschmeckte Soße geben.

2 bis 3 Rettiche
Salz, saure Sahne

Rettich

Rettiche unter fließendem Wasser abbürsten, bei Bedarf schaben oder mit dem Messer von kleinen Wurzeln befreien. Raffeln, fein hobeln oder zu Rettichspiralen schneiden, einsalzen, kurze Zeit ziehen lassen und mit Sahne vermengen bzw. überziehen.

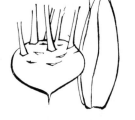

VON SPARGEL BIS CHICOREE

In der Gruppe der »Stengelgemüse« präsidiert der Spargel, auch »König der Edelgemüse« genannt. Die anderen Sorten dieser Gemüsegruppe – Porree oder Lauch, Kohlrabi, Bleichsellerie – haben aber ebenfalls ihre Anhänger. Die weißen Chicoréekolben oder -stangen sind die auf natürlichem Weg gebleichten Sprossen einer Zichorienart.

1 kg Spargel, Salz

Gekochter Stangenspargel

Spargel vom Kopf zum Schnittende schälen (Schalen zu Spargelsuppe verwenden oder trocknen), Enden abschneiden. Die Spargelstangen waschen, zu je 6 bis 8 Stangen bündeln, in das kochende, gesalzene Wasser legen, nach dem Aufkochen bei schwacher Hitze gar kochen. Die Bündel vorsichtig herausnehmen und heiß mit zerlassener Butter servieren. Abwandlungen: 1. Semmelmehl in brauner Butter anrösten, den Spargel damit übergießen; 2. rohen oder gekochten Schinken oder Scheiben von geräuchertem Lachs zum Spargel reichen; 3. Kalbsschnitzel oder -koteletts als Beigabe servieren; 4. holländische Soße (nach Belieben mit gehackten, gedünsteten Champignons verfeinert) zum Spargel auftragen; 5. Spargel mit weichgekochten Eiern, zerlassener Butter und neuen Kartoffeln reichen.

Spargel auf Malteser Art *Farbfoto S. 240*

Spargel auf vorgewärmter Platte mit Blutapfelsinenscheiben und Petersilienträußchen anrichten. Malteser Soße gesondert reichen. Dazu Salzkartoffeln, nach Belieben gekochter oder roher Schinken.

1 kg gekochter Stangenspargel
1 Blutapfelsine
¼ bis ½ l Malteser Soße (S. 104), Petersilie

Spargel mit Sauce Chantilly *Farbfoto S. 240*

Spargel noch heiß mit Essig-Öl-Marinade vermengen, 1 Stunde ziehen lassen. Kurz vor dem Anrichten Mayonnaise mit 2 Eßlöffel Spargelbrühe und Zitronensaft verrühren, mit Salz und Pfeffer abschmecken, sehr steif geschlagene ungesüßte Sahne unterziehen. Radieschen blättrig schneiden oder hobeln, salzen und als Garnitur verwenden. Soße gesondert zum kalten Spargel reichen.

750 g gekochter Stangenspargel
1 Bund Radieschen
Essig-Öl-Marinade
200 g Mayonnaise
Salz, Pfeffer, Zitronensaft
⅛ l Sahne

Spargel mit Käse überbacken

Spargel auf einer feuerfesten Platte oder Schüssel anrichten, Köpfe mit Soße überziehen und dick mit Reibkäse bestreuen, im vorgeheizten Ofen oder Grill goldgelb überbacken, nicht mit Soße überzogene Spargelteile dabei mit gebuttertem Pergamentpapier oder Aluminiumfolie abdecken, damit sie nicht austrocknen. Der Spargel kann auch ganz mit Käsesoße überzogen und überbacken werden.

1 kg gekochter Stangenspargel
¼ l holländische Soße (S. 103), Reibkäse

Gefüllte Kohlrabi

Kohlrabi schälen und etwa 10 Minuten in Salzwasser kochen, herausnehmen und erkalten lassen. Einen Deckel abschneiden, die Kohlrabi aushöhlen (Ausschnitt für Suppe verwenden). Hackfleisch salzen und pfeffern, Fleischreste durch den Wolf drehen oder fein hacken und mit dem Hackfleisch vermengen, Ei und gehackte Petersilie mit der Masse verkneten. Kohlrabi damit füllen, Deckel aufsetzen und mit Spießchen festhalten. In gefettetem Topf mit wenig Brühe gar dünsten, Sud mit Sahne verrühren und mit Salz, Pfeffer und Muskat abschmecken, nach Belieben mit heller Mehlschwitze binden.

6 bis 8 junge Kohlrabi
100 g Hackfleisch, Pfeffer
Salz, 40 g Butter
40 g Mehl (nach Belieben)
100 bis 150 g Fleischreste, roh oder gekocht, 1 Ei
Petersilie, etwas Brühe
Muskat, Sahne

Gefüllte Kohlrabi vegetarisch (links, Rezept S. 236) sind leicht bekömmlich. Ein schmackhafter Eintopf ist die Teltower Gurkenpfanne (Rezept siehe linke Seite) mit Gurken, Rübchen und Rindfleischwürfeln.

Gefüllte Kohlrabi vegetarisch *Foto S. 235*

6 bis 8 junge Kohlrabi
Salz, Bratfett
1 Tasse gekochter Reis
1 Zwiebel, 1 Ei
Muskat, Suppenwürze
2 bis 3 Scheiben
Schmelzkäse
1 Eßlöffel Tomatenmark
Mehlbutter

Kohlrabi schälen, in schwach gesalzenem Wasser gar kochen, aushöhlen. Zarte, von den Rippchen gestreifte, nicht welke Teile der Kohlrabiblätter fein schneiden oder hacken, in wenig Fett gar dünsten. Reis mit dem gehackten Kohlrabiausschnitt, den in Fett gerösteten Zwiebelwürfeln, den Blättern, dem Ei, Salz und Muskat vermengen, abschmecken und die Kohlrabi damit füllen. In einen gefetteten flachen Topf stellen, Kohlrabibrühe mit Suppenwürze abschmecken und angießen, die Kohlrabi etwa 12 bis 15 Minuten dünsten. Dann Quadrate oder Sterne aus Käse aufsetzen, im Ofen überbacken, bis der Käse zu schmelzen beginnt. Kohlrabi herausnehmen, die Brühe mit Tomatenmark aufkochen, mit Mehlbutter binden und abschmecken. Kohlrabi in der Soße zu Tisch geben. Dazu Toast oder Salzkartoffeln.

Gedünstete Kohlrabi

Zubereitung nach dem Rezept für gedünstete Mohrrüben (S. 233), aber den Zucker weglassen. Nach Belieben mit 3 bis 4 Eßlöffel Sahne oder Dosenmilch verfeinern, zarte Kohlrabiblätter mitverwenden.

Porreegemüse *Lauchgemüse*

750 g Porree, 50 g Butter
Salz, Muskat, 30 g Mehl
½ Tasse Milch
10 g Speisestärke
gehackte Petersilie

Porreewurzeln abschneiden, welke Blätter und oberes Grün entfernen, die Stangen gründlich waschen und in 4 bis 5 cm lange Stücke schneiden. In heißem Fett kurz anschmoren, dann mit etwa ⅛ l Wasser oder Brühe auffüllen, den Porree bei schwacher Hitze in etwa 20 bis 30 Minuten gar dünsten. Mit Muskat würzen, Brühe mit kalt in Milch verrührtem Mehl binden, mit Salz abschmecken und aufkochen. Mit Petersilie bestreut anrichten.

Überbackener Porree

750 g Porree, 40 g Fett
40 g Mehl, ¼ l Brühe
etwas Milch, 65 g Reibkäse
1 Eigelb, Salz
Butterflöckchen

Porreewurzeln abschneiden, welke Blätter und oberes Grün entfernen, die Stangen gründlich waschen und in wenig leicht gesalzenem Wasser gar dünsten. Eine gefettete feuerfeste Form damit auslegen. Mehl in Fett schwitzen, Brühe und Milch auffüllen und 10 Minuten kochen, dann vom Feuer nehmen, Käse und Eigelb zufügen, Soße über den Porree gießen. Den restlichen Käse darüberstreuen und Butterflöckchen aufsetzen. Im vorgeheizten Ofen bei mittlerer Hitze 30 bis 40 Minuten überbacken. Nach demselben Rezept: Spinat, Blumenkohl, Chicorée, Endiviengemüse. Dazu Salzkartoffeln und mageres Fleisch.

Chicoréegemüse

750 g Chicorée, 50 g Fett
Salz, Pfeffer, Zitronensaft
Mehlbutter, etwas Butter
Muskat

Chicorée von welken Blättern befreien, am unteren Ende mit dem spitzen Messer einen Keil herausschneiden. Die Kolben in heißem Fett andünsten mit ca. ⅛ l Wasser auffüllen, salzen und pfeffern, etwas Zitronensaft hinzufügen. Bei geschlossenem Topf in etwa 20 bis 30 Minuten gar dünsten, die Brühe mit Mehlbutter binden. Vor dem Servieren etwas Butter hineinrühren, mit Muskat abschmecken. Abwandlung 1: Gedünstete Chicorée abtropfen lassen, in Streifen schneiden, in ¼ l heiße helle Grundsoße (S. 101) legen, mit Pfeffer, Salz, Muskat und Zitronensaft abschmecken. Abwandlung 2: Gedünstete Chicorée in Schinkenscheiben wickeln, in einer gefetteten Form mit Sahne und Eigelb begießen, mit Reibkäse bestreuen und überbacken.

Bleichsellerie

Selleriestangen von Blättern befreien, wie Spargel bündeln und in heißem, mit einer Prise Zucker gewürztem Salzwasser in 20 bis 30 Minuten gar kochen. Herausnehmen, abtropfen lassen und mit gebräunter Butter zu Tisch bringen.

750 g Bleichsellerie
Salz, etwas Zucker, Butter

Paprikazwiebeln *Gefüllte Zwiebeln Foto S. 146*

Zwiebeln schälen, mit den entkernten, gut gewaschenen Paprikaschoten in schwach gesalzenem Wasser halbweich kochen. Zwiebeln aushöhlen, Paprika in feine Streifchen schneiden. Paprika in Speck andünsten, die Zwiebeln damit füllen und etwa 15 Minuten in einer feuerfesten, gefetteten Form im Ofen bei mittlerer Hitze überbacken.

6 bis 8 große Zwiebeln
Salz
2 Paprikaschoten
(möglichst rote)
50 g ausgebratener Speck
15 g Fett

Äpfel und Zwiebeln (Diätgericht) siehe S. 354.

Zwiebelkuchen

Aus Mehl, Hefe, Milch und Salz einen Hefevorteig zubereiten und gehen lassen, dann mit Butter und Eiern zu Hefeteig verarbeiten, ein Backblech oder eine Tortenform etwa fingerdick damit belegen, gehen lassen. Inzwischen Zwiebeln fein schneiden, mit Butter und kleingewürfeltem Speck andünsten, ohne zu bräunen. Wenn die Zwiebeln glasig sind, mit ca. 1/2 Tasse Wasser auffüllen und dünsten, bis die Zwiebeln gar sind. Sahne mit Eigelb verquirlen, mit den Zwiebeln verrühren, mit Salz und Pfeffer abschmecken. Teigplatte mit der Zwiebelmasse bestreichen, bei Mittelhitze in etwa 30 Minuten goldgelb backen, zu Bier oder Landwein reichen. Abwandlung: Piroschki (S. 88) mit der (nicht zu flüssigen) Zwiebelmasse füllen.

250 g Mehl, 10 g Hefe
etwas Milch, 1 Prise Salz
50 g Butter, 2 Eier
750 g Zwiebeln
100 g Speck, 30 g Butter
1/8 l saure Sahne
2 Eigelb, Salz, Pfeffer

Paprikaschoten lassen sich vielseitig verwenden und gewinnen immer mehr neue Freunde. Gefüllt mit Schinkenreis (Rezept S. 238) oder kräftig gewürztem Hackfleisch sind sie ein nahrhaftes Gericht.

Paprikaschoten (links) werden von Kernen, Stielen und Scheidewänden befreit und sorgfältig gewaschen, bevor sie beliebig gefüllt werden. Mit Hackfleisch oder gedünsteten Pilzen gefüllte Gurken hält man mit einem gebrühten Faden zusammen.

8 bis 12 große Zwiebeln
Salz, Butterflöckchen
Reibkäse

Geschmorte Zwiebeln Farbfoto S. 222

Zwiebeln schälen und in wenig Salzwasser gar dünsten. Herausnehmen, abtropfen lassen, in einer feuerfesten Form mit Butterflöckchen besetzt und mit Reibkäse bestreut goldbraun überbacken. Dazu Curryreis, Champignonreis oder Risotto (S. 283).

FRUCHTGEMÜSE, NAHRHAFT UND VIELSEITIG

Tomaten, Gurken und Paprikaschoten sind die bekanntesten »Fruchtgemüse«. Der Kürbis hat in den letzten Jahren an Bedeutung verloren, dafür sind Auberginen (Eierfrüchte), Gurkenkürbisse (Courgettes, Zucchini) und neuerdings auch Gemüsemais stärker in den Vordergrund gerückt. Alle Gemüsearten dieser Kategorie eignen sich gut dazu, den Küchenzettel abwechslungsreicher zu gestalten.

250 g Reis
1/2 l Fleischbrühe
150 g roher Schinken
40 g Butter
4 bis 8 Paprikaschoten
1/2 l Würfelbrühe
1 kleine Dose Tomatenmark, Salz
Pfeffer, Zucker
Zitronensaft
10 g Speisestärke
1/8 l saure Sahne

Paprikaschoten mit Schinkenreis Foto S. 237

Reis in der Brühe körnig ausquellen lassen. Schinken fein würfeln, vorsichtig (Gabel zu Hilfe nehmen) mit der Butter und etwa der halben Reisportion vermischen. Paprikaschoten entkernen, Stiele und Scheidewände wegschneiden, sorgfältig waschen und mit dem Schinkenreis füllen. Aus Würfelbrühe, Tomatenmark, Pfeffer, Zucker und Zitronensaft eine kräftige Brühe kochen, die gefüllten Schoten in einen Schmortopf stellen, mit der Brühe übergießen und in etwa 25 Minuten gar dünsten. Speisestärke in Sahne anrühren, die Soße damit binden, abschmecken. Gefüllte Paprikaschoten in der Soße mit dem restlichen, warmgestellten Reis servieren. Dazu grüner Salat.

Zum Sauerkraut auf elsässische Art (oben, Rezept S. 232) gehören Wurst und Fleisch und ein Glas kühles Bier. Im Elsaß ißt man Erbspüree und Kroketten dazu. Unten: Ein Fleisch-Krauthäuptl (Rezept S. 228) macht zwar viel Arbeit, ist aber eine aus dem Rahmen des Alltäglichen fallende Speise für kalte Tage, zu der Soße, Kartoffeln und Salat passen.

Gebackene Paprikaschoten

Paprikaschoten von den Stengeln befreien, Scheidewände und Samen herausschneiden, waschen, gut abtropfen lassen und in Ringe schneiden. Die Paprikaringe durch Ausbackteig ziehen und in Öl schwimmend backen. Abwandlung: Nach italienischer Tradition die Paprikaringe nur in verquirltes Ei tauchen und ausbacken. Paprikasalat siehe S. 115.

4 bis 6 Paprikaschoten
Ausbackteig (S. 452)
Öl zum Ausbacken

Gefüllte Tomaten

Tomaten waschen, Deckel abschneiden, aushöhlen. Hackfleisch mit feingeschnittenen Pilzen, eingeweichter und ausgedrückter Semmel, Ei, gehackter Zwiebel und Gewürzen zu Fleischteig verarbeiten, in die Tomaten füllen. Tomaten in eine gefettete feuerfeste Form setzen. Deckel darauflegen. Im Ofen bei Mittelhitze 15 bis 20 Minuten dünsten. Mit Butterreis zu Tisch geben. Nach demselben Rezept kann man auch Gurken, Paprikaschoten, Zwiebeln und Kartoffeln füllen. Abwandlungen: 1. 250 g Hackfleisch weglassen, dafür körnig gekochten Reis mit der Füllung verarbeiten; 2. 200 g körnig gekochten Reis und 200 g gedünstete Pilze mit Ei, Zwiebel und Gewürzen zur Füllung nehmen. 3. 350 g gekochte oder gebratene Fleisch- (auch Wild- oder Geflügel-)reste mit Semmel, Ei, Zwiebel und Gewürzen als Füllung.

6 bis 8 Tomaten
350 g Hackfleisch
2 Eßlöffel Champignons
1 altbackene Semmel
1 Ei, 1 Zwiebel, 30 g Fett
Salz, Pfeffer, Petersilie

Gurkengemüse

Gurken schälen, in etwa 3 cm dicke Scheiben schneiden, in heißer Butter andünsten. Dann Weißwein, gehackten Dill, Zucker, Salz und Pfeffer hinzufügen, die Gurken in 12 bis 15 Minuten gar dünsten. Gurkensaft mit kalt in Sahne verrührter Speisestärke binden, mit Petersilie bestreuen. Dazu Salzkartoffeln, nach Belieben Fleischwurst.

750 g frische Gurken
50 g Butter, Salz
Zucker, Pfeffer, Dill
3 Eßlöffel Weißwein
5 g Speisestärke
3 Eßlöffel saure Sahne
gehackte Petersilie

Gurkenragout mit Reis Foto S. 243

750 g frische Gurken schälen, der Länge nach halbieren, entkernen und in 3 cm dicke Stücke schneiden, in heißer Butter andünsten, umrühren, ca. 1/4 l verdünnten Estragonessig auffüllen und Lorbeerblatt, einige Schalotten, Kapern, Salz, Zucker, Pfeffer und Dill zufügen. Zugedeckt auf kleiner Flamme gar dünsten, mit 10 g kalt angerührter Speisestärke binden, mit Streuwürze abschmecken. Dazu Paprikareis.

Gurken in Béchamelsoße Foto S. 243

750 g frische Gurken schälen, halbieren, Kerne herausschälen, in 3 cm breite Stücke schneiden, in 1/2 l heiße Béchamelsoße geben und zugedeckt bei schwacher Hitze garen, abschmecken. Dazu Salzkartoffeln und Frikadellen.

Schlemmereien für die Spargelzeit: 1. Malteser Soße (Rezept S. 104); 2. Spargel auf Malteser Art, mit Scheiben von Blutapfelsinen garniert; 3. Spargel mit Sauce Chantilly (Rezepte S. 235) und liebevoll geschnittenen Radieschen; 4. Feine Spargelsuppe (Rezept S. 70), mit Hühnerbrühe zubereitet und mit Sahne und Eigelb legiert. Für den »König der Edelgemüse« gibt es noch Hunderte von Zubereitungsarten.

Kürbisgemüse (rechts) mit Räucherspeck und Äpfeln und (links) Auberginen mit Pilzreis gefüllt, in der feuerfesten Form geschmort, ein besonders delikates, exotisches Gericht (Rezepte siehe unten).

1 kg geschälter Kürbis
50 g Butter, 1/2 l Brühe
1/2 Lorbeerblatt
1 Zwiebel, mit 2 Nelken gespickt, 250 g Äpfel
3 Eßlöffel saure Sahne
125 g magerer Räucherspeck
3 feingeschnittene Zwiebeln, Salz
Zitronensaft, Petersilie

Kürbisgemüse *Foto siehe oben*

Kürbis in Würfel schneiden, in Butter andünsten, mit Brühe auffüllen, Lorbeerblatt und gespickte Zwiebel hinzufügen, etwa 15 Minuten auf kleiner Flamme zugedeckt kochen, dann geschälte, vom Kerngehäuse befreite und geviertelte Äpfel dazugeben, Kürbis und Äpfel garen. Vom Feuer nehmen, Sahne hineinrühren (bei Bedarf mit 1 bis 2 Teelöffel kalt angerührter Speisestärke binden). Räucherspeck würfeln, mit den Zwiebeln anbraten, unter das Gemüse rühren. Mit Salz, Zitronensaft und Kräutern würzen. Dazu passen Salzkartoffeln.

Gebackener Kürbis siehe S. 513

500 g Auberginen
Streuwürze
Ausbackteig (S. 453)
Öl zum Ausbacken

Auberginen in Bierteig

Auberginen waschen, in 5 cm dicke Scheiben schneiden, würzen und 10 Minuten ziehen lassen. Durch Ausbackteig ziehen, in heißem Öl schwimmend goldgelb backen.

Ratatouille siehe S. 505, Auberginen ägyptisch siehe S. 519.

750 g Auberginen
1 Tasse gekochter Reis
125 g beliebige gedünstete Pilze, 1 feingehackte Zwiebel, Petersilie
2 Eßlöffel Dosenmilch
1 Ei, 40 g zerlassene Margarine, Salz, Pfeffer
1/2 l Fleischbrühe, 1 kleine Dose Tomatenmark
5 g Speisestärke
1/8 l saure Sahne

Auberginen mit Pilzreis *Foto siehe oben*

Spitzen der Auberginen abschneiden (oder die Früchte der Länge nach halbieren), das Innere aushöhlen. Fruchtfleisch hacken, mit Reis, Pilzen, Zwiebel, Petersilie, Milch, Ei und Margarine vermengen und mit Salz und Pfeffer abschmecken. Die Auberginen damit füllen und aufrecht in eine gefettete feuerfeste Form stellen. Brühe mit Tomatenmark verrühren, mit Salz und Pfeffer abschmecken und in die Form gießen. Mit dem Deckel verschließen und in 30 bis 35 Minuten im Ofen oder auf dem Herd gar dünsten. Brühe mit kalt einverrührter Speisestärke binden, mit Salz und Pfeffer abschmecken und mit Petersilie bestreuen. Auberginen mit körnig gekochtem Reis zu Tisch geben.

Zwei herzhafte Gurkengerichte: Gurkenragout mit Reis, mit Estragonessig gewürzt (rechts), und Gurken in Béchamelsoße (links), in der feuerfesten Stielpfanne serviert (Rezepte S. 241).

Gefüllte Gurkenkürbisse Courgettes

Gurkenkürbisse waschen, beide Enden abschneiden, die Früchte vorsichtig aushöhlen und 10 bis 12 Minuten in leicht gesalzenem Wasser kochen, dann abtropfen lassen. Fleisch, Zwiebeln und Gewürze in Öl anbraten, mit der eingeweichten und ausgedrückten Semmel, dem Ei, der Petersilie und dem gehackten Fruchtfleisch vermengen, mit Pfeffer und Salz abschmecken. Die Kürbisse damit füllen, an den Enden mit Holzspießchen zusammenhalten, in eine gefettete feuerfeste Form legen, mit Öl bestreichen und mit Reibkäse bestreuen, 30 bis 40 Minuten im vorgeheizten Ofen überbacken. Dazu Reis oder Salzkartoffeln.

4 bis 6 Gurkenkürbisse
Salz, 150 bis 250 g gehackte Bratenreste oder Hackfleisch
2 Eßlöffel feingehackte Zwiebeln, 1 altbackene Semmel, 1 Ei
2 Eßlöffel gehackte Petersilie, Salz, Pfeffer
Olivenöl, Reibkäse

Gekochte Maiskolben Foto S. 248

Maiskolben aus den Blättern lösen, in 15 bis 20 Minuten in schwach gesalzenem Wasser über großer Flamme gar kochen, herausnehmen, abtropfen lassen und mit zerlassener (oder gebräunter) Butter übergossen servieren. Dazu Schinkenscheiben reichen (nach Belieben Schinken um die heißen, gebutterten Maiskolben wickeln, kurz im Ofen überbacken). Weißbrotscheiben oder Toast passen dazu.

8 bis 12 junge, zarte Maiskolben, Salz, Butter
4 Scheiben roher oder gekochter Schinken

Gemüsemais-Kasserolle

Feingehackte Zwiebel in Butter glasig anbraten, Hackfleisch darin anbräunen. Mehl in Fett schwitzen, mit Maissaft aus der Dose auffüllen, 10 Minuten kochen, mit Pfeffer, Salz, Paprika und Zucker abschmecken. Reis auf dem Boden einer gefetteten Auflaufform verteilen, darauf halbierte oder in Scheiben geschnittene Tomaten legen, mit dem Hackfleisch bedecken, die Hälfte der Soße darüber füllen. Rest der Soße mit abgetropftem Mais vermengen, als letzte Schicht in die Form geben. Zudecken und bei Mittelhitze im Ofen 25 bis 35 Minuten backen. Dazu passen Salzkartoffeln und grüner oder Endiviensalat, nach Belieben auch Tomatensalat.

1 Zwiebel, 50 g Butter
500 g Hackfleisch, 50 g Fett
50 g Mehl, Pfeffer, Salz
Paprika, Zucker
1 Tasse gekochter Reis
4 geschälte, angedünstete Tomaten, 1 Dose Gemüsemais

Die Stiele und braunen Außenblätter der Fenchelknollen werden entfernt.

Überbackener Fenchel Foto S. 249

4 bis 6 Fenchelknollen von den äußeren Stielen und braunen Blättern befreien, gründlich waschen und in Salzwasser kernig weich kochen, abtropfen lassen und halbieren. Eine Auflaufform fetten, den Fenchel hineinlegen, dick mit Reibkäse bestreuen, mit Butterflöckchen besetzen und im vorgeheizten Ofen goldgelb überbacken. Dazu Tomatensoße (S. 104) oder Tomatenketchup.

VON GRÜNEN ERBSEN UND BOHNEN

In der Gunst der Hausfrau stehen zarte grüne Erbsen und frisch gepflückte Wachsbohnen weit vorn. Über die angebotenen Sorten könnte man ein eigenes Buch schreiben, so zahlreich und vielfältig sind sie. Bei den Erbsen sind die jungen, besonders zarten »Kaiserschoten« beliebter als die mittelgroßen Sorten. Die beste Bohnensorte ist die schmale grüne »Prinzeßbohne«, eine Buschbohnenart. Stangenbohnen lassen sich nur geschnitten verwenden. Bei allen Bohnensorten haben sich die fadenfreien Arten durchzusetzen begonnen. – Eine Besonderheit sind die in Westfalen und im Rheinland beliebten dicken Bohnen, auch große Bohnen, Sau- oder Puffbohnen genannt.

750 g enthülste Erbsen
½ l Béchamelsoße (S. 103)

Erbsen in Béchamelsoße Foto S. 248

Erbsen waschen, abtropfen lassen, garen und in die heiße Soße geben. Dosenerbsen abtropfen und in der Soße heiß werden lassen.

750 g enthülste Erbsen
50 g Butter, ⅛ l Brühe
Salz, Zucker, gehackte Petersilie

Gedünstete Erbsen

Erbsen abspülen, in zerlassener Butter anschmoren, mit Brühe auffüllen, Salz und wenig Zucker zufügen und die Erbsen bei schwacher Hitze garen, mit Petersilie anrichten.

500 g Karotten
300 g enthülste Erbsen
50 g Butter, ⅛ l Brühe
Salz, Zucker, gehackte Petersilie

Erbsen und Karotten

Karotten in Würfel oder Stifte schneiden, mit den Erbsen in heißem Fett andünsten, mit Brühe auffüllen, salzen und in etwa 25 bis 30 Minuten garen. Mit Salz und Zucker abschmecken, nach Belieben mit Mehlbutter binden, mit Petersilie bestreut anrichten.

Je 125 bis 150 g enthülste frische oder Dosenerbsen
gewürfelte Karotten
geschnittene Spargel
Blumenkohlröschen
Kohlrabischeiben
50 g Butter, 40 g Mehl
¼ l Wasser, Salz, Zucker
nach Belieben 5 g Speisestärke, Petersilie

Leipziger Allerlei

Rohe Gemüse in Wasser (oder Brühe) kochen, mit heller Mehlschwitze oder Mehlbutter sämig machen, zuletzt Gemüse aus der Dose zufügen. Mit Salz und etwas Zucker abschmecken, mit Petersilie bestreuen. Verfeinerung: 100 g in Butter gedämpfte Morcheln, 50 g Krebsbutter (im Handel erhältlich) und kleine Suppenklößchen aus Hackfleisch oder Semmelteig hinzufügen. Zu Leipziger Allerlei passen Kalbskoteletts, Rinderlendenbraten oder gebratene Hähnchen.

Artischockenböden Odessa (oben, Rezept S. 226) werden mit einer Mayonnaisemischung gefüllt und mit Kaviar garniert; als Vorspeise eignen sie sich ebensogut wie für ein Kaltes Büfett. – Unten: Die bunte Gemüseplatte (Rezept S. 248) läßt sich ohne viel Mühe schnell zusammenstellen, wenn man tiefgefrorenes oder Dosengemüse verwendet.

Grüne Bohnen

Bohnen putzen, bei Bedarf abfädeln, mit gebündeltem Bohnenkraut in kochendes Salzwasser geben. Bei schwacher Hitze gar kochen. Bohnenkraut nach 10 Minuten aus dem Topf nehmen. Fertige Bohnen abtropfen lassen. Mehl und Zwiebeln in Butter anschwitzen, Brühe und Bohnenwasser aufgießen. Soße 10 Minuten kochen, Bohnen zugeben. Mit Salz, Pfeffer und Petersilie abschmecken. – Abwandlung: Bohnen mit gebräunter Butter begießen, mit Reibkäse bestreuen.

*750 g Bohnen, 1 Zwiebel
etwas Brühe, Salz
Bohnenkraut, Pfeffer
gehackte Petersilie
50 g Butter, 50 g Mehl*

Prinzeßbohnen

Zarte Prinzeßbohnen putzen, in leicht gesalzenem Wasser garen, mit zerlassener Butter übergießen und mit Muskat würzen.

Feinschmecker-Bohnen *Foto S. 249*

Bohnen putzen, in heißer Butter andünsten, Brühe und etwas Majoran zugeben und die Bohnen gar dünsten. Paprikaschoten halbieren, Stiel, Scheidewände und Kerne wegschneiden, die Schoten mit flüssiger Butter auspinseln. Bohnen in die Schoten füllen, mit Worcestersoße beträufeln und mit Käsescheiben belegen. Im vorgeheizten Ofen bei mäßiger Hitze überbacken, bis der Käse zu schmelzen beginnt, mit Paprika bestreut heiß servieren.

*500 g grüne Bohnen
50 g Butter, etwas Brühe
Majoran, 2 große
Paprikaschoten
Worcestersoße, Paprika
4 Scheiben Chester-
Schmelzkäse*

Bohnensalat siehe S. 117, Bohnensalat in Paprikaschoten siehe S. 118.

Dicke Bohnen mit Speck

Feingewürfelte Zwiebel in heißem Fett andünsten, die Bohnen dazugeben, Wasser auffüllen, Speck hinzufügen und in geschlossenem Topf gar dünsten. Gebündeltes Bohnenkraut 10 Minuten mitdünsten. Wenn Bohnen und Speck gar sind, den Speck aus dem Topf nehmen und in Scheiben schneiden, die Bohnenbrühe mit Mehlschwitze binden. Den Speck auf den Bohnen anrichten. Abwandlung: Nur 125 g Speck mitdünsten, dafür in den letzten 15 Minuten 4 bis 8 Würstchen auf den Bohnen heiß werden lassen.

*1 Zwiebel, 50 g Fett
750 g enthülste dicke
Bohnen
300 g durchwachsener
Speck, Bohnenkraut
40 g Butter, 40 g Mehl*

Gedünstete Maronen *Kastanien*

Maronen an den Spitzen kreuzweise einschneiden, etwa 10 Minuten in kochendem Wasser ziehen lassen, bis die Schalen aufspringen (oder die Maronen einschneiden, auf ein Backblech legen und im heißen Ofen aufspringen lassen). Die Schalen mit dem darunter liegenden Häutchen abziehen. Etwas Zucker in Fett bräunen, die Maronen darin andünsten, mit verdünntem Madeira auffüllen, salzen und gar dünsten. Brühe mit kalt angerührter Speisestärke binden, mit Suppenwürze und Madeira abschmecken, leicht pfeffern.

*750 g Maronen
50 g Butter, Salz, Pfeffer
Zucker, Suppenwürze
5 g Speisestärke
1/8 l Madeira*

Selbstgesammelte Pilze schmecken besser als gekaufte, behaupten die Freunde dieser schmackhaften Waldfrüchte. Ob gesammelt oder gekauft – ein Pilzgericht ist immer eine begrüßte Abwechslung. Außerdem eignen sich viele Pilze – wie Pfifferlinge und Champignons – zur Verfeinerung von Fleisch- und Gemüsegerichten, Suppen und Soßen. Im Winter gibt es Trocken- oder Dosenpilze (Pilzrezepte ab S. 252).

Zarte gekochte Maiskolben (links, Rezept S. 243), mit Schinken serviert, sind eine Delikatesse. Rechts: Erbsen in Béchamelsoße (Rezept S. 244) stammen aus der französischen Küche. Ihr Geschmack wird von den Zwiebel- und Räucherspeckwürfeln der Béchamelsoße bestimmt.

Maronenpüree

750 g Maronen, 50 g Butter
½ l Brühe, Salz
Pfeffer, 2 Eßlöffel Sahne

Maronen schälen und abziehen, mit Fleischbrühe weich kochen, passieren, mit Salz und Pfeffer abschmecken, mit Butter und Sahne verfeinern. Zu Wildbret- und Wildgeflügelgerichten, Enten- oder auch Gänsebraten, Sauerbraten.

Topinamburpüree

500 g Topinamburs
80 g Butter
500 g Kartoffeln, Salz
etwas Sahne oder
Dosenmilch

Topinamburs schälen, grob schneiden, in etwa 60 g Butter weich dünsten und durchdrücken. Kartoffeln schälen, in Salzwasser dämpfen und durchdrücken. Topinambur- und Kartoffelpüree heiß miteinander verschlagen, mit Sahne oder Dosenmilch und der restlichen Butter verfeinern. Bei Bedarf nachsalzen. Als Beilage wie Kartoffelbrei reichen.

Topinamburs in Backteig

750 g Topinamburs
80 g Butter
Ausbackteig (S. 452)

Topinamburs schälen, in Scheiben schneiden und in Butter weich dünsten, dann durch Ausbackteig ziehen und in heißem Fett schwimmend goldgelb backen. Zu grünem Salat und kurzgebratenem Fleisch reichen.

Broccoli (Spargelkohl)

Diese italienische Blumenkohlabart mit spitzen Röschen wird wie Blumenkohl (S. 225) bereitet.

Bunte Gemüseplatte Farbfoto S. 245

500 g gedünsteter Spargel
Pfifferlinge, gedünstete
Karotten, Erbsen
gedünsteter
Spinat
Butter, Salz

Frische, gedünstete Gemüse (oder kochfertige Gemüse aus der Tiefkühltruhe, erhitzt) in heißer Butter schwenken, salzen und sortenweise beliebig garniert auf einer Platte oder in Schüsselchen anrichten. Als Garnitur eignen sich Petersiliensträußchen, Zwiebelringe, Eischeiben o. ä. Dazu Petersilienkartoffeln.

Nicht jedermanns Geschmack, aber von Freunden der italienischen Küche sehr geschätzt: Überbackener Fenchel (rechts, Rezept S. 244) mit Tomatensoße. Die Feinschmecker-Bohnen (links, Rezept S. 247) in Paprikaschoten, mit Käsescheiben belegt, wurden im Ofen überbacken.

Gemüsepastete

Aus Mehl, Butter, Ei und Salz einen Mürbteig herstellen und ausrollen. Zwei Drittel einer gefetteten feuerfesten Form bis zum Rand damit auslegen, mit Semmelmehl ausstreuen. Hackfleisch mit Salz und Pfeffer würzen, abwechselnd mit dem zerkleinerten Gemüse einfüllen. Teig am Rand etwas umlegen, aus dem Teigrest einen runden Deckel ausrollen, auflegen und andrücken. Mit verquirltem Eigelb bestreichen. In die Mitte ein rundes Loch stechen, damit der Dampf abziehen kann. Etwa 45 Minuten im vorgeheizten Ofen bei Mittelhitze backen. Abwandlungen: Hackfleisch mit gekochtem Reis oder geweichten, ausgedrückten Semmeln strecken; anstatt Gemüse grobgeschnittene Pilze verwenden; geschnittene Fleischreste mitverarbeiten.

*400 g Mehl, 200 g Butter oder Margarine, 1 Ei, Salz
250 g Hackfleisch, Pfeffer
500 g gedünstete Gemüse (Mohrrüben, Blumenkohl, Erbsen, Kohlrabi)*

HÜLSENFRÜCHTE

Beim Einkauf von Hülsenfrüchten sollte die Hausfrau auf gleichmäßig sortierte, trockene Ware achten. Bohnen sollen glatt und nach Möglichkeit weiß sein, Erbsen ungefärbt, Linsen glatt. Erbsen und Bohnen müssen über Nacht, Linsen einige Stunden vor der Zubereitung eingeweicht werden.

Suppen aus Hülsenfrüchten siehe S. 70 und 73.

Erbspüree

Erbsen verlesen, mehrmals waschen, über Nacht einweichen, mit dem Einweichwasser zum Kochen bringen und bei schwacher Hitze in 2 bis 3 Stunden gar kochen. In der letzten halben Stunde Suppengrün mitkochen. Die Erbsen passieren, nochmals aufkochen, kräftig mit dem Schneebesen schlagen, mit Salz abschmecken. Speck ausbraten, Zwiebelwürfel darin bräunen, über das Erbspüree gießen. Dazu Sauerkraut mit Pökelfleisch, Kasseler Rippespeer oder Eisbein.

*400 g Erbsen
Suppengrün, Salz
50 g feingewürfelter Speck
1 Zwiebel*

250 g weiße Bohnen
500 g Mohrrüben
Salz, Pfeffer
½ Lorbeerblatt
4 Hammelkoteletts
etwas Mehl
65 g Margarine oder Butter
1 bis 2 Zwiebeln

Bohnen und Mohrrüben mit Hammelkoteletts *Foto siehe unten*

Bohnen waschen und über Nacht einweichen. Im Einweichwasser etwa 1 Stunde kochen, dann geputzte und in Scheiben geschnittene Mohrrüben hinzufügen. Bohnen und Mohrrüben garen, mit Salz und Pfeffer abschmecken. Koteletts vorbereiten, salzen, pfeffern, in Mehl wenden und in Butter oder Margarine bräunen. Auf die Bohnen legen, im geschlossenen Topf etwa 10 Minuten mitdünsten. Im Bratfett Zwiebelringe bräunen und vor dem Servieren über die Koteletts geben. Dazu Salzkartoffeln. Abwandlungen: Statt Hammelkoteletts nach Belieben Kasseler Rippespeer, Schweinebauch oder auch Schweinekoteletts verwenden; einige Scheiben Sellerie mit den Mohrrüben garen.

Weitere Hammelfleisch-Gemüsegerichte siehe S. 151.

400 g Linsen
Suppengrün
50 g Schmalz, 1 Zwiebel
20 g Mehl
2 bis 3 Eßlöffel Essig
Salz und Zucker

Saure Linsen

Linsen verlesen, waschen und einige Stunden einweichen. Im Einweichwasser mit kleingeschnittenem Suppengrün zum Kochen bringen, bei mäßiger Hitze gar kochen. Gewürfelte Zwiebel in heißem Schmalz anrösten, Mehl zugeben und bräunen. Mit etwas Linsenbrühe auffüllen. Einbrenne mit den Linsen verrühren, aufkochen. Mit Essig, Salz und Zucker abschmecken. Dazu passen Würstchen und Salzkartoffeln. Abwandlung: Räucherspeck statt Schmalz nehmen.

500 g Linsen
250 g magerer Räucherspeck
500 g eingeweichte Trockenpflaumen, Essig
Zucker, Salz

Süßsaure Specklinsen *Foto siehe unten*

Linsen verlesen, waschen und einige Stunden einweichen. Im Einweichwasser gar kochen. Speck in feine Scheiben schneiden, in der Pfanne anbraten. Pflaumen in mildem Essigwasser mit Zucker aufkochen. Etwa die Hälfte der Pflaumen und den Speck unter die Linsen heben, mit Salz und Pflaumensud abschmecken und mit den restlichen Pflaumen zu Tisch geben.

Weitere Hülsenfrüchte-Gerichte siehe S. 307.

Ein handfestes Gericht für Wintertage: Bohnen und Mohrrüben mit Hammelkoteletts (links). Aus der norddeutschen Küche stammen die süßsauren Specklinsen mit Trockenpflaumen (Rezepte siehe oben).

Pilze

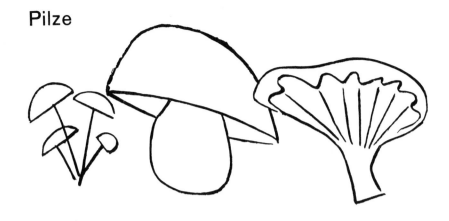

»Die Schwämme seyn weder Kräuter noch Wurtzeln, weder Blumen noch Samen, sondern nichts anders, denn eine überflüssige Feuchtigkeit des Erdreichs, der Bäume, der Höltzer, und anderer fauler Dinge, darum sie auch eine kleine Zeit währen, dann in sieben Tagen wachsen sie, vergehen auch, sonderlich aber kriechen sie herfür, wann es donnert.« Dieser Meinung war Adamus Lonicerus, der Verfasser eines 1537 in Leipzig erschienenen Kräuterbuches. So wie ihm ging es vielen seiner Zeitgenossen: Man wußte mit den Pilzen oder Schwämmen nicht viel anzufangen. Erst spät eroberten sich Trüffel, Morchel und Champignon ihren Platz in den Küchen und auf den Tafeln der Feinschmecker, und noch länger dauerte es, bis die Pilzküche und das Pilzsammeln Allgemeingut wurden. Heute schätzt man die jährliche Pilzernte in Westdeutschland auf viele hunderttausend Zentner; die in beträchtlichen Mengen importierten Pilze und die Zuchtchampignons wurden dabei nicht berücksichtigt. Der Pilz als Nahrungsmittel ist zu einem beachtlichen volks- und ernährungswirtschaftlichen Faktor geworden.

Eßbare und giftige Pilze *Farbtafel S. 255/256*

Allen überlieferten Rezepten und allem Aberglauben zum Trotz gibt es kein Patentrezept, mit dessen Hilfe sich eßbare, ungenießbare und giftige Pilze unterscheiden lassen. Hier hilft nur die alte Regel: Man darf nur Pilze sammeln und essen, die man genau kennt und von denen man weiß, daß sie genießbar sind.
Geruch und Geschmack der Pilze, die Tatsache, daß sie von Tieren besucht oder gemieden werden, der berühmte mitgekochte silberne Löffel oder die Zwiebel, die sich bei Giftpilzen angeblich verfärben sollen – all das liefert nicht den geringsten Anhaltspunkt. Es ist also besser, zunächst nur einige leichter zu unterscheidende Sorten zu sammeln – etwa Steinpilze, Rotkappen und Pfifferlinge – als ein Risiko einzugehen. Nach und nach kann man sich dann die Merkmale anderer Pilzarten einprägen und das Sammelgebiet ausdehnen. Eine gute Hilfe sind dabei Pilzkenner und Pilzberatungsstellen. Einige Sammlergrundsätze (siehe Zeichnungen auf der nächsten Seite):

▶ Keine alten und fauligen oder stark zerfressenen, sondern möglichst junge, gut aussehende Pilze sammeln.
▶ Pilze nicht abschneiden, sondern vorsichtig aus dem Boden drehen, damit das im Boden steckende Pilzgeflecht nicht beschädigt wird.
▶ Geerntete Pilze sofort grob säubern, das heißt von Erde, Tannennadeln, Schnecken und Blättern befreien.
▶ Pilze nicht im Rucksack oder Kunststoffbeutel nach Hause tragen, sondern möglichst in einem Spankorb, damit sie luftig liegen und nicht zerdrückt werden können.

Die meisten Pilzsorten sind in unseren Breiten in den Monaten Juni bzw. Juli bis Oktober zu finden. Einige wenige Pilzarten weiß der Kenner auch in den kühlen Jahreszeiten zu finden, so den Grünling und den Violetten Ritterling bis in den November hinein, den Winterrübling schon im Januar und den Märzellerling ab März. Die hohe Zeit für Pilzsammler sind der August und der September.

Die Zubereitung von Pilzen

Frische Pilze – ob gesammelt oder gekauft – sollen möglichst bald zubereitet und gegessen werden. Wenn sie bis zum nächsten Tag liegenbleiben müssen, lagert man sie locker ausgebreitet und kühl, ohne sie vorher zu waschen. Fertige Pilzgerichte kann man über Nacht im Kühlschrank aufbewahren und am nächsten Tag aufgewärmt zu Tisch bringen. Beim Aufwärmen sollte man die Speise kräftig durchkochen. Da Pilze schneller als Fleisch verderben, ist eine längere Aufbewahrung fertiger Gerichte jedoch nicht anzuraten.
Vor der Zubereitung schneidet man frische Pilze sauber aus. Die Haut der Pilzkappe wird nur abgezogen, wenn das keine Schwierigkeiten macht. Weiche, angefressene und madige Stellen müssen entfernt werden. Die Lamellen sind eßbar. Von den Stielen schneidet man nur unsaubere oder harte Stellen ab; dann werden die Pilze sorgfältig unter fließendem Wasser abgespült. Stundenlanges Wässern verringert auch den Nährwert der Pilze. Das Kochwasser braucht nur bei

Speck-Pfifferlinge (rechts) lassen sich schnell zubereiten; sie passen zu grünem Salat und Kartoffeln. Wer gern viel Soße mag, hält sich an Pilzragout mit Tomaten und Räucherspeck (links; Rezepte S. 254).

Champignons in Käsesoße (rechts), in Blätterteigpasteten angerichtet, sind eine gute Vorspeise. Das Gurken-Pilz-Gemüse wird im Reisring (Mitte) serviert (Rezepte S. 257). Zu Steinpilz-Bratlingen (links, Rezept siehe unten) reicht man Tomatensalat und Petersilienkartoffeln.

einigen Pilzarten, wie Frühlingslorchel, Rotbrauner Milchling, Ockertäubling, weggegossen zu werden, weil es ungenießbare oder giftige Stoffe enthält. In allen anderen Fällen, beispielsweise bei den bekannteren Pilzarten Pfifferling, Champignon, Steinpilz, Birkenpilz, Rotkappe, kann man das Kochwasser mitverwenden. Vom Genuß roher Pilze ist abzuraten.

Helle Pilzsoße

Pilze säubern, putzen, waschen und in kleine Stücke schneiden oder hacken, in Butter gar dünsten und mit der erhitzten Soße verrühren. Zu Eier- und Fleischspeisen, Fisch, Geflügel und Teigwaren.

1/2 l helle Grundsoße (S. 101)
150 g bis 200 g Pilze
20 bis 30 g Butter

Dunkle Pilzsoße

Zubereitung nach dem Rezept für helle Pilzsoße, aber statt der hellen 1/2 l dunkle Grundsoße verwenden. Nach Belieben mit etwas Madeira würzen. Zu Eier- und Fleischspeisen, gekochtem Fisch und Geflügel, Fleischklopsen und Teigwaren.

Kräuter-Pilzsoße siehe S. 106.

Steinpilz-Bratlinge *Foto siehe oben*

Pilze vorbereiten, der Länge nach durchschneiden, waschen und abtrocknen, in Mehl wenden, in verquirltes, mit Salz und Pfeffer gewürztes Ei tauchen und in Semmelmehl wälzen. In reichlich heißem Fett von beiden Seiten goldgelb braten. Dazu Petersilien- oder Béchamelkartoffeln und Tomatensalat. Abwandlung: 1 feingewürfelte Zwiebel mitbraten.

500 g Steinpilze
Mehl, 1 Ei, Salz, Pfeffer
Semmelmehl
Margarine, Butter oder Öl zum Braten

Gebratene Reizker

500 g Echte Reizker
Salz, Pfeffer, Semmelmehl
50 g Räucherspeck
1 kleine Zwiebel

Reizker putzen, vorsichtig waschen, damit der Milchsaft geschont wird. In größere Stücke schneiden, mit Pfeffer und Salz bestreuen und in Semmelmehl wenden. In ausgebratenem Speck mit Zwiebelwürfeln in etwa 20 Minuten gar braten. Nicht zu lange braten, weil Reizker sonst fest und unverdaulich werden. Nach demselben Rezept: Steinpilze, Hallimasche, Butterpilze. Dazu grüner Salat, gekochter Schinken, Salz- oder Petersilienkartoffeln.

Gedünstete Pilze

500 g Pilze, 80 g Butter
1 kleine gewürfelte Zwiebel, Salz, Pfeffer
5 g Speisestärke
1 Eßlöffel gehackte Petersilie

Zwiebel in heißer Butter hellgelb dünsten, die vorbereiteten, geschnittenen Pilze dazugeben, salzen und pfeffern und gar dünsten. Saft mit kalt angerührter Speisestärke binden, mit Salz und Pfeffer abschmekken, mit Petersilie bestreut anrichten. Dazu Salzkartoffeln oder Kartoffelbrei. Abwandlung: Anstatt Butter 80 g Räucherspeck verwenden, Soße mit 1 bis 2 Eßlöffel saurer Sahne verfeinern.

Speck-Pfifferlinge Foto S. 252

125 g magerer Räucherspeck
30 g Margarine oder Butter
2 feingewürfelte Zwiebeln
500 g Pfifferlinge
Salz, Pfeffer
gehackte Petersilie

Gewürfelten Räucherspeck im Fett anbraten, Zwiebeln und die ganzen geputzten und gewaschenen Pfifferlinge hinzufügen, im eigenen Saft dünsten lassen, bis die Pilze gar sind und die Flüssigkeit fast verdunstet ist. Mit reichlich Petersilie bestreut anrichten; dazu grüner Salat und Salzkartoffeln.

Überraschungs-Champignons Foto S. 258

250 g Champignons (möglichst große)
Zitronensaft, etwas Butter
100 g gekochtes oder gebratenes Geflügelfleisch (Rest) oder gekochter Schinken
1 Eßlöffel Semmelmehl
1 Eigelb, Salz Pfeffer

Champignons putzen und waschen, die Stiele herausdrehen. Pilze mit Zitronensaft beträufeln, damit sie weiß bleiben, und einige Minuten in Butter andünsten. Fleisch oder Schinken fein hacken oder durch den Fleischwolf drehen, mit Eigelb und Semmelmehl verrühren, mit Pfeffer und Salz abschmecken. Pilze mit der Masse füllen, die Stiele wieder in die Mitte stecken. Champignons mit dem Stiel nach oben auf eine gebutterte Platte stellen, mit etwas zerlassener Butter beträufeln und im vorgeheizten Ofen bei mittlerer Hitze etwa 10 Minuten überbakken. Mit Zitronenspalten, Tomatenachteln und Petersilie garnieren, mit zerlassener Butter und Weißbrot heiß zu Tisch bringen.

Pilzragout mit Tomaten Foto S. 252

1 kg gemischte Pilze
125 g magerer Räucherspeck
2 Zwiebeln
20 g Margarine oder Butter
2 bis 3 Tomaten
Mehlbutter, Salz Pfeffer, Petersilie

Pilze sorgfältig putzen, waschen, abtropfen lassen und in beliebige Stücke schneiden. Speck würfeln und mit den geschnittenen Zwiebeln in Fett glasig dünsten. Pilze und geviertelte, entkernte Tomaten dazugeben, zugedeckt im eigenen Saft gar dünsten. Mit Mehlbutter binden, mit Salz und Pfeffer abschmecken und mit Petersilie bestreuen. Dazu Salzkartoffeln, Kartoffelbrei oder -klöße.

Sahnepilze auf ungarische Art

500 g Pilze
75 g Räucherspeck
2 Zwiebeln, Salz Paprika
Petersilie, 5 g Mehl
1 bis 2 Eßlöffel saure Sahne

Zwiebeln fein hacken, in zerlassenem Räucherspeck goldgelb dünsten, die geputzten, gewaschenen und geschnittenen Pilze dazugeben und gar dünsten. Mit Salz und Paprika kräftig abschmecken. Mehl mit Sahne verquirlen, die Soße damit binden und aufkochen, Petersilie hineingeben. Dazu Reis, Teigwaren oder Salzkartoffeln.

Pantherpilz
Amanita pantherina
SEHR GIFTIG

Perlpilz
Amanita rubescens
ESSBAR

Speisemorchel
Morchella esculenta
ESSBAR

Fliegenpilz
Amanita muscaria
GIFTIG

Großer Schirmpilz
Lepiota procera
ESSBAR

Hallimasch
Armillaria mellea
ESSBAR

Dickfußröhrling
Boletus pachypus
GIFTIG

Goldröhrling
Ixocomus elegans
ESSBAR

Maronenröhrling
Xerocomus badius
ESSBAR

Speitäubling
Russula emetica
GIFTIG

Speisetäubling
Russula vesca
ESSBAR

Violetter Ritterling
Tricholoma nudum
ESSBAR

Pfifferling
Cantharellus cibarius
ESSBAR

Wiesenchampignon
Psalliota campestris
ESSBAR

Grüner Knollenblätterpilz
Amanita phalloides
TÖDLICH GIFTIG

Birkenpilz
Boletus scaber
ESSBAR

Echter Reizker
Lactarius deliciosus
ESSBAR

Birkenreizker
Lactarius torminosus
GIFTIG

Rotkappe
Boletus rufus
ESSBAR

Brätling
Lactarius volemus
ESSBAR

Satanspilz
Boletus satanas
GIFTIG

Maipilz
Tricholoma gambosum
ESSBAR

Steinpilz
Boletus edulis
ESSBAR

Gallenpilz
Boletus felleus
UNGENIESSBAR

Pilzrouladen

Zwiebel würfeln, in heißem Fett goldgelb andünsten. Geputzte, gewaschene und halbierte Pfifferlinge und ausgekernte, geviertelte Tomaten zufügen und im eigenen Saft gar dünsten, mit Salz und Paprika kräftig abschmecken, Sahne hineinrühren und die Pilze mit Petersilie vermengen. Speckscheiben mit Holzspießchen zu Ringen zusammenstecken, auf eine gefettete Platte setzen und die Höhlungen mit Pilzen füllen. 5 Minuten im vorgeheizten Ofen oder Grill überbacken, heiß zu Salz- oder Petersilienkartoffeln und grünem Salat reichen.

500 g Pfifferlinge
50 g Fett, 1 Zwiebel
4 Tomaten, Salz
Paprika, gehackte
Petersilie, 6 große
Scheiben Räucherspeck
2 Eßlöffel Sahne

Champignons in Käsesoße Foto S. 253

Champignons putzen, waschen und bei Bedarf zerschneiden, in Zitronensaft und heißer Butter gar dünsten. Eigelb verquirlen, in die heiße, vom Feuer genommene Käsesoße rühren. Pilze in die Soße geben und im Ofen erhitzte Pasteten damit füllen.

500 g Champignons
50 g Butter
¼ l Käsesoße (S. 103)
1 Eigelb, Zitronensaft
Blätterteigpasteten
(S. 442)

Gurken-Pilz-Gemüse im Reisring Foto S. 253

Pilze putzen, waschen und in Stücke schneiden. Gurke schälen, der Länge nach halbieren, entkernen und in Würfel schneiden. Pilze und Gurkenstücke mit der gewürfelten Zwiebel in heißer Butter andünsten, Brühe auffüllen, gar dünsten und den Dill hinzufügen. Mehl mit Sahne verquirlen und die Brühe damit binden, mit Salz und Pfeffer abschmecken. Pilzgemüse zu Reis, Salzkartoffeln oder Kartoffelbrei oder im Reisring anrichten, mit Dill, Tomatenachteln und Zitronenspalten garnieren.

500 g gemischte Pilze
1 Salatgurke
60 g Butter, 1 Zwiebel
¼ l Brühe, gehackter Dill
30 g Mehl, ⅛ l saure
Sahne, Salz, Pfeffer

Karotten-Pilz-Topf Foto S. 258

Karotten bürsten oder schaben, in Würfel schneiden und 15 Minuten in der Brühe dünsten. Paprikaschoten entkernen, Scheidewände und Stiele wegschneiden, in Streifen schneiden, mit den geputzten, gewaschenen und gewürfelten Pilzen in feingewürfeltem Räucherspeck andünsten, mit den Karotten vermengen und zusammen etwa 10 Minuten schmoren. Butter und Mehl verkneten, in das Gemüse legen und zergehen lassen, fünf Minuten durchkochen. Mit Salz, Pfeffer und Streuwürze abschmecken. Dazu Salzkartoffeln oder gebratenes Fleisch.

500 g Karotten, ⅛ l Brühe
250 g Paprikaschoten
250 g Mischpilze
125 g fetter Räucherspeck
20 g Mehl, 20 g Butter
Salz, Streuwürze, Pfeffer

Pilzsalat

Pilze (Steinpilze, Echte Reizker, Violette Ritterlinge, Pfifferlinge oder Maronenröhrlinge) putzen, waschen und in Stücke schneiden. In schwach gesalzenem Wasser in 15 bis 25 Minuten gar dünsten, abtropfen lassen. Tomaten in Achtel schneiden, Schinken fein würfeln. Öl, Essig, Sahne, geriebene oder feingehackte Zwiebel und Petersilie mit Salz und Pfeffer zu einer Soße verrühren, die Pilze, Tomatenachtel und Schinkenwürfel mit der Soße mischen, durchziehen lassen und kalt servieren.

750 g Pilze
3 bis 4 Tomaten
200 g gekochter Schinken
4 Eßlöffel Öl
2 Eßlöffel Essig
2 Eßlöffel saure Sahne
1 kleine Zwiebel
gehackte Petersilie
Salz, Pfeffer

Pilze schmecken am besten, wenn man sie selbst gesammelt und zubereitet hat. Ohne Grundkenntnisse in der Pilzkunde ist das nicht möglich. Die Tafeln auf den vorhergehenden beiden Seiten erleichtern den Weg zur Kennerschaft, weil sie die wichtigsten verwechslungsfähigen Pilzarten jeweils nebeneinander abbilden.

	Pilze mit Rührei
500 g beliebige Pilze Salz, 50 g Butter 1 Zwiebel, 5 Eier 4 Eßlöffel Milch, Pfeffer gehackte Petersilie	Zwiebel würfeln, in heißer Butter goldgelb dünsten, die geputzten, gewaschenen und geschnittenen Pilze dazugeben, 15 Minuten dünsten. Eier mit Milch, Salz und Pfeffer verquirlen, über die Pilze geben und unter Umrühren stocken lassen. Mit Petersilie bestreut anrichten.

Nudeln mit Pilzen

500 g Band- oder Formnudeln
200 g Pfifferlinge
1 Zwiebel, 60 g Butter
Salz, Pfeffer
3 Eßlöffel Sahne

Pilze säubern, waschen und zerschneiden, in heißer Butter mit feingeschnittener Zwiebel gar dünsten, vom Feuer nehmen, Sahne hineinrühren, mit Pfeffer und Salz abschmecken. Nudeln in Salzwasser garen, abschrecken, abtropfen lassen und mit den Pilzen mischen.

Steinpilze im Ausbackteig

500 g gedünstete Steinpilze
Zitronensaft, Petersilie
Ausbackteig (S. 452)

Steinpilze in gleichmäßig große Stücke schneiden, mit Zitronensaft beträufeln, in feingehackter Petersilie wälzen, durch Ausbackteig ziehen und in heißem Fett schwimmend backen.

Champignons vom Grill

Große, gleichmäßige Champignons waschen, abtrocknen, mit Öl bepinseln und im Grillgerät garen. Mit Kräuterbutter belegt zu feinen Fleischgerichten servieren.

Trüffeln in Blätterteig

Pro Person:
1 geschälte Trüffel (15 bis 20 g)
1 Scheibe gekochter Schinken
Blätterteig (S. 441), Eigelb

Trüffeln in Schinken wickeln. Blätterteig messerrückendick ausrollen, längliche Vierecke ausschneiden, jeweils eine in Schinken gehüllte Trüffel in ein Viereck einschlagen, mit verquirltem Eigelb bestreichen und im vorgeheizten Ofen backen. Dazu Trüffelsoße (Madeirasoße mit gehackten Trüffeln gewürzt) reichen.

Weitere Pilzgerichte auf den Seiten 74, 84, 99.

Überraschungs-Champignons (rechts, Rezept S. 254) werden mit gehacktem Fleisch gefüllt. Links: Der Karotten-Pilz-Topf (Rezept S. 257) mit Paprikastreifen und Räucherspeck hält, was das Foto verspricht.

Kartoffelküche

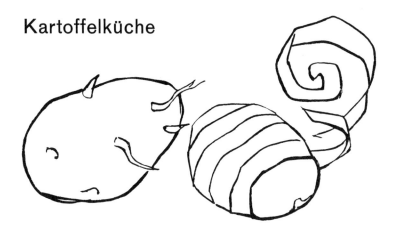

»Sir Francis Drake, der im Jahre des Herrn 1586 den Genuß der Kartoffel in Europa verbreitete. Der Segen von Millionen Menschen, die den Erdball bebauen: dein unvergänglicher Nachruhm.« Das ist die Inschrift eines Gedenksteines, den die Stadtväter von Offenburg in Baden vor 100 Jahren errichteten. Wenn von der Geschichte des Kartoffelanbaus in Europa die Rede ist, fällt auch der Name des britischen Seehelden und Abenteurers. Dabei weiß man heute, daß Sir Francis weder der erste gewesen ist, der Kartoffeln aus Südamerika mitbrachte, noch besonders viel für die Einführung der Kartoffel getan hat. Vermutlich waren jene Knollenfrüchte, die er der englischen Königin Elisabeth I. 1581 auf einem Bankett vorsetzen ließ, auch gar keine Kartoffeln, sondern Bataten, eine Süßkartoffelart. Aber seinem Ruhm hat das keinen Abbruch getan. Immerhin dauerte es nach Drakes Zeiten noch zweihundert Jahre, bis sich die Artoffeln, Pataten, Erdbirnen, Cartuffeln, Tartüffeln, Truffen, Papas oder auch Erdmorcheln, wie sie damals genannt wurden, allgemein durchzusetzen begannen.

Heute schätzt man den Wert der Kartoffelproduktion in Deutschland auf 3 Milliarden DM jährlich; etwa die Hälfte der Ernte wandert in die Futtertröge. Der Jahresverbrauch an Speisekartoffeln liegt im Durchschnitt bei 130 kg pro Person. Noch vor 50 Jahren zählte man in Deutschland über 1 000 Kartoffelsorten. Jetzt sind es rund 100, die nach Reifegrad und -zeit in sehr früh, früh, mittelfrüh und mittelspät bis spät reifende eingeteilt werden. Für die Hausfrau ist es dabei wichtig, den Augenblick zu erkennen, von dem an es für sie wirtschaftlicher ist, sich den neuen Kartoffeln mit dem geringeren Abfall zuzuwenden – selbst bei höherem Preis.

Vom richtigen Zubereiten

Es gibt keine »Universalkartoffel«. Sache der Hausfrau ist es, für den jeweiligen Zweck die richtige Sorte zu wählen – für Salate und Pommes frites etwa die speckige Salatkartoffel, für Salzkartoffeln eine fest kochende und für Klöße, Suppen und Eintöpfe eine mehlig kochende Sorte. Neben dem Verwendungszweck ist allerdings auch der Familiengeschmack für die Sortenwahl entscheidend. Ein paar Tips:

▶ In der Schale gekochte Kartoffeln (Pellkartoffeln) behalten mehr Nährstoffe als die geschälten und verursachen weniger Abfall.
▶ Pellkartoffeln, die nicht sofort geschält werden sollen, schreckt man nach dem Kochen ab, dann lassen sie sich später leichter abziehen.
▶ Geschälte Kartoffeln werden gewaschen und erst vor dem Aufsetzen zerschnitten. Kartoffeln nicht stundenlang im Wasser stehenlassen.
▶ Salzkartoffeln mit möglichst wenig Wasser dämpfen, den Topfdeckel dabei fest schließen. Nach dem Abgießen gut schütteln und etwas nachdämpfen.
▶ Kochwasser von Salzkartoffeln möglichst zur Zubereitung von Suppen und Soßen mitverwenden, weil es viele Nährstoffe enthält.

GEKOCHTE UND GEDÄMPFTE KARTOFFELN

Pellkartoffeln werden vor der Zubereitung gründlich gewaschen, bei Bedarf auch abgebürstet. Gleich große Kartoffeln werden gleichzeitig gar. Salzkartoffeln sollen möglichst dünn geschält und sorgfältig mit einem spitzen Messer von den Augen befreit werden.

1 kg Kartoffeln, Salz nach Belieben etwas Kümmel

Pellkartoffeln *Farbfoto siehe rechte Seite*

Kartoffeln säubern, mit kaltem Wasser, Salz und (nach Belieben) Kümmel aufsetzen, zum Kochen bringen und bei schwacher Hitze gar kochen. Abgießen, die Kartoffeln im offenen Topf bei schwacher Hitze nachdämpfen.

1 kg Kartoffeln, Salz 250 g Streichschmelzkäse 2 bis 3 Eßlöffel Sahne je 1 Eßlöffel feingehackte Zwiebeln und Essiggurken Pfeffer, Paprika

Pellkartoffeln mit Käsecreme *Foto S. 264*

Käse mit Sahne verrühren, Zwiebeln und Gurken untermischen, mit Pfeffer und Paprika abschmecken. Kartoffeln in der Schale kochen, mit der Creme als Abendessen reichen. Abwandlung: Pellkartoffeln mit Quark (siehe S. 309, Quark-Brotaufstrich) zu Tisch geben.

Pellkartoffeln in warmer Soße

Kartoffeln säubern, in der Schale in Salzwasser gar kochen, abpellen, in Scheiben schneiden und in einer der folgenden Soßen heiß werden lassen:
1. Béchamelkartoffeln: ½ l Béchamelsoße (S. 103).
2. Pilzkartoffeln: ½ l Kräuter-Pilzsoße (S. 106), helle oder dunkle Pilzsoße (S. 253).
3. Schinkenkartoffeln: ½ l helle Grundsoße (S. 101) mit 100 g feingeschnittenem Schinken aufkochen.
4. Heringskartoffeln: ½ l warme Heringssoße (S. 102).
5. Petersilienkartoffeln: ½ l helle Grundsoße (S. 101) mit 1 bis 2 Eßlöffeln gehackter Petersilie vermischen.
6. Senfkartoffeln: ½ l Senfsoße (S. 102).

Die Kartoffel ist eine Verwandlungskünstlerin, die immer wieder in anderen Verkleidungen auftreten kann. Sie weiß sich im schlichten Gewand so gut zu behaupten wie im anspruchsvollen. Auf dem Farbfoto (Rezepte auf den folgenden Seiten): 1. Kartoffelbrei; 2. Kroketten; 3. Strohkartoffeln; 4. Kartoffelchips; 5. Pommes frites; 6. Salzkartoffeln; 7. geschälte Kartoffeln; 8. Pellkartoffeln; 9. rohe Kartoffelstäbchen für Pommes frites; 10. Pommes-frites-Schneider und Kartoffelpresse.

7. **Schnittlauchkartoffeln:** ½ l helle Grundsoße mit 2 Eßlöffeln gehacktem Schnittlauch mischen.
8. **Kräuterkartoffeln:** Kräuter- oder Sahne-Kräutersoße (S. 101, 106).
9. **Tomatenkartoffeln:** ½ l Tomatensoße (S. 104).
10. **Zwiebelkartoffeln:** ½ l Zwiebelsoße (S. 102).

Zu Pellkartoffeln in warmer Soße passen Würstchen, gebratene Leber, Frikadellen oder Sülze und grüner Salat.

Salzkartoffeln *Farbfoto S. 261*

1 kg Kartoffeln, Salz

Die dünn geschälten, von den Augen befreiten Kartoffeln waschen, in Hälften oder Viertel (gleichmäßig große Stücke) teilen, mit Wasser und Salz kalt aufsetzen, zum Kochen bringen und bei schwacher Hitze garen. Abgießen, die Kartoffeln im offenen Topf nachdämpfen.

Brühkartoffeln *Bouillonkartoffeln*

1 kg Kartoffeln
½ l Fleisch- oder Gemüsebrühe, Salz
Muskat, Suppenwürze
gehackte Petersilie

Kartoffeln schälen, in gleichmäßige Würfel schneiden, mit kalter Brühe aufsetzen, zum Kochen bringen und bei schwacher Hitze garen. Mit Salz, Muskat und Suppenwürze abschmecken, beim Anrichten mit Petersilie bestreuen. – Abwandlung: Sellerie-, Petersilienwurzel- und Mohrrübenstreifen und Porreestückchen in Fett oder ausgebratenem Räucherspeck anbraten, mit den Kartoffeln dünsten.

Dillkartoffeln

1 kg kleine, gleichmäßige Kartoffeln, Salz, 50 g Butter
2 Eßlöffel gehackter Dill

Kartoffeln in der Schale in Salzwasser kochen, abpellen, in zerlassener Butter schwenken, mit Dill bestreuen und leicht nachsalzen. (Nach Möglichkeit kleine neue Kartoffeln verwenden. Größere Kartoffeln nach dem Pellen in dicke Scheiben schneiden.)

Petersilienkartoffeln

Zubereitung und Zutaten wie Dillkartoffeln; statt Dill 2 Eßlöffel gehackte Petersilie verwenden.

GEBACKENE UND GEBRATENE KARTOFFELN

Neben den herkömmlichen Brat- und Röstkartoffeln, deren Zubereitung außer dem Kaffeekochen zur allerersten Lektion der Kochkunst gehört, verdienen die im Ofen oder Grill gebackenen Kartoffeln stärkere Beachtung.

Gebackene Kartoffeln *Foto S. 264*

Möglichst gleich große neue Kartoffeln bürsten, waschen und abtropfen lassen, mit Butter (oder Öl) pinseln, auf ein gefettetes Backblech setzen und bei mittlerer Hitze im vorgeheizten Backofen in etwa 40 Minuten garen. – Abwandlung: 500 g Tomaten einschneiden, salzen, pfeffern, mit Butterflöckchen besetzt 15 Minuten mitbraten.

Pellkartoffeln gart man am besten im Dampf. Wenn man einen Drucktopf verwendet, läßt sich die Garzeit erheblich abkürzen.

Zwei beliebte Kartoffelgerichte: Mit Salaten reicht man das Kartoffelgemüse (oben; Rezept S. 265), mit Zwiebelsoße die im Ofen gebackenen Kümmelkartoffeln (Rezept S. 264), die man aus gleichmäßig großen neuen Kartoffeln zubereitet. Auch zu Kümmelkartoffeln paßt Salat.

Gebackene Kartoffeln (links, Rezept S. 263) werden im Ofen gegart; dazu ißt man gebratene Tomaten. Rechts: Pellkartoffeln mit Käsecreme (Rezept S. 260), ein leckeres, abwechslungsreiches Abendessen.

1 kg neue Kartoffeln
Butter, Salz, Kümmel

Kümmelkartoffeln Farbfoto S. 262

Kartoffeln bürsten und waschen, abtropfen lassen und halbieren. Schnittfläche mit Butter bestreichen, mit Salz und Kümmel bestreuen. Auf gefettetem Backblech (Schnittfläche nach oben) bei mittlerer Hitze etwa 30 bis 40 Minuten im Ofen backen. Dazu Zwiebelsoße.

1 kg Kartoffeln, Salz
1 bis 2 Zwiebeln, 80 g Fett

Bratkartoffeln aus gekochten Kartoffeln

Kartoffeln säubern, in der Schale kochen, abpellen und kalt werden lassen. In Scheiben schneiden, mit den gewürfelten, etwas später zugefügten Zwiebeln in heißem Fett unter häufigem Umwenden goldbraun braten, salzen. Nach demselben Rezept Reste von Salzkartoffeln verarbeiten. Abwandlung: 3 bis 4 Eier mit Salz und Pfeffer verquirlen, über die fast fertigen Kartoffeln geben und stocken lassen.

1 kg Kartoffeln, Salz
80 g Fett oder 100 g
Räucherspeck

Bratkartoffeln aus rohen Kartoffeln

Kartoffeln schälen und waschen, in Scheiben, Würfel oder Stifte schneiden und in Fett oder ausgebratenem Speck 10 Minuten zugedeckt anbraten, salzen und in der offenen Pfanne bräunen.

1 kg Kartoffeln
100 g Räucherspeck
½ Knoblauchzehe
1 Zwiebel
etwas Rosmarin, Salz

Tessiner Rösti

Kartoffeln säubern, in der Schale in Salzwasser gar kochen, abpellen und erkalten lassen, dann in Scheiben schneiden. Feingewürfelten Speck in der Pfanne mit Zwiebelringen, Knoblauch und Rosmarin glasig anbraten, Kartoffelscheiben zugeben, salzen und braten.

1 kg möglichst kleine
Kartoffeln, Salz, 60 g Fett

Röstkartoffeln

Kartoffeln säubern, in der Schale in Salzwasser gar kochen, abpellen und in heißem Fett goldgelb rösten, dann salzen. (Größere Kartoffeln nach dem Abpellen in große Würfel schneiden.)

Zu *Kartoffelgulasch (links)* passen heiße Würstchen und Salate. *Käsekartoffeln mit Paprikagemüse (rechts)* werden mit Schinken und Schmelzkäse zubereitet und im Ofen überbacken *(Rezepte S. 266).*

Käserösti

Kartoffeln säubern, in der Schale in Salzwasser gar kochen, abpellen und erkalten lassen, dann in Scheiben schneiden. In heißem Fett fast fertig braten, mit feingeschnittenem oder geriebenem Käse mischen und unter ständigem vorsichtigem Rühren weiterbraten, bis der Käse geschmolzen ist.

1 kg Kartoffeln, 80 g Fett
Salz, 125 bis 175 g
Emmentaler Käse

Tiroler Gröstl

Kartoffeln säubern, in der Schale kochen, abpellen, erkalten lassen und in Scheiben schneiden. Fleisch oder Wurst und Zwiebel würfeln, mit den Kartoffelscheiben in heißem Fett bräunen, salzen und mit Petersilie bestreut anrichten. Verfeinerung: 1 gewürfelte Gurke mitbraten.

750 g Kartoffeln, Salz
250 g gekochtes oder
gebratenes Fleisch (Reste)
oder Wurst
2 kleine Zwiebeln
80 g Fett
gehackte Petersilie

KARTOFFEL-MISCHGERICHTE

Bei den Mischgerichten aus Kartoffeln (siehe auch S. 260, Pellkartoffeln in warmer Soße) gibt es so viele Abwandlungsmöglichkeiten, daß die Hausfrau selbst mit ein wenig Phantasie neue Variationen erfinden kann, wobei die Anregungen von den vorhandenen Zutaten oder auch Resten ausgehen werden. Beliebt sind überbackene Gerichte, die in der feuerfesten Form auf den Tisch gebracht werden können.

Kartoffelgemüse *Farbfoto S. 262*

Aus Butter und Mehl eine Mehlschwitze zubereiten, Zwiebel und die Knoblauchzehe darin anrösten. Brühe und Sahne aufgießen, 15 Minuten kochen und mit Zucker, Salz, Pfeffer, Muskat und Majoran abschmecken. Kartoffeln abpellen, in feine Scheiben schneiden und in die Soße geben. Einige Minuten durchziehen lassen. Mit Petersilie bestreut zu Tomaten-, Paprika- oder grünem Salat reichen.

750 g Pellkartoffeln
80 g Butter, 60 g Mehl
1 feingeschnittene Zwiebel
1 Knoblauchzehe, Zucker
Pfeffer, Muskat, Salz
Petersilie, 1 Teelöffel
Majoran
½ l Fleischbrühe
⅛ l saure Sahne

Tomatenkartoffeln siehe S. 331.

Annakartoffeln (links mit gebratenem Rindfleisch, Rezept siehe unten) kann man in Förmchen garen. Überbackene Kartoffeln (Rezept siehe rechte Seite) sind eine ideale Resteverwertung für Fleisch und Gemüse.

1 kg Kartoffeln
125 g fetter Räucherspeck
250 g Zwiebeln, 40 g Mehl
1 Teelöffel Paprika
etwas abgeriebene Zitronenschale, ½ l Brühe
Salz, 1 Messerspitze gehackter Kümmel

Kartoffelgulasch Foto S. 265

Kartoffeln in der Schale dämpfen (oder Rest vom Vortag verwenden). Speck würfeln und ausbraten, Zwiebeln schneiden und in Speckfett hellgelb rösten, etwas Paprika mitrösten, das Mehl darin anschwitzen, gehackten Kümmel und abgeriebene Zitronenschale dazugeben. Mit Brühe auffüllen, 10 Minuten kochen. Kartoffeln abpellen und in Scheiben oder geviertelt in die Soße legen. Einige Minuten ziehen lassen und abschmecken. Dazu passen heiße Würstchen, Gemüse, Rohkost- oder grüner Salat.

6 bis 8 große Kartoffeln
Salz, etwas Kümmel
150 g gekochter Schinken
3 bis 4 Scheiben Holländer Schmelzkäse, etwas Anchovispaste
500 g Paprikaschoten
1 Zwiebel, 60 g Fett
½ l Brühe, 1 kleine Dose Tomatenmark, Salz
Pfeffer, Streuwürze
10 g Speisestärke
etwas Butter, Reibkäse

Käsekartoffeln mit Paprikagemüse Foto S. 265

Kartoffeln schälen und in leicht gesalzenem Wasser (etwas Kümmel beifügen) gar kochen. Die Kartoffeln der Länge nach halbieren und die eine Hälfte etwas aushöhlen. Höhlung mit feingeschnittenem Schinken füllen, je ½ Scheibe Käse auflegen, mit etwas Anchovispaste bestreichen und die zweite Hälfte als Deckel aufsetzen, mit einem Holzspießchen befestigen. – Paprikaschoten vorbereiten und zerschneiden, mit geschnittener Zwiebel in heißem Fett andünsten und mit Brühe auffüllen. Tomatenmark hineinrühren, die Paprikastücke gar kochen, mit Salz, Pfeffer und Streuwürze abschmecken und mit kalt angerührter Speisestärke binden. Gemüse in eine feuerfeste Form füllen, die Kartoffeln darauf setzen, mit zerlassener Butter beträufeln und mit Reibkäse bestreuen. Im vorgeheizten Ofen überbacken.

750 g Kartoffeln, Salz
Pfeffer, 1 Zwiebel, Butter

Annakartoffeln Foto siehe oben

Kartoffeln schälen, waschen und in dünne Scheiben schneiden, schuppenartig mit reichlich Butter dazwischen in eine gefettete feuerfeste Form (oder in mehrere kleine Förmchen) legen, salzen, pfeffern und mit zerlassener Butter beträufeln. Die Form schließen. Im vorgeheizten Ofen bei kräftiger Hitze in 60 bis 80 Minuten garen. Die fertigen Kartoffeln auf eine vorgewärmte Platte stürzen.

Überbackene Kartoffeln *Foto siehe linke Seite*

1 kg Kartoffeln, Salz
¹/₂ l helle Grundsoße
(S. 101)
Reibkäse, Butterflöckchen
Semmelmehl, vorbereitete
Füllung (siehe unten)

Kartoffeln säubern, in der Schale kochen (oder Rest vom Vortag verwenden), abpellen und in Scheiben schneiden. Kartoffelscheiben abwechselnd mit der Füllung in eine gefettete feuerfeste Form schichten, für die letzte Schicht Kartoffeln nehmen. Mit Soße übergießen, mit Reibkäse und Semmelmehl bestreuen, Butterflöckchen aufsetzen und in 30 bis 40 Minuten bei starker Hitze (225 bis 250° C) im vorgeheizten Ofen überbacken. Abwandlung: Statt Soße ¼ l saure Sahne mit der gleichen Menge Brühe und zwei Eigelb verquirlen, mit 1 Eßlöffel Mehl verrühren und über die Masse gießen, überbacken. Füllungsvorschläge:

1. 150 bis 200 g roher oder gekochter Schinken, in Würfel geschnitten.
2. 3 gewässerte, entgrätete und feingeschnittene Salzheringe.
3. 300 g gesäuberte und geschnittene, mit einer gehackten Zwiebel in wenig Butter angedünstete Pilze.
4. 200 g bis 250 g Reste von gekochtem oder gebratenem Fleisch (auch Wild oder Geflügel) oder die gleiche Menge gewürztes Hackfleisch.

IN FETT GEBACKENE KARTOFFELN

Pommes frites und alle Abwandlungen dieser Zubereitungsart werden in heißem Fett oder Öl (auch in Kokosfett) schwimmend gebacken und anschließend erst gesalzen. Mehlige Kartoffeln eignen sich am besten dazu, eine Friture (Spezial-Fettopf) mit Backkorb erleichtert das Backen. In Fett gebackene Kartoffeln passen als Beilagen zu kurzgebratenem oder gegrilltem Fleisch.

Pommes frites *Farbfoto S. 261*

Kartoffeln schälen, waschen und in etwa 1 cm dicke, 5 bis 6 cm lange Stäbchen schneiden, auf einem Tuch trocknen. Portionsweise vorsichtig (möglichst mit einem Backkorb) in heißes Fett oder Öl geben, den Korb hin und wieder etwas schütteln. Die Kartoffelstäbchen hellgelb backen, dann herausnehmen und abtropfen lassen. Fett nach jeder Portion wieder heiß werden lassen, nicht zu viele Kartoffelstäbchen auf einmal nehmen, weil sie leicht zusammenbacken und das Fett zu stark abkühlen und weil das austretende Wasser das Backfett überschäumen läßt. Kurz vor dem Anrichten nochmals, diesmal in etwas größeren Portionen, in das heiße Fett geben und mittelbraun backen, abtropfen lassen und mit feinem Salz bestreuen. Knusprig und heiß zu Tisch geben.

Mit dem Ausstecher werden Schloßkartoffeln vorbereitet (unten). Pommes frites läßt man nach dem ersten Backgang abtropfen.

Strohkartoffeln *Farbfoto S. 260, Foto S. 269*

Zubereitung wie Pommes frites, aber die geschälten Kartoffeln in 5 bis 6 cm lange, strohhalmdicke Stäbchen schneiden. – Streichholzkartoffeln: noch dünnere, streichholzstarke Stäbchen schneiden.

Schloßkartoffeln

Kartoffeln schälen und waschen, mit einem Ausstecher olivenförmig in Taubeneigröße ausstechen oder halbmondförmig zurechtschneiden. In leicht gesalzenem Wasser 5 Minuten kochen, langsam in Butter gar braten und mit Petersilie bestreut anrichten. – Pariser Kartoffeln: Kugeln ausstechen, nach dem Rezept für Schloßkartoffeln zubereiten.

Kartoffelbrei kann man kräftig mit dem Schneebesen schlagen, damit er duftig und locker aussieht.

Kartoffelchips *Farbfoto S. 261*

Zubereitung wie Pommes frites, aber die Kartoffeln in dünne Scheibchen hobeln. Die fertigen Chips mit Salz und Paprika bestreuen.

KARTOFFELBREIGERICHTE

Frisch gekochte Salzkartoffeln sind die Grundlage von Kartoffelbrei, auch Kartoffelpüree genannt. Je nach dem Verwendungszweck hält man den Brei flüssiger oder fester. Für »schnelle« Kartoffelbreigerichte hat sich Püreemehl (im Handel erhältlich) bewährt.

Stampfkartoffeln

Kartoffeln schälen und waschen, halbieren und in leicht gesalzenem Wasser gar kochen, abgießen und bei offenem Topf etwas nachdämpfen. Grob zerstampfen, mit Butterflöckchen besetzen, leicht nachsalzen und sofort anrichten. Nach Belieben Semmelmehl in Butter anrösten und die Stampfkartoffeln damit begießen.

Kartoffelschnee

Kartoffeln schälen und waschen, halbieren oder vierteln, in leicht gesalzenem Wasser gar kochen, abgießen und bei offenem Topf etwas nachdämpfen. Durch die Presse auf eine Platte drücken, mit zerlassener Butter beträufeln und sofort anrichten, nicht verrühren.

1 kg Kartoffeln, Salz 50 g Butter, ¼ l Milch

Kartoffelbrei *Farbfoto S. 261*

Kartoffeln schälen und waschen, halbieren oder vierteln und in leicht gesalzenem Wasser gar kochen. Wasser abgießen, die Kartoffeln heiß durch die Presse drücken oder zerstampfen, mit Butter und heißer Milch gut verrühren. Mit Salz abschmecken, mit gedünsteten Zwiebelringen oder in Butter gebräuntem Semmelmehl anrichten.

Kroketten (rechts) werden mit bemehlten Händen aus nicht zu festem Kartoffelteig geformt. Fleischteig füllt man in feuerfeste Förmchen, spritzt Kartoffelbrei (Mitte) darüber, bestreicht ihn mit Eigelb und überbackt ihn im mittelheißen Ofen.

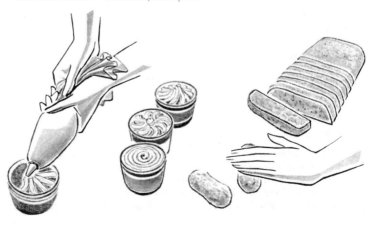

Herzoginkartoffeln (links, Rezept siehe unten) gibt man als Beilage zu Fleischgerichten. Rechts: Strohkartoffeln (Rezept S. 267), hier im Spinatring serviert, passen zu kurzgebratenem oder grilltem Fleisch. Sie werden wie Pommes frites in heißem Fett schwimmend gebacken.

Herzoginkartoffeln mit Champignons Foto siehe oben

Kartoffeln schälen, waschen, in leicht gesalzenem Wasser kochen und durch die Presse drücken. Die Masse abkühlen lassen, mit Butter und Eigelb gut verrühren, mit Salz und Muskat abschmecken. Aus der heißen Masse kleine Törtchen auf das gefettete Backblech spritzen, mit Eigelb bestreichen und bei Mittelhitze in 10 bis 15 Minuten goldgelb überbacken. Champignons in Butter dünsten, die Förmchen damit füllen, je 1 halbe Tomate aufsetzen. Auf vorgewärmter Platte mit den restlichen Champignons umlegt servieren. Dazu Hammelkoteletts, Kalbsschnitzel oder andere Fleischgerichte.

*750 g Kartoffeln, Salz
30 g Butter, 2 Eigelb
Salz, Muskat, 1 Dose
Champignons, etwas
Butter, 2 bis 3 Tomaten*

Kartoffelring

Kartoffeln schälen und waschen, halbieren und in leicht gesalzenem Wasser gar kochen, abgießen und durch die Presse geben, dann abkühlen lassen. Butter leicht erwärmen und glattrühren, Eigelb hinzufügen und nach und nach die durchgepreßten Kartoffeln hineinrühren, mit Salz und Muskat abschmecken. Eiweiß steif schlagen und unter die Masse heben, in eine gut gefettete Ringform füllen und 25 bis 30 Minuten im vorgeheizten Backofen bei guter Mittelhitze backen. Heiß auf eine Platte stürzen; die Mitte mit Kalbfleisch-, Geflügel-, Pilz- oder Fischragout füllen.

*750 g Kartoffeln, Salz
60 g Butter, 2 Eigelb
Muskat, 2 Eiweiß*

Kartoffelkroketten Farbfoto S. 261

Kartoffeln schälen, waschen, halbieren und in leicht gesalzenem Wasser gar kochen. Wasser abgießen, die Kartoffeln abdämpfen, durch die Presse drücken und etwas abkühlen lassen. Butter, Eigelb, Salz und Muskat hinzugeben und so viel Mehl hineinarbeiten, daß sich aus dem Teig mit bemehlten Händen 3 cm dicke und 5 bis 7 cm lange Rollen formen lassen. Die Rollen durch verquirltes Ei ziehen, in Semmelmehl (oder Kokosraspel) wälzen und in heißem Fett schwimmend goldbraun backen. Zu gebratenem Fleisch und Gemüsen reichen.

*750 g Kartoffeln, Salz
Muskat, 35 g Butter
1 Eigelb, etwas Mehl
1 verquirltes Ei
Semmelmehl, Backfett*

500 g Kartoffeln
125 g gekochter Schinken
1/8 l ungesüßte Sahne
125 g Schweizer Käse
etwas Butter oder
Margarine

Chantilly-Kartoffeln Foto siehe unten

Kartoffeln zu Brei verarbeiten (S. 268) und heiß halten, Sahne steif schlagen und vorsichtig mit dem feingewürfelten Käse vermengen. Brei in eine gut gefettete feuerfeste Form füllen, mit gewürfeltem Schinken belegen und mit der Sahne-Käse-Masse zudecken. Im vorgeheizten Backofen bei starker Mittelhitze in etwa 5 bis 8 Minuten überbacken.

1 Paket
Kartoffelpüreemehl
2 Eigelb
375 g enthäutete, in
Scheiben geschnittene
Brühwürstchen, Reibkäse
oder Semmelmehl
Butterflöckchen
2 Tomaten

Kartoffel-Schnellgericht Foto siehe unten

Püreemehl nach Vorschrift anrühren, 2 verquirlte Eigelb und die Wurstscheiben hineinrühren, in eine gefettete feuerfeste Form füllen und mit Semmelmehl oder Reibkäse bestreuen, Butterflöckchen aufsetzen. Im vorgeheizten Ofen bei mittlerer Hitze etwa 20 Minuten überbacken, mit einigen zurückbehaltenen Wurstscheiben und mit Tomatenachteln garniert zu Tisch geben, dazu Tomatensalat reichen.

Überbackener Kartoffelbrei siehe S. 331.

Kartoffelplätzchen

Zutaten und Zubereitung nach dem Rezept für Kroketten, aber aus dem Teig flache Plätzchen formen und in der Pfanne von beiden Seiten goldbraun braten. Gut geeignet als Kartoffel-Resteverwertung.

1 kg Kartoffeln, 2 Eier
1 geriebene Zwiebel
etwa 50 g Mehl oder Grieß
Salz, Backfett

Kartoffelpuffer Reibekuchen

Die rohen Kartoffeln reiben, abtropfen lassen und sofort mit den übrigen Zutaten zu einem Brei verarbeiten. Fett oder Öl in der Pfanne heiß werden lassen, aus dem Teig mit einem Löffel dünne Plätzchen in die Pfanne streichen, von beiden Seiten goldgelb backen. Sehr heiß zu Tisch geben, dazu Apfelmus, Preiselbeeren oder anderes Kompott. Abwandlung: 2 bis 3 Eßlöffel saure Sahne und etwas mehr Mehl zum Teig nehmen oder die Zwiebel durch einen geriebenen Apfel ersetzen, nach Belieben auch Grieben in den Teig mischen.

Aus Kartoffelpüreemehl zubereitet wurde das Kartoffel-Schnellgericht (links) mit Würstchenscheiben. Chantilly-Kartoffeln enthalten Käsewürfel, Schinken und ungesüßte Schlagsahne (Rezepte siehe oben).

Knödel und Klöße

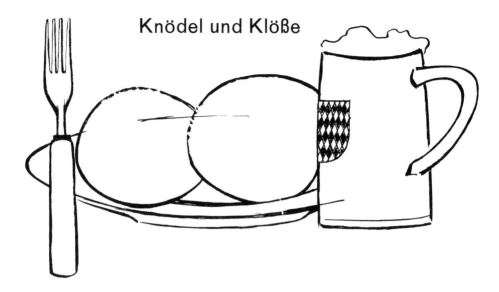

Südlich der Mainlinie heißen sie Knödel, nördlich davon Klöße – gemeint ist in beiden Fällen dasselbe, auch wenn es durchaus Meinungsverschiedenheiten über die für richtig befundene Zubereitungsart geben kann; sie sind eine mitteleuropäische Spezialität. Wenn man nach der Hochburg der Knödelküche forschen wollte, hätte man sie wohl irgendwo im Böhmischen zu suchen, weil es dort die meisten Knödelvariationen und die unermüdlichsten Knödelesser geben soll. Neben handfesten Kartoffelklößen, lockeren Hefeknödeln und duftigen Semmelknödeln mit pikanter oder süßer Beilage gibt es eine Vielzahl süßer Knödel und Klöße mit duftigen und herben Füllungen, die den Mehlspeisen (ab S. 293) zuzurechnen sind. Eines haben alle gemeinsam: sie sind rund oder zumindest rundlich, was schon aus den beiden Bezeichnungen hervorgeht, denn Kloß wird vom griechischen »glutos« (Rundung) abgeleitet, und Knödel sind eigentlich »Knötel« (kleine Knoten). Einige Grundregeln für diese »runde Sache«:
▶ Der Teig darf weder zu flüssig noch zu klebrig gemacht werden, er muß sich von der Schüssel lösen.
▶ Grundsätzlich einen Probekloß formen und kochen. Falls der Teig zu weich oder zu hart ist, die Masse fester oder lockerer verarbeiten.
▶ Nicht alle Knödel- oder Kloßarten sind fertig, wenn sie an die Oberfläche steigen. Bevor man die Klöße aus dem Wasser nimmt, erst einen Kloß zur Probe aufreißen und feststellen, ob er durchgegart ist. Gare Klöße sehen innen locker und trocken aus.

KARTOFFELKNÖDEL UND -KLÖSSE

Rohe Kartoffeln reibt man in kaltes Wasser, damit sie sich nicht verfärben, preßt sie gut aus und verarbeitet sie sofort weiter. Gekochte Kartoffeln für Knödel oder Klöße sollten vom Vortag stammen oder zumindest gut ausgekühlt sein. Anstelle von geriebenen rohen Kartoffeln kann man bei allen Rezepten auch Kartoffelknödelmehl verwenden; nach Belieben vermengt man eine geriebene rohe Kartoffel mit dem Knödelmehlteig, damit er stärker nach rohen Kartoffeln schmeckt, oder verwendet Knödelmehl für rohe Klöße.

1,5 kg rohe Kartoffeln
500 g gekochte Kartoffeln
⅛ l Milch, Salz
geröstete Semmelwürfel

Thüringer Klöße *Foto siehe rechte Seite*

Rohe Kartoffeln schälen, waschen und reiben, gut auspressen, mit den geriebenen (oder durch den Fleischwolf gedrehten) gekochten Kartoffeln, Milch und Salz rasch zu Kloßteig verarbeiten. Wenn der Teig zu locker wird, etwas Mehl, Grieß oder Semmelmehl hineinarbeiten. Mit angefeuchteten oder bemehlten Händen Klöße formen, in jeden Kloß einige Semmelwürfel füllen. Klöße in kochendes Wasser geben und bei mittlerer Hitze garen. Zu fetten Braten (Schwein, Gans) mit Rotkohl oder Sauerkraut.

1 kg rohe Kartoffeln
500 g gekochte Kartoffeln
4 Semmeln, Salz
ca. ⅛ l Milch

Bayerische Reibeknödel

Rohe Kartoffeln schälen, waschen und reiben, gut auspressen, mit den geriebenen (oder durch den Fleischwolf gedrehten) gekochten Kartoffeln und den in dünne Scheiben geschnittenen, mit der heißen Milch übergossenen Semmeln und etwas Salz zu Knödelteig verarbeiten. Mit angefeuchteten oder bemehlten Händen Knödel formen; in kochendem Wasser (leicht salzen) bei mittlerer Hitze garen. Zu fettem Schweinebraten, Gänse- oder Entenbraten, Wildbraten oder beliebigem anderem Fleisch mit Soße.

1 Paket Kartoffelknödelmehl
60 g feingewürfelter Räucherspeck, 1 Semmel
1 Ei, 125 g Geflügelleber
Pfeffer, Majoran

Geflügelleberknödel *Foto siehe rechte Seite*

Knödelmehl nach Vorschrift mit Wasser verrühren, die Semmel in Würfel schneiden. Speck ausbraten und Semmelwürfel darin rösten. Semmel, Speck, gehackte Leber und Ei mit der Kartoffelmasse verkneten, mit Pfeffer und Majoran abschmecken. Nicht zu große Knödel formen, in kochendes Salzwasser geben, aufkochen und in etwa 10 Minuten gar ziehen lassen. Nach Belieben mit in der Pfanne in Butter oder in heißem Fett schwimmend gerösteten Zwiebelringen zu Tisch geben. Zu gebratenem Geflügel reichen. Abwandlung: Anstatt Geflügelleber ca. 125 g Geflügelherz, -magen (vorgekocht) und -leber verwenden; nach Belieben 1 bis 2 Eier mit der Masse verarbeiten.

Eine praktische Vorrichtung zum Reiben von rohen Kartoffeln (links). Mitte: Geriebene rohe Kartoffeln für Knödelteig müssen gut ausgepreßt werden. Kartoffelklöße oder -knödel lassen sich mit angefeuchteten oder bemehlten Händen am leichtesten formen (rechts).

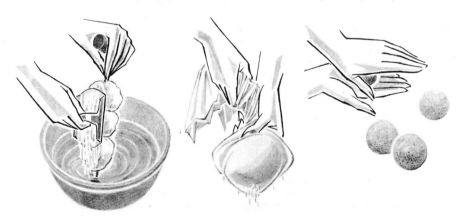

Geflügelleberknödel aus Kartoffelknödelmehl (links) werden mit Majoran pikant gewürzt. Thüringer Klöße (rechts) aus rohen und gekochten Kartoffeln oder auch Bayerische Reibeknödel (mit Semmeln) sind die klassische Beigabe zum Gänsebraten (Rezepte siehe linke Seite).

Kümmelbällchen Foto S. 274

Knödelmehl nach Vorschrift verarbeiten, mit gehacktem Kümmel verrühren. Klößchen formen und in Salzwasser garen. Kümmelbällchen passen zu Ochsenzungenscheiben mit Madeirasoße und zu Schweinebraten mit Sauerkraut.

1 Paket Kartoffelknödelmehl
1 Eßlöffel gehackter Kümmel, Salz

Käseknödel

Knödelmehl nach Vorschrift anrühren, quellen lassen und den Käse untermischen. Zwiebeln und Semmeln in Butter leicht anrösten und mit Eiern und Kräutern unter den Teig mischen, nach Belieben salzen. Mit bemehlten Händen nicht zu große Knödel formen und in kochendem Salzwasser aufkochen, dann 10 Minuten bei schwacher Hitze ziehen lassen. Mit brauner Butter oder gebräunten Zwiebelringen zu Gulasch servieren.

1 Paket Kartoffelknödelmehl
20 g Butter, 125 g Reibkäse
1 Eßlöffel geschnittene Zwiebeln
2 feingeschnittene Semmeln, 2 Eier
2 Eßlöffel gehackte Kräuter

Halbseidene Knödel

Kalte Kartoffeln reiben oder durch den Fleischwolf drehen, mit Mehl, Kartoffelmehl, Ei und (je nach Bedarf) etwas Milch zu Knödelteig verarbeiten. Knödel formen, nach Belieben in jeden Kloß einige geröstete Semmelwürfel drücken. Etwa 15 Minuten in Salzwasser gar ziehen lassen. Zu Rinder-, Schweine- oder Wildbraten oder Gulasch, auch zu Backobst.

750 g gekochte Kartoffeln
80 g Mehl
80 g Kartoffelmehl
etwas Milch, 1 Ei, Salz
nach Belieben geröstete Semmelwürfel

Holsteiner Speckklöße Foto S. 274

Kalte Kartoffeln reiben oder durch den Fleischwolf drehen, mit Eiern, Semmelmehl (oder geriebenen Semmeln), Speisestärke und leicht angebratenen Speckwürfeln zu Kloßteig verarbeiten, mit Salz und Muskat abschmecken. Klöße formen und in kochendem Salzwasser gar ziehen lassen. Mit Speckfett begossen zu Backobst reichen oder mit geschmortem Fleisch (Gulasch, Ragout, Sauerbraten) zu Tisch geben.

1 kg gekochte Kartoffeln
2 Eier, 100 g Semmelmehl
20 g Speisestärke
150 g magerer Räucherspeck, Salz
Muskat

Zu Ochsenzunge in Madeirasoße sind Kümmelbällchen (links) eine schmackhafte Beilage. Holsteiner Speckklöße (rechts) passen zu Backobst und Fleisch wie Schmorbraten oder Gulasch (Rezepte S. 273).

Kräuterklöße *Farbfoto S. 279*

500 g gekochte Kartoffeln
150 g Semmeln oder Weißbrot (Knödelbrot)
150 g Mehl, 3 Eier, Salz nach Bedarf Semmelmehl Milch, 250 g gedünsteter Spinat, 2 bis 3 Eßlöffel gehackte Kräuter (Petersilie, Majoran, Thymian, Kerbel, Estragon, Schnittlauch)

Kartoffeln reiben oder durch den Fleischwolf drehen, Semmeln einweichen und gut ausdrücken, Spinat abtropfen lassen und fein hacken. Kartoffeln, Brot, Spinat und Kräuter mit Mehl und Eiern zu Knödelteig verarbeiten und abschmecken. Je nach Feuchtigkeitsgehalt des Spinats mit etwas Milch lockerer oder mit Semmelmehl fester machen, Probekloß kochen. Klöße formen, etwa 10 Minuten in kochendem, leicht gesalzenem Wasser garen. Dazu passen Schweinebraten, gebratene Speckwürfel oder Salzgurken, in rohe Schinkenscheiben gewickelt, mit holländischer Soße. Abwandlung: Anstelle von gemischten Kräutern nur eine Sorte verwenden (zum Beispiel Petersilie, Dill); Spinatanteil nach Belieben verringern, dann mehr Milch nehmen.

Klöße mit Speck und Backobst *Farbfoto S. 279*

250 g gemischtes Backobst
50 bis 75 g Zucker
1 Stück Stangenzimt
10 g Speisestärke
1 Paket Kartoffelknödelmehl
geröstete Brotwürfel
gehackter Schnittlauch
200 g Räucherspeck
Semmelmehl, Butter

Backobst waschen, über Nacht in Wasser einweichen, mit Zucker und Stangenzimt etwa 15 Minuten kochen. Zimt herausnehmen, Obstbrühe mit kalt angerührter Speisestärke binden. Knödelmehl nach der Vorschrift anrühren und quellen lassen, Klöße formen, nach Belieben mit gerösteten Brotwürfeln und Schnittlauch füllen, in kochendem Salzwasser gar ziehen lassen. Mit gekochtem, in Scheiben geschnittenem Speck anrichten, in Fett angeröstetes Semmelmehl über die Klöße geben und gebräunte Butter gesondert reichen. Dazu das Backobst in gebundener Soße.

Gefüllte Kartoffelklöße

1 kg gekochte Kartoffeln
75 bis 150 g Mehl, Salz
2 Eier, 150 g magerer gekochter Schinken oder Wurstreste

Kalte Kartoffeln reiben, mit Mehl, Eiern und Salz zu Teig verarbeiten und Klöße formen, die mit gewürfeltem Schinken gefüllt werden. In kochendem Salzwasser gar ziehen lassen, zu Sauerkraut oder grünem Salat reichen.

Gefüllte Kartoffelklöße auf Pfälzer Art siehe S. 500.

Schlesische Hefeklöße (links, Rezept siehe unten) werden über Dampf gegart. Römische Nocken (rechts, Rezept S. 276) werden aus Grieß (in Italien aus Maisgrieß) bereitet, mit Käse bestreut und überbacken.

MEHL-, SEMMEL- UND GRIESSKNÖDEL

Knödel aus gekochten oder gebackenen Zutaten (beispielsweise Semmeln oder Grießbrei) müssen mit rohen Zutaten (Mehl, Ei, Grieß) gebunden werden, weil sie sonst beim Garziehen auseinanderfallen. Man kocht sie grundsätzlich im offenen Topf, von einigen Sorten Hefeklöße abgesehen. Alle Klöße oder Knödel dieser Gruppe sollten nach dem Abtropfen sofort auf den Tisch kommen, damit sie locker und duftig gegessen werden können.

Schlesische Hefeklöße *Foto siehe oben*

Aus Mehl, Hefe, Zucker und warmer Milch einen Hefevorteig anrühren und gehen lassen, dann mit Ei, Salz, Muskat und Margarine zu einem glatten Teig verarbeiten und kräftig schlagen, bis er Blasen wirft. Der Teig darf nicht kleben, bei Bedarf etwas mehr Mehl nehmen. Etwa 1 Stunde gehen lassen, den Teig gut durchkneten und Klöße daraus formen, die nochmals gehen müssen. Ein Tuch über einen breiten Topf mit kochendem Wasser (etwa halb gefüllt) spannen und festbinden, die Klöße auf das Tuch legen und in 20 bis 30 Minuten in Dampf garen, dabei mit einer Schüssel zudecken. Zu Rind- oder Kalbfleischragout oder auch zu gekochtem, leicht mit Speisestärke gebundenem Backobst reichen. Die Klöße können auch auf das kochende Ragout oder Backobst gesetzt und im geschlossenen Topf gegart werden, der etwa zur Hälfte Flüssigkeit enthalten soll.

*375 g Mehl, 20 g Hefe
1 Teelöffel Zucker
ca. 1/8 l Milch, 1 Ei, Salz
Muskat, 50 g
zerlassene Margarine*

Mehlklöße mit Kartoffeln

Mehl durchsieben, mit den kalten, geriebenen Kartoffeln, Eiern, Salz und Milch zu einem geschmeidigen, nicht zu festen Teig verarbeiten, der kräftig geschlagen werden muß, bis er Blasen wirft. Semmelwürfel untermengen, mit einem nassen Löffel Klöße abstechen und in leicht kochendem Wasser gar ziehen lassen. Zu Fleischgerichten (Schmorbraten, Schweinebraten, Gulasch usw.) mit Salat.

*1 kg Weizenmehl
500 g gekochte Kartoffeln
2 Eier, Salz, etwas Milch
geröstete Semmelwürfel*

40 g Butter, 3 Eier, Salz 400 g Mehl, 1 gestrichener Teelöffel Backpulver ca. 1/8 l Milch

Mehlklöße mit Backpulver

Butter schaumig rühren, nach und nach Eier, Salz, Milch und mit Backpulver gesiebtes Mehl dazugeben, den Teig kräftig schlagen, bis er Blasen wirft. Mit einem nassen Löffel Klöße abstechen und in leicht kochendem Wasser gar ziehen lassen. Zu Fleisch, Backobst oder frischen gedünsteten Früchten reichen, nach Belieben mit geröstetem Semmelmehl anrichten oder mit gebräunter Butter übergießen.

3/4 l Milch, ca. 300 g Grieß 25 g Butter, Salz, 2 Eier Muskat, geröstete Semmelwürfel

Grießklöße

Milch mit Butter, Salz und Muskat aufkochen, den Grieß langsam hineinrühren, unter Rühren 2 Minuten kochen lassen, vom Feuer nehmen und etwas abkühlen lassen. Eier nacheinander mit dem Grießbrei verrühren, die Masse kalt werden lassen, mit bemehlten Händen Klöße formen und mit gerösteten Semmelwürfeln füllen. In leicht kochendem Salzwasser garen, zu gekochtem Backobst, Kompott oder geschmortem Fleisch reichen.

1 l Milch, 30 g Butter 200 g bis 250 g Grieß, Salz 2 Eier, Muskat 50 g Reibkäse Butterflöckchen

Römische Nocken *Gnocchi, Foto S. 275*

Milch mit Butter aufkochen, den Grieß langsam hineinrühren und unter Rühren etwa 10 Minuten bei schwacher Hitze kochen, vom Feuer nehmen und etwas abkühlen lassen. Eier nacheinander hineinrühren, mit Salz und Muskat abschmecken, die Masse fingerdick auf ein kalt abgespültes Blech streichen und erkalten lassen. Ca. 6 cm große Scheiben ausstechen. Die Reste der Masse in eine gut gefettete feuerfeste Form geben, mit etwas Käse bestreuen. Grießscheiben schuppenartig darüberlegen, mit Käse bestreuen und mit Butterflöckchen besetzen. Im vorgeheizten Backofen goldbraun überbacken.

Semmelknödel formt man am besten auf einem bemehlten Brett (links). Der Serviettenkloß braucht eine lange Garzeit. Man bindet ihn locker in eine Serviette und hängt ihn am Kochlöffel in den Topf.

Allgäuer Suppenknödel (links) aus Semmelknödelteig läßt man in Brühe gar ziehen. Semmelknödel (rechts) passen zu Obst, Pilzragout, Gulasch, Schmorbraten und zu Wiener Beuschel (Rezepte S. 278).

Grießkloß in der Serviette

Zutaten und Verarbeitung wie beim Grießklößerezept, aber den fertigen, kalten Teig in eine feuchte Serviette einbinden, in einen Topf mit schwach kochendem Salzwasser hängen und, mit einer Schüssel zugedeckt, etwa 45 Minuten kochen. Zu geschmortem Fleisch, gekochtem Backobst oder Kompott reichen.

Hefekloß in der Serviette

Aus Mehl, Hefe, Zucker und warmer Milch einen Hefevorteig anrühren und gehen lassen, dann mit Eiern, Salz und zerlassener Butter zu einem glatten, nicht klebenden Teig verarbeiten und kräftig schlagen, bis er Blasen wirft. In den fertigen Teig gewaschene, abgetrocknete und bemehlte Rosinen und Korinthen und das Zitronat einkneten, eine Stunde gehen lassen. Den Teig in eine mit lauwarmem Wasser angefeuchtete, gut ausgedrückte und bemehlte Serviette binden, dabei genug Platz für das Aufgehen vorsehen. Den Kloß in leicht kochendes Wasser hängen und zugedeckt in etwa 2 Stunden gar ziehen lassen. Den fertigen Hefekloß auf eine heiße Platte legen und mit Hilfe eines Fadens in Scheiben schneiden. Zu gekochtem Backobst oder mit gebräunter Butter anrichten.

*500 g Mehl, 50 g Hefe
etwas Zucker
ca. 1/4 l Milch, 2 Eier
Salz, 40 g Butter
100 g Korinthen
100 g Rosinen
30 g feingeschnittenes
Zitronat*

Wiener Serviettenkloß

Semmeln fein würfeln, salzen, mit heißer Milch übergießen und ziehen lassen. Schaumig gerührte Butter nach und nach mit den Eiern, dem gewürfelten und angebratenen Speck, der Semmelmasse und dem Mehl zu einem lockeren Teig verarbeiten, in eine Serviette binden, in kochendes Salzwasser hängen und in 40 bis 60 Minuten bei schwacher Hitze garen. Den fertigen Kloß mit einem Faden in Scheiben zerteilen und zu geschmortem Fleisch oder auch zu gedünstetem Obst reichen. – Abwandlung: Butter und Speck weglassen, nur 3 bis 4 Eier verwenden und den Teig mit gehackter Zwiebel und Petersilie würzen.

*10 altbackene Semmeln
3/8 l Milch, Salz
75 g Butter, 4 bis 5 Eier
100 g fetter Räucherspeck
60 bis 100 g Mehl*

*10 altbackene Semmeln
(oder Knödelbrot), Salz
knapp ¹/₂ l warme Milch
50 g Butter, 3 Eier
gehackte Petersilie
1 Teelöffel geriebene
Zwiebel, etwas Mehl*

Semmelknödel Foto S. 277

Semmeln feinblättrig schneiden, mit Milch übergießen, salzen und etwas ziehen lassen. Zwiebel und Petersilie in Butter andünsten, mit der Semmelmasse, den Eiern und Mehl nach Bedarf zu einem nicht zu festen Teig verarbeiten. Probekloß kochen. Mit nassen Händen Knödel formen, in leicht kochendem, schwach gesalzenem Wasser in 10 bis 12 Minuten gar ziehen lassen. Mit Gulasch, Schmorbraten oder Wiener Beuschel (S. 155) zu Tisch geben. – Übriggebliebene Knödel in dünne Scheiben schneiden, in Butter anbraten, mit verquirltem Ei übergießen und im Ofen überbacken; mit grünem Salat reichen.

Schinken- oder Speckknödel

Semmelknödelteig nach dem vorstehenden Rezept bereiten, mit 150 g Schinken oder Speck (feingewiegt oder in kleine Würfel geschnitten) vermengen und in kochendem Salzwasser gar ziehen lassen.

*10 altbackene Semmeln
50 g Butter, 1 Zwiebel
gehackte Petersilie
200 g Mehl, Salz
³/₈ l Milch, 2 Eier
200 g gekochter
Räucherspeck*

Tiroler Speckknödel

Semmeln fein würfeln, Fett heiß werden lassen, geschnittene Zwiebel und Semmelwürfel hineingeben und kräftig anrösten. Mehl, Milch, Salz, Eier und Petersilie zu einem leichten Teig verarbeiten, geröstete Semmelwürfel und feingewürfelten Speck dazugeben, kräftig verkneten und Knödel formen. In schwach kochendem Salzwasser in etwa 15 Minuten gar ziehen lassen. Zu Sauerkraut mit gekochtem Schweinefleisch oder Räucherspeck.

Böhmische Griebenknödel

Zubereitung nach dem Rezept für Semmelknödel, aber 200 g Speckgrieben (Grammeln) mit dem Teig vermengen. Griebenknödel passen zu Gulasch und Sauerkraut.

Allgäuer Suppenknödel Foto S. 277

Zutaten und Zubereitung wie Semmelknödel, aber die geformten Knödel in schwach kochender Fleischbrühe gar ziehen lassen und in der Brühe zu Tisch geben.

*250 g Reis, Salz
40 g Butter, 1¹/₄ l Milch
3 Eier, 50 g Mehl*

Reisklöße

Milch mit Butter und Salz zum Kochen bringen, den gewaschenen Reis hineingeben und bei schwacher Hitze gar quellen, dann erkalten lassen. Reis mit Eiern und Mehl vermengen, mit dem Eßlöffel nicht zu große Klöße formen und in schwach kochendem Salzwasser gar ziehen lassen.

Großer Hans siehe S. 493, süße Knödel siehe ab S. 293.

Klöße mit Speck und Backobst (oben) sind eine norddeutsche Spezialität. Die unten abgebildeten Kräuterklöße mit Spinat und gehackten Kräutern, eine originelle und erprobte Zusammenstellung, kann man zu rohem Schinken, Gurken und holländischer Soße reichen, sie passen aber auch zu Pilzragout oder Zwiebelsoße (Rezepte S. 274).

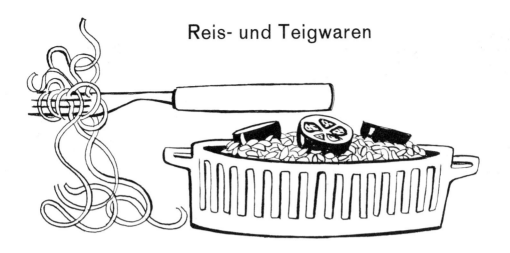

Reis- und Teigwaren

Reis, das »Brot der Asiaten«, ist für die halbe Menschheit das Hauptnahrungsmittel. Ein Japaner verzehrt beispielsweise durchschnittlich 300 kg Reis pro Jahr; wir bringen es nur auf knapp 1,6 kg, was schon im Vergleich mit den Italienern (8 kg pro Jahr) nicht sehr viel ist. Aber es steht fest, daß der Reis in der Bundesrepublik viele neue Freunde gefunden hat – unter anderem wohl auch eine Auswirkung der Reisewelle in den Süden. Teigwaren aller Art werden im Gegensatz zu den Zeiten unserer Urgroßmütter heute nur noch im beschränkten Umfang zu Hause zubereitet. In den meisten Fällen kauft man sie fertig ein; das Angebot der Teigwarenindustrie ist vielseitig und umfangreich. Den absoluten Nudelrekord halten übrigens die Italiener, die im Jahr pro Kopf 25 kg Teigwaren (Bundesgebiet: 3,4 kg) verspeisen; zumeist in der »Pasta asciutta«, mit der fast jede Mahlzeit eingeleitet wird und von der es viele Variationen gibt. (Rezepte für Pasta asciutta mit Abwandlungen siehe S. 514.)

DIE REISKÜCHE

»Reiskörner müssen nach dem Kochen wie Perlen auseinanderfallen und leicht sein wie Blütenschnee vom Pflaumenbaum«, sagte der chinesische Dichter Tsiu-Lin über die Kunst der Reiszubereitung. Wenn man sich den klebrigen Brei ansieht, den manche Hausfrauen für Reis halten, möchte man die Einführung einer javanischen Sitte in Deutschland befürworten. Dort erhält eine Braut ihre Heiratserlaubnis erst, wenn sie in einem Reiskochen bewiesen hat, daß sie ihrer künftigen Familie lockeren, körnigen und weißen Reis vorzusetzen verstehen wird.
Der seit einiger Zeit auch bei uns angebotene kochfertige Reis im gelochten Beutel erleichtert der Hausfrau die Aufgabe, körnigen Reis

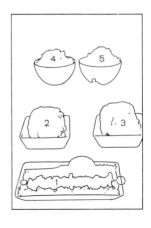

Reis in verschiedenen Zubereitungen: 1. Curryreis (Rezept S. 283); 2. Gemüsereis mit Hackfleisch (Rezept S. 284); 3. Serbisches Reisfleisch (Rezept Seite 150); 4. Pilaw mit Safran, dem Gewürz unserer Großeltern und 5. Frühlingspilaw mit Gemüsen (Rezepte S. 284).

Erinnerungen an Ungarn weckt der Reistopf mit Paprika (Rezept S. 284). Champignonreis (rechts, Rezept siehe rechte Seite) gehört zur Gruppe der Risottos und paßt zu Ragouts aus Fleisch oder Fisch.

auf den Tisch zu bringen. Trotzdem kann etwas Sortenkenntnis nicht schaden, weil das Gelingen eines Reisrezeptes oft schon von der Wahl der richtigen Reissorte abhängt:

Langkornreis kommt in erster Linie aus Vorderindien (Patnareis), Burma, Siam und Nordamerika (Karolinareis). Die harten Langkornsorten verwendet man zum Beispiel als Suppenreis, für Risotto, für den Reisring und für Reis als Beilage; sie sind etwas teurer als die weichkörnigen Sorten. Kochfertiger Reis im Beutel ist in der Regel hartkörniger Langkornreis, es gibt aber auch Milchreis-Kochbeutel.

Rundkornreis aus Afrika, Italien und Spanien ist weich und eignet sich in erster Linie zu Süßspeisen, Milchreis und ähnlichen Gerichten; er ist preiswerter als Langkornreis.

Die meisten Reissorten kommen geschält und poliert in den Handel. Bei der Zubereitung muß man darauf achten, daß Reis beim Kochen etwa um das Dreifache seines Trockengewichtes aufquillt. Für ein Hauptgericht rechnet man pro Person etwa 100 g, für Reis als Beilage nur 60 bis 70 g.

250 g Reis, Salz nach Belieben 50 g Butter

Reis als Beilage *Butterreis*

Etwa 2 l Wasser mit Salz zum Kochen bringen, den in kaltem Wasser gewaschenen Reis hineinschütten, zugedeckt wieder zum Kochen bringen und in 12 bis 15 Minuten bei mittlerer Hitze gar kochen. Reis auf ein Sieb geben, mit lauwarmem oder kaltem Wasser abschrecken, abtropfen lassen. Heiß anrichten oder nach Belieben Butter im Kochtopf zerlassen, den Reis hineinschütten, kurz durchschwenken, in eine Schüssel geben und auftragen.

*250 g Reis
3/4 l fette Fleischbrühe*

Brühreis

Reis waschen, in die kochende Fleischbrühe schütten und bei schwacher Hitze in 15 bis 20 Minuten gar quellen lassen, nicht umrühren. Falls er suppiger gewünscht wird, weniger Reis oder mehr Brühe nehmen, nach Belieben salzen.

Risotto

Zwiebel in Butter oder Öl hellgelb andünsten, den trockenen Reis dazugeben und unter Umrühren glasig rösten. Fleischbrühe aufgießen, den Reis im offenen Topf unter Umrühren aufkochen und zugedeckt in 18 Minuten auf kleiner Flamme quellen lassen. Dem fertigen Reis mit der Gabel ein Stück frische Butter und den Reibkäse untermischen.

*250 g Reis, 1 kleine feingeschnittene Zwiebel
50 g Butter oder Olivenöl
ca. 1/2 l Fleischbrühe (abgeschmeckt)
30 g Reibkäse, etwas Butter*

Champignonreis *Foto siehe linke Seite*

Zubereitung wie Risotto. Curry vor dem Auffüllen über den glasig gerösteten Reis geben. Fertigen Risotto mit kleingeschnittenen, in Butter angedünsteten Champignons mischen. Zu Fleisch- und Fischragouts.

*Zutaten wie Risotto;
kein Reibkäse, dazu
1/2 Teelöffel Curry
100 g Champignons, etwas Butter*

Diät-Pilzreis siehe S. 345.

Curryreis *Farbfoto S. 280*

Zubereitung wie Risotto. Curry vor dem Auffüllen über den glasig gerösteten Reis geben. Paßt zu Schaschlik, Fleisch- und Fischragouts.

*Zutaten wie Risotto;
kein Reibkäse, dazu
1 Teelöffel Curry*

Geflügelrisotto *Foto S. 285*

Zwiebel in Butter hellgelb andünsten, den trockenen Reis dazugeben und unter Umrühren glasig rösten. Geflügelbrühe mit Tomatenmark verrühren, den Reis damit auffüllen, unter Umrühren aufkochen und zugedeckt auf kleinster Flamme oder im Ofen 18 Minuten quellen lassen. Fleisch von den Knochen lösen, in Stücke oder Streifen schneiden und auf dem Reis heiß werden lassen. Reibkäse gesondert reichen. Dazu paßt grüner Salat.

*250 g Reis, 1 kleine feingeschnittene Zwiebel
50 g Butter
ca. 1/2 l Geflügelbrühe
1 Eßlöffel Tomatenmark
etwas Butter
350 bis 500 g gekochtes oder gebratenes Geflügelfleisch (auch Reste), Reibkäse*

Reis als Beilage spült man nach dem Kochen mit kaltem oder lauwarmem Wasser ab, damit er nicht klebrig wird (links). Risottoreis wird mit einem trockenen Tuch abgerieben, trocken in heißes Öl gegeben, glasig geröstet und aufgefüllt (Abbildungen Mitte und rechts).

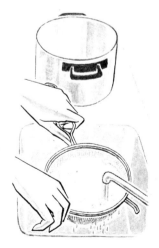

| 250 g Reis, 2 geschnittene Zwiebeln, 60 g Butter oder Olivenöl
ca. 1 l Fleischbrühe
2 rote Paprikaschoten
350 bis 500 g rohe Bratwurstmasse (fertig gekauft), 200 g Erbsen aus der Dose, Salz, Streuwürze

Reistopf mit Paprika Foto S. 282

Paprikaschoten entkernen, von Stielen und Scheidewänden befreien und in Streifen schneiden, mit den Zwiebeln in Butter oder Öl andünsten, Brühe auffüllen und etwa 15 Minuten kochen. Den gewaschenen Reis dazugeben und bei schwacher Hitze in 15 bis 20 Minuten gar quellen lassen. Während der letzten 10 bis 15 Minuten Klößchen aus Bratwurstmasse (oder Fleischklößchen, Rezept S. 64) auf den Reis setzen und mitgaren, dann abnehmen und warm stellen. Den Reis mit Erbsen mischen, kurz ziehen lassen und in einer Schüssel mit den Klößchen anrichten. Dazu grüner Salat oder Tomatensalat.

250 g Reis, 3 Eßlöffel feingehackte Zwiebeln
1 Messerspitze Safran
60 g Butter, Salz
ca. ³/₄ l Hühnerbrühe
3 Eßlöffel Mandeln

Pilaw mit Safran Farbfoto S. 280

Safran mit etwas Brühe verrühren, 1 Stunde ziehen lassen und die Brühe durchsieben. Mandeln brühen, abziehen, hacken und anrösten. Butter in einem Topf zerlassen, die Zwiebeln darin anrösten, den verlesenen, mit einem Tuch abgeriebenen Reis dazugeben und glasig rösten. Etwa die Hälfte der Brühe mit dem Safranauszug zum Auffüllen nehmen, nicht mehr umrühren, den Reis in etwa 20 Minuten im Backofen gar quellen lassen. Restliche Brühe erhitzen und über den Reis gießen, bei schwacher Hitze 5 Minuten im Ofen ziehen lassen. Den Reis mit Salz abschmecken, die Mandeln unterrühren. Dazu grünen Salat reichen.

250 g Reis
³/₄ l Fleischbrühe
80 g Butter
1 feingeschnittene Zwiebel
1 kleine Dose grüne Erbsen
250 g Mohrrüben, Salz
Pfeffer, Reibkäse

Frühlingspilaw Farbfoto S. 280

Zwiebel in Butter goldgelb dünsten, trockenen Reis in der Butter glasig anrösten. Mit Brühe auffüllen, mit Salz und Pfeffer würzen, unter Umrühren aufkochen und den Reis bei schwacher Hitze garen. Mohrrüben putzen, in Scheiben schneiden und gar dünsten. Mit den abgetropften Erbsen und dem Reis (Gabel verwenden) vorsichtig vermengen, kurze Zeit ziehen lassen, abschmecken und mit Käse überstreut zu Salat servieren.

Hammelpilaw siehe S. 151.

125 g Reis, 4 Kohlrabi
¹/₂ l Fleischbrühe
150 g Hackfleisch
60 g Fett, 1 Zwiebel
1 Knoblauchzehe, Salz
Pfeffer, gehackte Petersilie, Dill und Kerbel

Gemüsereis mit Hackfleisch Farbfoto S. 280

Knoblauch und feingeschnittene Zwiebel in Fett andünsten, die kleingewürfelten Kohlrabi dazugeben, 10 Minuten kochen, den trockenen Reis hinzufügen und Brühe auffüllen. Auf kleinster Flamme 20 Minuten kochen; die Kräuter dazugeben. Gewürztes Hackfleisch zu kleinen Bällchen formen und im Reis gar ziehen lassen. Dazu grüner oder Endiviensalat.

Zutaten wie Brühreis (S. 282)

Reisring Foto S. 286

Brühreis zubereiten, in eine heiß ausgespülte Ringform drücken und sofort auf eine heiße Platte stürzen. Der Reisring hält besser, wenn man die Form 10 bis 15 Minuten in heißem Wasser oder im Backofen bei schwacher Mittelhitze ziehen läßt. Im Reisring serviert man Ragout- und Frikasseegerichte aus Fleisch oder Fisch, gedünstetes Geflügel mit Soße (siehe Foto) oder Pilz- und Gemüsegerichte.

Süßer Reisring siehe S. 291, Käsereisring siehe S. 343.

Geflügelrisotto (links, Rezept S. 283) ist auch zur Resteverwertung geeignet. Schinkenreis-Pain, mit frischem Spinat zubereitet (Rezept siehe unten) ißt man mit Tomatensoße und grünem Salat (rechts).

Gemüsereis auf chinesische Art Foto S. 286

Reis waschen und in Brühe körnig ausquellen lassen. Gemüse (z. B. Porree, Sellerie, Weißkohl, Mohrrüben, Erbsen, Paprikaschoten) in Streifen schneiden, mit dem in feine Streifen geschnittenen Fleisch in Schmalz andünsten, mit etwas Wasser auffüllen und bei schwacher Hitze garen. Gemüse und Fleisch locker mit Reis vermischen, mit Salz und Pfeffer abschmecken. Dazu Tomatensoße (S. 104) reichen.

250 g Reis
½ l Fleischbrühe
500 g geputztes Gemüse
375 g Schweinefleisch
60 g Schmalz, Salz
Pfeffer, Streuwürze

Tomatenreis

Brühreis zubereiten und mit Tomatenmark verrühren, kurze Zeit ziehen lassen, nach Belieben mit etwas Pfeffer nachwürzen. Tomatenreis läßt sich auch mit frischen Tomaten (200 g bis 250 g) zubereiten. Die gewaschenen, grob zerschnittenen Tomaten werden in Fett angedünstet, passiert und mit dem Reis vermengt.

Zutaten wie Brühreis
(S. 282)
1 bis 2 Eßlöffel
Tomatenmark

Schinkenreis-Pain Foto siehe oben

Reis in der Brühe körnig ausquellen lassen, von der Kochstelle nehmen und mit kleingeschnittenen Fleisch- oder Wurstresten vermischen, etwas ziehen lassen. Inzwischen Spinat waschen, im eigenen Saft dünsten, abtropfen lassen und fein hacken. Zwiebel schneiden, in Margarine goldgelb rösten, den Spinat hineingeben, gut durchrühren und mit in Milch kalt angerührter Speisestärke binden, dann aufkochen und mit Salz, Pfeffer und Muskat abschmecken, zuletzt die verquirlten Eier hineinrühren. Die Hälfte der Reismasse in eine gefettete Kastenform füllen, den Spinat darauf verteilen, mit dem restlichen Reis abdecken und etwa 30 Minuten im Backofen bei Mittelhitze backen. Herausnehmen, nach einigen Minuten stürzen und mit Tomatensoße und grünem Salat anrichten. – Während der Wintermonate kann man auch tiefgefrorenen Spinat verwenden.

250 g Reis
ca. ¾ l Brühe
125 bis 200 g gekochter
Schinken, Fleisch- oder
Wurstreste, 1 kg Spinat
1 Zwiebel, 30 g Margarine
10 g Speisestärke
etwas Milch, 2 bis 3 Eier
Salz, Pfeffer, Muskat

Serbisches Reisfleisch siehe S. 150, süße Reisgerichte siehe ab S. 368.

Spaghetti mit Fleischbällchen lehnen sich an die italienische Küche an (links, Rezept S. 288). Gemüsereis auf chinesische Art (Rezept S. 285) entstammt dagegen fernöstlicher Tradition. Rechts: Reisring (Rezept S. 284), mit gedünstetem Geflügel in einer hellen Soße gefüllt.

VON DER HIRSE BIS ZUM BUCHWEIZEN

Hirse ist eine der ältesten, wenn nicht die älteste unter den Kulturpflanzen überhaupt. Man hat ihre Spuren schon in den Pfahlbauten der Steinzeit nachgewiesen. Sie wird heute hauptsächlich in Indien angebaut, aber auch in Süddeutschland gibt es Hirsefelder. Eine Hirseart ist auch das aus Afrika und Ostasien importierte Milokorn.

Mais kommt nicht nur als Gemüse auf den Tisch, sondern vor allem in Form von Maisgrießgerichten. Populärstes Produkt aus Hafer sind die Haferflocken, nach einem besonderen Verfahren geschälte, gedarrte und gewalzte (manchmal auch gedämpfte) Haferkörner. Das »Aufschließungsverfahren« macht sie leichter verdaulich.

Buchweizen spielt in den osteuropäischen Ländern eine große Rolle, wird aber auch in den deutschen Heidegebieten angebaut. Er gehört genaugenommen nicht zu den Gräsern wie die Getreidearten, sondern zu den Knöterichgewächsen. Buchweizenfrüchte ähneln den Bucheckern. Sie werden zu Mehl, Grieß und Grütze verarbeitet.

150 g Hirseflocken
ca. 1/4 l lauwarme Milch
Salz, 2 bis 3 Eier
Backfett oder -öl

Hirsepfannkuchen

Flocken mit Milch, Salz und Eiern verrühren, so daß ein ziemlich fester Teig entsteht, und 30 Minuten ruhen lassen. In der Pfanne in heißem Fett oder Öl eierkuchenähnliche Fladen backen, von beiden Seiten goldgelb werden lassen. Mit Apfelmus oder anderem Kompott zu Tisch geben. Abwandlung: Pfannkuchen abwechselnd mit gedünstetem, gehacktem Spinat in eine gefettete Auflaufform schichten, mit Sahne übergießen, mit Reibkäse bestreuen und im Ofen überbacken. Dazu grünen Salat reichen.

Überbackene Hirse siehe S. 354; Kuskus mit Hammelragout siehe S. 518.

Südtiroler Polenta

Milch im Topf zum Kochen bringen, mit der Hälfte der Butter vermengen. Maisgrieß mit Salz und Mehl mischen, unter ständigem Umrühren langsam (am besten durch die Spitze einer Tüte) in die kochende Milch einlaufen lassen. Auf kleiner Flamme etwa 20 bis 30 Minuten unter ständigem Rühren kochen, bis die Masse Blasen wirft. Vom Feuer nehmen, die restliche Butter über die Polenta gießen. Das Gericht im Backofen goldbraun überbacken; mit Tomatensoße und Salat oder Ragout zu Tisch geben.

1 l Milch, 100 g Butter
200 g Maisgrieß
30 g Weizenmehl, Salz

Hafergrütze

Grütze waschen und abtropfen lassen, in die kochende Milch geben, salzen und bei schwacher Hitze ausquellen lassen. Vor dem Anrichten mit Butter verrühren. Dazu Milch, Dosenmilch, Sahne oder Kompott.

250 g Hafergrütze
³/₄ l Milch
Salz, 30 g Butter

Buchweizengrütze

Grütze waschen und abtropfen lassen, in das kochende Wasser geben, salzen und bei schwacher Hitze auf dem Herd oder im Backofen ausquellen lassen. Butter hineinrühren, mit Milch zu Tisch geben.

125 g Buchweizengrütze
³/₄ l Wasser, Salz
50 g Butter

Buchweizenkascha siehe S. 510, Blini siehe S. 511.

TEIGWAREN – SELBSTGEMACHT UND GEKAUFT

Für das Kochen von Nudeln aller Art – gleichgültig, ob sie selbst zubereitet oder gekauft wurden – gilt der Grundsatz, daß man sie in kochendes Wasser gibt, nicht zu weich werden läßt (»al dente« verlangt sie der Italiener, die Zähne müssen noch etwas zum Beißen haben) und abschreckt, damit sie nicht kleistrig auf den Tisch kommen.

Spätzle kann man auf verschiedene Weise zubereiten. Links: So wird der nicht zu feste Teig vom Küchenbrett geschabt. Mit der Spätzlemaschine (rechts) geraten die Spätzle gleichmäßiger (Rezept S. 289).

300 g Mehl, 2 Eier
Salz, etwas Wasser

Hausmachernudeln

Mehl auf das Nudelbrett sieben, eine Vertiefung machen, die übrigen Zutaten hineingeben und kräftig verkneten, bis ein geschmeidiger Teig entsteht. Den Teigkloß vierteln und 20 Minuten ruhen lassen, dann dünn ausrollen, einige Minuten antrocknen lassen. Die Teigplatten zusammenrollen und schneiden (Zeichnung siehe unten), trocknen lassen und in kochendem Salzwasser in etwa 10 Minuten garen, dann abspülen und mit süßer Beilage (Apfelmus, Kompott) oder einem Fleischgericht (Gulasch, Frikassee o. ä.) zu Tisch geben.

250 g Spaghetti
300 g Rinderhackfleisch
3 Eßlöffel Semmelmehl
Pfeffer, Salz, 1 Ei
ca. 1/2 l Tomatensoße
(S. 104)

Spaghetti mit Fleischbällchen *Foto S. 286*

Spaghetti ganz oder gebrochen in kochendes Salzwasser geben, in 12 bis 15 Minuten garen, kalt abspülen. Hackfleisch mit Semmelmehl, Ei, Pfeffer und Salz zu Fleischteig verarbeiten, mit nassen Händen kleine Bällchen formen und in Salzwasser bei schwacher Hitze gar ziehen lassen, dann in die heiße Tomatensoße geben und zu den Spaghetti servieren. Abwandlung: Hackfleisch in Butter anbraten, mit der Soße verrühren und zu Spaghetti servieren. Nach Belieben Reibkäse dazu reichen.

Lasagne siehe S. 513, Pasta asciutta siehe S. 514.

Formnudeln mit Fleischbällchen *Foto siehe rechte Seite*

Zutaten und Zubereitung wie Spaghetti mit Fleischbällchen. Die Spaghetti durch beliebige Formnudeln (siehe Foto) ersetzen, auf einer Platte mit Fleischbällchen und Soße anrichten. Dazu Reibkäse.

Hauchdünne Spaghetti bricht man nicht, sondern gibt sie mit einem Ende in das kochende Wasser und schiebt nach, bis der letzte Rest im Topf verschwunden ist (links). Makkaroni und Spaghetti schreckt man nach dem Kochen ab, damit sie nicht kleben (Mitte). Rechts: Hausmachernudeln schneidet man beliebig breit und läßt sie trocknen.

Die Makkaroni-Kasserolle (links, Rezept siehe unten) ist eine neue Art, diese Nudeln lecker auf den Tisch zu bringen. Rechts: Formnudeln mit Fleischbällchen (Rezept siehe linke Seite) und Tomatensoße.

Makkaroni-Kasserolle Foto siehe oben

Schinken in Streifen schneiden, mit den in Ringe geschnittenen Zwiebeln in Butter hellbraun braten. Erbsen abseihen (Brühe zu Suppe verwenden), zu den Schinkenstreifen geben und bei geschlossenem Deckel und schwacher Hitze 10 bis 15 Minuten ziehen lassen. Inzwischen Makkaroni in kochendem Salzwasser garen, abschrecken und mit Soße (Käse zerteilen, in heißer Milch zerschmelzen lassen, mit Pfeffer abschmecken) übergießen. Schinken-Erbsenmasse mit den Makkaroni in Soße mischen, sofort heiß zu Tisch geben.

250 g Makkaroni
200 g gekochter Schinken
1 Dose Erbsen (ca. 200 g)
1 bis 2 Zwiebeln
60 g Butter
Zur Soße:
¼ l Milch
125 g Streichschmelzkäse
Pfeffer

Überbackene Nudeln mit Schinken

Nudeln in kochendem Salzwasser garen, abschrecken. Schinken und Zwiebeln würfeln, mit gehackter Petersilie in der Pfanne leicht anrösten. Milch und Ei verquirlen, mit Tomatenmark, Salz und Muskat abschmecken. Eine feuerfeste Form gut fetten, Nudeln und Schinken abwechselnd hineinschichten, die letzte Schicht muß aus Nudeln bestehen. Eiermilch darüber gießen, reichlich mit Reibkäse bestreuen, Butterflöckchen aufsetzen, im Backofen bei Mittelhitze etwa 30 bis 40 Minuten überbacken. Abwandlung: Anstatt Schinken gut gewürztes Hackfleisch (vorher leicht anbraten) verwenden.

250 g Bandnudeln
250 g roher oder gekochter Schinken, 1 große Zwiebel
Salz, Petersilie, Bratfett
¼ l Milch, 1 Ei
geriebener Muskat
Butterflöckchen, etwas
Tomatenmark, Reibkäse

Spätzle

Aus den angegebenen Zutaten einen nicht zu weichen Teig bereiten und in der Schüssel schlagen, bis er Blasen wirft. Den Teig portionsweise durch ein Spätzlesieb oder eine Spätzlemaschine in kochendes Salzwasser geben (oder mit dem Messer vom Brett schaben, siehe Zeichnung S. 287) und in 5 bis 8 Minuten garen. Mit gebräunter Butter oder geröstetem Semmelmehl zu Fleischgerichten geben, nach Belieben auch in der Pfanne anbraten.

500 g Mehl, 2 bis 4 Eier
Salz, Wasser

Leberspätzle siehe S. 500, Allgäuer Kässpätzle siehe S. 501.

Mehlspeisen

Was versteht man eigentlich unter Mehlspeisen? In der Wiener Küchentradition umfaßt dieser Begriff den weiten Bereich der gekochten, gebratenen und gebackenen Gerichte aus Mehl und anderen Getreideprodukten vom Grießschmarren über den Hefeknödel bis zu Strudel und Kochpudding, und mancherorts bezieht man in Österreich auch noch das Backwerk mit ein. Der »Große Brockhaus« definiert: »Mehlspeisen sind Gerichte, die als Hauptbestandteil Mehl oder andere stärkehaltige Stoffe enthalten, ferner Grieß, Reis, Nudeln, Weißbrot oder geriebene Semmeln und als Zusatz Eier, Butter, Zucker, Milch, Früchte und Aromastoffe.«
Verständlich, daß diese nüchterne Erläuterung bei den Mehlspeis-Freunden keine Begeisterung auslösen wird. Ebenso könnte man definieren, die Venus von Milo bestehe aus kristallinisch-körnigem Kalziumkarbonat. Aber das Mehlspeisengebiet ist eben so vielfältig und abwechslungsreich, daß man Kirschenmichel und Dampfnudeln, Nußpudding und Salzburger Nockerl und all die anderen Spezialitäten der süddeutschen und österreichischen Küche nicht besser unter einen Hut bringen kann.
Wer dazu neigt, sich an unpassenden Stellen Fettpolster zuzulegen, wird bei Mehlspeisen vorsichtig sein. Die etwas einseitige Nährstoffzusammensetzung der meisten Mehlspeisen kann man dadurch aufbessern, daß man Früchte (Saft, Salat, Kompott) dazu **reicht oder die** Mahlzeit durch Frischkost oder eine Gemüsesuppe ergänzt. Viele leichtverdauliche Breie sind in der Krankenernährung besonders geschätzt.

BREIE, PFANNENGERICHTE, SCHMARREN

Breigerichte läßt man im allgemeinen bei schwacher Hitze ausquellen, rührt also nicht mehr um, nachdem auf den schwächeren Hitzegrad umgeschaltet wurde. Pfannengerichte geraten in Öl oder Kokosfett besser als in Butter oder Margarine. Damit sich die Speisen nicht mit Fett vollsaugen können, gibt man sie in rauchend heißes Fett, dann bildet sich sofort eine Kruste. Das gilt auch für Schmarren.

Eierkuchen und Omeletts siehe ab S. 97.

Grießbrei mit Milch

Milch mit Salz und Zitronenschale zum Kochen bringen, den Grieß unter ständigem Rühren langsam einlaufen und bei schwacher Hitze ausquellen lassen. Nach Belieben mit etwas Butter verfeinern und verquirltes Eigelb in den vom Feuer genommenen Grieß rühren, Eiweiß steif schlagen und unterziehen. Je nach Verwendungszweck mit Zucker und Vanillezucker abschmecken. Nach demselben Rezept (ohne Ei): Sagobrei (125 g Sago), Tapiokabrei (125 g Perltapioka) und Hirsebrei (200 g Hirse).

*1 l Milch, 125 g Grieß
Salz, 1 Stückchen
Zitronenschale, nach
Belieben etwas Butter, 1 Ei
Vanillezucker*

Mehlbrei mit Milch

Mehl mit etwas kalter Milch anrühren, unter ständigem Rühren in die mit Vanille oder Zitronenschale und Salz zum Kochen gebrachte Milch einlaufen lassen, 8 bis 10 Minuten schwach kochen lassen, mit Zucker abschmecken, etwas Butter hineinrühren. Nach demselben Rezept: Milchbrei aus Speisestärke (60 g); nur kurz aufkochen lassen.

*1 l Milch, 100 g Mehl
1 Stückchen Vanille oder
Zitronenschale, etwas
Butter, Zucker, etwas Salz*

Milchreis *Reisbrei*

Milch mit Salz und Vanille (oder Zitronenschale) zum Kochen bringen, den gewaschenen Reis hineingeben und bei schwacher Hitze körnig weich quellen lassen. Den Milchreis nach Belieben zuckern oder nur mit Zucker und Zimt zu Tisch geben, mit brauner Butter übergießen oder Butter vor dem Anrichten hineinrühren. Abwandlung: 100 g gewaschene, überbrühte Sultaninen unter den Reis mischen.

*250 g Reis, 1½ l Milch
1 Prise Salz, 1 Stückchen
Vanille, 100 g Zucker
30 g Butter (nach Belieben)
Zucker und Zimt*

Apfelreis *Milchreis mit Äpfeln*

Äpfel schälen, in Scheiben oder Spalten schneiden, in Zuckerwasser mit Zitronenschale nicht zu weich dünsten und unter den Milchreis mischen. Mit Zucker und Zimt zu Tisch geben, nach Belieben mit brauner Butter begießen.

*Zutaten wie Milchreis
außerdem 500 g Äpfel
1 Stückchen Zitronenschale*

Süßer Reisring *Foto S. 177*

Milchreis zubereiten, vom Feuer nehmen und mit verquirltem Eigelb verrühren, Gelatine in kaltem Wasser quellen lassen, im heißen Wasserbad auflösen, mit dem Reis vermischen. Eiweiß steif schlagen und unterziehen, die Masse in eine kalt ausgespülte Ringform füllen und andrücken, erstarren lassen und stürzen. Den Ring nach Belieben mit etwa 500 g frischen, eingezuckerten Früchten, mit der gleichen Menge Kompott, mit Weinschaum- oder Fruchtsoße zu Tisch geben. Abwandlung: 125 g gedünstete Kirschen in die Form legen, bevor der Reis eingefüllt wird.

*250 g Reis, 1½ l Milch
1 Prise Salz, 1 Stückchen
Vanille, 120 g Zucker,
5 Blatt Gelatine, 1 Ei*

Früchtereis mit Wein *Foto S. 292*

Wein mit ⅛ l Wasser, Zucker und Vanillezucker zum Kochen bringen, den gewaschenen Reis hineingeben und bei schwacher Hitze ausquellen lassen. Kirschen entsteinen und einzuckern, mit dem erkalteten Reis und den Mandarinorangen (Saft und Früchte) vermischen, bei Bedarf etwas nachzuckern. Vor dem Anrichten 1 Stunde ziehen lassen.

*125 g Reis, ⅛ l Weißwein
1 Päckchen Vanillezucker
50 g Zucker, 250 g Kirschen
1 Dose Mandarinorangen*

Weitere süße Reisgerichte siehe S. 368.

Früchtereis mit Wein (Rezept S. 291) kann man mit Kirschen und Mandarinen oder anderen Früchten zubereiten. Er wird gut gekühlt serviert.

½ l Milch, 20 g Zucker
etwas Butter, etwas Salz
150 g Grieß, 2 Eier
Semmelmehl, Backfett

Grießschnitten

Milch mit Zucker, Butter und Salz zum Kochen bringen, den Grieß unter Rühren hineingeben und bei schwacher Hitze ausquellen lassen. Topf vom Feuer nehmen, die verquirlten Eier hineinrühren. Den Brei in eine kalt ausgespülte Kastenform füllen, erkalten lassen, stürzen und in Scheiben schneiden. Die Grießscheiben in Semmelmehl wälzen und in der Pfanne in heißem Fett von beiden Seiten goldbraun backen. Mit Kompott zu Tisch geben. Abwandlung: Die gebackenen Schnitten in Zucker mit Zimt oder Vanillezucker wenden. Nach demselben Rezept: Reisschnitten (100 g bis 125 g Reis), Maisgrießschnitten (150 g Maisgrieß) und Haferflockenschnitten (175 g bis 200 g Haferflocken).

6 bis 8 altbackene
Semmeln, ½ l Milch
2 Eier, 40 g Zucker
1 Päckchen Vanillezucker
abgeriebene
Zitronenschale
Semmelmehl, Backfett

Kartäuser-Klöße Foto S. 294

Die harten Rinden der Semmeln abreiben, die Semmeln halbieren. Milch mit Eigelb, Zucker, Vanillezucker und Zitronenschale verquirlen, die Semmeln darin gut durchweichen lassen. Semmelhälften in verschlagenem Eiweiß und Semmelmehl wenden und in reichlich heißem Fett in der Pfanne von allen Seiten goldbraun braten. Nach Belieben mit Zucker, Zimt und Vanillezucker bestreut auf heißer Platte anrichten, dazu Wein-, Weinschaum- oder Fruchtsoße reichen.

6 bis 8 altbackene
Semmeln, etwas Salz
½ l Milch, 3 Eier
Backfett

Semmelschmarren

Semmeln in feine Scheiben schneiden. Eier, Zucker und eine Prise Salz mit der Milch verquirlen, die Eiermilch über die Semmeln gießen und durchziehen lassen. In der Pfanne in heißem Fett goldgelb backen, leicht nachgesalzen zu Gemüse oder Salat reichen, mit Zucker und Zimt bestreut als Nachspeise oder Hauptgericht zu Tisch geben.

Kräuterschmarren

Aus den Zutaten einen dickflüssigen Eierkuchenteig bereiten. In einer Pfanne etwas Backfett zerlassen und den Teig zunächst leicht anbacken lassen. Dann mit zwei Gabeln in Stücke zerteilen, weiteres Fett dazugeben und die Teigstücke unter häufigem Wenden goldgelb backen. Dazu grüner Salat oder Tomatensalat.

250 g Mehl, 3 Eier
30 g Butter, Salz
¼ l Milch, 2 Eßlöffel gehackte Kräuter, Backfett

Grießschmarren

Grießbrei zubereiten, nach Belieben zwei oder drei Eigelb mehr hineinrühren; etwas abkühlen lassen. In der Pfanne in reichlich heißem Fett goldgelb backen, während des Backens in Stücke zerreißen. Mit Zucker bestreut anrichten.

Grießbrei nach Rezept S. 291
Backfett, Zucker

Apfelschmarren

Geschälte, in Würfel geschnittene Äpfel in Butter dünsten und kalt stellen. Aus Mehl, Salz, Zucker, Vanillezucker, Eigelb und Milch einen glatten Eierkuchenteig bereiten. Dann die Äpfel zufügen und das steifgeschlagene Eiweiß vorsichtig darunterheben. Butter in der Pfanne zerlassen, eine 1 cm dicke Teigschicht hineingeben und leicht anbakken lassen. Mit zwei Gabeln in Stücke reißen und von beiden Seiten goldgelb backen. Mit Zucker und Zimt bestreut sofort zu Tisch geben.

5 mürbe Äpfel, Butter
250 g Mehl, 3 Eier
Salz, 20 g Zucker
1 Päckchen Vanillezucker
½ l Milch, 60 g Butter
Zucker, Zimt

Kaiserschmarren Foto S. 295

Eigelb mit Zucker schaumig rühren, nach und nach durchgesiebtes Mehl, Milch, Butter, Salz, Zitronenschale und (nach Belieben) überbrühte Rosinen hineinrühren, zuletzt das steifgeschlagene Eiweiß unterziehen. Teig etwa 1 cm hoch in die Pfanne mit reichlich heißem Fett geben, leicht anbacken lassen, mit zwei Gabeln in Stückchen zerreißen, von beiden Seiten goldgelb backen. Mit Zucker bestreut zu Kompott reichen.

5 Eier, 50 g Zucker
250 g Mehl
ca. ⅜ l Milch
50 g zerlassene Butter
Salz, abgeriebene
Zitronenschale, Backfett
nach Belieben
100 g Rosinen

SÜSSE KNÖDEL UND AUFLÄUFE

Auch für süße Knödel gelten die Grundregeln auf S. 271. Im Ofen gebackene Aufläufe sollen sofort nach der Fertigstellung auf den Tisch kommen, weil sie sonst zusammenfallen könnten. Je mehr Eier sie enthalten, desto lockerer geraten sie.

Zwetschgenknödel

Kartoffeln reiben oder durch den Fleischwolf drehen, mit Mehl, Salz und Eiern zu Knödelteig verarbeiten. Zwetschgen entsteinen, jede Zwetschge mit 1 Stückchen Würfelzucker füllen und in Knödelteig hüllen. Knödel in kochendes Salzwasser geben, bei schwacher Hitze in 5 bis 7 Minuten garen, vorsichtig herausnehmen, abtropfen lassen, in angeröstetem Semmelmehl wälzen und mit Zimt und Zucker bestreut zu Tisch geben.

1 kg gekochte Kartoffeln
300 g Mehl, Salz, 2 Eier
1 kg Zwetschgen
Würfelzucker
Semmelmehl, Butter
Zucker und Zimt

Wiener Marillenknödel Aprikosenknödel

Zubereitung wie Zwetschgenknödel. Die fertigen Marillenknödel mit gebräunter Butter, Zucker und Zimt auftragen.

Zutaten wie Zwetschgenknödel, statt Zwetschgen 750 g bis 1 kg Marillen (Aprikosen)

Kartäuser-Klöße (Rezept S. 292), auch »Arme Ritter« genannt, waren einmal eine klösterliche Fastenspeise. Rechts: Bayerische Dampfnudeln (Rezept siehe rechte Seite) werden in der geschlossenen Pfanne gegart.

Zutaten wie Zwetschgenknödel, statt Zwetschgen ca. 300 g dickes Pflaumenmus

Powidlknödel *Pflaumenmusknödel*

Zubereitung wie Zwetschgenknödel. Jeden Knödel mit etwa 1 Teelöffel Pflaumenmus (Powidl) füllen. Mit gebräunter Butter, angeröstetem Semmelmehl oder gemahlenem Mohn und Zucker zu Tisch geben, Zucker und Zimt gesondert reichen. Abwandlung: Anstatt Kartoffelteig einen Hefeknödelteig verwenden; Rezept siehe S. 275 (Schlesische Hefeklöße). Hefeknödel werden im zugedeckten Topf im Dampf gegart und mit gebräunter Butter, Zucker und Zimt zu Tisch gegeben.

60 g Butter, 50 bis 75 g Zucker, 500 g Schichtkäse oder Quark, ca. 150 g Grieß, 60 g Semmelmehl 3 Eier, Salz, abgeriebene Zitronenschale 2 gestrichene Teelöffel Backpulver, 125 g Rosinen

Süße Quarkknödel *Topfenknödel*

Butter mit Zucker schaumig rühren, nach und nach den passierten Schichtkäse (Quark zuerst auspressen, dann passieren), Eier, den mit Backpulver vermengten Grieß, Semmelmehl, Salz, Zitronenschale und die überbrühten, abgetrockneten Rosinen dazugeben, gut vermengen und den Teig etwas anziehen lassen. Mit nassen Händen Knödel formen, in schwach kochendem Salzwasser in 12 bis 15 Minuten gar ziehen lassen. Mit Kompott zu Tisch bringen. Ohne Zucker zubereitet zu Salat und Gemüsen.

Zutaten wie Bayerische Dampfnudeln, außerdem 250 g Backpflaumen Fett zum Bepinseln

Hefekloß mit Backpflaumen *Farbfoto S. 297*

Nach dem Rezept für Bayerische Dampfnudeln Hefeteig zubereiten, in der Schüssel gehen lassen. Dann den Teig nochmals durcharbeiten, zu einem großen Kloß formen. Backpflaumen in Wasser quellen lassen, mit dem Wasser in eine feuerfeste Form geben, den Kloß daraufgeben, wobei das Pflaumenwasser ungefähr bis zur halben Höhe des Kloßes reichen soll. Deckel auflegen, den Kloß im vorgeheizten Backofen bei Mittelhitze in 30 bis 40 Minuten garen. Darauf achten, daß der Kloß immer halb in Obstsaft liegt, bei Bedarf nachgießen. Wenn der Kloß fast gar ist, Deckel abnehmen, den Kloß mit Fett bepinseln, im Ofen goldgelb überbacken und in der Form zu Tisch geben. Dazu nach Belieben Vanillesoße reichen.

Bayerische Dampfnudeln *Foto siehe linke Seite*

*500 g Mehl, 15–20 g Hefe
2 Teelöffel Zucker
knapp ¼ l lauwarme
Milch, 2 bis 3 Eier, etwas
Salz, 40 g Zucker
abgeriebene
Zitronenschale, 75 g Butter
oder Margarine, Milch
20 g Zucker, 30 g Butter*

Aus Mehl, Hefe, 2 Teelöffel Zucker und Milch einen Hefevorteig anrühren und gehen lassen. Dann Eier, Salz, 40 g Zucker, Zitronenschale und Butter oder Margarine (zuletzt zugeben) hinzufügen, zu einem geschmeidigen Teig verarbeiten, kräftig schlagen, bis er Blasen wirft. In einer tiefen Pfanne etwa 2 cm hoch Milch mit 20 g Zucker und Butter aufkochen, abkühlen lassen. Unterdessen aus dem Teig Kugeln von etwa 5 cm Durchmesser formen, zugedeckt gehen lassen. Die aufgegangenen Nudeln in die lauwarme Milch legen, die Pfanne mit dem Deckel schließen (falls nötig, etwas beschweren, damit er dicht schließt). Die Nudeln in der Milch auf den Herd stellen, bei mittlerer Hitze die Milch zum Kochen bringen, dann die Nudeln bei schwacher Hitze etwa 25 bis 30 Minuten ziehen lassen, dabei den Deckel nicht öffnen. Die fertigen Nudeln umdrehen, so daß die helle Kruste nach oben kommt. Mit Frucht-, Weinschaum- oder Vanillesoße zu Tisch geben. Abwandlung: Die Nudeln mit je einer entsteinten Zwetschge oder Aprikose (Würfelzucker hineinlegen) füllen.

Überbackene Hefeknödel *Farbfoto S. 297*

Zutaten wie Bayerische Dampfnudeln

Nach dem vorstehenden Rezept Hefekugeln zubereiten und gehen lassen, in eine gut gefettete Form setzen, nochmals gehen lassen. Zusammen mit einer flachen Schale voll kochendem Wasser in den vorgeheizten Backofen schieben und bei mittlerer Hitze etwa 30 Minuten goldgelb überbacken. Mit Vanille- oder Fruchtsoße und Zucker zu Tisch geben, auch Kompott paßt dazu. Abwandlung: Anstatt abgeriebener Zitronenschale ein Päckchen Vanillezucker verwenden. Überbackene Hefeknödel schmecken auch kalt vorzüglich.

Apfelstrudel (links, Rezept S. 300) aus hauchdünn ausgezogenem Teig und Kaiserschmarren (Rezept S. 293) sind österreichische Spezialitäten und beliebt in aller Welt. Der Scheiterhaufen (rechts, Rezept S. 296) wird mit Semmeln bereitet, er enthält Äpfel und Rosinen.

Grießauflauf

250 g Grieß, 1 l Milch etwas Salz, 100 g Zucker 100 g Butter, 4 Eier abgeriebene Zitronenschale

Milch mit Butter und Salz zum Kochen bringen, den Grieß unter Umrühren einlaufen lassen, bei schwacher Hitze gar quellen. In den abgekühlten Brei nach und nach Eigelb, Zucker, Zitronenschale und zuletzt das steifgeschlagene Eiweiß rühren. Die Masse in eine gefettete Auflaufform füllen, mit Butterflöckchen besetzen, bei guter Hitze etwa 40 bis 50 Minuten backen, sofort mit Fruchtsoße oder Kompott zu Tisch geben. – Nach Belieben 50 g Sultaninen in den Teig arbeiten.

Kirschenmichel

60 g Butter, 125 g Zucker 1 Päckchen Vanillezucker 3 Eier, Zitronenschale 150 g Grieß, 150 g Mehl 3 gestrichene Teelöffel Backpulver, ca. 1/4 l Milch 500 bis 750 g Kirschen

Butter mit Zucker schaumig rühren, dann Vanillezucker, abgeriebene Zitronenschale, Eier, Grieß, mit Mehl gesiebtes Backpulver und so viel Milch dazugeben, daß ein geschmeidiger Teig entsteht. Kirschen waschen und in der Masse verrühren. In einer gefetteten Auflaufform, mit Butterflöckchen besetzt, in 40 bis 50 Minuten bei guter Mittelhitze backen.

Semmelauflauf

6 bis 8 altbackene Semmeln, 1/2 l lauwarme Milch, 60 g Butter 80 bis 100 g Zucker, 4 Eier abgeriebene Zitronenschale

Semmeln fein schneiden, mit Milch übergießen und ziehen lassen. Butter, Zucker und Eigelb schaumig rühren, die Semmelmasse hinzugeben, Zitronenschale darüber reiben und zuletzt das steifgeschlagene Eiweiß unterziehen. Die Masse in eine gefettete Auflaufform geben und 40 bis 50 Minuten im Backofen bei guter Mittelhitze bakken. Abwandlungen: 1. Auflaufmasse mit überbrühten Rosinen (125 g), geriebenen oder gehackten Haselnüssen (100 g) oder Mandeln (100 g) vermischen; 2. 500 g feingeschnittene, bei Bedarf gezuckerte Äpfel mit der Auflaufmasse vermengen; 3. Semmelmasse mit 200 g passiertem Quark und 300 g feingeschnittenen Äpfeln verarbeiten; 4. 500 bis 750 g Kirschen mit dem Teig verrühren.

Scheiterhaufen Foto S. 295

6 bis 8 altbackene Semmeln, gut 1/2 l Milch 3 Eier, 75 g Zucker 1 Päckchen Vanillezucker abgeriebene Zitronenschale, etwas Salz 500 g feingeschnittene Äpfel 80 bis 100 g überbrühte Rosinen, Butterflöckchen

Semmeln fein schneiden. Milch mit Eiern, Zucker, Vanillezucker, Zitronenschale und Salz verquirlen, über die Semmeln gießen und ziehen lassen. Äpfel (bei Bedarf nachzuckern) und Rosinen vermengen. In eine gut gefettete Auflaufform abwechselnd Semmeln und Äpfel mit Rosinen schichten, obenauf Semmeln geben. Restliche Eiermilch darübergießen, den Auflauf mit Butterflöckchen besetzen und im vorgeheizten Backofen bei guter Mittelhitze in 40 bis 50 Minuten goldbraun überbacken. Mit Puderzucker besiebt zu Tisch geben. Verfeinerung: Nach Belieben 50 g bis 100 g in Stifte geschnittene Mandeln und etwas mehr Zucker verwenden (Mandeln jeweils auf die Apfelschichten streuen).

Feiner Käseauflauf siehe S. 311, Oberpfälzer Maultaschen siehe S. 502.

Mehlspeisen-Spezialitäten: Der Hefekloß mit Backpflaumen (oben, Rezept S. 294) wird in Pflaumensaft gegart. Unten: Überbackene Hefeknödel (Rezept S. 295) müssen eine goldbraune Kruste haben. Sie gehören wie die Dampfnudeln zu den Standardrezepten der bayerischen Mehlspeisenküche. Man reicht sie mit Vanillesoße oder einer fruchtigen Beilage; zum Beispiel mit Kompott oder einer süßen Fruchtsoße.

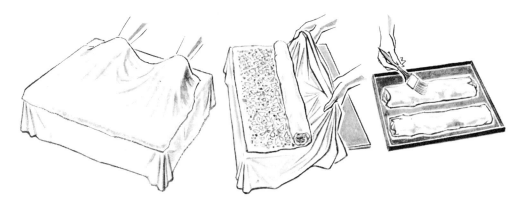

Strudelteig legt man nach dem Ausrollen auf ein großes Tuch (links) und zieht ihn nach allen Seiten aus. Dann belegt man ihn mit der Füllung und rollt ihn auf (Mitte). Auf dem Blech bestreicht man ihn mit zerlassener Butter. Er schmeckt warm oder kalt gleich gut.

Salzburger Nockerl

40 g Butter, 5 Eier
50 g Puderzucker
25 g Mehl
Zum Backen:
50 g Butter
4 Eßlöffel Sahne

Butter mit Puderzucker und Eigelb 20 bis 30 Minuten schaumig rühren, das gesiebte Mehl und zuletzt das steif geschlagene Eiweiß daruntermischen. Butter und Sahne in einer Auflaufform erhitzen, die Schaummasse hineingeben und 15 bis 20 Minuten im vorgeheizten Ofen bei starker Hitze goldgelb backen. Sofort auftragen. Bei Tisch Nockerl abstechen und mit Vanille- oder Puderzucker bestreut vorlegen. – Abwandlung: Schaummasse in der Omelettpfanne in heißer Butter und Sahne anziehen lassen, wenden, Nockerl abstechen.

Omeletts siehe ab S. 98.

STRUDEL UND PUDDINGE

Die Kunst der Strudelzubereitung ist in österreichischen Familien erblich. Andernorts versteht man es nur selten mit der gleichen Perfektion, den Strudelteig hauchdünn »auszuziehen«. Wohl mit Rücksicht darauf kann man seit einiger Zeit tiefgekühlten Strudelteig oder auch ungekühlte Strudelblätter kaufen, die nur noch gefüllt und in den Backofen geschoben zu werden brauchen.
Gekochte Puddinge sind eine international geschätzte Spezialität. Da die lange Kochzeit erhebliche Nährwertanteile zerstört, sollte man dazu möglichst immer frische Obst- oder Gemüsegerichte (zum Beispiel Frischkost, Salat, Fruchtsaft) reichen, um die Verluste an Nährstoffen auszugleichen.

Hefe-Mohnstrudel und Hefe-Nußstrudel siehe S. 412.

Der Savarin (oben, Rezept S. 302), nach dem Küchenphilosophen Brillat-Savarin benannt, kommt mit einer Backobstfüllung auf den Tisch. Plumpudding mit Rumsoße (unten) ist eine berühmte englische Spezialität (Rezept S. 507). Er gehört zu den Mehlspeisen mit den meisten Zutaten und der längsten Zubereitungs- und Lagerungszeit.

250 g Mehl, 3 Eßlöffel Öl etwas Salz, lauwarmes Wasser

Strudelteig I

Mehl auf das Nudelbrett sieben, eine Vertiefung machen, Öl und Salz hineingeben und so viel Wasser zufügen, daß sich die Zutaten zu einem glatten, elastischen Teig kneten lassen (etwa $1/8$ l). Den Teig mit einer angewärmten Schüssel zudecken und 20 Minuten ruhen lassen, dabei die Schüssel immer wieder anwärmen. Den ausgeruhten Teig auf bemehltem Brett ausrollen, dann auf ein großes bemehltes Tuch legen und vorsichtig nach allen Seiten »ausziehen«, bis er gleichmäßig hauchdünn ist. Den Teig mit flüssiger Butter bepinseln, mit saurer Sahne bestreichen, mit Semmelmehl bestreuen, mit Füllung (siehe unten) bedecken und mit Hilfe des Tuches aufrollen. Auf ein gefettetes Backblech gleiten lassen, mit zerlassener Butter bestreichen und im mäßig heißen Ofen 40 bis 50 Minuten backen. Warm oder kalt servieren.

250 g Mehl, 1 Ei 20 g Margarine, etwas Salz, lauwarmes Wasser

Strudelteig II

Zubereitung wie Strudelteig I. Nach Belieben füllen und backen. (Technik des »Ausziehens« siehe Zeichnung S. 299.)

Strudelfüllungen

1. Apfelstrudel: etwa 2 kg säuerliche Äpfel, 75 g Rosinen, 75 g abgezogene, gehackte Mandeln, 100 g Zucker, Zimt. Äpfel schälen, entkernen und in feine Scheiben schneiden, mit überbrühten Rosinen und Mandeln gleichmäßig auf dem Teig verteilen, mit Zucker und Zimt bestreuen, aufrollen und backen (Foto S. 295).
2. Zwetschgenstrudel: etwa 1,5 kg süße Zwetschgen entsteinen, mit 75 g abgezogenen, gehackten Mandeln und 100 g Zucker auf dem Teig verteilen.
3. Kirschenstrudel: etwa 1,5 kg entsteinte Kirschen als Füllung verwenden, dazu 100 g Zucker, nach Belieben 75 g Rosinen (überbrühen!).

Mehlpudding (rechts, Rezept siehe rechte Seite) mit Rosinen bringt man am besten mit Obst auf den Tisch. Reste kann man in Butter braten und mit Preiselbeergelee zu Tisch geben (Abbildung links). Kochpuddinge werden in der Form in 90 Minuten im Wasserbad gegart.

Zur Zubereitung von Kochpuddingen fettet man die Form ein und streut sie mit Semmelmehl aus, damit sich der Pudding gut stürzen läßt. Dann erst füllt man die Puddingmasse ein und hängt die verschlossene Form am Rührlöffelstiel in das heiße Wasserbad.

4. Quarkstrudel (Topfenstrudel): 50 g Butter mit 250 g Zucker und 3 Eigelb schaumig rühren, mit 1,5 kg passiertem Quark glattrühren, steifen Eischnee unterziehen und den Strudel damit füllen.
5. Rahmstrudel: Zubereitung und Füllung wie Apfelstrudel, aber den Strudel in eine Bratenpfanne legen, in der ca. 1 cm hoch Milch mit 40 g Butter erhitzt wurde und von Zeit zu Zeit während des Backens saure Sahne über den Strudel gießen.

Polnischer Mohnstrudel siehe S. 510.

Mehlpudding *Foto siehe linke Seite*

Margarine mit Eigelb und Zucker schaumig rühren, Vanillezucker, Zitronenschale und Salz dazugeben. Mehl mit Backpulver sieben und abwechselnd mit Milch unter die Eimasse rühren, zuletzt überbrühte, abgetrocknete und mit Mehl bestreute Rosinen und Korinthen und das steifgeschlagene Eiweiß mit dem Teig vermengen. Den Teig in eine gefettete, mit Semmelmehl ausgestreute Puddingform füllen, den Deckel schließen und den Pudding im Wasserbad in etwa 90 Minuten garen. Form aus dem Wasser nehmen und öffnen, 10 Minuten stehenlassen, dann stürzen und mit Obst, Kompott oder Fruchtsoße reichen. Reste des Mehlpuddings am nächsten Tag in Butter braten und mit Preiselbeeren (Foto siehe linke Seite) zu Tisch geben.

125 g Margarine, 3 Eier 125 g Zucker, abgeriebene Zitronenschale, 1 Päckchen Vanillezucker, etwas Salz 375 g Mehl, 1 Päckchen Backpulver, 1/4 l Milch je 65 g Rosinen und Korinthen

Nußpudding *Foto S. 302*

Nach dem Rezept für Mehlpudding Teig zubereiten und mit Haselnüssen vermengen. Den gestürzten Pudding nach Belieben mit Schokoladenglasur (S. 470) überziehen und garnieren, wenn er kalt gereicht werden soll. Warm mit Kompott oder Fruchtsoße reichen.

Zutaten wie Mehlpudding aber anstatt Rosinen und Korinthen 75 g geriebene Haselnüsse

Plumpudding siehe S. 507.

6 altbackene Semmeln
³/₈ l Milch
50 g Margarine, 3 Eigelb
2 gestrichene Teelöffel Backpulver
3 Eiweiß, Semmelmehl
1 Eßlöffel Zucker
etwas Milch, abgeriebene Zitronenschale
50 g Rosinen und Korinthen

Brotpudding mit doppeltem Teig *Foto siehe unten*

Semmelrinden leicht abreiben, die Semmeln würfeln, mit kochender Milch übergießen, weichen lassen und glattrühren. Margarine mit Eigelb schaumig rühren und mit der Semmelmasse vermengen. In die abgekühlte Masse Backpulver rühren. Eiweiß steif schlagen und unterziehen. Die Hälfte der Masse in eine gut gefettete, mit Semmelmehl ausgestreute Puddingform füllen und mit einem von beiden Seiten gefetteten Pergamentpapier zudecken. Restlichen Teig mit Zucker, etwas Milch, Zitronenschale, gebrühten Rosinen und Korinthen vermengen, auf das Pergamentpapier füllen. Form verschließen und 60 bis 80 Minuten im Wasserbad kochen. Süße Puddinghälfte mit Kompott oder Fruchtsoße als Nachtisch reichen. Neutrale Hälfte am nächsten Tag in Scheiben schneiden, in Butter goldgelb braten und mit Reibkäse bestreut zu Tomatensuppe reichen, als Beilage zu Fleisch- oder Eierspeisen oder mit Salat zu Tisch geben.

350 g Mehl, 15 g Hefe
¹/₁₀ l Milch, 2 Eier
1 Päckchen Vanillezucker
100 g Zucker
100 g Margarine
Zur Füllung:
250 g gemischtes Backobst, frisch gedünstetes oder Dosenobst, 75 g Zucker
1 Stück Stangenzimt
20 g Speisestärke
Zum Begießen:
Fruchtsaft oder Arrak

Savarin mit Obstfüllung *Farbfoto S. 298*

Backobst waschen und über Nacht einweichen. Aus Mehl, Hefe, Milch und 2 Teelöffel Zucker einen Hefevorteig zubereiten und gehen lassen. Dann Eier, Vanillezucker, Zucker und zerlassene Margarine zufügen, zu glattem Teig verarbeiten, kräftig schlagen, bis er Blasen wirft, und gehen lassen. In eine kleine gefettete und mit Semmelmehl ausgestreute Ringform geben, nochmals gehen lassen und bei mäßiger Hitze in etwa 30 Minuten goldgelb backen. Den gestürzten Kuchen mehrmals mit einem dicken Hölzchen von oben nach unten durchstechen, mit heißem Fruchtsaft oder verdünntem, leicht gezuckertem Arrak (auch Weinbrand, Rum oder Kirschwasser eignen sich dazu) begießen. Backobst im Einweichwasser mit Zucker und Zimt etwa 15 Minuten kochen, dann abseihen. Frische oder Dosenfrüchte nur dünsten bzw. erhitzen und abseihen. Obstsaft mit kalt angerührter Speisestärke binden. Früchte in den Savarin füllen, Soße gesondert reichen.

Der Brotpudding mit doppeltem Teig (links, Rezept siehe oben) wird in einer »neutralen« und einer süßen Schicht zubereitet. Rechts: Nußpudding (Rezept S. 301) wird mit geriebenen Nüssen bereitet und mit einer Schokoladenglasur überzogen; er schmeckt auch kalt ausgezeichnet.

Eintopfgerichte

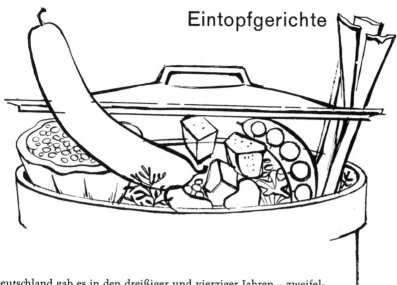

In Deutschland gab es in den dreißiger und vierziger Jahren – zweifellos ein Kuriosum in der Küchengeschichte – einmal im Monat einen feierlich verkündeten »Eintopfsonntag«, an dem jeder auf Suppe, Braten, Gemüse, Kartoffeln und Nachspeise zu verzichten und sich ganz spartanisch an zusammengekochten Genüssen zu ergötzen hatte. Unter diesen Zeiten hat das Ansehen der Eintopfküche etwas gelitten. Ihre Freunde wissen, daß sie besser ist als ihr Ruf.

Für alle Eintöpfe gilt die Regel, daß man sie zugedeckt auf kleiner Flamme gart, damit sie nicht zu einem Brei verkochen, frische gehackte Kräuter erst zum Schluß zufügt und den Eigengeschmack der Zutaten nicht durch allzu aufdringliche Gewürze überdeckt.

Pichelsteiner Fleisch *Farbfoto S. 497*

Fleisch und Kartoffeln in große Würfel, Gemüse und Zwiebeln in Streifen oder Würfel schneiden. In den Topf zuerst Markscheiben legen, dann schichtweise das gewürzte Fleisch, Zwiebeln, Gemüse und Kartoffeln (zuletzt eine Schicht Kartoffeln). Mit etwa ½ l heißem Wasser oder Brühe übergießen, zum Kochen bringen, dann bei schwacher Hitze im geschlossenen Topf ohne Umrühren in etwa 90 Minuten garen. Bei Bedarf (möglichst wenig) Flüssigkeit nachgießen. – Der Fleischanteil wird am besten aus Rind-, Kalb-, Hammel- und Schweinefleisch gemischt. Gemüsevorschläge: Sellerie, Porree, Mohrrüben, Petersilienwurzeln, Weißkohl, Erbsen, Bohnen.

500 g Fleisch
80 g Rindermark oder Rinderfett, 2 Zwiebeln
500 g Kartoffeln
750 g bis 1 kg Gemüse
½ l Brühe oder Wasser
Salz, Pfeffer, nach Belieben etwas Kümmel, gehackte Petersilie oder Majoran

Borschik

Paprikaschoten von Scheidewänden, Stielen und Kernen befreien, waschen und in feine Streifen schneiden. Tomaten waschen und vierteln. Zwiebeln in Ringe schneiden, Speck würfeln. Öl in einem verschließbaren Topf heiß werden lassen, Speck und Zwiebeln darin glasig andünsten, dann die Paprikastreifen hinzufügen und 2 Minuten schmoren. Ketchup mit Wasser verrühren, darübergießen, einmal umrühren und die Tomaten darauflegen. Den Topf zudecken, das Gemüse in etwa 50 bis 60 Minuten gar dünsten. Mit Weißbrot oder Reis reichen.

5 Eßlöffel Öl
200 g Räucherspeck
2 große Zwiebeln
500 g grüne Paprikaschoten
500 g feste Tomaten
150 g Tomatenketchup
Salz

Borschik (rechts, Rezept S. 303) ist ein Eintopf mit pikanter Würze. Beef international (links, Rezept siehe unten) gehört zu den anspruchsvolleren und deshalb auch etwas teureren Eintopfgerichten.

30 g Kokosfett
350 g Hammelfleisch
Salz, Pfeffer, 1 Zwiebel
350 g Kartoffeln
350 g Tomaten
1 kleine Dose Erbsen
1 kleine Dose grüne Bohnen, 15 g Speisestärke
¼ l saure Sahne, Salz Majoranpulver

Tomatenfleisch *Foto siehe rechte Seite*

Kokosfett in einem gut schließenden Kochtopf zerlassen, abgelöstes und in Würfel geschnittenes Hammelfett darin ausbraten, dann die geschnittene Zwiebel und das in Würfel geschnittene Hammelfleisch zugeben und kräftig anbraten. Mit wenig heißer Gemüsebrühe (aus der Erbsen- oder Bohnendose) auffüllen, Salz und Pfeffer zugeben und das Fleisch fast gar dünsten. Geschnittene Kartoffeln und Tomaten lagenweise auf das Fleisch schichten, bei Bedarf noch etwas Gemüsebrühe nachgießen, den Topf schließen und dünsten, bis die Kartoffeln gar sind. Erbsen und Bohnen darunterheben, 10 Minuten im geschlossenen Topf ziehen lassen. Speisestärke in Sahne anrühren, die Brühe damit binden. Mit Salz und Majoran abschmecken.

450 g Rinderlende
60 g Butter oder Margarine, 1 große Zwiebel, 1 grüne Paprikaschote, ½ Dose (150 g) Selleriecremesuppe
100 g gedünstete Champignons
50 g Salatmayonnaise
Salz, Pfeffer

Beef international *Foto siehe oben*

Butter oder Margarine erhitzen, das in Streifen oder Scheiben geschnittene Fleisch darin von allen Seiten anbräunen, mit heißem Wasser auffüllen, einmal umrühren und 15 Minuten bei schwacher Hitze kochen. Paprikaschoten von Stielen, Scheidewänden und Kernen befreien und in Streifen schneiden, Zwiebeln in Ringe schneiden, beides auf das Fleisch schichten und bei schwacher Hitze 30 Minuten dünsten. Champignons blättrig schneiden, mit der Selleriesuppe unter die Fleisch-Paprikamasse ziehen, einmal aufkochen. Mit Salz und Pfeffer würzen, zuletzt die Mayonnaise unterziehen. Dazu Weißbrot.

1,5 kg Grünkohl
600 g geräucherte Schweinebacke
1 kg Kartoffeln, Salz

Grünkohl-Eintopf *Foto siehe rechte Seite*

Grünkohl von den Rippen streifen, gründlich waschen, in Salzwasser aufkochen, abtropfen lassen und fein wiegen. Fleisch waschen, in etwa 1 l kaltem Wasser aufsetzen und 30 Minuten kochen, dann Grünkohl dazugeben und 20 Minuten kochen lassen. Kartoffeln schälen, waschen, würfeln und auf den Kohl geben. Topf schließen, dünsten, bis Kartoffeln und Fleisch gar sind; Fleisch in Scheiben schneiden.

Der Grünkohl-Eintopf bezieht seinen Geschmack von geräucherter Schweinebacke (rechts). Zum Tomatenfleisch (links) verwendet man Hammelfleisch, Kartoffeln und Tomaten (Rezepte siehe linke Seite).

Porree-Eintopf Foto S. 306

Porree waschen und in etwa 2 cm dicke Scheiben schneiden. Kartoffeln schälen und in Würfel oder Scheiben schneiden, abwechselnd mit Porree in eine gefettete Auflaufform schichten, jede Schicht schwach salzen und pfeffern; die letzte Schicht soll aus Porree bestehen. Mit Brühe auffüllen, die Form zudecken und zum Kochen bringen, dann bei schwacher Hitze in etwa 30 Minuten gar dünsten. Speisestärke mit Sahne verrühren, die abgegossene Brühe damit binden, mit Pfeffer und Salz abschmecken und dem Eintopf wieder hinzufügen. Nach Belieben kleine Frikadellen in Fett braten und mit dem Eintopf servieren, das Bratfett darübergießen.

1,5 kg Porree
750 g Kartoffeln, 30 g Fett
Salz, Pfeffer
1 l Fleischbrühe
20 g Speisestärke
⅛ l Sahne

Tiefer Süden Foto S. 306

Fleisch in Würfel schneiden, in heißem Fett anbräunen, mit ½ l heißem Wasser aufgießen und etwa 60 Minuten dünsten. Kartoffeln schälen und in Würfel schneiden, Sellerie schälen und in Stäbchen schneiden, beides auf das Fleisch schichten, salzen und 10 Minuten dünsten. Eingeweichte Aprikosen mit dem Einweichwasser hinzufügen und alle Zutaten gar, aber nicht zu weich dünsten. Mit Apfelsinenschale und -saft und Zitronensaft, Salz, Zucker und Pfeffer abschmecken, nach Belieben mit kalt angerührter Speisestärke binden.

500 g Rindfleisch, Bratfett
250 g Sellerie
500 g Kartoffeln
125 g Trockenaprikosen
Apfelsinenschale
Apfelsinen- und
Zitronensaft, Salz
Pfeffer, Zucker
10 g Speisestärke

Hammelfleisch mit Schwarzwurzeln

Hammelfett ablösen, in Kokosfett ausbraten, das in Würfel geschnittene Fleisch und die in Scheiben geschnittene Zwiebel dazugeben und kräftig anbraten. Schwarzwurzeln putzen, in 3 bis 4 cm lange Stücke schneiden und in Mehlwasser mit einem Schuß Essig legen, die Kartoffeln schälen und würfeln. Abwechselnd Schwarzwurzeln und Kartoffeln auf das Fleisch schichten, jede Schicht schwach würzen, mit etwa ½ l Brühe oder Wasser auffüllen, den Topf schließen und das Gericht bei schwacher Hitze in 60 bis 70 Minuten gar dünsten.

500 g Hammelfleisch
etwas Kokosfett, 1 Zwiebel
Salz und Pfeffer
750 g Schwarzwurzeln
500 g Kartoffeln

Porree-Eintopf (rechts) wird mit kleinen knusprigen Frikadellen gereicht. Originell in der Zusammenstellung ist »Tiefer Süden« mit Sellerie und Aprikosen (links), mit Apfelsinensaft abgeschmeckt (Rezepte S. 305).

Eintopfzusammenstellungen

Nach dem Rezept für Hammelfleisch mit Schwarzwurzeln (S. 305) lassen sich auch folgende Eintopfgerichte zubereiten:
1. 500 g Hammelfleisch, 1 Zwiebel, 750 g weiße Rüben, 500 g Kartoffeln, Salz und Pfeffer, Kokosfett.
2. 500 g Kalbfleisch, 1 Zwiebel, 300 g Tomaten, 500 g grüne Bohnen, 500 g Kartoffeln, Salz und Pfeffer, Fett zum Anbraten.
3. 500 g Rindfleisch, 1 Zwiebel, 300 g Tomaten, 750 g Kartoffeln, Salz und Pfeffer, Fett zum Anbraten.
4. 300 g Räucherspeck, 750 g dicke Bohnen, 750 g Kartoffeln, Salz, Bohnenkraut (bündeln, nach 15 Minuten herausnehmen).

Bei der Eintopf-Zubereitung gibt es viel Schäl- und Putzarbeit; gute Arbeitsgeräte erleichtern sie. Links drei Kartoffelschäler und eine praktische Pellkartoffelgabel; rechts ein Gerät zum Zerkleinern von Zwiebeln und Kräutern, bei dessen Benutzung die Hände sauber bleiben.

Der »Bunte Bohnentopf« (links), vereinigt Bohnen, Rindfleisch, Äpfel und Pflaumen und wird die Liebhaber der süßsauren Küche begeistern. Rechts: Bohnentopf mit Gänsefleisch (Rezepte siehe unten).

Bohnentopf mit Gänsefleisch *Foto siehe oben*

Bohnen über Nacht einweichen, mit dem Einweichwasser am nächsten Tag aufsetzen. Räucherspeck, Knoblauch, das in Fett etwa 10 Minuten angebräunte Gänsefleisch und die angerösteten Zwiebeln dazugeben und in etwa 2 Stunden garen. In den letzten 20 Minuten die Fleischwurst mitgaren. Speck und Wurst aus dem Topf nehmen und in Scheiben schneiden. Brühe nach Belieben mit Mehlbutter (oder heller Einbrenne) binden. Das Fleisch hineinlegen.

250 g weiße Bohnen
1 Knoblauchzehe
50 g Räucherspeck
375 bis 500 g Gänsefleisch
2 Zwiebeln, Bratfett
1 kleine Fleischwurst
Mehlbutter nach Belieben
Salz, Pfeffer, Essig

Bunter Bohnentopf *Foto siehe oben*

Bohnen über Nacht einweichen, am nächsten Tag mit dem Einweichwasser aufsetzen, das Fleisch hineingeben, zum Kochen bringen, salzen und bei schwacher Hitze gar kochen. Äpfel schälen und vierteln, Pflaumen entsteinen und halbieren. Äpfel und Pflaumen in wenig Wasser mit Zimt und Nelken einige Minuten dünsten, dann die Gewürze herausnehmen. Früchte zuckern, mit kalt angerührter Speisestärke binden. Fleisch aus dem Bohnentopf nehmen und aufschneiden. Bohnen und Früchte verrühren, mit Zucker und Zitronensaft süßsauer abschmecken. Dazu passen Salzkartoffeln.

250 g weiße Bohnen
500 g Suppenrindfleisch
Salz, 500 g Äpfel
500 g Pflaumen
50 g Zucker, etwas
Stangenzimt, 3 Nelken
20 g Speisestärke, Zucker
Zitronensaft

Himmel und Erde

Kartoffeln schälen und in Würfel schneiden, Äpfel schälen und vierteln, vom Kerngehäuse befreien. Kartoffeln und Äpfel mit etwa 1/2 l Wasser aufsetzen, etwas Salz und Zucker zugeben, zum Kochen bringen und bei schwacher Hitze garen. Mit Salz, Pfeffer und Essig abschmecken; den gewürfelten Speck mit den feingeschnittenen Zwiebeln anbraten und über das fertige Gericht geben. Nach demselben Rezept werden Birnen mit Kartoffeln zubereitet.

1,5 kg Kartoffeln
500 g Äpfel, Salz, Zucker
Essig, 100 g Räucherspeck
2 Zwiebeln

Schlesisches Himmelreich siehe S. 496, Schlesischer Linseneintopf siehe S. 495, Labskaus siehe S. 494, Westfälisches Blindhuhn siehe S. 499.

Quark und Käse

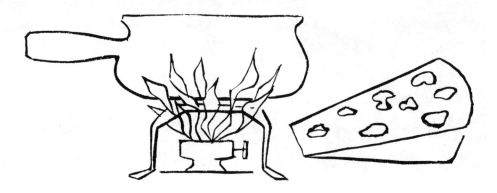

Käse ist eine Göttergabe, von Aritaios, dem Sohn des Apollon und der Kyrene, aus dem Olymp den Menschen dargebracht und unter Assistenz der kyrenischen Nymphen zum erstenmal auf Erden zubereitet – sagten die alten Griechen. Quark und Käse sind vorzügliche Eiweiß-, Vitamin- und Mineralstofflieferanten, gesund und noch dazu preiswert – sagen die Ernährungswissenschaftler. Käse ist das aus der Milch abgeschiedene mehr oder weniger fetthaltige Milcheiweiß in frischem (Quark, Rahmfrischkäse) oder gereiftem (übrige Käsesorten) Zustand – sagt die Fachliteratur. Käse gehörte schon zur Nahrung der Urgermanen – sagt Cäsar in seiner Geschichte des Gallischen Krieges. Käse schätzten schon die Horden Dschingis Khans, die Heere Karls des Großen und die Scharen der Kreuzritter als Wegzehrung – sagen die Historiker.

Und so könnte man noch viele Seiten mit Lobliedern auf Quark und Käse füllen, denn kaum ein Nahrungsmittel ist so vielseitig und tritt in so vielfältigen Erscheinungsformen auf wie der Käse, der allen Geschmacksrichtungen gerecht wird. Fehlen darf er nicht – eine Mahlzeit ohne Käse ist, um wieder einmal Brillat-Savarin zu zitieren, wie eine einäugige Schöne.

Die meisten Käsesorten sind nicht nur mit einem kräftigen Duft ausgestattet, der sich auf andere Lebensmittel übertragen kann, sie nehmen auch leicht Fremdgerüche an. Das sollte bei der Lagerung (kühl, trocken, luftig) berücksichtigt werden.

QUARKGERICHTE

Quark sollte möglichst frisch und trocken verarbeitet werden. Viele Molkereien liefern ihn bereits passiert. Zu nassen Quark muß man vor der Zubereitung auf einem Sieb oder Tuch abtropfen lassen, zu grobkörnigen Quark streicht man durch ein Sieb. Die folgenden Rezepte lassen sich sowohl mit Speisequark mit verschieden hohem Fett- oder Sahnegehalt als auch mit Schichtkäse ausführen. Frischer Quark schmeckt rein und mild säuerlich; wenn er zu lange oder unsachgemäß gelagert wird, bekommt er einen stark sauren oder bitteren Geschmack.

Quark-Brotaufstrich

250 g Quark mit 3 bis 5 Eßlöffel Milch, Dosenmilch oder ungesüßter Sahne glattrühren (falls nötig, vorher passieren) und mit Salz abschmecken, eine der folgenden Geschmackszutaten hineinmischen:

1. Kräuterquark: 1 bis 2 Eßlöffel gehackter Schnittlauch, Petersilie, Borretsch, Dill oder auch gemischte Kräuter.
2. Zwiebelquark: 1 feingehackte oder geriebene Zwiebel.
3. Tomatenquark: 1 kleine feingeschnittene Zwiebel und 2 feingeschnittene Tomaten oder 1 bis 2 Eßlöffel Tomatenmark und 1 kleine geriebene Zwiebel.
4. Rettichquark: 2 Eßlöffel feingeriebener Rettich (oder Rettichscheiben auf das mit Quark bestrichene Brot legen).
5. Kümmelquark: 1 Eßlöffel Kümmel (ganz oder gehackt).
6. Paprikaquark: 1 Teelöffel Paprikapulver, nach Belieben geriebene oder gehackte Zwiebel.
7. Sardellenquark: 2 bis 4 gehackte oder geschnittene Sardellenfilets oder nach Belieben Sardellenpaste.
8. Eierquark: 2 hartgekochte, gehackte Eier und 1 Eßlöffel gehackter Schnittlauch.
9. Schinkenquark: 2 bis 3 Eßlöffel gehackter roher Schinken.
10. Meerrettichquark: 1 bis 2 Eßlöffel geriebener Meerrettich, Salz und Pfeffer.
11. Curryquark: 1 Teelöffel Currypulver, feingehackte Zwiebel und Salz.
12. Matjesquark: 2 Eßlöffel feingehackte Matjesfilets, gehackte Gewürzgurke, etwas geriebene Zwiebel, Pfeffer.
13. Käsequark: 2 bis 3 Eßlöffel geriebener Emmentaler Käse, ½ Teelöffel Kümmel.

Alle diese Mischungen passen am besten zu dunklem Brot, sie eignen sich aber auch als Beigabe zu Pell- oder Kümmelkartoffeln, Kartoffelpuffern und Teigwarengerichten.

Quarknudeln

250 g Mehl, 20 g Hefe lauwarme Milch, 3 Eier 60 g Butter, 150 g Quark Salz, Ausbackfett

Aus Mehl, Hefe und Milch einen Hefevorteig anrühren und gehen lassen, nach und nach Eier, Butter und passierten Quark dazurühren und zu einem festen Teig verarbeiten, fingerlange Nudeln formen, auf einem bemehlten Nudelbrett gehen lassen und in heißem Fett schwimmend goldgelb ausbacken. Zu gedünstetem Fleisch und als Beilage zu Gemüsegerichten.

Überbackene Quarkkartoffeln

80 g Räucherspeck 1 kg Kartoffeln 2 Zwiebeln, Salz 200 g Quark, 1 Ei ¼ l Milch, 1 Teelöffel Paprika, Petersilie oder Schnittlauch, gehackt Semmelmehl Butterflöckchen

Kartoffeln kochen, abpellen, abkühlen lassen und in Scheiben schneiden. Speck und Zwiebeln in Würfel schneiden und anbraten, die Kartoffeln dazugeben und kurz anrösten, salzen und abkühlen lassen. Quark passieren, mit Milch und Ei schaumig schlagen. Paprika und gehackte Kräuter hineinrühren und die Kartoffeln damit vermengen. Die Masse in eine gefettete Auflaufform füllen, mit Semmelmehl bestreuen, Butterflöckchen aufsetzen und bei Mittelhitze im Backofen in etwa 45 Minuten goldgelb überbacken. Mit Endivien-, grünem oder Rote-Rüben-Salat zu Tisch geben.

Süße Quarkspeisen siehe ab S. 377.

Obstschnitten mit Rahmfrischkäse bringen Abwechslung auf den Frühstücks- oder Abendbrottisch (links, Rezepte siehe unten). Käsebissen (Rezepte siehe rechte Seite) lassen sich schnell zubereiten und sehen reizvoll und appetitlich aus, wenn man sie gefällig garniert.

KÄSE IN DER KÜCHE

Der Feinschmecker schätzt einige Käsesorten nur »unverarbeitet«, etwa mit Butter und verschiedenen Brotsorten auf einer Käseplatte serviert, zum Abendessen, als Nachtisch oder auch zu einem Glas Wein. Andere Sorten sind die Grundlagen reizvoller und pikanter Käsegerichte – vom einfachen, schnell zubereiteten Brotaufstrich bis zur Fondue nach Schweizer Vorbild. Einige Rezepte aus diesem reichen Angebot sind nachstehend abgedruckt. Salate, Soßen, Suppen, kalte Platten und Bäckereien mit Käse können in den jeweiligen Kapiteln nachgeschlagen werden.

Obstschnitten mit Rahmfrischkäse Foto siehe oben

Doppelrahm-Frischkäse (zum Beispiel Gervais, Philadelphia) mit den angegebenen Zutaten glattrühren, auf beliebige Brotscheiben streichen oder spritzen, mit frischem Obst garnieren.
1. Nußcreme: 1 Päckchen Doppelrahm-Frischkäse, 2 Eßlöffel Milch, 1 Eßlöffel Apfelsinensaft, etwas Zucker, 3 Eßlöffel geriebene Nüsse.
2. Fruchtcreme: 1 Päckchen Doppelrahm-Frischkäse, 1/2 Eßlöffel Milch, 2 Teelöffel Zucker, je 1/2 pürierte Banane und Apfelsine.
3. Sanddorncreme: 1 Päckchen Doppelrahm-Frischkäse, 2 Eßlöffel Sanddornsaft, 1 Teelöffel Honig, 1 Teelöffel Weizenkeime oder Leinsamenschrot.

Pastetchen mit Käsefüllung Foto siehe rechte Seite

Mürbteigtoretts, niedrige Pasteten oder Kräcker mit einer Creme aus Doppelrahm-Frischkäse (Käse, Weinbrand und Currypulver; oder Käse, Anchovispaste und Tomatenketchup) füllen oder bestreichen, beliebig garnieren und zur kalten Platte oder zum Wein reichen. Abwandlung: Schäumig geschlagenen Quark-Brotaufstrich als Füllung verwenden (Rezepte siehe S. 309).

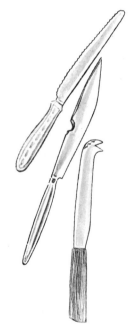

Käsemesser haben heute oft eine gerade oder gebogene Spitze, damit man den abgeschnittenen Käse leichter aufspießen und auf den Teller legen kann.

Der feine Käseauflauf (links, Rezept siehe unten) ist eine duftige und zugleich würzige Spezialität. Pastetchen mit Käsefüllung (Rezept siehe linke Seite) passen zu Wein oder Tee, eignen sich aber auch für kalte Platten, zum Kalten Büfett oder als leichte, pikante Vorspeise.

Käseeier im Nest Foto S. 92

Käse mit Butter und Weinbrand glattrühren, mit Paprika abschmecken. Aus der Masse Eier formen, in feingeriebenem Pumpernickel wälzen. Kalt stellen. Kresse putzen und leicht mit Streuwürze abschmecken, die Eier mit Kresse (oder Petersilie) auf einer Platte anrichten. Abwandlung: Als Garnitur für kalte Platten kleine Kugeln anstatt Eier formen. Auch als Beigabe zum Wein gut geeignet.

250 g Doppelrahm-Frischkäse, 60 g Butter Paprika, 1 Gläschen Weinbrand, 2 Scheiben Pumpernickel, 150 g Kresse (oder Petersilie) Streuwürze

Käsebissen Foto siehe linke Seite

Brotscheiben dick mit Käse bestreichen, 2 bestrichene und 1 unbestrichene Scheibe zusammensetzen, zwischen zwei Küchenbrettchen legen und kalt stellen. Kurz vor dem Servieren in Dreiecke schneiden, nach Belieben mit gespritztem Streichschmelzkäse, gefüllten Oliven oder Tomatenmark aus der Tube verzieren.

Vollkornbrot oder Pumpernickel Streichschmelzkäse

Blumenkohl mit Käsecremesoße Farbfoto S. 315

Blumenkohl in Salzwasser gar dünsten. Käse in Flöckchen zerteilen und in der heißen Milch bei schwacher Hitze unter ständigem Rühren auflösen, mit Pfeffer würzen und über den Blumenkohl gießen. Abwandlungen: Rosenkohl, Schwarzwurzeln oder Porree dünsten, mit Soße überziehen.

*1 Blumenkohl
1/4 l Milch
250 g Streichschmelzkäse
etwas Pfeffer*

Feiner Käseauflauf Foto siehe oben

Mehl in Butter anschwitzen, Milch aufgießen und auf dem Feuer abrühren. Vom Feuer nehmen, den in Flöckchen zerteilten Käse unter kräftigem Schlagen in der Milch auflösen. Nach und nach Eigelb hineinrühren und würzen. Steifgeschlagenes Eiweiß unter die Masse heben, eine ungefettete Auflaufform damit füllen, im Backofen bei 150° C in etwa 50 bis 60 Minuten backen, sofort servieren.

*40 g Butter, 40 g Mehl
1/4 l Milch, 250 g Streichschmelzkäse, Salz, Pfeffer Muskat, 4 Eier*

Welsh Rarebits (links, Rezept siehe rechte Seite) sind überbackene Käsebrötchen. Mitte: Pikante Käseschnitten werden mit Blätterteig zubereitet. Der herzhafte Käsetopf (rechts) stammt aus der Schweizer Küche, er eignet sich auch als Resteverwertung (Rezepte siehe unten).

80 g Butter, 1 geschnittene Zwiebel, 60 g Mehl
1½ l Brühe, Suppengrün
2 Dosen Milch
125 g Streichschmelzkäse
200 g feingeschnittene Braten- oder Geflügelfleischreste, Salz Muskat, Paprika, Reibkäse

Herzhafter Käsetopf   *Foto siehe oben*

Zwiebel in heißer Butter andünsten, das Mehl dazugeben und anschwitzen, mit Brühe auffüllen und Suppengrün hinzufügen, 15 Minuten kochen lassen. Milch, in Flöckchen zerteilten Käse und Fleischreste dazugeben, so lange rühren, bis sich der Käse gelöst hat. Mit Salz, Muskat und Paprika abschmecken, mit Reibkäse zur Selbstbedienung zu Tisch geben. Abwandlung: Anstelle von Braten- oder Geflügelfleischresten Streifchen von Salami verwenden; die Suppe mit gedünsteten Pilzen verfeinern.

Ungarische Käsepastete siehe S. 512.

8 Scheiben gekochter Schinken
8 Scheiben Gouda-Käse
1 Ei, Salz, Semmelmehl
Bratfett

Schinken-Käse-Rouladen

Je eine Schinkenscheibe mit einer entrindeten Käsescheibe belegen und so aufrollen, daß der Käse im Schinken verschwindet. Die Rouladen in verquirltem Ei und Semmelmehl wenden, mit Holzspießchen zusammenhalten und in der Pfanne von allen Seiten knusprig braun braten. Dazu Bratkartoffeln, aufgebratene Klöße und Salat.

300 g Blätterteig oder Quarkblätterteig (S. 442)
200 g durchwachsener Speck, gewürfelt
1 Paket Chester-Schmelzkäsescheiben
⅛ l saure Sahne, 2 Eier Salz, Paprika
Semmelmehl

Pikante Käseschnitten   *Foto siehe oben*

Teig ausrollen (tiefgekühlten Teig erst auftauen lassen), auf das Blech legen, Ränder etwas hochdrücken, mit Semmelmehl bestreuen. Speckwürfel glasig anbraten, auf den Teig legen. Käse in 2 cm breite Streifen schneiden, zu einem Gitternetz auf der Teigplatte auslegen. Sahne mit Eiern verquirlen, würzen und über den Teig gießen. Im vorgeheizten Backofen 20 bis 25 Minuten bei 225°C backen, in rechteckige Stücke schneiden und heiß oder kalt zu Wein oder Fleischbrühe reichen.

Überbackener Tomatentoast *Farbfoto S. 315*

Brotscheiben auf beiden Seiten leicht toasten, mit Mayonnaise bestreichen, mit Tomatenscheiben belegen, salzen und pfeffern, mit Käsescheiben zudecken. Im vorgeheizten Backofen oder Grill (mittlere Schiene) überbacken, bis der Käse cremig zerläuft. Mit Tomatenscheiben garniert zu Tisch geben.

4 Scheiben Kastenweißbrot
100 g Mayonnaise
5 Tomaten, Salz, Pfeffer
4 Scheiben Chester-Schmelzkäse

Käsetoast mit Zwiebeln *Farbfoto S. 315*

Brotscheiben auf beiden Seiten leicht toasten. Zwiebeln in Ringe schneiden, in heißem Öl bräunen, die Brotscheiben damit belegen, pfeffern und mit Käsescheiben bedecken. Im vorgeheizten Ofen oder Grill (mittlere Schiene) überbacken, bis der Käse cremig zerläuft.

4 Scheiben Kastenweißbrot
4 mittelgroße Zwiebeln
4 Eßlöffel Öl, Pfeffer
4 Scheiben Schweizer Käse (Schmelzkäse)

Weitere Toastgerichte ab S. 85 und 171.

Welsh Rabbit

Käse in Flöckchen zerteilen, in der heißen Milch verrühren, Gewürze hinzufügen und das Bier langsam darunterrühren. Toastscheiben übereck durchschneiden, auf Tellern anrichten und mit der Soße übergießen. Nach Belieben gedünstete Champignons dazu reichen.

3 Eßlöffel Milch
250 g Streichschmelzkäse
knapp 1/4 l helles Bier
1 Teelöffel scharfer Senf
Pfeffer, Worcestersoße
getoastetes Weißbrot

Welsh Rarebits *Foto siehe linke Seite*

Käse in Flöckchen zerteilen, in der heißen Milch verrühren und bei schwacher Hitze lösen, Bier und Senf dazugeben und die Creme auf 1 cm dicke, auf einer Seite getoastete oder in Butter angebräunte Weißbrotscheiben streichen, im vorgeheizten Backofen oder Grill etwa 10 Minuten überbacken, bis der Käse cremig zerläuft. Heiß zu Wein oder Bier reichen. Abwandlung: Anstatt Streichschmelzkäse 250 g grob geriebenen Chesterkäse verwenden.

3 Eßlöffel Milch
250 g Streichschmelzkäse
1 Teelöffel scharfer Senf
3 Eßlöffel helles Bier
1 französisches Weißbrot

Käsesalate siehe ab S. 121.

Das Nationalgericht der Schweizer ist die Fondue (Rezepte siehe S. 314), die in der »Originalfassung« je zur Hälfte aus Greyerzer und Emmentaler Käse besteht. Die Schweizer schwören auf dieses Freundschaftsessen, bei dem sich jeder mit einer langen Gabel selbst bedient.

Raclette

Nach dem Originalrezept aus dem Schweizer Kanton Wallis hält man einen halbierten Gomser oder Tilsiter Käse mit der Schnittfläche so lange an ein offenes Feuer (Kamin, Feuer im Freien, Raclette-Ofen), bis er an der Oberfläche zu schmelzen beginnt. Den heißen geschmolzenen Käse auf Teller abstreichen und mit heißen Pellkartoffeln, Gurken und Essigzwiebeln zu Tisch geben. Vereinfachung: Käse-Oberfläche im Grillgerät (mittlere Schiene) schmelzen lassen oder Scheiben mit Eigelb bestreichen und in einer kleinen feuerfesten Form zerlaufen lassen. (Original-Raclette: siehe nebenstehende Zeichnung.)

FONDUEGERICHTE

Die klassische Käsemischung zu diesem Schweizer Nationalgericht (der Schweizer sagt *das* Fondue, bei uns hat sich *die* Fondue eingebürgert) besteht je zur Hälfte aus Emmentaler und Greyerzer Käse. Je mehr Greyerzer, desto würziger wird das Gericht. Fondue wird im Caquelon aus Steingut oder auch aus Gußeisen zubereitet, außerdem braucht man (siehe Foto S. 313) lange Fonduegabeln dazu. In der Schweiz kennt man einige Dutzend Fonduerezepte.

Knoblauch
je 300 g Emmentaler und
Greyerzer Käse
1/10 l Neuenburger
Weißwein
1 Gläschen Kirschwasser
15 g Speisestärke
Salz, Pfeffer, Muskat
Weißbrotwürfel

Neuenburger Fondue Foto S. 313

Caquelon mit Knoblauch ausreiben (oder Knoblauch fein hacken und beigeben), Käse fein schneiden oder hobeln (möglichst nicht reiben) und mit Weißwein bei mittlerer Hitze unter ständigem Rühren zu einer glatten Creme verkochen. Wenn die Masse aufsteigt, mit Kirschwasser verquirlte Speisestärke hinzufügen, mit Salz, Pfeffer und Muskat nach Belieben würzen. Auf einem Rechaud (Stövchen) zu Tisch geben; die Masse muß stets schwach kochen (»lächeln«, wie die Schweizer sagen). Weißbrotwürfel auf die Gabel spießen, in die Käsemasse tauchen und heiß verzehren. Dazu gehört ein kräftiger Tee oder auch ein Glas Wein und ein gutes Kirschwasser. Abwandlungen:

1. Fondue mit Champignons: Champignons grob zerschneiden, in Butter andünsten und der Fondue zusetzen.
2. Fondue mit Trüffeln: Inhalt einer Dose Trüffeln fein hacken oder in feine Scheiben schneiden, in Butter andünsten und kurz vor dem Auftragen mit der Käsemasse verrühren.
3. Fondue mit Schinken: 150 g bis 200 g gekochten Schinken in feine Würfel schneiden und mit der fertigen Fondue mischen oder einen Teil der Brotwürfel durch große Schinkenwürfel ersetzen.
4. Fondue flambée: Rechaudflamme am Tisch auf größte Hitze stellen, die Käsemasse stark kochen lassen, 1 bis 2 Gläschen Kirschwasser anwärmen, anzünden und über die Speise gießen.

Alles aus Käse: 1. Überbackener Tomatentoast und 2. Käsetoast mit Zwiebeln (Rezepte S. 313); 3. Blumenkohl mit Käsecremesoße (nach dem Rezept auf S. 311 lassen sich auch Porree oder Rosenkohl zubereiten); 4. Käse-Reis-Salat (Rezept S. 122); darüber eine Käseplatte mit verschiedenen Sorten und Obst. Auch zum Wein kann man Käse reichen; Feinschmecker bevorzugen zu jeder Weinsorte eine bestimmte Käseart, etwa zu Rotwein einen Edelpilzkäse, zum milden Weißwein einen Camembert und zum kräftigen Weißwein einen herzhaften Edamer.

Die Kalte Küche

Kurz bevor sich der römische Feldherr Scipio Africanus in den Punischen Krieg aufmachte – so erzählt Carl Georg von Maaßen in einem seiner Bücher – kam ein wohlhabender Römer auf die Idee, ein gigantisches Karthago in Form einer Pastete backen zu lassen und seine Freunde zur Erstürmung dieser Festung einzuladen. Scipio war mit dieser Vorwegnahme des Sturms auf Karthago gar nicht einverstanden und sorgte dafür, daß der Römer vom Senat durch eine Strafe von 70 000 Sesterzien an das Unpassende seines Tuns erinnert wurde. Seit dieser Karthago-Pastete galt es in der feinen Küche jahrhundertelang als besonders vornehm, »dekorative Kochkunst« im großen Stil zu betreiben. Große Eisblockschwäne mit winzigen Kaviarschälchen auf dem Rücken, der Buckingham-Palast aus Zuckerguß, gewaltige Pasteten, aus denen Zwerge hüpften und Schüsseln, aus denen wurstförmige Luftballons zum Himmel schwebten, – das ließen sich reiche Leute noch vor hundert Jahren viel Geld kosten.

Die moderne Kochkunst hat sich von der Bildhauerei und Architektur in der Küche losgesagt. Dafür legt sie großen Wert auf geschmacklich gut durchdachte, farblich zusammenpassende, einladend angerichtete und apart garnierte Speisen. An die Stelle der pompösen Aufbauten sind kleine Köstlichkeiten getreten, die der Phantasie der Hausfrau genug Spielraum für eigene Zusammenstellungen, überraschende Kombinationen und einfallsreiche Zaubereien mit vorhandenen Zutaten lassen. Und seitdem man liebe Gäste nur noch in Ausnahmefällen zum warmen Mittag- oder Abendessen bittet und eine Einladung zum kalten Imbiß bevorzugt, hat die Kalte Küche eine Vielseitigkeit entwickelt, die kaum noch zu übertreffen ist.

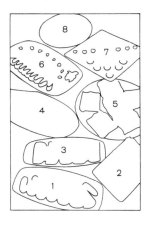

Viele delikate kleine Happen, liebevoll garniert, sind auf den Platten dieses Kalten Büfetts zusammengestellt (Rezepte auf den folgenden Seiten): 1. Salamitüten mit Meerrettichsahne und Essigfrüchten; 2. Tomaten mit Fleischsalat; 3. Katerhäppchen; 4. Räucheraal mit Maiskölbchen; 5. Ochsenzunge; 6. Kaviareier, Käsedatteln und Karotten mit Erbsenfüllung; 7. Fisch in Aspik, Käsewürfel und Gänseleberpastete (Rezept S. 80); 8. Diät-Tatar mit Bananen und Mandarinorangen.

Auf das abwechslungsreiche Garnieren und Anrichten legt man bei kalten Speisen großen Wert: Kaviar kann man in ausgehöhlten Eiern servieren (Rezept siehe rechte Seite); Würstchen als »warmes Zwischenspiel« in Zinngeschirr (Mitte), pikante Salate (Birnenwürfel mit Ketchup und Tabascosoße, rechts) in kunstvoll geschliffenen Stielgläsern. Garnitur-Anregungen siehe auch im Kapitel »Vorspeisen«.

KALTE FLEISCHGERICHTE

Kalt aufgeschnittener Braten ist für eine kalte Platte unentbehrlich. Im allgemeinen wird man das Fleisch nicht zu diesem Zweck zubereiten, sondern ein Stück vom letzten, vielleicht etwas größer eingekauften Braten aufbewahren und aufschneiden. Fettes Fleisch ist weniger empfehlenswert als mageres; von dieser Regel abgesehen sind jedoch alle Fleisch- und Wildfleischarten mit Ausnahme von Lamm oder Hammel und alle fleischreichen Geflügelarten für Bratenaufschnitt geeignet. Weitere Vorschläge:

Beefsteak Tatar

500 g Hackfleisch aus Rinderfilet, 4 Eigelb
½ Teelöffel Paprika
2 Zwiebeln, 1 Eßlöffel Kapern, 4 Sardellenfilets
1 Teelöffel Tomatenketchup
1 Teelöffel Senf
Salz, Pfeffer, Essig, Öl

Hackfleisch in vier Portionen teilen, auf einzelnen Platten zu flachen Klößen geformt anrichten, vorsichtig mit Eigelb besetzen (mit dem noch unaufgeschlagenen Ei eine kleine Vertiefung in das Fleisch drücken, damit das Eigelb nicht abrutscht) und die übrigen Zutaten (Zwiebeln in Würfel geschnitten) gesondert in kleinen Schälchen anrichten. Nach Belieben Salz- oder Essiggurken dazu reichen. Am Tisch wird jede Portion (mit zwei Gabeln) mit Eigelb und Geschmackszutaten vermengt. Man kann alle Zutaten bis auf das Eigelb auch schon vorher mit dem Hackfleisch verarbeiten, das dann lediglich mit Eigelb besetzt und mit Gurkenscheiben oder Zwiebelringen garniert aufgetragen wird. Dazu Brot (Weißbrot, Schwarzbrot oder Toast) und Butterkugeln.

Diät-Tatar *Farbfoto S. 316*

Hackfleisch je nach Verträglichkeit nur schwach würzen, auf Weißbrotscheiben streichen und mit Bananenscheiben und Mandarinorangen aus der Dose belegen.

Kalbsleberpastete

Leber grob zerschneiden, zweimal durch den Fleischwolf drehen, mit Bratwurstmasse, Semmelmehl und Eiern zu Fleischteig verarbeiten, pikant würzen. Boden einer gefetteten Kastenform mit Speckscheiben belegen, die Masse einfüllen und im Wasserbad in 60 bis 80 Minuten garen. Pastete in der Form erkalten lassen, stürzen, von herausgetretenem Fett befreien und in Scheiben geschnitten anrichten. Mit Zitronenachteln und Petersiliensträußchen garnieren.

Gänseleberpastete siehe S. 80, Falscher Hase siehe S. 158.

500 g Kalbsleber
350 g Bratwurstmasse (fertig gekauft)
100 g Semmelmehl
2 bis 3 Eier, 100 g Speck in Scheiben, Salz, Pfeffer
Muskat, Majoran
gehackte Petersilie

Ochsenzunge auf Toast *Farbfoto S. 316*

Brotscheiben auf beiden Seiten leicht toasten, auf einer Seite buttern und mit Ochsenzunge belegen. Mit Aspikwürfelchen und Mayonnaise garnieren. Abwandlung: Cumberlandsoße dazu reichen.

8 Scheiben gepökelte Ochsenzunge, 8 Scheiben Kastenweißbrot, Butter Mayonnaise Aspikwürfelchen (S. 323)

Tomaten mit Fleischsalat *Farbfoto S. 316*

Tomaten waschen, unten etwas abplatten, oben einen Deckel abschneiden. Den Rand der Tomaten gezackt ausschneiden, das Innere aushöhlen, leicht salzen und pfeffern. Die Tomaten mit Fleischsalat füllen, mit Olivenscheiben garnieren und auf Kräckern anrichten.

8 Tomaten, Salz und Pfeffer, Pikanter Fleischsalat (S. 124) Käsekräcker gefüllte Oliven

Fleisch- und Wursttüten

Scheiben von kaltem Braten, Schinken oder Wurst werden zu Tüten oder auch Rollen gedreht und mit pikantem Salat oder einer steifen Creme gefüllt. Einige Vorschläge:
1. Salamitüten mit Meerrettichsahne (Farbfoto S. 316): Dünne Salamischeiben zu Tüten drehen, ungesüßte Sahne steif schlagen und mit feingeriebenem Meerrettich mischen, mit Zitronensaft und Salz abschmecken, die Tüten damit füllen.
2. Schinkenrollen: Halbierten gekochten Spargel mit Mayonnaise überziehen und in Scheiben von gekochtem oder rohem Schinken wickeln, mit Mayonnaisetupfen garnieren.
3. Kalbfleischtüten: Scheiben von kaltem Kalbsbraten mit Fleischsalat (S. 124) oder Geflügelsalat mit Spargel (S. 127) füllen.
4. Roastbeefrollen: Roastbeefscheiben mit Windsor-Salat (S. 123) füllen, mit Mayonnaise garnieren.

KALTE FISCHGERICHTE

Die meisten Räucherfischarten eignen sich gut für kleine kalte Gerichte, da sie keine großen Vorbereitungen erfordern. Auch Fischsalate, kalte Speisen aus Fisch, Schalen- und Krustentieren (Kapitel »Fischgerichte« und »Vorspeisen«) und die Schwedenplatte (S. 508) gehören in diese Kategorie.

Kaviareier *Foto siehe linke Seite*

Spitzen der Eier abschneiden (oder die Eier halbieren), das Eigelb vorsichtig herausnehmen und anderweitig verwenden. Eiweißrand mit der Schere auszacken, die »Eierfäßchen« mit Kaviar füllen. Nach Belieben auf Weißbrot oder Toast anrichten oder mit Mayonnaise zu gewaschenen Krabben reichen. Zitronenachtel dazu reichen.

6 bis 8 hartgekochte Eier
1 Dose Kaviar

4 Scheiben Vollkorn- oder Grahambrot
ca. 200 g Räucheraal
2 Tomaten
4 Maiskölbchen in Essig

Räucheraal mit Maiskölbchen *Farbfoto S. 316*

Brotscheiben mit abgezogenem, entgrätetem und in passende Stücke geschnittenem Räucheraal belegen, mit Tomatenvierteln und Maiskölbchen garnieren. Nach Belieben auch anderes Essiggemüse dazu reichen.

4 Scheiben Vollkornbrot oder Pumpernickel
4 Matjesfilets
1 kleine Zwiebel
Tomatenketchup

Katerhäppchen *Farbfoto S. 316*

Matjesfilets wässern und entgräten, gut abtropfen lassen, quer halbieren und auf halben Brotscheiben (nach Belieben buttern) anrichten. Mit Ketchup in Zwiebelringen garnieren.

DIPS UND KÄSEBISSEN

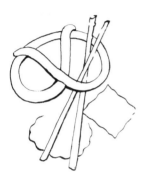

Dippen heißt eintauchen, tunken: beim Dip taucht man – nach amerikanischem Vorbild – kleine Kräcker, Salzkekse, Kartoffelchips und dergleichen in eine pikant abgeschmeckte Käsecrememasse. Dips eignen sich deshalb für ein Fest in kleinerem Kreis, zu dem die Gastgeberin keine umfangreichen Vorbereitungen treffen will. Ein Dip ist schnell zubereitet; er wird in einer kleinen Schüssel (am besten aus buntem Steingut) auf den Tisch gebracht. Teller sind überflüssig, weil sich jeder direkt aus der Schüssel bedient. Dazu werden Salz- und Käsekräcker und -stangen, Chips und Paprikachips, Salz-, Mohn- und Kümmelkekse, nach Belieben auch Paprikastreifchen und kleine geputzte Porreestangen, Weißbrot-, Vollkornbrot- und Pumpernickelstreifchen gereicht. (Salz- und Käsegebäck siehe S. 490.)

125 g Doppelrahm-Frischkäse, 4 Eßlöffel Milch
1 Eßlöffel geriebener Meerrettich, Salz
1 Teelöffel Worcestersoße

Meerrettich-Dip *Foto siehe unten*

Käse mit Milch cremig rühren, mit Meerrettich, Salz und Worcestersoße würzen, gut durchziehen lassen, nochmals umrühren und gefällig garniert anrichten.

Mit Salzkeksen, Kräckern und Chips richtet man Dips an: Rechts Meerrettich-Dip (Rezept siehe oben) und links Spezial-Dip (Rezept siehe rechte Seite), zur Selbstbedienung der Gäste gefällig serviert.

Zum Weißbrot mit Füllung (links, Rezept S. 326) verwendet man würzige Brotaufstriche, Fleisch und Fisch. Bunte Käsebissen (Rezepte siehe unten und S. 322) sind auf dem rechten Foto versammelt.

Camembert-Dip

Käse mit einer Gabel zerdrücken und mit Sahne glattrühren, mit Zwiebel und Gewürzen verrühren, ziehen lassen, nochmals durchrühren und mit Paprika überpudert anrichten.

125 g Camembert
Paprika, Salz, Zucker
4 Eßlöffel Sahne
½ feingeschnittene Zwiebel

Spezial-Dip *Foto siehe linke Seite*

Käse mit zerdrücktem Roquefort und Sahne cremig rühren, mit Paprika und Worcestersoße würzen, zuletzt feingehackten Schnittlauch unterziehen. Ziehen lassen und vor dem Anrichten nochmals durchrühren.

125 g Doppelrahm-Frischkäse
50 g Roquefort oder beliebiger Edelpilzkäse
4 Eßlöffel Sahne
1 Teelöffel Worcestersoße
Paprika, 1 Eßlöffel Schnittlauch

Bunte Käsebissen *Foto siehe oben*

Dem eigenen Einfallsreichtum sind auf diesem Gebiet keine Grenzen gesetzt. Was zusammenpaßt und gut schmeckt, darf kombiniert werden.

1. Käsedatteln (Farbfoto S. 316): Datteln entkernen, Streichschmelzkäse mit Sahne glattrühren, in die Datteln spritzen und damit garnieren.
2. Käsekugeln: Streichschmelzkäse glattrühren, kleine Kugeln formen und in geriebenem Pumpernickel oder Paprika wälzen, mit Spießchen oder auf Kräckern anrichten. Abwandlung: Kräcker buttern, mit geriebenem Pumpernickel bestreuen und Käsekugeln daraufsetzen.
3. Käsewürfel (Farbfoto S. 316): Schnittkäsewürfel (2 x 2 cm) auf Schwarzbrotscheiben setzen, mit Weinbeeren belegen und mit Hölzchen festspießen.
4. Gurkenschnitten: Rund ausgestochene Weißbrotscheiben mit Kümmel-Streichschmelzkäse bestreichen und mit fächerartig aufgeschnittenen kleinen Gewürzgurken belegen.
5. Pfauenaugen: Pumpernickelscheiben mit Kräuter-Streichschmelzkäse bestreichen, mit Tomaten- und Eierscheiben und Sardellenfilets belegen.

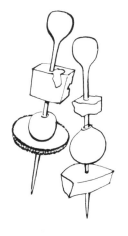

Hartgekochte Eier sind eine beliebte Garnitur. Mit dem Ei-Achteler (oben) und dem Eischneider kann man sie mühelos zerteilen.

6. **Sardinenschnitten:** Weißbrotdreiecke mit Limburger Streichschmelzkäse bestreichen und mit Ölsardinen (Hauptgräte herausnehmen) belegen.
7. **Schinkenschnecken:** Scheiben von gekochtem Schinken mit Streichschmelzkäse bestreichen, aufrollen, kalt stellen, in Scheiben schneiden, Spießchen durchstechen und beiderseits mit Mixed Pickles besetzen.
8. **Käsespießchen:** Würfel von Emmentaler Käse mit halbierten Pfeffergurken, Radieschenscheiben und Perlzwiebeln auf Spießchen schieben, auf Salatblättern anrichten.
9. **Käsetomaten:** Streichschmelzkäse mit Sahne und gehackter Gewürzgurke verrühren, in ausgehöhlte Tomaten spritzen.
10. **Lachsrollen:** Senf-Streichschmelzkäse mit Kapern, gehacktem Ei und Dosenmilch verrühren, auf Räucherlachsscheiben streichen, aufrollen und festspießen.

SÜLZEN *Aspikgerichte*

Zur Sülzebereitung wird heute in den meisten Haushalten Gelatine verwendet, hergestellt aus der vorbehandelten Haut, den Knochen und Sehnen von Kälbern und Rindern. Für die in stundenlanger Arbeit zubereitete »Hausmachersülze« aus Kalbsköpfen und -füßen haben nur noch die wenigsten Hausfrauen Zeit.

Blattgelatine und Gelatine in Körnern muß in kalter Flüssigkeit 10 Minuten quellen, bevor man sie in heißem Sud auflöst. Zu Pulver gemahlene Gelatine kann unmittelbar mit dem heißen Sud verrührt werden. Gelatine darf nicht zum Kochen gebracht werden. Nach dem Auflösen läßt man den Geliersud abkühlen, bis er dickflüssig zu werden (zu gelieren) beginnt.

Bei garnierten Aspikgerichten gießt man erst eine etwa 5 mm dicke Schicht, den »Spiegel«, in die Form, legt dann die Garnitur auf, gießt eine neue Schicht darüber, gibt die Füllung darauf und füllt mit der restlichen Gelierflüssigkeit auf. Jede Schicht muß erstarrt sein, bevor die nächste Lage aufgegossen wird. Der zugegossene Aspik muß gut abgekühlt sein, damit er die Schicht nicht wieder auflöst.

Für eine normale Sülze reichen 6 Blatt Gelatine (= 12 g) oder die gleiche Gewichtsmenge Aspikpulver auf ½ l Flüssigkeit aus.

1 bis 2 Blatt (2 bis 4 g) Gelatine mehr nimmt man bei Sülzen, die sehr fest werden sollen, bei Geliersud, der mit Essig oder Zitronensaft abgeschmeckt wurde und an heißen Tagen, wenn kein Kühlschrank zur Verfügung steht.

Fleisch in Aspik *Fleischsülze*

250 g Fleischreste (auch Geflügel- oder Wildfleisch, Zunge, Aufschnitt)
½ l entfettete Fleischbrühe, 6 Blatt Gelatine, Salz, Pfeffer Suppenwürze
1 Prise Zucker
1 Gewürzgurke
1 hartgekochtes Ei

Fleischbrühe mit Suppenwürze, wenig Salz, Pfeffer und Zucker würzen. Gelatine in kaltem Wasser 10 Minuten quellen lassen, in der heißen Brühe lösen (Blattgelatine vorher gut ausdrücken), etwas abkühlen lassen. Mehrere kleine Förmchen oder eine große Form kalt ausspülen, einen Spiegel gießen, erstarren lassen. Aus geschnittenem Fleisch, Eierscheiben und Gurkenstreifen Muster legen, mit abgekühlter Gelierbrühe begießen, erstarren lassen. Restliches Fleisch darauf verteilen, übergießen und kalt stellen. Vor dem Anrichten die völlig durchgekühlte Form in heißes Wasser tauchen; bei Bedarf den Rand der Sülze mit einem spitzen Messer lockern, die Sülze auf eine Platte oder (bei kleinen Förmchen) auf Glasteller stürzen. Mit Bratkartoffeln und Remouladensoße oder Toast reichen.

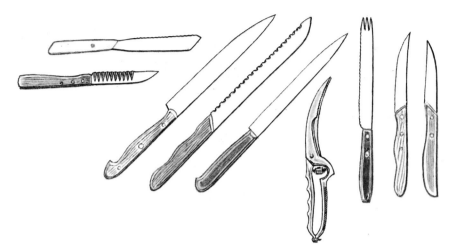

Richtig gewähltes Handwerkszeug erleichtert die Küchenarbeit. Diese Auswahl an Schneidegeräten zeigt (von links): Streichmesser, Garniermesser (Buntmesser), Hackmesser, großes Sägemesser, Fleisch- und Wurstmesser, Geflügelschere, Tomatenmesser, Kartoffelschälmesser und Gemüseputzmesser. (Gerätebedarf siehe Liste auf Seite 32.)

Fisch in Aspik *Fischsülze*

Zubereitung nach dem vorstehenden Rezept. Anstatt Fleischbrühe nach Möglichkeit Fischbrühe verwenden, mit Essig und Zitronensaft abschmecken. Mit Scheiben von hartgekochten Eiern, gekochten Mohrrüben und Tomaten garnieren, 250 g Fisch zerpflücken und einlegen.

Weitere Aspikrezepte: Gemüsesülzchen (S. 82), Geflügelsülze (S. 83), Gänseklein in Aspik (S. 188), Gemüsesalat in Aspik (S. 119), Harte Eier in Aspik (S. 93) und Rollmöpse in Aspik (S. 211).

Aspik zum Garnieren *Aspikwürfelchen*

Aus ¼ l Flüssigkeit und 4 Blatt Gelatine Aspik zubereiten, 5 bis 10 mm hoch auf einen flachen Teller gießen, erstarren lassen und mit kleinen Ausstechern oder dem Messer beliebige Formen (Blätter, Monde, Sterne, Drei- und Vierecke) ausstechen oder -schneiden. Zur Dekoration von kalten Platten usw. verwenden. Abwandlung: Aspik grob oder fein zu Würfelchen hacken und zum Garnieren oder als Füllung für Fleisch- oder Wursttütchen, Gemüse oder hartgekochte Eier verwenden. Weißen Garnieraspik mit Milch, roten Garnieraspik aus roter Gelatine, Brühe und Tomatenmark zubereiten.

Süße Geleespeisen aus Gelatine siehe ab S. 376

BUNTE SPIESSCHEN

Für zwanglose Parties, zum Wein, als Mitternachtsimbiß und als Erfrischung beim Fernsehen gleichermaßen gut geeignet und geschätzt sind bunte Spießchen, liebevoll zusammengestellt und auf einer gro-

Bunte Brote setzen dem Einfallsreichtum und der Kombinationsgabe der Hausfrau keine Grenzen. Zwei Beispiele: Brot mit Apfelscheiben, Käse und Schinken (links) und Toast mit Leberkäse, Gurken- und Eierscheiben (rechts); mit Mayonnaise überzogen (Rezepte S. 326).

ßen Platte angeboten. Alle Zutaten werden in mundgerechte Stücke geschnitten (Wurst rollen oder falten, geschnittenes Obst und Gemüse mit Zitronensaft beträufeln, Brot buttern) und auf Spießchen gesteckt. Besonders empfehlenswert sind Kunststoffspieße mit kleinen Widerhaken, damit nichts abrutschen kann. Einige Vorschläge:

1. Toast, Senfgurke, Tomatenscheibe, Räucheraal;
2. gekochter Schinken, Ananasecke, Käsewürfel;
3. Pumpernickel, Chesterkäse, Sardellenfilet, Radieschen;
4. Vollkornbrot, Aprikosenviertel, Würfel von gekochter Zunge;
5. gebratene Leber, Kirsche, Apfelscheibe;
6. Salatgurkenwürfel, Tomatenachtel, Hühnerfleisch;
7. Pumpernickel, Bananenscheibe, Schinkenrolle;
8. Vollkornbrot, Würfel von Kasseler Rippespeer, 2 Silberzwiebeln;
9. Graubrot, Salzgurkenscheibe, Rollmopsstück;
10. Graubrot, Aprikosenviertel, Camembertstück;
11. Weißbrot, gewürfelter roher Schinken, Pfeffer;
12. Weißbrot, dicke Eischeibe, Gabelbissen aus der Dose, Schnittlauch;
13. Essiggurke, Käsewürfel, Olive, Wurstrolle.

BELEGTE BROTE UND SANDWICHES

Die belegten Brote haben eine lange Geschichte. Schon zu jener Zeit, als es noch kein Messer und keine Gabel gab, legte man sein gebratenes Fleisch auf eine Scheibe Brot. Nicht ganz so alt sind die Sandwiches, die John Montague Lord of Sandwich (1718–1792) erfunden haben soll. Er war ein solch leidenschaftlicher Spieler, daß er sich nicht einmal Zeit zum Essen nahm. Deshalb mußte sein Koch ihm den Braten zwischen zwei Brotscheiben gelegt servieren. Auch wenn heute jedes beliebige belegte Brot oder Brötchen »Sandwich« genannt wird, sollte eigentlich nur ein auch oben mit Brot zugedecktes belegtes Brot so bezeichnet werden. Obwohl das Sandwich eine englische Erfindung ist, entwickelte sich diese Zubereitung zu einer Art amerikanischem Nationalgericht mit astronomischen Verbrauchsziffern.

Rasch zusammengestellt ist eine Aufschnittplatte (links). Ein Spiegelei auf Toast und Salat in Tomaten bilden den Auftakt. Rechts: Schweinebauch mit Fleischfüllung (Rezept S. 145) stellt schon höhere Ansprüche. Roastbeef und Salat vervollständigen dieses kleine Kalte Büfett.

Pikante Butter

Butter schaumig rühren, mit den feingehackten, passierten oder geriebenen Zutaten mischen, etwas fester werden lassen und zum Bestreichen von Broten oder auch als Zugabe zu mageren Fleisch- und Fischgerichten verwenden. Vorschläge (auf 125 g Butter berechnet):

1. Anchovisbutter: 2 Teelöffel Anchovispaste;
2. Käsebutter: 60 g Reibkäse;
3. Kräuterbutter: 1 gehäufter Eßlöffel Kräuter;
4. Kräuterkäsebutter: 60 g geriebener Kräuterkäse;
5. Meerrettichbutter: 1 Eßlöffel Meerrettich, etwas Salz;
6. Nußbutter: 1 Eßlöffel geriebene Nüsse, Zitronensaft, Salz, Pfeffer;
7. Sardellenbutter: 2 Teelöffel Sardellenpaste;
8. Schinkenbutter: 80 g gekochter, feingehackter Schinken;
9. Senfbutter: 1 Eßlöffel Senf, 1 hartgekochtes Eigelb;
10. Tomatenbutter: 2 Eßlöffel Tomatenmark, 1 kleine Zwiebel, Reibkäse, etwas Pfeffer.
11. Paprikabutter: 1 Eßlöffel Rosenpaprika, Salz;
12. Currybutter: 1 Eßlöffel Currypulver, Salz;
13. Zitronenbutter: Saft einer halben Zitrone, abgeriebene Zitronenschale;
14. Krabbenbutter: 100 g püriertes Krabbenfleisch, Salz, Pfeffer;

Bunte Brote

Vom einfachen, mit Butter und Wurst belegten Brot bis zur anspruchsvoll komponierten Schlemmerschnitte gibt es unzählige Möglichkeiten, Brote immer wieder neu zu belegen. Ein paar Vorschläge:

1. Weißbrot, Käsebutter, gekochter Schinken, Mango-Chutney;
2. Weißbrot, Butter, Gewürzgurkenscheiben, Räucherlachs;
3. Vollkornbrot, Salamischeiben, Spiegelei, Olivenscheiben;
4. Weißbrot getoastet, Meerrettichbutter, Räucherlachs, Matjesfilet, Eierscheibe, Kaviar;

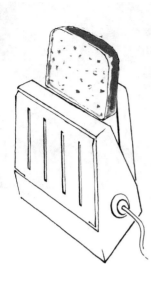

5. Weißbrot getoastet, Mayonnaise, Leberkäse, Salatgurkenscheiben, mit getoastetem, mayonnaisebestrichenem Weißbrot zudecken, mit Gurken- und Eierscheiben garnieren, dazu Meerrettichmayonnaise (Foto S. 324);
6. Weißbrot, Butter, Spargel in rohen Schinken gewickelt, Mandarinorangen aus der Dose;
7. Weißbrot, Mayonnaise, Salatblatt, Tomatenscheiben, Emmentaler Käse, gekochter Schinken;
8. Weißbrot getoastet und gebuttert, gedünstete Apfelscheiben, gekochter Schinken, 1 Scheibe Chester-Schmelzkäse, mit gebuttertem Vollkornbrot oder Pumpernickel zudecken (Foto S. 324);
9. Weißbrot, Butter, Salatblatt, 1 verlorenes Ei (S. 94), Currymayonnaise (S. 109), Gewürzgurkenscheiben;
10. Weißbrot getoastet, gedünstete Champignons oder Pfifferlinge, Petersiliensträußchen, gebratene Hühnerleber;
11. Weißbrot, Butter, angebratener Schinken, Hühnerfleisch, Aspikwürfelchen (S. 323).
12. Vollkornbrot, zubereitetes Beefsteak Tatar (S. 318), Sardellenfilets, Gewürzgurkenscheiben, Zwiebelringe;
13. Weißbrot getoastet, Kräuterbutter, kalter Braten in Scheiben, Mixed Pickles oder Essiggurken;
14. Weißbrot getoastet, Butter, Thunfischstücke, Tomatenketchup.
15. Weißbrot, Kopfsalat, Geflügelmayonnaise, Mandarinenspalten.

Weißbrot mit Füllung Foto S. 321

Weißbrot dünn entrinden, drei- bis viermal der Länge nach durchschneiden, die Scheiben mit pikanter Butter und Füllung bestreichen oder belegen, zusammensetzen, nach Belieben außen mit pikanter Butter überziehen, erkalten lassen. Mit Wurst- oder Fleischscheiben, Gurken- und Eierscheiben, Oliven, Mayonnaise und gehackten Kräutern garnieren, in dicke Scheiben geschnitten servieren. Zur Füllung eignen sich weiche Fleisch- und Wurstarten in Scheiben oder feingeschnitten, Räucherfisch (Aal, Lachs) oder Fisch aus der Dose (Hering in Tomaten- oder Meerrettichsoße), Gurken-, Oliven- oder Radieschenscheiben, Käsecreme und Schnittkäse und alle Sorten von pikanter Butter. Abwandlung: Weißbrot füllen, überziehen, erkalten lassen, in dicke Scheiben schneiden und dann erst beliebig garnieren.

Sandwiches

Scheiben von Kastenweißbrot entrinden, mit Butter oder pikanter Butter (S. 325) bestreichen, mit Füllung belegen, mit einer unbelegten Brotscheibe bedecken und übereck zerschneiden. Füllungsvorschläge:
1. Club-Sandwich: Kopfsalatblätter mit Mayonnaise bestrichen, Scheiben von gekochtem Hühnerfleisch, Scheibchen von frisch angebratenem Frühstücksspeck.
2. Roastbeef-Sandwich: Roastbeefscheiben, mit Mayonnaise bestrichen.
3. Braten-Sandwich: Scheiben von kaltem Braten, nach Belieben marinierte Tomatenscheiben oder etwas Tomatenketchup.
4. Schinken-Sandwich: gehackter roher Schinken oder dünne Scheiben von gekochtem Schinken, nach Belieben dünn mit Senf bestrichen.
5. Puter-Sandwich: Salatblatt mit Mayonnaise, Scheiben von gebratenem Puterfleisch, Scheibchen von gedünsteten Champignons.
6. Wurst-Sandwich: dünne Scheiben von Hartwurst oder Frischwurst, schuppenartig aufgelegt, mit dünnen Gurkenscheibchen.

7. Leberpasteten-Sandwich: Leberpastete auflegen, mit dünnen Scheiben von gefüllten Oliven belegen.
8. Eier-Sandwich: Scheiben von hartgekochtem Ei, dünn mit Anchovispaste bestrichen oder mit Sardellenfilets belegt.
9. Käse-Sandwich: Schnittkäsescheiben, nach Belieben mit etwas Tomatenketchup beträufelt. Oder: Streichschmelzkäse, mit gehackten Gurken, Salz und Pfeffer verrührt.

Dansk Smörrebröd siehe S. 508, Smörgasbord siehe S. 509.

EINLADUNG ZUM KALTEN BÜFETT

Ein Kaltes Büfett bietet der Hausfrau den Vorteil, daß sich der größte Teil der Speisen rechtzeitig vorbereiten läßt, der Geschirrverbrauch in erträglichen Grenzen bleibt und kein zusätzlicher Personalaufwand erforderlich ist. Für die Büfettzusammenstellung gibt es nur eine Grundregel: Aus jedem »Küchengebiet« (Fisch, Fleisch, Salate, Käse, Obst, möglichst auch Gemüse) sollte wenigstens ein Gericht oder eine Platte vertreten sein. Daneben dürfen pikante Soßen, Schälchen mit Essiggemüsen, Kartoffelchips, Salzstangen und verschiedene Brotarten nicht fehlen. Bestecke, ausreichend Teller und Servietten sollten leicht erreichbar im Vordergrund oder an der Seite des Büfetts stehen, Vorlegebestecke (zur Selbstbedienung) müssen in ausreichender Menge vorhanden sein. Das Standardgetränk zum Kalten Büfett ist eine Bowle, aber auch Wein, Sekt, Bier und alkoholfreie Getränke passen dazu.

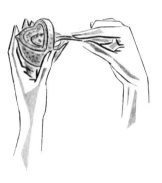

Gurken werden zur Garnitur zu gefälligen Fächern geschnitten (oben). So bereitet man Zitronen- oder Apfelsinenkörbchen für die Füllung vor (unten).

Das kleine Büfett

Es könnte aus zwei oder drei pikanten Salaten, einer Fischplatte (Lachs, Ölsardinen, Rollmops, Fischmarinaden), einer Aufschnittplatte (Wurst, Schinken, Braten) und einer Käseplatte (verschiedene Käsesorten oder pikante Käsebissen) bestehen, dazu Brot, Butter, nach Belieben zum Fleisch oder Fisch passende Soßen.

Das mittlere Büfett

Als Kernstück kämen Rehrücken mit Cumberlandsoße, Schweinebauch mit Fleischfüllung (Foto S. 325, Rezept S. 145) oder eine Platte mit gebratenem Geflügel (auf Salatblättern anrichten) in Frage. Dazu Geflügel-, Gemüse- und Käsesalat, Fisch- und Käsevorspeisen, nach Belieben auch ein Aspikgericht oder kleine Sülzchen. Käsegebäck, mit Käse gespritzte Kräcker und ein Obstgericht oder eine feine Süßspeise könnten den Abschluß bilden.

Das große Büfett

Hummercocktail oder ein kalter Hummer mit Mayonnaise als Einleitung, Kalbsleberpastete oder Rehrücken als Hauptstück, pikante Fleisch- und Fischbissen (siehe Farbfoto auf S. 316), drei oder vier Salate und zwei Eierspeisen als Zugabe und gefüllte Ananas oder Party-Obstsalat zum Abschluß – so etwa könnte ein großes Kaltes Büfett aussehen. Je nach der Gästezahl reicht man verschiedene Fleisch- und Fischsorten mit passenden Soßen, und je nach dem Geldbeutel entscheidet man sich für Heringssalat oder Hummer, Aalbrötchen oder Kaviar, Poularden oder Kasseler Rippespeer, Erdbeeren oder Ananas, Aufschnittplatte oder Schinken im Mantel.

Schnellküche

Junggesellen, berufstätige Eheleute und jeder, der mit seiner Freizeit sparsam umzugehen gelernt hat, weiß die Schnellküche zu schätzen. Sie muß ihre Feuerprobe bestehen, wenn abends zwischen Arbeitsschluß und Theaterbesuch nicht mehr viel Zeit bleibt, wenn es vor dem Aufbruch zu einer Reise, am Hausputztag, bei überraschendem Besuch schnell gehen muß. In allen diesen Fällen ist es gut, wenn man über ein Repertoire an Gerichten verfügt, die in zehn bis längstens zwanzig Minuten aufgetischt werden können. Ein paar Tips für die schnelle Küche:

▶ Wenn sich die »schnelle« Mahlzeit vorausplanen läßt, besorgt man die Zutaten am Tag vorher. Kartoffeln, Fleisch, Geflügel und andere Zutaten mit langer Garzeit kann man schon am Vorabend kochen.

▶ Kochfertige Erzeugnisse erleichtern die Arbeit: Fleisch- und Fertiggerichte in Dosen, Soßen und Suppen in Würfeln oder aus Dosen, tiefgekühltes Gemüse, Obst und Fleisch, Kartoffelerzeugnisse für Klöße, Suppen, Puffer und Püree, Fischmarinaden, Obst- und Gemüsekonserven.

▶ Ein häuslicher Notvorrat (siehe S. 537) hilft auch den überraschendsten Besucherüberfall mit Anstand und Erfolg zu überstehen.

▶ Moderne Küchengeräte kürzen die Vorbereitungs- und Kochzeiten ab, zum Beispiel Küchenmaschine, Grill, Brotröster, Schnellkocher.

1 l Würfelbrühe
2 hartgekochte Eier
2 Eigelb, etwas Muskat
1 Eßlöffel gehackte Kräuter
geröstete Semmelwürfel

Fleischbrühe mit Ei *Foto siehe rechte Seite*

Die heiße Brühe mit kalt verquirltem Eigelb legieren, mit Muskat (nach Belieben mit Suppenwürze) abschmecken, mit Kräutern bestreuen. Mit Eierscheiben belegt zu Tisch geben, Semmelwürfel gesondert dazu reichen.

1 l Wasser
125 g Hackfleisch
1 kleine Mohrrübe
1 Zwiebel, Salz, 1 Eigelb
1 Eßlöffel gehackte Kräuter

Hackfleisch-Schnellbrühe

Wasser mit Hackfleisch, geriebener Zwiebel und Mohrrübe (in Streifen geschnitten) zum Kochen bringen, etwa 10 bis 12 Minuten kochen, vom Feuer nehmen, mit Salz abschmecken und das verquirlte Eigelb hineinrühren. Mit gehackten Kräutern überstreut servieren.

Weitere rasch zubereitete Suppen: Grießsuppe (S. 62), Einlaufsuppe (S. 63), Nudelsuppe (S. 63), Tomatensuppe (S. 73), Milchsuppe (S. 76).

Spezial-Spiegeleier Farbfoto S. 333

Spiegeleier braten, mit Paprika bestreuen, mit Olivenscheiben, Sardellenröllchen (mit Kapern bestücken) und Ketchup anrichten.

4 Eier, Butter, Paprika gefüllte Oliven Sardellenfilets, Kapern Tomatenketchup

Weitere rasch zubereitete Eierspeisen: Gekochte Eier (S. 92), Verlorene Eier (S. 94), Spiegel- und Rühreier (S. 95), Eierkuchen (ab S. 97).

Thunfisch-Käsesalat Foto S. 331

Fisch in kleine Stückchen zerteilen, mit Zitronensaft beträufeln und leicht pfeffern. Käse in kleine Würfel schneiden, Eier hacken oder ebenfalls würfeln. Alle Zutaten mit Mayonnaise vermengen, mit Salz und Zitronensaft abschmecken. Weißbrot dazu reichen.

1 Dose Thunfisch (200 g) Zitronensaft, 5 Scheiben Chester-Schmelzkäse, Salz Pfeffer, 1 Eßlöffel gehackte Petersilie, 2 hartgekochte Eier, 125 g Mayonnaise

Pikanter Makkaronisalat Foto S. 331

Mayonnaise mit Ketchup verrühren, die kalten Makkaroni (auf 3 bis 4 cm Länge geschnitten) mit Erbsen, Äpfeln und Gurken hineingeben, gut vermengen und mit Salz und Zitronensaft abschmecken.

250 g gekochte Makkaroni (Rest), 1 Dose grüne Erbsen, Salz 3 Äpfel 2 Gewürzgurken Zitronensaft 200 g Mayonnaise 3 Eßlöffel Tomatenketchup

Weitere rasch zubereitete Salate: Kopfsalat (S. 113), Endiviensalat (S. 114), Feldsalat (S. 114), Gurkensalat (S. 114), Sauerkrautsalat (S. 116), Wurstsalat (S. 124), Kartoffelsalat aus vorgekochten Kartoffeln (S. 117), Paprikasalat (S. 115), Tomatensalat (S. 115). Aus Dosengemüse: Spargelsalat (S. 116), Rote-Rüben-Salat (S. 117).

Deutsches Beefsteak mit Essiggemüse Farbfoto S. 333

Schnell gebratenes Deutsches Beefsteak (Rezept S. 158) serviert man mit Essiggemüse (Mixed Pickles) und Pommes frites.

Fleischbrühe mit Ei (rechts, Rezept siehe linke Seite), aus Würfeln zubereitet, ist ein beliebtes Schnellgericht. Links: Tomatenkartoffeln (Rezept S. 331) aus rohen Kartoffeln, mit Dosenfleisch serviert.

Überbackener Kartoffelbrei (rechts, Rezept siehe rechte Seite) läßt sich aus Püreemehl schnell zubereiten. Links: Corned-beef-Gulasch mit gekochten Eiern (Rezept siehe unten) und Tomatensalat.

500 g Kalbfleisch
Bratfett, 20 g Mehl
¼ l Würfelbrühe, Salz
1 Eßlöffel gehackte
Petersilie (nach Belieben)

Geschnetzeltes Kalbfleisch

Fleisch von Haut und Sehnen befreien und in möglichst dünne Scheibchen oder Streifchen schneiden, in heißem Fett anbräunen (2 bis 4 Minuten), mit Mehl überstäuben, anrösten und mit Brühe ablöschen, dann kurz durchkochen, mit Salz abschmecken. Dazu gleichzeitig gekochter Reis oder dünne Bandnudeln, Kopfsalat oder Tomatensalat. Das Geschnetzelte nach Belieben mit Petersilie bestreut auf den Tisch bringen, Zitronenachtel dazu reichen.

80 g fetter Räucherspeck
3 geschnittene Zwiebeln
1 Eßlöffel Mehl
½ l Würfelbrühe
1 Dose Corned beef (375 g)
1 bis 2 Gewürzgurken
Salz, Pfeffer
Worcestersoße
4 hartgekochte Eier

Corned-beef-Gulasch mit Eiern *Foto siehe oben*

Speck würfeln und leicht ausbraten, Zwiebeln darin goldgelb rösten, Mehl zugeben und anschwitzen, mit Brühe auffüllen und 10 Minuten kochen. Fleisch in Scheiben schneiden und in die Soße geben, Gurkenscheiben hinzufügen, mit Salz, Pfeffer und Worcestersoße abschmecken und mit den halbierten Eiern belegen. Dazu Weißbrot und Tomatensalat.

Weitere rasch zubereitete Fleischgerichte: Filetsteaks (S. 134), Rumpsteaks (S. 132), Kalbsschnitzel (ab S. 138), Hammelkoteletts (S. 148), Gebratene Leber (S. 155), Grillgerichte aus kleinen Fleischstücken (ab S. 165) und Hackfleischgerichte (ab S. 158).

750 g Fischfilet, Mehl
1 feingehackte Zwiebel
Butter zum Braten, Salz
Paprika, Tomatenmark
Zitronensaft

Fischgulasch

Fischfilet in Würfel schneiden, mit Mehl bestreuen und mit gehackter Zwiebel in Butter anbraten und auf kleiner Flamme in etwa 10 Minuten garen, mit Salz und Paprika würzen. Fischwürfel vorsichtig aus der Pfanne nehmen und warm stellen, den Bratensatz mit etwas heißem Wasser und Tomatenmark aufkochen, mit Zitronensaft, Salz und Pfeffer abschmecken und über den Fisch gießen. Dazu Bratkartoffeln oder Kartoffelbrei und Salz- oder Gewürzgurken, nach Belieben auch körnig gekochter Reis.

Fischfilet gebraten

Fischfilet säubern, säuern und salzen, nacheinander in Mehl, Eigelb und Semmelmehl wälzen, in heißem Fett in der Pfanne in 6 bis 10 Minuten goldbraun braten. Zu Kartoffelsalat mit Mayonnaise (Kartoffeln am Vorabend kochen, Mayonnaise fertig kaufen) reichen. Dazu Zitronenachtel und (nach Belieben) Kräuterbutter.

4 Scheiben Seefischfilet
Zitronensaft, Salz
Mehl, 1 verquirltes Ei
Semmelmehl, Bratfett

Weitere rasch zubereitete Fischgerichte: Gedünsteter Fisch (S. 203), Katerfisch (S. 204), Rührei mit Bückling (S. 212), Fischerfrühstück (S. 212), Fisch vom Grill (ab S. 168) und kalte Fischgerichte (S. 319 und S. 322).

Tomatenkartoffeln Foto S. 329

Räucherspeck würfeln, in etwas Fett mit der Zwiebel andünsten. In Scheiben geschnittene, geschälte rohe Kartoffeln hineingeben, mit Brühe auffüllen und etwa 15 Minuten im geschlossenen Topf dünsten, dann Tomaten dazugeben, mit den Kartoffeln garen, mit Salz, Pfeffer und Ketchup abschmecken. Dazu Dosenfleisch und Salat.

75 g magerer Räucherspeck
Bratfett, 1 gewürfelte
Zwiebel, 500 g Kartoffeln
3 bis 4 Tomaten
Fleischbrühe, Salz
Pfeffer, Tomatenketchup

Überbackener Kartoffelbrei Foto siehe linke Seite

Kartoffelbrei nach Vorschrift zubereiten, mit Eigelb verrühren, heiß in eine gefettete feuerfeste Form füllen, mit etwas zurückbehaltenem Brei einen Rand spritzen. Den Brei mit Butterflöckchen besetzen und im vorgeheizten Ofen bei Mittelhitze 10 bis 15 Minuten goldgelb überbacken. Soße mit Rotwein abschmecken, das aufgeschnittene Fleisch aufwärmen. Kartoffelbrei aus dem Ofen nehmen, Soße mit Fleisch in die Mitte füllen, mit grünem Salat zu Tisch geben. Auch Endiviensalat paßt dazu.

1 Paket
Kartoffelpüreemehl
etwas Butter, 2 Eigelb
¼ l Bratensoße (Rest oder Würfelsoße), etwas Rotwein, 200 bis 250 g Fleischreste (gar) oder gekochter Schinken

Der schnelle Mitternachtsimbiß (links; Rezepttips S. 332) eignet sich auch als Katerfrühstück. Mitte: Kartoffelbrei mit garniertem Dosenfleisch (Rezept S. 332). Thunfisch-Käsesalat und pikanter Makkaronisalat (Rezepte S. 329) passen auch als Imbiß für sommerliche Feste.

Kartoffelbrei mit garniertem Dosenfleisch

Kartoffelbrei nach dem Rezept auf Seite 331 zubereiten, mit Muskat und Salz abschmecken, in kleine Förmchen füllen, mit Reibkäse überstreuen und in 10 bis 15 Minuten im Ofen goldgelb überbacken. Dazu aufgeschnittenes, mit Mayonnaise garniertes Fleisch aus der Dose; nach Belieben Dosengemüse, erhitzt und in etwas Butter geschwenkt.

Weitere rasch zubereitete Gemüse- und Kartoffelgerichte: Spinat (S. 230), Gurkengemüse (S. 241), Gebackene Paprikaschoten (S. 241), Auberginen in Bierteig (S. 242), Spiegeleier auf Tomaten (S. 95), Tomaten vom Grill (S. 170), Kartoffelgerichte (ab S. 265).

Reis und Teigwaren

Zu den »schnellen« Reiszubereitungsarten gehören Brühreis (S. 282), Butterreis (S. 282) und Tomatenreis (S. 285) aus rundkörnigen Reissorten sowie Reisgerichte aus kochfertigem Reis im Beutel. Teigwaren brauchen nur dann eine kürzere Zubereitungszeit, wenn sie dünn ausgezogen sind – beispielsweise sehr dünne Spaghetti oder Bandnudeln.

Kalte Schnellgerichte

Viele Rezepte aus den Kapiteln »Kalte Küche«, »Quark und Käse« und »Vorspeisen« erfordern nur kurze Zubereitungszeiten, zum Beispiel: Quarkvorspeise (S. 79), Krabbenschnitten (S. 81), Krabben in Mayonnaise (S. 220), Kaviarhappen (S. 80), Italienische Vorspeisen (S. 83) und Beefsteak Tatar (S. 318).

Schneller Mitternachtsimbiß Foto S. 331

Weißbrot-, Graubrot- und Pumpernickelscheiben mit pikanter Butter (S. 325) bestreichen und beliebig mit Tomatenscheiben, Scheiben von hartgekochten Eiern, Räucherlachs, Kaviar, Wurst, Braten, Matjesfilets, Oliven, Pilzen, Kapern und Zwiebelringen belegen und garnieren.

Obst- und Süßspeisen

Neben frischem und Dosenobst, das sich schnell zu einer bunten Obstschale, einem Salat (S. 127) oder Kompott kombinieren läßt, kann man ohne große Vorbereitungen Äpfel, Bananen, Ananas oder Pfirsiche vom Grill auf den Tisch bringen (Rezepte ab S. 169). Rasch zubereitete Süßspeisen: Schokoladenreis (S. 371); Quarkspeise mit Abwandlungen (S. 377), Quarkschichtspeise (S. 378), Dosenmilch-Schnellspeise (S. 380) sowie alle aus fertig gekauftem Speiseeis zubereiteten Süßspeisen mit oder ohne Obst (ab S. 380). Auch ein heißes oder kaltes Milchmischgetränk (ab S. 393) kann man als süße Nachspeise schnell zubereiten.

Schnellgerichte sollte man ebenso appetitlich anrichten wie »ausgewachsene« Mahlzeiten. Ein freundlich servierter Imbiß mundet besser als ein zwischen Tür und Angel verschlungener Happen. Oben: Deutsches Beefsteak mit Essiggemüse und Pommes frites (aus Kartoffelresten). Unten: Spezial-Spiegeleier, mit Sardellen, Kapern und Olivenscheiben ansprechend und appetitanregend garniert (Rezepte S. 329).

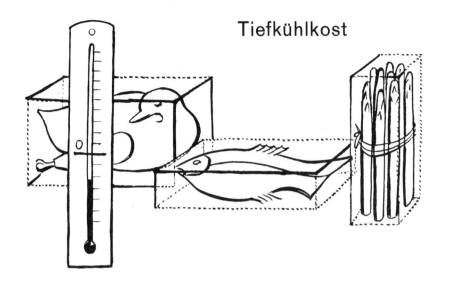

Tiefkühlkost

Das erste Buch über das Tiefgefrieren von Fischen wurde 1917, in der Notzeit des ersten Weltkrieges, von Professor Plank in Karlsruhe geschrieben. Damals scheint es für die großzügige Verwirklichung dieses Gedankens noch zu früh gewesen zu sein. Erst der Amerikaner Clarence Birdseye entwickelte aus dem bei den Eskimos schon von jeher bekannten Verfahren eine Industrie. Er hatte beim Fischfang in Alaska beobachtet, daß gefrorener Lachs, mit dem man die Schlittenhunde zu füttern pflegte, sich auch für die menschliche Ernährung eignete, wenn er sehr schnell gefroren wurde. Vor allem beeindruckte ihn, daß die Qualität der bei arktischen Temperaturen gelagerten Fische sich praktisch nicht verändert hatte. Etwa gleichzeitig mit Birdseye kam übrigens der Bäckermeister Heckermann in Bremen auf die Idee, Zwetschgen tiefzukühlen. Seine Kunden wunderten sich, daß es nun auch im Winter frischen Zwetschgenkuchen gab.

An den damals entdeckten Grundsätzen hat sich bis heute nichts geändert. Nur wenn das Lebensmittel mit einer Geschwindigkeit von mindestens 1 cm in der Stunde gefroren wird, können sich in seinem Zellgewebe keine großen Eiskristalle bilden, die die Zellstruktur zerstören und die Gewebsflüssigkeit zersetzen würden. Die Qualität der Lebensmittel wird auch nur dann in gleicher Güte erhalten, wenn die einmal erreichte niedrige Temperatur von mindestens 18° C bis zum endgültigen Auftauen bzw. Zubereiten aufrechterhalten wird. Wird die Ware zwischendurch angetaut und wieder gefroren, sind Qualitäts-

Alles aus der Tiefkühltruhe: 1. Fleischbrühe mit Gemüseeinlage; 2. Pommes frites; 3. Johannisbeersaft; 4. Rumpsteaks mit Gemüse und gebratenem Reis; 5. Forelle blau mit Zitronen- und Tomatenachteln; 6. Blätterteigpasteten mit Geflügelragout; 7. Vanille-Eiskrem mit Früchten und Sahne. Im Hintergrund einige typische Packungen für Tiefkühlkost. Grundsätzlich lassen sich alle Gerichte mit tiefgefrorenen Zutaten nach normalen Rezepten bereiten. Für die richtige Zubereitung gibt es aber einige Grundregeln, die mit den Rezepten für die abgebildeten Gerichte auf den folgenden Seiten nachzuschlagen sind.

schäden unvermeidlich. Beim Einkauf von Tiefkühlkost sollte man auf folgende Punkte achten:

▶ Die Packungen müssen sauber und unbeschädigt sein und eindeutige Angaben über die Herkunft und den Inhalt tragen.

▶ Ware, die in einer dickvereisten Tiefkühltruhe liegt oder über den Rand der Truhe hinaus gestapelt ist, kann keine Temperatur von -18°C aufweisen und ist möglicherweise schon seit längerer Zeit angetaut und verdorben.

▶ Tiefkühlkost, die nicht sofort verarbeitet werden soll, muß bald und ohne Temperaturverlust nach Hause gebracht werden – am besten in mehrere Lagen Zeitungspapier gewickelt. Im Zweisternfach des Kühlschrankes kann man Tiefkühlkost bis zu 2 Wochen lagern (Fettfisch, Krabben, Hackfleisch und gezuckertes Obst nur 3–7 Tage). Im Dreisternfach oder in der Tiefkühltruhe hält sie sich im allgemeinen bis zu 3 Monate.

Tiefgefrieren im Haushalt s. Seite 553.

Geflügel aus der Tiefkühltruhe

Ganzes Geflügel (zum Braten oder Grillen) läßt man vor der Verarbeitung in etwa 5 bis 7 Stunden auftauen und bereitet es dann wie gewohnt zu. Portioniertes Geflügel braucht man nur antauen zu lassen, bis sich die Einzelstücke trennen lassen.

Tiefgefrorenes Hähnchen

Über Nacht im Kühlschrank auftauen lassen und zubereiten wie gebratenes Huhn (S. 183) oder Hähnchen vom Grill (S. 169).

Fischfilet in Weinsoße (rechts, Rezept S. 338) bereitet man mit Champignons. Zu Rehsteaks mit Kartoffelklößen (Mitte, Rezept siehe rechte Seite) passen Apfelscheiben mit Johannisbeerquark. Links: Blätterteigpasteten (Rezept siehe rechte Seite) mit Ragout vom Huhn (S. 184).

Blätterteigpasteten mit Geflügelragout *Farbfoto S. 334*

Blätterteig auftauen lassen, ausrollen und vier Scheiben von etwa 10 cm Durchmesser ausstechen. Zwei davon ergeben den Boden der Pasteten, die beiden anderen in der Mitte nochmals rund ausstechen (ca. 5 cm Durchmesser). Scheiben und Ringe mit kaltem Wasser anfeuchten, aufeinanderlegen und mit Eiweiß bestreichen, mit den ausgestochenen Mittelscheiben (ebenfalls mit Eiweiß bestreichen) auf ein kalt abgespültes Backblech setzen und bei guter Mittelhitze goldgelb backen. Das halbe Hähnchen unaufgetaut mit dem Suppengrün in kochendes Salzwasser legen, bei schwacher Hitze garen, von den Knochen befreien und in kleine Stücke schneiden. Mehl in Butter anschwitzen, mit ¼ l Hühnerbrühe auffüllen, 10 Minuten kochen. Mit Salz, Pfeffer und Südwein abschmecken. Gedünstete Champignons, Erbsen und Mandeln zugeben, kurz aufkochen lassen und das mit Sahne und Wein verquirlte Eigelb in die vom Feuer genommene Soße rühren. Fleisch kurz in der Soße ziehen lassen, die heißen Pasteten mit dem Ragout füllen und mit Zitronenachteln zu Tisch geben. Abwandlung: Pasteten (oder auch ein Pastetenhaus, Rezept S. 445) mit Ragout vom Huhn (S. 184) füllen (Foto siehe linke Seite).

1 Paket tiefgefrorener Blätterteig
½ tiefgefrorenes Hähnchen, Suppengrün
25 g Mehl, 40 g Butter
70 g Champignons
100 g Erbsen
1 Eßlöffel abgezogene gehackte Mandeln
1 Eigelb, 2 Eßlöffel Sahne
Zitrone, 1 Eßlöffel Südwein, Salz und Pfeffer

Tiefgefrorenes Fleisch

Rohes Fleisch aus der Tiefkühltruhe, in Portionen verpackt, muß vor der Verarbeitung aufgetaut werden, was etwa 5 bis 6 Stunden dauert. Man kann es im Kühlschrank in einer Schale mit Olivenöl oder Salatöl auftauen lassen und braucht dann zum Braten weniger oder gar kein Fett zuzugeben.

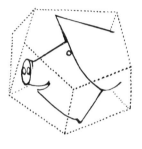

Rehsteaks mit Kartoffelklößen *Foto siehe linke Seite*

Rehrücken über Nacht zum Auftauen in den Kühlschrank legen, enthäuten, Fleisch auslösen, in Steakscheiben schneiden, spicken, salzen, pfeffern und auf beiden Seiten rasch in heißem Fett braten, so daß das Fleisch innen rosa bleibt. Steaks warm stellen. Zur Soße Mehl in Butter nußbraun rösten, mit Ketchup verrühren und mit Weißwein ablöschen. Mit Fleischextrakt, Essig, Pfeffer und Salz abschmecken, bei Bedarf noch etwas Wasser zugeben, 10 Minuten kochen lassen, kurz vor dem Anrichten Sahne hineinrühren. Kartoffelklöße gefroren in kochendes Salzwasser geben, in etwa 15 Minuten gar ziehen lassen. Steaks nach Belieben mit gedünsteten Apfelscheiben (Quark mit Johannisbeergelee glattrühren und auf die Apfelscheiben spritzen, obenauf eine Kirsche) umlegt servieren, mit Ananasdreiecken oder auch mit Mandarinenspalten garnieren.

1 tiefgefrorener Rehrücken
30 g Mehl, 30 g Butter
Speckstreifen zum Spicken
1 Eßlöffel Tomatenketchup, Bratfett
1 Glas Weißwein
1 Teelöffel Fleischextrakt
Essig, Pfeffer, Salz
2 Eßlöffel saure Sahne
1 Paket tiefgefrorene Kartoffelklöße

Rumpsteaks mit Pommes frites *Farbfoto S. 334*

Rumpsteaks über Nacht zum Auftauen in den Kühlschrank legen, in heißem Fett von beiden Seiten rasch bräunen, dann salzen und pfeffern, warm stellen. Pommes frites gefroren in heißes Ausbackfett geben, in etwa 3 Minuten goldbraun backen, abtropfen lassen und salzen. Mischgemüse gefroren in (möglichst wenig) kochendes Wasser geben, bei schwacher Hitze in 5 bis 8 Minuten gar ziehen lassen, mit Salz und Zucker abschmecken. Brühe nach Belieben mit kalt angerührter Speisestärke binden oder abgießen und das Gemüse in Butter schwenken.

4 tiefgefrorene Rumpsteaks
Fett zum Braten
Salz, Pfeffer
1 Paket tiefgefrorene Pommes frites
1 Paket tiefgefrorenes Mischgemüse
Zucker, Ausbackfett

Tiefgekühlter Fisch

Gefrorenes Fischfilet läßt man nur so weit antauen, daß sich die Portionsstücke lösen lassen. Forellen werden aufgetaut verwendet, wenn man sie dressieren (rundbinden) will, sonst können sie unaufgetaut gekocht oder gebraten werden.

Forelle blau aus der Tiefkühltruhe *Farbfoto S. 334*

Forellen auftauen lassen, Kopf und Schwanz mit dünnem Faden zusammenbinden, weiterverarbeiten nach dem Rezept für Forelle blau (S. 213). Mit Zitronenachteln zu Tisch geben.

Gebratene Scholle *Foto siehe unten*

*1 bis 2 Pakete tiefgefrorenes Schollenfilet
Mehl, verquirltes Ei
Semmelmehl, Backfett
Zitronensaft, Salz*

Schollen antauen lassen, bis sich die Filets ablösen lassen (in der geschlossenen Packung kurze Zeit unter die Wasserleitung halten, wenn es eilt), dann säuern und salzen, nacheinander in Mehl, Ei und Semmelmehl wenden und in heißem Fett in der Pfanne von beiden Seiten goldbraun braten. Abwandlung: Filets nach dem Säuern und Salzen durch Ausbackteig (S. 452) ziehen und in der Pfanne braten oder in heißem Fett schwimmend backen. Der Teig haftet besser an dem angetauten Fisch als die Panade.

Fischfilet in Weinsoße *Foto S. 336*

*2 Pakete tiefgefrorenes Fischfilet, 30 g Mehl
50 g Butter, Zitronensaft
1 Zwiebel, 1 Glas Weißwein, 1 Ei
100 g Champignons
etwas Butter, Reibkäse
Semmelmehl, Salz
Pfeffer*

Filet soweit antauen, daß sich die Stücke voneinander lösen lassen, mit Zitronensaft beträufeln, salzen, in eine gebutterte Form legen, Wein zugießen und zugedeckt 10 Minuten dünsten. Mehl in Butter anschwitzen, geriebene Zwiebel dazugeben, mit Fischsud ablöschen, 10 Minuten durchkochen, bis eine cremige Soße entsteht, mit verquirltem Ei legieren, mit Salz und Pfeffer würzen, die in Butter gedünsteten Champignons dazugeben. Soße über den Fisch gießen, Semmelmehl mit Reibkäse vermischen und darüberstreuen. Im Ofen in etwa 10 Minuten überbacken.

Hähnchen gehören zu den beliebtesten Gerichten aus der Tiefkühltruhe. Vor dem Braten müssen sie aufgetaut sein. Zur gebratenen Scholle (rechts, Rezept siehe oben) werden grätenlose Filets verwendet.

Tiefgefrorene Fischfilets in Portionspackungen läßt man unter der Wasserleitung antauen (links), dann löst man die Filets voneinander (Mitte). Tiefgefrorene Gemüse gibt man im allgemeinen unaufgetaut aus der Packung in kochendes Wasser (rechts).

Gemüse- und Kartoffelgerichte

Gemüse aus der Tiefkühltruhe wird unaufgetaut weiterverarbeitet. Bei der Zubereitung ist darauf zu achten, daß es weder gegart noch gewürzt ist, also wie rohes Gemüse (mit etwas verkürzter Garzeit) behandelt werden muß. Damit das Gemüse nicht fade schmeckt, gibt man Salz oder auch Zucker gleich ins Kochwasser.

Gurkensalat aus der Tiefkühltruhe

Gurkenscheiben unaufgetaut in die Salatsoße geben und zugedeckt auftauen lassen. Zwischendurch die angetauten Scheiben mit der Gabel etwas voneinander lösen. Die Auftauzeit beträgt bei Zimmertemperatur ungefähr 3 bis 4 Stunden.

*1 Paket tiefgefrorene Gurkenscheiben
Salatsoße (S. 106)*

Rosenkohl aus der Tiefkühltruhe

1/4 l Wasser mit Salz zum Kochen bringen, den gefrorenen Rosenkohl hineingeben. Nach dem Auftauen rasch zum Kochen bringen, etwa 10 Minuten bei schwacher Hitze gar dünsten. Mit Salz und Muskat abschmecken, Butter hineinrühren, mit Sahne legieren.

*1 Paket tiefgefrorener Rosenkohl, Salz, Muskat
3 Eßlöffel Sahne
60 g Butter*

Soufflé aus gefrorenem Spinat *Spinatauflauf*

Butter im Topf heiß werden lassen, den gefrorenen Spinat hineinlegen und bei milder Hitze auftauen lassen. Mit etwas Sahne verrührtes Mehl untermischen und den Topf vom Feuer nehmen. Eigelb und Sahne oder Dosenmilch verquirlen und unter kräftigem Schlagen mit dem Schneebesen mit dem Spinat verrühren. Mit Salz, Pfeffer und Muskat abschmecken. Eiweiß zu steifem Schnee schlagen und vorsichtig unterziehen. Die Masse in eine gefettete feuerfeste Form füllen und bei mäßiger Hitze etwa 30 Minuten überbacken. Das Soufflé wird mit zerlassener Butter zu Tisch gegeben.

*1 Paket Tiefkühlspinat
30 g Butter, 30 g Mehl
4 Eier, 1/10 l Sahne oder Dosenmilch, Salz
Pfeffer, Muskat*

Tiefgefrorenes Obst

An der Spitze der Verbraucherwünsche liegen die Erdbeeren. Wie alle anderen tiefgekühlten Obstarten brauchen sie 3 bis 4 Stunden Auftauzeit bis zur »Eßtemperatur«, wenn sie roh gegessen werden sollen. Nur wenn die Erdbeeren für die Bowle bestimmt sind, läßt man sie im Bowlenansatz auftauen. Sonst empfiehlt es sich, sie aus der Packung zu nehmen und dick mit Zucker bestreut (oder mit Zuckerlösung übergossen) auftauen zu lassen. Aufgetautes Tiefkühlobst muß schnell verbraucht werden. Neben ganzen Früchten gibt es auch tiefgekühlte Obstsäfte.

Obst-Krümeltorte

500 g Mehl
1 Päckchen Backpulver
250 g Zucker, 3 Tropfen Mandelaroma
150 g Margarine, 2 Eier
1 bis 2 Eßlöffel Semmelmehl, 500 bis 750 g gefrorenes Obst

Mehl mit Backpulver in eine Schüssel sieben, Zucker, Mandelaroma und die in Flöckchen zerteilte Margarine dazugeben. Die Eier verquirlen und über die Zutaten gießen. Alles zu einem Krümelteig verarbeiten. Zwei Drittel der Teigmasse in eine gefettete Springform drücken, mit Semmelmehl bestreuen, das gefrorene Obst darauf verteilen und den restlichen Teig streuselartig darüberstreuen, 50 bis 60 Minuten bei 210° C backen.

Backfertiger Teig

Vor allem der im Haushalt mühsam zuzubereitende Blätterteig hat neue Freunde gefunden, seitdem man ihn backfertig aus der Tiefkühltruhe nach Hause tragen kann. Neben Blätterteig gibt es bereits andere tiefgefrorene Teigarten, aber auch fertig gebackene Biskuittorten, die nach 2–3 Stunden Auftauzeit tischfertig sind.

Fleischtaschen aus Blätterteig

1 Paket tiefgefrorener Blätterteig
250 g gewürztes Hackfleisch
Eigelb zum Bestreichen

Aufgetauten Blätterteig 3 mm dick ausrollen und runde Scheiben ausstechen, deren eine Hälfte mit Eigelb bestrichen wird. In die Mitte einen Eßlöffel Hackfleisch setzen, die Hälften zusammenklappen und gut andrücken. Mit Eigelb bepinseln und bei 200 bis 225°C in 20 bis 25 Minuten backen.

Wiener Erdbeerschnitten

1 Paket tiefgefrorener Blätterteig, 250 g Quark
100 g Zucker
1 Päckchen Vanillezucker
6 Blatt weiße Gelatine
¼ l Schlagsahne
1 Paket tiefgefrorene Erdbeeren; Weinbrand, Rum oder Kirschwasser zum Abschmecken
Puderzucker

Blätterteig auftauen lassen, messerrückendick ausrollen und ein Kuchenblech ganz damit belegen, hell backen und abkühlen lassen, etwaige Luftblasen einstechen. Teigplatte in gleich große Rechtecke oder Quadrate schneiden. Quark passieren (2 Eßlöffel Sahne oder Dosenmilch hineinrühren, wenn er sehr trocken ist) und glattrühren. Gelatine 10 Minuten in kaltem Wasser quellen lassen, Zucker und Vanillezucker hinzufügen und die Flüssigkeit vorsichtig erhitzen (nicht kochen!), bis sich die Gelatine gelöst hat. Gelierbrühe etwas abkühlen lassen, mit dem Quark verrühren, die geschlagene Sahne unterziehen. Bei Bedarf nachsüßen, mit Weinbrand, Rum oder Kirschwasser abschmecken. Die Hälfte der Creme auf die Hälfte der Blätterteig-Rechtecke streichen, gefrorene Erdbeeren darauf verteilen, mit Creme bedecken und die zweite Hälfte der Blätterteig-Rechtecke darauflegen. Möglichst bald zu Tisch geben. Kurz vor dem Anrichten mit Puderzucker bestreuen und mit aufgetauten gezuckerten Erdbeeren garnieren. Abwandlung: Gedünstete Kirschen statt Erdbeeren verwenden.

Vollwertkost, Schutzkost, Diät

Mangelhafte Nahrungsmittel – so drückte es Professor George Minot von der Harvard Medical School aus – haben eine mangelhafte Ernährung zur Folge, diese wiederum einen gestörten Stoffwechsel, einen gestörten Aufbau von Geweben und Organen und schließlich die Krankheit. Die Wissenschaftler sind sich darin einig, daß viel mehr Menschen diese »Treppe der falschen Ernährung« hinuntersteigen, als man nach den ärztlichen Statistiken annehmen könnte. Das mag damit zusammenhängen, daß viele »geheime Mangelkrankheiten« nicht erkannt werden oder mit den herkömmlichen Untersuchungsmethoden gar nicht erkannt werden können. Sie sind aber zweifellos vorhanden, und wenn die noch junge Wissenschaft von der Ernährung in den kommenden Jahrzehnten mit der gleichen Geschwindigkeit voranschreitet wie in den letzten fünfzig Jahren, wird eines Tages vielleicht auch die rechtzeitige Diagnose und Therapie von Ernährungsschäden zum Rüstzeug jedes praktischen Arztes gehören.
Vollwertkost für den Gesunden, um vorzubeugen; und wenn eine Diät nötig ist, soll auch sie nur aus vollwertigen Nahrungsmitteln zusammengestellt werden, wenn man von einer Therapie sprechen will – diesen Gedanken begann die Reformbewegung, ausgehend vom Vegetarismus und der Naturheilkunde des 19. Jahrhunderts, schon zu einer Zeit zu propagieren, als man von Vitaminen noch nichts wußte und die sachlichen Hintergründe der »Rohkost« erst zu erforschen anfing. Vieles von dem Gedankengut der Frühzeit ist in die allgemeinen Grundsätze der heutigen Ernährungslehre eingegangen (siehe ab S. 19), anderes wurde als zu einseitig verworfen. So entwickelte sich die Ernährung mit vollwertiger, sowohl heilender als auch vorbeugender Kost von einem häufig belächelten Spezialgebiet zum ernstzunehmenden Wissen um gesunde Ernährung. Eines Tages wird dieses Wissen vielleicht Allgemeingut sein.

REFORMKOST

Die moderne Reformkost stützt sich in erster Linie auf natürliche, vollwertige, nährstoffhaltige Nahrungsmittel. Die wichtigsten Grundregeln:

▶ So wenig wie möglich durch industrielle Verarbeitung entwertete Nahrungsmittel.
▶ Ein Drittel der täglichen Nahrung sollte aus (vor der Mahlzeit gereichter) Frischkost bestehen (Vitamin- und Mineralstoffzufuhr!). Wer geriebene oder geraffelte Rohkost nicht verträgt, hält sich besser an frisch bereitete Obst- und Gemüsesäfte.
▶ Suppen werden nur in Ausnahmefällen gegeben; im allgemeinen sollen Frischkost-Gerichte auf den Tisch kommen.
▶ Rohe oder gekochte Getreidegerichte müssen auf unverfälschten Rohstoffen basieren: Weizen-, Hafer- und Hirseflocken, Naturreis, Schrot, Teigwaren aus Vollmehl oder mit Weizenkeimen angereichert.
▶ Gemüse wird nach den allgemeinen Leitsätzen (S. 224) möglichst schonend zubereitet und am besten mit hochwertigem Öl gedünstet.
▶ Milch und Milchprodukte – besonders Quark und Käse, außerdem Nüsse, Sojaerzeugnisse und Eier sind die Haupteiweißquellen in der Reformernährung. Vor allem süße und pikante Quarkspeisen und -getränke sollen oft in den Küchenzettel eingebaut werden.
▶ Fisch und Fleisch werden nur in kleinen Mengen gegeben. Beim Fleisch werden die Innereien bevorzugt.

200 g Äpfel
200 g Apfelsinen
150 g Sellerie, Zitronensaft
⅛ l Sahne oder Joghurt
1 Eßlöffel Haselnußmus

Sellerie-Apfel-Frischkost *Foto siehe unten*

Sahne oder Joghurt mit Nußmus und Zitronensaft zu Salatsoße verrühren, Äpfel mit Schale und Sellerie (geschält) hineinreiben und rasch vermengen, die kleingeschnittenen Apfelsinen dazugeben.

400 g rote Rüben
200 g Äpfel
1 Glas Joghurt
Zitronensaft
2 Teelöffel hochwertiges Öl
1 Eßlöffel Apfeldicksaft
Meerrettich, geriebene Gewürzgurke

Rote-Rüben-Frischkost *Foto siehe unten*

Joghurt mit Öl, Zitronensaft, Apfeldicksaft, Meerrettich und Gurke zu Salatsoße verrühren. Äpfel auf einer groben Raffel mit der Schale in die Soße reiben, rote Rüben schälen und auf einer feinen Raffel dazureiben, nach Belieben mit Sonnenblumenkernen garnieren.

Weitere Frischkostgerichte siehe S. 114.

Zwei attraktive Frischkostgerichte: Sellerie-Apfel-Frischkost (rechts) mit Apfelsinenscheiben, und Rote-Rüben-Frischkost (links) mit Äpfeln, angemacht mit einer würzigen Joghurt-Salatsoße (Rezepte siehe oben).

Geräte für die Frischkostzubereitung: Bircher-Raffel (links) aus rostfreiem Edelstahl zum Raffeln von Obst und Gemüse. Auch die drehbare Raffel (Mitte) geht auf Professor Bircher-Benner zurück. Rechts: Ein praktischer Nuß-Raper, mit dem man Nüsse und Mandeln in kleinen Mengen leicht auf die Frischkostportionen reiben kann.

Weizenkeim-Müsli

Bioghurt (oder Buttermilch) mit Honig oder Sanddornvollfrucht, Milchzucker und Leinsamen vermischen. Mit Weizenkeimen bestreut anrichten.

Kollath-Frühstück siehe S. 346.

Pro Person:
1 Glas Bioghurt
1 Eßlöffel Honig oder
Sanddornvollfrucht
1 Eßlöffel Milchzucker
1 Eßlöffel Leinsamen
2 Eßlöffel Weizenkeime

Käsereisrand

Reis in viel Wasser 20 Minuten sprudelnd kochen, auf ein Sieb schütten und abschrecken. Zwiebel in wenig Öl goldgelb rösten, mit dem restlichen Öl, Reibkäse, Salz, Curry, Hefewürze und Eigelb unter den Reis mischen und abschmecken. Masse in der Pfanne langsam erwärmen, in eine kalt ausgespülte kleine Ringform füllen, gut andrücken und auf eine vorgewärmte Platte stürzen. Mit gedünstetem Gemüse füllen.

Reisring siehe S. 284, süßer Reisring siehe S. 291.

250 g Langkorn-Naturreis
1 feingeschnittene
Zwiebel, 2 Eßlöffel
Sonnenblumenöl
60 g Reibkäse, Salz
Curry, Hefewürze, 2 Eigelb

Weizen-Rohbrei mit Backobst

Weizenschrot und Backobst über Nacht einweichen, am nächsten Tag mit Weizenkeimen, Leinsaat, zerkleinertem Backobst, Honig und Sanddorn vermengen, zuletzt Sahne, Milch und Sonnenblumenkerne dazugeben, alles gut vermischen. Falls der Brei zu fest gerät, mit etwas Milch oder Bioghurt flüssiger machen. Abwandlung: Backobst durch 250 g rohes Frischobst ersetzen, das zerkleinert mit der Weizenschrotmasse vermengt wird. Nach Belieben kann auch Obst aus der Dose verwendet werden, nach Möglichkeit mit frischem Obst vermischt.

100 g Weizenschrot
50 g Weizenkeime
2 Eßlöffel geschrotete
Leinsaat, 3 Eßlöffel Sahne
1/4 l Vollmilch
50 g Backobst
1 Eßlöffel Honig, 1 Eßlöffel
Sanddornvollfrucht
50 g Sonnenblumenkerne

SCHUTZKOST

Für eine ganze Reihe besonders gelagerter Fälle wurden in den letzten Jahren unabhängig von der Krankendiät Schutzkostformen (früher meist Schonkost genannt) entwickelt, die der Gesunderhaltung und der Erhöhung der Leistungsfähigkeit dienen, beispielsweise für geistig arbeitende oder ältere Menschen und für Autofahrer. Auch die Abmagerungs- und die Aufbaukost kann man in diese Kategorie eingliedern, wenn es sich nicht um Fälle handelt, in denen der Arzt entscheiden muß. Die Reformkostregeln gelten auch für diese Sonderformen der »gezielten« Ernährung.

Schutzkost für geistige Arbeiter *Farbfoto S. 352*

Es gibt zwar keine »klugmachende« Diät für Kopfarbeiter – auch die vielgerühmte Glutaminsäure hat die in sie gesetzten Erwartungen nicht erfüllt –, wohl aber ein paar Grundregeln, deren Beachtung die Unterernährung des Gehirns und damit das Nachlassen der Konzentrationsfähigkeit und des Gedächtnisses verhindert. Da das Nachdenken nur unwesentliche Kalorienmengen beansprucht, darf die Kost nicht zu kalorienreich sein. Nach den von Professor Dr. Kraut, dem Direktor des Max-Planck-Institutes für Ernährungsphysiologie, aufgestellten Leitsätzen ergibt sich folgendes Bild für die vernünftige Ernährung des Kopfarbeiters:

Sekundenschnell schrotet die Elektromühle (oben) das Frischkostgetreide. Mit einer Schweizer Presse (unten) kann man Gemüse- oder Fruchtsaft zubereiten.

▶ Fett nur mäßig, Kohlenhydrate in Grenzen, Eiweiß, Vitamine und Mineralstoffe reichlich auf die Speisekarte setzen. Regelmäßig sollten vor allem mageres Fleisch, magerer Fisch, Milch (täglich möglichst 1/2 l, auch als Sauermilch, Joghurt o. ä.), Käse, Quark, Obst, Gemüse und Vollkornbrot, Knäckebrot oder anderes Brot aus dunklem Mehl gegeben werden.
▶ Ausgiebig frühstücken (siehe S. 55) und dabei Frischkost oder Fruchtsäfte nicht vergessen (Foto siehe rechte Seite).
▶ Das Mittagessen soll 40 Prozent des Tagesbedarfs an Nährstoffen enthalten. Zum Essen Zeit nehmen und vor der Fortsetzung der Arbeit eine halbe Stunde ausruhen.
▶ Eine kleine Zwischenmahlzeit am Nachmittag mit etwas Süßem (beispielsweise Brot mit Honig) wird vielfach empfohlen, weil dadurch der Blutzuckerspiegel angehoben und das nachmittägliche Nachlassen der Spannkraft ausgeglichen wird.
▶ Das Abendessen früh einnehmen, schwer verdauliche, blähende und allzu ballastreiche Speisen dabei vermeiden.
▶ Knappe und hochwertige, vitaminreiche Nahrung bevorzugen.

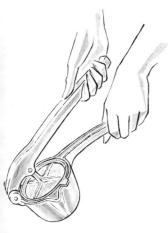

1 Glas Joghurt
1 Eßlöffel Sanddornvollfrucht
1 Teelöffel Weizenkeime
1 Teelöffel Leinsaatschrot

Joghurt mit Sanddorn *Farbfoto S. 352*

Joghurt mit Sanddorn, Weizenkeimen und Leinsaat vermischen und in einem Schälchen anrichten. Abwandlung: Zutaten kräftig miteinander verrühren und als Getränk im Glas servieren.

8 bis 10 Tomaten
Salz, Pfeffer
250 g Quark
3 Eßlöffel Paprikamark
etwas Milch, Hefewürze

Quarktomaten *Farbfoto S. 352*

Tomaten halbieren (oder einen Deckel abschneiden) und aushöhlen, von innen leicht salzen und pfeffern. Quark mit Paprikamark, Milch und Hefewürze cremig rühren, in die Tomaten füllen oder spritzen, nach Belieben mit frischen gehackten Kräutern garnieren, auf Salatblättern anrichten.

Das Kollath-Frühstück (links, Rezept S. 346) ist nicht nur als Schutzkost, sondern ganz allgemein als gesundes Frühstücksgericht zu empfehlen. Rechts: Geistige Arbeiter sollten reichhaltig frühstücken; der Körper braucht einen guten Starter. Frische Milch darf dabei nicht fehlen.

Diät-Pilzreis *Farbfoto S. 352*

Reis waschen, in viel Wasser 20 Minuten sprudelnd kochen, auf ein Sieb geben und abschrecken. Zwiebel fein schneiden, in Öl goldgelb anrösten, die zerschnittenen Pilze dazugeben und 5 Minuten dünsten. Reis mit Pilzen vermischen, mit Curry, Haferflocken und Meersalz abschmecken.

*250 g Langkorn-Vollreis
1 kleine Zwiebel
250 g beliebige frische Pilze
Currypulver, Meersalz
Haferflocken
2 Eßlöffel Öl*

Heidelbeer-Quarkcreme *Farbfoto S. 352*

Quark mit Milch glattrühren; Heidelbeervollfrucht, Nußmus und Honig dazugeben. Vor dem Anrichten mit Sonnenblumenkernen bestreuen.

*250 g Quark, 1/4 l Milch
2 Eßlöffel Heidelbeer-
vollfrucht, je 1 Eßlöffel
Nußmus, Honig und
Sonnenblumenkerne*

Schutzkost im Alter *Farbfoto S. 352*

Der Körperhaushalt eines alternden Menschen unterscheidet sich in wesentlichen Punkten von dem eines jüngeren. Etwa vom 45. Lebensjahr ab erneuern sich die Zellen des Herzmuskels (ebenso wie alle anderen Zellen des Körpers) nicht mehr im gleichen regelmäßigen Turnus wie vorher, sondern bedeutend langsamer. Die Arbeitsbedingungen des Herzens werden dadurch erheblich verschlechtert. Zugleich vermindert sich der Wassergehalt des Körpers, der Stoffwechsel wird träger, der Säftestrom zu den Zellen verlangsamt sich, und die Verdauungsorgane arbeiten nicht mehr so schnell. Alle diese Erscheinungen sind kein Krankheitsprozeß, sondern ganz natürliche Auswirkungen des Alters. Sie lassen sich erleichtern, wenn bei der Zusammenstellung des Speisezettels auf einige wichtige Punkte Rücksicht genommen wird:
▶ Ältere Menschen sollten sich an eine eiweiß-, vitamin- und mineralstoffreiche, fett- und kohlenhydratarme Kost halten.
▶ Mehrere kleine Mahlzeiten werden besser vertragen als wenige größere. Frischkost (Frischsaft, Salat oder Rohkost) sollte zu Beginn der Mahlzeit gereicht werden.

▶ Reichlich Flüssigkeit (Milch, Säfte, Mischgetränke) hilft den Wasserhaushalt des Körpers ausgleichen, sollte aber nicht zu spät am Tag getrunken werden. Auch Mineralwasser ist erlaubt.
▶ Bei der Zubereitung sollte auf mildes Würzen (feingehackte Kräuter) und sorgfältiges Zerkleinern der Nahrung geachtet werden. Je nach dem Grad der Kaubehinderung kann man Fleisch und Gemüse nach der Fertigstellung fein schneiden oder durch den Fleischwolf drehen. Brei-, Suppen- und Mehlspeisenkost ist dagegen unerwünscht.

Quarktrunk

1 Eßlöffel Quark
1 Eßlöffel Rahmfrischkäse
¼ l Buttermilch
1 Teelöffel Sanddornvollfrucht herb
½ Teelöffel Keimnußmus

Quark und Käse mit der Buttermilch verrühren oder verquirlen, Sanddorn und Nußmus dazugeben, kühl servieren.

Leinsaatschleim

15 g Leinsaatschrot mit etwa ½ l Wasser kalt aufsetzen, zum Kochen bringen und unter gelegentlichem Umrühren auf kleiner Flamme fünf Minuten kochen, dann drei Minuten stehen lassen, bis sich der Schleim ohne Sieb abgießen läßt. Abkühlen lassen (der Schleim hält sich im Kühlschrank mehrere Tage frisch) und gleiche Mengen Leinsaatschleim und frisch gepreßten Orangensaft miteinander verquirlen; mit etwas Honig süßen.

Kollath-Frühstück *Foto S. 345*

2 Eßlöffel Kollathflocken
1 Flasche Joghurt, Sauer- oder Buttermilch
je 1 Teelöffel Milchzucker, Honig und Zitronensaft
150 g Obst, Haselnüsse
1 Teelöffel Leinsaatschrot

Kollathflocken mit Joghurt, Sauermilch oder Buttermilch vermischen, mit Zitronensaft, Milchzucker, Honig und gut zerkleinerten Früchten vermengen und mit geriebenen Haselnüssen bestreuen. Abwandlung: Sanddornvollfrucht und Kollathschrot verwenden.

Schutzkost für Kraftfahrer *Farbfoto S. 352*

»Sicherer fährt, wer sich richtig ernährt« hieß der Leitspruch eines Werbefeldzuges, den der Bundesausschuß für volkswirtschaftliche Aufklärung zugunsten einer vernünftigeren Ernährung des geistig und körperlich stark angespannten Kraftfahrers durchführte. Man ging von der Tatsache aus, daß Fahrsicherheit und -tüchtigkeit häufiger durch eine unzweckmäßig zusammengestellte Mahlzeit als durch andere Störungsmomente beeinträchtigt werden. Wer sich nach einer schweren Mahlzeit ans Steuer setzt, kann sich schlecht konzentrieren, reagiert langsamer und fühlt sich häufig auch müde. Weil der Verdauungsapparat hart arbeiten muß, wird ihm vom Körper mehr Blut zugeführt, als er bei schwächerer Belastung braucht. Zum Ausgleich dafür wird das Gehirn schlechter durchblutet und arbeitet deshalb langsamer. Die Ernährungsregeln für Kraftfahrer lauten:
▶ In Ruhe essen, gründlich kauen, auf allzu umfangreiche Mahlzeiten verzichten, keine fettreichen oder blähenden Speisen wählen.
▶ Möglichst für unterwegs Nüsse, Äpfel, altbackenes Schwarzbrot oder Vollkornzwieback mitnehmen, die zum intensiven Kauen zwingen.
▶ Wie bei allen Schutzkostarten wenig Fett und Kohlenhydrate, reichlich Eiweiß, Vitamine und Mineralstoffe in die Kost einbauen: mageres Fleisch oder Fisch, Milch, Quark, Obst und Gemüse.

Besonders gut geeignete Kraftfahrergerichte: Haferflocken-Frühstück (S. 56), Buttermilch-Kaltschale (S. 76), Lebertoast mit Mandarinen

Gemüsebrühe, gegrillte Leber, Blumenkohl und Endiviensalat (links), ein Beispiel für Schlankheits-Schutzkost. Rechts: Kraftfahrer sollen leichte Kost bevorzugen: Gedünsteter Fisch (rechts) belastet den Magen nicht zu sehr. Weitere Vorschläge für »Kraftfahrergerichte« ab S. 346.

(S. 86), Frischkost-Salate (ab S. 114), Filetsteak (S. 134), Geschmorte Nieren (S. 154), Wildgerichte (ab S. 194), Fleischgerichte vom Grill (ab S. 164), gedünsteter Fisch (S. 203), Beefsteak Tatar (S. 318), süße Quarkspeisen (ab S. 377), Milchgetränke (S. 393).

Schlankheits-Schutzkost *Farbfoto S. 352*

»Laß ab vom Schlemmen, wisse, daß das Grab dir dreimal weiter gähnt als andern Menschen«, heißt es bei Shakespeare. Die Statistiken der Lebensversicherungsgesellschaften bestätigen diesen Ausspruch. Ein erschreckend hoher Prozentsatz der Bevölkerung hat Übergewicht und demzufolge eine stärkere Krankheitsanfälligkeit und eine geringere Lebenserwartung. An der »Schwergewichtigkeit« läßt sich nur etwas ändern, wenn man seine Ernährung von Grund auf und auf lange Sicht umstellt. Es gibt auf diesem Gebiet weder Patentlösungen noch Wunderkuren mit Dauerwirkung. Weniger essen – das ist das einzig wirksame Rezept. Und wenn man seinen Nahrungsverbrauch herabsetzen will, ohne an Leistungsfähigkeit einzubüßen, heißt das gleichzeitig auch: vernünftiger und planmäßiger essen. Von krankhafter Fettsucht abgesehen, deren Behandlung Sache des Arztes ist, gelten für eine Abmagerungsdiät folgende Grundregeln:
▶ Verbrauch an Fett und Kohlenhydraten stark einschränken, mit Flüssigkeiten aller Art und mit Salz vorsichtig sein. Fettansetzend oder gewichtserhöhend wirken unter anderem: Fett in jeder Form, fettes Fleisch, fette Fischarten, fette Wurst, Süßigkeiten, Kuchen und Torten, Schlagsahne, helle Mehlspeisen und helles Brot, fette oder mehlhaltige Soßen und Suppen, Nüsse, alkoholische Getränke, Salz.
▶ Auf »verstecktes« Fett in Soßen, Suppen, paniertem Fleisch oder Fisch, Süßigkeiten, Cremes, Sahnespeisen usw. besonders achten.
▶ Eiweiß-, Vitamin- und Mineralstoffzufuhr sichern durch magere Fisch-, Fleisch- und Käsesorten, Mager- und Buttermilch, Magerquark, reichlich Frischkost und rohes Obst, Gemüse ohne Mehl oder Speisestärke, Frucht- und Gemüsesäfte, Vollkorn-, Knäcke- oder Schwarzbrot.

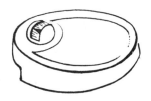

▶ Körpergewicht regelmäßig kontrollieren. Eine wöchentliche Durchschnittsabnahme von 500 g ist schon ein guter Erfolg.
▶ Einen genauen Plan für die Entfettungskur aufstellen und dabei den Kaloriengehalt jedes Nahrungsbestandteils berücksichtigen.
▶ Körperliche Bewegung kann die Diät unterstützen, aber ohne Nahrungsumstellung keine nennenswerte Gewichtsabnahme bewirken. Um 100 g Körperfett einzuschmelzen, muß ein 70 kg schwerer Mann 12,7 km mit einer Geschwindigkeit von 6 Stundenkilometer marschieren. Die gleiche Wirkung kann man durch die Einsparung einer zu gehaltvollen Mahlzeit erzielen.

Aufbaukost

Wer an erheblichem Untergewicht leidet – etwa nach gerade überstandener Krankheit, bei Unterernährung oder Ausnutzungsstörungen – braucht eine aufbauende, kalorienhaltigere Diät. Grundsätzlich hat der Arzt zu entscheiden, ob und in welcher Form Aufbaukost gegeben werden soll. In der Regel liegt der Kaloriengehalt dieser Diätart um 20 bis 50 Prozent über dem normalen Bedarf. Kohlenhydrathaltige Nahrungsmittel sind an erster Stelle zu nennen; sie sollen so konzentriert dargeboten werden, daß sie möglichst wenig sättigen, den Magen aber auch nicht zu stark belasten. Da Fett zu den stark sättigenden Nahrungsmitteln gehört, darf die Fettration nicht zu üppig ausfallen. Reichlich Frischsäfte führen dem Körper die nötige Vitaminmenge zu; man kann sie mit Vitamin-B-Konzentrat anreichern oder mit Weizenkeimen binden.

KRANKENDIÄT

Die Verordnung einer Diät (vom griechischen »diaita« = Lebensweise) ist Sache des Arztes; nur er kann in jedem Einzelfall entscheiden, welche Ernährungsart angemessen ist. Was bei einem Herzkran-

Mit Käse überbackene, gefüllte Tomaten (links) werden in der Regel auch von Leber- und Gallekranken vertragen. Rechts: Pikanter Quark mit Pellkartoffeln gehört zur Magen- und Darmdiät und ist ein Beispiel dafür, daß Diätkost nicht fade zu schmecken und langweilig auszusehen braucht, wenn vernünftig gekocht wird (Rezepte S. 353).

ken zum Beispiel noch ohne weiteres gestattet werden kann, ist für den anderen schädlich. Das schließt allerdings nicht aus, daß sich der Kranke, der auf eine Dauerdiät angewiesen ist, selbst über die ihm verordnete Diät, ihre sinnvolle Zusammensetzung und Zubereitung informiert. Diät- und Ernährungskurse, Kochvorführungen, Beratung durch diätetisch ausgebildete Fachkräfte, das Studium einschlägiger Literatur – all das trägt zur richtigen Durchführung der Diät, zu ihrer abwechslungsreichen und schmackhaften Gestaltung bei. Denn eine Diät muß nicht leer und langweilig schmecken, so daß der Kranke sich spätestens nach einer Woche nach herzhaften Genüssen sehnt. Auch für die strengsten Diätformen wurden Zubereitungsarten entwickelt, die dem Bedürfnis des Kranken nach »vollwertiger« Nahrung entgegenkommen. Die folgenden Rezeptbeispiele sind jeweils für eine Person berechnet.

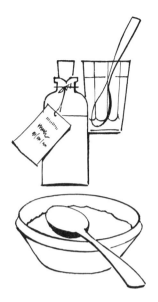

Allgemeine Grunddiät

Von einer vollwertigen Grunddiät lassen sich viele spezielle Diäten durch Ergänzungen oder Abstriche ableiten. Die Grunddiät gilt unter anderem für chronische Krankheitszustände, soweit keine Spezialdiät erforderlich ist, weiter für Schwache, Genesende und bei Empfindlichkeit des Magen-Darm-Kanals. Einige Grundregeln:
▶ Zu vermeiden sind alle heißen, kalten und groben Speisen, außerdem gebratene, geröstete und durchfettete Gerichte, fette Soßen und Schwitzen.
▶ Fett, Salz, Gewürze und Genußmittel sollen nur mäßig gegeben werden, genügend Eiweiß in hochwertiger Form. Vollwertige Kohlenhydrate stellen den Hauptteil der Nahrung dar. Sie müssen leichtverdaulich, reizarm und gut verträglich zubereitet werden.
▶ Neben den drei Hauptmahlzeiten sind zwei Zwischenmahlzeiten zu empfehlen. Die Gesamtmenge der täglichen Kost darf sich dadurch aber nicht erhöhen.

Äpfel und Zwiebeln (links, Rezept S. 354) gehören zur Herz-Kreislauf-Diät. Rechts: In der Diabetes-Diät wird die Zufuhr an Kohlenhydraten nach »Broteinheiten« (BE) berechnet. Je 1 Broteinheit enthalten die abgebildeten Mengen Haferflocken, Obst, Fruchtsaft, Käse, Brot, Quark, Honig und Nüsse. 1 Broteinheit entspricht 12 g Kohlenhydrat.

▶ Gut bekömmlich und leicht verdaulich sind Knäckebrot, **Vollkorn-, Graham- und Kneippbrot,** Vollkornbreie, Vollreis und Teigwaren, Honig, zarte Gemüse (keine groben Kohlarten, keine Hülsenfrüchte), Obstsäfte, rohes geriebenes Obst, Bananen, Milch (auch mit Tee oder Fruchtsaft verdünnt), Buttermilch, Quark und halbfetter Weichkäse, weichgekochte Eier, Butter, reine Pflanzenfette und hochwertige Pflanzenöle, in kleinen Mengen mageres, zartes Fleisch und Geflügel und gedünsteter Fisch, außerdem Küchenkräuter und milde Gewürze.

Magen- und Darmdiät

Die Diätbehandlung von Magen-Darm-Erkrankungen wird meist mit einer strengen oder gemilderten Fastenperiode eingeleitet, der eine langfristige, vollwertige Dauerdiät folgt. Mehr als jedes andere erkrankte Organ brauchen Magen und Darm eine sehr individuelle Diät, die nur ein Arzt festlegen kann. Bei Magenübersäuerung zum Beispiel sind alle säurelockenden Gerichte (in Fett gebratene Speisen, alkoholische und kohlensäurehaltige Getränke) verboten, ebenso starke Gewürze und Salz, Süßigkeiten und Kaffee. Fett kann dagegen in Form von Butter oder hochwertigen Ölen gegeben werden. Bei Magensaftmangel sind leichte Säurelocker (Obstsäfte, Zitronensaft, Tomatensaft) zur Magensaftproduktion empfohlen. Magenerschlaffung verlangt ebenso eine anregende, leicht aufschließbare Kost. Bei entzündlichen Erkrankungen des Dickdarms müssen schlackenreiche Speisen vermieden werden, damit die Darmschleimhaut nicht gereizt wird. Bei Verstopfung ist im Gegensatz dazu oft eine schlackenreiche Belastungskost (grobe Frischkost, rohes Sauerkraut, grobes Brot, grobe Getreidegerichte, Leinsamen, Milchzucker) anzuraten. Wegen dieser Verschiedenheiten ist auf jeden Fall davon abzuraten, auf eigene Faust eine Magen-Darm-Diät festzusetzen. Die folgenden Beispiele gelten nur für eine Diät bei Magensaftmangel.

1 kleines Kalbskotelett
10 g Fett, Salz
Zitronenschale
½ Mohrrübe, etwas
Fleischbrühe

Gedünstetes Kalbskotelett *Farbfoto siehe rechte Seite*

Kalbskotelett klopfen und salzen, in heißem Fett in der Pfanne von beiden Seiten schwach anbraten, Zitronenschale und Mohrrübe dazugeben, mit Brühe auffüllen, bis das Fleisch bedeckt ist und auf kleiner Flamme 15 bis 20 Minuten zugedeckt dünsten. Dazu: 150 g Blumenkohl, in wenig Wasser gedünstet und mit 10 g Butter verfeinert, und mit Pflanzenöl, Zitronensaft und Meersalz angemachter grüner Salat.

Zitronenquark *Farbfoto siehe rechte Seite*

100 g Quark mit 1 Teelöffel Nußmus, 3 Eßlöffel Milch, 1 Eßlöffel Zucker und dem Saft einer halben Zitrone verrühren, mit 1 Teelöffel Weizenkeimen bestreut servieren.

Vorbildlich angerichtete Diätportionen: 1. Diabetes-Diät: Frischkost, Sauerkraut mit Fisch, Petersilienkartoffeln, Rhabarberkompott und Johannisbeersaft; 2. Magen-Darm-Diät: Grüner Salat, gedünstetes Kalbskotelett mit Blumenkohl, Zitronenquark und Tomatensaft; 3. Leber-Galle-Diät: Kalbsschnitzel in Papierhülle mit Kartoffelschnee und Karotten, Bananenquark und Pampelmusensaft; 4. Herz-Kreislauf-Diät: Frischkost, überbackene Hirse mit Hühnerfleisch, dazu Spargelsalat mit Mayonnaise und Obstsalat (Rezepte auf den Seiten 350 bis 355).

Pikanter Quark Foto S. 348

Quark mit der Milch glattrühren (oder im Mixer verarbeiten), Tomatenmark, Pflanzenöl und Zitronensaft dazugeben, mit Meersalz, Kräutersenf und gehackten Kräutern abschmecken.

100 g Quark, 1 Eßlöffel Tomatenmark, 1 Teelöffel Pflanzenöl, 2 Eßlöffel Milch, Zitronensaft 1 Prise Meersalz, etwas Kräutersenf, gehackte Kräuter

Leber- und Gallendiät

Leberschonkost ist nach Überstehen einer Leberentzündung monatelang notwendig, sie muß als Dauerdiät weitergeführt werden, wenn Leberschäden zurückgeblieben sind oder das Lebergewebe durch andere Ursachen chronisch geschädigt ist. Ähnlich wie bei chronischen Gallenerkrankungen ist jede Leberdiät fettknapp (nach Möglichkeit sollen nur hochwertige Pflanzenöle gegeben werden). Blähende Gemüse (Kohlsorten, Hülsenfrüchte), auch Zwiebeln, scheiden ebenso aus wie jede Art von Alkoholgenuß. Eiweiß in Form von Milch und Quark und Kohlenhydrate werden reichlich gegeben, außerdem etwas mageres Fleisch, Geflügel und Fisch. Breigerichte aus Vollgetreide, Vollreis, Zusätze von Weizenkeimen sowie reichlich Obstsäfte, Honig und Fruchtzucker werden empfohlen.

Für Gallenkranke (chronische Entzündungen mit oder ohne Steinbildung in Gallenblase oder Gallenwegen) ist eine reizlose Diät sehr wichtig. Fett, vor allem erhitztes Fett jeder Art, durchfettete Speisen und Wurst sind ebenso zu verbieten wie Mayonnaise, kalte Speisen, Kaffee und starke Gewürze. Butter und hochwertige Pflanzenöle sind erlaubt, gegen mageres Fleisch und mageren Fisch (gekocht, gedünstet oder gegrillt) in kleinen Mengen ist nichts einzuwenden; junge, zarte Gemüse, Obst und Fruchtsaft müssen auf dem Speisezettel stehen. Milch in gesäuerter Form, auch mit Tee oder Fruchtsäften vermischt, reichlich frischer Quark und weiche, fett- und gewürzarme Käse dürfen gegeben werden. Einige Rezeptbeispiele:

Kalbsschnitzel in Papierhülle Farbfoto S. 351

Schnitzel klopfen und salzen, fest in ein dünn mit Butter bestrichenes Pergamentpapier einwickeln. Der Falz muß oben liegen, damit der Saft nicht auslaufen kann. Auf der Pfanne im heißen Backofen gar werden lassen. Dazu: Kartoffelschnee, gedünstete Karotten.

100 g Kalbsschnitzel 10 g Butter, Salz

Überbackene Tomaten Foto S. 348

4 Tomaten waschen, Deckel abschneiden und aushöhlen. 50 g Naturreis mit je 1 Eßlöffel feingewürfelten Mohrrüben und Sellerie garen, mit Hefeextrakt würzen, in die Tomaten füllen. Mit Schnittkäsewürfeln belegen, im Ofen überbacken, bis der Käse cremig zerläuft.

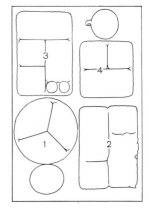

Einige Schutzkostgerichte: 1. Schutzkost im Alter: Grüner Salat, mit Sonnenblumenöl und Zitronensaft angemacht, Kalbssteak mit Erbsen und Karotten, Kirschkompott; 2. Schutzkost für geistige Arbeiter: Joghurt mit Sanddorn und Leinsamen, Quarktomaten, Pilzreis und Quarkcreme; 3. Schutzkost für Kraftfahrer: Frischkost, Beefsteak Tatar, Paprikasalat und ein Obstteller; 4. Schlankheits-Schutzkost: Frischkost, gekochtes Rindfleisch mit Gemüsen und Pellkartoffeln, Quarkspeise mit Früchten. (Rezepte zur Schutzkost für geistige Arbeiter ab Seite 344; übrige Rezepte in den jeweiligen Kapiteln.)

125 g Karotten
½ Tasse Gemüsebrühe
5 g hochwertiges Öl
gehackte Petersilie

Gedünstete Karotten *Farbfoto S. 351*

Karotten schälen, in Scheiben schneiden und in Gemüsebrühe mit dem Öl weich dünsten. Mit Petersilie bestreut anrichten.

100 g Quark, ½ Banane
4 Eßlöffel Milch
1 gestrichener Eßlöffel
Fruchtzucker

Bananenquark *Farbfoto S. 351*

Banane mit der Gabel zerdrücken, zusammen mit Quark, Milch und Zucker mit dem Schneebesen (oder im Mixer) kräftig schlagen.

Herz-Kreislauf-Diät

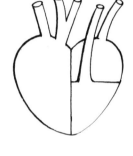

Diese Diätform erlegt dem Kranken den völligen oder fast völligen Verzicht auf Kochsalz und salzhaltige Speisen auf. Salzarme Kost wird auch bei verschiedenen Nierenkrankheiten, bei Bluthochdruck, in der Schwangerschaft und bei Fettleibigkeit vorgeschrieben. Die kochsalzarme Nahrung unterstützt die Ausscheidung der Wasseransammlungen in den Geweben; sie trägt dazu bei, das Bindegewebe zwischen Blut und Zellen zu entlasten, die verkrampften Blutgefäße zu lösen und die überhöhte Spannung im Kreislaufsystem herabzusetzen. Hauptnahrungsmittel sind bei dieser Diät vor allem Rohkostgerichte, da man sie ohne Salz zubereiten kann, Milch, Quark sowie leicht gedünstete Gemüse. Wichtig ist eine gute Würztechnik, die den Salzmangel ausgleicht: Küchenkräuter, Tomaten, Pilze, Zitrone und Apfeldicksaft sind reichlich zu verwenden. – Bei salzarmer Kost muß die tägliche Kochsalzzufuhr auf 3 bis 5 g eingeschränkt werden, eine kochsalzzusatzfreie bzw. streng salzarme Kost soll eine tägliche Salzmenge von 1 g nicht überschreiten. Alle Nahrungsmittel, die gesalzen in den Handel kommen, scheiden aus: gesalzenes Brot, Käse, Margarine, Butter, Wurst, Fisch- und Gemüsekonserven, Räucherwaren, Salzgurken, Sauerkraut, Fleischextrakt, bei einer sehr strengen Diätform auch Milch. An die Stelle dieser Nahrungsmittel treten u. a. salzfreies Brot, salzfreier Käse, Quark und Teigwaren, salzfreie vegetarische Brotaufstriche und salzfreies Sauerkraut. Rezeptbeispiele:

300 g gewürfelte Äpfel
100 g gewürfelte Zwiebeln
Gemüsebrühe, 1 Eßlöffel
hochwertiges Öl
Hefeextrakt

Äpfel und Zwiebeln *Foto S. 349*

Zwiebeln in Öl glasig dünsten, die Äpfel dazugeben, mit Gemüsebrühe auffüllen und 10 Minuten dünsten. Mit kochsalzfreiem Hefeextrakt abschmecken.

100 g Tomaten
80 g frische Gurken
ca. ½ Paprikaschote

Tomaten-Gurken-Frischkost *Farbfoto S. 351*

Tomaten in Scheiben schneiden, Gurken sehr dünn hobeln, Paprika gut säubern, in feine Streifen schneiden. Mit Quarkmayonnaise (je zur Hälfte Quark und Mayonnaise verrühren) anmachen.

125 g Hirse oder
Hirseflocken, ¾ l Wasser
1 Scheibe Sellerie
1 Karotte
¼ Stange Lauch, 1 Zwiebel
Hefeextrakt, 50 g Reibkäse
3 Eier, Öl, Meersalz
100 g gekochtes
Hühnerfleisch

Überbackene Hirse mit Hühnerfleisch *Farbfoto S. 351*

Sellerie, Karotte, Lauch und Zwiebel ganz fein schneiden, in etwas Öl andünsten, mit ¾ l Wasser auffüllen. Hirse dazugeben, 20 Minuten quellen lassen (Hirseflocken nur 3 Minuten). Mit Hefeextrakt, Meersalz und 40 g Käse abschmecken, Eigelb verquirlen und hineinrühren. Eiweiß steif schlagen und unterziehen. Abwechselnd mit dem gut zerkleinerten Hühnerfleisch schichtweise in eine feuerfeste Form füllen und den Reibkäserest darüberstreuen. 45 Minuten bei Mittelhitze überbacken.

Spargelsalat mit Mayonnaise *Farbfoto S. 351*

Spargel schälen, in etwa 4 cm lange Stückchen schneiden, kochen und noch warm mit etwas Essig marinieren. Nach dem Erkalten abtropfen lassen, mit Mayonnaise anmachen, Schnittlauch darüberstreuen.

150 g Spargel
1 Eßlöffel Mayonnaise
Essig, Schnittlauch

Obstsalat mit Haselnüssen *Farbfoto S. 351*

Früchte schälen, in Scheiben schneiden, mit Fruchtzucker bestreuen und vorsichtig vermengen, 1 Stunde ziehen lassen. Vor dem Anrichten mit Haselnüssen bestreuen.

1 kleiner Apfel
1 Apfelsine
1/2 Banane, 1 Eßlöffel Fruchtzucker, 1/2 Eßlöffel gehackte Haselnüsse

Diät bei Zuckerkrankheit *Foto S. 349*

Von etwa 100 Menschen ist einer zuckerkrank, wie Reihenuntersuchungen nachgewiesen haben. Die Grundlage jeder Behandlung der Zuckerkrankheit (Diabetes) ist auch in leichten Fällen eine strenge Diät, deren Vorschriften vom Arzt (oft in Verbindung mit einer Krankenhausuntersuchung oder -behandlung) festgelegt werden. Diabetes-Diät ist auf die genaue Kontrolle der Zufuhr an Kohlenhydraten abgestellt. Zucker und alle mit Zucker zubereiteten Speisen oder Waren sind in der Regel verboten. Obst mit Ausnahme von Rhabarber, unreifen Stachelbeeren, Kürbis, Zitrone und Pampelmuse muß bei der Einteilung der Tagesmenge an Kohlenhydraten (nach »Broteinheiten«) berechnet werden, ebenso Brot, Teigwaren, Mehl, Hülsenfrüchte, Kartoffeln, Nüsse, Kakao, Vollmilch, Bier und einige Gemüsearten. Eine Broteinheit entspricht einer Menge von 12 g Kohlenhydrat, die in 25 g Vollkornbrot enthalten ist. Entsprechend ihrem »Brotwert« können die Kohlenhydratträger der Mahlzeit gegeneinander ausgetauscht werden. Die Diabetes-Diät nimmt neben diesen wichtigsten Regeln Rücksicht darauf, daß die Kost eiweißreich und fettarm ausfällt. Genußmittel sind nur in kleinen Mengen erlaubt. Für den Diabetiker sind alle Vollgetreide-Gerichte und Vollkornbrot wichtig bei der Zusammenstellung der erlaubten Kohlenhydratmengen, da sie nur langsam abgebaut werden. Weißbrot und Weißmehl-Gerichte werden heute bei einer Diabetiker-Diät nicht mehr verordnet. Frischkostgerichte in ausreichenden Mengen sind für den Stoffwechsel des Zuckerkranken ganz besonders wichtig. Rezeptbeispiele:

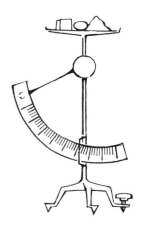

Mohrrüben-Sellerie-Frischkost *Farbfoto S. 351*

Mohrrüben schaben, Sellerie schälen, beides mit dem ungeschälten Apfelstück raffeln. Mit Joghurt-Marinade anmachen.

100 g Mohrrüben (1/2 BE), 50 g Sellerie
50 g Äpfel (1/3 BE)
Joghurt-Marinade

Überbackenes Sauerkraut mit Fisch *Farbfoto S. 351*

Sauerkraut ohne Fett vorkochen. Fisch mit feingeschnittenem Suppengrün in Öl dünsten, mit dem Kraut in eine kleine feuerfeste Form schichten, Reibkäse darüber streuen. Bei Mittelhitze etwa 30 Minuten im Ofen überbacken. Dazu Petersilienkartoffeln (S. 263), mit etwas Reformmargarine zubereitet (bei 180 g Kartoffeln = 3 BE).

150 g Sauerkraut
150 g Seefisch
1/2 Eßlöffel Öl
Suppengrün
10 g Reibkäse

Rhabarberkompott *Farbfoto S. 351*

Rhabarber schälen, in 2 cm lange Stückchen schneiden. In wenig Wasser gar dünsten, mit Fruchtzucker süßen, erkalten lassen.

125 g Rhabarber
15 g Fruchtzucker

Kinderernährung

Die Erkenntnisse der modernen Ernährungswissenschaft haben sich in den letzten Jahrzehnten in zunehmendem Umfang auch auf das Gebiet der Säuglings- und Kleinkinderernährung ausgewirkt. Sie bestätigten die Erfahrung, daß es für die Muttermilchnahrung keinen gleichwertigen Ersatz gibt, daß auch die beste künstliche Säuglingsernährung immer ein Notbehelf bleiben muß, und sie gaben den Anstoß dazu, stärker auf die Versorgung des Kindes mit lebenswichtigen Vitaminen, Mineralstoffen und Spurenelementen zu achten. Wie wichtig es beispielsweise ist, dem Kind schon im Alter von etwa 4 Wochen die ersten Obstsäfte, zunächst freilich noch in winzigen Mengen, zu geben, weiß heute wohl jede junge Mutter, und auch die Vorverlegung des Zeitpunktes der ersten Breifütterung auf die Zeit zwischen dem zweiten und vierten Lebensmonat ist auf Erkenntnisse zurückzuführen, die sich aus den Forschungsergebnissen der Ernährungswissenschaftler und den Erfahrungen der Kinderärzte ergaben.
Die einschlägige Industrie macht es der jungen Mutter heute leicht, ihr Kind nicht nur ausreichend und gut, sondern auch mit vollwertiger Kost oder Beikost zu versorgen. Neben zahlreichen Milch- und Zuckerpräparaten, neben sorgfältig abgestimmten Grundlagen für die Schleim- und Breinahrung gibt es eine Vielzahl von »tischfertigen« Breikombinationen, bei deren Zusammenstellung die Wissenschaft Pate stand – vom Karotten- oder Spinatbrei bis zum Hühner- oder Leberpüree mit verschiedenen Gemüsebeimischungen und bis zu Fruchtsäften oder -breien. Diese Erzeugnisse sparen der Mutter Kocharbeit, müssen aber teurer sein als selbst zubereitete Mahlzeiten.

Muttermilch – die beste Säuglingsnahrung

Die Muttermilch ist in ihrer Zusammensetzung so vollendet den Bedürfnissen des Neugeborenen angeglichen, daß der Säugling mit allen Nährstoffen versorgt wird, die er in den ersten Lebensmonaten braucht, wenn er ausschließlich mit Muttermilch ernährt wird. Obwohl die Frauenmilch äußerlich der Kuhmilch gleicht, ist sie doch erheblich anders zusammengesetzt. Sie gerinnt im Magen des Säuglings besonders weich und feinflockig und kann deshalb vom Kind leichter verarbeitet werden als jede »artfremde«, nicht auf den kindlichen Organismus abgestellte Milch. Da sich der Verdauungsapparat des Kindes erst nach und nach auf seine Arbeit einstellt, gibt es bei Muttermilch keine »Startschwierigkeiten«. Dazu kommt, daß die natürliche Nahrung dem Säugling wichtige Abwehrstoffe zuführt, die ihn vor Krankheiten schützen, und daß Muttermilch (bei entsprechender Brust-Hygiene) nicht verunreinigt werden kann. Überdies ist Muttermilch die preiswerteste Säuglingsnahrung.

Brustkinder können „nach Bedarf" gefüttert werden, eine Überfütterung ist nicht möglich. Zwischen den Mahlzeiten sollten jedoch Drei-Stunden-Pausen eingeschaltet werden. Die letzte Tagesmahlzeit um 22 Uhr soll dafür sorgen, daß die Mutter einige Stunden ungestört schlafen kann. Kinderärzte empfehlen, den Säugling bei nächtlichem Schreien zu stillen. Sie haben herausgefunden, daß das Schreienlassen keinen Einfluß auf das erste Durchschlafen hat.

Auch bei der Fütterung nach Bedarf müssen die täglichen Trinkmengen (Wiegen vor und nach dem Anlegen an die Brust) kontrolliert werden. Wenn die Tagestrinkmenge unter $1/6$ des Körpergewichtes des Säuglings bleibt, geht man zur *Zwiemilchernährung* über. Dabei wird immer zuerst die Brust gereicht und dann mit der Flasche nachgefüttert. In den ersten sechs Lebenswochen sind selbst hergestellte Milchmischungen als Säuglingsnahrung ungeeignet. An ihrer Stelle sind Fertigpräparate (s. unten) vorzuziehen.

Alle Nahrungsumstellungen müssen behutsam vorgenommen werden. Auf plötzlichen Wechsel kann der Säugling mit Stoffwechselstörungen reagieren. Im allgemeinen wird die Mutter mit dem Stillen aufhören, wenn die Milchmenge je Mahlzeit unter 50 g absinkt. Bei nur gelegentlichem Stillen (z. B. bei berufstätigen Müttern, die das Kind nur morgens und abends anlegen) läßt die Milchproduktion verhältnis-

Gewichtszunahme-Tabelle

1. bis 3. Monat:
je Woche etwa 180 g,
je Monat 750 bis 900 g.
4. bis 6. Monat:
je Woche etwa 150 g,
je Monat 600–700 g.
7. bis 9. Monat:
je Woche etwa 120 g,
je Monat etwa 500 g.
10. bis 12. Monat:
je Woche etwa 90 g,
je Monat etwa 400 g.

Im Fachgeschäft gibt es für die Ernährung des Säuglings und Kleinkindes viele Geräte, die eigens auf diesen Zweck abgestimmt sind. Besonders wichtig sind neben der Milchflasche eine Glasreibe für Obst und Gemüse und eine praktische kleine Saftpresse.

Zugunsten anderer Eiweißträger geht die Milchmenge beim älter werdenden Kind immer mehr zurück. Im 1. Jahr wird der Eiweißbedarf noch ausschließlich durch Milch (ca. 600 g täglich) gedeckt, im 2. Jahr sind es nur noch 500 g pro Tag, ergänzt durch Eier und Fleisch, und im 3. Jahr (rechts) ca. 300 g Milch täglich, dafür aber schon größere Anteile an anderen Eiweißträgern: Eier, Fleisch und Quark.

mäßig schnell nach. Bei normalem Stillen wird je Mahlzeit immer nur eine Brust leergetrunken. Die Anlegezeit soll 20 Minuten nicht überschreiten – in den ersten 15 bis 20 Minuten wird ohnehin stets die größte Milchmenge getrunken.

Säuglingswachstum und Energiezufuhr

Alter	Gewicht (kg)	Länge (cm)	tägliche Energiezufuhr (kcal je kg Körpergewicht)
Geburt	3,3	50	
1 Monat	3,9	54	
2 Monate	4,8	57	110–120
3 Monate	5,7	60	
4 Monate	6,5	63	
5 Monate	7,2	65	100–110
6 Monate	7,8	67	
7 Monate	8,2	69	
8 Monate	8,6	71	90–100
9 Monate	8,9	72	
10 Monate	9,2	73	
11 Monate	9,5	74	80–90
12 Monate	9,8	76	

So prüft man, ob die Milch die für den Säugling richtige Trinktemperatur hat.

Die Tabelle enthält Durchschnittswerte. Mädchen wachsen im allgemeinen langsamer und nehmen nicht so schnell zu. Siehe auch die Gewichtszunahme-Tabelle auf S. 357.

Säuglingsernährung mit der Flasche

Kuhmilch, die Basis der „künstlichen" Säuglingsernährung, hat eine ganz andere Zusammensetzung als Frauenmilch. Sie enthält bedeutend mehr Eiweiße und Salze als Muttermilch, ihr Milchzuckergehalt ist geringer. Für die Ernährung des schnell wachsenden Kälbchens (höherer Bedarf an Aufbaustoffen) ist die Kuhmilch ideal zusammengesetzt. Der Organismus des Säuglings würde dagegen durch reine Kuhmilch überfordert. Unter anderem verlangt Kuhmilch eine dreimal so starke Nierenbelastung wie Frauenmilch, weil die Stoffwechselschlacken aus den Eiweißen zusammen mit den überschüssigen Salzen im Harn ausgeschieden werden müssen. Dazu ist ein Säugling in den ersten Lebensmonaten noch gar nicht in der Lage.

Um aus der Kuhmilch eine verträgliche Säuglingsnahrung zu machen, muß sie den Bedürfnissen des Säuglings bzw. der Zusammensetzung der Frauenmilch angepaßt (adaptiert) werden. Das gilt sowohl für pulverförmige oder flüssige Fertigprodukte als auch für selbst bereitete Milchmischungen. Grundsatz: Je jünger und damit empfindlicher der Säugling, desto weitergehend die Annäherung der Kuhmilchzubereitung an die Muttermilch.

Im Prinzip bedeutet die Aufbereitung der Kuhmilch für den Säugling immer eine Verdünnung. Weil sie dadurch aber energieärmer wird, ergänzt man den Nährstoffgehalt durch Beigabe von Fetten und Kohlenhydraten. Bei Fertigprodukten werden in der Regel auch Vitamingaben zugesetzt, die das Kind dringend braucht.

Brei kühlt man nicht durch Blasen, weil man dadurch Krankheitskeime übertragen könnte, sondern (wie abgebildet) mit dem Löffel.

Fertigprodukte-Flaschennahrung

Zu unterscheiden sind zwei große Gruppen von Fertigprodukten: teiladaptierte und adaptierte. Die wichtigsten Unterschiede:

▶ *Teiladaptierte Milchnahrungen* sind der Muttermilch in Teilbereichen angepaßt. Sie entsprechen dem oben erläuterten Prinzip: Verdünnung der Kuhmilch, Zusatz von Kohlenhydraten und Fetten. Dazu gehören Produkte wie Aletemil, Aletana, Aponti 1 und 2, Baby perfekt, Hippon 1 und 2, Humana Babyfit, KS-Kölln, Aptamil, Milumil, Nestlé Nidina, Pomila und Pomil. Sie eignen sich für normalgewichtige, gesunde Säuglinge bis zum 6. Lebensmonat.

▶ *Adaptierte Milchnahrungen*, früher auch „voll adaptierte" genannt, sind der Frauenmilch noch weitergehend angepaßt als teiladaptierte. Ihr Eiweißgehalt liegt nur noch geringfügig über dem der Muttermilch. Einziges Kohlenhydrat ist Milchzucker. Durch pflanzliche Öle wird der Fettgehalt aufgestockt. Der Gehalt an Salzen wird verringert. Vitamine werden zugesetzt. Dazu gehören Produkte wie Aponti sm adaptiert, Multivital 1 und 2, Humana 1 und 2, Pre-Aptamil, Nestlé Nan und WM. Säuglingsnahrungen dieser Art sind vor allem für Säuglinge bis zur 6. Lebenswoche, für frühgeborene, untergewichtige oder von Krankheiten genesene Kinder geeignet.

Beide Nahrungsarten dürfen keineswegs mit zusätzlicher Schleimbeigabe angereichert werden. Von den meisten Präparaten gibt es sowohl pulverförmige als auch flüssige Varianten. Dabei ist zu beachten:

▶ *Pulvermilchnahrung* sollte nach Möglichkeit unmittelbar vor jeder Mahlzeit frisch zubereitet werden. Wenn es sich nicht anders einrichten läßt, kann man jeweils eine Tagesmenge vorbereiten. Sie hält sich im Kühlschrank nicht länger als 12 Stunden!

▶ *Flüssignahrung* gibt es eingedickt (kondensiert) zum Verdünnen (1 Teil Flüssignahrung auf 1 Teil frisch abgekochtes Wasser) oder auch

Rohes Obst (zerkleinert oder als Saft) setzt man erst dem fertigen Brei zu, kocht es also niemals mit.

trinkfertig. Sie wird kurz vor der Fütterung in die Flasche gefüllt und angewärmt. Angebrochene Packungen dürfen bis zu 24 Stunden im Kühlschrank aufbewahrt werden.

Pulvermilchnahrungen werden im allgemeinen bevorzugt. Sie sind preiswerter als Flüssignahrungen, die aus Gründen der Zeitersparnis und der Hygiene viel in Kinderkliniken verwendet werden.

Selbst bereitete Flaschennahrung

Besonders geeignete Milchen sind Kondensmilch und ultrahocherhitzte H-Milch. Beide sind so vorbehandelt, daß das Milcheiweiß im Magen des Säuglings feinflockig gerinnt, also besonders gut verträglich ist. Außerdem kommt abgepackte Frischmilch (Trinkmilch) in Frage. Sie muß allerdings im Gegensatz zu den beiden anderen Milchen stets abgekocht werden.

Aus allen drei Milcharten bereitet man eine Zweidrittel-Mischung (2 Teile Milch, 1 Teil frisch abgekochtes Wasser). Bei der Kondensmilch mischt man (der Konzentration wegen) 1 Teil Milch mit 2 Teilen Wasser, in den beiden anderen Fällen 2 Teile Milch und 1 Teil Wasser. Je 100 g Milch-Wasser-Mischung setzt man 5 g Kochzucker und 3 g Trokkenhaferschleim, Trockenreisschleim oder 3-Korn-Schleim zu. In manchen Fällen (Herstellervorschrift beachten!) muß der Schleim vorher mit dem Wasser aufgekocht werden. Anstelle von Zucker und Schleim kann man auch nur Zucker (dann aber 8 g je 100 g der Mischung) verwenden. Mit abgekochter Frischmilch gefütterte Säuglinge brauchen zusätzliche Vitamin-C-Gaben, deren Höhe der Arzt festsetzen muß.

In der Regel bereitet man eine Tagesmenge Zweidrittelmilch zu, die auf Flaschen umgefüllt und im Kühlschrank aufbewahrt wird.

Trinkmengen und Fütterungszeiten

Die Tagestrinkmenge steigt in den ersten 10 Lebenstagen von etwa 50 g auf 500 g an. Faustregel: Lebenstage minus 1 mal 50 bis 80 g (für einen sechs Tage alten Säugling also: 5 mal 50 bis 80 gleich 250 bis 400 g Tagestrinkmenge).

Vom 10. Lebenstag an richtet man sich nach dem Körpergewicht des Säuglings. Dabei rechnet man bis zum Ende des 3. Monats $1/5$ bis $1/6$ des Gewichts als Tagestrinkmenge, danach bis zum Ende des 6. Monats $1/6$ bis $1/7$ des Gewichts, anschließend bis zum Ende des ersten Lebensjahres etwa $1/8$ des Körpergewichts. Ein 8,9 kg wiegender Säugling von 9 Monaten braucht dementsprechend eine Tagestrinkmenge von 8,9 geteilt durch 8 gleich etwa 1100 g.

Die Tagesmenge wird in der Regel auf fünf Fütterungen (im Vier-Stunden-Rhythmus) verteilt und sollte nicht überschritten werden, um das Kind nicht zu überfüttern. Die Fütterung nach Bedarf (s. oben) ist nur bei Brustkindern und bei der Verwendung adaptierter Fertigprodukte unbedenklich.

Die Babyflaschen – am besten mit weitem Hals und eingravierter Skala – werden nach Gebrauch zuerst kalt ausgespült, dann mit heißem Wasser, Spülmittel und (nur zu diesem Zweck dienender) Flaschenbürste gereinigt, mit heißem Wasser nachgespült und mit der Öffnung nach unten zum Trocknen aufgestellt (dafür gibt es eigene Gestelle). Sauger kocht man einmal am Tag aus oder bewahrt sie gereinigt in einer keimabtötenden Lösung auf. Auch die Flaschen sollten einmal am Tag ausgekocht werden. Peinlichste Sauberkeit kommt der Gesundheit des Säuglings zugute.

Mit Beikost frühzeitig beginnen

Neben die Brust- oder Flaschennahrung tritt spätestens vom fünften Lebensmonat an die mit dem Löffel gereichte Beikost. Sie ist nicht nur ein wichtiger Schritt auf dem Weg vom Gefüttertwerden zum selbständigen Essen, sondern soll auch dafür sorgen, daß der Säugling rechtzeitig mit lebensnotwendigen Spurenelementen (besonders Eisen, Kupfer) und Vitaminen (u. a. Vitamine D, C A und E) versehen wird. In der Muttermilch sind diese Bestandteile ohnedies enthalten, wenn die Mutter selbst sich vernünftig ernährt hat. Gestillte Säuglinge brauchen deshalb bis zum Ende des 4. Lebensmonats keine Beikost, von Vitamin-D-Gaben abgesehen, über deren Höhe der Arzt bzw. die Mütterberatung entscheiden. Bitte keine Eigenexperimente.

Kinderärzte ziehen heute industriell hergestellte Fertigbeikost in Portionsgläsern oder als Trockenfertigbreie (zum Einrühren in heißes Wasser) den selbstbereiteten Breien vor. Strenge Kontrollen sorgen für gleichbleibende Qualität, Vitamine werden zugesetzt. Angebrochene Gläser sollen nicht länger als 24 Stunden im Kühlschrank aufbewahrt werden. Trockenfertigbreie kann man je nach Bedarf in gewünschten Mengen anrühren – einmal zubereiteten Brei darf man auf keinen Fall für späteres Füttern aufheben.

Vorschläge für die Beikost-Fütterung

Ab wann gibt man Obst- und Gemüsesäfte, wann kann man mit Obst- und Gemüsebrei beginnen?

Ab 4. Lebenswoche: Bei Flaschenkindern mit Obst- oder Gemüsepreßsäften beginnen (z. B. Mohrrüben- oder Orangensaft). Tagesmenge innerhalb einer Woche von 2–3 Teelöffeln (in einer Flasche) auf 8 bis 10 Teelöffel (verteilt auf mehrere Flaschen) steigern. Es gibt Fertigsäfte, die mit Vitaminen oder auch Eisen angereichert sind.

Ab 6. Lebenswoche: Banane, mit der Gabel zerdrückt und schaumig geschlagen. Zunächst nur wenige Löffel, dann Steigerung bis auf eine ganze mittelgroße Banane (etwa 100 g) täglich.

Ab 9. Lebenswoche: Mohrrübenbrei aus 2 Teilen Mohrrüben, 1 Teil Kartoffeln, 1 Prise Zucker, 5 g Butter je 100 g Gemüse. Das gedünstete Gemüse durch ein Sieb streichen oder im Mixer pürieren.

Ab 4. Lebensmonat: Gemüsebrei aus Grüngemüse (z. B. Blumenkohl, Spinat), besonders reich an Spurenelementen und Vitaminen, darf nicht vor Ende des 3. Monats gefüttert werden (Gefahr einer Blausucht, ausgelöst durch das in Grüngemüsen enthaltene Nitrat). Auch Obstbrei (Rezept s. unten) kommt für dieses Alter in Frage.

Ab 5. Lebensmonat: Nun können den Gemüsemahlzeiten fein püriertes Fleisch (z. B. Kalbfleisch, Leber), Eigelb und Fisch beigemengt werden. Später füttert man diese Beigaben nicht mehr breiartig, sondern fein zerkleinert, um das Kind an konsistentere Nahrung zu gewöhnen. Vom 5. Monat an kann man dem Kind auch Milch-, Grieß- oder Zwiebackbrei geben (Rezepte s. S. 362).

Ab 10. Lebensmonat: Zusätze von zerkleinerten Eiernudeln oder gekochtem Reis zur Gemüsemahlzeit. Erste Versuche mit Keksen, Zwieback und Brotstückchen zum Nagen (noch nicht zum Beißen).

Im allgemeinen geht man gegen Ende des 4. Lebensmonats von fünf auf vier Mahlzeiten über. Die Umstellung darf nicht zu früh erfolgen, weil das Kind sonst nicht in ausreichender Menge Milch bekommt. Frühestens ab 10. Monat kann man das Kind an drei Hauptmahlzeiten (mit Zwischenmahlzeiten um 11 und 16 Uhr) gewöhnen.

200 g Mohrrüben
5 g Butter, etwas Zucker
und Salz

Mohrrüben

Mohrrüben putzen und waschen, in Scheiben schneiden und in wenig Wasser 30 Minuten dünsten, dann abgießen, passieren, mit etwas Kochbrühe wieder erhitzen und Butter hineinrühren, mit wenig Zucker und Salz abschmecken.

250 g Spinat, 5 g Butter
5 g Mehl, Salz, Zucker

Spinatbrei

Spinat waschen, mit wenig Wasser weich dünsten, fein wiegen oder durch den Fleischwolf drehen, im Topf erhitzen, mit leichter Mehleinbrenne binden und mit etwas Zucker und Salz abschmecken. Nach Belieben den Spinat auch mit der gleichen Menge Milch vermischen, durch ein Sieb geben und aus der Flasche füttern.

20 g Kekse, 12 g Zucker
50 g Obst oder
Magermilchquark

Keks-Obstbrei

Kekse in 200 g (¹/₅ l) Wasser weichen, mit Zucker aufkochen und durch ein Sieb streichen, mit Wasser auf 200 g ergänzen. Obst (geschlagene Banane, geriebener roher Apfel) oder Quark zusetzen. Die Kekse kann man durch 30 g Haferflocken (12 Stunden in Wasser weichen, 20 Minuten kochen) ersetzen.

200 g Milch, 18 g Grieß
10 g Zucker, etwas Salz

Grießbrei

Grieß und Zucker in die kochende Milch einrühren, etwa 15 Minuten unter ständigem Rühren kochen. Abwandlung: Je nach dem Alter des Kindes ein Viertel oder die Hälfte der Milch weglassen und durch Wasser ersetzen.

100 g Milch, 100 g Wasser
30 g Zwieback
etwas Zucker

Zwiebackbrei

Milch mit Wasser zum Kochen bringen (ggf. auch nur Milch verwenden), eingeweichten Zwieback (oder Zwiebackmehl) damit verrühren, aufkochen lassen und zuckern.

Von der Ernährung des Kleinkindes

Im 2. Lebensjahr ist das Kind kein Säugling mehr, es saugt seine Milch nicht mehr aus der Flasche, sondern trinkt sie schluckweise aus der Tasse. Zugleich wird die tägliche Milchmenge herabgesetzt und schrittweise durch festere Nahrung ersetzt. Gemüse und Kartoffeln werden nun nicht mehr zu Brei verarbeitet, sondern nur mit der Gabel etwas zerdrückt. Mit etwa 18 Monaten wird das Kind auch schon die ersten Versuche machen, die Nahrung selbst mit dem Löffel vom Teller zu nehmen.

Etwa vom 3. Lebensjahr an kann das Kleinkind die meisten Speisen der Erwachsenen essen, abgesehen von sehr fetten oder stark gewürzten Gerichten. Gewiegtes Fleisch oder Fisch wird man dem Kind schon vom 2. Lebensjahr an regelmäßig geben. Allgemein gilt für die Ernährung des Kleinkindes, was (ab S. 19) bereits über die Kost der Erwachsenen gesagt wurde. Das Kind braucht eine gemischte, fettarme, eiweißreiche, vitamin- und mineralstoffhaltige Nahrung; es sollte auf keinen Fall einseitig mit süßen Mehlspeisen und Breigerichten ohne Zugabe von frischem Obst oder Gemüse ernährt werden.

Süßspeisen

Die Süßspeise, vielfach auch Nachtisch, Nachspeise, Dessert oder einfach Speise genannt, bildet in der Regel den Abschluß einer Mahlzeit und sollte schon deshalb so etwas wie ein kleiner Höhe- und Schlußpunkt sein. Berühmte Köche haben ihr ganzes Können in die Erfindung neuer Süßspeisen gelegt und sich mit raffinierten Zusammenstellungen einen Namen gemacht. Andere Kochkünstler wiederum betrachten dieses Kapitel mit Mißtrauen – so zum Beispiel Antoine Carême. Nach seiner Meinung wurden die Süßspeisen überhaupt nur erfunden, um die Damen noch eine Weile an der Tafel festzuhalten, damit die Herren sich in aller Ruhe ihrem Wein widmen konnten.

Heute sind die Herren der Schöpfung keine Süßspeisengegner mehr, wie es zu Carêmes Zeiten gewesen zu sein scheint, sondern auch sie wissen eine süße Köstlichkeit durchaus zu schätzen. Es kommt nur auf die richtige Zubereitung an. Wer wird schon einen Pfirsich Melba, einen maraschinogetränkten Obstsalat oder auch einen Reis Trauttmansdorff verschmähen? Eine weise dosierte Süßigkeit schmeckt nicht nur ausgezeichnet, sie ist auch ein angenehmer Weg, den Körper mit dem lebensnotwendigen Zucker zu versorgen, der ohne große Umwege als »Muskelbrennstoff« verarbeitet wird. Der Zucker ist übrigens ein recht junges Grundnahrungsmittel. In Europa war er noch vor tausend Jahren eine unerschwingliche Delikatesse, und sogar Goethe mußte noch 1793 für ein Kilogramm »geringsten Zuckers« – auf heutige Verhältnisse umgerechnet – fast fünf Mark anlegen. 1850 betrug die Zuckererzeugung der ganzen Welt nicht viel mehr als 1,4 Millionen Tonnen; heute wird in der Bundesrepublik jährlich schon bedeutend mehr Zucker produziert, um den Bedarf der Bevölkerung – rund 30 kg pro Kopf und Jahr – decken zu können.

SÜSSE OBSTSPEISEN

Der Apfel, seit Adams Zeiten nicht nur Nahrungsmittel, sondern auch Symbol der Verlockung, der Schönheit und der ewigen Jugend, ist die zur Zeit beliebteste Obstsorte, dicht gefolgt von der Pflaume. Beide Früchte gehörten schon zur Nahrung der Steinzeitmenschen. Bereits im Mittelalter erkannte man die gesundheitsfördernde und hei-

Die gefüllte Melone (links) ist ein nicht alltägliches Obstgericht für festliche Anlässe. Rechts: Ananas mit Früchten, der Clou jedes Kalten Büfetts und eine köstliche Nachspeise (Rezepte siehe unten).

lende Wirkung des Obstes, und die moderne Wissenschaft hat diese Erfahrungen bestätigt. Obst, möglichst oft roh genossen, führt dem Körper unter anderem in reichlichen Mengen die Vitamine und Mineralstoffe zu, ohne die er nicht leben kann.

1 frische Ananas, Zucker Vanillezucker, etwas Weinbrand, beliebige frische oder Dosenfrüchte

Ananas mit Früchten *Foto siehe oben*

Ananas abspülen, der Länge nach halbieren, das Fruchtfleisch herausschälen, in Stückchen schneiden, mit Zucker und Vanillezucker bestreuen, 2 bis 3 Eßlöffel Weinbrand darüberträufeln und 1 Stunde ziehen lassen. Gebeizte Ananasstücke mit beliebigen Früchten (Kirschen, Weinbeeren, Erdbeeren, Apfel- und Birnenwürfel, Bananen, Apfelsinen, mundgerecht zerteilt) mischen, in den ausgehöhlten Ananashälften anrichten und mit der Beize übergießen.

1 kleine Zuckermelone (Netzmelone), etwas Weinbrand, Pfirsiche Bananen, Ananasecken Apfel- und Birnenspalten ½ Glas Maraschinokirschen, etwas Zucker

Gefüllte Melone *Foto siehe oben*

Melone halbieren (oder einen Deckel abschneiden), Kerne und alles Weiche mit einem silbernen Löffel herausnehmen, mit einem Kartoffelkugel-Ausstecher kleine Bällchen aus dem Fruchtfleisch stechen, mit Weinbrand beträufeln und ziehen lassen. Restliches Fleisch aus der Schale kratzen, den Rand nach Belieben verzieren (Zacken oder Bögen einschneiden). Melonenfleischkugeln mit dem zerschnittenen übrigen Obst mischen, bei Bedarf leicht zuckern, den Obstsalat in die Melonenschale füllen, nach Belieben mit Schlagsahne verzieren, mit flüssiger Sahne zu Tisch geben.

Geeiste Weintrauben *Foto siehe rechte Seite*

Helle und dunkle Weintrauben gut abspülen, abtropfen lassen und in den Kühlschrank stellen. Kurz vor dem Anrichten auf eine kleine Platte oder einen Teller geben, mit einer Mischung aus Vanillezucker und Puderzucker dick bestreuen und sofort auftragen.

Bratäpfel für Feinschmecker (Rezept siehe unten) wurden mit einer Füllung verfeinert. Rechts: Geeiste Weintrauben (Rezept siehe linke Seite) erfordern keinen großen Arbeitsaufwand.

Bratäpfel für Feinschmecker Foto siehe oben

Äpfel waschen und das Kerngehäuse ausstechen, in eine leicht gebutterte feuerfeste Form stellen. Gebrühte Rosinen zu gleichen Teilen mit Mandeln und Orangeat mischen, mit Marmelade und Rum verrühren und die Äpfel damit füllen. Im vorgeheizten Ofen 10 Minuten backen, dann die Äpfel mit Zucker bestreuen, mit Rum beträufeln und nochmals 10 bis 15 Minuten backen. Nach Belieben mit Schlagsahne zu Tisch geben. Abwandlung: Äpfel ringsum mit Mandelstiften spicken. – Weinäpfel siehe S. 176.

6 bis 8 Äpfel
etwas Butter
Rosinen, abgezogene und gehackte Mandeln
gehacktes Orangeat
Orangenmarmelade, etwas Rum, Zucker
nach Belieben Schlagsahne

Pikante Birnen

Birnen waschen, nach Möglichkeit nicht schälen, halbieren, Kerngehäuse und Blume wegschneiden. In zerlassener Butter mit Weißwein, Zucker und Gewürzen gar, aber nicht zu weich dünsten. Paßt auch als Beilage zu Braten.

750 g Birnen
30 g Butter
1/8 l Weißwein
1/4 Lorbeerblatt, 1 Nelke
3 Pfefferkörner
1 Teelöffel Zucker

Apfelkompott

Äpfel schälen, entkernen und halbieren oder in Scheiben schneiden, mit wenig Wasser und dem Zucker gar dünsten, ohne daß sie zerfallen. Mit einem Schaumlöffel aus dem Topf herausnehmen und auf eine Schüssel legen. Kochbrühe etwas einkochen (oder mit wenig kalt angerührter Speisestärke binden), mit Weißwein abschmecken und über die Äpfel gießen. Nach Belieben mit etwas Zimt bestreuen. Nach demselben Rezept: Birnenkompott.

750 g Äpfel, 100 g Zucker
etwas Wasser und Weißwein
1 Stückchen Zitronenschale

Pflaumenkompott

Pflaumen waschen, halbieren und entsteinen, mit Zucker bestreuen, etwas ziehen lassen und in dem entstandenen Saft mit wenig Wasser und Zimt aufkochen. Nach Belieben mit wenig kalt angerührter Speisestärke binden und nochmals aufkochen.

750 g Pflaumen
Zucker nach Geschmack
Wasser, etwas Zimt

750 g Kirschen
100 g Zucker
knapp ¼ l Wasser
1 Stückchen Zitronenschale

Kirschkompott

Kirschen waschen, nach Belieben entsteinen, in Wasser mit Zucker und Zitronenschale nicht zu weich kochen, nach Belieben mit wenig kalt angerührter Speisestärke binden, nochmals kurz aufkochen.

Obstsalate und gefüllte Ananas siehe S. 127.

500 g Kirschen
80 g Zucker, 1 Päckchen
Vanillezucker, etwas
Maraschino, Schlagsahne

Kirsch-Sahne-Becher *Farbfoto S. 369*

Kirschen waschen und entsteinen, mit Zucker und Vanillezucker vermengen und Saft ziehen lassen, ohne Wasserzugabe 5 Minuten kochen, abkühlen lassen und mit Maraschino aromatisieren. Sahne sehr steif schlagen, kurz vor dem Auftragen abwechselnd mit Kirschen in hohe Gläser schichten, den Kirschsaft dabei auf die unterste Kirschenschicht gießen. Nach demselben Rezept: Erdbeer-Sahne-Becher (Erdbeeren nicht kochen, nur Saft ziehen lassen.)

500 g Kirschen
100 g Zucker, 1 l Milch
1 bis 2 Eigelb
2 Päckchen
Mandelpuddingpulver
80 g Zucker
etwas Speisestärke

Mandel-Kirsch-Speise *Foto siehe unten*

Kirschen waschen und entsteinen, mit Zucker vermengen und Saft ziehen lassen, ohne Wasserzugabe 5 Minuten kochen und abtropfen lassen. Puddingpulver mit 80 g Zucker vermengen, in ca. ¼ l kalter Milch anrühren. Übrige Milch zum Kochen bringen, vom Feuer nehmen, das angerührte Puddingpulver hineinrühren, kurz aufkochen lassen. Die Kirschen (einige zur Garnitur zurückbehalten) in eine kalt ausgespülte Puddingform geben, den heißen Puddingbrei darüber füllen, abkühlen lassen, stürzen und mit Kirschen garniert zu Tisch geben. Kirschsaft mit wenig kalt angerührter Speisestärke binden und kalt als Soße zur Mandel-Kirsch-Speise reichen. Abwandlungen: 1. Gedünstete Birnen mit Vanillepudding, 2. Gedünstete Äpfel mit Vanillepudding.

Mandel-Kirsch-Speise (Rezept siehe oben) wird aus Puddingpulver und Früchten bereitet; man reicht sie mit gebundenem Kirschsaft.

Fruchtbecher (links) und Erdbeergedicht (rechts) sind fruchtige Erfrischungen für heiße Sommertage (Rezepte siehe unten). Die Zitronencreme (Mitte, Rezept S. 374) wird mit Gelatine zubereitet.

Fruchtbecher *Foto siehe oben*

Geleespeisen nach Vorschrift zubereiten, zum Erstarren auf große Platten gießen. Johannisbeeren waschen, abstreifen und einzuckern, Mandarinorangen auf ein Sieb geben und abtropfen lassen. Geleespeise fein oder grob hacken, abwechselnd mit Früchten und Saft in hohe Gläser schichten, mit Schlagsahne und Früchten garnieren.

je 1 Päckchen Geleespeise mit Himbeer- und Waldmeistergeschmack
250 g Johannisbeeren
Zucker
1 Dose Mandarinorangen
Schlagsahne

Stachelbeerköpfchen *Farbfoto S. 370*

Rohe Stachelbeeren putzen, mit Zucker und Vanillezucker in wenig Wasser nicht zu weich kochen; eingekochte Stachelbeeren nur vorsichtig heiß werden lassen. Stachelbeeren mit kalt angerührter Speisestärke binden, kurz aufkochen, die Masse in kalt ausgespülte Portionsförmchen füllen, erstarren lassen und stürzen. Soßenpulver mit etwas Milch anrühren, übrige Milch mit Zucker zum Kochen bringen, vom Feuer nehmen, Soßenpulver hineinrühren, kurz aufkochen, verquirltes Eigelb hineingeben, Eiweiß steif schlagen und vorsichtig unterziehen. Nach Belieben mit Stachelbeeren oder Schlagsahnetupfen garnieren.

500 g Stachelbeeren (frisch oder eingekocht)
150 g Zucker
1 Päckchen Vanillezucker
80 g Speisestärke
1 Päckchen Vanillesoßenpulver, 1 Ei
30 g Zucker, 3/8 l Milch

Erdbeergedicht *Foto siehe oben*

Erdbeeren waschen, entstielen, einzuckern und Saft ziehen lassen. Gelatine in kaltem Wasser 10 Minuten quellen lassen, auf 1/4 l Wasser auffüllen und im Wasserbad erhitzen, bis sich die Gelatine gelöst hat. Erdbeersirup und Zitronensaft dazugeben, verrühren und abkühlen lassen. Kurz vor dem Gelieren Erdbeeren und 2/3 des Saftes vorsichtig hineinmengen, drei Viertel der Erdbeersülze in hohe Gläser füllen. Restliche Sülze mit Weinbrand verrühren, mit dem Schneebesen schaumig schlagen und locker auf die Erdbeersülze füllen oder spritzen. Mit restlichen Erdbeeren und Saft garnieren bzw. überfüllen.

250 g Erdbeeren
6 Blatt weiße, 1 Blatt rote Gelatine, Zucker
1/4 l Erdbeersirup (fertig gekauft), Saft einer Zitrone, 1 Gläschen Weinbrand

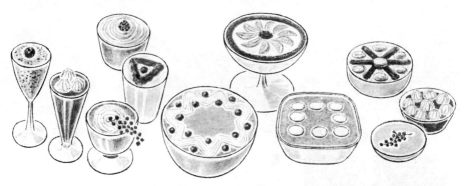

Bei allen Süßspeisen kommt es auf die geschmack- und phantasievolle Garnitur an. Grundregel: Nichts zum Garnieren verwenden, was nach Farbe und Geschmack nicht zur Speise paßt oder nicht eßbar ist.

Bunte Obstsülze

1 l Apfelsaft, 14 Blatt weiße Gelatine, Zucker Zitronensaft 750 g bis 1 kg frische oder Dosenfrüchte (Kirschen, Mandarinen oder Mandarinorangen, Bananen, Äpfel, Birnen, Weintrauben) Schlagsahne

Gelatine 10 Minuten in kaltem Wasser quellen, gut ausdrücken, in dem mit Zucker und Zitronensaft aufgekochten Apfelsaft lösen. Auf den Boden einer Form einen Spiegel (siehe S. 322) gießen, erstarren lassen und aus Kirschen (entsteinen und in Zuckerwasser andünsten, abkühlen lassen), Bananenscheiben und Mandarinenspalten ein Muster auslegen, mit leicht abgekühlter Aspikbrühe übergießen und erstarren lassen. Übrige zerkleinerte Früchte (Äpfel und Birnen andünsten und abkühlen lassen) darauflegen, mit der restlichen Aspikbrühe auffüllen und erstarren lassen. Vor dem Stürzen die Form kurz in heißes Wasser tauchen. Die Obstsülze mit Schlagsahne aus dem Spritzbeutel garnieren.

Obstsuppen und -kaltschalen siehe S. 75.

SÜSSE REISGERICHTE

Für süße Reisgerichte eignet sich der weichere rundkörnige Reis besser als Langkornreis, er ist außerdem etwas preiswerter. Trotzdem sollte man bei der Zubereitung darauf achten, daß der Reis nicht zu einem pappigen Brei verkocht, er muß auch in der süßen Reisspeise noch »Charakter« behalten. Zu kalten Reisgerichten und Reisspeisen, die gestürzt werden sollen, verwendet man häufig Gelatine, die zuvor im Wasserbad gelöst wird. Zum Nährwertausgleich sollte man wie bei den Mehlspeisen auch bei Reisgerichten nie auf Fruchtbeigabe oder -soßen verzichten. Wenn die Reisspeise das Hauptgericht darstellt, kann ein Frischkostsalat oder eine Gemüsesuppe vorher gereicht werden.

Süßspeisen in bunter Fülle: 1. Garnierter Eisblock; 2. Kirsch-Sahne-Becher; 3. Überraschungsapfelsinen mit Cremefüllung und 4. mit überbackener Eisfüllung; 5. Wein-Mandarinen-Turm; 6. Creme in Schokoladentörtchen, dazu frisches Obst, Salzstangen und Käsegebäck auf dem »Etagenteller«. Bei der Wahl der Süßspeise sollte man Zubereitungen mit frischem oder auch gedünstetem Obst vor reinen Pudding-, Creme- oder Geleespeisen den Vorzug geben, weil sie den Körper mit lebenswichtigen Stoffen versorgen. (Rezepte im Kapitel »Süßspeisen«.)

Reistörtchen mit Weinsoße Foto S. 112

Reis waschen, mit Zucker und Vanillezucker in der Milch aufkochen und bei schwacher Hitze körnig weich quellen lassen. Aspikpulver in wenig Wasser quellen, in heißem Wasser lösen, etwas abkühlen lassen und mit dem steifgeschlagenen Eiweiß unter den Reis mischen. Die Masse in kalt ausgespülte Förmchen füllen, erstarren lassen und stürzen. Mit halbierten Birnen und Weinsoße zu Tisch geben.

*125 g Reis, ³/₄ l Milch
80 g Zucker
1 Päckchen Vanillezucker
1 Eiweiß, 1 Teelöffel
Aspikpulver, 2 Tropfen
Zitronen-Backöl
2 große gedünstete
Birnen, Weinsoße (S. 112)*

Pfirsich-Montblanc Foto S. 177

Reis waschen, mit Butter, Zucker, Vanillezucker und Ingwer in der Milch aufkochen und bei schwacher Hitze körnig ausquellen lassen. Ingwer herausnehmen. Pfirsiche heiß überbrühen, die Schale abziehen, die Früchte halbieren, entsteinen und in Zuckerlösung nicht zu weich dünsten, in der Lösung abkühlen lassen, dann den Weinbrand hineinrühren. Reis in Förmchen drücken, abkühlen lassen und stürzen, auf jeden Reisberg einen halben Pfirsich legen, nach Belieben mit einer Kirsche verzieren, mit Pfirsichsirup zu Tisch geben.

*125 g Reis, ³/₄ l Milch
etwas Butter, 50 g Zucker
1 Päckchen Vanillezucker
1 Stückchen Ingwer
2 Pfirsiche, Zuckerlösung
1 Glas Weinbrand
Kirschen als Garnitur*

Schweizer Reis

Reis waschen, mit Salz, Vanille und Zucker in der Milch aufkochen und körnig weich quellen lassen, dann mit Rum abschmecken und die in kaltem Wasser gequollene Gelatine im Wasserbad lösen und mit dem Reis vermischen. Wenn die Masse zu gelieren beginnt, steifgeschlagene Sahne unterziehen, die Speise in eine Glasschüssel füllen und erkalten lassen. Mit Johannisbeergelee garniert oder mit frischen Früchten belegt zu Tisch geben, Fruchtsoße gesondert reichen. Abwandlung: Malteser Reis. – Reis mit Salz, Zucker und abgeriebener Apfelsinenschale in der Milch aufkochen. Saft einer Apfelsine, steifgeschlagene Sahne und drei in Würfel geschnittene Apfelsinen mit dem kalten Reis mischen. Dazu Fruchtsoße. Keine Gelatine verwenden.

*80 g Reis, ¹/₂ l Milch
1 Prise Salz, 1 Stück
Vanillestange, 60 g Zucker
1 Eßlöffel Rum, 8 Blatt
weiße Gelatine
¹/₄ l Schlagsahne
etwas Johannisbeergelee*

Reis Trauttmansdorff

120 g Reis waschen, mit einer Prise Salz, 80 g Zucker und einer halben Vanillestange in ³/₄ l Milch aufkochen und bei schwacher Hitze ausquellen (Vanillestange herausnehmen), dann erkalten lassen. 6 Blatt weiße Gelatine 10 Minuten in kaltem Wasser quellen lassen, im Wasserbad lösen und etwas abkühlen lassen, dann mit 2 Eßlöffel Maraschino und ¹/₄ l steifgeschlagener Sahne mischen. Von 125 g kandierten Früchten einige zurücklassen und die anderen grob hacken. Den Reis mit der Gelatinesahne und den Früchten vermengen, in eine kalt ausgespülte Puddingform füllen und an einem kühlen Platz erstarren lassen. Auf eine Platte stürzen, garnieren und mit Fruchtsoße zu Tisch geben.

Weitere süße Reisgerichte siehe S. 291.

Eiskalt serviert für heiße Sommertage: 1. Pfirsich Melba, nach der Vorschrift von Meister Escoffier zubereitet (Rezept S. 384). 2. Fürst-Pückler-Eis (Rezept S. 383) und 3. Frucht-Eisbecher (Rezept S. 384), mit Sahne und Früchten garniert. Das untere Foto zeigt Stachelbeerköpfchen (Rezept S. 367) mit Vanillecreme und einer Mandarinorangen-Garnitur.

Puddinge *Flammeris*

Das Wort »Pudding« ist englischer Herkunft, bezeichnete zunächst nur in kochendem Wasser gar gemachte Speisen und soll vom französischen »boudin« (Blutwurst) abgeleitet worden sein. Auch in Deutschland nannte man zuerst nur die im Wasserbad gekochten Mehlspeisen (S. 301) so – bis das kochfertige Puddingpulver aufkam. Nun hießen alle auf der Basis von Speisestärke und Geschmackszutaten gekochten Süßspeisen von mehr oder weniger fester Beschaffenheit Pudding – und schließlich übertrug sich die Bezeichnung auch auf viele süße Gerichte aus Grieß, Reis und Sago, die man bis dahin (nach dem ebenfalls englischen »flummery«) Flammeri genannt hatte.

Grießpudding

*1 l Milch, 30 g Butter
100 g Zucker, 1 Päckchen
Vanillezucker, 125 g Grieß
2 Eier, etwas Salz*

Milch mit Butter, etwas Salz und Zucker zum Kochen bringen, den Grieß unter ständigem Rühren einlaufen lassen, bei schwacher Hitze ausquellen lassen, vom Feuer nehmen und das verquirlte Eigelb hineinrühren, dann das steifgeschlagene Eiweiß unterziehen. In eine kalt ausgespülte Form füllen, erkalten lassen. Mit Obst oder einer Fruchtsoße reichen. Nach demselben Rezept Schokoladen-Grießpudding bereiten: Mit der Milch 75 g geriebene Schokolade und weitere 30 g Zucker aufkochen. Dazu Vanillesoße, Sahne oder Dosenmilch reichen.

Vanillepudding

*1 l Milch, 1 Stange Vanille
90 g Speisestärke
1 Prise Salz, 80 g Zucker
2 Eier
etwas Salz*

Speisestärke mit etwas kalter Milch anrühren, übrige Milch mit Vanille und Zucker aufkochen, die angerührte Stärke unter ständigem Rühren hineingeben, 1 Prise Salz hinzufügen, kurz aufkochen, von der Feuerstelle nehmen und mit verquirltem Eigelb abziehen. Eiweiß zu steifem Schnee schlagen, unter die heiße Suppe heben, die Masse in eine kalt ausgespülte Schüssel oder Form gießen, nach dem Erstarren stürzen und mit Frucht- oder Schokoladensoße zu Tisch geben.

Zum Garnieren von Süßspeisen oder Gebäck kann man farbige Sülze verwenden (Rezept S. 323), die zu gefälligen Mustern ausgeschnitten wird. Rechts: Puddinge und Cremes werden mit Sahne garniert.

Rote Grütze mit Vanillesoße, Sahne oder Dosenmilch ist eine Spezialität der norddeutschen Küche. Rechts: Mandelköpfchen mit Erdbeermark läßt man in kleinen Förmchen erstarren. (Rezepte siehe unten.)

Schokoladenpudding

Speisestärke mit Kakao in etwas kalter Milch anrühren, übrige Milch mit Zucker, Salz und Vanillezucker aufkochen, vom Feuer nehmen und die angerührte Mischung unter ununterbrochenem Rühren einlaufen lassen, kurz aufkochen. Verquirltes Eigelb in die vom Feuer genommene Masse rühren, Eiweiß zu steifem Schnee schlagen und unterziehen. In eine kalt ausgespülte Form oder Schüssel füllen, abkühlen lassen, stürzen und mit Vanillesoße zu Tisch geben.

*1 l Milch, 90 g Speisestärke
100 g Zucker, 1 Päckchen Vanillezucker, 1 Prise Salz
2 Eier, 75 g Kakao
(oder geriebene Schokolade)*

Mandelköpfchen mit Erdbeermark *Foto siehe oben*

Milch mit den Mandeln aufkochen und bei schwacher Hitze im geschlossenen Topf 5 Minuten ziehen lassen, dann Sahne, Vanillezucker und Zucker hinzufügen und zum Kochen bringen. Speisestärke mit Eigelb und etwas kalter Milch verquirlen, die Mandelmilch damit binden und kurz aufkochen, dann das steifgeschlagene Eiweiß unterziehen, die Speise leicht abkühlen lassen und in hohe Förmchen füllen. Nach dem Erstarren stürzen, mit Erdbeermark überziehen und mit Schlagsahne garnieren. Dazu passen Löffelbiskuits.

*¼ l Milch, 65 g abgezogene geriebene Mandeln
3 geriebene bittere Mandeln, ¼ l Sahne
1 Päckchen Vanillezucker
40 g Zucker
40 g Speisestärke, 2 Eier
etwas Milch, Schlagsahne
Erdbeermark*

Rote Grütze *Foto siehe oben*

Früchte putzen, in ½ l Wasser weich kochen und passieren. Nach Belieben einige Früchte nach dem ersten Aufwallen mit der Schaumkelle herausnehmen und zur Garnitur zurückbehalten. Den Saft mit Wasser und Rotwein auf 1 l auffüllen, nach Bedarf zuckern und zum Kochen bringen, mit kalt angerührter Speisestärke binden, kurz aufkochen und in eine kalt ausgespülte Form füllen. Nach dem Erstarren stürzen und mit Früchten garnieren (oder die zurückbehaltenen Früchte vor dem Einfüllen der Masse in die Form legen), mit Vanillesoße, flüssiger Sahne oder Dosenmilch reichen. – Abwandlung: Rote Grütze mit beliebigem rotem Fruchtsaft (Reste bei der Verwertung von eingekochten oder Dosenfrüchten) zubereiten.

*600 g Johannisbeeren
250 g Himbeeren
1 Glas Rotwein
Zucker nach Bedarf
80 g Speisestärke*

Apfel-Himbeer-Pudding Foto S. 112

375 g Äpfel, 50 g Zucker
1 Päckchen Himbeer-Puddingpulver, ³/₄ l Milch
30 g Zucker, 1 Teelöffel Butter

Äpfel schälen, entkernen, in Spalten schneiden, in wenig Wasser mit Zucker glasig dünsten und in Punsch- oder Bowlengläser füllen. Puddingpulver mit etwas kalter Milch anrühren, restliche Milch mit Zucker und Butter zum Kochen bringen, den Pudding hineinrühren, kurz aufkochen, etwas abkühlen lassen und auf die Äpfel füllen. Nach dem Erkalten mit Apfelschnitzen garnieren und mit Vanillesoße zu Tisch geben.

CREMESPEISEN

In der Kategorie der süßen Cremespeisen spielten früher die duftigen, im Wasserbad zubereiteten »Chaudeaus« eine große Rolle. Im Zeitalter der eiligen Hausfrau haben sie viel von ihrer Bedeutung verloren; an ihre Stelle traten gekochte Cremes, mit Speisestärke oder anderen Bindemitteln zubereitet. Auch sie sollen nicht zu fest ausfallen, weil sie in der Regel nicht gestürzt werden; sie müssen locker sein und auf der Zunge zergehen.

Apfelsinencreme

2 Eier, 125 g Puderzucker
1 Päckchen Vanillezucker
2 Apfelsinen, abgeriebene Schale einer Apfelsine
Saft einer halben Zitrone
40 g geriebene Mandeln

Eier mit Puderzucker, Vanillezucker, Saft der Apfelsinen und abgeriebener Apfelsinenschale verrühren, im Wasserbad dick schaumig schlagen. Vom Feuer nehmen, mit Zitronensaft und Mandeln mischen. In kleinen Schalen anrichten.

Weinschaumsoße (Chaudeau) siehe S. 112.

Vanillecreme

³/₄ l Milch, 1 Stange Vanille
6 Eier, 200 g Puderzucker
1 Prise Salz
¹/₄ l Schlagsahne

Milch mit Vanille aufkochen und erkalten lassen. Eier schaumig schlagen, nach und nach Zucker und kalte Vanillemilch dazugeben, etwas Salz hineinrühren, steifgeschlagene Sahne unterziehen. Die Masse in feuerfeste Förmchen füllen, in heißes (nicht kochendes) Wasser stellen und in 30 Minuten cremig-fest werden lassen, dann die Förmchen herausnehmen und die Creme zu Tisch geben.

Zitronencreme Foto S. 367

4 Eßlöffel Zitronensaft
abgeriebene Zitronenschale, 4 Eier
4 Blatt Gelatine
1 Eßlöffel Weinbrand
120 g Zucker

Eigelb und Zucker schaumig rühren, bis sich der Zucker aufgelöst hat, mit Zitronensaft und -schale und Weinbrand verrühren. Gelatine 10 Minuten kalt quellen, in 3 Eßlöffel heißem Wasser lösen, etwas abkühlen lassen und mit der Eiercreme verrühren. Eischnee vorsichtig unterziehen, wenn die Masse zu gelieren beginnt, und in flache Schalen füllen. Nach Belieben mit Johannisbeergelee und Schlagsahne garniert zu Tisch geben. Zur Garnitur eignen sich auch aus Zitronenschalen ausgestochene kleine Blüten, in starker Zuckerlösung glasig gekocht, sowie beliebige Früchte.

Mokkacreme

¹/₄ l Milch, 65 g Zucker
2 Eier, 40 g Speisestärke
¹/₈ l sehr starker Kaffee

Milch mit Zucker aufkochen. Eigelb mit Speisestärke verquirlen, in die vom Feuer genommene Milch rühren, kurz aufkochen, den heißen Kaffee hineinrühren, unter Rühren abkühlen lassen, steifgeschlagenes Eiweiß unterziehen. Nach Belieben mit Schlagsahne garnieren.

Charlotte Malakoff (Rezept siehe unten) gehört zu den klassischen Süßspeisen; man kann sie auch zur Kaffeetafel reichen.

Charlotte Malakoff Foto siehe oben

Den Rand einer kleinen Springform (etwa 22–24 cm Durchmesser) auf eine Tortenplatte stellen, mit passend geschnittenen Löffelbiskuits auslegen. Puddingpulver und Eigelb mit etwas kalter Milch verrühren, die übrige Milch mit Zucker und Vanillezucker aufkochen, die Schokolade darin lösen, den angerührten Pudding hineinrühren und kurz aufkochen, Mandeln, Pulverkaffee und Rum hinzufügen und die 10 Minuten in kaltem Wasser gequollene und ausgedrückte Gelatine in der Masse lösen. Eiweiß zu steifem Schnee schlagen und mit der Schokoladenspeise verrühren, die Creme abkühlen lassen. Kurz vor dem Gelieren steife Schlagsahne unterheben, die ausgelegte Form abwechselnd mit Creme und Biskuits füllen (dazu auch die abgeschnittenen Enden verwenden). Die Creme erstarren lassen, den Tortenrand abnehmen. Mit Biskuits, aufgespritzter Schlagsahne und kandierten Früchten garniert zu Tisch geben.

60 Löffelbiskuits
³/₄ l Milch, 1 Päckchen Schokoladenpudding-pulver, 75 g gehackte Mandeln, 2 Eier
125 g Zucker
1 Päckchen Vanillezucker
65 g bittere Schokolade
etwas Rum
etwas Pulverkaffee
7 Blatt Gelatine
¹/₄ l süße Sahne
Garnitur:
Schlagsahne, kandierte Früchte

Schokoladencreme

Alle Zutaten miteinander verrühren, im Wasserbad cremig schlagen, in Gläser füllen und mit Löffelbiskuits garnieren. Nach Belieben Eiweiß abtrennen, steif schlagen und zuletzt unterziehen.

³/₄ l Milch, 150 g geriebene Schokolade, 50 g Zucker
¹/₄ Stange Vanille, 3 Eier
¹/₄ l Schlagsahne

Fruchtsaftcreme

Eigelb mit Zucker schaumig rühren, leicht gesüßten Fruchtsaft dazugeben. Gelatine 10 Minuten in kaltem Wasser quellen, ausdrücken und in wenig heißem Fruchtsaft lösen, mit der Masse verrühren. Wenn sie zu stocken beginnt, mit Rum, Weinbrand oder Weißwein abschmecken, die steifgeschlagene Sahne vorsichtig unterziehen, in flachen Gläsern oder Schalen anrichten und kalt werden lassen.

4 Eigelb, ¹/₈ l gesüßter Fruchtsaft
60 g Zucker, 2 Blatt rote, 2 Blatt weiße Gelatine
¹/₄ l Schlagsahne, Zucker
etwas Rum, Weinbrand oder Weißwein

Creme in Schokoladentörtchen *Farbfoto S. 369*

Kleine Schokoladentörtchen (im Handel erhältlich) mit einer beliebigen Creme (Vanille-, Schokoladen- oder Fruchtsaftcreme) füllen und als Nachspeise reichen.

GELEESPEISEN

Gelee-, Gelatine- oder Aspikspeisen basieren ausnahmslos auf Gelatine (Grundregeln siehe S. 322) in ihren verschiedenen Handelsformen. Für die Zutaten (zum Beispiel Wein, Früchte, Milch) sind keine Grenzen gesetzt. Wenn kein Kühlschrank zur Verfügung steht, empfiehlt es sich, Geleespeisen schon am Tag zuvor zuzubereiten, damit sie zum Erstarren genug Zeit haben, oder etwas mehr Gelatine oder Aspikpulver zu verwenden.

¼ l Rotwein, ¼ l Wasser
9 Blatt rote Gelatine
1 Dose Mandarinorangen
100 g Zucker

Wein-Mandarinen-Turm *Farbfoto S. 369*

Wein, Wasser und Mandarinensaft mit Zucker vermengen und zum Kochen bringen, die 10 Minuten in kaltem Wasser gequollene Gelatine ausdrücken und in der vom Feuer genommenen Flüssigkeit lösen. In eine hohe Form einen Spiegel (S. 322) gießen, erstarren lassen und sorgfältig mit Mandarinenspalten belegen. Geliermasse nachfüllen, wieder mit Mandarinen belegen und nach diesem Verfahren Dreiviertel der Mandarinen und die ganze Geliermasse einfüllen. Den Turm nach dem Erstarren stürzen und mit Mandarinen umlegt zu Tisch geben. Nach Belieben Vanillesoße dazu reichen, Schlagsahne als Garnitur verwenden.

250 g entsteinte Kirschen
150 g Zucker, 1 kleine
Dose Mandarinorangen
7 Blatt rote Gelatine
Schlagsahne

Kirsch-Mandarinen-Gelee *Foto S. 378*

Kirschen mit Zucker und knapp ¼ l Wasser aufkochen und abtropfen lassen, den Saft nochmals erhitzen und die 10 Minuten in kaltem Wasser gequollene Gelatine darin lösen. Mit abgetropftem Mandarinensaft auf einen halben Liter auffüllen, etwas abkühlen lassen, kurz vor dem Gelieren die Früchte unterheben (einige zur Garnitur zurücklassen) und in Schälchen füllen. Mit Früchten und Sahnetupfen garniert zu Tisch geben, nach Belieben Vanillesoße dazu reichen.

500 g Rhabarber
ca. 200 g Zucker
etwas Zitronensaft
7 Blatt rote Gelatine
Schlagsahne

Rhabarbergelee *Farbfoto S. 143*

Rhabarber waschen, in Stücke schneiden, mit Zucker in etwa ½ l Wasser vorsichtig kochen, damit die Stückchen nicht zerfallen, dann auf ein Sieb geben. Gelatine in kaltem Wasser 10 Minuten quellen, mit dem heißen Rhabarbersaft verrühren (Saft auf einen halben Liter ausgleichen, falls nötig) und darin lösen. Etwas abkühlen lassen, die Rhabarberstückchen hineingeben, in kleine Schüsseln füllen und erstarren lassen. Vor dem Anrichten mit Schlagsahnetupfen verzieren, Vanillesoße dazu reichen.

½ l Milch
125 g Blockschokolade
30 g Zucker
7 Blatt Gelatine

Schokoladengelee

Milch aufkochen, die geschnitzelte Schokolade darin auflösen. Gelatine in kaltem Wasser 10 Minuten quellen lassen, in der Schokoladenmilch auflösen, in eine Glasschale füllen und erkalten lassen. Mit Schlagsahne reichen.

Preiselbeer-Aspik *Foto S. 199*

Birnen schälen, vom Kerngehäuse befreien und in Scheiben oder Spalten schneiden, mit den Preiselbeeren, Zitronenschale und Zimt in wenig kochendem Zuckerwasser kurz ziehen lassen (Dosen-Preiselbeeren nicht aufkochen) und zum Abtropfen auf ein Sieb geben. Zuckerwasser auf einen halben Liter auffüllen, die in kaltem Wasser 10 Minuten gequollene Gelatine ausdrücken und darin lösen. Gelierbrühe etwas erkalten lassen, mit den Früchten vermischen, in kalt ausgespülte Förmchen füllen und erstarren lassen. Mit Schlagsahnegarnitur als Nachspeise reichen oder ohne Schlagsahne (weniger oder keinen Zucker verwenden) zu gebratenem Wild servieren.

200 g Preiselbeeren (auch aus der Dose)
300 g Birnen, 80 g Zucker
1 Stückchen Zitronenschale
etwas Zimt, 7 Blatt rote Gelatine, Schlagsahne

Buttermilchgelee

Buttermilch mit Zucker, Zitronensaft und -schale und Rum verrühren und abschmecken, Gelatine 10 Minuten in kaltem Wasser quellen, im Wasserbad lösen, etwas abkühlen lassen und mit der Buttermilch vermengen. Flüssigkeit in eine Glasschale füllen und erstarren lassen. Mit geriebener Schokolade oder Schokoladenstreusel bestreut zu Tisch geben. Auch geriebene oder gehackte Nüsse passen dazu.

½ l Buttermilch
80 g Zucker, Saft und abgeriebene Schale einer halben Zitrone, 7 Blatt Gelatine, etwas Rum

Rotweingelee siehe S. 175.

SÜSSE QUARKSPEISEN

Für die folgenden Rezepte kann man vom Magerquark bis zum Schichtkäse alle Quarksorten verwenden. Wenn der Quark mit warmer Milch verarbeitet wird, braucht man ihn nicht durch ein Sieb zu streichen. Es genügt, wenn man ihn mit etwa einem Drittel der Milch glattrührt.

Quarkspeise mit Abwandlungen

Quark passieren oder ein Drittel der Milch erhitzen und mit dem Quark verrühren. Milch bzw. restliche Milch und Zucker dazugeben, den Quark mit dem Schneebesen sahnig schlagen, Geschmackszutaten hinzufügen, in eine Glasschale füllen und bis zum Anrichten kalt stellen. Beigaben:

500 g Quark, ½ l Milch
100 g Zucker, beliebige Beigabe (siehe unten)

1. Apfelsinenquark: Saft von 2 Apfelsinen und 1 Zitrone, geriebene Schale von 1 Apfelsine. Mit geriebener Schokolade bestreuen.
2. Zitronenquark: Saft von 1 bis 2 Zitronen, Schokoladenstreusel.
3. Weinquark: ⅛ l Südwein, grobgeriebene oder geraffelte Schokolade zum Unterheben und Bestreuen.
4. Pumpernickelquark: 100 g zerriebenen Pumpernickel mit dem Quark vermengen, die Speise mit Zimt und Zucker bestreuen.
5. Aprikosenquark: 125 g eingeweichte feingeschnittene Trockenaprikosen zuckern und mit dem Quark vermengen. Ein Drittel der Milch durch Aprikosen-Einweichbrühe ersetzen.
6. Obstquark: 500 g frisches Obst (Johannis-, Erd- oder Brombeeren, Kirschen) zuckern, auf tiefe Teller geben und mit dem Quark (etwas mehr Milch verwenden) übergießen.
7. Obstquarkcreme: 350 g bis 500 g frisches Obst (Bananen, Äpfel, Apfelsinen, Aprikosen) passieren oder im Mixer pürieren, zuckern und mit der Quarkmasse vermischen. Nach Belieben etwas Zitronensaft dazugeben.

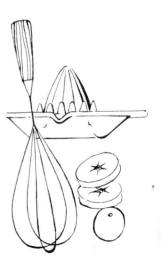

8. **Preiselbeerquark:** 250 g Preiselbeergelee oder -kompott und Zucker mit dem Quark verrühren.
9. **Kaffeequark:** 2 Teelöffel Pulverkaffee und Zucker in etwas Milch lösen, mit der Quarkmasse vermengen.
10. **Schokoladenquark:** 3 Eßlöffel kaltlöslichen Kakao und Zucker mit der Quarkmasse verrühren.

250 g Quark, ³/₈ l Milch
80 g Zucker, 1 Päckchen
Vanillezucker
100 g Pumpernickel
½ Gläschen Rum
500 g gezuckertes Obst
oder Kompott

Quarkschichtspeise

Quark nach dem vorstehenden Rezept mit Milch, Zucker und Vanillezucker verarbeiten. Pumpernickel reiben oder zerbröckeln, den Boden einer Glasschale damit auslegen, mit Rum beträufeln. Lagenweise Obst, Quark und Pumpernickel einschichten, für die letzte Lage Quark nehmen. Mit Obst und Pumpernickelbrösel verzieren.

250 g Quark, ⅛ l Milch
60 g Zucker, 1 Päckchen
Vanille-Soßenpulver
¼ l Milch
Johannisbeergelee
30 g gehackte Mandeln
oder überbrühte Rosinen

Quark-Vanillecreme

Mit ¼ l Milch und kalt angerührtem Soßenpulver Vanillesoße kochen, abkühlen lassen. Quark passieren, mit ⅛ l Milch und Zucker schaumig rühren, mit der Vanillesoße verschlagen, Mandeln oder Rosinen (nach Belieben auch beides) hineingeben, kühl stellen. Vor dem Anrichten mit Geleetupfen besetzen.

125 g Quark, 1 Eigelb
25 g Zucker, 1 Päckchen
Cremespeise für kalte
Zubereitung
(Zitronengeschmack)
Garnitur: Kirschen

Quark-Schnellspeise *Foto siehe unten*

Quark passieren, mit Eigelb und Zucker schaumig rühren. Cremespeise nach Vorschrift zubereiten und mit der Quarkmasse vermengen, in Schälchen füllen und abkühlen lassen. Vor dem Anrichten mit Kirschen garnieren, nach Belieben Kirschsaft oder kalte Kirschsoße dazu reichen. Abwandlung: Zitronenspeise zum Kochen zubereiten, abkühlen lassen und mit dem Quark verrühren.

Erfrischende Süßspeisen mit Früchten: Doppeltes Quarkgelee (Rezept siehe rechte Seite), Quark-Schnellspeise (Mitte, Rezept siehe oben) und (links) Kirsch-Mandarinen-Gelee (Rezept S. 376).

Quark und Milch standen Pate bei diesen süßen Speisen: Quark-Johannisbeergelee (links) und Quarkköpfchen (rechts, Rezepte siehe unten). In der Mitte eine Dosenmilch-Schnellspeise (Rezept S. 380).

Doppeltes Quarkgelee *Foto siehe linke Seite*

Quark passieren, mit Milch und Zucker schaumig rühren, Gelatine 10 Minuten in kaltem Wasser quellen, im Wasserbad auflösen und mit dem Quark verrühren. Die Hälfte des Quarks mit abgeriebener Zitronenschale abschmecken, die andere Hälfte mit Kakao und Zucker verrühren. Beide Mischungen getrennt in Förmchen füllen, erstarren lassen, stürzen und jeweils ein Zitronenquark- und ein Kakaoquarktürmchen übereinander in ein hohes, nicht zu enges Glas setzen. Mit Schokoladenstreusel und Schlagsahnetupfen verzieren.

250 g Quark, 1/4 l Milch 80 g Zucker, abgeriebene Zitronenschale, 1 gehäufter Teelöffel Kakao 2 Teelöffel Zucker Schlagsahne Schokoladenstreusel

Quark-Johannisbeergelee *Foto siehe oben*

Johannisbeeren waschen und abstreifen (einige Trauben als Garnitur zurücklegen), in wenig Wasser aufkochen, 5 bis 10 Minuten bei schwacher Hitze ziehen lassen und passieren, den Saft zuckern. Gelatine 10 Minuten in kaltem Wasser quellen und im Wasserbad lösen, die Hälfte des Geliersuds mit 1/4 l Johannisbeersaft verrühren und abkühlen lassen. Den Quark passieren, schaumig rühren und den restlichen Geliersud hinzufügen, mit Zucker und Vanillezucker abschmecken. Abwechselnd Johannisbeer- und Quarkgelee in hohe Gläser füllen, dabei jede Schicht vor dem Zugießen etwas erstarren lassen. Kurz vor dem Servieren mit Schlagsahne und Johannisbeeren garnieren, gut gekühlt zu Tisch geben.

250 g Johannisbeeren 100 g Zucker, 7 Blatt Gelatine, 250 g Quark 1 Päckchen Vanillezucker etwas Schlagsahne

Quarkköpfchen *Foto siehe oben*

Quark passieren, mit Milch, Zucker und Zitronensaft schaumig schlagen, Gelatine 10 Minuten in kaltem Wasser quellen, im Wasserbad auflösen und mit der Quarkmasse vermengen. Früchte unterheben, die Masse in Förmchen füllen und erstarren lassen. Mit Früchten garniert zu Tisch geben, nach Belieben kalte Fruchtsoße dazu reichen.

250 g Quark, 1/4 l Milch 7 Blatt Gelatine 250 g frische oder gedünstete Früchte, geschnitten; Zucker nach Bedarf, etwas Zitronensaft

1 kg Quark, 500 g Zucker
¼ l Sahne, 4 Eigelb
200 g süße, 5 bittere
Mandeln (abgezogen und
gerieben)
125 g Rosinen
100 g Zitronat, 2 Päckchen
Vanillezucker, 100 g Butter
1 Prise Salz

Russische Pas'cha

Gut abgetropften, möglichst trockenen Quark passieren, den Zucker in Sahne lösen und damit vermengen, nach und nach Eigelb, Mandeln, feingeschnittenes Zitronat, überbrühte Rosinen, zerlassene Butter und eine Prise Salz mit dem Quark mischen, gut durcharbeiten. Die Masse in eine Serviette füllen, in ein Sieb (oder besser in eine Pas'cha-Pyramidenform aus Holz) legen und über eine Schüssel stellen, damit Flüssigkeit abtropfen kann. Die eingebundene Masse mit einem Brett bedecken und mit einem Stein, Gewicht o. ä. beschweren, mindestens 24 Stunden kühl stehen lassen. Die fertige Pas'cha herausnehmen, mit Zitronat und Rosinen garnieren und bei Tisch in Scheiben schneiden. Als Nachspeise oder zur Kaffeetafel reichen. Pas'cha gehört zu den russischen Osterspezialitäten (Pas'cha = Ostern).

1 Dose zehnprozentige
Kondensmilch, 1 Eßlöffel
Zitronensaft, 2 Eßlöffel
Puderzucker, gedünstete
Kirschen oder gezuckerte
frische Früchte

Dosenmilch-Schnellspeise Foto S. 379

Milch sehr gut kühlen, mit dem Schneebesen oder in der Küchenmaschine cremig schlagen, Zitronensaft und Zucker zugeben und kurz weiterschlagen, bis eine halbsteife Creme entsteht. Kirschen in Gläser füllen, die Creme daraufgeben, mit restlichen Früchten garniert zu Tisch geben.

EIS UND EISSPEISEN

Für die Eisbereitung im Haushalt eignet sich jeder Kühlschrank. Die nötige Eismischung kann man als Pulver oder in der Dose fertig kaufen oder nach einem der folgenden Rezepte zubereiten. Lockerer wird das Eis, wenn man über eine Eismaschine verfügt. Einfachste Lösung: Fertiges Speiseeis aus der Tiefkühltruhe kaufen und beliebig mit Früchten, Sahne usw. garnieren.

Eis aus Pulver

Eispulver (zum Beispiel mit Vanille- oder Schokoladengeschmack) nach aufgedruckter Vorschrift anrühren, in die Eisschale des Kühlschranks füllen. Den Kühlschrank auf die höchste Kältestufe schalten und die Eismischung im Eisfach in 2 bis 3 Stunden gefrieren lassen, dann herausnehmen, stürzen und beliebig garniert sofort anrichten.

Eis aus der Dose

Eismischung in der Dose etwa 1 Stunde im Eisfach des Kühlschrankes bei höchster Kältestufe vorkühlen, dann wie Sahne steif schlagen, Geschmackszutaten hineinrühren (beispielsweise 1 Teelöffel Pulverkaffee; 2 Eßlöffel geriebene Haselnüsse; 3 Teelöffel Zucker mit 4 Teelöffel Zitronensaft und etwas abgeriebener Zitronenschale; 150 g pürierte Erdbeeren mit 4 Teelöffel Zucker und 3 Teelöffel Zitronensaft), in die Eisschale füllen und 1 bis 2 Stunden in das Eisfach des Kühlschranks stellen. Mit beliebiger Garnitur anrichten.

¼ l süße Sahne
40 g Zucker, ½ Päckchen
Vanillezucker

Sahneeis

Sahne mit Zucker und Vanillezucker steif schlagen, in die Eisschale füllen und etwa 2 Stunden im Eisfach des Kühlschranks bei höchster Kältestufe gefrieren lassen, beliebig garnieren.

Gekauftes oder im Kühlschrank bereitetes Eis wird mit Früchten, Sahne, Waffeln und Eiserkuchen lecker und lustig garniert.

Vanilleeis

Eigelb mit Zucker und Vanillezucker schaumig rühren, mit der steif geschlagenen Sahne mischen, in die Eisschale füllen und etwa 2 Stunden im Eisfach des Kühlschranks bei höchster Kältestufe gefrieren lassen; beliebig garniert zu Tisch geben.

¹/₄ l süße Sahne
65 g Zucker, 3 Eigelb
2 Päckchen Vanillezucker

Mokkaeis

Eigelb mit Zucker schaumig schlagen, den in der Milch aufgelösten Pulverkaffee nach und nach dazugeben, die Flüssigkeit vorsichtig mit der steifgeschlagenen Sahne vermischen. In die Eisschale füllen, im Eisfach des Kühlschranks bei höchster Kältestufe in etwa 2 Stunden gefrieren lassen, mit beliebiger Garnitur zu Tisch geben.

¹/₄ l süße Sahne
75 g Zucker, 3 Eigelb
3 Teelöffel Pulverkaffee
4 Eßlöffel Milch

Schokoladeneis

Schokolade reiben und in 2 bis 3 Eßlöffel Wasser zu einem cremigen Brei lösen. Eigelb mit Zucker und Vanillezucker schaumig schlagen, Schokoladenbrei nach und nach dazugeben, zuletzt geschlagene Sahne darunterheben, die Masse in die Eisschale füllen und im Eisfach des Kühlschranks in etwa 2 Stunden bei höchster Kältestufe gefrieren lassen, beliebig garnieren.

¹/₄ l süße Sahne
75 g Zucker, 1 Päckchen
Vanillezucker, 3 Eigelb
60 g bittere Schokolade

Fruchteis I

Eigelb und die Hälfte des Zuckers schaumig rühren, pürierte frische Früchte mit dem Rest des Zuckers vermischen, beides miteinander vermengen, die steifgeschlagene Sahne unterziehen und die Masse in die Eisschale füllen. Im Eisfach des Kühlschrankes bei höchster Kältestufe in etwa 2 Stunden gefrieren lassen. Die Masse nach Belieben mit etwas Rum verfeinern, bevor sie in die Eisschale gefüllt wird. Je nach der Fruchtart (Aprikosen, Bananen, Erdbeeren, Himbeeren, Johannisbeeren und Pfirsiche eignen sich besonders gut) kann man die Eismasse auch mit etwas Likör verfeinern.

¹/₈ l süße Sahne
75 g Zucker, 1 Eigelb
300 g Fruchtpüree, etwas
Rum (nach Belieben)

3 Blatt Gelatine, 3 Eiweiß
250 g Früchte
(Sauerkirschen, Johannisbeeren, Pfirsiche)
75 g Zucker, etwas Salz
1 Teelöffel Fruchtsaftlikör

Fruchteis II

Gelatine in kaltem Wasser 10 Minuten quellen, im Wasserbad erhitzen und lösen. Früchte mit Zucker aufkochen, bei schwacher Hitze 5 bis 10 Minuten ziehen lassen und passieren, mit der Gelatinebrühe mischen und abkühlen. Wenn die Masse zu gelieren beginnt, steifgeschlagenes Eiweiß (nach Belieben auch $^1/_8$ l Schlagsahne) unterziehen, mit einer Prise Salz und etwas Likör (Maraschino, Cherry Brandy, Pfirsichlikör o. ä.) mischen. In die Eisschale füllen, im Eisfach des Kühlschranks bei höchster Kältestufe gefrieren lassen. Beliebig garnieren oder für Eisbecher verwenden.

Eis-Domino Foto siehe unten

Je ½ Portion Vanille- und Schokoladeneis (in getrennten Eisschalen) zubereiten, in Würfel schneiden. 2 Vanille- und 2 Schokoladeneiswürfel jeweils versetzt auf einem Teller anordnen, mit Ananasecken und Sahnetupfen garnieren.

Delikateß-Becher Foto siehe rechte Seite

Je ½ Portion Vanille- und Schokoladeneis zubereiten, 250 g Kirschen waschen, entsteinen, zuckern, mit Kirschwasser beträufeln und ziehen lassen. Die Kirschen abtropfen lassen, etwa die Hälfte auf 4 Gläser verteilen, Eis daraufgeben, die restlichen Kirschen einfüllen, mit Saft auffüllen und einen Sahnetupfen aufsetzen.

Sommertraum-Eisbecher Foto siehe rechte Seite

Eine flache Schale knapp zur Hälfte mit Schlagsahne füllen, einen halben gedünsteten Pfirsich mit der Öffnung nach oben darauflegen, mit 1 gehäuften Eßlöffel Vanilleeis füllen und mit warmer Schokoladensoße oder im Wasserbad gelöster Kuvertüre überziehen. Sofort zu Tisch geben.

Eis-Domino (links, Rezept siehe oben) wird aus Vanille- und Schokoladeneis zubereitet. Für Eis aus dem Kühlschrank eignet sich die Eisschale mit Portionseinsätzen (rechts); vor allem bei kleineren Mengen.

Der Delikateß-Becher (links) wird mit Kirschwasser aromatisiert. Mitte. Schoko-Eisbecher. Auf dem rechten Foto: Eiscreme-Soda (links), Tutti-Frutti-Becher (Mitte), Schlaraffenland (rechts) und Sommertraum-Eisbecher (im Hintergrund) – lauter Vorschläge für sommerliche Partys und Gartenfeste (Rezepte siehe unten, Seite 384, und linke Seite).

Schoko-Eisbecher *Foto siehe oben*

1 Portion Schokoladeneis zubereiten, in vorgekühlte Gläser füllen, reichlich steifgeschlagene Sahne daraufgeben und mit frischen oder kandierten Früchten verzieren.

Birne Hélène

1 bis 2 Eßlöffel Vanilleeis in eine flache Schale geben, mit gedünsteten halbierten Birnen belegen und mit Schlagsahne überziehen. Warme Schokoladensoße oder zerlassene Kuvertüre gesondert dazu reichen.

Tutti-Frutti-Becher *Foto siehe oben*

Kekse in ein Kelchglas bröckeln, mit Rum beträufeln und etwas Apfelmus oder gezuckerte Kirschen einfüllen. Je einen Eßlöffel Nuß- und Vanilleeis darauflegen und mit Schlagsahne überziehen.

Schlaraffenland *Foto siehe oben*

Einen gekühlten Teller mit gezuckerten Erdbeeren belegen, in der Mitte Vanilleeis aufschichten, mit Schlagsahne überziehen und mit Schokoladenstreusel dick bestreuen.

Fürst-Pückler-Eis *Farbfoto S. 370*

Einen Block fertig gekauftes Pückler-Eis auf einer gekühlten Platte anrichten, mit Maraschinokirschen und Schlagsahnetupfen garnieren, einige Scheiben abschneiden.

Die Eisbombenform wird schichtweise mit verschiedenen Eissorten gefüllt.

Frucht-Eisbecher Farbfoto S. 370

Hohe Kelchgläser abwechselnd mit frischen oder Dosenfrüchten (Ananas, Kirschen, Erdbeeren, Mandarinorangen, Birnen- oder Apfelspalten), Vanilleeis und Schlagsahne füllen. Früchte nach Belieben mit etwas Maraschino, Rum oder Weinbrand aromatisieren. Mit Schlagsahne und Früchten garnieren.

Pfirsich Melba Farbfoto S. 370

Vanilleeis in flache Kelchgläser füllen, mit halbierten, in Zuckersirup gedünsteten Pfirsichen (oder Dosenpfirsichen) belegen und mit Himbeermark (im Handel erhältlich) überziehen. Etwas Schlagsahne als Garnitur verwenden.

Erdbeer-Eisbecher

Vanilleeis in eine flache Stielschale füllen, mit Erdbeeren umlegen und mit Schlagsahne garnieren.

Garnierter Eisblock Farbfoto S. 369

Eisblock aus der Tiefkühltruhe auf einer gekühlten Platte anrichten, mit halbierten gedünsteten Pfirsichen und gedünsteten Kirschen (oder Maraschinokirschen) garnieren, nach Belieben Schlagsahnetupfen aufsetzen.

pro Person:
4 Eßlöffel gesüßter Fruchtsaft, 1 bis 3 Eßlöffel Vanilleeis, 1 Eßlöffel Schlagsahne, 1 Eßlöffel Fruchteis, Sodawasser

Eiscreme-Soda Foto S. 383

Saft, Vanilleeis und Fruchteis in ein hohes Becherglas geben, mit eisgekühltem Sodawasser auffüllen, eine Schlagsahnehaube aufsetzen. Andere Mischungen: Mokka-Nuß-Likör, Haselnußeis, Sahne, Sodawasser und Schlagsahne; Zitronensirup, Pampelmusensaft, Zitroneneis, Sodawasser; Sanddornsirup, Sahne oder Dosenmilch, Vanilleeis, Sodawasser, Schlagsahne.

4 Apfelsinen
2 Eiweiß
Vanille- oder Fruchteis

Überraschungsapfelsinen Farbfoto S. 369

Von den Apfelsinen Kappen abschneiden, das Fruchtfleisch vorsichtig aus den Schalen heben (anderweitig verwenden), die Schalen sauber auskratzen und in den Kühlschrank stellen. Kurz vor dem Servieren mit Eis füllen, Eiweiß steif schlagen und auf die Apfelsinen spritzen, im stark vorgeheizten Backofen oder auf der obersten Schiene des Grillgerätes kurz überbacken. Abwandlung: Cremefüllung verwenden.

3 Eigelb, 100 g Zucker
1 Likörglas Kirschwasser
¼ l Sahne, 50 g Zucker
100 g Löffelbiskuits oder Biskuitabfälle
100 g Sauerkirschen
Zucker, Kakao zum Bestreuen

Festliche Eisbombe Farbfoto S. 444

Eigelb und Zucker schaumig schlagen, Kirschwasser hineinrühren, mit der steifgeschlagenen Sahne vorsichtig vermengen. Biskuits zerbröckeln, Kirschen entsteinen, zuckern und ziehen lassen, beides mit der Sahnemasse vermengen. In die Eisschale des Kühlschranks (wenn sie klein ist, in 2 Eisschalen) füllen und in etwa 4 Stunden bei höchster Kältestufe im Eisfach gefrieren lassen. (Besser: Masse in einer kleinen Eisbombenform oder Schüssel gefrieren lassen, wenn die Eisfachgröße es zuläßt.) Eisbombe aus der Schale nehmen, auf einer gekühlten Platte anrichten, mit Kakao bestreuen und mit Schlagsahne garnieren.

Getränke

»Das Essen, nicht das Trinken, bracht' uns ums Paradies« heißt es in einem Lied von Wihelm Müller, das als Nr. 1 seiner »Tafellieder für Liedertafeln« abgedruckt wurde. Etwa um die gleiche Zeit, in der Mitte des 19. Jahrhunderts, schrieb der Franzose Claude Tillier: »Essen ist ein Bedürfnis des Magens, Trinken eines der Seele. Ersteres ist gewöhnliches Handwerk, letzteres eine Kunst.« Zu allen Zeiten hat man die heitere Kunst des Trinkens ernst genommen – die Kunst des Trinkens von Alkohol, wohlverstanden. Über sie gibt es eine so reichhaltige Literatur, daß man ganze Bibliotheken damit füllen könnte – von Anakreon bis Klabund und vom finnischen Nationalepos »Kalewala« mit seinem Bericht über das Bierbrauen bis zu Sir Robert Bruce Lockharts Geschichte vom Scotch Whisky. 14 Milliarden Mark werden im Zeichen des Wirtschaftswunders allein in der Bundesrepublik alljährlich für alkoholische Getränke ausgegeben, das sind pro Person und Tag 68 Pfennig.

Und wie steht es mit den alkoholfreien Getränken? Nach Litern berechnet halten sich bei uns Wein und Bier auf der einen Seite und Milch auf der anderen Seite ungefähr die Waage – im Gegensatz etwa zu Italien und Frankreich, wo bedeutend mehr Wein getrunken wird, und im Gegensatz zu den Niederlanden, wo man fünfmal so viel Milch trinkt wie Wein und Bier zusammengenommen. Und dabei wurden Kaffee, Tee, Kakao, die unzählbaren Fruchtsäfte und Fruchtsaftgetränke noch gar nicht berücksichtigt, von den alkoholfreien Kola-Getränken ganz zu schweigen.

Für jede Gelegenheit das richtige Getränk – darauf kommt es an. Vielleicht hatten unsere Vorfahren gar nicht so unrecht, als sie die Meinung vertraten, daß die Säfte Charakter und Wesen eines Menschen bestimmen.

KAFFEE, TEE, KAKAO

Wenn man versucht, einen Stammbaum der heißen, anregenden Getränke aufzustellen, muß man dem Tee den Platz gleich an der Wurzel einräumen. Seit über zweitausend Jahren wird er in China getrunken. Nach Europa kam er allerdings erst zu Beginn des 17. Jahr-

hunderts, mußte sich mit der scharfen Konkurrenz des Kaffees und des schon etwas früher bekannten Kakaos auseinandersetzen und blieb in Deutschland nur in Ostfriesland das Lieblingsgetränk. Die Ostfriesen trinken mehr Tee als alle übrigen Einwohner des Bundesgebietes zusammen, die sich dafür an duftendem Kaffee schadlos halten. Der Kakao entwickelte sich vom standesgemäßen Getränk im Zeitalter des Rokoko zu einem heute vor allem von den Kindern begrüßten Haustrank. Der größte Teil der Welternte an Kakao wird allerdings zu Schokoladenerzeugnissen verarbeitet.

Kaffee nach Hausfrauenart

Kaffeekanne mit heißem Wasser ausspülen, ca. 40 bis 50 g frisch gemahlenen Kaffee hineingeben, mit 1 l sprudelnd kochendem Wasser überbrühen, 5 Minuten zugedeckt ziehen lassen, durch ein Sieb in eine zweite vorgewärmte Kanne gießen und zu Tisch geben.

Filterkaffee

Kaffee brüht man gesondert auf und füllt ihn in eine zweite, gut vorgewärmte Kaffeekanne um.

Kaffeekanne mit heißem Wasser ausspülen, den Filtertrichter aufsetzen, Filterpapier oder -tüte hineingeben und mit nicht zu fein gemahlenem Kaffee (50 bis 60 g pro l Wasser) füllen. Sprudelnd kochendes Wasser bis 1 cm unter Filterpapierrand aufgießen, durchlaufen lassen und nach und nach sprudelnd kochendes Wasser nachgießen. Bei größeren Mengen die Kaffeekanne in ein heißes Wasserbad stellen.

Mokka

Zubereitung nach einem der vorstehenden Rezepte, aber die doppelte Kaffee- bzw. die halbe Wassermenge nehmen.

Türkischer Mokka *Foto S. 390*

Den Kaffee mit der Mokkamühle unmittelbar vor der Zubereitung staubfein mahlen, in ein kupfernes Kaffeekännchen nach türkischem Vorbild geben, Puderzucker hinzufügen, kaltes Wasser aufgießen und über der Spiritusflamme erhitzen, einmal aufkochen lassen. Den Schaum nicht abschöpfen, weil er das Aroma bewahren hilft. Mit ein paar Tropfen kaltem Wasser abschrecken, damit der Satz schneller zu Boden sinkt; den Kaffee in kleine Tassen gießen und ohne Milch so heiß wie möglich servieren.

Kaffee-Variationen

Neben dem klassischen Kaffee, zu dem nach einer spanischen Regel dreierlei gehört: Kaffee, Kaffee und nochmals Kaffee, gibt es in aller Welt eine ganze Reihe von Abwandlungen des Grundrezeptes:
1. Capuccino (Kapuziner): Kaffee mit einer Haube aus Schlagsahne, die mit etwas Kakao oder auch Zimt bepudert wurde. In einer großen Tasse servieren.

Mischgetränke mit und ohne Alkohol: 1. Auto-Mix mit Erdbeeren und Sahne und 2. Eis-Schokomilch, mit Schlagsahne garniert (Rezepte S. 394). 3. Pfefferminz-Mix, besonders erfrischend (Rezept S. 395) und 4. Eistee (Rezept S. 389). Ein Mixgerät (hinten) beschleunigt die Zubereitung.

2. Café brûlot: Einen Fingerbreit Weinbrand mit Würfelzucker in einer angewärmten Tasse anzünden, mit Kaffee ablöschen, Schlagsahne daraufgeben.
3. Almkaffee: 1 Eigelb mit 1 Likörglas Rum und Zucker verrühren, mit heißem Kaffee verquirlen und flüssige Sahne dazu reichen.
4. Irish Coffee: Einen Fingerbreit Irish Whisky mit Zucker in einem angewärmten Glas anzünden, mit heißem Kaffee ablöschen und eine Schlagsahnehaube aufsetzen.
5. Pharisäer: Einen Fingerbreit Rum in ein angewärmtes Glas geben, mit heißem Kaffee auffüllen, zuckern, Schlagsahnehaube aufsetzen.
6. Eiskaffee: 2 Eßlöffel Vanilleeis in einem Glas mit eiskaltem starkem Kaffee übergießen, mit Schlagsahne und Eiswaffeln garnieren.
7. Mazzagran: Eiswürfel mit doppelt starkem, eiskaltem Kaffee übergießen, je 1 Likörglas Weinbrand und Maraschino, 1 Spritzer Angostura und Zucker nach Geschmack hineinrühren, nach Belieben mit Nelkenpulver würzen.
8. Café Acapulco: 1 gehäuften Teelöffel Pulverkaffee mit 40 g Puderzucker in $1/4$ l Wasser lösen, mit Rum und Zitronensaft abschmecken, über Eiswürfel in ein Glas gießen und mit einem Strohhalm eiskalt servieren.

Eine Teekanne mit herausnehmbarem Teebehälter.

Teezubereitung

Nach der englischen Faustregel pro Tasse 1 Teelöffel Teeblätter zuzüglich 1 Teelöffel »für die Kanne« in eine mit heißem Wasser ausgespülte Teekanne geben, mit sprudelnd kochendem Wasser übergießen, 5 Minuten ziehen lassen und in eine zweite vorgewärmte Kanne abgießen. Nach Belieben Sahne, Dosenmilch, Zucker, Kandiszucker, Zitronenachtel, Rum, Arrak oder Weinbrand dazu reichen.

Heiße und kalte Teegetränke

1. Geplauder: $2/3$ heißen Tee in einem angewärmten Glas mit $1/3$ Rotwein mischen, nach Belieben zuckern.
2. Teeflip: $1/4$ l Milch mit 1 Eßlöffel Zucker aufkochen, über 1 Teelöffel Teeblätter gießen, 5 Minuten ziehen lassen, abseihen und mit gut verquirltem Eigelb verrühren. Im Punschglas anrichten.
3. Eistee: Pro Portion 2 Teelöffel Teeblätter überbrühen, abkühlen lassen und über Eiswürfel in ein Glas gießen, mit Zucker, Zitronensaft und (nach Belieben) etwas Ingwer abschmecken (Foto S. 394).

Matezubereitung

Pro Tasse 1 gehäuften Teelöffel grünen oder 1 gestrichenen Teelöffel gerösteten Mate-Tee in einer vorgewärmten Kanne mit sprudelnd kochendem Wasser übergießen, 5 Minuten ziehen lassen, in eine zweite vorgewärmte Kanne abgießen und nach Belieben mit Zucker, Milch, Zitronensaft oder Rum servieren. Abwandlungen: 1. Gekühlten gezuckerten Mate über 1 Eßlöffel Apfelwürfel gießen, etwas ziehen lassen; 2. Kalten Mate mit $1/2$ Likörglas Rum oder Weinbrand mischen.

Ein paar Flaschen mit »hochprozentigem« Inhalt, dazu Früchte, Gläser und Geräte bilden den Grundstock der kleinen Hausbar (Tips und Rezepte ab S. 396). Die abgebildeten Drinks, vorschriftsmäßig serviert: 1. Bacardi Cocktail; 2. Martini dry und 3. Old Fashioned.

Türkischer Mokka (links, Rezept S. 386) wird stilecht im Kupferkännchen bereitet. Rechts: Teegeschirr aus feuerfestem Glas.

Kakao

35 g bis 40 g Kakao mit 1 bis 2 Eßlöffel (nach Belieben auch mehr) Zucker trocken verrühren, mit 2 bis 3 Eßlöffel kaltem Wasser glattrühren, unter ständigem Schlagen mit dem Schneebesen in 1 l kochende Milch rühren, kurz aufkochen lassen. Nach Belieben mit etwas Vanillezucker würzen und in der Tasse mit Schlagsahnehauben besetzen.

Schokolade

100 g Trinkschokolade in 1 l heißer Milch auflösen, nach Bedarf nachzuckern, wie Kakao anrichten.

Mandelkakao

40 g süße und 2 bittere Mandeln überbrühen, abziehen und fein reiben, mit 1 l Milch aufkochen, vom Feuer nehmen und 30 Minuten ziehen lassen, dann abseihen. 40 g Kakao mit 2 Eßlöffel Zucker trocken verrühren, mit 3 Eßlöffel Wasser glattrühren, unter kräftigem Schlagen mit dem Schneebesen mit der wieder erhitzten Mandelmilch vermischen, kurz aufkochen.

VON GLÜHWEIN BIS FEUERZANGENBOWLE

Den heißen alkoholischen Getränken, auch »Seelenwärmer« genannt, gehört die kalte Jahreszeit. Vom schnell gebrauten Grog über den einfachen Glühwein bis zur anspruchsvollen Feuerzangenbowle gibt es zahlreiche Spielarten dieser Getränkegattung. Da sie niemals besser schmecken als man nach der Qualität der verwendeten Rohstoffe erwarten kann – im Gegenteil, die Wärme deckt unbarmherzig auch Schwächen auf, die beim Genuß des kalten Getränkes verborgen bleiben – sollte man nicht die billigsten Zutaten verwenden und meinen, sie seien für diesen Zweck gut genug. Alle heißen alkoholischen Getränke sollen nicht zum Kochen gebracht werden; man erhitzt sie nur bis dicht vor dem Siedepunkt und verwendet kein Aluminiumgeschirr, das den Geschmack verändern könnte.

Heißen Punsch gießt man über den Löffelstiel vorsichtig in das Glas, damit es nicht zerspringt.

Glühwein

1 l Rotwein, ⅛ l Wasser
60 g Zucker
¼ Stange Zimt, 3 Nelken
Schale einer halben Zitrone

Zucker und Gewürze mit Wasser aufkochen, 30 Minuten ziehen lassen, abseihen, mit dem Wein vermengen und vorsichtig bis kurz vor dem Siedepunkt erhitzen. Nach Belieben mit Zitronen- oder Apfelsinensaft abschmecken. Abwandlungen:

1. Französischer Glühwein: Mit Bordeaux zubereiten und Zimt, geriebenen Muskat und Lorbeerblatt als Gewürz verwenden.
2. Seehund: Weißwein statt Rotwein verwenden, je nach dem Säuregrad des Weines etwas Zitronensaft dazugeben, würzen wie im Grundrezept.
3. Negus: Mit Portwein zubereiten (½ Wein, ½ Wasser) und mit geriebenem Muskat und abgeriebener Zitronenschale würzen.
4. Honig-Glühwein: Rotwein mit 150 g Honig, etwas Stangenzimt und 2 Zitronenscheiben bis kurz vor dem Siedepunkt erhitzen.

Ananaspunsch

¾ l Rotwein, ⅛ l Arrak
50 g Zucker, ¼ l starker heißer Tee, 1 Zitrone
2 Likörgläser Madeira
½ Dose Ananas in Scheiben

Ananasscheiben in die Terrine legen, etwas Saft aus der Dose und den Madeira darübergießen und 2 Stunden kalt ziehen lassen. Zucker in heißem Tee lösen, Zitronensaft dazugeben und mit dem Wein bis kurz vor dem Siedepunkt erhitzen, dann die Mischung auf die Ananasscheiben gießen. Zuletzt den Arrak hineinrühren. – Nach demselben Rezept Aprikosen- oder Pfirsichpunsch zubereiten.

Glasgow-Rumpunsch

⅜ l Jamaika-Rum, 80 bis 100 g Zucker, 4 Stückchen Würfelzucker, 1 Zitrone
1 l Wasser

Schale der Zitrone an Würfelzucker abreiben, mit dem übrigen Zucker, dem Wasser und Zitronensaft kurz aufkochen, den Rum hineingießen, das Getränk heiß werden lassen und anrichten. Abwandlung: Wasser nach Belieben teilweise oder ganz durch starken Tee ersetzen, statt Rum Arrak (½ l) verwenden. Auch aus ½ Rum und ½ Weinbrand kann man nach diesem Rezept Punsch zubereiten.

Eierpunsch mit Rotwein

¾ l Rotwein, 50 g Zucker
8 Eigelb, ½ Päckchen Vanillezucker, etwas Zimt
2 Nelken

Eigelb mit Zucker verquirlen und etwas kalten Rotwein dazugeben, kräftig schlagen, Vanillezucker zufügen. Übrigen Rotwein mit den Gewürzen erhitzen, abseihen und etwas abkühlen lassen. Eierschaum mit dem Wein verrühren, bei sehr schwacher Hitze oder im Wasserbad schlagen, bis der Punsch »aufsteigt«, dann in Gläser füllen.

Rotweinpunsch

¾ l Rotwein
⅜ l starker heißer Tee
2 Apfelsinen, ½ Zitrone
¼ Stange Zimt, 2 Nelken
50 g Zucker, 1 bis 2 Likörgläser Rum

Apfelsinen- und Zitronensaft in die Punschterrine gießen. Zucker im heißen Tee auflösen, Gewürze 30 Minuten darin ziehen lassen, durchseihen, mit dem Wein bis kurz vor dem Siedepunkt erhitzen und in die Terrine füllen, zuletzt den Rum hineinrühren.

Eierpunsch mit Kirschwasser

⅜ l Kirschwasser
⅜ l Wasser, 150 g Zucker
6 Eigelb

Zucker mit dem Wasser aufkochen, bis er sich gelöst hat, etwas abkühlen lassen und mit dem Kirschwasser vermengen. Eier schaumig schlagen, unter ständigem Rühren in die auf schwachem Feuer oder im Wasserbad erhitzte Flüssigkeit geben, bis zum Aufsteigen kräftig schlagen.

³/₄ l Weißwein
³/₈ l starker heißer Tee
¹/₈ l Arrak, 125 g Zucker
abgeriebene Schale einer
Zitrone

Weißwein-Teepunsch Foto siehe unten

Zucker in heißem Tee auflösen, Wein, Arrak und die abgeriebene Zitronenschale hinzufügen, bis zum Siedepunkt erhitzen.

Grog Foto siehe unten

Pro Portion 4 Stück Würfelzucker in ein Glas geben, heißes Wasser zugießen und den Zucker auflösen. Auf 3 Teile Wasser 1 Teil Rum, Arrak, Weinbrand oder auch Whisky zugießen, nach Belieben einen Spritzer Zitronensaft oder 1 Zitronenscheibe hineingeben.

2 l Weißwein, 1 l starker
Tee, Saft von 2 Zitronen
und 2 Apfelsinen
¹/₂ l Rum, je 1 Eßlöffel
überbrühte Rosinen
entkernte Datteln
kandierte Früchte
und Trockenobst
1 kleiner Zuckerhut

Krambambuli

Früchtezutaten zerschneiden, in einen Kupferkessel legen und mit einem Drahtnetz bedecken. Zuckerhut in eigroße Stücke zerteilen und auf das Drahtnetz legen, mit Rum beträufeln und anzünden. Tee, Fruchtsaft und Weißwein erhitzen und in den Kessel gießen, wenn der Rum verbrannt und der Zucker vom Drahtnetz abgetropft ist. Durch ein Sieb in Gläser füllen (Früchte werden in der Regel nicht mitgegessen), den Kupferkessel über einem Rechaud warm halten.

2 bis 3 Flaschen Rotwein
¹/₂ l Rum, 1 kleiner
Zuckerhut, 4 Nelken
etwas Apfelsinen- oder
Pomeranzenschale, nach
Belieben Saft von 2 bis
3 Apfelsinen

Feuerzangenbowle Foto siehe unten

Rotwein (nach Belieben mit Apfelsinensaft) im Kupferkessel erhitzen, Gewürz in ein Mullsäckchen binden und hineinhängen. Feuerzange über den Kessel legen, den ganzen Zuckerhut daraufleger, mit Rum tränken und anzünden. Immer wieder Rum nachschöpfen, bis der ganze Zucker in den Wein getropft ist. Gewürze herausnehmen und die heiße Bowle in Gläsern servieren, bei schwacher Hitze die restliche Bowle über einem Rechaud warm halten.

Die Feuerzangenbowle (rechts) ist für einen Winterabend das richtige Getränk. Wie der Grog (Mitte) gehört sie zu den »Seelenwärmern«. Links: Weißwein-Teepunsch, mit Arrak zubereitet (Rezepte siehe oben).

MILCHMISCHGETRÄNKE – HEISS UND KALT

Von allen Einrichtungen, die die Amerikaner nach dem Ende des letzten Krieges nach Deutschland importierten, ist die Milchbar gewiß nicht die schlechteste. Es dauerte zwar eine Weile, bis sich Milchmischgetränke mit oder ohne Alkohol und Speiseeis, manchmal kalt und manchmal heiß serviert, ohne großen Arbeitsaufwand zubereitet, bei uns durchsetzten. Heute sind sie schon lange nicht mehr nur in Milchbars und -restaurants, sondern auch in großen Hotels an der Tagesordnung. Und der Hausfrau bieten die Milchgetränke eine willkommene Gelegenheit, Milch einmal in anderer und immer neuer Form auf den Tisch zu bringen.

Milchpunsch mit Rum

Vanille und Zucker mit Milch und Sahne erhitzen, etwas abkühlen lassen und das Gewürz herausnehmen. Rum mit Eigelb verrühren und mit der Milchmischung vermengen, unter ständigem Schlagen mit dem Schneebesen bei schwacher Hitze oder im Wasserbad heiß werden lassen.

*½ l Milch, ¾ l Sahne
75 g Zucker, ½ Stange
Vanille, 2 Eigelb, ½ l Rum*

Hoppelpoppel

Zubereitung nach dem Milchpunsch-Rezept.

*½ l Sahne, ½ l starker
heißer Tee, 50 g Zucker
4 Eigelb, ⅜ l Arrak*

Winterliche Milchgetränke – mit und ohne Alkohol

Für alle folgenden Rezepte, die für eine Person berechnet sind, eignet sich ein Mixgerät besonders gut, weil es die Zubereitungszeit verkürzt. Sonst einen Schneebesen oder auch einen Schüttelbecher nehmen.

1. Seelentröster: 2 Teelöffel Honig in ⅕ l heißer Milch auflösen, je 1 Likörglas Rum und Weinbrand dazugeben, vorsichtig erhitzen.
2. Mexiko-Spezial: 1 gehäuften Eßlöffel geriebene Blockschokolade, 1 Teelöffel Puderzucker und ½ Teelöffel Pulverkaffee in ⅛ l heißer Milch lösen, dann 1 bis 2 Likörgläser Rum dazugeben.
3. Heiße Zitronenmilch: ¼ l Milch mit 2 Nelken und 1 Stückchen Zimt aufkochen, abseihen, mit 1 Eßlöffel Zitronensirup vermengen.
4. Heiße Erdbeermilch: ¼ l heiße Milch mit 1 bis 2 Eßlöffel Erdbeersirup vermengen und kräftig schlagen oder im Mixer verarbeiten. Nach Belieben Schlagsahnetupfen aufsetzen.
5. Mandelmilch: 1 Eßlöffel geriebene Mandeln mit 1 Eßlöffel Puderzucker in ¼ l Milch aufkochen, abseihen und heiß servieren.
6. Malzmilch: 2 Teelöffel Malzpulver und 1 Eßlöffel Puderzucker in ½ l heißer Milch auflösen, heiß servieren.
7. Vanillemilch: Milch mit ¼ Stange Vanille und 1 Eßlöffel Puderzucker aufkochen, abseihen und anrichten (oder heiße Milch mit 1 Päckchen Vanillezucker verrühren).

Sommerliche Milchgetränke

Einige der folgenden Zusammenstellungen lassen sich ebensogut mit Joghurt, Buttermilch oder frischer Sauermilch zubereiten. Bei Bedarf etwas stärker zuckern.

1. Eskimo: ⅛ l Milch und ⅛ l Sahne mit 1 Eigelb, Vanillezucker und abgeriebener Zitronenschale schaumig schlagen, mit 1 Schuß Weinbrand verfeinern, nach Belieben über Eiswürfeln servieren.

Ein praktischer kleiner Schüttelbecher, mit dem man Milchmischgetränke portionsweise mixen kann.

2. Fruchtmilch: Knapp ¼ l Milch mit 2 bis 3 Eßlöffel Sahne und ⅛ l Fruchtpüree (Früchte zerkleinern, durch ein Sieb streichen), abgeriebener Zitronenschale und Zucker nach Geschmack schaumig schlagen, nach Belieben über Eiswürfel gießen. Mit einem Strohhalm servieren.
3. Schokomilch: 1 rohes Ei mit 25 g Zucker, 1 Teelöffel löslichem Kakao oder geriebener Schokolade und 2 Likörgläsern Weinbrand schaumig schlagen oder im Mixbecher schütteln, ¼ l kalte Milch auffüllen.
4. Eis-Schokomilch: Je 1 Kugel Vanille- und Schokoladeneis in ein Glas geben, mit ½ Portion Schokomilch übergießen, mit Schlagsahne garnieren, Schokoladenstreusel darüberstreuen (Farbfoto S. 387).
5. Auto-Mix: 1 Eßlöffel Erdbeersirup oder -mark mit 1 Ei, 1 Likörglas Weinbrand, ⅛ l Milch, ⅛ l Sahne und nach Bedarf Zucker kräftig schlagen oder im Mixbecher schütteln, mit Erdbeeren garnieren (Farbfoto S. 387).
6. Zitronenschaum: 1 Eiweiß mit 25 g Zucker steif schlagen, den Saft einer Zitrone und ¼ l Milch dazugeben, vorsichtig verrühren und mit Zitronenscheibe oder -spirale servieren (Foto siehe unten).
7. Apfelsinenjoghurt: 1 Flasche Joghurt (eisgekühlt) mit dem Saft einer Apfelsine und 2 Teelöffel Zitronensaft verquirlen, nach Geschmack süßen und sofort servieren (Foto siehe unten).

FRUCHTSAFTGETRÄNKE

Neben dem Saft frischer Früchte eignet sich in der obstarmen Jahreszeit auch Fruchtsirup als Grundlage für alkoholhaltige oder -freie Mischgetränke, nach Belieben mit Sodawasser aufgefüllt.
1. Erdbeermost: Pro Person 125 g Erdbeeren einzuckern, ziehen lassen und vor dem Anrichten mit Apfelmost und Sodawasser auffüllen, nach Belieben nachzuckern (Foto siehe unten).

Zitronenschaum (vorn) und Apfelsinenjoghurt zeigt das linke Foto.
Rechts: Erdbeermost, ohne Alkohol bereitet (Rezepte siehe oben).
Mitte: Erfrischender Eistee mit Zitronenscheiben (Rezept S. 389)

2. Springtime-Drink: 1 bis 2 Eßlöffel Apfelsinensaft in einem Sektglas mit gekühltem Sekt auffüllen, etwas Pulverkaffee daraufstreuen.
3. Ananas-Granité: ²/₃ eines Sektkelches mit Ananaseis füllen, 1 Eßlöffel Ananassirup zugießen, mit weißem Traubensaft auffüllen.
4. Mokka-Granité: Sektkelch zu ²/₃ mit Mokkaeis füllen, 1 Eßlöffel Apfelsinensirup darübergießen, mit rotem Traubensaft auffüllen.
5. Pfefferminz-Mix: 1 Eßlöffel Puderzucker, 1 Eßlöffel Zitronensaft, 1 Likörglas Gin und 2 zerstoßene frische Pfefferminzblätter mit Eis im Mixbecher schütteln, mit Apfelmost auffüllen und mit einer Apfelsinenscheibe oder -spirale und einem Strohhalm servieren (Farbfoto S. 387).
6. Erdbeer-Freeze: 1 Likörglas Erdbeersirup in ein Limonadenglas geben, 1 Likörglas frische, gezuckerte und pürierte Erdbeeren hinzufügen, das Glas zu ²/₃ mit zerkleinertem Roheis auffüllen, Sodawasser aufspritzen, 1 Kugel Erdbeereis aufsetzen, mit Erdbeeren garnieren.

ABC DER BOWLENZUBEREITUNG

Eine Bowle soll erfrischen und anregen zugleich. Sie hinterläßt nur dann keinen schweren Kopf, wenn man bei ihrer Zubereitung ein paar Grundregeln beachtet:
▶ Leichte naturreine Weine verwenden, möglichst keine sogenannten »Bowlenweine«, deren Zusammensetzung oft etwas fragwürdig ist.
▶ So wenig Zucker wie möglich nehmen, lieber bei der Auswahl des Weines oder Sektes auf die unumgängliche Süße achten. Bowlenspezialisten schwören auf eine Spur Süßstoff und sparen damit Zucker ein.
▶ Der Wein für den Ansatz darf Zimmertemperatur haben, alle zugegossenen Flüssigkeiten müssen jedoch gekühlt sein. Auf keinen Fall Eiswürfel in die Bowle geben, sondern lediglich von außen kühlen.
▶ Bowle nicht »verlängern«, wenn sie nicht reicht, sondern lieber noch eine Flasche Wein oder Sekt öffnen und als Abschluß eingießen.

Ananasbowle

Ananas schälen, würfeln und mit 2 Glas Weißwein ungezuckert ansetzen, 1 Stunde ziehen lassen. Zucker mit wenig Wasser aufkochen, bis er sich löst, und abkühlen lassen. Vor dem Anrichten Wein und gekühlten Sekt über die Ananaswürfel gießen, mit Zuckerlösung abschmecken. (Bei der Verwendung von Dosenananas soviel Saft zugegeben, daß die Bowle ausreichend gesüßt ist, möglichst nicht nachzuckern.)

250 g frische Ananas
2 Flaschen Weißwein
1 Flasche Sekt
50 bis 75 g Zucker

Apfelsinenbowle

Schale von 2 ungespritzten Apfelsinen auf Würfelzucker abreiben. Alle Apfelsinen schälen, entkernen und in kleine Stücke schneiden, mit 30 g Zucker ziehen lassen. Die Zuckerstückchen in wenig Wasser auflösen, über die Apfelsinen gießen, Wein und Sekt auffüllen und servieren.

4 bis 6 Apfelsinen
8 Stückchen Würfelzucker
30 g Zucker, 2 Flaschen Weißwein, 1 Flasche Sekt

Erdbeerbowle

Erdbeeren mit Zucker und 2 Gläsern Weißwein ansetzen (große Früchte einmal durchschneiden), 1 Stunde ziehen lassen, restlichen Wein und Sekt auffüllen. Nach demselben Rezept: Pfirsichbowle (Pfirsiche schälen und entsteinen, in mundgerechte Stücke schneiden).

500 g Erdbeeren
50 g Zucker, 2 Flaschen Weißwein, 1 Flasche Sekt

Kühler Sektpunsch (links) heißt diese Bowle aus Weißwein und Sekt. Rechts: Rote Gurkenbowle wird mit Zimt, Nelken und einem Glas Maraschino aromatisiert und gekühlt serviert (Rezepte siehe unten).

1 Flasche Weißwein
½ Flasche Sekt, 1 Zitrone
25 g Zucker

Kalte Ente

Gekühlten Wein in eine Glaskanne gießen. Zitronenschale spiralförmig und dünn abschneiden, in den Wein hängen und 30 Minuten ziehen lassen. Kurz vor dem Anrichten aufgelösten Zucker und Sekt hineingeben, kalt servieren. Nach Belieben Zitronensaft zufügen.

1 Flasche Weißwein
1 Flasche Sekt
1 Flasche Sodawasser
1 Zitrone, 2 Likörgläser
Weinbrand, 40 g Zucker

Kühler Sektpunsch *Foto siehe oben*

Zitrone mit der Schale in dünne Scheiben schneiden, in das Bowlengefäß geben und mit Weißwein übergossen 30 Minuten ziehen lassen. Kurz vor dem Anrichten Weinbrand hineinrühren, den in wenig Wasser gelösten Zucker hineingeben und mit Sodawasser und Sekt auffüllen.

1 frische Gurke
etwas Zimt, 3 Nelken
1 Glas Maraschino
2 Flaschen Rotwein

Rote Gurkenbowle *Foto siehe oben*

Gurke mit der Schale in Scheiben schneiden, in das Bowlengefäß geben, mit ½ Flasche Rotwein übergießen, Gewürze in ein Mullsäckchen binden und hineinlegen, 1 Stunde ziehen lassen Gewürze herausnehmen, restlichen Wein und Maraschino auffüllen, gekühlt servieren.

So wird der Shaker vorschriftsmäßig gehalten.

DIE KLEINE HAUSBAR

Wer nicht gerade den Ehrgeiz hat, es dem Mixer einer großen Hotelbar gleichzutun, sondern nur hin und wieder für den Hausgebrauch hochprozentige Mixereien zu komponieren, kommt mit einer durchaus erschwinglichen Standardausrüstung aus, die sich im Lauf der Zeit nach Belieben erweitern läßt. Man baut seine Arbeitsgeräte und Zutaten auf einem kleinen Tisch, besser auf dem Servierwagen auf, stellt genügend Gläser in erreichbare Nähe – und schon kann's losgehen. Zur Erstausstattung der Hausbar gehören unbedingt:
▶ Gläser: Cocktailgläser (Stielgläser mit 50 ccm Inhalt), Sektkelche (100 ccm Inhalt), Tumblers (Bechergläser mit 200 ccm Inhalt).

▶ Arbeitsgeräte: Shaker (Mixbecher), Strainer (Barsieb), Mixglas, Barlöffel, Meßglas, Eiseimer mit Eiszange; außerdem Zitronenpresse, Korkenzieher, Flaschenöffner, Obstmesser, Trinkhalme.
▶ Zutaten: Eis in nußgroßen Stücken, Angostura- und Orangen-Bitter in der Spritzflasche, Grenadine-Sirup, Zuckersirup (Wasser und Zucker zu gleichen Teilen verkocht), Kristallzucker, Sodawasser, Zitronen, Apfelsinen, Maraschinokirschen, Oliven.
▶ Spirituosen: Gin, Weinbrand, Scotch, Bourbon und Canadian Whisky, Bacardi Rum, Curaçao triple sec, Apricot Brandy, Maraschino, Crème de Cacao, Byrrh Violet; außerdem italienischer und französischer Vermouth und Sekt.

Die *Mengenangaben* in den folgenden Rezepten gelten für ein Glas mit 50 ccm Inhalt.

Martini dry *Farbfoto S. 388*

¹/₅ französischen Vermouth dry und ⁴/₅ Gin mit Eis in das Mixglas geben, verrühren und im Cocktailglas mit einer Olive servieren.

White Lady

²/₅ Cointreau oder Curaçao triple sec, ²/₅ Gin und ¹/₅ Zitronensaft mit Eis in den Mixbecher geben, kurz schütteln und im Cocktailglas mit einer Maraschinokirsche servieren.

Brandy Cocktail

¹/₂ Barlöffel Zuckersirup, 2 Spritzer Angostura und 1 Likörglas Weinbrand mit Eis im Mixbecher verrühren und mit einer Maraschinokirsche im Cocktailglas servieren.

Die Prairie Oyster (rechts) ist als »Ernüchterungscocktail« beliebt. Mitte: Holzwurm und Barbottage sind Sektcocktails. Zu den alkoholschwachen, mit Sodawasser aufgefüllten Drinks gehören Gin Sour und Remsen Cooler (links; Rezepte auf den Seiten 398 und 399).

Old Fashioned *Farbfoto S. 388*

1 Barlöffel Zucker und 2 Spritzer Angostura mit etwas Wasser in einem kleinen Becher (Old-Fashioned-Glas) verrühren, einige Stücke Eis und 2 Likörgläser Bourbon oder Rye Whisky dazugeben, umrühren und mit einer Apfelsinenscheibe und drei Maraschinokirschen servieren.

Manhattan

$1/3$ italienischen roten Vermouth, $2/3$ Bourbon Whisky und 1 Spritzer Angostura verrühren, mit einer Kirsche im Cocktailglas servieren, mit etwas Zitronenschale abspritzen. – Rob Roy: Statt Bourbon $2/3$ Scotch Whisky verwenden.

Bacardi Cocktail *Farbfoto S. 388*

1 Barlöffel Grenadine, $1/6$ Zitronensaft, $2/6$ Gin und $3/6$ Bacardi Rum mit Eis im Mixbecher schütteln; im Cocktailglas servieren.

Ohio Cocktail

$1/6$ italienischen roten Vermouth, $1/3$ Canadian Whisky, 1 Barlöffel Curaçao triple sec und 1 Spritzer Angostura im Mixglas mit Eis verrühren, in ein Sektglas abgießen und Sekt auffüllen.

Holzwurm *Foto S. 397*

$1/6$ Byrrh Violet, $1/3$ Bacardi Rum, 1 Barlöffel Apricot Brandy und 1 Spritzer Orangenbitter mit Eis im Mixglas rühren, in ein Sektglas gießen, Sekt auffüllen und mit einer Maraschinokirsche garnieren, mit Apfelsinenschale abspritzen.

Barbottage *Foto S. 397*

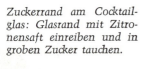

Zuckerrand am Cocktailglas: Glasrand mit Zitronensaft einreiben und in groben Zucker tauchen.

Sektkelch zur Hälfte mit haselnußgroßen Eisstückchen füllen, je 1 Barlöffel Grenadine und Zitronensaft und 1 Spritzer Angostura daraufgeben, Sekt auffüllen und mit einer Apfelsinenscheibe garnieren.

Cocoa Flip

1 Eigelb, 1 Teelöffel Sahne und 1 Likörglas Crème de Cacao mit Eis im Mixbecher schütteln, im Sektglas servieren.

Brandy Crusta

1 Likörglas Weinbrand, $1/5$ Zitronensaft, 1 Barlöffel Zuckersirup, je 2 Spritzer Angostura und Maraschino im Mixbecher mit Eis schütteln. Rand des Cocktailglases mit Zitrone abreiben, in Kristallzucker tauchen, so daß ein Zuckerrand entsteht. Den Crusta hineinseihen, eine hauchdünne Apfelsinenschale als Garnitur nehmen.

Remsen Cooler *Foto S. 397*

Spiralförmig abgeschälte Schale einer Apfelsine über den Rand in einen großen Tumbler (Becher) hängen, 3 bis 4 Stücke Eis hineingeben, 1 Likörglas Scotch Whisky darübergießen und Sodawasser auffüllen.

Gin Sour *Foto S. 397*

1 Likörglas Gin, Saft einer halben Zitrone und 1 Barlöffel Zuckersirup im Mixbecher mit kleingeschlagenem Eis schütteln, in einen kleinen Tumbler (Becher) seihen, Sodawasser auffüllen und mit 1 bis 2 Kirschen und einem Apfelsinen- oder Zitronenviertel garnieren.

Gin Fizz

1 Likörglas Gin, Saft einer mittelgroßen Zitrone und 2 Barlöffel Zuckersirup im Mixbecher mit kleingeschlagenem Eis schütteln, in einen mittelgroßen Tumbler seihen und Sodawasser auffüllen. Mit Trinkhalm sofort servieren.

Tom Collins

3 Likörgläser Gin, Saft einer Zitrone und 2 Barlöffel Zuckersirup in einen großen Tumbler geben, gut verrühren. Glas zur Hälfte mit großen Eisstücken füllen und Sodawasser auffüllen.

Prairie Oyster *Foto S. 397*

Cocktailglas mit 2 Spritzern Olivenöl ausschwenken. 2 Barlöffel Worcestersoße mit 2 Barlöffeln Tomatenketchup verrühren und in das Glas geben, vorsichtig 1 Eigelb darauf gleiten lassen, mit 2 Spritzer Zitronensaft und 1 Tropfen Tabascosoße beträufeln, mit Pfeffer, Paprika und Salz bestreuen. Nicht verrühren. – Diesen »Ernüchterungscocktail« kippt man mit einem Schluck hinunter.

Tomato Cocktail

²/₃ Tomatensaft, ¹/₃ Zitronensaft und je 1 Prise Salz und Pfeffer im Mixglas mit Eis verrühren, mit etwas Pfeffer bestreut servieren.

VOM RICHTIGEN TEMPERIEREN

Jedes alkoholische Getränk braucht seine »richtige« Trinktemperatur, bei der es seine Qualitäten am besten entfalten kann. Ein Kirschwasser soll beispielsweise eisgekühlt gereicht werden, ein Weinbrand dagegen zimmerwarm. Lauwarmen Sekt anzubieten wäre eine Sünde, und eisgekühlter Burgunder schmeckt nach gar nichts. Je wertvoller ein Getränk ist, desto behutsamer muß man beim Temperieren vorgehen. Mit Ausnahme von Cocktails oder Milchmischgetränken hat Eis in Würfeln oder Stücken nichts im Glas zu suchen – auch nicht bei einer Bowle oder Kalten Ente, für die es Gefäße mit eingebautem Eisbehälter gibt. Die Kühlung muß also grundsätzlich von außen kommen, und während es einem »Klaren« nichts schadet, wenn man ihn im Kühlschrank bei höchster Kältestufe kühlt, kann ein wertvoller Weißwein dieses Schnellverfahren schon übelnehmen. Man läßt ihm besser ein paar Stunden Zeit, sich an die niedrigere Temperatur (»Kellertemperatur« genannt) zu gewöhnen. Umgekehrt wäre es eine Barbarei, Rotwein mit der Flasche in einen Topf mit warmem Wasser zu stellen, damit er seine richtige Trinktemperatur bekommt, oder die Flasche kurzerhand auf die Zentralheizung zu legen. Je langsamer sich ein Rotwein auf Zimmertemperatur erwärmt, desto besser entfaltet er seine Blume.

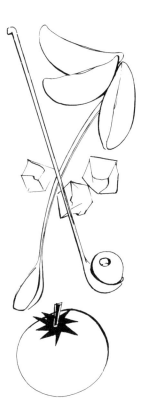

Trinktemperaturen

6 bis 8°C: Konsumsekt, trockene Weißweine, klare Schnäpse (wie Kirschwasser, Steinhäger, Wodka), Zitrusliköre, Pils
8 bis 10° C: Rieslingsekt, Weißweine (besonders zuckerhaltige Rheinweine bis 12°C), Dessertweine, Edelliköre (wie Bénédictine, Escorial), helles Bier, Bockbier
10 bis 12°C: Roter Sekt, übrige Liköre, dunkles Bier
12 bis 14°C: Leichte Rotweine (Deutschland, Tirol)
14 bis 16°C: Burgunder, mittelschwere Rotweine, Portwein, Sherry, Kräuter- und Bitterliköre
16 bis 18°C: Bordeaux, schwere Rotweine, Weinbrand

DIE GETRÄNKEFOLGE

Beim großen Festmahl mit mehreren Gängen muß man beachten, welches Getränk zu welchem Gericht paßt und welche Reihenfolge man dabei einhalten sollte. Es gibt drei Grundregeln:
▶ Weißer Wein paßt zu hellem Fleisch (Fisch, Huhn, Kalb), roter Wein paßt zu dunklem Fleisch (Rind, Wild, Puter).
▶ Wenn im Verlauf einer Mahlzeit mehrere Weine gereicht werden, fängt man mit einem leichteren an und steigert zu schwereren Sorten.
▶ Zu süßen Speisen reicht man keine herben Weine, weil sie deren Geschmack verderben und selbst auch nicht schmecken würden.
Die richtige »Zuordnung« von Wein und Gericht verlangt Fingerspitzengefühl und Erfahrung. Die folgende Liste zeigt Möglichkeiten auf, die in der Praxis erprobt sind und als Anregungen dienen sollen.

1. Vor dem Essen reicht man einen Aperitif: ein Glas Sherry oder Vermouth, einen Cocktail (beispielsweise Martini) oder ein Glas Sekt; bei einem deftigen Mahl ist auch ein klarer Schnaps als Magenöffner erlaubt.
2. Zur Vorspeise paßt in der Regel ein leichter, trockener Weißwein oder auch ein Rosé (vorzugsweise zu warmen Vorspeisen). Austern verlangen nach Chablis, Kaviar und Krustentiere nach trockenem Sekt, Gänseleberpastete nach Rotwein, Madeira oder Sherry, pikante Salate nach Mosel- oder Plattensee-Weinen.
3. Zur Suppe wird kein Getränk aufgetischt; man kann aber schon zum Wein des nächsten Ganges übergehen oder noch beim Vorspeisengetränk bleiben.
4. Fisch verlangt, wenn er als gekochtes Gericht gereicht wird, einen leichten Mosel- oder Rheinwein; zu gebratenem Fisch empfiehlt sich eine schwerere Sorte. Mit Lachs verträgt sich auch ein leichter Rotwein.
5. Helles Fleisch (Kalbfleisch, Geflügel) wird mit schweren Weißweinsorten aufgetischt; zu fetten oder pikant angerichteten Geflügelzubereitungen kann man aber auch roten Württemberger oder Burgunder reichen.
6. Dunkles Fleisch schmeckt am besten mit schweren Rotweinsorten: Bordeaux, Châteauneuf-du-Pape, Aßmannshäuser.

Zu Zwischengerichten wird in der Regel kein Wein gereicht; man bleibt bei der vorhergehenden Sorte. Mit Essig angemachte Salate bleiben ebenfalls »solo«. Bei aller »Kombinierfreudigkeit« sollte man immer daran denken, daß es wichtiger ist, zwei oder drei auserlesene, zueinander passende Weine vorzusetzen als eine endlos gesteigerte Skala »quer durch die Weinkarte« aufzubauen, bei der der Gast schließlich nicht mehr weiß, wo ihm der Kopf steht.

Beim Öffnen der Sektflasche verwendet man eine Serviette.

Das Backen

»Nimm ¼ Pf. Schokolade, reibe sie recht fein, 20 Eyer, thu sie in einen Topf, ⅞ Pf. fein gesiebten Zucker dazu, schlage selbiges 1 Stunde, dann thu ¾ Pf. Stärkemehl nach gerade dazu. Es wird auch von 1 Zitrone die Schale dazu genommen. Schmiere die Form mit Butter aus, und backe sie langsam.« Nach Rezepten dieser Art – die zitierte Backvorschrift für »Schockladentorte« steht in einem 1784 erschienenen Kochbuch – richtete sich die Hausfrau der Goethezeit. Nur gut, daß die Eier zu jener Zeit spottbillig waren, denn Rezepte mit 15 bis 25 Eiern waren keine Seltenheit.
Die Torte als Glanzstück und Meisterleistung häuslicher Backkunst hat übrigens eine sehr alte Geschichte. Man hat herausgefunden, daß die Ahnen der Torten, runde Fladen aus Mehl und Honig, schon von den alten Germanen zubereitet wurden, und zwar als Gebäck zum Sonnwendfest; so erklärt sich auch die Nachbildung der Sonnenform durch den Honigfladen, der in späteren Jahrhunderten in Klöstern und Schloßküchen zur gefüllten, kunstvoll verzierten »Tarte« wurde. Gebackene Kränze oder Ringe legten die Germanen ihren Toten ins Grab. Auf altgermanische, christliche, aber auch neuzeitlichere Bräuche gehen viele andere Gebäckarten und -formen zurück. Man braucht nicht nur an Fastnachtskrapfen und Osterbrot, an Kirmesgebäck und Nikolausbackwerk, an Erntedankstriezel und Julgebäck zu erinnern. Den Königskuchen pflegte man zum Dreikönigsfest zu backen, die Torgauer Sparbrötchen zum Gedenken an überstandene Notzeiten, die Hamelner Brotratten zur Erinnerung an den Rattenfänger und die Timpenstuten zum Gedächtnis an den Sachsenherzog Wittekind.
Rund 1200 verschiedene Arten von Kleingebäck wurden allein in Deutschland gezählt, die moderneren Backwaren aus Biskuit- und Rührteig, die Torten und das Käse- und Salzgebäck noch gar nicht mitgerechnet. In manchen Familien ist die Tradition eines dieser »Spezialgebäcke« noch lebendig, erinnert sich die Hausfrau zur rechten Zeit an ein Rezept für Gründonnerstaggebäck oder Weihnachtsstollen, das schon seit Generationen erprobt ist. Im allgemeinen aber dürften, von ländlichen Haushalten abgesehen, Heiligenachtküchel und Weckmann, Schusterjungen und Kletzenbrot der Rationalisierung in der Küche und der Beschränkung auf einige wenige Standardrezepte zum

Opfer gefallen sein. Nur in den Formen einiger auch heute noch »lebendiger« Backwaren haben sich alte Überlieferungen erhalten – etwa beim Krapfen, beim Nußkranz, bei der Laugenbrezel, bei Hobelspänen, Hörnchen, Spekulatius, Zöpfen und manchem weihnachtlichen Formgebäck.

Auf dem Gebiet des Backens ist, ganz im Gegensatz zu manch anderer Küchenrubrik, noch kein Meister vom Himmel gefallen. Die perfekteste Kücheneinrichtung, der gradgenau regelbare Herd, das detaillierte Rezept können die lange Erfahrung einer Hausfrau nicht ersetzen. Fast in jedem Fall muß zuerst Lehrgeld gezahlt werden, bevor nach den einfacheren auch die schwierigeren Gebäckstücke gelingen. Die folgenden Tips und Arbeitsanweisungen sollen dazu beitragen, daß der anfängliche »Ausschuß« sich in Grenzen hält. Denn in Deutschland hat bisher noch niemand etwas mit mißratenen Kuchen anzufangen gewußt. Vielleicht kopiert eines Tages jemand die Idee eines New Yorker Warenhauses; dort können junge Ehefrauen ihren ersten Kuchen mit einer konservierenden Goldbronze überziehen lassen, damit er sich als warnendes und ansporendes Zeichen für alle Zeiten aufbewahren läßt.

ALLGEMEINE BACKREGELN

▶ Gutes Arbeitsgerät (Liste auf S. 32) hilft den Erfolg sichern. Die Teigschüssel sollte nicht aus blankem Metall sein, sondern besser aus Steingut, Porzellan oder Kunststoff.
▶ Alle Zutaten vor Arbeitsbeginn zurechtstellen, vorbereiten und abwiegen. Zum Hefeteig müssen die Zutaten auf Zimmertemperatur angewärmt sein, beim Backpulverteig ist das überflüssig.
▶ Mehl muß grundsätzlich gesiebt werden, bevor es verarbeitet wird – je nach Rezept mit Speisestärke und Backpulver zusammen.
▶ Feinkörniger Zucker eignet sich für viele Rezepte besser als grobkörniger.

Handrührgeräte erleichtern das Backen, eignen sich aber auch zum Rühren von Mayonnaise, zum Schlagen von Sahne und Eiweiß und zur Bereitung von Mischgetränken und Süßspeisen – die Auswahl ist groß, sie reicht vom einfachen Handquirl bis zum Elektrogerät.

Moderne Küchenmaschinen sind mit Rührschüssel, Rühr- und Knetzusatz ausgerüstet. Sie erleichtern viele Arbeitsgänge beim Backen von leichten Rührarbeiten bis zum Kneten schwerer Hefeteige.

▶ Eier zuerst einzeln in eine Tasse schlagen, bevor sie dem Teig beigefügt werden. Wenn Eigelb und Eiweiß getrennt verarbeitet werden müssen, sollte die Trennung sehr sorgfältig geschehen. Eigelbspuren im Eiweiß beeinträchtigen das Steifschlagen. Eischnee erst ganz zum Schluß unterziehen, nicht verrühren. Er soll den Teig lockern.
▶ Anstelle von Butter kann man in den meisten Fällen auch Margarine oder Öl verwenden.
▶ Mandeln werden mit kochendem Wasser überbrüht, abgezogen und – je nach Rezept – gerieben, gehackt oder in Stifte geschnitten.
▶ Rosinen und Korinthen werden sauber gewaschen, am besten mit heißem Wasser überbrüht, dann abgetrocknet und mit Mehl bestäubt, damit sie bei leichten Teigarten nicht nach unten sinken.
▶ Orangeat und Zitronat wird meist in kleine Würfel oder Streifchen geschnitten.
▶ Zitronen- und Apfelsinenschalen sind häufig mit Diphenyl gespritzt. Nur von ungespritzten Früchten darf die abgeriebene Schale verwendet werden.

Backzeiten und -temperaturen

Moderne Gas- und Elektrobacköfen (siehe S. 30) sind mit Temperaturreglern (Thermostaten) ausgerüstet, die dafür sorgen, daß die einmal eingestellte Backhitze automatisch während des ganzen Backvorganges eingehalten wird. Diese Einrichtung bedeutet für die Hausfrau eine erhebliche Arbeitserleichterung, befreit sie aber nicht davon, wenigstens mit den wichtigsten Grundrezepten die Eigenheiten »ihres« Ofens zu studieren. Alle Tabellen für Backzeiten und -temperaturen können deshalb nur Anhaltspunkte geben. Unter anderem hängt die richtige Einstellung des Backofens ab
▶ von der Heizkraft (Leistungsaufnahme) des Ofens – je nach Fabrikat und Modell beim Elektroherd zum Beispiel 1,2 bis 1,5 Kilowatt; leistungsstärkere Öfen bedingen manchmal kürzere Backzeiten;
▶ vom Material der Backformen; dunkle Blechformen nehmen rascher Hitze auf als helle und setzen deshalb kürzere Backzeiten oder niedrigere Backtemperaturen voraus; Weißblechformen verursachen überdies eine helle, fast »ungebacken« aussehende Kruste;

▶ von der Teigmenge, die der Backofen garen soll, und schließlich auch noch von der Konsistenz des Teiges – ob sehr leicht oder mit Zutaten beladen, ob gut durchgearbeitet und locker oder sehr fest;

▶ von der »Einschiebhitze«, das heißt davon, ob der Backofen vorgeheizt wurde oder nicht; Elektrobacköfen heizt man fast immer vor, Gasbacköfen nur bei Blätterteig, Stollen und ähnlichem Gebäck;

▶ von der Ausnutzung der »Nachwärme« nach dem Ausschalten der Energiequelle; beim Elektroherd läßt man größere Gebäckstücke 5 bis 10 Minuten (mit Ausnahme von Biskuitrollen), Kleingebäck 3 bis 5 Minuten nach dem Abschalten des Reglers im Backofen.

Vor und nach dem Backen

▶ Backbleche und -formen in der Regel (Ausnahmen sind besonders gekennzeichnet) gut einfetten. Vor allem bei stark verzierten Formen jeden versteckten Winkel mit zerlassenem Fett auspinseln. Bei Kleingebäck auf dem Blech reicht in vielen Fällen ein dünner Überzug von Bienenwachs.

▶ Halbhohe und hohe Formen nicht bis zum Rand füllen, sondern ausreichend Platz für das Aufsteigen des Kuchens lassen.

▶ Backofentür frühestens nach Ablauf der halben Backzeit öffnen, damit der Kuchen nicht zusammenfällt. Den Kuchen vor kalter Luft schützen, nicht unnötig bewegen.

▶ Der Kuchen ist durchgebacken, wenn er sich vom Blech löst bzw. wenn bei der Garprobe kein Teig mehr an einem vorsichtig in den Kuchen gestochenen Hölzchen (oder einer Stricknadel) hängenbleibt.

▶ Den fertigen Kuchen mindestens 10 Minuten vor Zugluft geschützt (am besten mit einem Tuch zugedeckt) ruhen lassen, bevor man ihn aus der Form nimmt.

▶ Alle Kuchenarten nicht länger als nötig in der Form oder auf dem Blech lassen, damit sie keinen Blechgeschmack annehmen. Kleingebäck nimmt man sofort nach dem Backen vom Blech, damit es nicht nachdunkelt und beim Abnehmen nicht zerbricht.

Beim Backen schlägt man jedes Ei in eine Tasse und prüft, ob es frisch ist (links). Frische Eier müssen ein halbkugelförmiges Eigelb zeigen (Mitte). Rosinen werden mit Mehl bestäubt und dem Teig zugesetzt.

Tabelle der Grundschaltungen Herde mit Thermostat

Einschiebhöhe Gebäckart	Backzeit (etwa ... Minuten)	Reglerstellung Elektroherd	Gasherd

Hohes Gebäck

(Rost auf dem Boden, Wölbung nach unten)

Backpulver-Napfkuchen	50–65	175–180	3
Hefe-Napfkuchen	45–50	190–200	3–4
Sandkuchen	60–80	170–175	2–3
Königskuchen	70–90	170–180	3
Honigkuchen (Kastenform)	70–80	170–180	3

Halbhohes Gebäck

(Elektroherd: Rost auf dem Boden, Wölbung nach unten; Gasherd: 1. Schiene von unten)

Obsttorten, feuchter Belag	45–55	190–200	3–4
Torten mit trockenem Belag oder Füllung	35–45	200–210	3–4
Mürbteig-Tortenboden	12–20	210–225	4
Biskuittorten	35–45	180–190	3–4

Geformtes Gebäck

(Rost auf 1. oder 2. Schiene von unten)

Hefezopf oder -kranz	25–40	200–210	3–4
Windbeutel	25–35	200–225	4–5
Strudel	40–55	175–195	3–4
Stollen	50–70	190–200	3–4

Flache Kuchen

(Rost auf 1. oder 2. Schiene von unten)

Blechkuchen, feuchter Belag	25–35	200–220	3–4
Blechkuchen, trockener Belag	20–30	175–200	3–4
Biskuitrolle	10–15	200–220	3–4
Honigkuchen auf dem Blech	20–35	170–195	3–4
Honigkuchen in der Fettpfanne	35–50	170–180	3

Kleingebäck

(Rost auf mittlere Schiene)

Schaumgebäck (Eiweißgebäck)	verschieden	150–160	1
Rührteig	12–15	200–210	3
Knetteig	8–12	175–210	3–4
Blätterteig	15–20	210–225	5
Honigkuchenteig	12–20	170–195	3–4

Umrechnungstabellen für Herde ohne Thermostat siehe S. 32 (Elektroherd) und S. 30 (Gasherd). Anhaltspunkte für die Backtemperatur bei Kohlenherden siehe S. 29.

HEFETEIG

Viele Hausfrauen legen eine gewisse Scheu vor dieser Teigart an den Tag, weil sie der Meinung sind, es könne dabei leichter »etwas passieren« als etwa bei einem Rührteig. Wer sich erst einmal mit der Zubereitung des Hefeteigs angefreundet hat, weiß, wie anspruchslos er in Wirklichkeit ist. Er verlangt weder größere Fett- noch Eiermengen – im Gegenteil, beides kann getrost wegfallen, ohne das Gelingen des Kuchens in Frage zu stellen (zu viele Eier machen den Teig ohnehin trocken) – noch ist er beim Backen besonders empfindlich. Einzige Voraussetzung ist wie bei jedem anderen Gebäck, daß man ein paar Grundregeln beherrscht und streng befolgt:

▶ Die Hefe ist ein Lebewesen; sie arbeitet am besten bei Körpertemperatur (um 37°C) und braucht Nahrung. Daraus ergibt sich, daß man Hefeteig aus gut vorgewärmten Zutaten herstellen und darauf achten muß, daß die zum Aufgehen nötige Wärme während des ganzen Arbeitsganges erhalten bleibt.

▶ Um die »treibende Kraft« zur Entfaltung zu bringen, rührt man die Hefe zunächst mit lauwarmer Milch, etwas Zucker und Mehl zum Vorteig (Dämpfel oder Dampfel) an und läßt sie zugedeckt stehen, bis die Masse die doppelte Höhe erreicht hat und die Oberfläche des Vorteiges Risse zu zeigen beginnt. Vorteig und übrige Zutaten werden dann erst zum »endgültigen« Teig verarbeitet, der kräftig geschlagen oder geknetet wird und zum zweitenmal gehen muß. Zum drittenmal läßt man den Hefeteig auf dem Blech oder in der Form gehen. Bei schweren Teigen (wie zum Stollen) schaltet man noch eine vierte Aufgehzeit dazwischen.

▶ Fett und Salz sollen mit dem Vorteig nicht in Berührung kommen, weil sie von der Hefe nicht vertragen werden. Fettreiche Teige bedingen höhere Hefezugaben, ergeben aber auch ein mürberes Gebäck.

▶ Leichter Hefeteig braucht auf 500 g Mehl etwa 20 bis 25 g Hefe, mittelschwerer Teig 30 g, schwerer Teig bis zu 50 g Hefe.

▶ Um die Aufgehzeit zu verkürzen, kann man den Teig in der Form oder in der Schüssel auch im Backofen gehen lassen. Beim Gasback-

Hefeteig-Zubereitung: Aus Hefe, Zucker, lauwarmer Milch und Mehl einen Vorteig ansetzen (links), zugedeckt warm stellen und gehen lassen (Mitte); übrige Zutaten zufügen und den Teig schlagen.

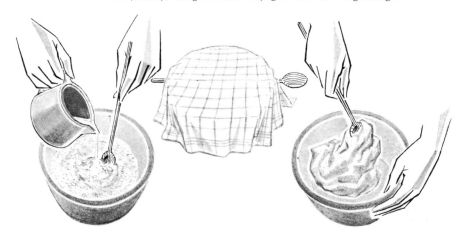

Gelungenes Backwerk aus Hefeteig: Feiner Hefe-Napfkuchen (links, Rezept S. 408) mit Mandeln, Korinthen und Rosinen und (rechts) ein Hefe-Weißbrot ohne Fett- und Eibeigaben (Rezept siehe unten).

ofen heizt man 3 Minuten auf höchster Reglerstufe vor, schaltet dann ab und stellt den Teig hinein; beim Elektrobackofen stellt man auf 40–50 ein und behält diese Schalterstellung bei. Der Teig bleibt so lange im Backofen, bis er etwa auf den doppelten Umfang gegangen ist. Dann nimmt man ihn entweder zum Formen (Zopf, Kranz o. ä.) heraus oder schaltet den Ofen auf Backtemperatur und backt den Kuchen in der Form fertig. Wenn der Teig geht, soll die Backofentür einen Spalt breit geöffnet bleiben, damit die Temperatur nicht zu stark ansteigen kann.

Grundrezept für Hefeteig

Mehl in eine Schüssel sieben, in der Mitte eine Vertiefung machen, die zerbröckelte Hefe mit 1 Teelöffel Zucker hineingeben, mit etwas lauwarmer Milch übergießen und mit etwas Mehl verrühren, so daß ein flüssiger Vorteig entsteht. Zugedeckt warm stellen und etwa 20 bis 30 Minuten gehen lassen, dann nach und nach die restliche Milch, die erwärmte (nicht flüssige) Butter, Zucker, Eier und Gewürze hinzufügen, kräftig durcharbeiten und mit einem großen Rührlöffel schlagen, bis der Teig Blasen wirft und sich von der Schüssel löst. Schüsselboden mit etwas Mehl bestreuen, den Teig zum Ballen formen und daraufflegen; zugedeckt gehen lassen, bis er sich etwa um das Doppelte seines Umfangs vermehrt hat. Den Teig aus der Schüssel nehmen, auf ein bemehltes Backbrett legen und beliebig formen oder zu Kleingebäck (S. 414) verarbeiten. Als Stollen, in der Kastenform oder als Kleingebäck auf dem Blech nochmals 15 Minuten gehen lassen, bei etwa 200°C je nach der Form 25 bis 50 Minuten (siehe Tabelle auf S. 405 und folgende Rezepte) backen.

500 g Mehl, 20 bis 25 g Hefe, 1/4 l Milch 50 bis 80 g Butter, Margarine oder Öl 50 bis 100 g Zucker 1 bis 2 Eier, 1 gestrichener Teelöffel Salz, abgeriebene Schale einer halben Zitrone, 1 Päckchen Vanillezucker (nach Belieben)

Hefe-Weißbrot *Foto siehe oben*

Aus den Zutaten nach dem Grundrezept einen nicht zu lockeren Hefeteig zubereiten, in eine gefettete Kastenform füllen, zugedeckt aufgehen lassen und bei etwa 190–200°C in 60 bis 80 Minuten backen.

1 kg Mehl, 45 g Hefe 1 Teelöffel Zucker etwa 1/2 l Milch 1 Teelöffel Salz

500 g Mehl, 25 g Hefe
80 g Zucker, 80 g Butter
1 gestrichener Teelöffel
Salz, ¼ l Milch
abgeriebene Schale einer
halben Zitrone
150 g Rosinen, Butter
Puderzucker

Einfacher Hefestollen Foto S. 412

Aus den Zutaten nach dem Grundrezept (S. 407) einen Hefeteig zubereiten und gehen lassen, dann die überbrühten und bemehlten Rosinen hineinkneten, den Teig zum Stollen formen, auf ein gefettetes Blech (oder in eine nicht zu große Bratenpfanne) legen, nochmals aufgehen lassen und bei 190–200°C in etwa 40 bis 50 Minuten backen. Noch heiß mit zerlassener Butter bepinseln und dick mit Puderzucker bestreuen.

Einfacher Hefe-Napfkuchen

Zutaten und Zubereitung wie Einfacher Hefestollen. Den Teig zuerst in der Schüssel gehen lassen, dann in eine gefettete Napfkuchenform füllen, nochmals 15 bis 20 Minuten gehen lassen und 45 bis 55 Minuten bei 190–200°C backen. Aus der Form nehmen und dick mit Puderzucker besieben, aber nicht mit Butter einpinseln.

500 g Mehl, 40 g Hefe
⅕ l Milch, 200 g Butter
150 g Zucker, 4 Eier
etwas Salz, abgeriebene
Schale einer halben
Zitrone, 150 g Rosinen
50 g Korinthen
50 g Zitronat
50 g gehackte Mandeln
Puderzucker

Feiner Hefe-Napfkuchen Guglhupf Foto S. 407

Nach dem Hefeteig-Grundrezept (S. 407) einen Vorteig ansetzen, gehen lassen und mit Milch, Mehl, Butter, Zucker, Zitronenschale, Salz und Eiern verkneten, dann kräftig schlagen und zuletzt die überbrühten, in Mehl gewälzten Rosinen und Korinthen, das gehackte Zitronat und die Mandeln hineinkneten. Den Teig zugedeckt bis auf doppelten Umfang gehen lassen, nochmals durcharbeiten, in eine gefettete Napfkuchenform füllen, 15 bis 25 Minuten gehen lassen und im Backofen bei 190–200°C in 50 bis 60 Minuten backen. Aus dem Ofen nehmen, 10 Minuten stehen lassen, stürzen und mit Puderzucker besieben.

Hefekranz

Teig nach dem Rezept für Einfachen Hefestollen oder Feinen Hefe-Napfkuchen zubereiten, in eine gefettete Ringform füllen und 45 bis 55 Minuten bei 190–200°C backen. Nach Belieben mit Puderzucker bestreuen oder mit Glasur (ab S. 469) überziehen.

500 g Mehl, 30 g Hefe
¼ l Milch, 3 Eier
75 g Butter, 80 g Zucker
abgeriebene Schale einer
Zitrone, 1 gestrichener
Teelöffel Salz
Zur Füllung:
300 g geriebene Haselnüsse
60 g Zucker, etwas Zimt
1 gehäufter Eßlöffel
geriebene Schokolade
1 Ei, etwas heiße Milch

Hefe-Nußring Foto S. 412

Teigzutaten nach dem Rezept für Hefeteig (S. 407) verarbeiten, kräftig schlagen und zugedeckt gehen lassen. Nüsse mit Zucker, Zimt und Schokolade mischen, verquirltes Eigelb und so viel Milch zugeben, daß sich die Masse zu einem steifen Brei rühren läßt, dann das steifgeschlagene Eiweiß unterziehen. Teig zu einer dicken rechteckigen Platte ausrollen, mit Füllung belegen, zusammenrollen und den Teigrand mit etwas Eigelb bestreichen, damit er an der Rolle festklebt. Die Rolle mit dem Teigrand nach unten in eine gefettete Ringform legen, mit einer großen Schere den Teig an der Oberfläche in regelmäßigen Abständen leicht einschneiden und bei 190–200°C in 45 bis 55 Minuten backen. Etwas abkühlen lassen, aus der Form nehmen und auf einer Platte anrichten.

Im Mittelpunkt dieses Ostertisches (oben) steht ein Feiner Osterzopf (Rezept S. 411). Unten: Ein saftiger Kirschkuchen mit Streusel (Rezept S. 413) ist immer willkommen zur sommerlichen Kaffeetafel.

Hefe-Mohnring

Mohn mahlen, mit Zitronenschale in die mit Zucker aufgekochte Milch geben und zu einem dicken Brei kochen, abkühlen lassen, mit Zimt und Rum abschmecken, Rosinen, Zitronat und Semmelmehl hineinrühren und den dick ausgerollten Teig damit bestreichen. Weiter verarbeiten wie den Hefe-Nußring. (Falls die Mohnmasse nicht steif genug wird, etwas Grieß damit verkochen.)

Teig wie zu Hefe-Nußring
Füllung:
250 g Mohn, 100 g Rosinen
50 g gehacktes Zitronat
75 g Zucker, 1/4 l Milch
abgeriebene Schale einer
halben Zitrone, etwas Rum
Zimt, 30 g Semmelmehl

Rosinen-Hefekranz

Aus den Zutaten nach dem Grundrezept (S. 407) einen Hefeteig zubereiten (etwas Eigelb zum Bestreichen zurückbehalten), gehen lassen und den Teig in 3 Teile teilen. Aus jedem Teil eine Rolle formen, die drei Rollen zu einem Zopf flechten, zum Kranz zusammenlegen, auf ein gefettetes Blech legen und in die Mitte einen gefetteten Ring aus kräftiger Pappe oder eine außen eingefettete alte Schüssel stellen, damit der Kranz seine runde Form behält. Den Teig auf dem Blech gehen lassen und vor dem Backen mit Eigelb bestreichen, mit Mandelstiften bestecken und mit Hagelzucker bestreuen. Backzeit: 45 bis 50 Minuten bei 200° C.

500 g Mehl, 30 g Hefe
1/8 l Milch, 2 Eier
60 g Butter oder Margarine
80 g Zucker, 1 gestrichener
Teelöffel Salz
60 g Rosinen, 50 g Zitronat
Zum Bestreuen:
50 g Mandeln, Hagelzucker

Feiner Osterzopf Doppelzopf Farbfoto S. 409

Nach dem Grundrezept (S. 407) Hefeteig zubereiten, Rosinen, Mandeln und Zitronat hineinarbeiten und gehen lassen. Teig in einen größeren und einen kleineren Teil teilen, jeden Teigballen dritteln, zu Rollen drehen und einen größeren und einen kleineren Zopf flechten. Größeren Zopf auf ein gefettetes Backblech legen, mit Eiweiß bestreichen, den kleineren Zopf darauf legen und den Doppelzopf mit verquirltem Eigelb bepinseln. Nochmals 15 Minuten gehen lassen, bei 190–200° C 40 bis 50 Minuten backen. Warm mit Zuckerglasur bestreichen und mit Mandeln bestreuen.

500 g Mehl, 30 g Hefe
1/8 l Milch, 100 g Zucker
2 Eier, 125 g Butter
1 Prise Salz, 150 g Rosinen
je 100 g gehackte Mandeln
und Zitronat, 1 Päckchen
Vanillezucker, 1 Ei zum
Bestreichen
Zuckerglasur (S. 469)
100 g gehackte Mandeln

Hefezopf

Nach dem Grundrezept (S. 407) einen Hefeteig bereiten; Rosinen und Zitronat hineinarbeiten und gehen lassen. Teig dritteln, zu langen Rollen formen und daraus einen Zopf flechten. Auf einem gefetteten Backblech gehen lassen, mit verquirltem Eigelb bestreichen, mit Mandeln und Hagelzucker bestreuen und 45 bis 50 Minuten bei 190–200° C backen. – 1. Abwandlung: Eigelb, Mandeln und Hagelzucker weglassen und den fertig gebackenen Zopf statt dessen mit Zitronenglasur (S. 470) überziehen. – 2. Abwandlung: Den aufgegangenen Teig zum Doppelzopf (siehe vorstehendes Rezept) verarbeiten, beliebig überziehen oder garnieren (Foto S. 413).

Zutaten wie zu
Rosinen-Hefekranz

Weihnachtsstollen siehe ab S. 474.

Tortenböden aus Knetteig lassen sich vielseitig belegen und garnieren. Ein paar Beispiele: 1. Fruchttörtchen mit Belag aus frischem und Dosenobst und Schlagsahnegarnitur; 2. Bunte Obsttorte, mit Tortenguß überzogen und Nüssen verziert (Rezepte S. 421); 3. Erdbeer-Nougattorte (Rezept S. 418), aus Knetteigböden zusammengestellt und reich mit Schlagsahne verziert. Tortenböden kann man auch auf Vorrat backen.

Einfacher Hefestollen (links) sollte nicht nur zur Weihnachtszeit gebacken werden. Die Füllung für den in der Kranzform gebackenen Hefe-Nußring wird mit Zimt gewürzt (Rezepte S. 408).

500 g Mehl, 30 g Hefe
¼ l Milch, 1 Prise Salz
1 bis 2 Eier, 75 g Butter
100 g Zucker
1 Päckchen Vanillezucker
abgeriebene Schale einer
halben Zitrone
Füllung wie Hefe-
Mohnring (S. 411)

Hefe-Mohnstrudel Mohnstriezel

Nach dem Grundrezept (S. 407) Hefeteig zubereiten und gehen lassen. Mohnfüllung nach dem Rezept für Hefe-Mohnring (S. 411) zubereiten und auf den rechteckig ausgerollten, mit zerlassener Butter bestrichenen Teig streichen. Den Strudel aufrollen, Teigrand mit etwas Eigelb bestreichen, damit er festklebt. Strudel auf ein gefettetes Backblech legen, bei 190–200 °C in 50 bis 60 Minuten backen. Mit Puderzucker besieben oder mit Zitronenglasur (S. 470) bestreichen.

Hefe-Nußstrudel

Teig wie Mohnstrudel, Füllung wie Hefe-Nußring (S. 408). Den rechteckig ausgerollten Teig mit zerlassener Butter bestreichen, mit der Füllung belegen, aufrollen und auf gefettetem Backblech in 50 bis 60 Minuten bei 190–200° C backen, mit Zitronenglasur (S. 470) bestreichen.

Strudel aus Strudelteig siehe S. 299.

500 g Mehl, 20 g Hefe
¼ l Milch, 75 g Zucker
100 g Butter, 1 Ei
Salz, abgeriebene
Zitronenschale
etwas Muskatblüte

Hefeteig für Blechkuchen

Nach dem Grundrezept (S. 407) Hefeteig zubereiten, gut aufgehen lassen und ein gefettetes Backblech damit belegen. Mit Semmelmehl bestreuen, beliebige Obstfüllung darauflegen, 25 bis 35 Minuten bei 200–220° C backen.

Hefeteig für Blechkuchen
ca. 1,5 kg Äpfel
50 g Semmelmehl, Zimt
Zucker, 50 g Rosinen

Apfelkuchen

Äpfel schälen, entkernen, in gleichmäßige Spalten schneiden. Blech mit Teig belegen, mit Semmelmehl bestreuen und gleichmäßig mit Apfelspalten besetzen. Rosinen überbrühen, auf den Äpfeln verteilen, Zimt darüberstreuen. Nach Belieben vor oder nach dem Backen (25 bis 30 Minuten bei 200–220° C) zuckern. Vor dem Backen gefettetes Pergamentpapier darüberdecken, damit die Äpfel saftig bleiben.

Der Hefe-Doppelzopf (links, Rezept S. 411) ist in manchen Gegenden das bevorzugte Ostergebäck. Rechts: Bienenstich (Rezept siehe unten) mit einem saftigen Belag aus Mandeln, Butter und Zucker.

Pflaumenkuchen Zwetschgenkuchen

Pflaumen oder Zwetschgen gründlich waschen, entsteinen, den Teig mit Semmelmehl bestreuen und mit den Früchten gleichmäßig belegen, wie Apfelkuchen backen, aber erst den fertigen Kuchen zuckern. Nach Belieben auch reihenweise abwechselnd Pflaumen oder Zwetschgen und Apfelspalten auf den Teig legen. Wenn der Backofen zuviel Oberhitze hat, den Teig mit gefettetem Pergamentpapier belegen.

Hefeteig für Blechkuchen
ca. 1,5 kg Pflaumen oder
Zwetschgen, Zucker, Zimt
50 g Semmelmehl

Streuselkuchen

Mehl mit der kalten, zerpflückten Butter und dem Zucker verkneten, zu Streusel zerbröseln und den aufgegangenen Teig damit belegen. Nochmals kurz gehen lassen und 25 bis 35 Minuten bei 200–210°C backen.

Hefeteig für Blechkuchen
300 g Mehl, 200 g Butter
oder Margarine
125 g Zucker
1/2 Päckchen Vanillezucker
oder Zimt (nach Belieben)

Kirschkuchen mit Streusel Farbfoto S. 409

Teig auf das gefettete Backblech legen, einen Rand drücken, nochmals gehen lassen. Entsteinte, gut abgetropfte Kirschen darauf verteilen, mit Streusel belegen, 25 bis 35 Minuten bei 200° C backen und noch warm mit Zucker bestreuen.

Hefeteig für Blechkuchen
ca. 1,5 kg Kirschen
Streusel nach dem
vorstehenden Rezept

Bienenstich Foto siehe oben

Teig auf das gefettete Backblech legen, nochmals gehen lassen. Für den Belag die Butter erhitzen, mit Zucker, Vanillezucker und den abgezogenen, in Stifte geschnittenen Mandeln verrühren, vom Feuer nehmen und mit der Milch vermengen, abkühlen lassen. Den Teig mit der Masse bestreichen, bei 190–200°C in 35 bis 45 Minuten backen. Den erkalteten Kuchen nach Belieben in Portionsstücke teilen, einmal (waagerecht) durchschneiden und mit Vanillepudding, Buttercreme (S. 472) oder Vanillecreme mit Gelatine (S. 471) füllen und wieder zusammensetzen.

Hefeteig für Blechkuchen
125 bis 200 g Mandeln
100 g Butter, 200 g Zucker
1 Päckchen Vanillezucker
2 bis 4 Eßlöffel Milch

Links: So wird ein Hefezopf (Rezepte S. 411) geflochten. Mit diesem Nudelholz läßt sich der Teig für Blechkuchen gleich auf das Blech rollen.

Hefeteig für Blechkuchen
75 g Butter oder Margarine
100 g Zucker, etwas Zimt
1 Päckchen Vanillezucker
100 g geriebene Mandeln
⅛ l saure Sahne

Butterkuchen Zuckerkuchen

Teig auf das gefettete Backblech legen, nochmals gehen lassen, mit einer Gabel mehrmals einstechen, mit zerlassener Butter bestreichen, mit Zucker, Vanillezucker, Mandeln und Zimt bestreuen, die Sahne darauf verteilen. Bei 200–220° C etwa 20 bis 25 Minuten backen.

80 g Mehl, 100 g Honig
4 Eier, 10 g Hefe
1 Teelöffel Zucker
etwas Milch
75 g geriebene Nüsse
abgeriebene Schale einer halben Zitrone

Nuß-Honigkuchen Farbfoto S. 426

Hefe mit Zucker und lauwarmer Milch anrühren, warm stellen und gehen lassen. Mehl, Honig und Eigelb mit dem Schneebesen schaumig rühren. Nüsse, Zitronenschale und die gegangene Hefe dazugeben, die Masse gut verrühren, bei Bedarf noch etwas Mehl zugeben. Zuletzt steifgeschlagenes Eiweiß unterziehen, den Teig auf ein gefettetes, bemehltes Blech streichen, 30 Minuten im Ofen gehen lassen (siehe Hinweis S. 406) und bei 190–200° C in 20 Minuten backen. Noch warm in viereckige Stücke schneiden, nach Belieben mit gehackten Nüssen bestreuen oder mit Zuckerglasur (S. 469) überziehen.

Hefe-Kleingebäck

Für Kleingebäck eignet sich der Hefeteig nach dem Grundrezept (S. 407) oder einem der beiden folgenden Rezepte. Es schmeckt frisch aus dem Ofen am besten, sollte deshalb also nach Möglichkeit nicht am Tag vor dem Verzehr gebacken werden. (Füllungen siehe ab S. 473.)

500 g Mehl, 30 g Hefe
⅕ l Milch, 60 g Butter
60 g Zucker, 1 Prise Salz
Zitronenschale, Muskat

Hefeteig für Kleingebäck

Nach dem Grundrezept (S. 407) Hefeteig zubereiten, zu beliebigen Formen verarbeiten, auf das gefettete Blech setzen, nochmals 15 bis 20 Minuten gehen lassen und in etwa 15 bis 20 Minuten bei 210°C backen. Mit Glasur (ab S. 469) überziehen oder mit Puderzucker besieben.

Hefeblätterteig *Plunderteig*

Nach dem Grundrezept (S. 407) Hefeteig zubereiten und gehen lassen. Für den Ziehteig Mehl und Butter geschmeidig verkneten und kalt stellen. Den Grundteig auf 40 x 50 cm ausrollen, das Ziehfett auf 40 x 25 cm formen und auf die eine Teighälfte legen. Die zweite Teighälfte darüber klappen, den Rand an allen Seiten andrücken, das Teigstück zu einem 50 cm breiten Band ausrollen, die beiden Außenseiten zur Mitte zu einschlagen, dann den Teig so zusammenklappen, daß 4 Lagen entstehen. Einige Zeit lang kühl ruhen lassen, dann den Teig zu einem Band ausrollen und wie vorher vierfach falten. Vor der Verarbeitung zu Kleingebäck nochmals kühl ruhen lassen. Die geformten Stücke auf dem gefetteten Blech gehen lassen, bei 220°C in etwa 15 bis 18 Minuten backen. (Dieser Teig eignet sich auch für Nuß- und Mohnstrudel, S. 412, Hefekränze und -ringe, S. 408, 409, Hefezöpfe, S. 411 und Käsegebäck, S. 490.)

450 g Mehl, 75 g Zucker
35 bis 40 g Hefe
gut ⅛ l Milch
75 g Butter, 3 Eigelb
etwas Salz, abgeriebene
Schale einer halben
Zitrone
Für den Ziehteig:
50 g Mehl, 150 g Butter

Hefeschnecken *Foto siehe unten*

Hefeteig oder Hefeblätterteig etwa ½ cm dick ausrollen, mit zerlassener Butter bestreichen. Zucker mit Zimt, überbrühten, getrockneten und bemehlten Rosinen und den Mandeln mischen, auf dem Teig verteilen, aufrollen und gut 1 cm dicke Scheiben abschneiden. Auf ein gefettetes Backblech legen, 15 bis 20 Minuten gehen lassen und bei 210–220°C in etwa 20 Minuten goldbraun backen. Nach Belieben mit dünner Zucker- oder Rumglasur (S. 470) bestreichen oder mit Butter bepinseln und mit Puderzucker besieben.

Hefeteig für Kleingebäck
oder Hefeblätterteig
Zur Füllung:
50 g Butter, 75 g Zucker
½ Teelöffel Zimt
125 g Rosinen
65 g geriebene Mandeln

Brillenschnecken

Zutaten und Zubereitung wie Hefeschnecken. Den Teig etwas dünner ausrollen, mit Butter bepinseln, mit Füllung belegen und von beiden Schmalseiten her zur Mitte zu aufrollen, so daß eine Doppelrolle entsteht. Scheiben abschneiden, auf dem gefetteten Blech gehen lassen, backen und mit Glasur überziehen oder mit Puderzucker bestreuen.

Brioches (Rezept S. 416) werden nach französischem Vorbild in Förmchen gebacken. Rechts: Kleingebäck aus Hefeteig (Rezepte ab S. 414).

Hefeteig für Kleingebäck oder Hefeblätterteig 250 g geriebene Nüsse 50 g Zucker, etwas Zimt ca. 1/4 l Sahne oder Dosenmilch, 1 Prise Salz etwas abgeriebene Zitronenschale (oder Nußfüllung, S. 474)	**Nußhörnchen** Nüsse mit Sahne oder Milch, Salz, Zimt, Zucker und Zitronenschale aufkochen, so daß ein streichfähiger Brei entsteht, und abkühlen lassen. Teig ausrollen, Quadrate (ca. 10 x 10 cm) ausradeln oder -schneiden, mit Füllung bestreichen und zu Hörnchen zusammenrollen. Auf ein gefettetes Blech setzen, nochmals 15 bis 20 Minuten gehen lassen, nach Belieben mit verquirltem Eigelb oder Sahne bestreichen und 20 bis 25 Minuten bei 210–220°C backen. Mit Zucker- oder Rumglasur (S. 470) überziehen.
Hefeteig für Kleingebäck oder Hefeblätterteig beliebige Marmelade	**Marmeladenhörnchen** Teig 1/2 cm dick ausrollen und Dreiecke ausradeln oder -schneiden, mit beliebiger Marmelade bestreichen, zu Hörnchen aufrollen und bei 210–220°C in etwa 20 Minuten backen. Die Hörnchen mit Butter bestreichen und mit Puderzucker besieben.
Hefeteig für Kleingebäck oder Hefeblätterteig Ananaskonfitüre, Eigelb Puderzucker	**Hefetaschen** Hefeteig 1/2 cm dick ausrollen, Quadrate (ca. 12 x 12 cm) ausradeln oder -schneiden, 1 Teelöffel Konfitüre in die Mitte setzen, die Ecken bis zur Mitte einschlagen, die Taschen mit verquirltem Eigelb bestreichen und bei 210–220°C in 20 bis 25 Minuten backen, dann mit Puderzucker besieben. Abwandlung: Nußfüllung (S. 474) verwenden.
Hefeteig für Kleingebäck oder Hefeblätterteig Nußfüllung (S. 474) zerlassene Butter	**Nußstreifen** Teig auf etwa 40 x 60 cm ausrollen, mit Butter bestreichen und mit Nußfüllung überziehen, dann aufrollen und auf ein gefettetes Backblech setzen, gehen lassen. Der Länge nach die obersten Teiglagen mit einem scharfen Messer aufschlitzen, den Teig nach beiden Längsseiten auseinanderklappen, so daß treppenförmige Schichten entstehen. Bei 190–210°C in 20 bis 30 Minuten backen, etwas abkühlen lassen und in Streifen schneiden. Nach Belieben mit Puderzucker besieben.
Hefeteig für Kleingebäck Eigelb zum Bestreichen, Rum Konfitüre	**Brioches** *Hefepastetchen Foto S. 415* Teig aufgehen lassen, kleine gefettete Förmchen zu einem Drittel damit füllen, etwas gehen lassen und in die Mitte des Teiges ein kleines, fingerdick gerolltes Teigstück stecken. Mit verquirltem Eigelb bestreichen und bei etwa 190–210°C in 20 bis 25 Minuten goldbraun backen. Die Brioches frisch zum Frühstück oder zur Kaffeestunde reichen oder das Mittelstück vorsichtig ausstechen, etwas Rum in die Öffnung träufeln, 1/2 Teelöffel Konfitüre daraufgeben und das ausgestochene Stück wieder aufsetzen.
Hefeteig für Kleingebäck 200 bis 250 g feingehackter kandierter Ingwer	**Ingwerschnecken in Förmchen** Teig in etwa 30 g schwere Stücke teilen, rund rollen und gehen lassen. Die Teigkugeln zu etwa 20 cm langen Rollen verarbeiten, etwas flach klopfen, mit Ingwer belegen, die Rollen der Länge nach schließen, so daß die Ingwerstücke darin verschwinden, und zu Schnecken aufrollen. In gefettete Förmchen setzen und bei etwa 190–210°C in 20 bis 25 Minuten backen, nach Belieben mit Zucker- oder Fruchtsaftglasur (S. 470) überziehen. Abwandlung: Marzipanfüllung (S. 473) verwenden.

Zimthörnchen

Hefeblätterteig
80 g Butter, 100 g Zucker
1 Teelöffel Zimt

Teig ½ cm dick rechteckig ausrollen, mit zerlassener Butter bestreichen und mit Zucker und Zimt (vorher mischen) bestreuen, dann zusammenklappen und in schmale Streifen schneiden. Jeden Streifen zur Flechte drehen und zum Halbmond legen, auf dem gefetteten Blech 15 Minuten gehen lassen und 15 bis 20 Minuten bei 220°C backen, beliebig glasieren.

Kolatschen

Hefeteig nach dem Grundrezept (S. 407) etwas Milch oder Sahne Pflaumenmus

Teig gehen lassen und etwa 2 cm dick ausrollen. Mit einem großen Glas oder Ausstecher Teigscheiben von 6 cm Durchmesser ausstechen. Aus dem Teigrest kleinfingerdicke Rollen formen und auf jede Scheibe einen Ring aus Teigrollen setzen, die Mitte mit Pflaumenmus bestreichen. Nochmals 15 bis 20 Minuten gehen lassen, die Kolatschen mit Milch bestreichen und etwa 20 bis 30 Minuten bei 210–220°C backen. Heiß oder warm reichen. Abwandlung: Anstatt Pflaumenmus beliebige Konfitüre (Ananas, Aprikosen) oder süßen Quark (siehe Rezept für Quarkspeise mit Abwandlungen, S. 377) als Füllung nehmen.

Weitere Hefeteig-Rezepte: Schlesische Hefeklöße (S. 275), Hefekloß in der Serviette (S. 277), Bayerische Dampfnudeln (S. 295), Überbackene Hefeknödel (S. 295), Hefekloß mit Backpflaumen (S. 294), Berliner Pfannkuchen (S. 450), Rum- oder Zitronenringe (S. 450), Finger (S. 450), Bayerische Küchel (S. 452).

KNETTEIG *Mürbteig*

Knetteig-Zubereitung:

Die Zutaten werden auf dem Backbrett kalt miteinander verknetet, dann läßt man den Teig einige Zeit kalt gestellt ruhen.

Wenn es in der Küche schnell gehen muß, fällt die Wahl meistens auf den Knetteig, auch Mürbteig, Mürbeteig oder Butterteig genannt. Bei ihm darf man sich nicht nur beeilen, sondern man muß es sogar tun, damit der schnell zusammengeknetete Teig nicht warm und unansehnlich wird. Man bereitet ihn nicht in der Schüssel, sondern auf dem Backbrett (oder auf der Tischplatte) zu:

▶ Mehl mit Backpulver mischen und auf das Backbrett sieben, in der Mitte eine Vertiefung machen und mit Zucker, Eiern und Gewürzen füllen, die Zutaten mit einem Teil des Mehls zu dickem Brei verarbeiten. Das kalte Fett in Stücke schneiden und auf den Brei legen, etwaige Zutaten (Rosinen, Zitronat usw.) dazugeben, von allen Seiten Mehl darüberdecken und mit Handflächen und -ballen schnell zu einem geschmeidigen, festen Teig verarbeiten, den man vor der weiteren Verarbeitung 30 bis 40 Minuten kalt stellt. (Für die Verarbeitung von Knetteig mit der Küchenmaschine oder dem Handrührgerät Vorschriften der Herstellerfirma beachten.)

▶ Beim Ausrollen von Knetteig muß das Backbrett sauber und frei von Teigresten sein, sonst klebt der Teig sofort an. Trotz dieser Gefahr muß man sich davor hüten, Backbrett und Teig während des Ausrollens zu kräftig mit Mehl zu bestreuen. Vor allem bei Kleingebäck aus Knetteig geht sonst der zarte, mürbe Geschmack verloren. Beim Ausrollen des Teiges das Nudelholz nicht zu stark andrücken. Vor dem Backen den Teigboden mit einer Gabel mehrfach einstechen, damit sich keine Luftblasen bilden.

▶ Knetteig für Obstkuchen bestreut man vor dem Belegen mit Semmelmehl, das einen Teil der Flüssigkeit aufsaugt und das Speckigwerden des Teiges verhindert.

Rezept 1:
180 g Mehl, 80 g Zucker
½ gestrichener Teelöffel
Backpulver, 80 g Butter
1 Ei, 1 Päckchen
Vanillezucker
etwas abgeriebene
Zitronenschale, 1 Prise Salz

Rezept 2:
180 g Mehl, 60 g Zucker
1 Messerspitze Backpulver
120 g Butter oder
Margarine, 1 Ei
etwas abgeriebene
Zitronenschale, 1 Prise Salz

Knetteig für Tortenböden *Grundrezept*

Mehl und Backpulver auf das Backbrett sieben, in der Mitte eine Vertiefung machen, Zucker, Vanillezucker, Zitronenschale, Salz und Ei hineingeben, mit der Hälfte des Mehls zu Brei verarbeiten. Das in Stücke geschnittene kalte Fett auf den Brei legen, mit Mehl zudecken und alles möglichst schnell zu einem geschmeidigen Teig verarbeiten, 30 bis 40 Minuten kühl ruhen lassen. ¾ des Teiges ausrollen, den Springformrand daraufstellen, ringsherum die Größe anzeichnen, runde Teigplatte ausradeln oder -schneiden, den Boden der gefetteten Springform damit belegen. Aus dem restlichen Teig eine Rolle drehen, als Rand auf den Teigboden legen, ringsherum andrücken und nach Belieben glatt, gezackt, gebogen oder in regelmäßigen Abständen eingedrückt formen. Bei der Verwendung einer Tortenbodenform Teigplatte ausrollen, auflegen, restlichen Teig zu einer Rolle formen und ringsum in den vertieften Rand drücken, so daß die Teigfläche von oben her gleichmäßig glatt aussieht. Teig mehrmals mit der Gabel einstechen, damit er keine Blasen schlägt, Tortenboden bei 200–210°C in etwa 20 Minuten backen, abkühlen lassen, aus der Form nehmen und beliebig belegen. (Mengenangaben für eine Normalform von 26 cm Durchmesser.)

1 Tortenboden
500 bis 600 g Pfirsiche
Zucker nach Geschmack
Semmelmehl
Tortenguß (S. 468)

Pfirsichtorte *Foto S. 423*

Pfirsiche heiß überbrühen, abziehen, halbieren und entsteinen, den mit Semmelmehl bestreuten Tortenboden damit belegen (Schnittfläche nach unten), nach Belieben zuckern, mit Tortenguß überziehen, nach Belieben mit Schlagsahne garnieren.

1 Tortenboden
500 bis 750 g Aprikosen
Zucker
1 Vanille-Soßenpulver
25 g Zucker
knapp ¼ l Milch
Tortenguß (S. 468)

Aprikosentorte

Aprikosen waschen, halbieren und entsteinen, in Zuckerwasser vorsichtig weich dünsten (nicht zerfallen lassen), auf ein Sieb geben und abkühlen lassen. Vanillesoße nach Vorschrift mit Milch und Zucker zubereiten, erkalten lassen und den Tortenboden damit überziehen. Die Aprikosen mit der Schnittfläche nach unten darauflegen und mit Tortenguß überziehen, nach Belieben mit Schlagsahne und Mandelblättchen garnieren.

2 dünne Tortenböden
ohne Rand
500 g Erdbeeren
125 g Nougat (fertig gekauft), ¼ l Schlagsahne
Zucker

Erdbeer-Nougattorte *Farbfoto S. 410*

Nougat leicht anwärmen, einen Boden damit bestreichen, den zweiten darauflegen. Kurz vor dem Servieren eingezuckerte Erdbeeren in Reihen auf den Tortenboden legen, die Zwischenräume mit Schlagsahne ausspritzen und den Rand mit Schlagsahnetupfen verzieren.

1 Tortenboden
500 bis 750 g Erdbeeren
¼ l Schlagsahne, Zucker

Erdbeertorte *Foto S. 422*

Tortenboden mit Schlagsahne spritzen oder überziehen, mit gezuckerten Erdbeeren belegen, nach Belieben mit Schlagsahnetupfen garnieren. Sofort zu Tisch geben, damit der Boden nicht aufweicht.

Aus zwei getrennt gebackenen niedrigen Kastenkuchen wird der Schwarzweiß-Kastenkuchen (Rezept S. 434) zusammengesetzt. Unten: Gewürz-Kastenkuchen (Rezept S. 436) aus Schokoladenteig.

Stachelbeertorte Foto S. 423

Stachelbeeren putzen, mit Zucker und ca. ¹/₄ l Wasser aufkochen, auf ein Sieb geben und abkühlen lassen. Tortenboden mit Semmelmehl bestreuen, gleichmäßig mit Stachelbeeren belegen, aus Schlagsahne ein Gitter darauf spritzen oder für das Spritzen steifgeschlagenes, gesüßtes Eiweiß verwenden, dann aber den Kuchen bei etwa 160°C 15 Minuten überbacken. Abwandlung: Stachelbeeren mit Tortenguß (S. 468) überziehen, mit Schlagsahne garnieren.

1 Tortenboden
500 bis 750 g Stachelbeeren
100 g Zucker, Semmelmehl
¹/₈ l Schlagsahne oder
2 Eiweiß und 80 g Zucker

Rhabarbertorte Foto S. 422

Rhabarber vorbereiten, in 2 bis 3 cm lange Stückchen schneiden, mit Zucker vermischen und Saft ziehen lassen, dann (möglichst ohne Wasserzugabe) vorsichtig gar dünsten, ohne daß er zerfällt. Abtropfen und erkalten lassen. Tortenboden mit Semmelmehl bestreuen (oder mit Marmelade, Quarkcreme, Vanillepudding oder Tortenguß überziehen), mit Rhabarber belegen und mit Schlagsahne garnieren.

1 Tortenboden
500 bis 750 g Rhabarber
250 g Zucker, Semmelmehl
Tortenguß (S. 468)
Schlagsahne zum
Garnieren

Johannisbeertorte Foto S. 423

Johannisbeeren waschen, mit der Gabel abstreifen und mit Zucker und wenig Wasser aufkochen, auf ein Sieb geben und abkühlen lassen. Tortenboden mit Semmelmehl bestreuen, mit den Beeren belegen, mit Tortenguß überziehen und mit Schlagsahnetupfen und Johannisbeeren garnieren.

1 Tortenboden
500 bis 750 g
Johannisbeeren, Zucker
Semmelmehl, etwas
Schlagsahne
Tortenguß (S. 468)

Bunte Obsttorte Farbfoto S. 410

Tortenboden mit Guß dünn überziehen, mit den abgetropften Früchten belegen und mit Tortenguß überziehen. Den Rand mit angerösteten, abgekühlten gehobelten Nüssen (oder auch Mandelblättchen) bestreuen. Nach Belieben kurz vor dem Anrichten mit Schlagsahne garnieren.

1 Tortenboden
500 bis 750 g Früchte
(Pfirsiche, Bananen,
Reineclauden, Aprikosen,
Kirschen, Ananas)
Tortenguß
gehobelte Nüsse

Fruchttörtchen Farbfoto S. 410

Ausgeruhten Knetteig in gefettete kleine Förmchen drücken, bei etwa 200°C in 12 bis 15 Minuten backen, stürzen und abkühlen lassen. (Die vorgesehene Teigmenge ergibt bei Förmchen mit 10 cm Durchmesser etwa 10 bis 12 Törtchen.) Die Förmchen mit frischem, gedünstetem Obst oder Dosenobst belegen (Erdbeeren, Walderdbeeren, Himbeeren, Brombeeren und Heidelbeeren frisch verwenden) und mit Schlagsahne garnieren, nach Bedarf zuckern. Vor dem Garnieren dünn mit Tortenguß überziehen, wenn die Törtchen nicht innerhalb von 1 bis 2 Stunden zu Tisch gegeben werden. Füllungsvorschläge:
1. Erdbeertörtchen (Foto S. 430): Ganze oder halbierte Erdbeeren, Zucker, Schlagsahne.
2. Ananastörtchen: 1 Ananasscheibe, 1 Kirsche (in die Mitte setzen), Schlagsahne. Nach Belieben auch Ananasecken und Mandarinenscheiben.

Knetteig für Tortenböden
Obst zum Belegen (siehe unten), Schlagsahne
nach Belieben Tortenguß
(S. 468)

Rührteig-Apfelkuchen (Rezept S. 435) kann man auf dem Blech oder in der Springform backen. Zu den beliebtesten Rührteig-Kuchen gehört der Marmorkuchen aus hellem und dunklem Teig (Rezept S. 432).

Die Erdbeertorte (links, Rezept S. 418) kann ohne Tortenguß bereitet werden, wenn sie bald zu Tisch gegeben wird. Rechts: Rhabarbertorte (Rezept S. 421) und Überraschungskuchen (Rezept S. 434).

3. **Mandarinentörtchen:** Mandarinorangen aus der Dose, gedünstete Kirschen, Schlagsahne. Mandarinen mit Maraschino beträufeln.
4. **Kirschtörtchen:** Entsteinte gedünstete Kirschen, Schlagsahne.
5. **Apfeltörtchen:** Gedünstete und gezuckerte Apfelspalten, leicht mit Rum beträufelt, überbrühte Rosinen und Schlagsahne oder Tortenguß. Ebenso: Pfirsich- oder Aprikosentörtchen (ohne Rosinen).
6. **Mirabellentörtchen:** Gedünstete, entsteinte Mirabellen, leicht mit Zitronensaft beträufelt, und Schlagsahne.
7. **Weintraubentörtchen:** Große halbierte Weinbeeren, Tortenguß und Schlagsahne, nach Belieben abgezogene gehackte Mandeln aufstreuen.
8. **Pflaumentörtchen:** Halbierte, entsteinte und angedünstete Pflaumen (nach Belieben mit Apfelspalten gemischt), Tortenguß, Schlagsahne.
9. **Bananentörtchen:** Bananenscheibchen und Mandarinenspalten, nach Belieben überbrühte Rosinen, Tortenguß, Schlagsahne.
10. **Aprikosenquarktörtchen:** Mit Zitronensaft und Zucker schaumig gerührter Quark, darauf gedünstete und gezuckerte Aprikosenspalten. Ebenso: Kirsch- oder Pfirsichquarktörtchen.
11. **Backobsttörtchen:** Eingeweichtes, in Zuckerlösung gedünstetes, zerschnittenes Backobst, überbrühte Rosinen, gehackte Nüsse, Schlagsahne oder Tortenguß.

Pflaumenkuchen mit Streusel

Teig wie zu Apfelkuchen (siehe rechte Seite)
500 g Pflaumen
Semmelmehl, 150 g Mehl
100 g Zucker, etwas Zimt
1 Päckchen Vanillezucker
100 g Butter oder Margarine

Teig ruhen lassen, eine gefettete Springform damit auslegen, mehrmals mit der Gabel einstechen, mit Semmelmehl bestreuen, und die gründlich gewaschenen, entsteinten, halbierten (oder geviertelten) Pflaumen gleichmäßig und dicht auflegen. Mehl durchsieben, mit Zucker, Vanillezucker und Zimt mischen, die in Stücke geschnittene kalte Butter oder Margarine daraufgeben und mit dem Mehl zu Streusel zerkrümeln. Streusel auf den Pflaumen verteilen, den Kuchen bei 190–200° C in 30 bis 40 Minuten backen, bei Bedarf nachzuckern. Nach demselben Rezept: Kirschkuchen und Apfelkuchen mit Streusel.

Apfelkuchen

Mehl mit Speisestärke und Backpulver auf das Backbrett sieben, eine Vertiefung hineindrücken und mit Zucker, Vanillezucker, Eigelb und Zitronenschale füllen, mit der Hälfte des Mehls verrühren. In Stücke geschnittene kalte Butter oder Margarine darauflegen, alles zu einem geschmeidigen Teig verkneten, 30 bis 40 Minuten kühl stellen und ruhen lassen. Eine gefettete Springform damit auslegen, ringsherum einen Rand formen, den Boden mehrmals mit der Gabel einstechen. Äpfel schälen, vom Kerngehäuse befreien, in Spalten schneiden und den mit Semmelmehl bestreuten Teig gleichmäßig und dicht damit belegen (Spalten hochkant stellen), dann die überbrühten Rosinen daraufstreuen, nach Belieben zusätzlich noch 50 g bis 100 g gehackte Mandeln oder Nüsse. Bei etwa 200° C in 35 bis 45 Minuten backen, aus dem Ofen nehmen und mit Zucker bestreuen, abkühlen lassen. Nach demselben Rezept: Pflaumenkuchen.

150 g Mehl
100 g Speisestärke
½ gestrichener Teelöffel Backpulver, 80 g Zucker
1 Päckchen Vanillezucker
2 Eigelb, etwas abgeriebene Zitronenschale
100 g Butter oder Margarine, Semmelmehl
500 g Äpfel, 80 g Rosinen Zucker und Zimt zum Bestreuen

Linzer Torte

Mehl mit Backpulver mischen und auf das Backbrett sieben, eine Vertiefung eindrücken, Zucker, Ei und Gewürze hinzugeben und mit einem Teil des Mehls verrühren. Das in Stücke geschnittene Fett und die Mandeln daraufgeben und alles zu einem geschmeidigen Teig verkneten, 30 bis 40 Minuten ruhen lassen. Mit etwas mehr als der Hälfte des Teiges eine Springform auslegen, den Boden mit Konfitüre bestreichen (nicht ganz bis zum Rand). Restlichen Teig ausrollen, schmale Teigstreifen ausradeln und gitterförmig über die Konfitüre legen, mit verquirltem Eigelb bestreichen. Bei etwa 200° C in 25 bis 35 Minuten backen.

Linzer Torte aus Rührteig siehe S. 466.

200 g Mehl, 125 g Zucker
1 Ei, 1 gestrichener Teelöffel Backpulver
je 1 Messerspitze Nelken und Muskatblüte
1 gestrichener Teelöffel Zimt, 1 Prise Salz
abgeriebene Schale einer halben Zitrone
125 g feingeriebene abgezogene Mandeln
150 g Butter
100 g Aprikosenkonfitüre
1 Eigelb

Stachelbeertorte (links) mit einem Gitter aus Eischnee und Johannisbeertorte (rechts), mit Tortenguß überzogen und mit Schlagsahne garniert (Rezepte S. 421). In der Mitte eine Pfirsichtorte (Rezept S. 418), mit halbierten Früchten belegt und mit Mandeln bestreut.

  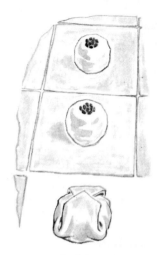

So läßt sich der Rand des Tortenbodens verzieren (links). – Mitte: Die Teigplatte zu Obstkuchen (Mitte) bestreut man vor dem Belegen mit Semmelmehl. Rechts: Äpfel werden in den »Schlafrock« gehüllt.

300 g Mehl, 100 g Zucker 2 gestrichene Teelöffel Backpulver, 1 Päckchen Vanillezucker, etwas Salz 1 Ei, 150 g Butter oder Margarine, ca. 1 kg Füllung (siehe unten), 1 Eigelb zum Bestreichen

Gedeckter Obstkuchen

Zutaten nach dem Grundrezept (Knetteig für Tortenböden, S. 418) zu Knetteig verarbeiten, 30 bis 40 Minuten ruhen lassen. Etwas mehr als die Hälfte des Teiges ausrollen und eine Springform damit belegen, ringsherum einen etwa 3 cm hohen Rand formen. Den Boden mehrmals mit der Gabel einstechen. Bei etwa 200° C in 15 bis 20 Minuten hellgelb backen, etwas abkühlen lassen, mit der Füllung füllen. Aus dem restlichen Teig eine Scheibe in Größe der Springform ausrollen und ausschneiden, die Füllung damit zudecken, mit Eigelb bestreichen und bei 200–210° C in 25 bis 30 Minuten backen. Füllungsvorschläge:

1. Gedeckter Kirschkuchen: 1 kg Süß- oder Sauerkirschen entsteinen, mit 125 g Zucker vermischen, Saft ziehen lassen, kurz aufkochen und auf ein Sieb geben. Etwa ¼ l Kirschsaft mit 30 g kalt angerührter Speisestärke binden, mit etwas Zitronensaft abschmecken, die Kirschen hineingeben und die Füllung nach dem Erkalten auf den Tortenboden geben.
2. Gedeckter Pflaumenkuchen: 1 kg Pflaumen entsteinen und halbieren, mit 80 bis 100 g Zucker vermischen, Saft ziehen lassen, kurz aufkochen und auf ein Sieb geben. ¼ l Saft mit abgeriebener Zitronenschale und etwas Zimt abschmecken, mit 30 g kalt angerührter Speisestärke binden, erkalten lassen, den Boden damit belegen. Den fertigen Kuchen nach Belieben mit Fruchtsaft- oder Rumglasur (S. 470) überziehen.

Talentproben für die Hausfrau: 1. Sachertorte (Rezept S. 466); 2. Linzer Törtchen (Rezept S. 429); 3. Kopenhagener (Rezept S. 448); 4. Florentiner nach Hausfrauenart (Rezept S. 482); 5. Berliner Pfannkuchen (Rezept S. 450); 6. Wiesbadener Törtchen (Rezept S. 429); 7. Baisers oder Schaumgebäck (Rezepte ab S. 448); 8. Mailänder Schnitten (Rezept S. 457) 9. Englischer Käse (Rezept S. 435) und 10. Baumkuchenschnitten mit Schokoladenglasur (Rezept S. 458), in der Rehrückenform gebacken.

3. **Gedeckter Apfelkuchen:** 1 kg Äpfel schälen, vom Kerngehäuse befreien, in Spalten schneiden und mit 75 g Zucker, etwas Zimt und 100 g Rosinen kurz in wenig Wasser andünsten, dann auf ein Sieb geben und abkühlen lassen. Apfelspalten mit etwas Rum beträufeln und auf dem Tortenboden verteilen, den abgetropften Saft anderweitig verwenden oder mit kalt angerührter Speisestärke binden und die Äpfel damit vermischen.

Feiner Quarkstollen Foto S. 429

Mehl mit Backpulver und Gewürzen mischen und sieben, mit Eiern, Zucker, Vanillezucker, Zitronen-Backöl, Butter oder Margarine und passiertem Quark zu geschmeidigem Teig verkneten, überbrühte, abgetrocknete und mit Mehl bestäubte Rosinen, abgezogene und geriebene Mandeln und Rum dazugeben, sofort zum Stollen formen und auf dem gefetteten, mit Mehl bestäubten Backblech bei 175–190° C in etwa 65 bis 75 Minuten backen. Noch heiß mit zerlassener Butter bepinseln und mit Puderzucker besieben.

Einfacher Quarkstollen siehe S. 476, Quarkstollen mit Mohnfüllung siehe S. 477.

500 g Mehl, 1 Päckchen Backpulver
je 1 Messerspitze Zimt, Kardamom und Piment
2 Eier, 175 g Zucker
1 Päckchen Vanillezucker
3 Tropfen Zitronen-Backöl
200 g Butter
250 g Quark, 250 g Rosinen
65 g Orangeat
125 g Mandeln
2 bis 3 Eßlöffel Rum

Mandelkranz Foto S. 430

Zutaten nach dem Grundrezept (Knetteig für Tortenböden, S. 418) verarbeiten und 30 bis 40 Minuten ruhen lassen. Mandeln mit Zucker, Vanillezucker und Eiweiß verrühren und so viel Wasser dazugeben, daß eine streichfähige Masse entsteht. Den Teig rechteckig ausrollen und mit der Füllung bestreichen, dann aufrollen, zu einem Kranz formen und auf ein gefettetes Backblech (oder in eine Ringform) legen, mit Eigelb bestreichen, mit einer großen Schere ringsum die Oberfläche gleichmäßig einschneiden. Bei 200–210° C in 45 bis 55 Minuten backen, nach dem Abkühlen mit Zitronenglasur bestreichen. Nach demselben Rezept: Haselnußkranz.

250 g Mehl
50 g Speisestärke
2 gestrichene Teelöffel Backpulver, 125 g Zucker
4 Eßlöffel Milch
100 g Butter oder Margarine
Zur Füllung:
150 g abgezogene, geriebene Mandeln
100 g Zucker, 1 Päckchen Vanillezucker, 1 Ei

Quarktorte Foto S. 429

Knetteig für Tortenböden (S. 418) herstellen, eine Springform damit auslegen, dabei einen 3 cm hohen Rand formen. Bei 200° C in 15 bis 18 Minuten backen. Zur Füllung 2 Päckchen Vanillepuddingpulver mit 200 g Zucker und 1/2 l Milch nach Vorschrift zubereiten, vom Feuer nehmen, 750 g passierten Quark hineinrühren, unter ständigem Rühren aufkochen und in eine Schüssel umgießen. 80 g Rosinen überbrühen, mit abgeriebener Zitronenschale an die Quarkmasse geben, 3 steifgeschlagene Eiweiß unterziehen. Die Masse auf den vorgebackenen Boden geben, glattstreichen, vorsichtig mit 1 verquirltem Eigelb bestreichen und 50 bis 60 Minuten im vorgeheizten Ofen bei 140 bis 160° C mehr trocknen als backen. Die Torte in der Form erkalten lassen. Verfeinerung: 2 bis 3 Eigelb mit der fertigen Quarkmasse vermengen.

Rezepte aus Großmutters Zeiten für die Kuchen auf dieser Abbildung: 1. Honig-Nußkuchen aus Hefeteig (Rezept S. 414); 2. Aniskuchen (Rezept S. 436) aus Rührteig und 3. Eischwer- oder Gleichgewichtskuchen (Rezept S. 434), bei dem sich die Gewichtsmengen der Hauptzutaten nach dem Gewicht der verwendeten Eier richten.

Die Philadelphia-Käsetorte (Rezept siehe unten) wurde nach dem Vorbild des amerikanischen »Cheesecake« entwickelt – nicht billig, was die Zutaten anbetrifft, aber unübertrefflich.

*100 g Zwieback
40 g Butter, 20 g Zucker
Füllung:
500 g Doppelrahm-Frischkäse, 110 g Zucker
1 gestrichener Teelöffel abgeriebene Zitronenschale, 1 Eßlöffel Zitronensaft, knapp ⅛ l saure Sahne, 5 Eier*

Philadelphia-Käsetorte Foto siehe oben

Zwieback fein zerbröckeln oder reiben, mit Zucker und Butterflöckchen vermischen und so lange zwischen den Handflächen reiben, bis sich die Zutaten locker miteinander verbunden haben. Die Zwiebackmasse mit einem Eßlöffel fest in eine gut gefettete Springform drücken, so daß ein glatter, gleichmäßiger Boden entsteht. Frischkäse glattrühren, nach und nach Zucker, Zitronenschale und -saft, Sahne und Eigelb dazugeben und cremig rühren. Eiweiß steif schlagen, die Creme auf den Eischnee gleiten lassen und mit einem Schneebesen vorsichtig unterziehen. Die Masse auf den Zwiebackboden geben, glattstreichen und 75 Minuten im vorgeheizten Ofen bei 150° C backen, herausnehmen, 10 Minuten abkühlen lassen, den Rand der Springform lockern und den Kuchen gut auskühlen lassen. (Das Rezept ist für eine 24-cm-Springform berechnet.)

Kleingebäck aus Knetteig

Die beiden Grundteige (Knetteig für Tortenböden, S. 418) sind auch für Kleingebäck geeignet, nach Belieben mit 80 bis 100 g geriebenen Nüssen oder Mandeln verfeinert. Für größere Mengen Kleingebäck ist jedoch das nachstehende Rezept günstiger.

*500 g Mehl, 2 gestrichene Teelöffel Backpulver
250 g Butter oder Margarine, 125 g Zucker abgeriebene Schale einer Zitrone, 1 Ei, 1 Päckchen Vanillezucker, 1 Prise Salz*

Knetteig für Kleingebäck

Mehl und Backpulver mischen und auf das Backbrett sieben, in die Mitte eine Vertiefung drücken und den Zucker mit Ei, Salz, Zitronenschale und Vanillezucker hineingeben, mit einem Teil des Mehls breiig verrühren. In Stücke geschnittene kalte Butter oder Margarine dazugeben, mit Mehl bedecken und alles zu einem geschmeidigen Teig verkneten. 30 Minuten ruhen lassen, zu Kleingebäck verarbeiten.

Linzer Törtchen *Farbfoto S. 425*

Knetteig nach dem vorstehenden Rezept zubereiten, die geriebenen Mandeln zusammen mit dem Fett an den Teig geben, 30 bis 40 Minuten ruhen lassen. Den Teig etwa 4 mm dick ausrollen, runde Plätzchen ausstechen, aus etwa einem Drittel der Plätzchen Ringe machen (Mitte mit kleiner Form ausstechen). Die Plätzchen auf dem gefetteten Blech bei etwa 175–200° C in 8 bis 12 Minuten goldgelb backen, die Ringe mit verschlagenem Eiweiß bestreichen, mit Hagelzucker und gehackten Mandeln bestreuen und ebenfalls backen. Von den Plätzchen die Hälfte mit Marmelade bestreichen, mit den restlichen Plätzchen zudecken, mit Glasur bestreichen, die Ringe aufsetzen und in die Mitte einen Teelöffel Marmelade setzen.

*Knetteig für Kleingebäck
125 g abgezogene geriebene Mandeln
Eiweiß zum Bestreichen
rote Marmelade
Hagelzucker, gehackte Mandeln, Zuckerglasur
(S. 470)*

Wiesbadener Törtchen *Farbfoto S. 425*

Ausgeruhten Knetteig 4 mm dick ausrollen, runde Plätzchen ausstechen und bei 175–200° C in 8 bis 10 Minuten goldgelb backen, abkühlen lassen. Je 4 Plätzchen mit leicht erhitztem Nougat bestreichen und zusammensetzen, mit Schokoladenglasur überziehen. Marzipan-Rohmasse (im Handel erhältlich) mit etwas Puderzucker verkneten, auf Puderzucker ausrollen, Ringe ausstechen und auf die Törtchen legen. In den Ring Ananaskonfitüre geben, einen Marzipandeckel aufsetzen und mit Schokoladenglasur bestreichen.

*Knetteig für Kleingebäck
Zum Garnieren:
Nougat, Marzipan-Rohmasse, Puderzucker
Ananaskonfitüre
Schokoladenglasur (S. 470)*

Rosinen-Pfitzauf

Mehl und Backpulver mischen und in eine Schüssel sieben, in die Mitte eine Vertiefung machen, Ei, Milch und Salz dazugeben, mit etwas Mehl verrühren, das in Stücke geschnittene Fett, die überbrühten Rosinen und den Käse hinzufügen und alles zu einem weichen Teig verarbeiten. Den Teig in gefettete kleine Förmchen geben (nur zur Hälfte füllen) und bei 210–220° C in 20 bis 25 Minuten backen. Möglichst bald zu Tisch geben.

*200 g Mehl, 1 Päckchen Backpulver, 1 Prise Salz
50 g Butter oder Margarine
150 g Reibkäse oder Käseflocken, 1 Ei
1/4 l Milch, 200 g Rosinen*

Der Feine Quarkstollen (links) verlangt trotz zahlreicher Zutaten keine übermäßig lange Zubereitungszeit. Für die Quarktorte verwendet man eine Quark-Pudding-Füllung mit Rosinen (Rezepte S. 427).

Apfel im Schlafrock (links, Rezept siehe unten) kann man aus Knet- oder Blätterteig bereiten. In der Mitte ein Mandelkranz (Rezept S. 427) und rechts Erdbeertörtchen (Rezept S. 421), mit Schlagsahne garniert.

Knetteig für Kleingebäck *kleine mürbe Äpfel* *1 Eigelb* *Aprikosenmarmelade*	**Apfel im Schlafrock** Foto S. 430 Ausgeruhten Knetteig etwa 4 mm dick ausrollen und Quadrate (je nach Größe der Äpfel 12 bis 20 cm Seitenlänge) ausradeln oder -schneiden. Äpfel schälen, Kerngehäuse ausstechen, die Höhlung mit Marmelade füllen und die Äpfel auf Teigstücke stellen. Teigränder mit verquirltem Eigelb bestreichen, den Teig von allen Seiten über den Apfel schlagen, gut zusammendrücken und zur Sicherheit ein mit Eigelb bestrichenes Teigplätzchen aufsetzen. Mit Eigelb bepinseln und bei 190 bis 200° C in etwa 20 bis 25 Minuten backen. Mit Puderzucker besiebt warm zu Tisch geben. (Siehe Zeichnung S. 424.)
Knetteig für Kleingebäck *Hagelzucker* *Buntzucker, abgezogene* *gehackte Mandeln, etwas* *Konfitüre, Vanillezucker* *20 g Kakao, 15 g Zucker* *Eiweiß, Eigelb*	**Teegebäck** Ausgeruhten Teig in 3 Teile teilen und nach folgenden Rezepten weiterverarbeiten: 1. Teig dünn ausrollen, kleine runde Plätzchen ausstechen, bei 175 bis 200° C in 8 bis 10 Minuten backen. Die Hälfte der Plätzchen mit Konfitüre bestreichen, mit Plätzchen zudecken und in Vanillezucker wälzen. Nach Belieben auch Nougat, Kuvertüre oder Glasur (S. 470) zum Zusammensetzen verwenden. 2. Teig dünn ausrollen, runde Plätzchen ausstechen, auf das gefettete Backblech legen, mit verquirltem Eigelb bestreichen und mit Hagelzucker, Buntzucker oder Mandeln bestreuen. 8 bis 10 Minuten bei 175–200° C backen. 3. Teig zu dünnen Rollen drehen, Kringel oder Brezeln formen, 10 Minuten kalt stellen, mit Eigelb oder Dosenmilch bestreichen, in Hagelzucker oder gehackte Mandeln tauchen, auf das gefettete Backblech legen und bei 175–200° C in 8 bis 10 Minuten backen.

Weiteres Kleingebäck aus Knetteig siehe ab S. 486 (Weihnachtsgebäck).

RÜHRTEIG

Vom einfachen Quarknapfkuchen bis zum inhaltsreichen Königskuchen oder zum gefüllten Frankfurter Kranz bietet der Rührteig viele Möglichkeiten, ein leichteres oder schwereres Gebäck herzustellen. Dabei kommt es, wie bei den meisten Gebäckarten, nicht nur auf die Qualität der Zutaten an, sondern auf die gewissenhafte Einhaltung der erprobten Zubereitungsregeln:

▶ Butter, Margarine oder Schmalz schaumig rühren: Das Fett soll so warm sein, daß es sich geschmeidig verarbeiten läßt, darf aber auf keinen Fall zerlassen werden. Bewährt hat sich das Rühren des Fettes in einer mit heißem Wasser ausgespülten, gut getrockneten Backschüssel.

▶ Zucker, Eier und Gewürze gibt man (in dieser Reihenfolge) nach und nach zum schaumig gerührten Fett und rührt kräftig weiter.

▶ Mehl, Backpulver und (je nach Rezept) Speisestärke werden gemischt, gesiebt und abwechselnd mit der Milch an den Teig gegeben. Da Eier verschieden groß sind, läßt sich die nötige Milchmenge nicht auf einen Eßlöffel genau angeben. Die Flüssigkeitszugabe ist richtig, wenn der Teig nicht mehr fließt, sondern schwer vom Löffel fällt (reißt). Nach der Mehlzugabe soll nicht länger als notwendig weitergerührt werden.

▶ Rosinen, Korinthen, kandierte Früchte und Zitronat hebt man zuletzt unter den Teig. Dann füllt man ihn in eine gefettete, nach Belieben auch mit Semmelmehl ausgestreute Form, die man sofort in den Ofen schiebt. Die meisten Rührteige werden bei 175–200° C gebacken, sie sind während der Backzeit besonders empfindlich gegenüber Erschütterungen, sollten möglichst nicht gedreht oder gerüttelt werden. Die Garprobe macht man auch beim Rührteig mit einem Hölzchen.

▶ Für die Rührteigzubereitung mit dem Handrührgerät oder in der Küchenmaschine sind die Vorschriften der Hersteller maßgebend.

Bei allen Backpulver-Teigen empfiehlt es sich, Mehl und Backpulver gemeinsam zu sieben (rechts). – Beim Marmorkuchen füllt man hellen und dunklen Teig nacheinander in die Kuchenform.

Napfkuchen aller Art kann man in einer Backform aus feuerfestem Glas backen, die eine sichere Kontrolle des Backvorgangs erlaubt.

200 g Butter oder Margarine, 200 g Zucker
1 Päckchen Vanillezucker
1 Prise Salz, abgeriebene Schale einer halben Zitrone, 3 bis 4 Eier
⅛ l Milch, 500 g Mehl
1 Päckchen Backpulver

Napfkuchen Rührteig-Grundrezept Foto siehe oben

Butter oder Margarine zerkleinern, in der angewärmten Schüssel schaumig rühren. Zucker, Eier, Vanillezucker, Salz und Zitronenschale nach und nach unter ständigem Rühren (pro Ei 4 bis 5 Minuten) dazugeben. Mehl mit Backpulver mischen und sieben, eßlöffelweise abwechselnd mit der Milch an den Teig geben (immer zuerst das Mehl vollständig verrühren, dann erst Milch hinzufügen). Der fertige Teig muß schwer vom Rührlöffel reißen. In eine gefettete Napfkuchenform füllen und 55 bis 70 Minuten bei 175–200° C backen. Nach Belieben mit Glasur (S. 469) überziehen oder nach dem Erkalten mit Puderzucker besieben.

Zutaten wie Rührteig-Grundrezept, außerdem:
125 g Rosinen
125 g Korinthen
80 g geriebene Mandeln

Rodonkuchen

Rosinen und Korinthen überbrühen, abtrocknen, mit Mehl bestäuben und mit den Mandeln vorsichtig unter den fertigen Rührteig heben. Nach dem Grundrezept backen, mit Kakao- oder Schokoladenglasur (S. 470) überziehen.

250 g Butter oder Margarine, 250 g Zucker
1 Päckchen Vanillezucker
4 Eier, abgeriebene Schale einer halben Zitrone
500 g Mehl, ⅛ l Milch
1 Päckchen Backpulver
2 bis 3 Eßlöffel Kakao
2 Eßlöffel Rum
Puderzucker

Marmorkuchen Farbfoto S. 420, Foto siehe oben

Butter oder Margarine schaumig rühren, Zucker, Eier und Gewürze nach und nach hineinrühren, das mit Backpulver gemischte und gesiebte Mehl eßlöffelweise abwechselnd mit Milch hinzufügen und verrühren. Eine gefettete Napfkuchenform mit etwa zwei Drittel des Teiges füllen. Restlichen Teig mit Kakao und Rum (oder Milch) verrühren, auf den hellen Teig verteilen, mit einer Gabel so durch den Teig ziehen, daß sich heller und dunkler Teig an der Übergangsstelle zu Mustern vermischen. Bei 175–200° C etwa 55 bis 70 Minuten backen. Nach dem Erkalten mit Puderzucker besieben.

Festlicher Sandkuchen *Foto siehe unten*

Nach dem Grundrezept (S. 432) einen Rührteig zubereiten, in eine gefettete oder mit beiderseits gefettetem Pergamentpapier ausgelegte Kastenform füllen und 65 bis 75 Minuten bei 175–200° C backen, dann aus dem Ofen nehmen, etwas abkühlen lassen, stürzen und bis zum nächsten Tag auskühlen lassen. Eiweiß zu steifem Schnee schlagen, langsam Zucker (am besten Puderzucker) und feingeriebene süße und bittere Mandeln hineinrühren, aus der Masse einen dicken Rand und ein gleichmäßiges Gitter auf den Kuchen spritzen, in den Backofen schieben und kurz überbacken. Herausnehmen, abkühlen lassen und den Kuchen der Länge nach in drei bis vier Schichten zerschneiden. Die Kuchenscheiben abwechselnd mit Himbeer- und Aprikosenmarmelade bestreichen, zusammensetzen und die durch die Eiweißmasse auf der Deckschicht gebildeten Gevierte mit Marmelade füllen. Seitenflächen mit erhitzter Marmelade bestreichen (nicht verdünnen) und mit gehobelten Nüssen oder Mandeln bestreuen. – Nach demselben Rezept ohne Garnitur: Einfacher Sandkuchen. Beide Kuchen lassen sich in verschlossener Dose längere Zeit aufbewahren. (Sandtorte siehe S. 466.)

250 g Butter oder Margarine, 250 g Zucker
1 Päckchen Vanillezucker
4 Eier, 1 Prise Salz
abgeriebene Zitronenschale, 150 g Mehl
150 g Speisestärke
1 gestrichener Teelöffel Backpulver, 1 Eßlöffel Rum
Zur Garnitur:
1 Eiweiß, 50 g Zucker
50 g abgezogene geriebene Mandeln, 2 bis 3 abgezogene geriebene bittere Mandeln, Himbeer- und Aprikosenmarmelade gehobelte Nüsse oder Mandeln

Schokoladenkranz mit Nüssen

Nach dem Grundrezept (S. 432) einen Rührteig zubereiten, zuletzt Nüsse und in Bröckchen geschnittene Schokolade unter den Teig heben. In einer gefetteten Kranzform 60 bis 70 Minuten bei 175–200° C backen, 10 Minuten abkühlen lassen, aus der Form nehmen und mit Glasur überziehen (oder dick mit Puderzucker besieben).

150 g Butter, 250 g Zucker
4 Eier, Salz, 300 g Mehl
2 Teelöffel Backpulver
3 Eßlöffel Rum
150 g gemahlene Nüsse
100 g bittere Schokolade

Königskuchen *Foto siehe unten*

Nach dem Grundrezept (S. 432) einen Rührteig zubereiten, zuletzt Zitronat und die bemehlten Rosinen und Korinthen unterheben. Bei 175–190° C etwa 67 bis 75 Minuten backen, nach Belieben mit Puderzucker besieben oder mit einer Glasur überziehen.

250 g Butter oder Margarine, 200 g Zucker
1 Päckchen Vanillezucker
4 Eier, Salz, 350 g Mehl
150 g Speisestärke
1 Päckchen Backpulver
1/8 l Milch, 4 Eßlöffel Rum
40 g feingeschnittenes Zitronat, je 150 g Rosinen und Korinthen

Der Königskuchen wurde ursprünglich nur zum Dreikönigsfest gebacken (rechts). Festlicher Sandkuchen (links) wird mit Marmelade gefüllt und mit einer Baisermasse garniert (Rezepte siehe oben).

*Zutaten wie
Marmorkuchen
außerdem:
65 g abgezogene geriebene
Mandeln, 20 g Zucker*

Überraschungskuchen *Foto S. 422*

Teig wie beim Marmorkuchen-Rezept zubereiten und halbieren, eine Teighälfte (einige Eßlöffel davon zurückbehalten) in eine gefettete Kastenform füllen, den Teig an den Seiten zu einem Rand hochstreichen. Zweite Teighälfte mit Kakao, Rum, Zucker und Mandeln verrühren, die Masse auf dem hellen Teig verteilen, mit dem zurückbehaltenen hellen Teig abdecken. Etwa 65 bis 75 Minuten bei 175–200° C backen, etwas abkühlen lassen, aus der Form nehmen und dick mit Puderzucker besieben.

*250 g Butter oder
Margarine, 200 g Zucker
4 Eier, 300 g Mehl
100 g Speisestärke
4 Eßlöffel Rum
3 gestrichene Teelöffel
Backpulver, 2 Eßlöffel
Kakao, 1 Eßlöffel Rum
Zur Garnitur:
Buttercreme (S. 472)
Aprikosenmarmelade
Schokoladenglasur (S. 470)*

Schwarzweiß-Kastenkuchen *Farbfoto S. 419*

Margarine oder Butter schaumig rühren, nach und nach Zucker, Eier, das mit Backpulver gemischte und gesiebte Mehl und den Rum hineinrühren. Die Hälfte des Teiges in eine breite Kastenform füllen. Restlichen Teig mit Kakao und Rum verrühren, in eine zweite, gleich große Kastenform füllen. Beide Kuchen bei 175–200° C in 50 bis 60 Minuten backen und vollständig auskühlen lassen, dann aus den Formen nehmen und oben glattschneiden, der Länge nach halbieren. Die Streifen mit Buttercreme bestreichen und zusammensetzen (siehe Farbfoto). Den Kuchen mit unverdünnter heißer Marmelade bestreichen, mit Schokoladenguß übergießen und beliebig (beispielsweise mit Mandelstiften, gehobelten Mandeln, Schokoladenstreusel oder Trüffeln) garnieren.

*4 ganze Eier, die gleiche
Gewichtsmenge Zucker,
Butter und Mehl
abgeriebene Schale einer
halben Zitrone
1 Messerspitze Backpulver
1 Päckchen Vanillezucker
je 35 g Rosinen, Zitronat
und gehackte Mandeln*

Eischwerkuchen *Gleichgewichtskuchen Farbfoto S. 426*

Butter schaumig rühren, nach und nach Zucker, Eier, Vanillezucker Zitronenschale und das mit Backpulver gemischte und gesiebte Mehl dazugeben. Zuletzt (nach Belieben) Mandeln, Zitronat und Rosinen hineingeben. Den Teig in eine gefettete Napfkuchenform füllen und in 40 bis 45 Minuten bei 175–200° C backen. Abwandlung: Teig in kleine gefettete Förmchen füllen und backen. Nach Belieben mit Puderzucker bestreuen oder mit Glasur (S. 469) überziehen.

*Napfkuchenteig (S. 432)
je 50 g gehacktes Zitronat
und kandierte Kirschen
je 100 g überbrühte
Rosinen und Korinthen
100 g gehackte Walnüsse*

Feiner Teekuchen

Nach dem Grundrezept (S. 432) einen Rührteig zubereiten, unter den zuletzt bemehlte Rosinen und Korinthen, Walnüsse, Zitronat und kandierte Kirschen gehoben werden. Eine große Kastenform fetten (oder besser mit beiderseits gefettetem Pergamentpapier auslegen), den Teig hineinfüllen und 65 bis 80 Minuten bei 175–200° C backen. Nach Möglichkeit vor dem Verzehr zwei bis drei Tage lagern.

*150 g Butter, 175 g Zucker
4 Eier, 2 Eßlöffel Rum
abgeriebene Schale einer
halben Zitrone, 175 g Mehl
75 g Speisestärke
3 Teelöffel Backpulver
Buttercreme (S. 472)
Aprikosenkonfitüre
gehackte Nüsse oder
Mandeln, etwas Butter
und Zucker*

Frankfurter Kranz *Farbfoto S. 461*

Nach dem Grundrezept (S. 432) einen lockeren Rührteig zubereiten, in eine gefettete Ringform füllen und bei 175–200°C in 45 bis 55 Minuten backen, 10 Minuten stehen lassen, aus der Form nehmen und gut auskühlen lassen (am besten am Vortag backen). Den Kranz zwei- bis viermal durchschneiden, mit Buttercreme und Konfitüre füllen, zusammensetzen und außen gleichmäßig mit Buttercreme bestreichen. Nüsse oder Mandeln in der Pfanne mit etwas Butter und Zucker rösten, abkühlen lassen und den Kranz damit bestreuen. Restliche Buttercreme als Verzierung aufspritzen, nach Belieben mit Maraschinokirschen garnieren.

Rührteig-Apfelkuchen *Farbfoto S. 420*

Butter oder Margarine schaumig rühren, nach und nach Zucker, Eier, Vanillezucker und Salz hineinrühren, das mit Backpulver gemischte und gesiebte Mehl abwechselnd mit Milch dazugeben und verrühren, den (nicht zu flüssigen) Teig auf ein gefettetes Backblech streichen. Äpfel waschen, schälen, vom Kerngehäuse befreien und in nicht zu dünne Scheiben oder Spalten schneiden, den Teig dicht und gleichmäßig damit belegen und mit überbrühten Rosinen bestreuen. Bei 175 bis 200° C in 30 bis 40 Minuten backen.

125 g Butter oder Margarine, 1 bis 2 Eier
125 g Zucker
1 Päckchen Vanillezucker
1 Prise Salz, 400 g Mehl
4 gestrichene Teelöffel Backpulver, 1/8 l Milch
500 g bis 1 kg Äpfel
50 g Rosinen
Zucker zum Bestreuen

Rehrücken *Foto siehe unten*

Butter (oder Margarine) schaumig rühren, nach und nach Zucker, Eier und geriebene Schokolade hineinrühren. Mehl mit Backpulver sieben, Puddingpulver mit kalter Milch anrühren. Abwechselnd Mehlgemisch und Puddingmilch mit der Butter-Eier-Masse verarbeiten, zuletzt Haselnüsse unterziehen. Teig in eine gefettete Rehrückenform füllen, bei 175–190° C in 55 bis 65 Minuten backen, 10 Minuten stehen lassen, Form stürzen und den Kuchen auskühlen lassen, dann mit Glasur überziehen und mit Mandelstiften spicken.

150 g Butter, 175 g Zucker
4 Eier, 100 g geriebene Schokolade, 150 g Mehl
1 Päckchen Schokoladen-Puddingpulver
2 gestrichene Teelöffel Backpulver, 1/8 l Milch
100 g geriebene Haselnüsse
Schokoladenglasur (S. 470)
125 g Mandelstifte

Englischer Käse *Farbfoto S. 425*

Nach dem Grundrezept (S. 432) einen Rührteig zubereiten, zuletzt überbrühte, getrocknete und bemehlte Rosinen und Korinthen, feingeschnittenes Orangeat, Zitronat und Kirschen sowie feingehackte oder geriebene Bittermandeln unterziehen. Teig in eine gut gefettete oder mit beiderseits gefettetem Pergamentpapier ausgelegte Kastenform füllen, bei 175–190° C in 65 bis 75 Minuten backen. Nach Belieben mit Zuckerguß glasieren.

250 g Butter, 250 g Zucker
je 1 Messerspitze Zimt und Muskatnuß
abgeriebene Schale einer halben Zitrone, 6 Eier
3 Eßlöffel Rum, 250 g Mehl
100 g Speisestärke
2 Teelöffel Backpulver
je 125 g Rosinen und Korinthen
je 50 g Orangeat, Zitronat und kandierte Kirschen
5 g bittere Mandeln

Rehrücken (Rezept siehe oben) wird in einer besonderen Form gebacken, mit Schokoladenglasur überzogen und Mandeln gespickt.

Feiner Mohnkuchen (links) kann in der Kasten- oder Kranzform gebacken werden. Wie der Mandelkuchen (rechts) ist er ein beliebtes Gebäck für Kaffee- und Teetisch (Rezepte siehe unten).

150 g Butter, 150 g Zucker
1 Päckchen Vanillezucker
3 geriebene bittere
Mandeln, 1 Prise Salz
3 Eier, 500 g Mehl
1 Päckchen Backpulver
¼ l Milch, 30 g Zucker
150 g gemahlener Mohn
50 g süße Mandeln
65 g Rosinen, etwas Milch

Feiner Mohnkuchen Foto siehe oben

Butter (oder Margarine) schaumig rühren, Zucker, Vanillezucker, geriebene Mandeln, Salz und Eier hineinrühren. Mehl mit Backpulver mischen und sieben, abwechselnd mit Milch unterrühren, so daß der Teig schwer vom Rührlöffel reißt. Reichlich die Hälfte des Teiges mit Mohn, 30 g Zucker, geriebenen Mandeln, Rosinen und so viel Milch verarbeiten, daß er ebenfalls vom Löffel reißt. Eine gefettete Kastenform abwechselnd mit dunklem und hellem Teig füllen. Bei 175 bis 195° C in 60 bis 70 Minuten backen.

125 g Butter, 150 g Zucker
2 Eier, 150 g Mehl
100 g Speisestärke
½ Päckchen Backpulver
etwas Milch, 125 g Zucker
125 g geriebene Mandeln
etwas Zitronensaft
1 Teelöffel Backpulver

Mandelkuchen Foto siehe oben

Butter (oder Margarine) mit Zucker und Eigelb schaumig rühren, abwechselnd mit Backpulver und Speisestärke gemischtes und gesiebtes Mehl und Milch dazurühren, so daß der Teig schwer vom Löffel reißt, eine gefettete Springform damit füllen. Mandeln mit Zucker, Zitronensaft, Backpulver und dem steifgeschlagenen Eiweiß mischen und auf dem Teig verteilen. Bei 175–195° C in 45 bis 55 Minuten backen.

100 g Butter, 150 g Zucker
2 Eier, etwa ¼ l Milch
400 g Mehl, 1 Päckchen
Backpulver, 1 Päckchen
Vanillezucker
20 g gemahlener Anis

Aniskuchen Farbfoto S. 426

Butter und Zucker schaumig rühren, nach und nach Eier und Vanillezucker hineinrühren, dann das mit Backpulver gemischte und gesiebte Mehl hineinarbeiten und zwischendurch Milch dazurühren, zuletzt das Gewürz unterheben. Teig in eine gefettete Kastenform füllen und bei 175–200° C in 40 bis 50 Minuten backen.

Zutaten wie Napfkuchen
(S. 432); außerdem:
1 Päckchen
Lebkuchengewürz
125 g geriebene bittere
Schokolade

Gewürz-Kastenkuchen Farbfoto S. 419

Butter schaumig rühren, nach und nach Zucker, Vanillezucker, Eier und Lebkuchengewürz hineinrühren, dann das mit Backpulver gemischte und gesiebte Mehl abwechselnd mit Milch hineinarbeiten, zuletzt die Schokolade unterziehen. In eine gefettete Kastenform füllen und bei 175–195° C in 55 bis 65 Minuten backen.

Zwei nahrhafte und abwechslungsreiche Kuchen: Datteltorte (links) und Früchtebrot (rechts) – besonders empfehlenswert für die an frischem Obst arme Jahreszeit (Rezepte siehe unten).

Rührteig-Tortenboden

Butter oder Margarine schaumig rühren, nach und nach Zucker, Vanillezucker, Eier und Salz hineinrühren, dann das mit Backpulver gemischte und gesiebte Mehl abwechselnd mit der Milch gut mit der Masse verarbeiten, bis der Teig schwer vom Löffel reißt. In eine gefettete Tortenbodenform (oder in mehrere kleine Tortenförmchen) füllen und bei 175–195° C in 20 bis 25 Minuten backen. Tortenboden nach dem Erkalten mit Obst belegen und mit Tortenguß oder Schlagsahne überziehen, nach Belieben die Früchte auf eine Pudding- oder Cremeschicht legen (siehe Knetteig-Obsttorten ab S. 418).

*75 g Butter oder Margarine, 75 g Zucker
1 Päckchen Vanillezucker
2 Eier, etwas Salz
150 g Mehl
1 gestrichener Teelöffel Backpulver, etwa
2 Eßlöffel Milch*

Datteltorte *Foto siehe oben*

Eigelb mit Zucker schaumig rühren, Mandeln mit Datteln und Soßenpulver trocken verrühren, mit der Eimasse vermengen, zuletzt das steifgeschlagene Eiweiß unterziehen. Die Masse in eine gut gefettete und mit Semmelmehl ausgestreute Springform (oder in eine mit beiderseits gefettetem Pergamentpapier ausgelegte Kastenform) füllen, bei 175 bis 190° C backen. Nach dem Erkalten stürzen und mit Glasur überziehen, beliebig mit Mandeln und halben Datteln garnieren.

*4 bis 5 Eier, 150 g Zucker
150 g geriebene Mandeln
150 g feingeschnittene Datteln, 1 Päckchen Vanille-Soßenpulver
Semmelmehl, Rumglasur (S. 470)*

Früchtebrot *Foto siehe oben*

Eier mit Zucker und Vanillezucker schaumig schlagen, Lebkuchengewürz, Mandeln, Nüsse, Feigen, Zitronat dazugeben, zuletzt das mit Backpulver gemischte und gesiebte Mehl hineinarbeiten und den Rum hinzugeben. Eine gefettete Kastenform mit beiderseits gefettetem Pergamentpapier auslegen, den Teig einfüllen und bei 175–195° C in 80 bis 90 Minuten backen. Nach kurzem Abkühlen auf einen Kuchenrost stürzen, das Papier abziehen. Den Kuchen nach Belieben mit Glasur (S. 469) überziehen oder mit Puderzucker besieben und mit Mandeln verzieren.

Gewürzschnitten siehe S. 482.

*3 Eier, 125 g Zucker
1 Päckchen Vanillezucker
1 gestrichener Teelöffel Lebkuchengewürz
100 g gehackte Mandeln
100 g gehackte Haselnüsse
je 125 g geschnittene Feigen und Zitronat
250 g überbrühte Rosinen
125 g Mehl, 2 gestrichene Teelöffel Backpulver
2 Eßlöffel Rum*

BRANDTEIG

Die Zubereitung von Brandteig – in der Schweiz heißt er »Gebrühter Teig« – unterscheidet sich wesentlich von der Herstellung aller anderen Teigarten, weil die Hauptzutaten heiß miteinander verrührt werden. Aus diesem Grund und weil das duftige Brandteiggebäck auf rasche Abkühlung durch Zusammenfallen reagiert, wenn man zu früh in den Ofen sieht oder mit dem fertigen, noch heißen Gebäck nicht sorgfältig genug umgeht, wagen sich viele Hausfrauen nur ungern an das Ausprobieren von Brandteigrezepten. Dabei ist auch die Brandteigzubereitung kein Kunststück, wenn man sich streng an die wichtigsten Regeln hält:

▶ Wasser und Fett werden aufgekocht, dann schüttet man das Mehl auf einmal hinein und rührt auf kleiner Flamme zu einem glatten Kloß. Nun läßt man den Topf noch kurze Zeit auf dem Herd, rührt weiter und läßt den Mehlteig »abbrennen«, bis sich der Teig vom Topf löst und sich auf dem Topfboden ein weißer Belag bildet; dann wird der Teig in eine Schüssel gegeben.
▶ Stück für Stück werden nun so viele Eier mit dem Mehlkloß verrührt, bis der Teig glänzt und in langen Spitzen vom Rührlöffel reißt. Das Backpulver fügt man hinzu, wenn der Teig abgekühlt ist. Es würde seine Treibkraft verlieren, wenn es mit dem heißen Mehlkloß in Berührung käme.
▶ Brandteig läßt sich nicht ausrollen; man sticht ihn entweder mit dem Löffel ab oder spritzt ihn mit dem Spritzbeutel auf das Blech.
▶ Gebäck aus Brandteig muß bei kräftiger Hitze (200–220° C) gebacken werden. In den ersten 15 bis 20 Minuten darf man die Backofentür nicht öffnen, weil das Gebäck sonst zusammenfallen würde.

¹/₄ l Wasser, 60 g Fett (Butter, Margarine oder Schweineschmalz) 1 Prise Salz, 150 g Mehl 25 g Speisestärke 1 gestrichener Teelöffel Backpulver, 4 bis 6 Eier Schlagsahne, Puderzucker

Windbeutel *Brandteig-Grundrezept Farbfoto S. 443, Foto S. 440*

Wasser, Fett und Salz im Topf zum Kochen bringen, das mit Speisestärke gesiebte Mehl auf einmal hineinschütten, auf kleiner Flamme möglichst schnell zu einem glatten Kloß verrühren und unter weiterem Rühren etwa ein bis zwei Minuten abbrennen, bis sich der Teig vom Topf löst und sich ein weißer Topfbodenbelag gebildet hat. Den Topf vom Feuer nehmen, den Kloß in eine Schüssel geben und ein Ei nach dem anderen damit verrühren. Wenn der Teig glänzt und in langen Spitzen vom Rührlöffel abreißt, keine Eier mehr dazugeben, weil der Teig sonst zu flüssig wird und auf dem Blech verläuft. Backpulver mit dem erkalteten Teig verrühren. Mit dem Spritzbeutel oder einem Teelöffel Teighäufchen von 3 bis 4 cm Durchmesser auf ein schwach gefettetes, bemehltes Backblech setzen, dabei ausreichende Abstände einhalten, da die Windbeutel stark aufgehen. Bei 200–220° C im vorgeheizten Ofen in etwa 25 bis 35 Minuten backen. Vorsichtig aus dem Ofen nehmen (kalten Luftzug vermeiden), etwas abkühlen lassen. Die noch warmen Windbeutel aufschneiden, vollständig erkalten lassen, mit Schlagsahne füllen und mit Puderzucker besieben oder eine der nachstehenden Füllungen verwenden.

Windbeutel-Füllungen

Neben Schlagsahne eignen sich viele süße Cremes als Windbeutel-Füllungen. Da das Gebäck keinen Zucker enthält, kann man es aber zur Abwechslung auch einmal mit einer Käsecreme versuchen und die Windbeutel zu einem abendlichen Imbiß reichen. Einige Vorschläge:

Brandteig-Zubereitung: In das mit dem Fett aufgekochte Wasser gibt man das Mehl (links) und rührt es zu einem glatten Kloß (Mitte). Dann werden die Eier nach und nach hineingerührt.

1. Schlagsahne-Füllungen: Halbsteif geschlagene Sahne mit Pulverkaffee, kaltlöslichem Kakao oder Vanillezucker abschmecken, fertig schlagen. Nach Belieben 2 Teelöffel Aspikpulver quellen lassen, im Wasserbad lösen, abkühlen lassen und mit der halbsteifen Sahne verrühren, dann fertig schlagen. Windbeutel mit Aspik-Schlagsahne kann man schon mehrere Stunden vor dem Servieren zubereiten.
2. Creme-Füllungen: Vanille-Sahnecreme, Schokoladencreme, Mandelcreme, Vanille-Mokkacreme, Arrakcreme oder Rumcreme (Rezepte ab S. 471) eignen sich als Windbeutel-Füllungen.
3. Käsecreme-Füllung: 125 g Butter mit 100 g Edelpilzkäse zu einer lockeren, glatten Creme rühren. 1 Teelöffel Aspikpulver 10 Minuten in kaltem Wasser quellen, im Wasserbad erhitzen und lösen, erkalten lassen und mit $1/8$ l ungesüßter, halbsteif geschlagener Sahne vermengen, steif schlagen und unter die Käse-Buttercreme heben.

Brandteig-Schwänchen Foto S. 440

Brandteig
Sahne- oder Cremefüllung
(S. 471), Puderzucker

Mit dem Spritzbeutel auf ein schwach gefettetes, bemehltes Backblech jeweils 4 Stangen von 6 cm Länge nebeneinander und darauf nochmals vier gleich lange Stangen aus Brandteig spritzen und bei 200–220° C in etwa 25 bis 35 Minuten backen. Auf ein zweites Blech Schwanenhälse in Fragezeichenform spritzen und backen. Von den Schwanenkörpern das obere Drittel als Deckel abschneiden und der Länge nach halbieren. Unterteil mit Schlagsahne oder Creme füllen, die halbierten Deckel als Flügel aufsetzen, den Hals mit Creme oder Sahne festhalten, die Schwäne mit Puderzucker besieben.

Schweizer Ofenküchlein

Brandteig
Vanille-Sahnecreme
(S. 471), Puderzucker

Mit dem Spritzbeutel oder einem Teelöffel nußgroße Häufchen auf ein schwach gefettetes, bemehltes Blech setzen, bei 220° C in 25 bis 30 Minuten backen, etwas abkühlen lassen, auf einer Seite aufschneiden und mit Creme füllen, mit Puderzucker besieben.

Windbeutel aus Brandteig können mit verschiedenen Cremes oder auch mit Schlagsahne gefüllt werden (Vorschläge ab S. 438).

Brandteig Vanille-Mokkacreme (S. 471) Mokkaglasur (S. 470)

Liebesknochen Eclairs Farbfoto S. 443

Mit dem Spritzbeutel 2 etwa 7 cm lange Streifen dicht nebeneinander auf ein schwach gefettetes, bemehltes Backblech spritzen, einen dritten gleich langen Streifen daraufsetzen. Bei 200–220° C im vorgeheizten Ofen in 20 bis 25 Minuten backen, etwas abkühlen lassen, das obere Drittel als Deckel abschneiden (oder die Kuchen in der Mitte durchschneiden), mit Mokkacreme füllen, den Deckel aufsetzen und mit Mokkaglasur überziehen. (Ergibt etwa 25 bis 30 Stück.) Abwandlung: Schlagsahne halbsteif schlagen, mit feingeriebener Schokolade vermischen, steif schlagen und die Liebesknochen damit füllen, mit Puderzucker besieben. – Nach Belieben die Eclairs auch mit Käsecreme (S. 439) füllen. Die Deckel dünn mit Creme bestreichen und mit ungemahlenem Mohn oder Kümmel bestreuen.

Brandteig-Schwänchen (Rezept S. 439), mit Schlagsahne oder einer leichten Creme gefüllt, sind eine dekorative Zierde des Kaffeetisches.

BLÄTTERTEIG

Zartes Blätterteiggebäck, bei starker Hitze locker, duftig und trocken gebacken, ist eine Augenweide und ein Genuß zugleich. Wie Brandteig läßt sich Blätterteig sowohl für süßes als auch für salziges Backwerk (Pasteten, Würstchen im Teigmantel) verwenden. Leider hat der »echte« Blätterteig zwei entscheidende Nachteile für die Haushaltspraxis: Seine Herstellung erfordert einen erheblichen Arbeits- und Zeitaufwand, und sein Gelingen hängt stark von der Qualität der verwendeten Zutaten, von ihrer besonderen Blätterteig-Eignung, ab. Die sorgfältigste Bearbeitung nützt nichts, wenn das Mehl nicht kleberstark und griffig genug, die als »Ziehfett« verwendete Butter oder Margarine zu wasserhaltig ist. Da die Hausfrau kaum eine Möglichkeit hat, sich über diese Eigenschaften ihrer Zutaten zu informieren, wird sie in der Regel zu einer der Blätterteig-Abwandlungen (siehe unten) greifen oder sich an tiefgefrorenen Blätterteig halten.

Grundregeln für die Blätterteig-Zubereitung: Der Teig wird in mehreren »Touren« so ausgerollt, daß er aus hauchdünnen Teigschichten mit dazwischenliegenden Fettschichten besteht. Teig und Fett dürfen sich (im Gegensatz zu allen anderen Teigarten) auf keinen Fall vermischen, weil der Blätterteig sonst nicht aufgeht. Man hält deshalb alle Zutaten so kühl wie möglich.

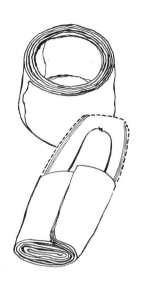

Echter Blätterteig

250 g Mehl, knapp ⅛ l Wasser, 250 g Butter
1 Prise Salz

Mehl auf das Backbrett sieben, in die Mitte eine Vertiefung drücken, Wasser und Salz hineingeben und alles zu einem zähen, glatten, nicht klebrigen Teig verarbeiten. Wenn sich der Teig von Backbrett und Hand löst, einen Ball formen, kreuzförmig einschneiden und 30 Minuten im Kühlschrank kalt stellen. Butter zu einem etwa zentimeterstarken Rechteck formen (kneten oder zwischen Pergamentpapier ausrollen) und ebenfalls kalt stellen. Den kalten Teig zu einem Rechteck in der doppelten Größe des Butterstückes ausrollen (am besten auf einer Marmorplatte), das Butterstück auf die eine Hälfte des Teiges legen, die andere Hälfte darüberklappen, die Ränder fest zusammendrücken. Nun den Teig vorsichtig (rollen und ziehen, möglichst wenig aufdrücken) zu einem länglichen Streifen ausrollen, von den Schmalseiten her zur Mitte zusammenlegen und nochmals zusammenklappen, so daß vier Schichten entstehen. Nach dieser ersten Tour den Teig 30 Minuten im Kühlschrank ruhen lassen, dann das Ausrollen und Zusammenlegen noch dreimal (insgesamt vier Touren) wiederholen, zwischendurch den Teig immer wieder gut kühlen. Beim Ausrollen möglichst wenig oder gar kein Mehl zugeben. Der Teig muß so kalt sein, daß er nicht kleben kann. Den fertigen Teig ruhen lassen, zu beliebigem Gebäck verarbeiten und auf dem mit kaltem Wasser abgespülten Blech bei 210–225° C backen. Während der ersten 15 Minuten die Ofentür nicht öffnen. Blätterteig muß gut durchgebacken sein, damit er nicht talgig schmeckt. Wenn der geformte Teig mit Eigelb bestrichen wird, müssen die Ränder frei bleiben, weil sonst die Teigschichten verkleben.

Kartoffelblätterteig

Zubereitung wie Quarkblätterteig (Rezept S. 442). Anstatt Quark 250 g gekochte, passierte oder geriebene Kartoffeln vom Vortag verarbeiten.

Hefeblätterteig siehe S. 415.

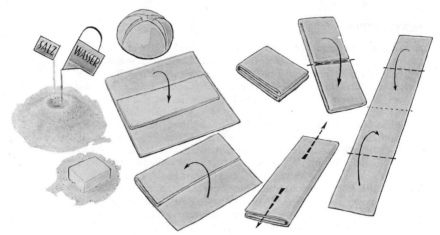

Blätterteig-Zubereitung: Mehl, Wasser und Salz werden zu einem glatten Teig verarbeitet (links), nach dem Ruhen mit der Butter belegt und in mehreren »Touren« mit dazwischenliegenden Pausen ausgerollt.

250 g Butter oder Margarine, 250 g Mehl, 250 g trockener Quark knapp 5 g Backpulver 1 Prise Salz

Quarkblätterteig

Mehl mit Backpulver mischen und auf das Backbrett sieben, Quark gut abtropfen lassen (falls nötig ausdrücken), Fett klein schneiden. Alle Zutaten zu Knetteig verarbeiten, etwas ruhen lassen, zu einem Streifen ausrollen und wie Echten Blätterteig weiterverarbeiten (4 Touren). Bis zur Verarbeitung kühl stellen, Kleingebäck daraus formen, auf ein kalt abgespültes Backblech geben und bei 210–225° C backen. Abwandlung: Anstatt Salz ½ Päckchen Vanillezucker nehmen, wenn das Gebäck einen süßen Überzug oder eine süße Füllung bekommen soll. Vorschläge für Kleingebäck ab Seite 416 (Hefeteig) und Seite 445.

Blätterteigpasteten *Farbfoto S. 515*

Echten Blätterteig in 6 Touren verarbeiten (oder tiefgekühlten Blätterteig verwenden; nach Vorschrift auftauen lassen), 4 mm dick ausrollen und Ringe mit 6 cm Außen- und 3 cm Innendurchmesser ausstechen. Teigreste messerrückendick ausrollen (nicht verkneten, sondern zusammenlegen), Scheiben mit 8 cm Durchmesser (als Böden) und 6 cm Durchmesser (als Deckel) ausstechen. Böden auf ein mit kaltem Wasser abgespültes Backblech legen, vorsichtig mit etwas verklopftem Eiweiß bestreichen (Ränder freilassen) und die Ringe darauflegen. Die Pasteten bei 210–225° C in 20 bis 25 Minuten backen. Deckel gesondert backen oder auf das Pastetenblech legen und mitbacken, aber schon nach etwa 15 Minuten herausnehmen. Die Pasteten geraten gleichmäßiger, wenn man einen Pastetenhalter aus Blech (oder auch aus gut gefettetem Karton, ein Röhrchen mit knapp 3 cm Durchmesser, 6 bis 7 cm lang) auf den Pastetenboden in die Ringöffnung stellt. – Pasteten mit beliebigem Ragout (S. 84, 140, 184, 208 und 337) füllen und heiß zu Tisch geben. Zitronenachtel und Worcestersoße getrennt reichen.

Leckere Bäckereien aus Brandteig und Blätterteig: 1. Blätterteig-Kleingebäck (Rezepte ab S. 445); 2. Windbeutel (Rezept S. 438) und 3. Liebesknochen (Rezept S. 440), auch Eclairs genannt, mit Mokkacreme gefüllt.

Pastetenhaus *Foto S. 218*

Echten Blätterteig (S. 441) in vier Touren verarbeiten (oder tiefgekühlten Blätterteig verwenden, nach Vorschrift auftauen lassen). Ein Drittel des Teiges messerrückendick ausrollen, eine Scheibe von 20 bis 22 cm Durchmesser ausschneiden (Teller auflegen, damit sie gleichmäßig wird) und auf das mit kaltem Wasser abgespülte Backblech legen. Aus weicher Papierwolle und einem Seidenpapierüberzug eine Halbkugel (etwa 14 bis 15 cm Durchmesser) formen und auf den Pastetenboden legen. Restlichen Teig messerrückendick zu einer runden Scheibe ausrollen und die Papierhalbkugel damit bedecken, etwaige Falten ausgleichen, den Rand ringsum fest andrücken, überstehenden Teig abschneiden oder -rädeln. Aus Teigresten Streifen ausradeln und den unteren Pastetenrand damit belegen, fest andrücken. Übrigen Teig zu Streifen, Halbmonden, Sternen und Blüten ausstechen oder -radeln und das Pastetenhaus (Eiweiß oder Eigelb zum Ankleben verwenden) damit verzieren. Pastete sorgfältig mit verquirltem Eigelb bestreichen, bei 210–225° C in etwa 25 bis 35 Minuten goldbraun backen. Nach dem Herausnehmen sofort einen Deckel abschneiden, Papier vorsichtig herausnehmen. Falls nötig, das Pastetenhaus im Backofen bei schwacher Hitze einige Minuten nachbacken. Vor dem Anrichten im Backofen erhitzen, mit heißem Ragout (S. 84, 140, 184, 201 und 208) füllen und mit Zitronenachteln und Worcestersoße zu Tisch geben.

Blätterteig-Kleingebäck *Farbfoto S. 443, Foto S. 446*

Zu Kleingebäck kann man sowohl Echten Blätterteig als auch Quarkblätterteig oder Blätterteig aus der Tiefkühltruhe verwenden. Einige Rezepte lassen sich auch mit Hefeblätterteig (Plunderteig, S. 415) zubereiten. Alle diese »kleinen Teilchen« schmecken frisch gebacken am besten. Bei längerer Aufbewahrung ziehen sie Feuchtigkeit an, bleiben nicht knusprig und bekommen einen talgigen Geschmack.

Hefe-Kleingebäck siehe S. 414, Kleingebäck aus Knetteig siehe S. 428.

Blätterteig-Halbmonde *Fleurons*

Blätterteig gut messerrückendick ausrollen, Halbmonde ausstechen, mit verquirltem Eigelb bestreichen (Ränder freilassen), auf ein mit kaltem Wasser abgespültes Backblech setzen und bei 210–225° C in etwa 15 Minuten backen. Als Garnitur für Ragouts, Gemüse usw. verwenden.

Schillerlocken *Foto S. 447*

Beliebigen Blätterteig messerrückendick ausrollen, in 3 cm breite und etwa 20 cm lange Streifen schneiden oder radeln, Schillerlockenformen (etwa 12 cm lange Holz- oder Metallkegel) gleichmäßig damit umwickeln, mit verquirltem Eigelb (etwas Milch hineingeben) bestreichen, nach Belieben in Hagelzucker wälzen. Auf einem mit kaltem Wasser abgespülten Backblech bei 180–220° C in 20 bis 25 Minuten backen. Nach dem Erkalten mit Schlagsahne oder Creme (S. 471) füllen.

Die Oster-Sahnetorte (Rezept S. 464) wird mit Schlagsahne und Früchten gefüllt. Aus beliebigem Eis wird die Festliche Eisbombe (links oben, Rezept S. 384) zubereitet. Für die Garnitur wurde Kakao verwendet.

Blätterteig-Kleingebäck (Rezepte ab S. 445) mit verschiedenen Füllungen kann man auch aus Hefeblätterteig (S. 415) oder tiefgekühltem Blätterteig backen. Es soll möglichst frisch auf den Tisch kommen.

Schweinsohren Farbfoto S. 443

Blätterteig etwa ½ cm dick ausrollen, reichlich mit grobem Zucker bestreuen, den Zucker etwas festrollen. Teig von den beiden Längsseiten her zur Mitte zu aufrollen (oder beiderseits dreimal umschlagen, die Schweinsohren werden dann »schlanker«), die beiden Rollen fest zusammendrücken, etwa 1 cm dicke Scheiben abschneiden, in großen Abständen auf ein mit kaltem Wasser abgespültes Blech legen und bei 200–220° C auf beiden Seiten (nach der halben Backzeit wenden!) goldbraun backen. Auf Pergamentpapier auskühlen lassen.

Hahnenkämme Foto siehe oben

Blätterteig 4 bis 5 mm dick ausrollen, 9 x 9 cm große Quadrate ausrollen, mit Nußfüllung (S. 474) belegen, zusammenklappen, »Kammzähne« einschneiden, die Hahnenkämme auf dem kalt abgespülten Blech leicht gebogen hinlegen, so daß die »Zahnlücken« etwas auseinanderklaffen. Bei 200–220° C in etwa 20 bis 25 Minuten goldbraun backen, noch heiß mit schwach verdünntem heißem Aprikosengelee bestreichen, etwas einziehen lassen und mit Glasur (S. 470) überziehen.

Blätterteigschiffchen

Blätterteig etwa 5 mm dick ausrollen, 9 x 9 cm große Quadrate schneiden oder radeln, je zwei gegenüberliegende Ecken so zusammenlegen und -drücken, daß kleine Schiffchen entstehen. Passierten Quark mit Zucker, Vanillezucker und Eigelb verrühren, die Schiffchen damit füllen, mit verquirltem Eigelb bestreichen und auf ein kalt abgespültes Blech setzen. Bei 200–220° C in 20 bis 25 Minuten backen. Nach Belieben zusätzlich (nach dem Backen) mit Ananasstückchen, gedünsteten Kirschen, einer halben gedünsteten Birne, Aprikose oder einem halben Pfirsich füllen, mit dazu passendem Gelee (verdünnt und erhitzt) überziehen.

So werden Hörnchen gefüllt, gerollt und gebogen.

Blätterteigbrezeln *Foto siehe unten*

Beliebigen Blätterteig etwa 3 bis 4 mm dick ausrollen, in Streifen mit Würfelquerschnitt schneiden, zu beliebig großen Brezeln, Kringeln oder Achten zusammenlegen, mit Milch bestreichen, in Hagelzucker oder gehobelten Mandeln oder Nüssen wälzen bzw. die Brezeln damit bestreuen, auf ein kalt abgespültes Blech legen und backen.

Pflaumengucker *Foto siehe unten*

Blätterteig etwa 3 mm dick ausrollen, Scheiben von etwa 9 cm Durchmesser ausschneiden, etwa anderthalb Zentimeter vom Rand entfernt einen Halbkreis einstechen und den entstandenen Halbkreis-Ring auf die zweite Teighälfte klappen, fest andrücken. Pflaumengucker mit Pflaumenmus oder -marmelade füllen, mit verquirltem Eigelb bestreichen und 15 bis 25 Minuten bei 200–220° C backen.

Birnentaschen *Foto siehe unten*

Blätterteig etwa 3 mm dick ausrollen, Quadrate mit etwa 9 cm Seitenlänge ausschneiden, ähnlich wie beim vorstehenden Rezept einen Halbkreis einstechen, das halb abgetrennte Dreieck auf die andere Teighälfte klappen, mit Eigelb bestreichen und 15 bis 25 Minuten bei 200 bis 220° C backen. Die fertigen Taschen mit dick eingekochtem Birnenkompott, einem beliebigen anderen Kompott oder einer Konfitüre füllen (Konfitüre kann auch mitbacken), mit Glasur überziehen (S. 469).

Apfel im Schlafrock *Foto S. 430*

Blätterteig messerrückendick ausrollen, weiterverarbeiten nach dem Knetteig-Rezept für Apfel im Schlafrock (S. 430).

Pflaumengucker und Birnentaschen aus Blätterteig zeigt das linke Foto. Mitte: Blätterteigbrezeln (Rezepte siehe oben). Schillerlocken (rechts, Rezept S. 445) werden mit Sahne oder einer leichten Creme gefüllt.

Kopenhagener *Farbfoto S. 425*

Quarkblätterteig etwa 4 mm dick ausrollen, 9 x 9 cm große Quadrate schneiden oder ausradeln, die Spitzen zur Mitte einbiegen und etwas andrücken, die Mitte mit Aprikosenkonfitüre füllen, die Teigspitzen mit etwas Milch bestreichen. Auf einem kalt abgespülten Blech bei etwa 200° C in 20 bis 25 Minuten goldgelb backen, nach Belieben mit Glasur (S. 470) überziehen.

Weitere Blätterteig-Rezepte: Würstchen im Blätterteigmantel (S. 58), Rührei in Blätterteigpasteten (S. 95), Pikante Käseschnitten (S. 312), Fleischtaschen (S. 340), Fleisch-Käse-Strudel (S. 160), Wiener Erdbeerschnitten (S. 340).

SCHAUMGEBÄCK Baisers

Poetische oder auch geheimnisvolle Namen haben sich Konditoren und Hausfrauen für das lockere, auf der Zunge zergehende Eischaumgebäck ausgedacht, das als vorzügliche Eiweiß-Resteverwertung durchaus seinen Platz in der Küche verdient. Neben den Fachbezeichnungen der Küchensprache – Baiser (= französisch »Kuß«), Meringe (vermutlich aus dem Spanischen abgeleitet) und Vacherin (Baisertorte oder -tortenboden, aus unerfindlichen Gründen nach einer Käseart benannt) – heißen die weißen Nichtigkeiten aus Eiweiß, Zucker und Geschmackszutaten je nach Landschaft Spanischer Wind, Schäumchen oder auch Schaumküßchen. Zubereitungsregeln:

▶ Eiweiß sauber vom Eigelb trennen, die geringste Eigelbspur kann das Steifwerden des Eischnees verhindern oder beeinträchtigen.

▶ Möglichst nur Puderzucker oder sehr feinen Zucker verwenden. Puderzucker muß vor der Verarbeitung gesiebt werden.

▶ Eiweiß zuerst ohne Zucker zu steifem Schnee schlagen, dann löffelweise Zucker und Geschmackszutaten zugeben und fertig schlagen.

▶ Schaumgebäck wird bei ganz schwacher Hitze (140–160° C) im Backofen mehr getrocknet als gebacken, weil es nach Möglichkeit weiß bleiben soll. Ofentür einen Spalt geöffnet lassen.

Zu Wiener Sahnebaisers wird die Schaummasse auf angefeuchtete Holzformen gespritzt und gebacken.

Schaumgebäck *Grundrezept*

4 Eiweiß
200 g Puderzucker
1 Päckchen Vanillezucker

Eiweiß zu steifem Schnee schlagen, nach und nach gesiebten Puderzucker und Vanillezucker dazugeben, bis sich die Masse schwer schlagen läßt. Mit dem Spritzbeutel beliebige Formen (siehe unten) auf ein mit Fett bestrichenes Pergamentpapier spritzen (oder das Papier anfeuchten), mit dem Papier in den Ofen geben, bei 140–160° C in 45 bis 75 Minuten weiß bis hellgelb backen. Ofentür einen Spalt geöffnet lassen. Papier auf ein nasses Tuch legen, wenn sich das Gebäck nicht ablösen läßt. Nach Belieben füllen oder garnieren.

Wiener Sahnebaisers

Schaumgebäckmasse (siehe Grundrezept) mit dem Spritzbeutel auf Baiserhalbkugeln spritzen (Halbkugeln vorher gut wässern; Masse spiralförmig aufspritzen). Auf das Kuchenblech geben, bei 120–140° C etwa 20 Minuten antrocknen lassen, dann die Baisers vorsichtig von den Halbkugeln abnehmen, mit der Öffnung nach oben auf das Blech legen und in etwa 40 Minuten fertig backen. Jeweils zwei Baiserschalen mit gespritzter Sahne zusammensetzen.

Schaumgebäck in verschiedenen Abwandlungen: (rechts) Schokoladenbaisers und (links) einfache Baisers (Rezepte siehe unten).

Einfache Baisers Foto siehe oben

Schaumgebäckmasse in den Spritzbeutel füllen, auf gefettetes oder angefeuchtetes Pergamentpapier spiralförmig kleine Häufchen spritzen, bei 140–160° C in etwa 40 bis 50 Minuten backen, abkühlen lassen und nach Belieben mit Schlagsahne zusammensetzen (Boden der heißen Baisers etwas eindrücken, damit mehr Sahnefüllung Platz hat) oder die Baisers ohne Sahne zu Süßspeisen reichen. Bei den zusammengesetzten Baisers kann man eine Hälfte auch mit Schokoladenglasur (S. 470) oder Kuvertüre überziehen oder verzieren.

Schokoladenbaisers Foto siehe oben

Schaummasse nach dem Grundrezept herstellen, mit 60 g kaltlöslichem Kakao mischen (wenn der Kakao schon gezuckert ist, $1/3$ Zucker weniger nehmen) und nach Belieben Baisers direkt auf Pergamentpapier oder auf Holzhalbkugeln spritzen, nach den Vorschriften der beiden vorstehenden Rezepte backen, füllen oder garnieren.

Mandelbaisers

Schaummasse mit 2 Teelöffel feingeriebenen Mandeln verarbeiten, nach Belieben statt Vanillezucker abgeriebene Zitronenschale verwenden. Baisers nach einem der vorstehenden Rezepte spritzen und backen, füllen und garnieren.

Baiserböden

Schaummasse nach dem Grundrezept herstellen, in den Spritzbeutel füllen und auf gefettetes oder angefeuchtetes Pergamentpapier spiralförmig flache Tortenböden ohne Rand (etwa 8 cm Durchmesser) spritzen, bei 140–160° C in 35 bis 50 Minuten backen, nach Belieben 2 Böden mit Schlagsahne zusammensetzen oder 1 Boden mit Schlagsahne garnieren, mit Schokoladenstreusel oder gehackter Kuvertüre garnieren.

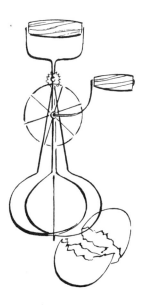

FETTGEBACKENES

Nicht nur in der Faschingszeit oder zu Silvester schmecken goldbraune Pfannkuchen oder Spritzkuchen, in Fett schwimmend ausgebacken. Der Fettopf hat auch in den anderen Jahreszeiten seine Berechtigung, wenn man einmal etwas Besonderes auf den Tisch bringen will – in Ausbackteig gehüllte Gemüse, Fleisch oder Fisch ebenso wie süße Spezialitäten von Apfel-Beignets bis zu Räderkuchen und von leckeren Mandelkissen bis zu den berühmten Mutzenmandeln. Regeln:

▶ Öl, Kokosfett oder auch gemischtes Fett, das allerdings häufig spritzt, am besten in einem eisernen Topf erhitzen, weil er die Wärme besser bewahrt; Topf nur zu zwei Drittel füllen.

▶ Öl oder Fett sollen 180–210° C heiß sein. Man kann die richtige Backtemperatur mit einem Probestück kontrollieren oder einen Holzlöffel in das Fett tauchen. Es hat die richtige Temperatur, wenn sich am Löffel kleine Bläschen bilden. Wenn das Fett zu heiß ist, bleibt das Gebäck innen teigig; ist es dagegen nicht heiß genug, saugt das Gebäck zu viel Fett auf und wird schwer verdaulich.

▶ Nicht zu viel Stücke auf einmal in den Topf geben, weil sonst die Temperatur des Fettes zu schnell sinkt und das Gebäck aneinanderzukleben droht.

▶ Wenn man regelmäßig Fettgebackenes zubereiten will, empfiehlt sich die Anschaffung einer elektrisch beheizten Friture, die sich auch zur Bereitung von Pommes frites und ähnlichen Gerichten eignet.

500 g Mehl, 25 bis 30 g Hefe, $^1/_4$ l Milch 80 g Butter, 100 g Zucker 2 Eier, 1 Prise Salz abgeriebene Schale einer halben Zitrone Marmelade als Füllung

Berliner Pfannkuchen *Faschingskrapfen Farbfoto S. 425*

Zutaten nach dem Hefeteig-Grundrezept (S. 407) verarbeiten, gehen lassen, auf dem Backbrett ausrollen und runde Teigscheiben (etwa 7 bis 8 cm Durchmesser) ausstechen. Eine Scheibe mit Marmelade belegen, zweite Scheibe darauflegen, den Rand mit einem Glas fest zusammendrücken (es schadet nichts, wenn dabei ein kleiner Teigrand abgestoßen wird), nochmals gehen lassen und in heißem Fett schwimmend auf beiden Seiten goldbraun backen, sofort in feinem Zucker wälzen, mit Puderzucker bestreuen oder mit Rumglasur (S. 470) überziehen, möglichst frisch reichen. Die Pfannkuchen sind gut gebacken, wenn sie einen weißen Rand zeigen. Abwandlung: Teig zu kleinen Kugeln formen, gehen lassen, Marmelade mit dem Spritzbeutel in das Innere der Teigkugel spritzen, Öffnung gut zudrücken, Pfannkuchen in heißem Fett backen und zuckern.

Rum- oder Zitronenringe *Foto siehe rechte Seite*

Hefeteig nach dem vorstehenden Rezept dick ausrollen, Ringe ausstechen (Durchmesser außen etwa 7 cm, innen 3 cm), gehen lassen und in heißem Fett schwimmend von beiden Seiten goldbraun backen. Mit Rum- oder Zitronenglasur überziehen (S. 470).

Finger

Hefeteig etwa zentimeterdick ausrollen, Rechtecke (etwa 9 x 5 cm) ausschneiden, an einer Längsseite in gleichmäßigen Abständen vier bis fünf Einschnitte ($^2/_3$ der Teigbreite tief) machen, die »Finger« etwas auseinanderbiegen, nochmals gehen lassen. In heißem Fett schwimmend von beiden Seiten goldbraun backen, mit Zucker bestreuen oder mit Puderzucker besieben.

Eberswalder Spritzkuchen *Foto siehe unten*

Zutaten nach dem Grundrezept (S. 438) zu Brandteig verarbeiten, in den Spritzbeutel füllen und auf gefettetes Pergamentpapier Kränze mit einem inneren Durchmesser von etwa 4 cm spritzen. Die Kränze vom Papier in das Ausbackfett gleiten lassen (Papier mit den Kränzen umdrehen, ins Fett geben und abnehmen, sobald es sich lösen läßt), von beiden Seiten goldgelb backen, mit dem Schaumlöffel herausnehmen, abtropfen lassen und mit Zitronenglasur überziehen. Abwandlung: Rumglasur (S. 470) verwenden. Bei kleineren Mengen kann man den Teig auch auf einen gefetteten Schaumlöffel spritzen, den man in das Backfett hält, bis sich die Ringe lösen.

1/4 l Wasser, 60 g Butter
1 Prise Salz, 200 g Mehl
1 gestrichener Teelöffel Backpulver, 4 bis 5 Eier
Zitronenglasur (S. 470)

Räderkuchen *Hobelspäne Foto siehe unten*

Mehl mit Backpulver mischen und sieben, auf ein Backbrett geben, in der Mitte eine Vertiefung eindrücken, Zucker, Vanillezucker, Zitrone, Eier und Rum hinzufügen, mit einem Teil des Mehls verrühren, dann die in Stücke geschnittene kalte Butter oder Margarine dazugeben, mit Mehl bedecken und alles zu einem glatten Knetteig verarbeiten. Etwa 3 mm dick ausrollen, 3 x 10 cm große Rechtecke ausradeln, in der Mitte einen 5 cm langen Schlitz hineinradeln oder einschneiden, das eine Ende des Teigstreifens durch den Schlitz ziehen. In heißem Fett schwimmend goldgelb backen, abtropfen lassen und mit Zucker bestreuen oder mit Puderzucker besieben.

500 g Mehl
1 gestrichener Teelöffel Backpulver
100 g Zucker, 1 Päckchen Vanillezucker, abgeriebene Schale einer halben Zitrone
3 Eier, 3 Eßlöffel Rum
125 g Butter oder Margarine

Mutzenmandeln *Foto siehe unten*

Mehl mit Backpulver sieben, mit anderen Zutaten zu Knetteig (S. 418) verarbeiten, ruhen lassen und etwa 1 cm dick ausrollen. Mutzenmandeln ausstechen, in heißem Fett goldgelb backen, mit Puderzucker besieben. – Aus dem gleichen Teig nach Belieben auch Ringe, Sterne, Rauten oder runde Plätzchen ausstechen, in Fett backen und mit Puderzucker, Streuzucker oder Vanillezucker bestreuen.

500 g Mehl, 2 gestrichene Teelöffel Backpulver
150 g Zucker, 2 bis 3 Eier
1 Eßlöffel Rum
3 geriebene bittere Mandeln, 150 g Butter oder Margarine

Fettgebackenes in reicher Auswahl: Mutzenmandeln und Rum- oder Zitronenringe (rechts), Räderkuchen oder Hobelspäne und Eberswalder Spritzkuchen (links), in der Fritüre zubereitet (Rezepte ab S. 450).

Bayerische Küchel (rechts), auch Ausgezogene genannt, sind ein beliebtes Fastengebäck. Pflaumen-Pompadours (Mitte) und Apfel-Beignets (links) sind auch vorzügliche Nachspeisen. (Rezepte siehe unten.)

Apfel-Beignets *Ausbackteig I Foto siehe oben*

*250 g Mehl, 1 gestrichener Teelöffel Backpulver
2 Teelöffel Zucker (nach Belieben), 1 Ei, etwas Wasser, ca. 1/8 l Milch
3 Eßlöffel Rum
2 Teelöffel Öl
Zur Füllung:
500 bis 750 g Äpfel
Zucker und Zimt*

Zutaten zu einem dickflüssigen Ausbackteig verarbeiten. Äpfel waschen, schälen und Kerngehäuse ausstechen, in etwa 1 cm dicke Scheiben schneiden und nach Belieben mit Rum oder Weinbrand beträufeln. Die Scheiben in den Teig tauchen und in heißem Fett schwimmend goldgelb ausbacken. Mit Puderzucker besieben oder in Zucker und Zimt wenden, heiß zu Tisch geben. Nach demselben Rezept: Pflaumen, mit Rum beträufelte Pfirsichscheiben und -ringe, Birnenscheiben, Ananasringe, mit Kirschwasser gebeizte Melonenstücke, Apfelsinenscheiben oder beliebiges anderes Obst durch Ausbackteig ziehen und in Fett schwimmend backen.

Pflaumen-Pompadours *Foto siehe oben*

*Blätterteig (S. 441)
Pflaumen, Marzipan oder Würfelzucker*

Blätterteig messerrückendick ausrollen und Quadrate mit etwa 8 cm Seitenlänge schneiden. Pflaumen waschen, abtrocknen, kreuzweise einschneiden, entkernen und an die Stelle des Pflaumenkerns ein Stück Würfelzucker oder Marzipan drücken. Pflaumen auf die Teigquadrate legen und den Teig beutelförmig nach oben zusammennehmen, gut festdrücken. In heißem Fett schwimmend backen, dann mit Puderzucker besieben und eine »Pompadourschnur« (siehe Foto) herumlegen.

Bayerische Küchel *Ausgezogene Foto siehe oben*

Hefeteig zu Kugeln von 5 bis 6 cm Durchmesser formen, gehen lassen. Unmittelbar vor dem Backen die Kugeln so auseinanderziehen, daß ein Ring von etwa 8 bis 9 cm Durchmesser mit hauchdünnem Teigboden entsteht (Vorsicht, damit der Teig nicht einreißt). In heißem Fett von beiden Seiten goldbraun backen, mit Zucker bestreuen, nach Belieben auch mit Puderzucker besieben.

Zimt- und Mandelkissen Foto S. 483

Butter mit Zucker und Vanillezucker glattrühren. Eier hineinarbeiten, nach und nach mit Backpulver gesiebtes Mehl und die saure Sahne hinzufügen. Etwa die Hälfte des Teiges mit Zimt verkneten (etwas Rum zugeben, wenn er zu fest wird), etwa 4 mm dick ausrollen, Rechtecke ausradeln und in heißem Fett schwimmend von beiden Seiten goldgelb backen, abtropfen lassen, mit etwas Rum beträufeln und in Zucker und Zimt wälzen. – Restlichen Teig mit Mandeln verkneten, bei Bedarf etwas Rum dazugeben, wie die Zimtkissen ausrollen, ausradeln und backen, dann abtropfen lassen, mit Zuckerglasur überziehen und mit je einer halben Mandel verzieren.

80 g Butter, 60 g Zucker
1 Päckchen Vanillezucker
2 Eier, 375 g Mehl
1 Teelöffel Backpulver
⅛ l saure Sahne
Zimtteig: 1 Teelöffel Zimt
Mandelteig: 65 g geriebene Mandeln, etwas Rum
halbierte Mandeln
Zuckerglasur, Zimtzucker
Backfett

Gebackene Pflaumen Ausbackteig II

Zutaten zu einem dickflüssigen Ausbackteig verarbeiten. Pflaumen waschen und abtrocknen, nach Belieben entkernen und an die Stelle des Kerns ein Stück Würfelzucker oder Marzipan oder eine abgezogene Mandel stecken, in den Teig tauchen und in heißem Fett schwimmend goldgelb backen. Abtropfen lassen, in Zucker und Zimt wenden und heiß zu Tisch geben. – Nach demselben Rezept beliebige Früchte (siehe Vorschläge im Rezept für Apfel-Beignets) durch Teig ziehen und in Fett schwimmend backen. Für Gemüse im Teigmantel den Teig ohne Zucker, dafür mit einer Prise Salz zubereiten. Alle Gemüsearten (zum Beispiel Selleriescheiben, Spargel, Schwarzwurzeln, Karotten, Blumenkohlröschen, Chicorée, Rosenkohl, Kohlrabi) vorher dünsten (nicht ganz weich dämpfen) und würzen, dann durch Ausbackteig ziehen und in Fett schwimmend backen; heiß zu Tisch geben. Der mit Salz zubereitete Bierteig kann auch für Fleisch, Geflügel, Wild und Fisch im Teigmantel verwendet werden.

250 g Mehl, 2 Eier
knapp ¼ l Bier, 2 Teelöffel Zucker, 2 Teelöffel Öl
etwas geriebener Muskat
Zur Füllung:
500 bis 750 g Pflaumen
Zucker und Zimt

WAFFELN UND EISERKUCHEN

Die auf den Kohleherd zugeschnittenen Waffeleisen alter Art sind fast ganz aus der Mode gekommen und mit ihnen die häusliche Waffelbäckerei, weil nur die wenigsten Haushalte über elektrische Waffeleisen verfügen. Moderne Waffeleisen werden wie Backöfen durch Thermostate gesteuert; die einmal eingestellte Temperatur bleibt also automatisch während des ganzen Backvorganges erhalten. Da Ober- und Unterseite der Eisen gleichmäßig beheizt werden, fällt das von den Herd-Waffeleisen her bekannte Umwenden fort. Man braucht also nur auf die richtige Temperatureinstellung zu achten, den Teig in die schwach (bei fettreichen Teigen überhaupt nicht) gefettete Form zu gießen und nach der Uhr zu sehen, wann das Eisen wieder zu öffnen ist. Da die Backzeiten ganz von der Leistungsaufnahme des Gerätes abhängen, sind bei den folgenden Rezepten keine Zeiten angegeben. Bei Unklarheiten empfiehlt sich das Backen einer Probewaffel. – Für das Backen von Eiserkuchen braucht man ein spezielles Eiserkucheneisen, sie können in den üblichen Waffeleisen für Herzchenwaffeln nicht bereitet werden.

Hefewaffeln

Zutaten zu Hefeteig (Grundrezept S. 407) verarbeiten und gehen lassen, im gefetteten Waffeleisen hellgelb backen. Mit Puderzucker besiebt oder (warm) mit Marmelade oder Konfitüre bestrichen zu Tisch geben.

250 g Mehl, 15 g Hefe
40 g Zucker, 100 g Butter
etwa ¼ l Milch, Salz
2 Eier, Zitronenschale

Aus dem Waffeleisen frisch auf den Kaffeetisch: Feine Waffeln und verschiedene Eiserkuchen mit Schlagsahne (Rezepte siehe unten).

150 g Butter, 125 g Zucker
1 Päckchen Vanillezucker
3 Eier, abgeriebene Schale einer halben Zitrone
150 g Mehl

Feine Waffeln *Foto siehe oben*

Butter sahnig rühren, nach und nach Zucker, Vanillezucker, Eier, Zitronenschale und Mehl hineinrühren (bei Bedarf wenig Milch oder Rum zugeben), in das gefettete Waffeleisen füllen und portionsweise goldgelb backen. Nach Belieben mit Puderzucker besieben.

5 Eier, 100 g Zucker
5 Eßlöffel Sahne
125 g Mehl
1 Eßlöffel Kirschwasser
1 Messerspitze Backpulver

Biskuitwaffeln

Eier mit Zucker und Sahne über Dampf oder im Wasserbad schaumig schlagen, nach und nach das mit Backpulver gemischte und gesiebte Mehl und das Kirschwasser dazugeben, sofort im vorgeheizten Waffeleisen backen, nach Belieben mit Puderzucker besieben.

Waffeltorte

5 bis 7 unzerteilte Waffelplatten aus beliebigem Teig mit Schlagsahne und gut abgetropften gedünsteten Kirschen zu einer Torte zusammensetzen, mit Schlagsahne und einzelnen Kirschen garnieren.

⅛ l Wasser, 125 g Zucker
25 g Schmalz, 125 g Mehl
½ Teelöffel Zimt
2 Eier

Eiserkuchen *Foto siehe oben*

Wasser mit Zucker und Fett aufkochen, erkalten lassen. Mehl mit Zimt mischen und sieben, löffelweise mit dem Schneebesen in das kalte Zuckerwasser rühren und mit den Eiern zu einem glatten, flüssigen Teig verarbeiten. Wenig Teig in ein gefettetes Eiserkucheneisen geben, goldbraun backen, das Blättchen schnell aus dem Eisen nehmen und noch heiß zu einer Tüte, Rolle oder einem Hörnchen drehen. Nach Belieben die Enden der abgekühlten Eiserkuchen in zerlassene Kuvertüre tauchen und die Röhrchen mit Schlagsahne füllen. Ungefüllte Eiserkuchen in einer gut schließenden Blechdose aufbewahren.

BISKUITTEIG

Der Begriff »Biskuit« bürgerte sich in Deutschland im 17. Jahrhundert ein; wie so viele Bezeichnungen aus dem Bereich der Kochkunst stammt er aus dem Französischen und bezeichnete ursprünglich nichts anderes als Zwieback – und das ist auch die wörtliche Übersetzung von »Biskuit«. Heute denkt man fast nur noch an duftige, lockere und zarte Torten, Rouladen und Schnitten aus Biskuitteig, der veredelten Abwandlung des Rührteiges, und nicht mehr an harte Zwiebäcke.
Biskuitteig ist etwas anspruchsvoll, seine Zubereitung verlangt Sorgfalt, Geduld und Kraft. Da er seine lockere Konsistenz weniger dem (nicht in allen Fällen vorgeschriebenen) Backpulver als den schaumig geschlagenen Eiern verdankt, muß er fleißig gerührt und geschlagen werden. Küchenmaschine oder Handrührgerät sind deshalb gerade bei dieser Teigart kraft- und zeitsparende Arbeitshilfen. Regeln:

▶ Alle Zutaten vor Beginn der Arbeit vorbereiten und abwiegen, damit keine Verzögerung eintreten kann.
▶ Feinen Zucker verwenden, weil er sich schneller löst.
▶ Nach dem Steifschlagen der vorgesehenen Eiweißmenge zügig weiterarbeiten, weil Eischnee nicht lange steif bleibt.
▶ Boden der Backform mit Pergamentpapier auslegen, den Rand weder mit Papier belegen noch fetten.

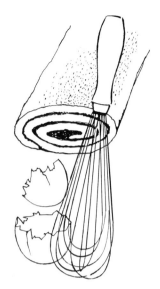

Biskuitteig für Rollen *Grundrezept I*

Eigelb mit 3 Eßlöffel warmem Wasser schaumig rühren, nach und nach Zucker und Vanillezucker dazugeben, die Masse cremig schlagen. Eiweiß mit Puderzucker zu steifem Schnee schlagen und auf die Eigelbcreme gleiten lassen. Mehl mit Speisestärke und Backpulver mischen und auf die Eiweißmasse sieben, vorsichtig unter die Creme heben. Den Teig auf ein mit Pergamentpapier belegtes Backblech streichen und bei 200–220° C in 12 bis 15 Minuten backen. Auf ein mit Zucker bestreutes Stück Papier stürzen, das Backpapier mit kaltem Wasser anfeuchten und abziehen. Den Biskuit mit Füllung bestreichen (siehe folgende Rezepte), von der kürzeren Seite her aufrollen und beliebig garnieren, nach dem Erkalten in Scheiben schneiden.

4 Eier, 100 g Zucker
1 Päckchen Vanillezucker
25 g Puderzucker zum Eiweiß, 75 g Mehl
50 g Speisestärke
1 Messerspitze Backpulver

Nußroulade

Haselnüsse mit Honig, Rum und Sahne zur Füllung verrühren. Nach dem Grundrezept Biskuit backen, vom Backpapier befreien und sofort mit der Füllung bestreichen, dann aufrollen. Mit Puderzucker besieben, nach dem Erkalten in Scheiben schneiden.

Biskuit für Rollen
200 g geriebene Haselnüsse
100 g Honig, 1 Eßlöffel Rum, 1/8 l Sahne
Puderzucker

Erdbeer-Biskuitrolle

Nach dem Grundrezept Biskuit backen, vom Backpapier befreien und mit dem Unterlagepapier aufrollen, kalt stellen. Zur Füllung die Erdbeeren waschen, abtropfen lassen, in Viertel schneiden (oder auch durch ein Sieb streichen) und leicht einzuckern. Gelatine in kaltem Wasser 10 Minuten quellen lassen, dann im Wasserbad lösen, erkalten lassen. Sahne mit Zucker und Vanillezucker steif schlagen, dann die kalte Gelatinelösung damit verschlagen. Die Hälfte der Schlagsahne mit Erdbeeren vermischen, die Biskuitrolle vorsichtig auseinanderrollen, damit füllen und wieder aufrollen, dünn mit Schlagsahne überziehen. Restliche Schlagsahne als Garnitur auf die Rolle spritzen.

Biskuit für Rollen
Zur Füllung:
700 g Erdbeeren
6 Blatt Gelatine, 1/2 l Sahne
Zucker, 1 Päckchen Vanillezucker

Biskuitrollen-Zubereitung: Nach dem Stürzen der Teigplatte wird das Backpapier angefeuchtet und abgezogen, dann bestreicht man den Biskuit mit Füllung und rollt ihn von der kürzeren Seite her auf.

Biskuit für Rollen (S. 455)
250 g Konfitüre oder Marmelade, Puderzucker oder gehobelte Haselnüsse

Biskuitrolle mit Konfitüre *Foto siehe rechte Seite*

Nach dem Grundrezept Biskuit backen, vom Backpapier befreien und sofort mit Konfitüre oder Marmelade bestreichen, dann aufrollen. Biskuitrolle mit Puderzucker besieben oder dünn mit Konfitüre bestreichen und mit gehobelten Haselnüssen bestreuen.

Biskuit für Rollen (S. 455)
Mokka-Schokoladen-Buttercreme (S. 473)
Krokantstreusel
Mokkabohnen, etwas Schlagsahne

Mokka-Schokoladen-Rolle *Farbfoto S. 462*

Nach dem Grundrezept Biskuit backen, vom Backpapier befreien und mit dem Unterlagepapier aufrollen, kalt stellen. Die abgekühlte Rolle vorsichtig wieder aufrollen, mit Creme füllen, zusammenrollen, außen mit Creme bestreichen, mit Krokant bestreuen und mit Mokkabohnen und Schlagsahnetupfen garnieren. Abwandlung: Beliebige andere Creme zur Füllung verwenden (ab S. 471) und passend garnieren.

Biskuit für Rollen (S. 455)
2 Teelöffel Kakao
Buttercreme (S. 472)
100 g kandierte Früchte
Marzipanmasse (fertig gekauft)

Biskuit-Kastentorte *Farbfoto S. 462*

Nach dem Grundrezept (S. 455) Biskuitteig zubereiten, halbieren und die Hälfte des Teiges etwa 1 cm dick auf ein mit Pergamentpapier belegtes Backblech streichen. Papier hochbiegen, damit der Teig nicht verlaufen kann, und abschneiden. In 12 bis 15 Minuten bei 200–220° C backen, auf ein mit Zucker bestreutes Stück Papier stürzen, das Backpapier abziehen. Zweite Teighälfte mit Kakao verrühren und nach dem gleichen Verfahren zubereiten. Aus hellem und dunklem Biskuit je 2 Streifen von etwa 10 x 20 cm schneiden (Biskuitreste zu Schnitten verwenden), mit Buttercreme bestreichen, mit geschnittenen oder gehackten Früchten belegen und zusammensetzen (abwechselnd eine helle und eine dunkle Schicht). Marzipanmasse mit Puderzucker und etwas Rum verkneten und sehr dünn ausrollen, um die Kastentorte legen und mit einer Gabel ein Muster einritzen. Die Marzipanschicht mit Buttercreme und zurückbehaltenen Früchten garnieren.

Kastentorten-Vorschläge

Nach dem vorstehenden Rezeptschema lassen sich beliebige Abwandlungen der Biskuit-Kastentorte zubereiten, und zwar entweder, wie angegeben, mit zwei Teigarten oder auch nur mit hellem oder dunklem Teig. Füllungs- und Garniturvorschläge (Rezepte ab S. 468):

1. Nuß-Kastentorte: Nuß- und Vanillebuttercreme abwechselnd, Marzipandecke, mit Nußbuttercreme garniert und mit Nüssen besetzt.
2. Rum-Kastentorte: Rumbuttercreme, vermischt mit in Rum geweichten Rosinen, außen mit Creme überzogen, mit Rosinen garniert.
3. Ananas-Kastentorte: Ananasbuttercreme, vermischt mit gehackten Geleefrüchten, außen mit Creme überzogen, mit Ananas garniert.
4. Bismarck-Kastentorte: Vanillebuttercreme und Johannisbeergelee abwechselnd als Füllung, Marzipandecke mit Geleestreifen, belegt mit gerösteten gehobelten Mandeln.
5. Mokka-Nuß-Kastentorte: Abwechselnd Nuß- und Mokkabuttercreme als Füllung, Marzipandecke, kleine Schokoladenbohnen als Garnitur (mit etwas Gelee ankleben).

Steifgeschlagenes Eiweiß wird nicht mit dem Biskuitteig verrührt, sondern nur vorsichtig untergezogen.

Biskuitschnitten *Farbfoto S. 462*

Biskuitteig nach dem Grundrezept (S. 455) zubereiten und backen, vom Blech auf ein mit Zucker bestreutes Papier stürzen, Backpapier abziehen und den Biskuit noch warm in etwa 8 cm breite Streifen schneiden, dann abkühlen lassen. Die Streifen in 3 bis 4 Schichten mit Füllung zusammensetzen, Außenflächen überziehen und entweder (wie beim Kastentorten-Rezept, siehe oben) im Stück garnieren oder zuerst in 4 cm breite Schnittchen teilen und dann jede Biskuitschnitte unterschiedlich garnieren. Garniturvorschläge (Rezepte ab S. 468):

1. Schokoladenschnitten: Schokoladenbuttercreme als Füllung, Kuvertüre-Überzug, mit Buttercremetupfen garnieren.
2. Vanilleschnitten: Vanillebuttercreme abwechselnd mit Aprikosen- oder Johannisbeergelee als Füllung, Cremeüberzug.
3. Mailänder Schnitten: Vanillebuttercreme, Marzipandecke, Streifen von Himbeer- oder Kirschkonfitüre und Cremetupfen als Garnitur (Farbfoto S. 425).

Biskuitrolle mit Konfitüre (links, Rezept siehe linke Seite) und Biskuit-Omeletts mit Schlagsahnefüllung (rechte Abbildung, Rezept S. 459).

4. **Erdbeerschnitten:** Erdbeerbuttercreme als Füllung und Überzug, mit Tupfen von Erdbeerkonfitüre oder mit frischen Früchten garnieren, nach Belieben Schlagsahne zur Garnitur verwenden.
5. **Mokkaschnitten:** Biskuitteig mit 5 Teelöffel Kakao mischen und backen. Füllung aus Mokkabuttercreme, Überzug aus Kuvertüre, Garnitur aus Mokkaschokoladenbohnen und Schlagsahne.
6. **Mandelschnitten:** Füllung aus Mandelbuttercreme, Überzug aus Marzipan, Garnitur mit Streifen von Aprikosengelee.

Baumkuchen in der Kastenform   *Foto siehe unten*

250 g Butter oder Margarine, 250 g Zucker 5 Eier, abgeriebene Schale einer Zitrone, 1 Eßlöffel Rum, 50 g abgezogene geriebene Mandeln
125 g Mehl
125 g Speisestärke

Butter schaumig rühren, nach und nach Zucker, Eigelb und Zitronenschale zugeben und dick schaumig schlagen, Rum und Mandeln hineinrühren. Eiweiß steif schlagen und auf die Eigelbcreme gleiten lassen, Mehl mit Speisestärke mischen und auf den Eischnee sieben, vorsichtig unterziehen. Eine Kastenform fetten, etwa 1 Eßlöffel Teig hineingeben, in 3 bis 5 Minuten bei etwa 190–200° C goldgelb backen (nach Möglichkeit Oberhitze einschalten oder auch im Grill auf der untersten Schiene backen), die nächste Teigschicht daraufgeben, weiterbacken und so fortfahren, bis aller Teig verbraucht ist (etwa 16 bis 18 Schichten). Den Baumkuchen nach Belieben mit heißer verdünnter Aprikosenmarmelade und Schokoladen- oder Zuckerglasur (S. 470) überziehen.

Baumkuchenschnitten   *Farbfoto S. 425*

Teig nach dem vorstehenden Rezept zubereiten (nach Belieben anstelle von Rum Weinbrand oder Kirschwasser verwenden) und schichtweise in einer Rehrückenform backen. Den erkalteten Baumkuchen in beliebig große Schnitten (Streifen, halbe Ringe, Dreiecke) teilen und mit Kuvertüre oder Schokoladenglasur (S. 470) überziehen, nach Belieben vorher mit heißem Aprikosengelee bestreichen.

Baumkuchen in der Kastenform (Rezept siehe oben) verlangt ein umständliches Backverfahren, ist aber ein delikates Gebäck für Feiertage.

Biskuit-Omeletts *Foto S. 457*

Zutaten nach dem Grundrezept (S. 455) zu Biskuitteig verarbeiten. Auf ein mit Pergamentpapier belegtes Backblech zentimeterdicke, im Durchmesser etwa 8 cm große Teigplätzchen setzen, bei 200–220° C in etwa 10 bis 12 Minuten backen, herausnehmen, auf ein mit Zucker bestreutes Backbrett stürzen, das Backpapier anfeuchten und abziehen. Die Omeletts an zwei gegenüberliegenden Seiten hochklappen (siehe Foto) und abkühlen lassen. Kurz vor dem Servieren mit gedünsteten Kirschen und Schlagsahne füllen. Abwandlung: Beliebiges anderes gedünstetes, gut abgetropftes Obst (Aprikosen, Pfirsiche, Ananas; auch aus der Dose, in mundgerechte Stücke geschnitten) oder auch frisches Obst (Erdbeeren, Walderdbeeren, Heidelbeeren, Himbeeren; leicht einzukkern, nach Bedarf schneiden) mit Schlagsahne vermischt in die Omeletts füllen.

2 Eier, 50 g Zucker
1 Päckchen Vanillezucker
40 g Mehl
25 g Speisestärke
1 Messerspitze Backpulver
Zur Füllung:
Schlagsahne, gedünstete Kirschen

Mohrenköpfe

Zutaten nach dem Grundrezept (S. 455) zu Biskuitteig verarbeiten, auf ein mit Pergamentpapier belegtes Backblech Plätzchen mit einem Durchmesser von 4 bis 5 cm und gut 1 cm Höhe spritzen, genug Platz zum Aufgehen lassen. Bei 175–195 °C in 12 bis 15 Minuten backen, auf ein mit Zucker bestreutes Backblech stürzen, das Backpapier mit kaltem Wasser anfeuchten und vorsichtig abziehen, abkühlen lassen. Aus Puddingpulver, Zucker und Milch nach der Vorschrift Vanillepudding kochen und abkühlen lassen. Plätzchen auf einer Seite dünn mit Aprikosengelee bestreichen, jeweils zwei Plätzchen mit Vanillepudding (dicke Schicht, Plätzchen mit der Geleeseite zum Pudding) zusammensetzen, dünn mit heißem Aprikosengelee bestreichen, etwas einziehen lassen. Die Mohrenköpfe mit Schokoladenglasur bestreichen oder übergießen, abkühlen lassen. – Abwandlung: Mohrenköpfe mit süßer Schlagsahne füllen.

150 g Zucker, 1 Päckchen Vanillezucker, 3 Eier
3 bis 4 Eßlöffel warmes Wasser
100 g Mehl
100 g Speisestärke
Zur Füllung:
1 Päckchen Vanille-Puddingpulver, 50 g Zucker
³/₈ l Milch
Zum Bestreichen:
Aprikosengelee
Schokoladenglasur (S. 470)

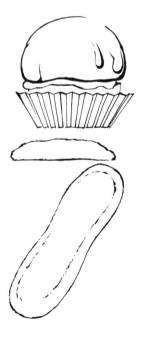

Löffelbiskuits

Teig wie im vorhergehenden Rezept verarbeiten, 1 Messerspitze Backpulver dazugeben (mit dem Mehl und der Speisestärke mischen und sieben). Mit dem Spritzbeutel 5 bis 6 cm lange Teigstangen (an den beiden Enden etwas dicker) auf ein gefettetes, mit Mehl bestäubtes Backblech spritzen, bei 175–195° C in 10 bis 12 Minuten backen.

Biskuitplätzchen

Teig wie zu Mohrenköpfen verarbeiten, 1 Messerspitze Backpulver dazugeben (mit Mehl und Speisestärke mischen und sieben). Mit dem Spritzbeutel Teighäufchen von etwa 2½ cm Durchmesser auf ein gefettetes, bemehltes Backblech spritzen und bei 175–195° C in knapp 10 Minuten backen, sofort vom Blech nehmen und abkühlen lassen.

Biskuitringe

Teig wie zu Mohrenköpfen oder Biskuitrollen (S. 455) in kleine gefettete und bemehlte Ringförmchen füllen, bei 175–195° C in 10 bis 15 Minuten backen, vorsichtig stürzen, mit verdünnter heißer Aprikosenkonfitüre bestreichen, etwas einziehen lassen und mit Schokoladenglasur (S. 470) oder Kuvertüre überziehen.

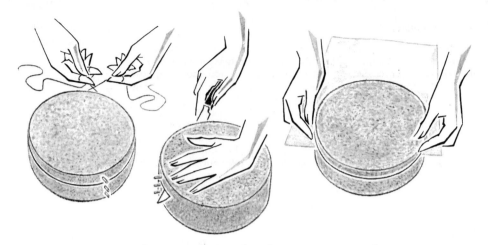

Biskuit-Tortenböden schneidet man mit einem über Kreuz gezogenen Zwirnsfaden (links) oder mit einem großen Messer (Mitte) durch. Pergamentpapier erleichtert das Abheben der Biskuitscheiben.

TORTEN

Biskuitteig für Torten wird am besten schon am Tag vor dem Füllen und Garnieren gebacken, weil sich der Biskuitboden dann leichter schneiden läßt und mit Sicherheit gut ausgekühlt ist. Einige Torten-Regeln:
▶ Biskuitboden mit einem großen und scharfen Messer oder auch mit einem um den Boden gezogenen Zwirnsfaden (über Kreuz legen und anziehen) schneiden. Die einzelnen Scheiben mit Hilfe von festem Papier (Pergamentpapier) abheben, auf dem Papier liegenlassen und mit Hilfe des Papiers auch nach der Füllung des darunterliegenden Bodens wieder auflegen.
▶ Wenn die Oberfläche nicht gleichmäßig geraten ist, schneidet man sie glatt und dreht die Torte um oder versucht, verbliebene Unebenheiten mit dem Creme-Überzug auszugleichen. Abgeschnittene Biskuitteile kann man zerbröckeln, mit etwas Rum oder Weinbrand tränken und mit Marmelade vermischt für die Füllung der Torte verwenden.
▶ Zur Geschmacksverbesserung und um die aufgestrichene Creme nicht zu stark in den Biskuit eindringen zu lassen, kann man die Torte mit Konfitüre oder Gelee (etwas verdünnt und erhitzt) überziehen.
▶ Spritzbeutel oder Tortenspritze senkrecht zur Tortenoberfläche halten; mit der rechten Hand drücken, mit der linken Hand den Tüllenansatz führen. Spritzbeutel nicht mit der Hand umfassen, weil die Creme sonst weich wird.
▶ Spritzmuster (Sternchen, Rosetten, Wellenlinien, Kreise, Zickzacklinien usw.) nach Belieben mit Kartoffelbrei vorher ausprobieren (auf ein Blech oder Brett spritzen).

Aus der Hohen Schule der Tortenbäckerei: 1. Schwarzwälder Kirschtorte (Rezept S. 468) aus Knetteig- und Biskuitböden; 2. Frankfurter Kranz (Rezept S. 434) aus Rührteig mit Buttercreme-Füllung; 3. Marzipantorte mit klassischer Garnitur aus gefärbtem Marzipan (Rezept S. 465) und einer Füllung aus Konfitüre und Nougat.

Die Torte bleibt saftiger, wenn man sie vor dem Glasieren mit Konfitüre bestreicht (links). Anschließend überzieht man Oberfläche und Seiten gleichmäßig mit Buttercreme oder Glasur.

Biskuit für Torten *Grundrezept II*

Eigelb mit Wasser schaumig rühren, nach und nach Zucker, Vanillezucker, Salz und Zitronenschale dazugeben, die Masse cremig schlagen. Eiweiß zu steifem Schnee schlagen und auf die Eigelbcreme gleiten lassen. Mehl mit Speisestärke und Backpulver mischen und auf die Eiweißmasse sieben, vorsichtig unter die Creme heben. Teig in eine mit Papier ausgelegte Springform füllen, sofort in 20 bis 30 Minuten bei 175–195° C backen, gut auskühlen lassen und beliebig füllen.

4 Eier, 2 Eßlöffel warmes Wasser, 150 g Zucker
1 Päckchen Vanillezucker
1 Prise Salz, abgeriebene Schale einer Zitrone
100 g Mehl
100 g Speisestärke
2 gestrichene Teelöffel Backpulver

Biskuit für Torten *Grundrezept III*

Eier mit Zucker dick schaumig schlagen, Vanillezucker und Zitronenschale dazuschlagen, Mehl mit Speisestärke und Backpulver mischen und auf die Creme sieben, vorsichtig unterheben und in eine mit Papier ausgelegte Springform füllen. 25 bis 35 Minuten bei 175–195° C backen, vor der weiteren Verarbeitung gut auskühlen lassen.

4 Eier, 175 g Zucker
1 Päckchen Vanillezucker abgeriebene Schale einer Zitrone, 75 g Mehl
75 g Speisestärke
1 gestrichener Teelöffel Backpulver

Kakao-Biskuit für Torten

Biskuitteig nach Grundrezept II zubereiten, aber 30 g Kakao (mit Mehl, Speisestärke und Backpulver mischen und sieben) und 175 g statt 150 g Zucker verwenden. Bei 175–195° C in 20 bis 35 Minuten backen, vor der weiteren Verarbeitung gut auskühlen lassen. – 1. Abwandlung: Nach demselben Rezept läßt sich auch Mandel-Biskuit für Torten bereiten. Statt Kakao aber 100 g feingeriebene Mandeln zum Teig geben. 2. Abwandlung: Nuß-Biskuit: 100 g feingeriebene Nüsse mit dem Teig verarbeiten.

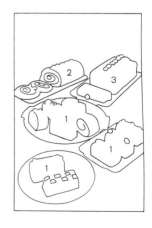

Biskuitrollen und -kastentorten sind vielseitig und verwandlungsfähig; bei ihrer Füllung und Garnitur kommt es auf Phantasie und Gefühl für geschmacklich »richtige« Zusammenstellungen an. 1. Biskuitschnitten und Scheiben von Biskuitrollen; 2. Mokka-Schokoladen-Rolle; 3. Biskuit-Kastentorte mit kandierten Früchten (Rezepte ab S. 455).

Die Nußtorte (links) wird nicht gefüllt, sondern nur mit einer Glasur überzogen. Rechts: Schokoladentorte mit Mokkabuttercreme-Füllung, Schokoladenglasur und Marzipangarnitur (Rezepte siehe unten).

Biskuit für Torten (Grundrezept II oder III) Buttercreme (S. 472) Marmelade oder Konfitüre kandierte Kirschen gehobelte und geröstete Mandeln

Buttercremetorte

Tortenboden in 3 gleichmäßige Platten zerschneiden, abwechselnd mit Creme und Konfitüre oder Marmelade (vorher glattrühren) bestreichen, zusammensetzen, die Torte dünn mit heißer Konfitüre bestreichen, etwas einziehen lassen, mit Buttercreme überziehen. Oberfläche mit Buttercreme garnieren, mit Kirschen und Mandeln verzieren.

Kakao-Biskuit (S. 463) Mokkabuttercreme (S. 473) Schokoladenglasur (S. 470)

Schokoladentorte Foto siehe oben

Tortenboden in 3 Platten zerschneiden, mit Mokkacreme füllen und zusammensetzen, mit Schokoladenglasur überziehen. Nach Belieben mit Mokkaschokoladenbohnen oder Marzipan verzieren oder mit Creme Verzierungen aufspritzen.

125 g Butter, 125 g Zucker 1 Päckchen Vanillezucker 3 Eier, 150 g gemahlene Haselnüsse, 200 g Mehl ½ Päckchen Backpulver etwas Milch

Nußtorte Foto siehe oben

Zutaten nach dem Grundrezept (S. 432) zu Rührteig verarbeiten, in eine gefettete Spring- oder Ringform füllen, bei 175–195° C in 40 bis 55 Minuten backen. Nach dem Erkalten mit Zucker- oder Schokoladenglasur überziehen oder auch nur mit Puderzucker besieben, mit ganzen Nüssen garnieren.

Biskuit für Torten (Grundrezept II, S. 463) oder Kakao-Biskuit (S. 463) ½ l Sahne, 50 g Zucker 1 Teelöffel Kakao (nach Belieben), 50 g geriebene Haselnüsse, 200 g Früchte (Bananen; Mandarinorangen, gedünstete Pfirsiche oder Aprikosen)

Oster-Sahnetorte Farbfoto S. 444

Tortenboden in 3 Platten schneiden, Sahne mit Zucker steif schlagen. Untersten Boden dünn mit Sahne bestreichen, zerschnittene Früchte (gut abtropfen lassen) auflegen und mit Sahne überziehen. Zweiten Boden auflegen, mit Sahne (nach Belieben mit Kakao aufschlagen) bestreichen und mit dem dritten Boden zudecken. Rand und Oberfläche mit Sahne überziehen und mit Nüssen bestreuen, mit etwas Sahne (und nach Belieben Zuckereiern) garnieren.

Schwarzwälder Kirschtorte siehe S. 468.

Marzipantorte *Farbfoto S. 461*

Knetteig-Tortenboden ohne Rand backen und abkühlen lassen. Biskuitteig nach dem Grundrezept herstellen, mit Mehl und Speisestärke die geriebenen Mandeln unter die Eicreme heben, in der gleichen Größe wie der Knetteigboden backen und abkühlen lassen, dann einmal durchschneiden. Knetteigboden mit erwärmtem Nougat bestreichen, den einen Biskuitboden von der Unterseite mit Konfitüre überziehen, aufsetzen, oben dick mit Konfitüre bestreichen und den zweiten Biskuitboden darauflegen. Rand und Oberfläche der Torte dünn mit erwärmter Konfitüre bestreichen, etwas einziehen lassen. Marzipan-Rohmasse mit Puderzucker und etwas Rum verkneten, halbieren und die eine Hälfte dünn ausrollen, Rand und Oberfläche der Torte damit überziehen. Aus dem restlichen Marzipan (auf Puderzucker dünn ausrollen) Blüten und Blätter formen und die Torte damit garnieren – bei einer Hochzeitstorte oder Geburtstagstorte auch mit Buchstaben und Zahlen aus Marzipan. Nach Belieben das Marzipan mit im Handel erhältlicher Speisefarbe leicht tönen (oder dem Marzipan für grüne Blätter etwas Spinatsaft, für rote Rosen etwas aufgelöste rote Gelatine zusetzen, mehr Puderzucker verwenden).

Knetteig für Tortenböden (S. 418), Biskuit für Torten (Grundrezept III)
125 g geriebene süße Mandeln, 5 geriebene bittere Mandeln
125 g Nougat (fertig gekauft)
300 g Aprikosenkonfitüre
Marzipan-Rohmasse (fertig gekauft)
Puderzucker, etwas Rum

Mokkatorte *Foto siehe unten*

Tortenboden in 2 bis 3 Platten zerschneiden, mit glattgerührter Marmelade oder Konfitüre und Nougatbuttercreme füllen und zusammensetzen. Torte dünn mit heißer Marmelade oder Konfitüre bestreichen, etwas einziehen lassen. Rand mit Nougatbuttercreme überziehen und mit Schokoladenraspel oder -streusel bestreuen, Oberfläche mit Zuckerglasur bestreichen und Mokkabohnen (nach Belieben auch mit kleinen Biskuitplätzchen oder Baisers) garnieren. Abwandlung: Torte mit Mokka- oder Mokka-Schokoladenbuttercreme füllen.

Biskuit für Torten (Grundrezept III, S. 463)
Nougatbuttercreme (S. 472)
Marmelade oder Konfitüre
Zuckerglasur
Mokkabohnen, geraspelte Schokolade oder Schokoladenstreusel

Die Mokkatorte (Rezept siehe oben) wird mit Nougatbuttercreme gefüllt, mit Zuckerglasur überzogen und mit Mokkabohnen verziert.

Eine berühmte Vertreterin der österreichischen Küche ist die Linzer Torte, die mit Marmelade überzogen wird. Rechts: Eine Sandtorte aus lockerem Rührteig, mit Puderzucker besiebt (Rezepte siehe unten).

100 g Butter, 150 g Zucker
2 Eier, 250 g Mehl
1/2 Päckchen Backpulver
40 g Kakao
100 g geriebene Haselnüsse
abgeriebene Schale einer halben Zitrone
etwas Milch
Marmelade, 1 Eiweiß

Linzer Torte gerührt *Foto siehe oben*

Zutaten nach dem Grundrezept (S. 431) zu Rührteig verarbeiten, in eine gefettete Springform füllen und vorsichtig mit Marmelade bestreichen. Aus etwas zurückbehaltenem Teig dünne Rollen formen (bei Bedarf etwas Mehl zugeben oder Teig in den Spritzbeutel füllen), gitterartig über die Marmelade legen, die Rollen dünn mit geschlagenem Eiweiß bestreichen. Bei 175–195° C in 50 bis 60 Minuten backen.

Linzer Torte aus Knetteig (Originalrezept) siehe S. 423.

125 g Butter, 125 g Mehl
125 g Speisestärke, 4 Eier
1 gestrichener Teelöffel Backpulver, 225 g Zucker
1 Päckchen Vanillezucker

Sandtorte *Foto siehe oben*

Butter sahnig rühren, nach und nach Zucker, Eigelb und Vanillezucker dazugeben, schaumig schlagen. Eiweiß steif schlagen und auf die Eiercreme gleiten lassen, Mehl mit Speisestärke und Backpulver mischen und auf die Eiweißmasse sieben, vorsichtig unterziehen. Teig in eine mit Papier ausgelegte Spring- oder Ringform füllen und bei 175 bis 195° C in etwa 40 bis 50 Minuten backen. Nach dem Erkalten dick mit Puderzucker besieben.

150 g Schokolade
150 g Butter, 150 g Zucker
1 gestrichener Teelöffel Backpulver, 6 Eier
30 g Puderzucker
150 g Mehl
Aprikosenkonfitüre
Kuvertüre
Zuckerglasur (S. 470)

Sachertorte *Farbfoto S. 425*

Schokolade grob reiben, in die Teigschüssel geben und im Wasserbad schmelzen lassen, nach dem Abkühlen mit Butter und Zucker dickschaumig rühren. Nach und nach Eigelb dazugeben, kräftig schlagen. Eiweiß mit Puderzucker zu steifem Schnee schlagen, auf die Schokoladencreme gleiten lassen. Mehl mit Backpulver mischen und auf die Eiweißmasse sieben, vorsichtig unterziehen. Den Teig in eine mit Papier ausgelegte ungefettete Springform füllen, bei 175–195° C in 40 bis 50 Minuten backen. Torte mit glattgerührter, heißer Konfitüre bestreichen, etwas einziehen lassen und mit Kuvertüre überziehen. Nach dem Festwerden des Überzuges 12 Tortenstücke markieren und auf jedes mit Zuckerglasur den Namenszug »Sacher« schreiben.

Zur feinen Schichttorte (links) gehören drei Böden aus verschiedenem Teig. Die Hochhaustorte (rechts), nach amerikanischem Vorbild gebakken, paßt zur festlichen Kaffeetafel (Rezepte siehe unten).

Feine Schichttorte *Foto siehe oben*

Knetteigboden nach dem Grundrezept (S. 418) zubereiten, ohne Rand backen und auskühlen lassen. Backzeit etwa 15 Minuten bei 200° C. Die beiden Biskuitböden nach dem Grundrezept (S. 463) zubereiten und in einer gleich großen Springform nacheinander in 12 bis 15 Minuten bei 200–225° C backen, alle drei Böden gut auskühlen lassen. Knetteigboden dünn mit Marmelade bestreichen, den Mandelboden einmal durchschneiden, eine Hälfte darauflegen, dünn mit Creme bestreichen und mit dem Kakaoboden zudecken. Buttercreme daraufstreichen, die zweite Hälfte des Mandelbodens mit der Schnittseite auf die Creme drücken. Die Torte mit Buttercreme überziehen, den Rand mit Mandeln bestreuen. Oberfläche mit einer dünnen Marzipanschicht belegen, nach Belieben garnieren.

Knetteig für Tortenböden (S. 418), je 1/2 Portion
Kakao-Biskuit und Mandel-Biskuit (S. 463)
Füllung, Garnitur:
Marmelade oder Konfitüre
Vanillebuttercreme (S. 473), geröstete gehobelte Mandeln
Marzipan-Rohmasse
etwas Puderzucker, Rum

Hochhaustorte *Foto siehe oben*

Butter sahnig rühren, nach und nach Zucker, mit Speisestärke und Backpulver gesiebtes Mehl, Eier, Zitrone, Rum und so viel Milch dazugeben, daß der Teig schwer vom Rührlöffel reißt. Den Teig in zwei gleich große und eine kleine Springform (gut fetten) füllen und bei 175–195° C in 55–70 Minuten (kleine Form in etwa 45–55 Minuten) backen, über Nacht gut auskühlen lassen. Die Böden zwei- bis dreimal durchschneiden und nach Belieben abwechselnd mit Marmelade oder Konfitüre und Buttercreme füllen und so zusammensetzen, daß die kleinen Biskuitböden die Hochhausspitze bilden. Mit Creme überziehen und die Ränder mit Mandeln bestreuen, beliebig garnieren.

325 g Butter, 325 g feiner Zucker, 400 g Mehl
200 g Speisestärke
1 Päckchen Backpulver
5 Eier, abgeriebene Schale einer Zitrone, 3 Eßlöffel Rum, ca. 1/8 l Milch
Zur Füllung:
Marmelade oder Konfitüre
beliebige Creme (ab S. 472)
gehobelte Mandeln

Rokokotorte

Tortenboden in 3 Platten zerschneiden, Rosinen in Rum ziehen lassen und mit der Creme vermengen, die Torte damit füllen und zusammensetzen. Rand und Oberfläche mit zurückbehaltener Creme bestreichen (ohne Rosinen), mit Creme und Rumrosinen garnieren.

Biskuit für Torten (Grundrezept II, S. 463)
Rumbuttercreme (S. 473)
etwas Rum, 125 g Rosinen

Knetteig für Tortenböden (S. 418), Kakao-Biskuit für Torten (S. 463)
600 bis 700 g Kirschen
60 g Zucker
2 Eßlöffel Kirschwasser
30 g Speisestärke
½ l Sahne, 3 Blatt Gelatine, 40 g Zucker
1 Päckchen Vanillezucker
geraspelte Schokolade zum Bestreuen

Schwarzwälder Kirschtorte Farbfoto S. 461

Knetteig-Tortenboden ohne Rand backen und abkühlen lassen, Kakao-Biskuit in der gleichen Größe backen und abkühlen lassen (am besten beide Böden am Vorabend backen und über Nacht auskühlen lassen). Kirschen entsteinen, einzuckern und im eigenen Saft kurz aufkochen, dann abtropfen lassen. Saft mit Wasser auf ¼ l auffüllen, zum Kochen bringen, vom Feuer nehmen, die kalt angerührte Speisestärke hineinrühren, kurz aufkochen, die Kirschen hineingeben, mit Kirschwasser verrühren und erkalten lassen. Gelatine mit kaltem Wasser quellen, im heißen Wasserbad lösen, abkühlen lassen. Sahne halbsteif schlagen, Zucker, Vanillezucker und nach und nach die kalte Gelatinelösung dazugeben und steif schlagen. Knetteigboden mit Sahne bestreichen, die Hälfte der Kirschcreme darauf verteilen, mit etwas Sahne überziehen und den halbierten Biskuitboden darauflegen, nach dem gleichen Verfahren füllen und mit dem zweiten Biskuitboden zudecken. Die Torte mit Schlagsahne überziehen und garnieren, zurückbehaltene Kirschen darauflegen und die glatten Sahneflächen (Rand und Oberfläche) mit Schokolade bestreuen. Bis zum Verzehr kühl stellen.

Weitere Torten: Quarktorte (S. 427), Philadelphia-Käsetorte (S. 428), Frankfurter Kranz (S. 434), Linzer Torte aus Knetteig (S. 423), Datteltorte (S. 437) und Waffeltorte (S. 454).

GLASUREN, CREMES, FÜLLUNGEN

Zwei Forderungen stellt die Hausfrau an das leckere »Zubehör« zu Torten, Klein- und Weihnachtsgebäck und vielen anderen Bäckereien:
▶ Glasuren und Cremes sollen sich ohne großen Zeitaufwand und ohne komplizierte, risikoreiche Arbeitsverfahren zubereiten lassen.
▶ Cremes und Füllungen sollen ausgezeichnet schmecken, dürfen aber nicht zu massiv, fetthaltig und sättigend sein.
Dazu käme die Forderung der Fachleute, daß jede Art von Füllung oder Garnitur geschmacklich und auch farblich auf das jeweilige Backwerk abgestimmt sein muß.

Tortengüsse für Obsttorten

Wenn die Obsttorte bald nach der Zubereitung auf den Tisch gebracht werden kann, verzichtet man heute vielfach auf einen Speisestärke- oder Gelatineguß und begnügt sich mit einem Schlagsahne-Überzug. Vor allem bei frischen Früchten (Erdbeeren, Himbeeren, Heidelbeeren) hat sich dieses Verfahren bewährt. Obsttorten, die einen oder zwei Tage aufgehoben werden müssen, werden dagegen ohne Gußüberzug unansehnlich. Das Durchweichen des Tortenbodens läßt sich verhindern oder verzögern, wenn man das gut abgetropfte Obst nicht direkt auf den Tortenboden legt, sondern eine Zwischenschicht aus Tortenguß, Pudding, Buttercreme oder auch Nougat auf den ausgekühlten Boden streicht.

Ein praktischer Tortenteiler zeichnet in einem Arbeitsgang die späteren Schnittstellen auf die Tortenoberfläche. Nach dem Anzeichnen wird garniert.

¼ l Fruchtsaft oder Weißwein
25 g Speisestärke
20 bis 30 g Zucker

Speisestärke-Tortenguß

Speisestärke mit etwas Saft oder Wein kalt anrühren, restliche Flüssigkeit mit Zucker zum Kochen bringen, vom Herd nehmen, die Speisestärke hineinrühren, kurz aufkochen, etwas abkühlen lassen und den Guß gleichmäßig über die Früchte verteilen, erkalten lassen. Nach Belieben mit Schlagsahne garnieren.

Gelatine-Tortenguß

¼ l Fruchtsaft oder Weißwein, 3 bis 4 Blatt Gelatine
20 bis 30 g Zucker

Gelatine in kaltem Wasser 10 Minuten quellen. Saft oder Wein mit Zucker zum Kochen bringen, vom Feuer nehmen und die gut ausgedrückte Gelatine unter Rühren darin lösen. Gelierflüssigkeit erkalten lassen, bis sie fest zu werden beginnt, den Obstkuchen damit überziehen und kalt stellen. Rand der Obsttorte nach Belieben dünn mit Guß bestreichen und mit geriebenen oder gehackten und gerösteten Nüssen oder Mandeln bestreuen.

Glasuren für Torten und Kleingebäck

Am schnellsten läßt sich eine mit Wasser, Fruchtsaft, Milch, einer Spirituose oder Eiweiß dick angerührte kalte Puderzucker-Glasur zubereiten. Puderzucker soll vor der Verarbeitung grundsätzlich gesiebt werden. Glasuren ohne ausgeprägte Geschmacksnote verwendet man in der Regel nur zum Garnieren. Fruchtglasuren schmecken kräftiger, wenn man etwas Zitronensaft dazugibt. Wenn man die Torte oder das Kleingebäck vor dem Glasieren dünn mit Aprikosenkonfitüre überzieht (»aprikotieren« nennt es der Konditor), schmeckt das Gebäck frischer.

Gekochte Zuckerglasur

250 g feiner Zucker
⅛ l Wasser, Saft einer halben Zitrone

Zucker mit Wasser und Zitronensaft kochen, bis er Fäden zieht (Probe: 1 Tropfen Glasur zwischen Daumen und Zeigefinger ausziehen; der Zuckerfaden darf erst bei einer Länge von 6 bis 10 mm abreißen), dann abschäumen und das Gebäck mit der heißen Glasur überziehen.

Karamelglasur

200 g Puderzucker
40 g feiner Zucker
3 bis 4 Eßlöffel Milch oder Wasser

Feinen Zucker in der Pfanne hellbraun rösten, mit Milch oder Wasser ablöschen, unter ständigem Rühren zu dünnflüssigem Karamelsirup verkochen, in eine Schüssel umfüllen und mit Puderzucker zu Glasur verrühren, bei Bedarf noch etwas heiße Milch oder Wasser zugeben.

Obsttorten und -törtchen verziert man mit Tortenguß und Mustern aus ausgestochener Sülze (links, Rezept S. 323). Formkuchen und Kleingebäck halten sich frischer, wenn man sie mit Glasur bestreicht.

*250 g Puderzucker
2 Eiweiß oder 3 bis 4
Eßlöffel Wasser oder die
gleiche Menge Milch
Geschmackszutaten
(siehe unten)*

Zuckerglasur aus Puderzucker *Grundglasur*

Puderzucker sieben, mit Eiweiß schaumig verrühren, Geschmackszutaten dazugeben, das Gebäck damit bestreichen. Bei der Verwendung von Wasser oder Milch: heiße Flüssigkeit mit dem Puderzucker glattrühren, Geschmackszutaten dazugeben, das Gebäck damit bestreichen.– Bei der Verwendung flüssiger Geschmackszutaten weniger Eiweiß bzw. Milch oder Wasser verwenden. Die Glasur muß dickflüssig ausfallen. Spirituosen nur mit der etwas abgekühlten Glasur verrühren.

Glasur-Abwandlungen

Neben den folgenden Vorschlägen lassen sich je nach Verwendungszweck beliebige weitere Abwandlungen der Zuckerglasur zubereiten. Wichtig ist dabei nur, daß die Geschmackszutat einen kräftigen Eigengeschmack hat und daß die Zugabe auf den Flüssigkeitsbedarf der Glasur abgestimmt wird, damit das Endprodukt nicht zu flüssig wird. Die Mengenangaben sind auf die oben beschriebene Grundglasur aus 250 g Puderzucker abgestimmt.
1. Zitronenglasur: 1 Eßlöffel Zitronensaft oder Zitronensirup.
2. Fruchtsaftglasur: 1 bis 2 Eßlöffel Fruchtsaft, etwas Zitronensaft.
3. Fruchtsirupglasur: 1 bis 2 Eßlöffel Fruchtsirup (Orangen-, Himbeer-, Erdbeer-, Ananas- oder beliebiger anderer Sirup), etwas Zitronensaft.
4. Rumglasur: 1 bis 2 Eßlöffel echter Rum. Ebenso: Arrak-, Weinbrand-, Maraschino-, Himbeergeist- oder Kirschwasserglasur.
5. Likörglasur: 1 bis 2 Eßlöffel Likör (Cointreau, Curaçao, Escorial, Cordial Médoc, Fruchtsaft-, Zitrus- und Crèmeliköre).
6. Mokkaglasur: 1 bis 2 Teelöffel Pulverkaffee; nach Belieben mit 20 g angewärmtem Nougat oder etwas Cointreau verfeinern, heiß zubereiten.

*250 g Puderzucker
3 bis 4 Eßlöffel Milch
30 g Kakao
25 g Kokosfett*

Kakaoglasur

Puderzucker und Kakao mit der heißen Milch glattrühren, zerlassenes Kokosfett hineinrühren, sofort verwenden. Nach Belieben auch im Wasserbad zubereiten und während der Verarbeitung warm halten.

*150 g Puderzucker
100 g Kochschokolade
4 bis 5 Eßlöffel Wasser
oder Milch, 15 g Butter
oder Kokosfett*

Schokoladenglasur

Schokolade in Stückchen schneiden oder grob reiben, im Wasserbad auflösen, mit Puderzucker, Wasser oder Milch und Butter oder Kokosfett verrühren, heiß verarbeiten.

Kuvertüre

Im Handel erhältliche Kuvertüre (Überzugsschokolade) grob zerschneiden, im Wasserbad erhitzen und lösen, heiß verarbeiten.

*200 g Puderzucker
1 Eiweiß, ca. 1 Eßlöffel
Zitronensaft*

Spritzglasur

Puderzucker sieben, mit Eiweiß und Zitronensaft glattrühren, nach Belieben färben (rote Gelatine, Tortenguß, Fruchtsaft oder -sirup, Likör) und mit der Tortenspritze (nicht mit dem Spritzbeutel) oder einer kleinen Tüte aus Pergamentpapier (Spitze zu einer Öffnung von 2 mm abschneiden) auf das Gebäck spritzen.

Zuckerglasur zum Überbacken

Eiweiß zu steifem Schnee schlagen, Puderzucker und Zitronensaft gründlich damit verrühren. Gebäck damit überziehen, bei 140–160° C im Backofen trocknen lassen.

200 g Puderzucker
1 bis 2 Eiweiß
etwas Zitronensaft

Leichte Cremes

Diese Cremes eignen sich zum Füllen von Windbeuteln, Liebesknochen, Eiserkuchen und ähnlichem Gebäck. Als Tortenfüllung sind sie in der Regel nicht geeignet (siehe Buttercremes).

Vanille-Sahnecreme

Etwas von der Milch abnehmen und das Puddingpulver damit anrühren. Restliche Milch mit Zucker und Vanillezucker aufkochen, von der Feuerstelle nehmen, das Puddingpulver hineinrühren, nochmals kurz aufkochen und wieder vom Herd nehmen. Verquirltes Eigelb hineinrühren, steifgeschlagenes Eiweiß unterziehen, nach Belieben steif geschlagene Sahne unterheben. Abwandlung: Milch mit Puddingpulver, Zucker, Vanillezucker und Eigelb verrühren, im Wasserbad unter ständigem Schlagen bis zum Aufsteigen erhitzen, dann steif geschlagenes Eiweiß und Sahne unterziehen. Nach der zweiten Zubereitungsart wird die Creme lockerer. Creme nach dem Erkalten als Füllung verwenden.

1/2 l Milch, 125 g Zucker
1/2 Päckchen Vanillezucker
1 Päckchen Vanille-Puddingpulver, 3 Eier
nach Belieben
1/8 l Schlagsahne

Vanille-Schokoladencreme

Zubereitung wie Vanille-Sahnecreme; 30 g Kakao oder geriebene Schokolade mit dem Puddingpulver verarbeiten oder Schokoladen-Puddingpulver verwenden.

Vanillecreme mit Gelatine

Gelatine in kaltem Wasser 10 Minuten quellen. Milch mit Zucker und Vanille aufkochen, Speisestärke mit Eigelb und etwas kalter Milch anrühren, in die vom Feuer genommene heiße Milch (Vanillestange vorher herausnehmen) rühren, kurz aufkochen. Gelatine gut ausdrücken und in Vanille-Milchbrei lösen, zuletzt steifgeschlagenes Eiweiß unterziehen, die Creme abkühlen lassen. Abwandlungen:
1. Schokoladencreme: 50 g geschmolzene Kuvertüre mit der heißen Creme verrühren.
2. Vanille-Mokkacreme: 10 g Pulverkaffee und 25 g geschmolzenes Nougat mit der heißen Creme verrühren.
3. Mandelcreme: 65 g Marzipan-Rohmasse (im Handel erhältlich) mit der heißen Creme verrühren.
4. Rum- oder Arrakcreme: 2 Eßlöffel Rum oder Arrak nach der Gelatine mit der heißen Creme verrühren.

1/2 l Milch, 100 g Zucker
2 Eigelb, 4 Eiweiß
1 Stange Vanille
50 g Speisestärke
4 Blatt Gelatine

Buttercremes

Die echte Buttercreme, schaumig zusammengerührt aus Butter, Puderzucker und Eigelb, ist zwar sehr delikat, überzieht aber gleichzeitig den »Fett-Etat« des Körpers so erheblich, daß man sie heute nur noch in Ausnahmefällen verwendet – etwa in kleinen Mengen bei einer Torte, deren Füllung größtenteils aus Konfitüre besteht, bei der nur eine

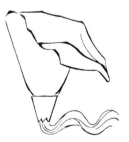

Buttercreme-Schicht zur Abwechslung eingeschoben wurde und die auch nicht mit einem Cremeüberzug versehen ist. In der Regel hält man sich an eine Buttercreme mit Puddingpulver oder Speisestärke, die überdies auch noch nahrhaft genug auszufallen pflegt. Beim Rühren von gemischten Buttercremes muß man darauf achten, daß schaumig gerührte Butter und abgekühlter Pudding etwa die gleiche Temperatur haben, wenn man mit dem Zusammenrühren beginnt. Bei Temperaturunterschieden gerinnt die Creme.

Echte Buttercreme

250 g Butter
200 g Puderzucker
2 bis 3 Eigelb
1 Päckchen Vanillezucker
Geschmackszutaten

Butter schaumig rühren, nach und nach gesiebten Puderzucker, Vanillezucker und Eigelb dazugeben, Geschmackszutaten hinzufügen, abkühlen lassen (die Creme darf aber nicht steif werden) und die Torte damit füllen, überziehen oder garnieren. Es können zugegeben werden: Geriebene Nüsse oder Mandeln (auch angeröstet), Pulverkaffee, Kakao, Rum, Arrak, geriebene und zerlassene Schokolade oder Kuvertüre, feingehackte kandierte Früchte, Marzipan-Rohmasse, Nougat.

Einfache Buttercreme

½ l Milch, 1 Päckchen Vanille-Puddingpulver
100 g Zucker
250 g Butter

Puddingpulver mit etwas kalter Milch anrühren. Restliche Milch mit Zucker aufkochen, vom Herd nehmen, Puddingpulver hineinrühren, kurz aufkochen und den Pudding unter gelegentlichem Umrühren erkalten lassen. Butter schaumig rühren, den Pudding löffelweise dazugeben und kräftig weiterrühren (darauf achten, daß Pudding und Butter gleiche Temperatur haben). Creme etwas abkühlen lassen, die Torte damit füllen, überziehen oder garnieren. Geschmackszutaten nach Belieben mit dem heißen Pudding verrühren (siehe unten); bei Zutaten mit kräftigem Eigengeschmack anstelle von Vanille-Puddingpulver 50 g Speisestärke verwenden.

Feine Buttercreme

½ l Milch, 60 g Zucker
60 g Speisestärke, 2 Eigelb
250 g Butter
100 g Puderzucker
Geschmackszutaten
(siehe unten)
nach Belieben
50 g Kokosfett

Speisestärke mit Eigelb und etwas kalter Milch verquirlen. Restliche Milch mit Zucker zum Kochen bringen, vom Herd nehmen, die angerührte Speisestärke hineinrühren, kurz aufkochen und abkühlen lassen. Butter mit Puderzucker schaumig rühren, den abgekühlten Pudding löffelweise hineingeben (auf gleiche Temperatur von Pudding und Butter achten) und kräftig verrühren. Geschmackszutaten mit dem heißen Pudding verrühren, falls nötig, mit dem Pudding aufkochen. Die Creme wird schneller steif, wenn man in Flocken zerteiltes Kokosfett mit dem Pudding verrührt, bevor er abgekühlt wird. Dieses Verfahren ist vor allem bei mangelnder Kühlgelegenheit zu empfehlen.

Buttercreme-Abwandlungen

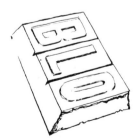

Die nachstehenden Cremes lassen sich sowohl mit einfacher als auch mit feiner Buttercreme zubereiten.
1. Schokoladenbuttercreme: 100 g Kuvertüre oder geriebene Blockschokolade in der heißen Milch lösen.
2. Nougatbuttercreme: 100 g Nougat in der heißen Milch lösen.
3. Nußbuttercreme: 100 g geriebene angeröstete Mandeln mit dem fertigen heißen Pudding verrühren.
4. Aprikosenbuttercreme: 100 g Aprikosenkonfitüre mit dem fertigen heißen Pudding verrühren.

Was man mit heller oder dunkler Buttercreme (Rezepte siehe unten), Mandeln, Marzipan und anderen Zutaten bei der Garnitur von Gebäck anfangen kann, zeigen diese beiden Aufnahmen mit Arbeitsmustern.

5. Mokkabuttercreme: 2 bis 3 Teelöffel Pulverkaffee mit der heißen Creme verrühren.
6. Mokka-Schokoladenbuttercreme: 1 bis 2 Teelöffel Pulverkaffee und 50 g Kuvertüre oder geriebene Blockschokolade mit dem Pudding verrühren.
7. Ananasbuttercreme: 200 g Ananaskonfitüre kräftig durchrühren, mit der fertigen Creme verrühren.
8. Maraschinobuttercreme: 5 bis 6 Eßlöffel Maraschino mit dem etwas abgekühlten Pudding verrühren, auf keinen Fall mitkochen.
9. Vanillebuttercreme: Statt Speisestärke 1 Päckchen Vanillepuddingpulver verwenden; 1 Päckchen Vanillezucker zugeben.
10. Rumbuttercreme: 2 bis 3 Eßlöffel echten Rum mit dem etwas abgekühlten Pudding verrühren.
11. Karamelbuttercreme: 3 bis 4 Eßlöffel Karamelsirup (siehe Rezept Karamelglasur, S. 469) mit der Milch aufkochen oder anstatt Speisestärke 1 Päckchen Karamelpuddingpulver verwenden.
12. Zitronenbuttercreme: 3 bis 4 Eßlöffel Zitronensirup und etwas Zitronensaft mit dem heißen Pudding verrühren.
13. Erdbeerbuttercreme: 150 g Erdbeermark mit dem heißen Pudding verrühren.
14. Apfelsinenbuttercreme: 125 g Krokant und 2 bis 3 Eßlöffel Orangenlikör mit dem heißen Pudding verrühren.

Füllungen für Kleingebäck

Die nachstehenden Füllungen sind für alle Arten von Kleingebäck, vor allem für Blätterteig- und Plundergebäck, geeignet, sie werden in der Regel mitgebacken.

Marzipanfüllung

Marzipanmasse, Butter, Eigelb, Zucker und Vanillezucker schaumig rühren, zuletzt das Mehl hineinarbeiten. Nach Belieben statt Marzipan-Rohmasse auch Marzipan nach dem Rezept auf S. 488 verwenden.

Der Spritzbeutel wird mit beiden Händen gefaßt – aber so, daß die Creme nicht durch die Handwärme zerlaufen kann.

125 g Marzipan-Rohmasse
65 g Butter, 2 bis 3 Eigelb
80 g Zucker, 1 Päckchen
Vanillezucker, 100 g Mehl

125 g Butter, 125 g Zucker
1 bis 3 Eier, 65 g Mehl
3 Eßlöffel Rum
125 g geriebene Mandeln

Mandelfüllung

Alle Zutaten kräftig miteinander verrühren, zuletzt das gesiebte Mehl abwechselnd mit dem Rum dazugeben.

125 g Nüsse
125 g Zucker
100 g Semmelmehl
etwas Zimt, 2 Eiweiß

Nußfüllung

Nüsse fein hacken oder reiben, in der Pfanne mit wenig Butter leicht anrösten. Alle Zutaten kräftig miteinander verarbeiten, vor der Verwendung etwas anziehen lassen.

250 g Quark, 60 g Zucker
1 Ei, 50 bis 80 g Rosinen
abgeriebene
Zitronenschale
1 Päckchen Vanillezucker

Quarkfüllung

Quark passieren, mit Zucker und Eigelb (etwas Milch zugeben wenn der Quark sehr trocken ist) schaumig rühren, überbrühte Rosinen, Vanillezucker und Zitronenschale zugeben, zuletzt steifgeschlagenes Eiweiß vorsichtig unterziehen.

125 g geschälte, geriebene
Mandeln, 200 g Zucker
3 geriebene bittere
Mandeln, 3 bis 4 Eiweiß

Makronenfüllung

Eiweiß halbsteif schlagen, nach und nach Zucker zugeben und gut verrühren, zuletzt die Mandeln mit der Masse verarbeiten.

125 g gemahlener Mohn
50 g Rosinen
20 g gehacktes Zitronat
abgeriebene
Zitronenschale, etwas
Rum, 1/8 l Sahne, Zimt

Mohnfüllung

Mohn mit Zitronenschale und Zucker in Sahne kochen, bis ein dicker Brei entsteht, etwas abkühlen lassen. Rosinen, Zitronat, Zimt und Rum dazugeben, wenn die Masse nicht fest genug, etwas Semmelmehl (oder Grieß) hineinarbeiten.

WEIHNACHTSGEBÄCK

Thorner Katharinchen nach uralten »Lebzelter«-Rezepten, Nürnberger Lebkuchen als Nachfolger mittelalterlicher »Lebekouche«, Aachener Printen (»printen« oder »prenten« bedeutet drucken; früher wurden den Printen Heiligenbilder aufgedrückt), Liegnitzer Bomben, rosinen- und mandelreiche Christstollen – die ersten wurden schon 1329 in Bamberg erwähnt –, eine ganze Landkarte weihnachtlicher Spezialitäten ließe sich zusammenstellen, in der kein Gebiet unberücksichtigt bliebe, denn man versteht es überall, nach sorgsam gehüteten »Geheimrezepten« sein Weihnachtsgebäck zuzubereiten. Und wenn in manchen Familien der Backofen auch das ganze Jahr über nur selten in Funktion tritt, in der Vorweihnachtszeit hebt ein emsiges Backen an. Allerdings – viel Arbeit ist damit verbunden, wenn zu Weihnachten oder auch schon an den letzten Adventssonntagen ein reichhaltiger »bunter Teller« auf den Tisch kommen soll. Rechtzeitige Vorausplanung und ein frühzeitiger Beginn der Backarbeit sind deshalb empfehlenswert. Die meisten weihnachtlichen Backwaren werden außerdem durch eine längere Lagerung weicher und lockerer.

Die Stollenbäckerei

Der eine bevorzugt einen leichten Hefestollen, von dem man drei oder vier Scheiben essen kann, ohne übersättigt zu sein, der andere zieht einen kompakten, inhaltsreichen Stollen vor, bei dem man vor lauter süßen und kernigen Zutaten kaum noch die Teigkrume finden kann.

Beide Stollenarten haben ihre Daseinsberechtigung, je nach Geschmack und Familientradition. Während man den Hefestollen mit »großer Füllung« schon Ende November backen sollte, damit er bis zur Weihnachtszeit mürbe und saftig geworden ist, bereitet man den Backpulverstollen erst in der zweiten Dezemberhälfte zu. Für die Zubereitung des Hefestollens gilt ganz allgemein, was bereits ab S. 406 über den Hefeteig gesagt wurde.

Dresdner Christstollen Foto S. 476

Alle Zutaten am Vorabend abwiegen und vorbereiten (Zitronat und Orangeat in feine Streifen oder Würfel schneiden, Mandeln überbrühen und abziehen, süße Mandeln grob hacken, bittere Mandeln fein hacken oder reiben, Rosinen verlesen) und über Nacht in einen warmen Raum stellen. Am nächsten Tag das Mehl in eine Schüssel sieben, in der Mitte eine Vertiefung eindrücken, Hefe zerbröckeln und hineingeben, mit der Hälfte der lauwarmen Milch und 3 Teelöffel Zucker einen Hefe-Vorteig anrühren, zudecken und gehen lassen, bis die Oberfläche des Vorteiges rissig zu werden beginnt. Mehl und Vorteig mit Zucker, Salz, Gewürzen, der weichen, aber nicht zerlassenen Butter und so viel handwarmer Milch verkneten, daß ein glatter, nicht klebender, glänzender Teig entsteht. Den Teig kräftig kneten (oder mit dem großen Rührlöffel schlagen), bis er sich vom Schüsselrand löst und Blasen zu werfen beginnt. Nun erst die Füllung (gewaschene, getrocknete und in Mehl gewälzte Rosinen und Korinthen, Zitronat, Orangeat und Mandeln) mit dem Teig verkneten, bis alle Zutaten gleichmäßig verteilt sind (nicht länger, sonst wird der Teig grau). Den Teig zu einem Ballen formen und in der zugedeckten Schüssel an einem warmen Platz etwa 30 Minuten gehen lassen. Dann nochmals gut durcharbeiten, weitere 30 bis 50 Minuten gehen lassen, zum Stollen formen, auf das gefettete Backblech (oder auch in eine passende Form mit etwa 6 cm hohem Rand, beispielsweise eine Bratenpfanne) setzen, nochmals gehen lassen und bei 190–200° C in 70 bis 90 Minuten backen. (Wenn die Oberfläche zu früh bräunt, mit gefettetem Pergamentpapier zudecken.) Den Stollen noch heiß mit Butter bepinseln, zuerst mit feinem oder grobem Zucker und dann dick mit Vanillezucker und Puderzucker bestreuen, erkalten lassen und erst nach 3 bis 6 Tagen anschneiden, möglichst noch länger lagern. (Nach Belieben auch mit einer Zuckerglasur, S. 470, überziehen.)

Zum Teig:
1 kg Mehl, 100 g Hefe
etwa 1/2 l Milch
200 g Zucker, 450 g Butter
abgeriebene Schale einer Zitrone, je 1/2 gestrichener Teelöffel Kardamom und Muskatblüte
12 g Salz
Zur Füllung:
500 g Rosinen
150 g Korinthen
150 g Zitronat
100 g Orangeat
150 g süße Mandeln
50 g bittere Mandeln

Sächsischer Mandelstollen

Teig wie zu Dresdner Christstollen zubereiten und mit geschnittenem Zitronat und abgezogenen, gehackten Mandeln (süße Mandeln grob, bittere Mandeln fein hacken) verkneten. Aus dem zweimal gegangenen Teig einen Stollen formen, in eine gefettete Form geben und den Stollen mit einem scharfen Messer einmal der Länge nach etwa 2 cm tief einschneiden. Wie Dresdner Christstollen backen.

Teig wie zu Dresdner Christstollen
Zur Füllung:
160 g Zitronat
220 g süße Mandeln
50 g bittere Mandeln

Marzipan-Rosinenstollen

Teig mit Füllung nach dem Rezept für Dresdner Christstollen zubereiten, nach dem zweiten Aufgehen ausrollen, mit Marzipan belegen (Rohmasse mit den angegebenen Zutaten verkneten), zusammenrollen oder -legen, zum Stollen formen und wie Dresdner Christstollen backen. Nach Belieben mit Zuckerglasur (S. 470) überziehen.

Teig wie zu Dresdner Christstollen
Zur Füllung:
500 g fertige Marzipanfüllung (S. 473)

Weihnachtliche Stollenbäckerei: Dresdner Christstollen (vorn links), Gewickelter Hefestollen (dahinter) und Quarkstollen mit Mohnfüllung (rechts). Rezepte siehe S. 475, unten und rechte Seite.

Zum Teig:
1 kg Mehl, 100 g Hefe
160 g Zucker
1 Päckchen Vanillezucker
etwa ¼ l Milch, 10 g Salz
125 g Butter, 2 Eier
je eine Messerspitze
Kardamom und
Muskatblüte
Zur Füllung:
125 g Butter, 1 bis 2 Eier
250 g süße Mandeln
250 g Rosinen

Gewickelter Hefestollen *Foto siehe oben*

Teigzutaten nach dem Rezept für Dresdner Christstollen (S. 475) zu einem schweren Hefeteig verarbeiten, zweimal gehen lassen und zu einem Rechteck ausrollen. Die Teigplatte mit zerlassener Butter bestreichen. Ei bzw. Eier verquirlen, mit den gewaschenen, getrockneten und in Mehl gewälzten Rosinen und den abgezogenen, grobgehackten Mandeln vermengen, den Teig zur Hälfte damit belegen, die andere Hälfte darüber klappen und den Teig in drei Streifen schneiden. Aus den Streifen einen lockeren Zopf flechten, auf das gefettete Backblech legen, nochmals gehen lassen und bei 190–200° C in etwa 40 bis 50 Minuten backen. Nach Belieben mit Butter bepinseln und mit Zucker und Puderzucker bestreuen oder mit Zuckerglasur (S. 470) überziehen.

500 g Mehl
1 Päckchen Backpulver
2 Eier, 125 g Zucker
1 Päckchen Vanillezucker
250 g passierter Quark
1 Prise Salz, etwas Rum
125 g Butter, 150 g Rosinen
50 g Zitronat
125 g Mandeln

Einfacher Quarkstollen *Farbfoto S. 479*

Aus Mehl, Backpulver, Eiern, Butter oder Margarine, Zucker, Vanillezucker, Quark, Rum und Salz einen Knetteig (S. 418) zubereiten und mit den gewaschenen, getrockneten und in Mehl gewälzten Rosinen, dem feingewürfelten Zitronat und den abgezogenen, feingehackten oder geriebenen Mandeln verkneten. Dick ausrollen, zum Stollen formen und bei 190 bis 200° C in 55 bis 65 Minuten backen. Mit Butter bepinseln und dick mit Puderzucker bestreuen.

Teig wie Gewickelter
Hefestollen; Füllung wie
Quarkstollen mit
Mohnfüllung
(doppelte Menge Füllung)
125 g Butter

Hefe-Mohnstollen

Den zweimal gegangenen Teig ausrollen, mit Butter bestreichen und mit Mohnfüllung überziehen. Teigplatte von beiden Schmalseiten her zur Mitte aufrollen, auf ein gefettetes Backblech oder in eine Form legen und bei 190–200° C in etwa 40 bis 50 Minuten backen. Nach Belieben zuckern oder mit Glasur (S. 470) überziehen.

Quarkstollen mit Mohnfüllung *Foto siehe linke Seite*

Aus den Zutaten einen Knetteig (S. 418) zubereiten und ruhen lassen. Mohn mit kochender Milch überbrühen und abkühlen lassen. Eier mit Zucker, Zimt und Rum schaumig schlagen, die Mohnmasse und die Mandeln hineinrühren. Den Teig rechteckig ausrollen, mit der Füllung bestreichen, von den beiden Schmalseiten zur Mitte aufrollen, mit Milch bestreichen und bei 190–200° C in etwa 55 bis 70 Minuten backen, mit Puderzucker besieben.

Feiner Quarkstollen siehe S. 427.

Teig wie Einfacher Quarkstollen
Zur Füllung:
250 g gemahlener Mohn
¼ l Milch, 2 Eier
100 g Zucker
1 Messerspitze Zimt
1 Eßlöffel Rum
65 g feingehackte Mandeln

Lebkuchengebäck

Süß und köstlich duftend verbreiten die Lebkuchen (das Wort stammt wohl vom mittelhochdeutschen »lebbe« = süß ab) schon bei der Zubereitung vorweihnachtliche Stimmung. Lebkuchenteig mit Pottasche oder Hirschhornsalz kann mehrere Tage oder Wochen lagern, bevor er gebacken wird. Backpulverteig sollte dagegen sofort gebacken werden, das fertige Gebäck läßt sich ebenso lange aufbewahren wie bei der Verwendung der »klassischen« Treibmittel. Honig und Sirup sollen zwar vorsichtig erhitzt, aber nicht zum Kochen gebracht werden; oft läßt man sie mit dem Fett zusammen zerschmelzen.

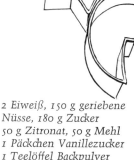

Elisen-Lebkuchen *Farbfoto S. 480, Foto S. 483*

Eiweiß steif schlagen, mit den übrigen Zutaten (Zitronat fein schneiden) zu einem nicht zu festen Teig verarbeiten, auf große Oblaten streichen und 15 bis 25 Minuten bei 160–170° C backen, mit Glasur (S. 470) überziehen. (Ergibt ca. 1 Blech Elisen-Lebkuchen.)

2 Eiweiß, 150 g geriebene Nüsse, 180 g Zucker
50 g Zitronat, 50 g Mehl
1 Päckchen Vanillezucker
1 Teelöffel Backpulver
Oblaten, Zuckerglasur

Pfeffernüsse *Farbfoto S. 480*

Eier schaumig schlagen, nach und nach Zucker dazugeben und cremig rühren. Mehl mit Speisestärke und Backpulver sieben, mit den Gewürzen und Zitronat an die Eiermasse geben, den Rum hineinmengen und einen glatten Teig kneten. 1 Stunde ruhen lassen, 1 cm dick ausrollen und kleine runde Plätzchen ausstechen. Auf gefettetem Blech bei 190–200° C in 10 bis 15 Minuten backen, noch heiß mit Glasur überziehen.

2 Eier, 250 g Zucker
1 Eßlöffel Rum,
abgeriebene Schale einer halben Zitrone
je 1 Messerspitze Nelken, Piment und Muskat
1 Prise Pfeffer
1 gestrichener Teelöffel Zimt, 250 g Mehl
50 g Speisestärke
1 Teelöffel Backpulver
75 g feingeschnittenes Zitronat, Zuckerglasur (S. 470)

Thorner Katharinchen

Honig mit Zucker erhitzen und abkühlen lassen. Eier mit Gewürzen schaumig schlagen (bittere Mandeln fein reiben) und mit der Honigmasse verrühren. Mehl mit Hirschhornsalz sieben und unter die Eier-Honigmasse rühren, zuletzt die in wenig warmem Wasser aufgelöste Pottasche hineinmengen. Den Teig zwei bis drei Tage in einem warmen Raum ruhen lassen, dann halbfingerdick ausrollen und mit Katharinchenformen ausstechen. Bei etwa 175–195° C backen, noch warm mit Zuckerglasur (S. 470) überziehen.

500 g Honig, 500 g Zucker
4 Eier, 1 Eßlöffel Zimt
1 Teelöffel Nelken
abgeriebene Schale einer Apfelsine, 1,5 kg Mehl
10 g bittere Mandeln
je 2 gestrichene Teelöffel Hirschhornsalz und Pottasche, Zuckerglasur

3 bis 4 Eier, 200 g Zucker
1 Päckchen Vanillezucker
75 g Zitronat, abgeriebene
Zitronenschale
je 1 Messerspitze Nelken,
Piment und Kardamom
1 Teelöffel Zimt
200 g Mandeln, 250 g Mehl
1 Teelöffel Backpulver
Oblaten; Glasur (S. 470)

Nürnberger Lebkuchen *Farbfoto S. 480, Foto S. 483*

Zitronat fein schneiden, Mandeln überbrühen, abziehen und fein hakken. Eier, Zucker und Vanillezucker dick-cremig schlagen, Zitronat, Mandeln und Gewürze unterrühren, zuletzt portionsweise das Mehl, mit Backpulver gemischt und gesiebt. Den Teig etwa fingerdick auf Oblaten von 6 bis 8 cm Durchmesser (oder auch auf viereckige Oblaten) streichen, bei 175–195 °C in etwa 15 bis 20 Minuten backen, mit Zuckerglasur überziehen. (Ergibt etwa 2 Bleche.) – Abwandlung: Lebkuchen je zur Hälfte mit Rum- und Schokoladenglasur (S. 470) überziehen.

250 g Zucker, 375 g Honig
125 g Butter, 500 g Mehl
1 Päckchen Backpulver
60 g Kakao
125 g Korinthen
1 Päckchen
Lebkuchengewürz
125 g Zitronat
125 g Mandeln, 5 Eier
4 Eßlöffel Rum
Schokoladenglasur (S. 470)

Liegnitzer Bomben *Farbfoto S. 479*

Zucker, Honig und Butter im Topf erhitzen, abkühlen lassen. Eier schaumig rühren, Kakao und Gewürz hinzugeben. Gewaschene und abgetropfte Korinthen, feingeschnittenes Zitronat, abgezogene und gehackte Mandeln und Rum mit der Eiermasse verrühren, die Honigmasse dazugeben und alles mit dem mit Backpulver gemischten und gesiebten Mehl zu einem dickflüssigen Teig verarbeiten. Kleine gefettete Bombenformen damit füllen, bei 175–190° C in 60 bis 70 Minuten backen, mit Glasur (oder Kuvertüre) überziehen. (Nach Belieben den ganzen Teig auch in eine große Bombenform füllen und backen, mit Kuvertüre überziehen.)

2 Eier, 125 g Zucker
500 g Mehl, 200 g Honig
1 gestrichener Teelöffel
Zimt, 1 Messerspitze
Piment, 1/2 Päckchen
Backpulver, Marzipan-
Rohmasse, Zucker- oder
Schokoladenglasur (S. 470)

Biberle *Foto S. 484*

Eier mit Zucker und Honig (erhitzen und abkühlen lassen, falls er kandiert sein sollte) schaumig rühren, Gewürze hineingeben, nach und nach das mit Backpulver gemischte und gesiebte Mehl hineinrühren. Den Teig etwas ruhen lassen, etwa 1 cm dick ausrollen und in 8 cm breite und etwa 10 cm lange Streifen schneiden. Die Streifen mit fingerdicken Marzipanrollen belegen, in den Teig einwickeln und spitzkuchenähnliche dreieckige Stücke abschneiden. Bei 170–190° C in 20 bis 35 Minuten backen. Nach Belieben mit Zucker- und Schokoladenglasur oder mit einer von beiden garnieren.

175 g Honig, 50 g Zucker
1 Prise Salz, 2 Eßlöffel Öl
1 Ei, 1 gehäufter Teelöffel
Kakao, abgeriebene Schale
einer Zitrone
1 Messerspitze Piment
1 gestrichener Teelöffel
Zimt, 250 g Mehl
3 Teelöffel Backpulver
100 g Mandeln
Johannisbeergelee
Schokoladenglasur (S. 470)

Spitzkuchen

Honig, Zucker und Salz mit dem Öl erhitzen und kalt stellen. Das Ei, die Gewürze, den Kakao und die Mandeln hineinrühren, zuletzt das mit Backpulver gemischte und gesiebte Mehl hineinarbeiten, einen glatten Teig herstellen und 1 Stunde ruhen lassen. 2 cm dicke Teigrollen formen, nicht zu dicht auf ein gefettetes Blech legen und bei etwa 175–190° C in 20 bis 30 Minuten hellbraun backen. Nach dem Erkalten die Rollen vorsichtig (Sägemesser benutzen) in Dreiecke schneiden, mit heißem Johannisbeergelee bepinseln und mit Schokoladenglasur (oder Kuvertüre) überziehen. – Abwandlung: Aprikosen- oder Ananasgelee zum Bepinseln der Spitzkuchen verwenden.

Früchtebrot siehe S. 437.

Die Kerzen brennen auf dem weihnachtlichen Kaffeetisch. Er zeigt (rechts) einen einfachen Quarkstollen (Rezept S. 476), davor und dahinter Lebkuchen, Knetteig-Weihnachtsgebäck und andere Spezialitäten. Im Vordergrund Liegnitzer Bomben (Rezept siehe oben).

Einfaches Pfefferkuchenhaus *Fotos S. 482*

Honig mit Zucker und Margarine erhitzen, Milch mit Eiern, Kakao, Gewürz und 1 Eßlöffel Zucker schaumig schlagen, mit der Honigmasse verrühren und das mit Backpulver gemischte und gesiebte Mehl hineinarbeiten. Eine gut gefettete Fettpfanne damit füllen, bei 175–190 °C in 50 bis 60 Minuten backen (der Kuchen darf dabei keine harte Oberfläche bekommen). Kuchen so aufschneiden (siehe Fotos), daß aus 2 bis 3 Schichten ein (mit Zuckerguß zusammengehaltener) Würfel zusammengesetzt werden kann und dünne Streifen bzw. Platten für Spitzdach und Schornstein übrigbleiben, die ebenfalls mit Zuckerglasur angeklebt werden. Das Dach mit Puderzucker besieben. Beliebige Plätzchen als Verzierungen ankleben (Zuckerglasur). Der nach diesem Rezept gebackene Honigkuchen eignet sich auch als Frühstückskuchen oder (mit Zucker- oder Schokoladenglasur, S. 470), in mundgerechte Stücke geschnitten, für den bunten Teller.

*350 g Honig, 80 g Zucker
100 g Margarine, ⅛ l Milch
2 Eier, 500 g Mehl
1 Päckchen Backpulver
1 Päckchen
Lebkuchengewürz
1 Eßlöffel Kakao
1 Eßlöffel Zucker
Zuckerglasur (S. 470)
Puderzucker, beliebige
Plätzchen zum Verzieren*

Nuß-Honigkuchen mit Hefe siehe S. 414.

Dominosteine *Farbfoto siehe linke Seite*

Honig mit Zucker und Butter erhitzen und abkühlen lassen. Mehl mit Gewürz, Kakao und Backpulver mischen und sieben. Eier mit Rum verquirlen, unter die abgekühlte Honigmasse rühren und der Mehlmischung löffelweise dazugeben. Den Teig etwa 15 mm dick auf ein gefettetes Backblech streichen und glätten, bei 175–190° C in etwa 20 bis 30 Minuten backen, abkühlen lassen und in Würfel mit etwa 3 cm Kantenlänge schneiden. Die Würfel quer halbieren, beliebig füllen, zusammensetzen und mit Schokoladenglasur (S. 470) überziehen.

*250 g Honig, 65 g Zucker
100 g Butter, 350 g Mehl
1 Teelöffel
Lebkuchengewürz
20 g Kakao
3 Teelöffel Backpulver
2 Eier, 2 Eßlöffel Rum
Füllung:
Marzipan, Nougat
beliebiges Gelee*

Aachener Printen *Farbfoto siehe linke Seite, Foto S. 483*

Sirup und Zucker mischen und erhitzen, abkühlen lassen und mit Gewürz und feingeschnittenem Orangeat vermischen. Mehl mit Backpulver mischen und sieben, mit der Sirupmasse verkneten. Bei sehr dickem Sirup ganz wenig Milch zugeben. Teig 2 bis 3 Tage ruhen lassen (kalt stellen), nicht zu dünn ausrollen, schmale Streifen schneiden und auf dem gefetteten, mit Mehl bestäubten Blech etwas antrocknen lassen, dann mit verdünntem Sirup pinseln. Bei 175–190° C in etwa 20 bis 25 Minuten backen, nach Belieben mit Zuckerglasur verzieren.

*250 g Sirup, 100 g Zucker
3 gestrichene Teelöffel
Lebkuchengewürz, 1 Prise
Salz, 65 g Orangeat
500 g Mehl, 1 Päckchen
Backpulver, Zuckerglasur
(S. 470)*

Würzig, knusprig, duftig

»Nuß und Mandelkern«, von denen in einem weihnachtlichen Kindergedicht die Rede ist, spielen neben zahlreichen Gewürzmischungen und Einzelgewürzen eine große Rolle in der Weihnachtsbäckerei. Mandeln zieht man am besten schon am Vortag ab oder verwendet im Handel erhältliche abgezogene Mandeln. Haselnüsse kann man bei etwa 160° C im Backofen leicht anrösten und dann mit einem Tuch reiben, wobei sich die Haut ablöst. Bei vielen Rezepten kann man anstelle von Nüssen oder Mandeln geröstete Haferflocken verwenden.

Weihnachtliches Kleingebäck in bunter Vielfalt: 1. Vanillekipferl; 2. Dominosteine, Marmeladekissen, Nußplätzchen, Aachener Printen und Spekulatius; 3. Springerle; 4. Knetteig-Weihnachtsgebäck und Spritzgebäck; 5. Elisen-Lebkuchen und Pfeffernüsse. Rezepte ab S. 477.

Zum einfachen Pfefferkuchenhaus werden zwei dicke Kuchenplatten aufeinandergesetzt und mit einem Spitzdach gekrönt (Rezept S. 481).

Vanillekipferl Farbfoto S. 480

300 g Mehl, 250 g Butter
125 g Zucker, 3 Eigelb
125 g abgezogene, geriebene Mandeln
2 Päckchen Vanillezucker

Mehl mit Butter, Zucker, Eigelb und Mandeln zu Knetteig (S. 418) verarbeiten und 1 Stunde kalt stellen. Aus dem Teig kleine Kipferl (Hörnchen) oder auch Brezeln formen, auf einem gefetteten Blech bei 175 bis 195° C hellgelb backen und heiß in Vanillezucker wälzen.

Florentiner nach Hausfrauenart Farbfoto S. 425

50 g Butter, ⅛ l Sahne
100 g abgezogene, blättrig geschnittene Mandeln
je 50 g Zitronat und Orangeat, grob gehackt
125 g Zucker
1 Päckchen Vanillezucker
1 Messerspitze Zimt
65 g Mehl, Kuvertüre
halbierte Mandeln

Butter mit Sahne bei schwacher Hitze zum Kochen bringen, Mandeln mit Zitronat, Orangeat, Zucker, Vanillezucker, Zimt und Mehl vermischen, in die Sahne rühren, einige Minuten schwach kochen lassen und die Masse dann im heißen Wasserbad flüssig halten. Auf ein gewachstes Blech kleine Häufchen setzen (genügend Abstand einhalten), halbierte Mandeln daraufsetzen, die Florentiner bei 175–195° C in etwa 20 bis 25 Minuten goldgelb backen, sofort vom Blech lösen und die Unterseite mit Kuvertüre überziehen, trocknen und abkühlen lassen.

Gewürzplätzchen Foto S. 487

500 g Mehl, 2 gestrichene Teelöffel Backpulver
200 g Zucker, 2 Eier
je 1 Päckchen Vanillezucker und Lebkuchengewürz
3 feingeriebene bittere,
50 g feingehackte süße Mandeln; 200 g Butter

Mehl mit Backpulver sieben, mit den übrigen Zutaten zu einem glatten Knetteig (S. 418) verarbeiten und 1 Stunde ruhen lassen. Den Teig etwa 3 mm dick ausrollen, beliebige Formen ausstechen, bei 175–190° C in etwa 20 Minuten backen. (Backblech leicht fetten oder wachsen.) Die Plätzchen nach Belieben mit Glasur (S. 470) überziehen und mit Mandelhälften oder Kokosraspel verzieren.

Gewürzschnitten Foto S. 488

65 g Butter, 1 großes Ei
250 g Zucker
20 g feingemahlener Kaffee
500 g Mehl, 1 Päckchen Backpulver, 1 Eßlöffel Kakao, 3 Teelöffel Lebkuchengewürz
Schokoladenglasur (S. 470)

Butter sahnig rühren, mit Ei und Zucker schaumig schlagen. Aus dem Kaffeepulver und ca. ⅛ l kochendem Wasser starken Kaffee brühen und abkühlen lassen, durchsieben. Mehl mit Backpulver, Kakao und Gewürz mischen und sieben, abwechselnd mit dem kalten Kaffee unter die Buttermasse rühren. Aus dem Teig 4 bis 5 talerdicke Rollen formen, auf das gefettete Blech legen und bei 190–210° C in 20 bis 30 Minuten backen. Heiß in Schnittchen zerteilen, mit Glasur überziehen.

Makronen

Eiweiß zu steifem Schnee schlagen, nach und nach Zucker (am besten Puderzucker), Vanillezucker und Salz hineinrühren, die abgezogenen und fein geriebenen Mandeln mit der Eiweißmasse vermengen (Nüsse mit der dunklen Haut reiben, Kokosraspel ohne Vorbereitung verwenden). Mit zwei Teelöffeln kleine Häufchen auf Oblaten setzen, in 20 bis 30 Minuten bei 150–160° C backen. Abwandlung: Makronenmasse mit 1 Eßlöffel Kakao oder geriebener Schokolade verrühren. – Helle Makronen mit der Spitze in Schokoladenglasur oder geschmolzene Kuvertüre tauchen, dunkle Makronen mit Rumglasur garnieren.

3 Eiweiß, 250 g Zucker
1 Päckchen Vanillezucker
1 Prise Salz
250 g Mandeln, Nüsse oder Kokosraspel
kleine Oblaten

Anisplätzchen *Foto S. 484*

Eier mit Puder- und Vanillezucker in etwa 20 Minuten zu einer cremigen Masse schlagen, Mehl, Speisestärke und Anis mischen und sieben, mit der Creme verrühren. Mit dem Teelöffel Häufchen auf ein gefettetes, mit Mehl bestäubtes Blech setzen und über Nacht in einem warmen Raum stehen lassen, damit sich ein Häutchen bildet. Bei etwa 160–180° C in 30 bis 40 Minuten sehr hell backen.

3 Eier, 280 g Puderzucker
1 Päckchen Vanillezucker
200 g Mehl
100 g Speisestärke
1 gehäufter Teelöffel gemahlener Anis

Zimtsterne *Foto S. 484*

Eiweiß zu steifem Schnee schlagen, nach und nach den gesiebten Puderzucker hinzufügen. 4 Eßlöffel Eischnee zum Bestreichen abnehmen. Mit der Schale geriebene Mandeln und Zimt vorsichtig mit dem Eischnee vermengen, den Teig auf einem mit Puderzucker bestreuten Backbrett etwa 6 bis 7 mm dick ausrollen, Sterne ausstechen und auf ein mit gut gefettetem Pergamentpapier ausgelegtes Blech legen. Den zurückbehaltenen Eischnee mit etwas Rum zu streichfähiger Glasur verrühren, die Sterne damit überziehen und bei 140–160° C in 30 bis 40 Minuten backen.

3 Eiweiß
250 g Puderzucker
275 bis 300 g Mandeln
1 Teelöffel Zimt, etwas Rum, abgeriebene Zitronenschale

Nürnberger Lebkuchen und Elisen-Lebkuchen (links), Aachener Printen und Spekulatius (Mitte), Zimt- und Mandelkissen (rechts) – in der Küche duftet es weihnachtlich, wenn diese berühmten Spezialitäten gebacken werden (Rezepte ab S. 477, Zimt- und Mandelkissen S. 453).

Weihnachtliches Kleingebäck: Zimtsterne, Biberle und Rumkugeln (links), Anisplätzchen und Nußschnitten (Mitte), Ingwer-Häufchen und Mandelsplitter (rechts; Rezepte siehe unten und ab S. 477).

250 g Butter oder Margarine, 200 g Zucker
1 Päckchen Vanillezucker
2 Eier, 1 Messerspitze gemahlener Ingwer
etwas Rum, 500 g Mehl
1 Teelöffel Backpulver

Ingwer-Häufchen *Foto siehe oben*

Butter oder Margarine schaumig rühren, mit Zucker, Vanillezucker, Eiern, Ingwer, Rum und zuletzt dem mit Backpulver gemischten und gesiebten Mehl verrühren. Aus dem Teig kleine Häufchen auf ein gefettetes Blech spritzen (etwas Rum zugeben, wenn er zum Spritzen zu fest sein sollte), bei 180–200° C in 10 bis 15 Minuten backen.

125 g süße Mandeln
150 g Puderzucker
25 g Kakao, 20 g Kokosfett
2 bis 3 Eßlöffel Wasser

Mandelsplitter *Foto siehe oben*

Mandeln abziehen und in Stiftchen schneiden. Puderzucker mit Kakao, heißem Wasser und Kokosfett nicht zu flüssig anrühren, die Mandeln damit vermengen. Mit zwei Teelöffeln längliche Häufchen auf Pergamentpapier setzen und trocknen lassen.

125 g Honig, 50 g Schmalz
80 g Zucker, 1 Päckchen Vanillezucker, abgeriebene Zitronenschale, 250 g Mehl
1 Teelöffel Lebkuchengewürz
½ Päckchen Backpulver
⅛ l Milch, 125 g Nüsse

Nußschnitten *Foto siehe oben*

Honig mit Schmalz erhitzen, abkühlen lassen. Zucker, Vanillezucker, Zitronenschale und Gewürz unterrühren, dann abwechselnd mit Backpulver gemischtes und gesiebtes Mehl und Milch mit der Honigmasse verrühren. Den Teig auf ein gefettetes Backblech streichen und mit den grobgehackten Nüssen bestreuen, bei 170–180° C in etwa 30 bis 35 Minuten backen. In 3 x 7 cm große Stücke schneiden und glasieren.

Blätterteig (S. 441), 1 Eigelb
Nüsse, Buntzucker
Aprikosengelee, Glasur (S. 470)

Blätterteig-Weihnachtsgebäck *Foto siehe rechte Seite*

Blätterteig etwa messerrückendick ausrollen und beliebige Formen ausstechen, mit Eigelb bepinseln, die Ränder dabei frei lassen, auf einem mit Wasser abgespülten Backblech bei 210–225° C in etwa 15 Minuten backen, mit heißem Gelee bestreichen und glasieren.

Weihnachtliches Schaumgebäck *Foto S. 487*

Eiweiß sehr steif schlagen, nach und nach Puder- und Vanillezucker dazugeben. Die Masse dritteln, einen Teil in Spiralen und Ringen auf ein gefettetes, mit Mehl bestäubtes Blech spritzen, die beiden anderen Teile mit Mandeln und Zimt bzw. mit Kakao oder Schokolade mischen und ebenfalls auf das Blech spritzen. Die Schaummasse bei 120 bis 140° C in 30 bis 50 Minuten mehr trocknen als backen, nach Belieben vor dem Backen mit halben Walnußkernen, halbierten abgezogenen Mandeln, Buntzucker oder Schokoladenstreusel garnieren oder nach dem Backen mit Glasur (S. 470) oder Kuvertüre verzieren.

2 Eiweiß
100 g Puderzucker
1 Päckchen Vanillezucker
abgezogene, gemahlene
süße Mandeln, etwas
Zimt, Kakao oder
geriebene Schokolade

Springerle *Farbfoto S. 480*

Eier schaumig schlagen, Puderzucker und Vanillezucker dazugeben und cremig schlagen. Mehl mit Backpulver mischen und sieben, unter die Eicreme heben und vorsichtig durcharbeiten. Die Masse auf ein mit Mehl bestäubtes Backblech geben und etwa 1 cm dick ausrollen. Rechtecke in Größe der Springerleformen ausschneiden und mit Mehl bestäuben, auf die gleichfalls mit Mehl bestäubten Formen drücken, abheben, die Ränder abschneiden. Die Springerle auf einem gefetteten, mit Anis bestreuten Backblech 24 Stunden in einem mäßig warmen Raum antrocknen lassen, dann bei 150–160° C in etwa 30 Minuten sehr hell backen.

2 Eier, 200 g Puderzucker
1 Päckchen Vanillezucker
250 g Mehl
1 Messerspitze Backpulver
gemahlener Anis

Süße Wurstbrote

Butter, Eier und Zucker schaumig rühren, nach und nach Mehl, Mandeln, Kakao, Gewürze und Rum dazugeben, zu einem glatten Teig verarbeiten. Teig zu einer Rolle mit 5 cm Durchmesser formen, fingerdicke Scheiben abschneiden und auf einem gefetteten Blech in etwa 15 Minuten bei 175–200° C goldgelb backen. Eigelb mit Puderzucker glattrühren, die Brote damit bestreichen und Scheiben von Schokoladenwurst darauflegen.

250 g Butter, 500 g Zucker
500 g geriebene Mandeln
250 g Mehl, 2 Eier
2 Eßlöffel Kakao
4 Eßlöffel Rum
1 Teelöffel Zimt
Zitronenschale
250 g Puderzucker
4 Eigelb
Schokoladenwurst (S. 488)

Auch aus Blätterteig läßt sich weihnachtliches Kleingebäck herstellen (die Fotos zeigen einige Beispiele). Im Gegensatz zum üblichen Weihnachtsgebäck sollte es nicht allzulange gelagert werden.

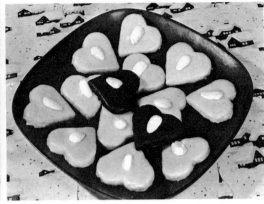

Rumherzen (rechts, Rezept siehe unten) werden aus Mandel-Knetteig gebacken. Links: Schmalznüsse (Rezept siehe rechte Seite), aus Gewürz- und Kakaoteig bereitet.

Knetteig für Weihnachtsgebäck

500 g Mehl, 2 gestrichene Teelöffel Backpulver 2 Eier, 200 g Zucker 1 Päckchen Vanillezucker abgeriebene Schale einer Zitrone, 3 feingeriebene bittere Mandeln 250 g Butter oder Margarine

Zutaten nach dem Grundrezept (S. 418) zu Knetteig verarbeiten, die unter den einzelnen Variationen genannten Zutaten hineinarbeiten (siehe unten). 30 bis 40 Minuten ruhen lassen, den Teig formen und auf gefettetem oder gewachstem Blech in 8 bis 12 Minuten bei 175 bis 200° C backen, nach Belieben garnieren. (Auch verwendbar: Knetteig für Kleingebäck, S. 428.) Abwandlungen des Grundteiges:

1. Spekulatius: 2 bis 3 gestrichene Teelöffel Spekulatiusgewürz mit dem Teig verarbeiten, ausrollen, in Größe der Formen ausschneiden, in die bemehlten Formen drücken, den überstehenden Rand abschneiden, auf gefettetem Blech backen (Farbfoto S. 480, Foto S. 483).
2. Nußplätzchen: Teig mit 125 g gehackten Nüssen, 1 gestrichenem Eßlöffel Kakao und 2 bis 3 Eßlöffel Rum zubereiten, Rollen von etwa 4 cm Durchmesser formen, in Scheiben schneiden, mit Milch bepinseln und eine halbe Walnuß daraufsetzen (Farbfoto S. 480).
3. Marmeladekissen: Teig zu nußgroßen Bällchen formen, in gehackten Nüssen und grobem Zucker wenden, flachdrücken, in der Mitte eine Vertiefung eindrücken und mit beliebiger Marmelade füllen (Farbfoto S. 480).
4. Bunte Gewürzplätzchen: Teig mit je 75 g geriebenen Wal- und Haselnüssen und 2 gestrichenen Teelöffeln Lebkuchengewürz herstellen, 3 bis 4 mm dick ausrollen, verschiedene Formen ausstechen, backen und mit verschiedenen Glasuren (ab S. 469), Buntzucker, Liebesperlen, Schokoladenstreusel und Zitronat verzieren.
5. Spitzbuben: 150 g geriebene Haselnüsse und etwas Rum mit dem Teig verarbeiten, 4 mm dick ausrollen, kleine runde Plätzchen ausstechen, backen, heiß mit Marmelade, Zuckerguß, Nougat oder Kuvertüre zusammensetzen, in Vanillezucker wenden.
6. Rumherzen: Teig mit 150 g geriebenen Mandeln und 2 bis 3 Eßlöffel Rum herstellen, 4 mm dick ausrollen, Herzen ausstechen, backen und mit Rumglasur überziehen, mit einer halben Mandel verzieren. Die Herzen nach Belieben vor dem Glasieren mit etwas Rum beträufeln (Foto siehe oben).

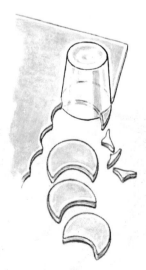

Halbmonde aus Knetteig kann man auch einfach mit dem Glas ausstechen.

Gewürzplätzchen (links, Rezept S. 482) werden mit Glasur überzogen und mit Mandelhälften und Kokosraspel verziert. Rechts: Duftiges weihnachtliches Schaumgebäck (Rezept S. 485).

Jelänger-jelieber

Butter und Schmalz schaumig rühren, nacheinander Zucker und Eigelb mit der Masse verrühren, zuletzt das Mehl unterkneten. Kleine Kugeln formen, in der Mitte eine Vertiefung eindrücken, auf ein bemehltes Blech setzen, mit Eigelb bepinseln, mit Mandeln bestreuen und mit Marmelade füllen. Bei 180–190° C in 15 bis 20 Minuten backen.

je 140 g Butter, Schmalz und Zucker, 3 Eigelb
420 g Mehl
Eigelb zum Bestreichen
gehackte Mandeln
Marmelade

Schmalznüsse *Foto siehe linke Seite*

Schmalz erhitzen, etwas abkühlen lassen und mit Zucker und Vanillezucker verrühren. Mehl und in Rum gelöstes Hirschhornsalz unterarbeiten, so daß ein geschmeidiger Teig entsteht, aus dem sich Kugeln formen lassen. Den Teig dritteln. Aus dem ersten Drittel Kugeln formen, nicht zu dicht auf ein gefettetes Backblech setzen, bei 170–180° C in etwa 15 bis 20 Minuten backen. Zweites Drittel mit Sirup und Lebkuchengewürz verkneten, drittes Drittel mit Kakao, Zucker und in Rum gelöstem Hirschhornsalz verarbeiten.

250 g Schmalz
230 g Zucker
2 Päckchen Vanillezucker
625 g Mehl, etwas Rum
2 Teelöffel Hirschhornsalz
1 gehäufter Eßlöffel Sirup
½ gestrichener Teelöffel Lebkuchengewürz
5 g Kakao, 10 g Zucker
1 Prise Hirschhornsalz

Heidesand

Butter zerlassen, bräunen und abkühlen lassen, mit den anderen Zutaten zu Knetteig (S. 418) verarbeiten, Rollen mit etwa 4 cm Durchmesser formen und im Kühlschrank mehrere Stunden (am besten über Nacht) ruhen lassen. ½ cm dicke Scheiben abschneiden, auf dem ungefetteten Blech 25 bis 30 Minuten bei 170–180° C backen.

250 g Butter, 250 g Zucker
1 Päckchen Vanillezucker
1 Prise Salz, 375 g Mehl

Spritzgebäck *Farbfoto S. 480*

Butter schaumig rühren, mit den übrigen Zutaten zu einem nicht zu lockeren Teig verarbeiten, einige Stunden oder über Nacht ruhen lassen. Ringe, Stangen, Kringel oder Fragezeichen auf ein bemehltes Blech spritzen, einige Stunden kalt stellen. Bei 175–200° C in etwa 15 bis 20 Minuten hellgelb backen, mit Glasur oder Kuvertüre verzieren.

250 g Zucker, 1 Ei
375 g Mehl, 250 g Butter
125 g geriebene Haselnüsse
1 Päckchen Vanillezucker

Gewürzschnitten (links, Rezept S. 482) werden nach einem Rezept aus Großmutters Zeit bereitet. Lukullus heißt die ohne große Mühe zuzubereitende Kekstorte (rechts, Rezept siehe unten).

SÜSSE KLEINIGKEITEN, SELBSTGEMACHT

Die häusliche »Konfektproduktion« ist in den letzten Jahrzehnten etwas aus der Mode gekommen. Trotzdem sollten einige Standardrezepte – wie zum Beispiel die folgenden – nicht im Repertoire fehlen.

1 Ei, 150 g Zucker
1 Päckchen Vanillezucker
60 g Kakao
150 g Kokosfett, etwas Rum, 35 Butterkekse

Lukullus Kekstorte Foto siehe oben

Ei mit Zucker und Vanillezucker schaumig rühren, Kakao und das erhitzte, wieder abgekühlte Kokosfett nach und nach hineinrühren. Eine kleine Kastenform (oder einen passenden Karton) mit Pergamentpapier auslegen, abwechselnd Keks- und Cremeschichten einfüllen, erkalten lassen. Nach dem Festwerden stürzen, nach Belieben mit Mandeln und kandierten Früchten verzieren. In Scheiben geschnitten servieren.

300 g Schmelzschokolade
150 g geschälte grobgewürfelte oder in Stifte geschnittene Mandeln, 1 Ei, 1 Päckchen Vanillezucker, 1 nußgroßes Stückchen Butter oder Kokosfett

Schokoladenwurst Foto siehe rechte Seite

Schokolade grob zerschneiden, im Wasserbad weich werden lassen und glattrühren. Mit Butter oder Kokosfett, Mandeln, Ei und Vanillezucker vermengen, bei Bedarf etwas Rum dazugeben. Die Masse auf Pergamentpapier (besser: auf eine trockene Einmachhaut) geben und eine Wurst daraus formen. Im Kühlschrank erstarren lassen. In Scheiben geschnitten für Süße Wurstbrote (S. 485) verwenden oder unabhängig davon als Süßigkeit anbieten.

250 g Mandeln
250 g Puderzucker
2 Eßlöffel Rosenwasser

Marzipan Foto siehe rechte Seite

Mandeln abziehen, sehr gut abtrocknen (oder über Nacht trocknen lassen), zweimal durch die Mandelmühle drehen, mit Puderzucker und Rosenwasser in einem Topf vermengen und bei schwacher Hitze so lange rühren, bis sich die Masse vom Topfboden löst. Nach Belieben Kugeln, Kringel, Brote, Kegel, Würfel, Früchte oder Rollen formen, auf dem gewachsten Blech bei 120–140° C im Backofen (Tür offenlassen) zehn bis fünfzehn Minuten trocknen.

Mandelnougat *Foto siehe unten*

Mandeln abziehen und hacken, Zucker in der Pfanne hellgelb rösten, die Mandeln und den Zitronensaft dazugeben und auf kleinem Feuer weiterrösten, bis die Masse leicht zu knacken beginnt. Nougatmasse auf eine gefettete Porzellanplatte schütten, mit gefettetem Messer oder Teigschaber glätten und in Streifen schneiden.

250 g Mandeln
300 g Zucker
1 Eßlöffel Zitronensaft

Rumkugeln *Foto S. 484*

Butter schaumig rühren, mit Schokolade und Rum gut durchkneten, die Masse halbieren. Eine Hälfte zu Kugeln formen, in gehackten Mandeln wälzen. Andere Hälfte mit Rosinen verkneten, in Schokoladenstreusel wälzen.

50 g Butter
175 g geriebene Schokolade
2 Eßlöffel Rum
Schokoladenstreusel
grobgehackte Mandeln
1 Eßlöffel Rosinen

Petits fours *Foto siehe unten*

Zutaten zu Biskuitteig (Grundrezept S. 455) verarbeiten, etwa 1 cm dick auf ein mit Pergamentpapier belegtes gefettetes Backblech streichen, bei 200–220° C in 10 bis 14 Minuten backen, auf das mit Zucker bestreute Backblech stürzen, das Backpapier mit kaltem Wasser bestreichen und abziehen. Nach dem Erkalten beliebige Formen schneiden oder ausstechen, füllen, überziehen und garnieren (siehe Foto).

Biskuit für Rollen (S. 455)
Füllung oder Garnitur:
beliebige Buttercremes
(S. 472) und
Zuckerglasuren (S. 470)
Konfitüre, Marzipan
Nougat, Mandeln
Nüsse, kandierte Früchte

Krokant

Zucker in der Pfanne hellbraun anrösten, Fett und Mandeln dazugeben und gut miteinander verrühren. Von der heißen Masse mit einem nassen Löffel kleine Häufchen abstechen und auf einem gefetteten Teller abkühlen lassen.

100 g Zucker, 2 Teelöffel Butter, 4 Eßlöffel gehackte, abgezogene Mandeln

Petits fours (links, Rezept siehe oben) werden aus Biskuitteig gebacken und phantasievoll verziert. Mitte: Marzipan. Rechts: Schokoladenwurst und Mandelnougat (Rezepte siehe linke Seite und oben).

Salzgebäck aus Knetteig und Hefeblätterteig (Rezepte siehe unten), mit Mandeln, Kümmel und Mohn verziert, paßt als Beigabe zum Wein.

SALZ- UND KÄSEGEBÄCK

Als Beigabe zu Wein oder Bier, als Knabberei beim Fernsehen oder auch als Garnitur für kalte Gerichte und Platten eignen sich pikante Salz- und Käsebäckereien besonders gut.

250 g Mehl, 1 Messerspitze Backpulver, 1 kleines Ei 1 Prise Salz, etwas Paprika 125 g Butter, Eigelb zum Bestreichen, gehackte Mandeln, Kümmel Mohn, Paprika zum Bestreuen

Salzgebäck aus Knetteig *Foto siehe oben*

Zutaten nach dem Grundrezept (S. 418) zu Knetteig verarbeiten, 30 bis 40 Minuten ruhen lassen, ausrollen und zu beliebigen Formen (Stangen, Plätzchen, Halbmonde, Sternchen usw.) ausstechen, mit verquirltem Eigelb bestreichen und nach Belieben mit Mandeln, Kümmel, Mohn oder Paprika bestreuen. Bei 175–200° C in 8 bis 12 Minuten goldgelb backen.

Salzgebäck aus Hefeblätterteig *Foto siehe oben*

Hefeblätterteig (Rezept S. 415) ohne Zitronenschale und Zucker (nur 1 Teelöffel Zucker für den Vorteig nehmen) zubereiten und kalt stellen, dann dünn ausrollen und beliebig ausstechen oder bleistiftstark rollen und zu Stangen, Kringeln, Brezeln usw. formen. Mit verquirltem Eigelb bestreichen, beliebig bestreuen (siehe oben) und bei 200 bis 220°C in etwa 15 Minuten backen.

120 g Mehl 100 g geriebener Käse 100 g Butter, 1 Ei Eigelb zum Bestreichen Kümmel 125 g Streichschmelzkäse etwas Paprika

Käseplätzchen *Foto siehe rechte Seite*

Mehl, geriebenen Käse, Butter und Ei zu Teig verkneten und 30 bis 40 Minuten kalt stellen. Ausrollen, runde oder ovale Plätzchen ausstechen, auf ein gefettetes Blech legen, mit verquirltem Eigelb bestreichen, mit Kümmel bestreuen und bei 175–195° C in etwa 12 bis 15 Minuten backen. Käse mit Paprika verrühren, jeweils zwei Plätzchen mit der Käsecreme zusammensetzen, möglichst frisch reichen.

Käsehörnchen *Foto siehe unten*

Blätterteig messerrückendick (etwa 35 x 35 cm groß) ausrollen und in 9 Quadrate schneiden. Speck und Käse würfeln, auf die Quadrate verteilen, Teigränder mit verquirltem Ei bestreichen. Die Vierecke übereck aufrollen, zu Hörnchen biegen und auf ein mit kaltem Wasser abgespültes Backblech legen, mit Ei bestreichen. Die Hörnchen bei 220 bis 230° C in etwa 20 bis 25 Minuten backen.

1 Paket tiefgekühlter Blätterteig oder 1 Portion Blätterteig oder Hefeblätterteig (S. 415 und 441), 100 g Schinkenspeck 125 g Chester-Schmelzkäsescheiben, 1 Ei zum Bestreichen

Käse-Doubletten *Foto siehe unten*

Blätterteig nach Vorschrift auftauen lassen, etwa 3 bis 4 mm dick ausrollen, mit der Keksform runde, ovale oder rechteckige Plätzchen ausstechen, auf ein mit kaltem Wasser abgespültes Blech setzen, mit verquirltem, leicht gesalzenem Ei bepinseln, nach Belieben mit blättrig geschnittenen Mandeln, Mohn oder Kümmel bestreuen. Bei 220–240° C in 12 bis 15 Minuten backen, abkühlen lassen. Je 2 Plätzchen mit einer der folgenden Cremes zusammensetzen und garnieren:

1 Paket tiefgekühlter Blätterteig, 1 Ei zum Bestreichen, etwas Salz Käsefüllung (siehe unten)

1. 1 Ecke (62,5 g) Doppelrahm-Käsezubereitung mit einem Spritzer Kirschwasser und 2 feingehackten Salzmandeln verrühren.
2. 1 Ecke Streichschmelzkäse mit 1 Eßlöffel Sahne und ½ Teelöffel geriebenem Meerrettich verrühren, 1 Eßlöffel sehr fein gehackten rohen oder gekochten Schinken mit der Creme vermischen.
3. 1 Ecke Streichschmelzkäse mit 2 Teelöffel Sahne und gut 1 Eßlöffel von Gräten befreiten, zerpflückten und verriebenen Ölsardinen und ein paar Tropfen Zitronensaft verrühren.
4. 1 Ecke Kräuter-Streichschmelzkäse oder Pilz-Streichschmelzkäse glattrühren. Außerdem eignen sich kleine Mengen von Quark-Brotaufstrich (S. 309) zur Füllung von Blätterteigplätzchen. Zur Garnitur können auch Salzmandeln, gesalzene Erdnüsse oder kleine Salzkekse verwendet werden.

Käsehörnchen (links) werden aus Blätterteig gebacken, ebenso Käse-Doubletten (Mitte; Rezepte siehe oben). Rechts: Käseplätzchen (Rezept siehe linke Seite) mit pikanter Käsecreme-Füllung.

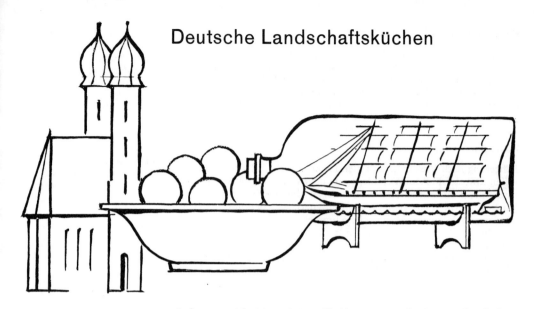

Deutsche Landschaftsküchen

»Laßt uns vielseitig sein!« soll Altvater Goethe ausgerufen haben. »Märkische Rübchen schmecken gut, am besten gemischt mit Kastanien, und diese beiden edlen Früchte wachsen weit auseinander.« Vielseitig und bunt haben die Küchen der deutschen Stämme und Landschaften alle Stürme der Zeit überdauert. Der Krieg und seine Völkerwanderung haben ihnen nichts anhaben können, wenn sie auch für einen Austausch und eine Mischung der Kochgewohnheiten sorgten, und selbst die Bevölkerungsumschichtung der letzten Jahrzehnte, der Zug zur Großstadt, rüttelte nicht an den überlieferten Küchentraditionen, die einstmals auf dem Land besonders liebevoll gepflegt worden waren – man nahm sie mit in die Stadt und fügte neue Erfahrungen zu den alten Gewohnheiten hinzu. So kam es dazu, daß viele der früher nur in einem eng begrenzten Bereich bekannten Rezepte zum Allgemeingut wurden. Andere blieben aus geschmacklichen Gründen oder weil bestimmte Zutaten nicht überall zu haben sind, echte lokale Spezialitäten. Ihnen ist dieses Kapitel in erster Linie gewidmet.

NORDDEUTSCHE SPEZIALITÄTEN

Zwischen Flensburg und Hannover, Bremen und Kiel liebt man neben herzhaften Fleischgerichten – etwa einer Vierländer Mastente oder einem saftigen Hamburger Beefsteak – und zahllosen Zubereitungen aus frischem oder geräuchertem Fisch und Meeresfrüchten vor allem deftige und herzhafte Kohlspeisen und süßsaure Gerichte. Weltbekannte Exportartikel dieser Landschaft sind Lübecker Marzipan und Kieler Sprotten. In der Lüneburger Heide schätzt man Heidschnuckenragout und -braten als besondere Spezialitäten.

Hamburger Aal   Foto S. 494

Frische Aale abziehen, in Stücke schneiden, in kräftig abgeschmecktem Weißweinsud mit Zwiebel gar dünsten. Brühe mit etwas Mehlbutter, einigen Eßlöffeln Sahne oder Dosenmilch und 1 Eigelb binden. Dazu kleine Kartoffelklöße oder Salzkartoffeln.

Hamburger Aalsuppe *Farbfoto S. 498*

Aal abziehen, Flossen abschneiden, ausnehmen, in Stücke schneiden, waschen, salzen, mit Essig beträufeln und 30 Minuten ziehen lassen (oder die Aalstücke nach dem Säubern in einem Sud aus Wasser, Essig, Kräutern, Gewürzen und Salz gar ziehen lassen, Aal und Marinade später an die fertige Suppe geben). Schinkenknochen abspülen, etwa 90 Minuten in gut 2 l Wasser kochen. Gemüse, Backpflaumen und Birnen dazugeben und garen. Knochen herausnehmen und Fleisch ablösen, fein schneiden. Brühe mit heller Einbrenne binden, Schwemmklößchen in der Suppe garen. Schinkenstückchen mit Aalstücken und Aalkraut in die Suppe geben, kurz durchziehen lassen, süßsauer mit Salz, Zucker und Zitronensaft oder auch Weißwein abschmecken.

350 bis 500 g frischer Aal
1 Schinkenknochen
250 g junge Gemüse (Sellerie, Kohlrabi, Mohrrüben, Erbsen)
125 g eingeweichte Backpflaumen
375 g kleine Kochbirnen
40 g Butter, 40 g Mehl
Aalkraut (Basilikum, Estragon, Majoran, Thymian, Salbei, Petersilie)
Schwemmklößchen (S. 64)

Helgoländer Krabbenpudding siehe S. 219.

Großer Hans *Foto siehe unten*

Semmeln in Scheiben schneiden, mit heißer Milch überbrühen und ziehen lassen. Butter oder Margarine mit Eigelb schaumig rühren, Milch und überbrühte Rosinen dazugeben, mit Zimt und Salz abschmecken. Semmelmasse mit dem Schneebesen flockig schlagen, Eiweiß zu steifem Schnee schlagen, beides unter die Eiermilch rühren. Die Masse in eine gefettete Puddingform füllen und etwa 60 Minuten in schwach kochendem Wasser garen. Dazu Backobst (über Nacht einweichen, mit Zucker und Zimt 15 Minuten kochen, Brühe mit kalt angerührter Speisestärke binden) oder Kompott.

10 altbackene Semmeln
etwas Milch zum Einweichen, 75 g Butter oder Margarine
¼ l Milch, 2 Eier
50 g Rosinen, ½ Teelöffel Zimt, 1 Prise Salz

Rote Grütze siehe S. 373, Holsteiner Speckklöße siehe S. 273.

Rundstück warm

Eine Semmel durchschneiden; Scheiben von Schweine- oder Rinderbraten auflegen, mit heißer Bratensoße übergießen.

Großer Hans (links, Rezept siehe oben), mit Backobst serviert, und Schweinebauch mit Obstfüllung (rechts, Rezept S. 142) sind norddeutsche Spezialitäten – etwas für Liebhaber süßsaurer Gerichte.

Grünkohl auf Hamburger Art (links, Rezept siehe unten), mit geräuchertem Rindfleisch zubereitet. Hamburger Aal (rechts, Rezept S. 492) kommt in einer Weißwein-Sahnesoße auf den Tisch.

Grünkohl auf Hamburger Art *Foto siehe oben*

750 g geräuchertes Rindfleisch, 1 kg Grünkohl
1 rohe Kartoffel
50 g Schweineschmalz
1 Zwiebel

Fleisch im Stück in etwa ½ l Wasser im festverschlossenen Topf in 40 bis 50 Minuten weich dünsten. Den gewaschenen und abgestreiften Grünkohl in leicht gesalzenem Wasser kurz abkochen, abtropfen lassen und grob oder fein hacken. Zerschnittene Zwiebel in Schmalz glasig dünsten und den Kohl dazugeben; Fleischbrühe auffüllen, den Kohl garen und mit geriebener roher Kartoffel binden. Fleisch in Scheiben schneiden, auf dem Grünkohl heiß werden lassen, bei Bedarf etwas nachsalzen. Dazu Röstkartoffeln reichen.

Süßsaure Specklinsen siehe S. 250.

Labskaus

600 g Pökelrindfleisch (oder Corned beef)
4 bis 5 Zwiebeln
1 gewässerter Salzhering
100 g Schweineschmalz
1,2 kg gekochte, pürierte Kartoffeln, Pfeffer, Muskat

Fleisch in wenig Wasser garen (Corned beef direkt aus der Dose verwenden), klein würfeln oder durch den Fleischwolf (grobe Scheibe) drehen, mit den feingewiegten Zwiebeln und dem gehackten Hering in heißem Schmalz unter ständigem Rühren kurz anbraten, dann mit den Kartoffeln vermengen, mit Pfeffer und Muskat abschmecken, etwas heiße Pökelrindfleischbrühe dazugeben. Nach Belieben mit Salz- oder Gewürzgurken, roten Rüben oder Spiegeleiern zu Tisch geben.

Grog siehe S. 392, Glühwein siehe S. 391.

VON BERLIN BIS KÖNIGSBERG

Von den berühmten Thüringer Klößen und Rostbratwürsten bis zur ostpreußischen Schusterpastete, dem Königsberger Marzipan und den Nikolaiker Maränen birgt das Deutschland jenseits von Elbe und Thüringer Wald kulinarische Köstlichkeiten vielfältiger und alles andere als eintöniger Art. Dresdner Christstollen und Leipziger Allerlei, Rügenwalder Teewurst und Salzwedeler Baumkuchen wurden einst in die ganze Welt exportiert und in vielen Ländern getreulich nachgekocht und -gebacken. Nicht anders ist es mit der Berliner Küche, die

Schlesischer Linseneintopf (links) ist ein beliebtes, schnell zubereitetes Hausmannsgericht. Rechts: Königsberger Klopse mit einer pikanten Kapernsoße (Rezepte siehe unten).

ihre Zutaten heute nicht mehr aus der Mark, aus Mecklenburg und Pommern beziehen kann, deswegen aber der Tradition der Buletten und des Eisbeins mit Sauerkohl, des berühmten »Aal grün mit Gurkensalat« und der Berliner Pfannkuchen nicht untreu geworden ist.

Eisbein mit Sauerkohl

Eisbein halbgar kochen, mit gedünstetem Sauerkraut (Rezept S. 231) fertig garen, das Kraut nach Belieben mit roher geriebener Kartoffel binden. Dazu reicht man Kartoffelbrei, Erbspüree und Speckstippe (kleine Speckwürfel mit der gleichen Menge Zwiebelwürfel anrösten).

Königsberger Klopse *Soßklopse Foto siehe oben*

Hackfleisch mit eingeweichten, ausgedrückten Semmeln, Eiern, der feingeschnittenen, in Fett angerösteten Zwiebel, Sardellenfilets, Zitrone, Salz und Pfeffer zu Fleischteig verarbeiten, Kugeln formen und in kochendem Salzwasser gar ziehen lassen. Mehl in Butter schwitzen, mit Brühe auffüllen, Kapern hineingeben und die Soße mit Zitronensaft, Pfeffer, Salz und Streuwürze abschmecken, mit verquirltem Eigelb (vorher vom Feuer nehmen) legieren. Soße über die fertigen Klopse gießen, mit Salzkartoffeln zu Tisch geben.

500 g gemischtes Hackfleisch, 2 Semmeln
2 Eier, 1 Zwiebel
65 g gehackte Sardellenfilets
1 Eßlöffel Petersilie
Zitronenschale, Salz
Pfeffer, 40 g Mehl
40 g Butter, 1/2 l Brühe
1 Eßlöffel Kapern, 2 Eigelb
Zitronensaft, Streuwürze

Thorner Katharinchen siehe S. 477.

Schlesischer Linseneintopf *Foto siehe oben*

Linsen verlesen, waschen und einige Stunden weichen lassen, dann mit Suppengrün im Einweichwasser zum Kochen bringen und fast gar kochen. Speck und Zwiebeln würfeln, mit dem Mehl anschwitzen und die Linsen dazugeben, 10 Minuten durchkochen, mit Essig, Salz und Zucker abschmecken. Die in Scheiben geschnittene Wurst dazugeben und in der Suppe heiß werden lassen (nach Belieben auch die unzerschnittene Wurst hineingeben).

375 g Linsen, Suppengrün
60 g fetter Speck
1 bis 2 Zwiebeln
60 g Mehl, etwas Essig
Salz und Zucker
500 g Fleischwurst

*400 g Schweinefleisch
100 g Knoblauchwurst
100 g magerer
Räucherspeck
750 g Sauerkraut, 2 Äpfel
etwas Mehl
1 kg Kartoffeln
Salz, Pfeffer*

Bigosch

Speck würfeln, im Topf anbraten, das kleingewürfelte Fleisch dazugeben und zugedeckt unter gelegentlichem Umrühren anbraten. Das abgetropfte Sauerkraut, die Wurstscheiben und die geschälten, in Scheiben geschnittenen Kartoffeln und Äpfel dazugeben, etwas Brühe oder Wasser angießen und den Eintopf zugedeckt im Ofen in 90 bis 110 Minuten garen, mit Pfeffer und Salz abschmecken. Abwandlung: Schweinefleisch im Stück im Sauerkraut garen, abschmecken und Salzkartoffeln getrennt reichen.

*250 g Backobst
400 g magerer
Räucherspeck, 2 Teelöffel
Speisestärke, Salz, Zucker
Zimt, 1 Prise Piment*

Schlesisches Himmelreich *Farbfoto S. 498*

Backobst am Vorabend waschen und mit Wasser bedeckt einweichen. Am nächsten Tag Räucherspeck im Stück in etwa ¾ l Wasser fast gar kochen, das im Einweichwasser erhitzte Backobst ohne die Brühe dazugeben, beides garen. Fleisch herausnehmen, in Würfel schneiden und wieder in die Brühe legen. Brühe mit kalt angerührter Speisestärke binden, mit Salz und Gewürzen abschmecken. Dazu Hefe- oder Kartoffelklöße.

*250 g roher Schinken in
5 mm dicken Scheiben
etwas Milch
Ausbackteig (S. 452)
Backfett*

Pommerscher Klopfschinken

Schinkenscheiben vorsichtig klopfen, 2 Stunden in Milch legen, durch Ausbackteig ziehen, in reichlich Fett in der Pfanne von beiden Seiten goldgelb backen, heiß mit grünem Salat zu Tisch geben. – Abwandlung: Klopfschinken in heißem Fett schwimmend backen.

*250 g Sahnequark, passiert
375 g gekochte, pürierte
Kartoffeln, 2 Eier
100 g Mehl, 60 g Zucker
40 g Butter
100 g überbrühte Rosinen
etwas abgeriebene
Zitronenschale, 1 Prise
Salz, Butter zum Braten*

Quarkkeulchen

Butter mit Eiern, Zucker, Salz und Zitronenschale schaumig rühren, nach und nach Kartoffeln, Quark und Mehl dazugeben, die Masse kräftig verarbeiten, zuletzt die bemehlten Rosinen vorsichtig hineinarbeiten. Wenn die Masse sich nicht gut formen läßt, etwas mehr Mehl oder Semmelmehl hineinkneten, 20 Minuten anziehen lassen. Aus der Masse Keulchen formen, in Butter braun braten, mit Zucker und Zimt bestreut heiß zu Tisch geben.

Leipziger Allerlei siehe S. 244, Thüringer Klöße siehe S. 272.

VOM MÜNSTERLAND BIS SAARBRÜCKEN

Vom westfälischen Pickert bis zu den saarländischen Blechgrumbeeren kennt man in den Küchen zwischen Weser, Rhein und Saar viele Spezialitäten mit eigenständigem Charakter. Viele von ihnen – etwa der Mainzer Handkäs mit Musik, ein in Essig und Öl marinierter Mainzer Käse mit Zwiebeln, oder der in Köln beheimatete Halve Hahn, der sich bei näherem Zusehen als Roggenbrötchen mit einer fingerdicken Scheibe Käse und Senf entpuppt – spielen nur im engeren Bereich eine Rolle. Aber es gibt auch international bekannte Genüsse wie Düsseldorfer Senf, westfälischen Schinken oder Aachener Printen.

Zwei süddeutsche Leibgerichte: Allgäuer Kässpätzle (im Vordergrund, Rezept S. 501) mit Reibkäse und Zwiebelringen; dahinter ein herzhafter Eintopf: Pichelsteiner Fleisch (Rezept S. 303).

Dicker Pickert *Kastenpickert*

Kartoffeln schälen und reiben, in ein Tuch geben und ausdrücken, dann nach und nach Eier, Salz, Mehl und die mit etwas Zucker in lauwarmer Milch gelöste Hefe mit den Kartoffeln zu einem nicht zu flüssigen Teig verarbeiten. Rosinen hineinmengen, den Teig in eine große Kastenform (fetten und mit Semmelmehl ausstreuen) füllen und zugedeckt etwa 1 Stunde gehen lassen. In 90 bis 120 Minuten bei 170 bis 200° C backen, abkühlen lassen, in fingerdicke Scheiben schneiden und kurz vor dem Anrichten von beiden Seiten in heißer Butter anbräunen. Heiß zum Kaffee reichen.

2 kg Kartoffeln, 2 Eier
1 kg Mehl, etwas Salz
30 g Hefe, etwas Zucker
Milch, 200 bis 300 g
Rosinen

Westfälisches Blindhuhn *Foto S. 500*

Weiße Bohnen über Nacht in etwa 2½ l Wasser einweichen. Am nächsten Tag im Einweichwasser mit dem unzerschnittenen Speck etwa 1½ Stunde kochen. Den kernig gekochten Speck aus dem Topf nehmen, dann geputzte und halbierte grüne Bohnen und in Scheiben geschnittene geputzte Mohrrüben dazugeben, etwa 30 Minuten vor dem Garwerden der Mischung geschälte und gewürfelte Kartoffeln und in Scheiben geschnittene Zwiebeln, nach Belieben auch geschälte und geschnittene Äpfel, dazugeben und fertig garen. Mit Salz und Pfeffer abschmecken und mit dem gekochten Speck anrichten.

Dicke Bohnen siehe S. 247, Kohl auf westfälische Art siehe S. 227.

250 g weiße Bohnen
250 g durchwachsener Speck, 500 g grüne Bohnen
375 g Mohrrüben
750 g bis 1 kg Kartoffeln
1 bis 2 Zwiebeln, Salz
Pfeffer, nach Belieben
250 g säuerliche Äpfel

Plaaten in de Pann

Bratwürste in zugedecktem Topf knusprig braten. Kartoffeln schälen und in Scheiben schneiden, auf die Würste schichten und im Bratfett dünsten. Mit ganz wenig Fleischbrühe auffüllen, etwa 20 Minuten schmoren. Mit Sahne begießen, leicht salzen, weitere 10 Minuten schmoren und mit Petersilie bestreut auftragen. Dazu grüner Salat.

Himmel und Erde siehe S. 307.

350 g frische Bratwürste
1 kg Kartoffeln
1/8 l Fleischbrühe
1/8 l Sahne, Salz
gehackte Petersilie

Pille- oder Pinnchenskuchen

Bleistiftdünne Streifen von rohen Kartoffeln in angebratenem Speck und Zwiebelwürfeln nicht ganz gar braten, mit verquirlten Eiern oder Eierkuchenteig übergießen und wie einen Pfannkuchen fertig backen.

Motten und Klöße

Mohrrüben putzen, der Länge nach vierteln oder achteln, mit feingeschnittenen Zwiebeln in heißem Fett anrösten, das Fleisch im Stück darauflegen, wenig Brühe angießen und bei mäßiger Hitze Mohrrüben und Fleisch garen. Aus der Knödelmasse nicht zu große Klöße formen, das Fleisch zur Seite schieben oder unter die Mohrrüben legen. Klöße auf die Mohrrüben setzen und gar ziehen lassen. Fleisch in Scheiben schneiden, Mohrrüben abschmecken und mit Petersilie bestreuen.

500 g Mohrrüben
(»Motten«), 2 Zwiebeln
40 g Butter
500 g Schweinefleisch
etwas Fleischbrühe
gehackte Petersilie
Halbseidene Knödel
(S. 273)

Spezialitäten der ost- und norddeutschen Küche: Schlesisches Himmelreich (vorn, Rezept S. 496) wird aus Backobst und Räucherspeck bereitet; die berühmte Hamburger Aalsuppe (Rezept S. 493) entspricht der in Norddeutschland beliebten süßsauren Geschmacksrichtung.

Westfälisches Blindhuhn entpuppt sich bei näherem Hinschauen als Gemüseeintopf (links, Rezept S. 499). Himmel und Erde (rechts, Rezept S. 307) gehört zu den Leibgerichten Westfalens und des Rheinlandes.

Blechgrumbeeren

Kartoffeln (= Grumbeeren, mundartlich für »Grundbirnen«) schälen, waschen und in große Würfel schneiden, bergartig auf einem gefetteten Backblech aufschichten, mit reichlich Speckwürfeln belegen und im vorgeheizten Backofen knusprig backen.

Gefüllte Kartoffelklöße auf Pfälzer Art

Knödelteig wie zu Thüringer Klößen oder Bayerischen Reibeknödeln (S. 272) zubereiten; die zu jedem Kloß notwendige Masse halbieren, jede Hälfte zur Kugel rollen und flachdrücken. Eine Hälfte mit gewürztem Fleischteig (Hackfleisch, Semmelmehl, Ei, Gewürze) oder roher Bratwurstmasse belegen, die andere Hälfte darauflegen, Ränder gut andrücken zum Kloß rollen. In schwach kochendem Salzwasser gar ziehen lassen, mit Sahnesoße übergossen zu Tisch geben, grünen Salat dazu reichen.

SÜDDEUTSCHES ALLERLEI

Maultaschen und Bauchstecherle, Radi und Weißwürste, Krapfen und Haxen – die ganze Herrlichkeit der süddeutschen Küche wird lebendig, wenn man diese klingenden Namen von süßen und salzigen, deftigen und zarten Gerichten hört. Man versteht zu kochen und zu essen zwischen Würzburg und dem Alpenvorland, und an einem guten Tropfen mangelt es auch nicht.

Leberspätzle

125 g Kalbsleber
1 feingehackte Zwiebel
1 Eßlöffel gehackte Petersilie, 2 Eier
100 g Semmelmehl, Salz Majoran, abgeriebene Zitronenschale

Leber säubern und waschen, fein schaben, mit Zwiebel, Petersilie, Eiern und Semmelmehl zu einem geschmeidigen Teig verarbeiten, mit Majoran, Zitronenschale und Salz abschmecken. Durch ein Spätzlesieb in kochende Fleischbrühe drücken, bei schwacher Hitze garen. Dazu grüner Salat oder Tomatensalat, auch beliebiges Gemüse. Reste (nach Belieben mit Zwiebelringen) in Butter braten.

Allgäuer Kässpätzle *Farbfoto S. 497*

Mehl, Eier und Salz mit wenig Milch zu einem geschmeidigen Teig verarbeiten. Den Teig schlagen, bis er Blasen zieht, mit dem Messer Spätzle in kochendes Salzwasser schaben und bei schwacher Hitze garen, bis sie an die Oberfläche steigen. Abwechselnd mit Reibkäse in eine vorgewärmte Schüssel schichten. Zwiebeln in Scheiben schneiden, in Butter bräunen und über die Spätzle geben.

Spätzle-Grundrezept siehe S. 289, Allgäuer Käsesuppe siehe S. 68, Allgäuer Hirtenfrühstück siehe S. 57.

400 g Mehl, 4 Eier
Salz, etwas Milch
Reibkäse (Emmentaler, Parmesan), 2 Zwiebeln
50 g Butter

Nürnberger Sauerbraten *Foto siehe unten*

Fleisch waschen, mit der kurz aufgekochten, abgekühlten Marinade übergießen und zwei bis drei Tage bei täglichem Wenden zugedeckt an einen kühlen Platz stellen. Dann das Fleisch herausnehmen, abtropfen lassen und in der Schmorpfanne (Schmorbraten-Zubereitung siehe S. 131) in wenig Fett anbraten. Mit etwas durchgesiebter Marinade begießen, in etwa 90 Minuten unter regelmäßigem Beschöpfen gar schmoren, bei Bedarf heißes Wasser oder durchgesiebte Marinade zugeben. Mehl mit der Sahne verquirlen, die Soße damit binden und aufkochen. Mit Zucker, Salz und Pfeffer abschmecken. Dazu Bayerische Reibeknödel und gemischter Salat.

Grießnockerl siehe S. 64, Leberknödel siehe S. 62.

750 g Rindfleisch, Bratfett
Zur Marinade:
¼ l Weinessig, 1 Teelöffel Salz, ½ l Wasser
1 bis 2 Zwiebeln
5 Pfefferkörner, 1 Nelke
1 Lorbeerblatt
1 Mohrrübe
2 Wacholderbeeren
Zur Soße:
¼ l saure Sahne, Salz
Pfeffer, 1 Eßlöffel Mehl
1 Prise Zucker

Bayerische Brennsuppe *Foto siehe unten*

Die vom Fleischer zerteilten Knochen gut waschen, abtropfen lassen (oder abtrocknen) und mit der geschnittenen Zwiebel und dem geputzten, geschnittenen Suppengrün in etwas Bratfett anrösten. Knapp 2 l Wasser auffüllen, die Knochen 2 bis 3 Stunden bei schwacher Hitze kochen, dann durchseihen. Mehl in Fett dunkelbraun rösten, mit Knochenbrühe auffüllen, Salz und Kümmel dazugeben, 10 Minuten durchkochen. Mit gerösteten Weißbrotwürfeln zu Tisch geben.

500 bis 750 g
Rinderknochen, Bratfett
1 große Zwiebel
Suppengrün, 40 g Fett
60 g Mehl, Salz, Kümmel
geröstete Weißbrotwürfel

Handfest und kernig schmeckt eine Bayerische Brennsuppe (rechts). Links: Nürnberger Sauerbraten (Rezepte siehe oben).

Schweinswürstel mit Kraut

Fingerlange, dünne Schweinswürstel in der Pfanne oder im Grill knusprig braun braten und auf gedünstetem Sauerkraut (S. 231) anrichten. Dazu frische Semmeln und Bier reichen.

Kalbshaxe siehe S. 138, Pichelsteiner Fleisch siehe S. 303.

1 Stange Meerrettich
50 g Butter
2 bis 3 Eßlöffel Semmelmehl, ¼ l Milch
Salz, Zucker
2 bis 3 Eßlöffel Sahne

Meerrettich Kren

Meerrettich schaben, gut abspülen und reiben, in heißem Fett andünsten, Semmelmehl dazugeben und mit Milch auffüllen. Die Masse 15 bis 20 Minuten kochen, mit Salz und Zucker abschmecken, Sahne hineinrühren. Nach Belieben den Meerrettich mit einem hineingeriebenen rohen Apfel milder oder mit etwas frisch geriebenem Meerrettich schärfer machen. Zu gekochtem Rindfleisch oder Rauchfleisch reichen.

300 g Mehl, 75 g Butter oder Margarine
etwa ⅛ l heiße Milch
Salz, 750 g Äpfel
100 g Korinthen, Zucker
Butter zum Bestreichen und Backen, ⅛ l Sahne
1 Ei, 30 g Zucker

Oberpfälzer Maultaschen

Mehl mit zerlassenem Fett, Salz und heißer Milch verrühren und zu einem festen, geschmeidigen Teig kneten, zu dünnen Teigscheiben von etwa 15 bis 20 cm Durchmesser ausrollen, mit etwas zerlassener Butter bestreichen. Äpfel schälen, vom Kerngehäuse befreien und in dünne Spalten schneiden, die Teigplatten damit belegen, zuckern und mit überbrühten Korinthen bestreuen, dann aufrollen (siehe Zeichnung). In einer Bratenpfanne oder einem Schmortopf reichlich Butter heiß werden lassen, die Maultaschen nebeneinander hineinlegen, im Ofen bei 200–220° C etwa 20 Minuten unzugedeckt backen. Sahne mit Ei und Zucker verquirlen, über die Maultaschen gießen und die Pfanne nochmals für 10 bis 15 Minuten in den Ofen schieben, bis die Eiersahne aufgesogen ist. Pfanne herausnehmen, die Maultaschen in eine Schüssel stürzen und zugedeckt einige Minuten ziehen lassen. Heiß zu Tisch geben. Abwandlungen: Maultaschen mit entsteinten Zwetschgen (ca. 1 kg), gezuckerten Heidelbeeren (ca. 750 g) oder überbrühten Korinthen (ca. 600 g) füllen.

Bayerische Küchel siehe S. 452.

Teigflecken werden mit Füllung belegt und zusammengerollt zu süßen und saftigen Oberpfälzer Maultaschen. – Münchner Weißwürste schneidet man der Länge nach auf, zieht ihnen die Haut ab und verzehrt sie mit süßem Senf (Mitte und rechts).

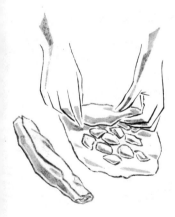

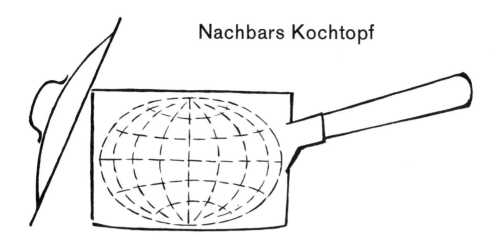

Nachbars Kochtopf

Welche Küche ist die beste, die gesündeste, die abwechslungsreichste der Welt? Man hat sich diese Frage oft gestellt, aber eine eindeutige Antwort darauf kann es wohl nicht geben: Jeder hält die Küche seines Heimatlandes für die beste. Aber wenn man versucht, die Küchenregionen der Welt nach ihrem Einflußbereich zu ordnen, wird man die französische, die chinesische und die indische Küche an die Spitze setzen müssen. Diese drei Küchen strahlen seit jeher am stärksten auf die Länder ihres Kulturkreises aus. Damit soll jedoch nicht gesagt sein, daß etwa die russische, die italienische oder die türkische Kochweise geringer einzuschätzen wären. Und hat nicht auch Amerika im Laufe des letzten Jahrhunderts eine eigene Küchentradition von erstaunlicher Lebendigkeit und großem Abwechslungsreichtum aufgebaut?

Die Koch- und Eßgewohnheiten fremder Länder sagen viel über die Eigenart ihrer Bewohner, über Volkscharakter und Nahrungsmittelgeschichte aus. Nicht zuletzt deshalb ist es ein spannendes Abenteuer, einen Blick in Nachbars Kochtopf zu riskieren. Die folgenden Rezepte versuchen, die Originalvorschriften weitgehend beizubehalten. Bis zur letzten Zutat, zum letzten, geschmackabrundenden Gewürz ist das »Nachkochen« allerdings nicht in jedem Fall möglich, weil ein Teil der Zutaten in Deutschland unerreichbar ist. Eine neapolitanische Pizza beispielsweise hat nur dann den »bodenständigen« Geschmack, wenn man sie mit Mozzarella-Käse und jenen birnenförmigen Tomaten zubereiten kann, die auf der lavadurchtränkten Erde der Vesuv-Landschaft wachsen; eine Bouillabaisse bleibt eine unvollständige Kopie, weil man nicht auf die festfleischigen Fischarten zurückgreifen kann, die es in der Gegend von Marseille gibt. Damit muß man sich abfinden. Trotzdem wollen die Rezepte dieses Kapitels versuchen, etwas vom Duft der großen, weiten Küchenwelt in jedes Eßzimmer zu zaubern.

VON MARSEILLE BIS AMSTERDAM

»On ne mange bien que chez soi«, sagt eine französische Redensart. Frei übersetzt heißt das: Zu Hause schmeckt's am besten. Die folgenden französischen Spezialitäten, gefolgt von einigen Rezepten aus den

Beneluxländern, entstammen deshalb nicht der »Haute Cuisine« der großen französischen Küchenstrategen, sondern der französischen Landschaftsküche, die vom Süden bis zum Norden Frankreichs sehr unterschiedliche Charakterzüge aufweist.

500 g Zwiebeln
5 Eßlöffel Öl
1¼ l Fleischbrühe
4 runde oder ovale Scheiben Weißbrot
50 g Käseflocken oder Reibkäse, Salz, Pfeffer

Soupe à l'oignon *Pariser Zwiebelsuppe Foto siehe rechte Seite*

Zwiebeln schälen, in Ringe schneiden und in heißem Öl braun rösten. Mit Brühe auffüllen und 20 bis 30 Minuten bei schwacher Hitze kochen, mit Salz und Pfeffer würzen. Weißbrot auf beiden Seiten leicht toasten, die Käseflocken oder den Reibkäse dick darauf verteilen. Die Suppe in Portionstassen füllen, auf jede Portion eine Brotscheibe legen und im Ofen oder Grill bei starker Hitze so lange überbacken, bis der Käse zerläuft. Abwandlung: Brotscheiben toasten, dick mit Parmesankäse bestreuen und auf die Suppe legen, nicht überbacken. – Die beste Zwiebelsuppe gibt es in den Pariser Markthallen, wo sich fröstelnde Nachtbummler und resolute Marktfrauen kurz vor Morgengrauen an dieser nahrhaften, sehr heißen Suppe stärken.

1 kg Fisch verschiedener Sorten, 8 bis 12 gekochte, ausgelöste Miesmuscheln
2 Tomaten, 2 Zwiebeln
1 gewürfelte Kartoffel
2 Zehen Knoblauch, 4 bis 5 Eßlöffel Olivenöl
1 Lorbeerblatt
1 feingeschnittene Fenchelknolle, Thymian gehackte Petersilie
3 Wacholderbeeren, Salz Pfeffer, Paprika Currypulver
1 Messerspitze Safran
½ Glas Weißwein
4 Scheiben Weißbrot

Bouillabaisse *Marseiller Fischgericht*

Möglichst festfleischige Fischsorten einkaufen (z. B. Steinbutt, Zander, Hecht, außerdem Rotbarsch, Merlan, Scholle und Aal; es kann sich auch um Restportionen handeln). Den Fisch putzen und zerteilen, aus den Abfällen Fischbrühe kochen und später zum Auffüllen verwenden. Olivenöl im großen Eisentopf erhitzen, grobgehackte Zwiebeln, grobgeschnittene Tomaten und Kartoffeln, feingeschnittenen Fenchel (nach Belieben) und zerdrückten Knoblauch darin anschwitzen, das festere Fischfleisch mit den Gewürzen zugeben, mit Wein und Brühe auffüllen und 5 bis 10 Minuten stark kochen, dann das weichere Fischfleisch und die Muscheln (nach Belieben auch noch Krabben, Krebsschwänze und Hummerfleisch aus der Dose) dazugeben und alles auf starker Hitze in etwa 5 bis 8 Minuten garen. Fisch mit dem Schaumlöffel herausnehmen und auf vorgewärmter Platte anrichten. Brühe abseihen, nach Belieben etwas einkochen, abschmecken und über geröstete, leicht mit Knoblauch eingeriebene Brotscheiben in eine Terrine gießen. Suppe und Fisch getrennt reichen, sofort zu Tisch geben. (Bouillabaisse ist abgeleitet vom provenzalischen »bouiabaisso« = kochen und sofort ausschütten.)

250 g weiße Bohnen
2 Knoblauchzehen
125 g durchwachsener Räucherspeck
1 Knoblauchwurst (z. B. Mettwurst)
500 g Hammelfleisch Schweinefett, 2 Zwiebeln
1 Sträußchen Suppenkräuter, 1 kleine Dose Tomatenmark, Salz Pfeffer, Semmelmehl Butterflöckchen

Cassoulet *Eintopf aus der Languedoc Foto siehe rechte Seite*

Bohnen über Nacht einweichen, am nächsten Tag mit dem Einweichwasser und zerdrücktem Knoblauch, Speck (im Stück) und Wurst zum Kochen bringen. Hammelfleisch würfeln, in heißem Schweinefett mit den feingewürfelten Zwiebeln und den Suppenkräutern leicht anrösten, mit den Bohnen vermengen. Tomatenmark hineinrühren, Fleisch und Bohnen garen. Speck und Wurst herausnehmen und in Scheiben schneiden, wieder mit den Bohnen vermengen. Das Ragout in eine feuerfeste Form füllen, mit Semmelmehl bestreuen, mit Butterflöckchen besetzen und 10 Minuten im Ofen überbacken. In der Languedoc rührt man die überbackene Haut mit der Gabel unter das Gericht, gibt eine neue Schicht Semmelmehl und Butterflöckchen darauf und überbackt zum zweitenmal. Diese Prozedur wird bis zu fünfmal wiederholt. Je nach der Häufigkeit des Überbackens muß das Cassoulet stärker oder schwächer mit Salz und Pfeffer abgeschmeckt werden.

Soupe à l'oignon (links) ist eine Pariser Spezialität. Auch Fèves à la bourguignonne (Mitte) und das Hammelgericht Cassoulet (rechts) stammen aus Frankreich (Rezepte siehe unten und linke Seite).

Fèves à la bourguignonne Bohnen nach Burgunder Art

Bohnen putzen und abfädeln, in wenig Wasser mit etwas Salz fast gar kochen, dann Rotwein und die geputzten, in Scheiben geschnittenen und vorgekochten Mohrrüben (oder Karotten) dazugeben, beides garen. Speck in Würfel schneiden, mit Zwiebeln anrösten und über die angerichteten, abgeschmeckten Bohnen mit Karotten geben, mit Petersilie (oder beliebigen anderen Kräutern) bestreuen.

750 g grüne Bohnen, Salz
1 Glas Rotwein
250 g Mohrrüben
125 g magerer Räucherspeck
2 feingeschnittene Zwiebeln, gehackte Petersilie

Ratatouille niçoise Gemüseeintopf aus Nizza

Paprikaschoten entkernen und in feine Streifen schneiden; Auberginen dünn schälen und in Stückchen schneiden, mit kochendem Wasser überbrühen. Tomaten abziehen und schneiden, Gurke schälen und würfeln. Zwiebel fein schneiden und in heißem Öl anrösten, Knoblauch unzerteilt mitrösten (nach Belieben wieder herausnehmen). Zerkleinertes Gemüse und Lorbeerblatt dazugeben, mit Pfeffer und Salz würzen und auf kleiner Flamme dünsten, bis alles halbgar ist. Die Masse in eine gefettete feuerfeste Form füllen, mit Käse bestreuen, nach Belieben Butterflöckchen aufsetzen, im Ofen goldbraun überbacken; heiß zu Tisch geben. Dazu Weißbrot und Landwein.

3 Auberginen, 1 frische Gurke, 3 Paprikaschoten
4 bis 6 Tomaten
4 Eßlöffel Olivenöl
1 Zwiebel, Salz, Pfeffer
1 Knoblauchzehe
1/2 Lorbeerblatt, gehackte Petersilie, Reibkäse zum Bestreuen

Elsässischer Käsekuchen Quiche lorraine Foto S. 518

Teigzutaten zu Knetteig (S. 418) verarbeiten, 30 Minuten kühl ruhen lassen und eine Springform damit auslegen, bei 200–210° C in 12 bis 15 Minuten hellgelb backen. Für den Belag Eier, Milch, die zerlassene und abgekühlte Butter, die Käseflocken und (nach Belieben) den Schinken verquirlen und mit Salz, Pfeffer und Zwiebel würzen. Die Masse auf den Teig geben und bei 190–220° C in etwa 40 bis 50 Minuten backen. Warm zu rotem Landwein reichen.

200 g Mehl, 150 g Butter
1 Teelöffel Backpulver
Salz, 6 Eßlöffel Wasser
4 Eier, 1/8 l Milch
40 g Butter, Salz, Pfeffer
150 g Käseflocken
100 g gekochter Schinken
2 Teelöffel geriebene Zwiebel

500 g Heilbutt, Salz Zitronensaft, 1 frische Gurke, 8 Scheiben Holländer Schmelzkäse Zum Teig: 1/8 l Bier, 1 Ei 1 Eßlöffel Öl, 200 g Mehl 1 Teelöffel Zucker 1 Teelöffel Salz

Heilbot aan het spit *Niederländisches Fischgericht Foto S. 518*

Fisch säubern, säuern und salzen, in 6 gleich große Stücke schneiden. Käsescheiben halbieren und zusammenklappen, Gurke ungeschält in nicht zu dünne Scheiben schneiden. Abwechselnd Fisch, Käse und Gurke auf Spießchen stecken, in Mehl wenden. Teigzutaten zu nicht zu flüssigem Ausbackteig verrühren, die Spießchen hindurchziehen, in der Pfanne in reichlich heißem Fett oder Öl oder auch in heißem Fett schwimmend backen.

1 kg Kartoffeln 300 g weiße Bohnen 500 g Mohrrüben 3 Zwiebeln, Salz 500 g Rinderbrust oder -rippe, 100 g Butter oder Margarine, 1/2 Lorbeerblatt

Hutspot met klapstuk *Eintopf*

Bohnen einweichen. Fleisch mit Lorbeerblatt etwa 2 Stunden in Salzwasser kochen. Bohnen im Einweichwasser halbgar kochen. Mohrrüben putzen, Kartoffeln schälen, beides in kleine Würfel schneiden und mit den zerschnittenen Zwiebeln, Bohnen und Fleisch garen, bei Bedarf Fleischbrühe auffüllen. Fleisch herausnehmen und in kleine Würfel schneiden, wieder zum Eintopf geben. Überflüssige Brühe abgießen und anderweitig verwenden. Den Eintopf kräftig zerstampfen, mit heißer Butter begießen. Nach Belieben gehackte Petersilie darüberstreuen.

200 g Sellerie 2 kg Süßwasserfische (Aal, Hecht, Karpfen), Weißwein 3 Zitronenscheiben, Salz Pfeffer, Suppengrün 1/2 Lorbeerblatt Pfefferkörner, Thymian Salbei, 100 g Butter Zwiebackbrösel Weißbrotscheiben

Waterzooi *Flämisches Fischgericht*

Sellerie schälen, in feine Streifen schneiden, mit dem vorbereiteten, in Stücke geschnittenen Fisch, den Gewürzen, Kräutern und Suppengrün in einen Topf geben, bis zur Höhe des Kochgutes mit Wein (oder mit 2/3 Wein, 1/3 Wasser) auffüllen, die Butter dazugeben und den Fisch bei mittlerer Hitze garen, wobei der Sud etwas einkochen soll. Fisch herausnehmen, den Sud abseihen und mit ungesüßten Zwiebackbröseln andicken. Fischsud über geröstete Weißbrotscheiben gießen, mit dem gesondert angerichteten Fisch zu Tisch geben. – Waterzooi wird in Belgien auch aus Hühnerfleisch zubereitet. In die gut gewürzte Brühe gibt man Geflügel- oder Kalbfleischklößchen.

Weitere belgische Spezialitäten: Chicoréesalat (S. 116) und Chicoréegemüse (S. 236).

DIE BRITISCHEN INSELN

Der französische Staatsmann und Feinschmecker Talleyrand soll England nachgesagt haben, es gebe dort zwar Dutzende von Sekten, aber nur eine einzige Soße. Möglicherweise meinte er damit die berühmte Worcestersoße, deren Erfinder der Dienerkoch einer britischen Familie gewesen sein soll. In Talleyrands hartem Urteil spiegelt sich eine Geringschätzung der englischen Küche wider, die auch von anderen Feinschmeckern geteilt wird. Ob man sich ihr anschließt oder nicht, ist mehr als bei anderen Küchen Geschmackssache. Immerhin haben zahlreiche Gerichte von den britischen Inseln Weltruf erlangt.

500 g säuerliche Äpfel 30 g Zucker, 40 g Butter etwas Zitronensaft geriebener Muskat

Apple Sauce *Apfelsoße*

Äpfel vierteln, vom Kerngehäuse befreien und mit wenig Wasser butterweich dünsten, dann passieren und mit den übrigen Zutaten auf schwacher Hitze mit dem Schneebesen schlagen, bis eine glatte Soße entsteht. Apple Sauce wird in England zu Schweinebraten gereicht.

Veal and Ham-Pie *Kalbfleisch-Schinken-Pastete Farbfoto S. 515*

Aus Mehl, Backpulver, Ei, Wein, Fett und Gewürzen einen Knetteig (S. 418) zubereiten und 30 Minuten ruhen lassen. Schinken und Kalbfleisch in dünne Scheiben von etwa 5 cm Durchmesser schneiden. Den Boden einer feuerfesten Form mit Schinkenscheiben belegen, darauf abwechselnd Schinken- und Kalbfleischscheiben, gehackte Zwiebeln und in Scheibchen geschnittene Champignons schichten, jede Schicht schwach salzen und pfeffern, mit Petersilie bestreuen, Brühe angießen. Den Teig halbfingerdick ausrollen und etwas größer als die Pastetenform ausschneiden, in der Mitte ein Loch als Dampfabzug einschneiden. Die Hälfte des restlichen Teiges zu einer Rolle drehen, den Rand der Form mit Eigelb bestreichen und die Teigrolle ringsherum auf die Füllung legen, an den Rand drücken. Den Deckel auflegen und auf die mit Eigelb bestrichene Teigrolle drücken. Aus dem Teigrest Blätter, Rauten oder Sterne ausstechen, mit verquirltem Eigelb auf den Pastetendeckel kleben, die Verzierungen und den Deckel mit Eigelb bestreichen. Die Pastete bei 180–200° C in etwa 50 bis 70 Minuten goldgelb backen; sie wird in der Regel kalt zu Tisch gegeben. Abwandlungen: Füllung aus 600 g Sauerkraut und 500 g Schweinefleisch, aus 750 g Hühnerfleisch und 125 g mageren Räucherspeckscheiben oder aus 600 g Rindfleisch und 300 g Kalbs- oder Hammelnieren verwenden, jeweils nach Geschmack Champignons, Zwiebeln, Kartoffelwürfel oder auch Kartoffelbrei und Gewürze mit in die Form geben.

250 g Mehl, 1 Messerspitze Backpulver, 1 Ei
3 bis 5 Eßlöffel Weißwein
75 g Butter oder Margarine
Salz, geriebener Muskat
Pfeffer
Zur Füllung:
375 g roher Schinken
375 g Kalbfleisch
2 Zwiebeln
100 g Champignons, Salz
Pfeffer, 1/4 l Fleischbrühe
gehackte Petersilie, 1 Ei
zum Bestreichen

Becherpastetchen *Farbfoto S. 515*

Bratwurstmasse mit Eigelb, Sahne und Champignons verrühren, mit Salz und Pfeffer abschmecken, zuletzt steifen Eischnee unterziehen. Die Masse in Becherförmchen füllen und im Wasserbad im Backofen garen. Etwas abkühlen lassen, stürzen und mit Ketchup beträufelt heiß oder auch kalt zu Tisch geben. Nach Belieben anstatt Ketchup Tomatensoße dazu reichen.

250 g rohe Bratwurstmasse
2 Eigelb, 1 Eßlöffel Sahne
50 g gehackte
Champignons, Salz
Pfeffer, 2 Eiweiß
Tomatenketchup

Plumpudding *Farbfoto S. 298*

Kalbsnierenfett fein schneiden, Semmeln ausdrücken und zerpflücken, Mandeln abziehen und reiben, Mehl mit Backpulver sieben. Diese und alle übrigen Zutaten zu Teig verarbeiten, in eine gefettete, mit Semmelmehl ausgestreute Puddingform füllen, mit dem ebenfalls gefetteten Deckel schließen und im Wasserbad 2 bis 3 Stunden kochen. Je länger der Plumpudding kocht, desto dunkler wird er. Den fertigen Pudding kurze Zeit stehen lassen, stürzen, mit Zucker bestreuen (oder einige Stückchen Würfelzucker auflegen), mit vorgewärmtem Rum begießen und anzünden, brennend servieren. Nach Belieben mit Rumsoße (S. 112) reichen. Plumpudding kann einige Wochen an einem kühlen Platz aufbewahrt werden (nach Auffassung der englischen Hausfrau ist die wochenlange Lagerung sogar unbedingt notwendig), muß aber dann vor dem Anrichten nochmals in die Form gegeben und etwa 1 Stunde im Wasserbad erhitzt werden, bevor er heiß zu Tisch gegeben wird. Reste von Plumpudding kann man in Scheiben schneiden, in Butter anbraten und mit Zucker und Zimt bestreut zu Tisch geben.

100 g Kalbsnierenfett
150 g Semmelmehl
2 altbackene, eingeweichte Semmeln, etwas Salz
80 g Zucker
je 50 g gehacktes Orangeat und Zitronat
65 g geriebene süße Mandeln; 3 bittere Mandeln, feingerieben
125 g Rosinen
65 g Korinthen
abgeriebene Schale einer Zitrone, 1 Teelöffel Lebkuchengewürz
2 geschnittene Äpfel
4 Eier, 50 g Mehl
1/2 Päckchen Backpulver
2 Eßlöffel Milch
4 Eßlöffel Rum

Weitere englische Spezialitäten: Nußporridge (S. 57), Irish Stew (S. 151), Savouries (S. 88), Ochsenschwanzsuppe (S. 67), Roastbeef (S. 132), Mockturtle-Suppe (S. 66), Welsh Rarebits (S. 313).

DIE NORDISCHEN LÄNDER

Zwischen Kopenhagen und Hammerfest liebt man eine fettreiche, deftige Kost, versteht man frischen und geräucherten Fisch auf vielerlei Arten zu bereiten und hält man viel von phantasievoll belegten Broten und reichhaltigen Kalten Büfetts. In Dänemark und Schweden spielen außerdem alle Geflügelarten eine wichtige Rolle.

Dansk Smörrebröd

»Alles zwischen Himmel und Erde« eignet sich, um einen dänischen Küchenchef zu zitieren, als Belag für Smörrebröd. Mit dieser Bezeichnung war ursprünglich nur ein mit Butter bestrichenes Brot gemeint. Heute spielen Butter und hauchdünne Scheiben Brot nur noch eine bescheidene Nebenrolle, sie verblassen vor dem üppig und phantasievoll zusammengestellten Belag. Einige Beispiele (siehe auch Bunte Brote, S. 325): Auf dünnen, nach Belieben gebutterten und getoasteten Weißbrotscheiben:

1. Krabben mit Mayonnaise, gehackte Kresse.
2. Salatblatt, Scheiben von hartgekochtem Ei, Cocktailwürstchen.
3. Kaviar, gehacktes gekochtes Eiweiß, Zitronenachtel.
4. Gehackter, angerösteter Schinken, Paprikapulver, gefüllte Oliven.
5. Luncheon Meat, Pfeffergurkenstreifchen, Tomatenachtel.
6. Gebratene Speckscheiben, Tomatenscheiben, getrüffelte Leberpastete, etwas Bratensoße.
7. Räucherzunge, Salatblatt, Fleischsalat.
8. Salami, rohes Eigelb, gehackter Schnittlauch.
9. Gebratene Leber, Speckscheibe, geröstete Zwiebelringe.
10. Frikadellenscheiben, Eischeibe, Essiggurke.

Auf dünnen gebutterten Schwarzbrotscheiben:

11. Leberpastete, Schinken oder Räucherzunge oder Spiegelei.
12. Edelpilzkäse, rohes Eigelb, Radieschenscheiben.
13. Roastbeef, Gurkenscheiben, nach Belieben Remouladensoße.
14. Gehackte Zwiebeln, mit Hackfleisch gefüllte Tomaten, Kapern.

8 Stangen Porree, Salz
8 Scheiben gekochter Schinken, Senf
½ l Käsesoße (S. 103)
60 g Reibkäse, 40 g Butter Semmelmehl
Rosenpaprika

Porree mit Schinken und Käse

Porree putzen, waschen und 10 Minuten in leicht gesalzenem Wasser kochen, gut abtropfen lassen. Um jede Porreestange eine Scheibe mit Senf bestrichenen Schinken wickeln, nebeneinander in eine gefettete feuerfeste Form legen, mit Soße übergießen, mit Semmelmehl, Reibkäse und Paprika bestreuen, Butterflöckchen aufsetzen. 15 bis 20 Minuten bei 200–220° C überbacken.

Schwedenplatte

Auf einer großen Porzellanplatte arrangiert man in Muscheln, kleinen Glas- oder Porzellanschälchen, auch in ausgehöhlten Tomaten oder kleinen Mürbteigschiffchen neben Heringssalat oder Räucherfischsalat à la Waldorf (S. 121) nach Belieben: Kaviar, Ölsardinen, Räucheraal in Stückchen, Lachsröllchen, gefüllte Eier (S. 92), Marinaden, Sardellen- und Matjesfilets, Gabelbissen, Krabben in Mayonnaise und gefüllte Oliven. Auch Sprotten, Eierscheiben, Radieschenscheiben, Thunfisch aus der Dose, Scampi und Bücklinge (gehäutet und entgrätet) passen dazu. Gesondert reicht man Butterlocken oder -kugeln und verschiedene Brotarten, nach Belieben auch Salzstangen und Käsegebäck.

Smörgasbord

Im Gegensatz zur Schwedenplatte gehören zum Smörgasbord nicht nur Fisch-Spezialitäten, sondern alle kalten oder auch warmen Vorspeisen in beliebiger Zusammenstellung (siehe ab S. 84), angerichtet auf Platten, in Schüsseln und Schalen wie zum Kalten Büfett (S. 327) oder zur Sakuska (S. 88). Das folgende Rezept ist eine Zubereitungsvorschrift für ein beliebtes Smörgasbord-Gericht.

Köttbullar *Fleischbällchen*

Sahne mit Semmelmehl verrühren und etwas ziehen lassen, mit Hackfleisch und feingehackter Zwiebel vermischen, geriebene oder heiß durchgepreßte Kartoffeln mit Speisestärke vermengen und mit der Fleischmasse verarbeiten (bei Bedarf wenig Wasser zugeben), mit Salz, Pfeffer und Senf würzen. Kleine Fleischbällchen formen und in der Pfanne in heißem Fett goldbraun braten. Heiß oder auch kalt zum Smörgasbord reichen oder mit beliebigem Gemüse zu Tisch geben.

*250 g gemischtes Hackfleisch, Salz, Pfeffer
1 kleine Zwiebel, etwas Senf, 1 Teelöffel Speisestärke
3 Eßlöffel Semmelmehl
2 mittlere gekochte Kartoffeln (Rest)
4 Eßlöffel Sahne*

POLEN UND RUSSLAND

»Hast du ein gutes Weib und eine fette Kohlsuppe, dann sei zufrieden!« heißt ein russisches Sprichwort. Die berühmteste russische Kohlsuppe, der Borschtsch, wird in jeder Provinz nach einem anderen Rezept zubereitet, manchmal sogar ohne Weißkohl. Aber drei Zutaten dürfen niemals fehlen: Rote Rüben, Rindfleisch und saure Sahne.

Nalesniki *Polnische Quarkpfannkuchen Foto siehe unten*

Eier mit gesiebtem Mehl, Salz und Milch mit dem Schneebesen kräftig verschlagen, in reichlich heißem Fett dünne Pfannkuchen backen, auf ein Backbrett legen. Quark mit Eigelb, Zucker und Kirschwasser verrühren (bei Bedarf passieren), die Pfannkuchen damit bestreichen und zusammenrollen. Mit Puderzucker bestreut zu Tisch geben. (Ergibt 6 bis 7 Pfannkuchen als Nachspeise.)

*3 Eier, 3 Eßlöffel Mehl
1 Prise Salz, 1/8 l Milch
Backfett
250 g Quark, 1 Eigelb
30 g Zucker, 1 Eßlöffel Kirschwasser, Puderzucker*

Nalesniki (links, Rezept siehe oben) sind polnische Pfannkuchen mit Quarkfüllung. Rechts: Tocatura (Rezept S. 511) aus Rumänien.

Polnischer Mohnstrudel

500 g Mehl, 40 g Hefe
¼ l Milch, 1 Prise Salz
3 Eier, 150 g Zucker
1 Päckchen Vanillezucker
abgeriebene
Apfelsinenschale
150 g Butter oder
Margarine
Zur Füllung:
500 g gemahlener Mohn
300 g Zucker
60 g abgezogene,
gehackte Mandeln

Mehl in eine Schüssel sieben, in der Mitte eine Vertiefung eindrücken und mit lauwarmer Milch, etwas Zucker und der Hefe einen Vorteig anrühren, gehen lassen. Unterdessen den Mohn mit kochendem Wasser überbrühen, auf einem Haarsieb abtropfen lassen, dann mit dem Zucker vermischt in einen Topf geben und bei schwacher Hitze so lange rühren, bis sich der Zucker gelöst hat, dann abkühlen lassen und die Mandeln hineinmischen. Vorteig mit Milch, Salz, Eiern, Zucker, Vanillezucker, Apfelsinenschale, Fett und restlichem Mehl zu Teig verarbeiten, kräftig schlagen, bis er sich von Löffel und Schüsselrand löst, zugedeckt an einem warmen Platz gehen lassen. Den Teig in drei bis vier Portionen teilen, jede Portion ausrollen, mit Mohnfüllung bestreichen, die Schmalseiten etwas einschlagen und den Strudel von der Längsseite her fest aufrollen. Die Strudel auf ein gefettetes Backblech legen, gehen lassen und bei 190–200° C in etwa 50 bis 60 Minuten backen. Nach Belieben mit Glasur überziehen und etwas Mohn aufstreuen oder mit Puderzucker besieben.

Weitere russische Spezialitäten: Sakuska (S. 88), Piroschki (S. 88), Bœuf Stroganoff (S. 135), Pas'cha (S. 380) und Bitki à la Mascotte (S. 159).

Borschtsch

500 g Rindfleisch, Salz
Pfeffer, 1 Zehe Knoblauch
1 grobgehackte Zwiebel
40 g Butter, 2 Mohrrüben
2 Kartoffeln, 3 rote Rüben
½ Kopf Weißkohl
4 Tomaten
1 Eßlöffel Essig
feingehackte Petersilie
saure Sahne

Rindfleisch waschen und in Würfel schneiden, mit Salz, Pfeffer und zerdrücktem Knoblauch aufsetzen und 30 Minuten kochen. Mohrrüben putzen und in Scheibchen schneiden, Kartoffeln schälen und würfeln, rote Rüben schälen und in Streifen schneiden, Weißkohl hobeln, Tomaten abziehen und grob zerschneiden. Das zerkleinerte Gemüse in Butter andünsten, dann in die Fleischsuppe geben und bei schwacher Hitze kochen, bis Fleisch und Gemüse gar sind. Mit Salz und Essig abschmecken, feingehackte Petersilie darüberstreuen. Saure Sahne gesondert reichen, nach Belieben Piroschki (S. 88), Scheiben von dunklem Brot oder Buchweizenkascha dazu auf den Tisch geben.

Schtschi *Sauerkrautsuppe*

500 g Sauerkraut
1 Zwiebel, 2 Eßlöffel Öl
2 Wacholderbeeren
½ Lorbeerblatt
¾ l Rindfleischbrühe
4 bis 5 Eßlöffel saure Sahne

Sauerkraut fein schneiden, mit der feingeschnittenen, in Öl angedünsteten Zwiebel und wenig Wasser halbgar dünsten, dann die Fleischbrühe dazugeben und das Kraut mit Lorbeerblatt und Wacholder garen. Nach Belieben mit wenig roher geriebener Kartoffel binden. Vor dem Anrichten Sahne hineinrühren, nicht mehr kochen. Zu Buchweizenkascha reichen.

Blini *Buchweizenplinsen*

200 g Buchweizenmehl
¼ l Milch, 35 g Hefe
200 g Weizenmehl
1 Teelöffel Zucker, 2 Eier
50 g Butter, Salz

Milch mit der gleichen Menge Wasser aufkochen, das Buchweizenmehl hineinrühren und abkühlen lassen. Aus etwas Weizenmehl, lauwarmer Milch, Zucker und Hefe einen Vorteig anrühren und gehen lassen, mit Fett, Eiern, Buchweizenbrei, Salz und dem restlichen Weizenmehl zu Teig verarbeiten, der so flüssig ausfallen muß, daß man ihn wie Kartoffelpufferteig backen kann. Den Teig gehen lassen; mit dem Löffel Plinsen in die Pfanne mit heißem Fett geben und von beiden Seiten schnell bräunen, damit die Blini nicht zäh werden. Heiß aus der Pfanne zu Tisch geben. Nach dem Originalrezept zerlassene Butter, frische saure Sahne und Wodka dazu reichen.

Buchweizenkascha

*250 g Buchweizengrütze
etwas Butter, 1 Teelöffel
Salz, gebräunte Butter*

Buchweizengrütze in der Pfanne mit wenig heißem Fett hellbraun rösten, in einen nicht zu kleinen Topf geben und kochendes Wasser (bis 3 cm über der Grütze) auffüllen, dann salzen. Bei 190–200° C in etwa 50 bis 60 Minuten im Ofen garen, mit gebräunter Butter zu Borschtsch servieren oder mit Zucker und Milch (oder auch mit Sahne) als Abendmahlzeit reichen.

VON BUDAPEST BIS SOFIA

»Der eine dürstet nach Ruhm, der andere nach Geld – aber nach einem Paprikagulasch dürstet es jeden«, sagt ein ungarisches Sprichwort. »Gulyás« hießen früher die Rinderhirten der Pußta, sie pflegten ihr Lieblingsgericht »gulyás hus« zu nennen (= Rinderhirtenfleisch). Aber neben Gulasch, Paprikás und Pörkölt gibt es im weiten Raum zwischen Plattensee und Schwarzem Meer auch noch andere Küchengeheimnisse – vom Djuvec und den Cevapcici bis zum Joghurt, der bulgarischen Leib- und Magenspeise.

Tocatura *Rumänischer Hackbraten Foto S. 509*

*je ½ Kalbsherz und -lunge
200 g Kalbsleber
etwas Majoran
2 bis 3 Fenchelknollen
2 mittlere Zwiebeln, 1 Ei
Olivenöl, 3 Eßlöffel
Semmelmehl, Salz, Pfeffer
100 g Räucherspeck
1 Schweinenetz
Semmelmehl zum
Panieren, Öl zum Braten*

Innereien säubern und waschen, mit geputzten Fenchelknollen und Majoran in leicht gesalzenes Wasser geben und zum Kochen bringen. Leber und Lunge nach etwa 25 Minuten herausnehmen, Fenchel nach 35 Minuten, Herz nach 50 Minuten. Innereien und Fenchel durch den Fleischwolf drehen. Feingeschnittene Zwiebeln in Öl anrösten, mit der Fleisch-Fenchel-Masse vermengen, nach Belieben 1 bis 2 gekochte und geriebene Kartoffeln dazugeben. Mit Semmelmehl, Ei und Gewürzen zu Fleischteig verarbeiten, einen länglichen Ballen formen, mit Speckstückchen belegen und in das gewässerte Schweinenetz wickeln. In Semmelmehl wenden und in der Bratenpfanne in reichlich heißem Öl goldbraun braten. Dazu passen Kartoffelbrei, Tomatensoße und gemischter Salat.

Dahorp (links, Rezept S. 512), ein serbischer Eintopf aus Hammelfleisch und Reis. Rechts: Auberginen ägyptisch (Rezept S. 519) werden mit Hackfleisch gefüllt und in Tomatensoße gegart.

4 Kalbsschnitzel
1 Zwiebel, Bratfett
Paprika, saure Sahne

Paprikaschnitzel

Schnitzel klopfen und salzen. Zwiebel in Scheiben schneiden, in heißem Fett anbraten und mit Paprika bestreuen, die Schnitzel dazugeben und zugedeckt gar braten, zwischendurch wenden. Die fertigen Schnitzel mit Sahne begießen, den Bratensatz damit aufkochen. Zu Paprikaschnitzeln passen Spätzle oder Teigwaren.

4 feine rohe Bratwürste
250 g Schnittkäse, Salz
1 rote, 1 grüne
Paprikaschote, etwas Fett
1 Zwiebel, Weißbrot
Remouladensoße (S. 110)

Ungarische Käsepastete

Paprikaschoten von Stielen, Kernen und Scheidewänden befreien, durchschneiden, in Salzwasser aufkochen und fein schneiden. Käse in Würfel schneiden, Zwiebeln grob hacken und in Fett glasig anbraten. Paprika, Käse und Zwiebeln mit der von der Haut befreiten Bratwurstmasse vermengen, in eine gefettete Form füllen, im Wasserbad garen, etwas abkühlen lassen und stürzen, dann in Scheiben geschnitten mit Weißbrot und Remouladensoße zu Tisch geben.

500 g Hammelfleisch
Suppengrün, 2 Zwiebeln
1 Knoblauchzehe
200 g Reis, 20 g Mehl
20 g Fett, 1 Paprikaschote
etwas Essig, Salz, Pfeffer

Dahorp *Serbischer Eintopf Foto S. 511*

Hammelfleisch von überflüssigem Fett befreien, in Würfel schneiden und mit geschnittenem Suppengrün, Zwiebeln und Knoblauch in leicht gesalzenem Wasser garen, dann abseihen. Reis in der Brühe körnig ausquellen lassen. Mehl in Fett anschwitzen, vorbereitete und in Streifen geschnittene Paprikaschote und das Fleisch hineingeben und schmoren, bis die Paprikastreifen gar sind. Mit Essig, Salz und Pfeffer abschmecken, Fleisch und Paprikaschote mit dem Reis vermengen. Abwandlung: Anstatt Hammelfleisch Kochrindfleisch verwenden.

je 250 g Rind- und
Schweinehackfleisch, Salz
Pfeffer, Paprika
½ geriebene
Knoblauchzehe
2 Tropfen Tabascosoße
1 Ei, Olivenöl

Cevapcici *Fleischwürstchen vom Grill*

Hackfleisch mit Ei und Gewürzen verkneten, kleine Würstchen daraus formen, mit Öl bestreichen und im Grill oder Backofen bei starker Hitze von allen Seiten bräunen. Mit feingehackten Zwiebeln zu Reis und Tomatensalat oder mit Weißbrot reichen.

je 250 g Schweine- und
Lammfleisch, 1 Zwiebel
2 Paprikaschoten
1 Knoblauchzehe
2 Tomaten
50 g gekochter Reis, Salz
Pfeffer, 2 Kartoffeln

Djuvec *Jugoslawischer Fleischtopf*

Fleisch säubern und in zentimeterdicke Scheiben schneiden, abwechselnd mit Scheiben von geschälten Kartoffeln, vorbereiteten Paprikaschoten und abgezogenen Tomaten in eine mit Knoblauch ausgeriebene, gut gefettete feuerfeste Form schichten, jede Schicht leicht salzen und pfeffern, mit feingeschnittener Zwiebel und etwas Reis bestreuen, mit einer Tasse Wasser begießen, Tomatenscheiben als letzte Schicht nehmen. Dick mit Reibkäse bestreuen, Butterflöckchen aufsetzen. Etwa 90 Minuten zugedeckt im Ofen bei 180–200° C backen, heiß zu Tisch geben.

REISE ANS MITTELMEER

Von allen nachbarlichen Küchen hat die italienische in Deutschland die meisten Anhänger. Darauf deuten schon die zahlreichen »Ristorante« hin, die sich in größeren und kleineren Städten aufgetan haben. Und als Urlaubserinnerung gibt es in fast jeder Familie ein italienisches Gericht, das in Florenz oder Venedig, Rom oder Neapel einmal besonders gut geschmeckt hat.

Pizza alla Napolitana (links) gehört zu den berühmtesten Leibgerichten Italiens. Mitte: Gebackener Kürbis. Rechts: Lasagne, überbackene Nudeln mit Hackfleisch und Käse (Rezepte siehe unten).

Pizza alla Napolitana Tomatenpizza Foto siehe oben

Aus den angegebenen Zutaten einen festen Hefeteig (Grundrezept S. 407) zubereiten, gehen lassen und ein gefettetes Kuchenblech oder eine große Springform damit belegen. Mit Öl beträufeln, mit Käsescheiben bedecken, darauf Tomatenscheiben legen, salzen und pfeffern, ein Gitter aus Sardellenfilets darauflegen. Bei 190–200° C in etwa 30 Minuten backen, heiß zu Tisch geben. Abwandlung: Pizza nach Belieben mit Scheiben von gefüllten Oliven, Kapern oder Appetitsild belegen.

*350 g Mehl, 15 g Hefe
20 g Margarine, etwas
Milch, Salz, Zucker
Zum Belag: Olivenöl
50 g Sardellenfilets
125 g Chester-
Schmelzkäsescheiben
300 g Tomaten, Salz
Pfeffer, Majoran*

Lasagne Italienische Bandnudeln Foto siehe oben

Nudeln nicht zu weich kochen, abschrecken. Zwiebeln würfeln, in heißem Öl glasig dünsten, das Hackfleisch dazugeben und einige Minuten unter Umrühren anbraten, dann die geviertelten Tomaten zugeben. Ketchup mit Wasser, Salz, Pfeffer, gehackter Petersilie, Thymian und Majoran vermischen, mit der Fleischmasse vermengen, 10 Minuten bei schwacher Hitze kochen. Eine feuerfeste Form mit Knoblauch ausreiben, ein Drittel der Nudelmenge einfüllen und gleichmäßig verteilen, mit 1 Eßlöffel Käseflocken bestreuen. Abwechselnd Fleisch, Nudeln und Käseflocken in die Form schichten, zuletzt eine Nudelschicht. Mit Käseflocken bestreuen, bei 175–190° C in 30 bis 40 Minuten im Ofen überbacken. Dazu grüner Salat oder Tomatensalat.

*250 g Bandnudeln
100 g Käseflocken
2 Eßlöffel Öl
2 große Zwiebeln
400 g Hackfleisch
6 Tomaten, 1/8 l Wasser
4 Eßlöffel
Tomatenketchup, Salz
Pfeffer, Petersilie, Majoran
Thymian, etwas
Knoblauch*

Gebackener Kürbis Foto siehe oben

Kürbis vorbereiten, in gleichmäßig große Scheiben schneiden, leicht salzen, etwas ziehen lassen und abtrocknen. Sahne mit Eigelb, Käse, Schnittlauch, Salz und Pfeffer verrühren, die Kürbisscheiben damit auf einer Seite dick bestreichen, zusammensetzen, in verschlagenem Eiweiß und Semmelmehl wenden und in heißem Öl goldgelb backen.

*1 kg Kürbis, Salz.
1/8 l saure Sahne, 2 Eigelb
100 g Reibkäse, gehackter
Schnittlauch, Salz, Pfeffer
2 Eiweiß, Semmelmehl
Öl zum Backen*

Bistecca alla Fiorentina (Rezept siehe unten) wird in Öl gebraten. Links: So wickelt man Spaghetti mit Hilfe des Löffels auf die Gabel.

4 Kalbsschnitzel
4 dünne Scheiben Räucherschinken
frische Salbeiblätter
Salz, Pfeffer, Bratfett

Saltimbocca *Kalbsschnitzel mit Schinken*

Schnitzel klopfen und würzen, zur Hälfte mit Speck und Salbei belegen, die andere Hälfte darüberklappen und mit einem Holzspießchen feststecken. Auf beiden Seiten in heißem Öl goldbraun backen.

Bistecca alla Fiorentina *Zeichnung siehe oben*

Daumendicke Steaks mit Salz und Pfeffer einreiben, in die heiße Pfanne legen und reichlich mit Öl begießen, bei starker Hitze braten, mit gedünstetem Spinat bedecken und mit Zitronenachteln reichen.

Pasta asciutta

Dünne italienische Spaghetti, Makkaroni (oder andere Teigwaren) unzerbrochen in kochendes Salzwasser geben (siehe Zeichnung S. 288), in etwa 12 Minuten nicht zu weich (»al dente«) kochen, abschrecken, auf Teller geben und mit einer der folgenden Soßen übergießen:
1. Pasta asciutta alla Bolognese: 200 g Rinderhackfleisch mit je 1 feingewiegten Zwiebel und Mohrrübe, etwas gehackter Petersilie und feingewiegter Sellerie in 3 Eßlöffel Olivenöl anbraten, mit etwa ½ l Wasser auffüllen, 2 Eßlöffel Tomatenmark hineinrühren, 30 Minuten durchkochen, mit Salz und Pfeffer abschmecken.
2. Pasta asciutta alla Napolitana: 500 g Tomaten vierteln, in 3 Eßlöffel Olivenöl anbraten, mit etwa ½ l Wasser oder Brühe auffüllen und garen, dann passieren, mit Salz, Pfeffer und Zucker (nach Belieben auch mit Tomatenketchup) abschmecken, nochmals kurz aufkochen.
3. Pasta asciutta con melanzane: 3 Auberginen schälen, in kleine Würfel schneiden, mit 1 zerdrückten Knoblauchzehe in 3 Eßlöffel Olivenöl gar schmoren, mit Pfeffer und Salz würzen.

Pasteten sind eine Besonderheit der englischen Küche, vor allem die »Pies« (Schüsselpasteten). Die englische Haufrau versteht es, fast aus jeder Zutat, vor allem aus Resten, Pies herzustellen. Auf dem Foto: 1. Veal and Ham-Pie (Kalbfleisch-Schinken-Pastete, Rezept S. 507); 2. Blätterteigpasteten (Rezept S. 442); 3. Becherpastetchen (Rezept S. 507). Dazu 4. ein Geflügelsalat mit Krabben (Rezept S. 124).

Minestrone *Italienische Gemüsesuppe*

Speck würfeln und mit Knoblauch und Salbei in Öl glasig anbraten. Gemüse putzen, grob schneiden und dazugeben, 5 Minuten unter Umrühren anrösten, mit Brühe auffüllen und etwa 70 bis 80 Minuten auf kleinem Feuer kochen. Den Reis getrennt garen und an die fertige Suppe geben, mit Salz abschmecken. Reibkäse gesondert reichen.

Weitere italienische Spezialitäten: Antipasti (S. 83), Römische Nocken (S. 276), Risotto-Gerichte (ab S. 283), Südtiroler Polenta (S. 287).

500 g Gemüse (z. B. Weißkohl, Mohrrüben, Sellerie, Porree, Zwiebeln, grüne Bohnen, Tomaten)
60 g Räucherspeck
1 Eßlöffel Olivenöl
½ Knoblauchzehe
einige Salbeiblätter, Salz
50 g Reis, 1 l Fleischbrühe
Reibkäse zum Bestreuen

ABSTECHER NACH SPANIEN

Der Spanier hat eine Vorliebe für kräftig gewürzte und ebenso kräftig mit rotem Pfeffer und gelbem Safran gefärbte Gerichte. Neben zahlreichen Eintopfgerichten von der aragonischen Olla podrida über die Escudilla aus Katalonien bis zur Paella valenciana kennt er viele pikante Rezepte für Fische und Meeresfrüchte.

Paella valenciana *Reisgericht aus Valencia Foto S. 518*

Fleisch und Schinken würfeln, mit der feingeschnittenen Zwiebel und dem Geflügelklein in reichlich Öl anbraten, Wasser zugießen und etwa 20 Minuten kochen. Dann geputzte Bohnen, ausgehülste Erbsen, Lorbeerblatt, abgezogene und geschnittene Tomaten, vorbereitete und geschnittene Paprikaschoten und gewaschenen Reis dazugeben, Knoblauch fein schneiden und hineinmengen, weitere 20 Minuten kochen. Abgetropfte Muscheln, in Scheiben geschnittene Wurst, gewaschene Krabben, aufgelösten Safran und etwas Salz hinzufügen und die Paella noch einige Minuten ziehen lassen. Bei Bedarf mit etwas Suppenwürze abschmecken.

je 150 g Kalb- und Rindfleisch, roher Schinken, Geflügelklein
2 Zwiebeln, Olivenöl
4 Cocktailwürstchen
je 200 g grüne Erbsen und Bohnen, 1 Knoblauchzehe
½ Lorbeerblatt, 3 Tomaten
2 Paprikaschoten, 1 Dose Muscheln, 500 g Reis
75 g Krabbenfleisch, Salz
1 Messerspitze Safran

Omelett Barcelona

2 gekochte Kartoffeln fein würfeln, 1 Zwiebel fein schneiden, 1 Paprikaschote vorbereiten und fein wiegen, 8 gefüllte spanische Oliven in Scheiben schneiden. Alles zusammen in heißem Olivenöl anbraten. 3 Eigelb mit 1 Eßlöffel Milch und etwas Salz schaumig rühren, das steifgeschlagene Eiweiß unterziehen, in die Pfanne mit reichlich heißem Öl geben, die Gemüsestückchen darauf verteilen und das Omelett bei schwacher Hitze fertigbacken. Dazu Salat.

Spezialitäten der schweizerischen und österreichischen Küche siehe im allgemeinen Rezeptteil unter den betreffenden Kapiteln.

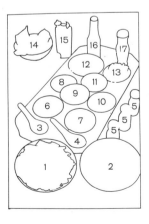

Für Freunde der fernöstlichen Küche ist eine Indonesische Reistafel der höchste Genuß. Im Vergleich zu der festlichen Reistafel, wie man sie an Ort und Stelle vorgesetzt bekommt, ist diese mitteleuropäische Kopie recht bescheiden, vermittelt aber doch einen Eindruck davon, was es mit einer Reistafel auf sich hat: 1. Huhn mit Currysoße; 2. Reis; 3. Rosenpaprika; 4. Currypulver; 5. Sambals (sehr scharfe Reisbeigaben); 6. Reibkäse; 7. Mixed Pickles; 8. geröstete Erdnüsse; 9. Currysoße; 10. geröstete Kokosraspeln; 11. Perlzwiebeln; 12. Bananen, gebraten; 13. Ölsardinen; 14. Kroepoek; 15. Sake; 16. Ketchup; 17. Mango Chutney. Rezepte und Tips für die Reistafel siehe S. 522.

Elsässischer Käsekuchen (rechts, Rezept S. 505) wird heiß zu Landwein gereicht. Paella valenciana (Mitte, Rezept S. 517) ist ein originelles spanisches Mischgericht. Links: Heilbot aan het spit (Rezept S. 506), eine Delikatesse aus den fischreichen Niederlanden, wird mit Käse bereitet.

VON ANKARA BIS KAIRO

Aus dem Nahen Osten haben sich in den letzten Jahren zahlreiche Pilaw-Gerichte (siehe S. 283 und S. 151) bei uns eingebürgert. Auch die Auberginen, das türkische Lieblingsgemüse, haben in Deutschland immer mehr Freunde gewonnen.

1 vorbereitetes Hähnchen
Salz, Bratfett
500 g geschälte Walnüsse
etwas Butter, 1 Zwiebel
½ l Tomatensoße (S. 104)
etwas Zucker

Fessoudjan *Hähnchen auf persische Art*

Hähnchen salzen, wie üblich in die Bratpfanne legen und im Ofen braten oder auch grillen, in Stücke zerteilen. Zwiebel fein schneiden, in Butter goldbraun rösten. Walnüsse sehr fein reiben oder im Mörser zerstoßen, mit Tomatensoße und etwa der gleichen Menge Wasser verrühren, die gebräunte Zwiebel dazugeben und die Masse unter gelegentlichem Umrühren zu flüssigem, öligem Brei verkochen, dann das zerteilte Hähnchen darin heiß werden lassen. Mit Safranreis reichen.

500 g mageres
Hammelfleisch, Bratfett
etwas Brühe, Salz
½ Knoblauchzehe, Pfeffer
½ Lorbeerblatt, 1 Eßlöffel
grüne Erbsen, 1 Kohlrabi
2 Mohrrüben
250 g Maisgrieß, Salz
2 Eßlöffel Olivenöl

Kuskus mit Hammelragout

Hammelfleisch in Würfel schneiden, in wenig Fett von allen Seiten kräftig anbräunen, mit wenig Brühe auffüllen, mit Salz, Knoblauch, Pfeffer und Lorbeerblatt würzen und 30 Minuten schmoren. Grieß mit etwa ½ l kochendem Wasser übergießen, durchrühren und quellen lassen, dann Olivenöl und Salz hineinrühren. Geputztes und geschnittenes Gemüse an das Ragout geben, zum Kochen bringen, bei Bedarf noch etwas Brühe nachgießen. Ein geöltes Tuch über den Topf spannen und festbinden, den Grieß darauf häufen, mit einem Topf oder einer Schüssel zudecken und das Gericht in 70 bis 90 Minuten garen.

Schaschlik siehe S. 148.

Abzi l'amid *Kalter Kartoffelbrei*

Kartoffeln dämpfen, abpellen, durchpressen und mit heißer Milch, Salz und Paprika bis zum Erkalten kräftig schlagen, dann mit reichlich Zitronensaft vermischen und kalt stellen.

Auberginen ägyptisch *Foto S. 511*

Auberginen der Länge nach halbieren, das Fruchtfleisch mit silbernem Löffel herausnehmen. Hammelfleisch in Salzwasser gar kochen, durch den Fleischwolf drehen, kräftig abschmecken und die Auberginenhälften damit füllen. Zwiebel fein schneiden, mit der zerdrückten Knoblauchzehe in Öl hellgelb rösten. Tomatenmark in der Brühe verrühren und mit den Zwiebeln vermengen, mit Salz und Pfeffer abschmecken. Auberginen in die Tomatenbrühe setzen und zugedeckt auf kleiner Flamme in etwa 25 Minuten gar dünsten. Speisestärke mit kaltem Wasser anrühren, die Brühe damit binden, abschmecken. Tomate in Scheiben schneiden, mit Reibkäse und Petersilie bestreuen, in der Pfanne in wenig Öl braten und auf die fertigen Auberginen setzen.

2 große Auberginen
250 g Hammelfleisch
1 Zwiebel, 2 bis 3 Eßlöffel Öl, 2 kleine Dosen Tomatenmark
½ l Fleischbrühe
1 Knoblauchzehe, Salz
Pfeffer, 1 Tomate
1 Teelöffel Speisestärke
Reibkäse, gehackte Petersilie

AMERIKA VON NORDEN NACH SÜDEN

Die Amerikaner verstehen es, »in allen Sprachen der Welt« zu kochen – ihre junge Küchentradition baut auf zahllosen Einwanderer-Einflüssen auf, greift aber auch auf die Kochkünste der Indianer, auf kreolische und afrikanische Überlieferungen zurück. Jeder Bundesstaat von Virginia über die Südstaaten bis nach Hawaii hat seine eigenen Spezialitäten. Man könnte dicke Bücher mit ihnen füllen.

Corn-Crisps *Zeichnung siehe unten*

Maismehl mit Weizenmehl und Backpulver mischen und sieben, mit Butter, Milch und Salz zu einem festen, geschmeidigen Nudelteig verarbeiten, eine Rolle daraus formen und kleine Scheiben abschneiden, die hauchdünn (Pergamentpapier zu Hilfe nehmen) ausgerollt werden. Auf dem gewachsten Blech bei 175–190° C goldgelb backen, heiß mit Butter beträufeln und mit Paprika bestäuben. Wie Chips verwenden.

200 g Maismehl
60 g Weizenmehl
1 Messerspitze Backpulver
60 g Butter, 3 Eßlöffel Dosenmilch, Salz, Paprika
etwas Butter

Der Teig zu Corn-Crisps (Rezept siehe oben) wird zu einer Rolle gedreht, von der Scheiben abgeschnitten und mit Hilfe von Pergamentpapier hauchdünn ausgerollt werden. Corn-Crisps aus Maismehl werden ähnlich wie Kartoffelchips als Knuspergebäck gereicht.

Mexikanische Hammelnieren (links) werden mit Reis und Paprikaschoten angerichtet. Hamburgers sind die amerikanischen Verwandten des deutschen Beefsteaks (rechts); sie werden zwischen aufgeschnittene Semmeln oder Weißbrotscheiben gelegt (Rezepte siehe unten).

Pro Person:
125 g Rinderhackfleisch
Pfeffer, Salz, etwas
Dosenmilch
Öl zum Braten

Hamburger *Foto siehe oben*

Sehr fein gehacktes Rindfleisch mit etwas Dosenmilch vermengen, einen fingerdicken, ovalen oder runden Fleischkuchen daraus formen, von beiden Seiten salzen, pfeffern und mit Öl beträufeln, in der heißen Pfanne von beiden Seiten braten. Zwischen Weißbrotscheiben oder in einer aufgeschnittenen Semmel servieren. Abwandlungen:
1. Cheeseburger: Fertigen Hamburger mit 1 Scheibe Chester-Schmelzkäse belegen, in der zugedeckten Pfanne weiter braten, bis der Käse cremig schmilzt.
2. Gourmet-Hamburger: Fertigen Hamburger mit Ketchup bestreichen, einen von einer Paprikaschote abgeschnittenen Ring darauflegen, mit Würfeln von Chester-Schmelzkäse füllen, mit Pfeffer bestäuben und in der zugedeckten Pfanne weiterbraten, bis der Käse cremig schmilzt.

250 g Reis
500 g Hammelnieren
500 g Paprikaschoten
50 g Mehl, 1 Zwiebel
50 g Butter oder Öl
½ l Fleischbrühe
1 Dose Tomatenmark
Salz, Zucker, Pfeffer
Paprika, Butterflöckchen
Bratfett

Mexikanische Hammelnieren *Foto siehe oben*

Reis in ½ l leicht gesalzenem Wasser körnig ausquellen lassen. Nieren aufschneiden, Röhren entfernen, die Nierenhälften in mehrmals erneuertem Wasser waschen, mit heißem Wasser übergießen und einige Minuten ziehen lassen. Von den Paprikaschoten Deckel abschneiden, Scheidewände und Kerne entfernen, die Schoten waschen, mit kochendem Wasser überbrühen und abtropfen lassen, dann mit dem Reis füllen. Mehl und geschnittene Zwiebel in Butter oder Öl anschwitzen, mit Brühe auffüllen, Tomatenmark hineinrühren, 10 Minuten kochen und mit Salz, Zucker und Pfeffer abschmecken. Paprikaschoten in die Soße stellen, den Reis mit Butterflöckchen besetzen und mit Paprika bestreuen, auf kleiner Flamme 20 bis 30 Minuten zugedeckt dünsten. Nieren abtrocknen, salzen und pfeffern, in Mehl wenden und in heißer Butter oder Öl von beiden Seiten goldbraun braten. Nieren und Schoten auf vorgewärmter Platte anrichten, das Bratfett mit der Tomatensoße verrühren und diese über die Nieren gießen. Mit dem restlichen, warm gehaltenen Reis servieren.

FERNÖSTLICHE GENÜSSE

Nach Ansicht der Inder wurde im Industal schon Reis gebaut, als das »Brot der Asiaten« bei den Chinesen noch unbekannt war – nämlich vor rund 5 000 Jahren. Die indische Küche kennt zahlreiche Reisgerichte, Pullaos genannt, die auch einem europäischen Gaumen munden würden. Die chinesische und indonesische Küche hat in Europa so viele Anhänger gefunden, daß zahlreiche Spezialitäten-Restaurants mit ellenlangen Speisekarten heimatlicher Gerichte aufwarten und gute Geschäfte machen.

Indische Kalbfleisch-Pastetchen *Foto siehe unten*

Kalbfleisch vorbereiten und in kleine Stücke schneiden, in feingewürfeltem Speck kräftig anrösten. Feingeschnittene Zwiebel und geschnittene Hühnerleber dazugeben, mitrösten, grobgeschnittene Champignons im Speckfett andünsten, dann alles zusammen durch den Fleischwolf drehen. Butter schaumig rühren, Eigelb dazugeben, beides mit dem Hackteig und dem Semmelmehl vermengen, mit Salz, Pfeffer und Zitronenschale würzen. Steifgeschlagenes Eiweiß unterheben, die Masse in gut gefettete Förmchen füllen, etwa 20 bis 25 Minuten im Wasserbad garen. Béchamelsoße mit Curry würzen, mit körnig gekochtem Reis oder Curryreis (nach Belieben auch mit gebratenen Bananen und gegrillten Ananasscheiben) zu den Kalbfleisch-Pastetchen reichen.

200 g Kalbfleisch
60 g Räucherspeck
1 Zwiebel
125 g Hühnerleber
2 Eßlöffel Semmelmehl
30 g Butter, 2 Eigelb
70 g Champignons
abgeriebene Zitronenschale, Salz
Pfeffer, 2 Eiweiß
Béchamelsoße (S. 103)
Curry

Curryreis siehe S. 283.

Eierkuchen auf indische Art *Foto siehe unten*

Eier mit Wasser, Mehl, Backpulver und Salz zu Eierkuchenteig verarbeiten, in der Stielpfanne dünne Eierkuchen backen, mit je 2 Eßlöffel Curryreis füllen, aufrollen und auf vorgewärmter Platte anrichten. Nach Belieben Tomaten- oder Currysoße dazu reichen. Abwandlung: Eierkuchen und Curryreis tortenähnlich aufeinanderschichten.

3 Eier, ¹/₂ l Wasser
250 g Mehl, 1 Teelöffel
Backpulver, etwas Salz
Backfett, Curryreis (S. 283)

Zu indischen Kalbfleisch-Pastetchen (links, Rezept S. 522) kann man gebratene Bananen und Ananas reichen. Eierkuchen auf indische Art (Rezept siehe oben) werden mit Curryreis gefüllt.

Indonesische Reistafel Farbfoto S. 516

Eine indonesische Reistafel ist ein genüßliches Schlemmeressen, zu dem man sich Zeit lassen muß. Als Getränk reicht man entweder warmen Reiswein (Sake) oder kühles Bier, nach Belieben auch schwarzen oder grünen Tee. Im Mittelpunkt der Tafel steht eine große Schüssel mit körnig gekochtem Langkornreis, der ungewürzt sein muß. Dazu reicht man pikante Soßen und Kleinigkeiten – etwa Tomatenketchup, Mango Chutney, Sambals, Currysoße, Mixed Pickles, geröstete Erdnüsse und Kokosraspeln, Paprikapulver, Currypulver (in kleinen Schälchen oder chinesischen Porzellanlöffeln), Perlzwiebeln, Reibkäse und außerdem als »Hauptstücke« zwei bis zwanzig warme Gerichte.

Huhn mit Currysoße

Huhn in der Pfanne oder im Grillgerät braten oder grillen, das Fleisch von den Knochen lösen und in feine Streifchen schneiden. Currysoße (helle Grundsoße mit Currypulver) dazu reichen.

Kroepoek

Inhalt von 1 Beutel Kroepoek (in Feinkost- oder Spezialitätengeschäften erhältlich) in heißem Öl schwimmend goldbraun backen.

Rotgekochter Fisch

500 g Fischfilet, Salz Zitronensaft, 1 kleine Zwiebel, Olivenöl, etwas Mehl, 2 Eßlöffel Sojasoße 1 Eßlöffel Sherry, Zucker Salz, gemahlener Ingwer

Fisch säubern, in hauchdünne Scheiben schneiden, leicht mit Zitronensaft beträufeln und salzen, in heißem Öl auf beiden Seiten kräftig anbraten, dann bei schwacher Hitze etwa 3 Minuten schmoren, Öl bis auf einen kleinen Rest abgießen. Feingewiegte Zwiebel, Sojasoße, Sherry, Zucker, Salz und Ingwer in die Pfanne geben, 5 Minuten zugedeckt dünsten. Dazu körnig gekochter Reis.

Sukiyaki

Im Gegensatz zur Fondue bourguignonne (S. 134) werden beim Sukiyaki, einem hochfeierlichen japanischen Essen, nicht nur Fleisch, sondern auch Gemüse aller Art am Tisch gegart, und zwar in sprudelnd kochender, pikant gewürzter Fleischbrühe. Alle Zutaten werden möglichst dünn geschnitten und auf Platten oder in Schüsseln roh oder kurz vorgekocht angerichtet. In der Mitte des Tisches, um den sich die Gäste versammeln, steht ein Rechaud mit dem Sukiyaki-Topf, der wie eine Pfanne mit hohem Rand aussieht. Die erste Portion Fleisch und Gemüse ist in der mit Sherry, Sojasoße, Salz und etwas Zucker abgeschmeckten Brühe bereits gegart, wenn der Topf aufgetragen wird. Die Gäste bedienen sich mit gesondert gereichtem, körnig gekochtem Reis und bekommen vom Hausherrn ihre Gemüse- und Fleischstückchen feierlich zugeteilt. Dann wird während des Essens der Topf neu gefüllt – zum Beispiel mit Blumenkohlröschen, Zwiebel- und Paprikaringen, Lauchstreifen, Chicoréeringen oder -streifen, dünnen Kohlrabischeibchen, Scheiben von Bambussprossen, hauchdünnen Scheiben von Rinderfilet und Scheiben von gekochtem Schinken. Als Beigabe kommen die würzigen und sauren Spezialitäten der Indonesischen Reistafel (siehe oben) in Frage: Sambals, Mixed Pickles, Tomatenketchup, Silberzwiebeln, daneben in Essig eingelegte Pilze, Mandarinorangen, Currypulver und Sojasoße. Gegessen wird mit Eßstäbchen.

Essen mit Stäbchen: Das eine Stäbchen wird in die Daumenbeuge geklemmt und mit dem Mittelfinger gehalten, das andere klemmt man zwischen Daumen und Zeigefinger.

Tisch und Teller

Als Erasmus von Rotterdam 1530 sein berühmtes, in viele Sprachen übersetztes Anstandsbuch »De civilitate morum puerilium« herausbrachte, gab es noch keine Teller im heutigen Sinn und auch die Gabel war als Eßgerät noch nicht erfunden; man benutzte bestenfalls in der Küche gabelartige Geräte zum Aufspießen des Fleisches bei der Zubereitung. Da die Suppen damals so gut wie unbekannt waren, hätte man allerdings für tiefe Teller auch noch gar keine Verwendung gehabt. Flüssige Speisen – Breie, Brühen und scharf gewürzte Soßen – fischte man mit einem Stück Brot oder mit einem holzgeschnitzten Löffel aus der gemeinschaftlichen Schüssel. Das Fleisch wurde in große Stücke zerteilt; jeder legte seinen Anteil auf eine Brotscheibe oder Holzplatte, schnitt sich mit dem mitgebrachten Messer mundgerechte Stücke ab und schob sie mit den Fingern in den Mund, wenn er es nicht vorzog, die Brocken mit dem Messer aufzuspießen. Die Fingermethode galt nach Erasmus allerdings als schicklicher, und zwar gehörte es sich, das Fleisch mit drei Fingern zu erfassen. Unfein war es dagegen, mit den Fingern in die Brühe zu fahren und die »Handgabel« hinterher auch noch abzulecken. Für die Säuberung der Finger waren Tischtuch und Serviette zuständig. Und außerdem legte Erasmus seinen Lesern ans Herz, keinesfalls bei Tisch den Hut aufzubehalten, beim Trinken nicht wie ein Pferd zu schlürfen, keine angebissenen Brocken an den Nachbarn weiterzugeben und die gemeinsame Schüssel nicht so herumzudrehen, daß sich die besten Brocken leichter erreichen ließen.
Löffel, Messer und Trinkgefäße – zuerst aus Büffelhorn, später aus Metall und Glas – waren die ersten Tafelgeräte der Geschichte. Später erst wurde der Teller eingeführt, und die Gabel setzte sich nicht vor Anfang des 18. Jahrhunderts in Mitteleuropa durch. Zwar hatten italienische »Neuerer« schon im 16. Jahrhundert zierliche Gabeln aus Gold oder Silber benutzt, aber das Volk wollte von dieser Modelaune nichts wissen, und auch die Kirche war dagegen. Schließlich hatten Christus und die Apostel auch nur mit den Fingern gegessen.
Unsere Museen legen davon Zeugnis ab, welche kostbaren Bestecke und Gläser, Kelche und Schüsseln, Schalen und Tafelaufsätze sich Fürsten und Handelsherren in vergangenen Zeiten von Künstlern entwerfen und von kunstfertigen Handwerkern anfertigen ließen. Zeit-

Eine Mittagstafel im Stil unserer Zeit: Bestecke, Porzellan und Gläser wirken allein durch ihre Form; auf schmückendes Beiwerk wurde bewußt verzichtet. So harmoniert die Tafel mit dem Raum.

lose Formen und edles Material bestimmen auch heute Gestalt und Verarbeitung von Bestecken, Porzellan und Gläsern. In kaum einem anderen Industriezweig macht sich der Einfluß künstlerischer Formgestalter so stark bemerkbar wie bei den Herstellern von Tafelgerät.

Porzellan für alle Zwecke

Das europäische Porzellan wurde 1709 von Johann Friedrich Böttger »erfunden«, der sich im Auftrag Augusts des Starken von Sachsen mit der Goldmacherei beschäftigte. Das Geheimrezept für künstliches Gold fand er zwar nicht, aber das nach seinen Vorschriften gebrannte Porzellan wurde in der Anfangszeit der Meißener Porzellanmanufaktur mit Gold aufgewogen. Erst nach dem Anbruch des Industriezeitalters, in der zweiten Hälfte des 19. Jahrhunderts, begann das Porzellan für breitere Volksschichten erschwinglich zu werden.
Porzellan wird aus einer speziell für diesen Zweck geeigneten Tonerde (Kaolin) geformt und nach verschiedenen Verfahren gebrannt, glasiert und verziert. Je nach Zahl und Temperaturgrad der Brennvorgänge, der Art und dem Material der Verzierungen (»Dekors«) und der aufgebrannten Glasur ist das Endprodukt kostbarer oder preiswerter. Hartporzellan ist beispielsweise widerstandsfähiger als Weichporzellan, Unterglasurdekors werden höher bewertet als Aufglasurdekors, Glanzgolddekors lassen sich preiswerter herstellen als Poliergolddekors.
Einige Grundregeln für die Wahl und den Einkauf von Porzellan:
▶ Auf modische Spielereien verzichten, aber ein modernes, zeitlos geformtes Porzellan wählen. Mit dem einmal gewählten Porzellan muß man täglich umgehen, der Kauf sollte deshalb gründlich überlegt werden.
▶ Das Porzellan soll nicht nur gut aussehen, sondern auch einen hohen Gebrauchswert haben. Vor dem Kauf prüfen: läßt es sich ohne Schwierigkeiten stapeln, leicht spülen, hat es abstehende Verzierungen, Griffe oder Tüllen, die schnell abbrechen können, ist es standfest?
▶ Das gewählte Service sollte nicht aus einer Einzelserie stammen, sondern sich jederzeit ergänzen und ausbauen lassen.

Im allgemeinen wird man seinen Porzellanbedarf nicht bei einem Großeinkauf decken, sondern mit einem kleinen Bestand anfangen, der im Lauf der Zeit ergänzt werden kann. Vorschläge:
1. Grundbedarf: Kaffeekanne, Teekanne, 6 Kaffeetassen mit Untertassen, Zuckerdose, Sahne- und Milchkännchen, Kuchenteller; 6 flache Teller 25 cm, 6 flache Teller 19 cm, 6 Suppenteller, Ragoutschüssel, Salatschale 23 cm, Fleischplatten 33 cm und 38 cm, Soßengefäß, Suppenterrine
2. Gehobener Bedarf: 6 Teetassen mit Untertassen, Mokkakanne, 6 Mokkatassen mit Untertassen, Butterdose, Geleedose, Gemüseschüssel, Fleischplatten 28 cm und 45 cm, Tortenplatte, Salatschale 19 cm, 6 Frucht- oder Kompottschälchen, 6 Teller 15 cm, 6 Eierbecher, 6 Suppentassen, Soßengefäß für zerlassene Butter.
3. Ergänzungsbedarf: Sandwichplatte, Sardinenschale, Brotkorb, Salz- und Pfefferstreuer, Kaffeekanne für 2 Personen, Königskuchenplatte, Beilageschale, Salatschale 26 cm, 6 Teller 17 cm, Senfgefäß, Fischplatte, Grätenschale, Spargelplatte.

Geschirr aus Steingut und Werkstoff

Steingut oder Steinzeug wird aus Ton geformt und in der Regel nicht so hoch gebrannt wie Porzellan; es ist deshalb nicht so widerstandsfähig, andererseits aber auch preiswerter und in der Regel farbenfreudiger, da die niedrigeren Brenntemperaturen die Verwendung zahlreicher Farben erlauben, die das Porzellan-Brennverfahren verbietet. Neben traditionellen und modernen Steingut-Servicen für alle Zwecke sind vor allem Zusammenstellungen für bestimmte Gelegenheiten beliebt – etwa Frühstücks- oder Kakaogeschirr, Jagd- und Hüttengeschirr. Geschirr aus neuen, farbenfreudigen oder auch glasklaren Werkstoffen ist in Deutschland erst seit kurzer Zeit auf dem Markt, hat aber wegen seiner Unempfindlichkeit und Gebrauchstüchtigkeit schon viele Freunde gefunden, etwa als Frühstücks- oder Kindergeschirr. Viele Hersteller bemühen sich darum, für das neue Material die angepaßten, vernünftigen Formen zu finden, die von den herkömmlichen Formen abweichen können und sollen. Bis Industrie und Hausfrauen das Ge-

Ein Abendessen – serviert zu modernem, aber ländlich dekoriertem Porzellan. Rechts: Frühstücksgeschirr aus farbenfrohem Werkstoff.

Eine Kelchglasgarnitur aus Kristallglas, deren schlichte, zweckmäßige Form auf der XI. Mailänder Triennale ausgezeichnet wurde.

schirr aus synthetischen Werkstoffen, die man nicht mit »Ersatzstoffen« gleichsetzen sollte, »in den Griff« bekommen haben, wird noch einige Zeit vergehen. Es ist aber nicht anzunehmen, daß dieses neue Geschirr eines Tages Porzellan und Glas den ersten Platz streitig machen wird.

Feuerfestes Geschirr

Man versteht darunter Erzeugnisse, die »infolge ihrer Rohstoffzusammensetzung hitzebeständig und auch gegen starke Temperaturschwankungen unempfindlich« sind. Damit ist nicht gesagt, daß man eine feuerfeste Form ohne Inhalt getrost auf die fast glühende Kochplatte stellen, fünf Minuten erhitzen und dann in Eiswasser tauchen kann, aber für alle normalen Beanspruchungen im täglichen Küchenbetrieb ist feuerfestes Geschirr aus Glas, Porzellan und Keramikmaterial unbedenklich geeignet. Glasgeschirr hat dazu noch den Vorteil, daß man den Koch- oder Bratvorgang ausgezeichnet beobachten kann. Alle Arten von feuerfestem Geschirr sind so geformt und durchdacht, daß man die Gerichte darin vom Herd auf den Tisch bringen kann. Man spart dabei Geschirr und hat die Garantie, daß die Speisen so heiß wie möglich gereicht werden.

Kleine Gläserkunde

Glas ist schon seit einigen Jahrtausenden bekannt, man hat es vielfach als den ältesten von Menschenhand geschaffenen Werkstoff bezeichnet, da es in der Natur nicht vorkommt. Seit die Römer die Kunst des Glasmachens mit nach Deutschland brachten, hat sich an den Grundzügen des Herstellungsverfahrens nicht viel geändert. Man lernte im Lauf der Zeit nur, den herkömmlichen Rohstoffen Kieselsäure und Kalk Flußmittel wie Soda oder Pottasche beizufügen, sie mit Metalloxyden zu färben oder nach einer englischen Erfindung Mennige (Bleioxyd) zur Herstellung zu verwenden – so entstanden Kristall- und Bleikristallglas und farbige Gläser.

Hochwertige Glaserzeugnisse werden heute wie damals im Mundblasverfahren hergestellt und mit der Hand veredelt, einfaches Gebrauchsglas (Schalen, Schüsseln, Teller, dickwandige Gläser) wird gepreßt. Für beide Herstellungsverfahren gibt es verschiedene Möglichkeiten (zum

Stielgläser und Becherglas dieser edlen und wertvollen Garnitur vereinen modernes Stilempfinden und klassischen Schliff.

Beispiel Bemalung, Druck, Vergoldung, Schliff, Ätzung) der Dekoration, alle aufgetragenen Dekors müssen eingebrannt werden. Ob man sich zu einer traditionellen oder zu einer modernen Form entschließt, ist eine Frage des Geschmacks. Wie beim Porzellan sollte man bei *einem* Muster bleiben, das sich beliebig ergänzen läßt. Vorschläge für den stufenweisen Aufbau eines allen Ansprüchen gerecht werdenden Gläserbestandes:

1. Grundbedarf: Weißweingläser, Südweingläser, Likörgläser, Sektkelche, Bierbecher.
2. Gehobener Bedarf: Wasser- und Saftbecher, Rotweingläser, Cocktailgläser, Whiskybecher, Cognacschwenker, Bowlengläser, Bowlengefäß, Glaskrug.
3. Ergänzungsbedarf: Wasserkelche, Burgundergläser, Römer, Likörschalen, Sektschalen, Whiskyflasche, Weinkaraffe, Rumkaraffe.

Stärker als beim Porzellan ist für den Gläsereinkauf entscheidend, ob und in welchem Umfang Gäste ins Haus kommen und womit man sie in der Regel bewirten wird. Neben Trinkgläsern aller Sorten und Zubehör wird man, abgestimmt mit dem Porzellanbestand, weitere Glaserzeugnisse für verschiedene Zwecke brauchen; zum Beispiel: Salat- und Kompottschüssel, Salatteller, Kompottschälchen, Fingerschalen, Eisschale und -eimer, Butterteller, Salz- und Pfefferstreuer, Sahne- und Zuckersatz, Essig- und Ölmenage, Zuckerstreuer und Geleedose.

Bestecke

Die Besteckauswahl sollte sich nicht nur nach Temperament und Geschmack, sondern vor allem nach dem gewählten Porzellan und Glas und schließlich auch nach dem Stil der Eßzimmereinrichtung richten. Tafelbesteck mit Rokokomustern und streng gegliederte Schwedenmöbel harmonieren nur selten, und supermoderne Besteckformen passen nicht zu Porzellan im Empirestil. Die wichtigsten Besteckarten:
Aluminiumbesteck verwendet man in der Regel nur in der Küche oder zum Camping; es ist am billigsten, hat aber eine empfindliche Oberfläche, die schnell verkratzt und unansehnlich wird.
Stahlbesteck aus rostfreiem Stahl ist so gut wie unempfindlich gegen Speisesäuren und verlangt keine besondere Pflege. Man unterscheidet nach steigender Qualität Chromstahl, Chrommanganstahl und Chromnickelstahl.

Versilbertes Besteck hat einen Körper aus Alpaka (Kupfer-Zink-Nickel-legierung, auch Neusilber genannt) und einen Überzug aus 100prozentigem Feinsilber, häufig an den Auflagestellen der Besteckteile verstärkt. Die Stempelung gibt die zum Überziehen von 24 Löffeln oder Gabeln verwendete Silbermenge in Gramm an. Bei einer mit »90« gestempelten Gabel wurden also 24 Gabeln mit insgesamt 90 g Feinsilber versilbert.

Echtsilberbesteck hat einen Körper aus Silber-Kupfer-Legierung und ebenfalls eine galvanische Versilberung mit reinem Feinsilber. Die gebräuchlichsten Legierungen sind 800er Silber (800 Teile Silber, 200 Teile Kupfer) und 925er- oder Sterlingsilber. Neben der Zahl 800 bzw. 925 zeigt die Stempelung Halbmond und Krone.

Wie bei Porzellan und Glas sollte man auch beim Besteck ein Muster wählen, das sich beliebig und auch noch nach einigen Jahren ergänzen läßt. Nach traditioneller Auffassung gehören zur Grundausstattung sowohl das größere Tafel- als auch das kleinere Dessertbesteck. Wer sich nicht an diese klassische Regel halten will, kann anstelle dieser beiden Bestecke auch eine Mittelgröße wählen, das sowohl für das Mittagessen als auch für Abendessen und kalte Gerichte geeignet ist. Die folgende Vorschlagsliste geht vom klassischen Besteckplan aus:

1. Grundbedarf: Sechs- oder zwölffach Tafelbesteck (Messer, Gabel, Löffel), Dessertbesteck (Messer, Gabel, Löffel), Kaffeelöffel. Außerdem: Suppenkelle, Gemüse- oder Beilagelöffel, Soßenlöffel, Salatbesteck, Fleisch- oder Beilagegabel, Kuchenheber, Kuchengabel, Zuckerzange.
2. Gehobener Bedarf: Sechs- oder zwölffach Mokkalöffel, Fischeßbesteck, Obstmesser und -gabel, Tassenlöffel für Suppentassen. Außerdem: Tranchierbesteck, Fischvorlegebesteck, Butter- und Käsebesteck, Kuchenmesser, kleiner Gebäckheber, Konfektgabel, Kartoffellöffel.
3. Ergänzungsbedarf: Sechs- oder zwölffach Austerngabel, Schneckengabel und -zange, große und kleine Kompottlöffel, Eislöffel, Limonade- oder Joghurtlöffel. Außerdem: Bratenbesteck (Löffel und Gabel), Butterstreicher, Zuckerstreulöffel oder -schaufel, Bowlenlöffel, Tomatenmesser, Sardinenheber, Spargelheber, Sahnelöffel.

Drei vorbildlich gestaltete Garnituren: Zur Bowle gehören Becher oder Bowlentassen (links); der von Bechern umrahmte Krug (Mitte) ist mit einer Eislippe ausgestattet; rechts: verschiedene Whiskybecher.

Ein gut proportioniertes, elegantes Besteck (links), das von skandinavischen Stilvorstellungen geprägt ist. Rechts: Ein handliches, ausgewogenes Besteck ohne Dekor, das zu allen Gelegenheiten paßt.

Tischdecken und Servietten

Die alte Regel hat auch heute noch Gültigkeit: schlichte weiße Tischdecken für den Mittagstisch und alle feierlichen Anlässe, bunte Kaffeedecken für Frühstück und Kaffeetafel. Je »größer« der Anlaß, desto wertvoller darf das Material sein. Auch wenn man heißes Geschirr grundsätzlich auf einen Untersetzer stellt, empfiehlt es sich, eine einfache Moltondecke als »Unterdecke« aufzulegen, wie es in Gastwirtschaften die Regel ist. Auf Tischen mit nicht zu empfindlicher Holzplatte ersetzt man bei »kleinen« Anlässen, nach schwedischem Vorbild manchmal sogar auch bei festlichen Gelegenheiten, die Tischdecke durch kleine Platzdeckchen aus Stoff, Bast oder einem anderen Gewebe. Diese »Sets« sind in der Regel rechteckig, sie sollen auf der Tischplatte, nicht auf einer Decke gleich welcher Art liegen. Form und Farbe richten sich nach dem Anlaß, zu dem gedeckt wird – also lustige bunte Sets zum Frühstück oder zu einem Bierabend, schlichte Oberflächen und Farben zum Mittagessen, Sets mit Plastiküberzug für Kinder, aus Bast geflochtene Sets zu einem ländlichen Imbiß.

Servietten – in Material und Farbe zur Tischdecke passend – werden im Gegensatz zu früher heute nicht mehr kunstvoll geknifft, zu Sternen, Schwänchen oder Palmen gefaltet, sondern so schlicht wie möglich links neben den Teller oder auch auf den Teller gelegt. Dabei kann man sie in gefälliger Form zusammenfalten – aber auf keinen Fall so, daß der Gast an zahlreichen Kniffen und Falten den Werdegang des Kunstwerkes nachempfinden kann, sondern vorsichtig und ohne harte Brüche. Für den Familientisch wird man sich diese Mühe ohnehin nur an hohen Feiertagen machen; in der Regel legt man die Servietten auf, wie sie aus der Wäscherei kommen.

Der richtig gedeckte Tisch

Wie sich keine Frau im Cocktailkleid an den Frühstückstisch setzen oder im Bademantel in der Oper sehen lassen wird, sollte auch der gedeckte Tisch der jeweiligen Gelegenheit angepaßt sein, etwas von der Stimmung der Tagesstunde ausstrahlen und gute Laune verbreiten.

Das ist nicht nur eine Stilfrage, sondern auch ein ernährungsphysiologischer Faktor: Ein Essen, das in freundlicher, harmonischer Umgebung serviert wird, zu dem man sich an einem einladend gedeckten Tisch Zeit läßt, ist bekömmlicher als eine zwischen Tür und Angel hastig verschlungene Mahlzeit. Die Liebe geht überdies nicht nur durch den Magen, sondern auch über einen liebevoll gedeckten Tisch, auf dem Blumen in einer nicht zu hohen Vase nicht fehlen dürfen. Auch wenn man nicht für jede Mahlzeit und Tageszeit das haargenau passende Geschirr auf den Tisch stellen kann, sondern sich an sein Universalgeschirr halten muß, gibt es viele Abwandlungsmöglichkeiten. Die folgenden Anregungen gehen vom Idealfall aus:

Frühstückstisch: Farbige Sets, dazu passende Eier- und Kaffeewärmer und bunte Servietten; farbiges oder kräftig gemustertes Porzellan oder Steingut; Geleedose, Fruchtschale und Zucker-Sahnesatz nach Belieben aus Glas; Dessertbestecke, Eierlöffel aus Kunststoff oder Horn; Brotkorb, Brotröster (oder Bastkörbchen zum Warmhalten des Toastes), Fruchtsaftgläser, ggf. Glaskanne für Fruchtsaft; ein paar Blumen.

Mittagstisch: Weiße oder nur schwach getönte Decke, nach Belieben auch einfarbige oder ganz schwach gemusterte Sets mit dazu passenden Servietten; weißes Porzellan, einfache Gläser, Tafelbesteck, am Platz der Hausfrau Vorlegebesteck, nach Belieben und Platz Blumen; Schüsseln beim Vorlegen auf dem Tisch, sonst auf Teewagen, Anrichte oder Durchreiche.

Kaffeetisch: Bunte, bestickte oder bedruckte Kaffeedecke mit passenden Servietten oder Papierservietten; Porzellan mit Blumen- oder Randdekor (keine »doppelten« Blumen auf Tischdecke und Geschirr); Kaffeelöffel, Kuchengabeln, Kuchenheber, nach Belieben auch Gebäckzange; Sahne- und Zuckersatz aus Glas oder auch Silber; Kuchenplatte oder Tortenplatte, Gebäckkorb oder -platte, Blumen.

Teetisch: Wie Kaffeetisch, aber eine Spur dezenter; mit Teetassen und Teekanne, Sahne- und Zuckersatz, Rumkaraffe, Zitronenachteln in kleinen Portionspressen, Blumen.

Abendbrottisch: Einfarbige, kräftig getönte Decke oder Sets, passende Servietten, schlichtes Porzellan mit leichtem Dekor, je nach der Speise-

Die Augen essen mit – daran sollte man denken, wenn man Tischdecke oder Sets, Porzellan, Glas und Bestecke zum geschmackssicher gedeckten Tisch zusammenstellt. Blumen seien niemals vergessen.

Ob schlicht oder reich dekoriert, ob traditionell oder modern – immer sollten alle Bestandteile der Tafel in Form und Farbe zusammenpassen.

folge Tafel- oder Dessertbesteck und Gläser; Suppe aus Suppentassen, dazu Tassenlöffel. Nach Belieben Blumen.

Diese »Grundtische« lassen sich je nach Anlaß, Personenkreis und vorgesehener Speisefolge beliebig abwandeln. In kleinem Kreis kann man den Tee zum Beispiel auch vom Teewagen servieren, wenn die Gäste um einen niedrigen Tisch sitzen. Tee wird nicht wie Kaffee am Platz nachgegossen, sondern von der Hausfrau in die zugereichten Tassen eingeschenkt. Für Kaffeetafeln im Freien, Kindergesellschaften, Damenlunches, Herrenabende oder auch Sonntagsfrühstücke gilt wie für alle anderen Gelegenheiten die Regel, daß alle Bestandteile des festlich oder schlicht gedeckten Tisches aufeinander abgestimmt sein sollen und daß die Wahl des Tafelgeräts dem Anlaß entsprechen muß.

Die festliche Tafel

Im Zusammenklang von feinem Porzellan, kostbarem Silber, geschliffenem Glas, strahlendem Damast, zarten Blumen und funkelnden Kerzen verleiht der festlich und korrekt gedeckte Tisch einem nicht alltäglichen Festmahl den außergewöhnlichen Rahmen.

▶ Der Tisch sollte so aufgestellt werden, daß auf allen Seiten genug Platz nicht nur zum Sitzen, sondern auch zum bequemen Servieren und Abtragen bleibt. Pro Gast rechnet man 60 bis 70 cm Sitzraum.

▶ Die Tischdecke aus weißem Damast sollte auf einer Molton-Unterlage ausgebreitet werden und ringsum 20 bis 30 cm herabhängen. Wenn für eine größere Tafel kein passendes Tischtuch zur Verfügung steht, kann man getrost zwei oder drei kleinere Decken nehmen und die Nahtstellen bei der Dekoration des Tisches überdecken. Die zur Decke passenden Servietten liegen auf dem Teller oder links daneben.

▶ Je nach dem Anlaß kann man den Mittelstreifen des Tisches mit Blumen, Grün oder Seidenbändern dekorieren. Weise Beschränkung ist auf diesem Gebiet sympathischer als ein Zuviel; die Dekoration darf nicht zum Selbstzweck werden.

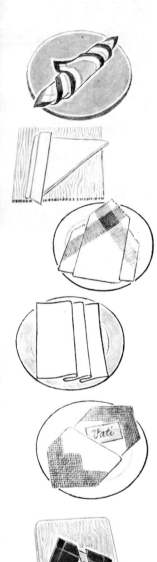

▶ Kräftig duftende Blumen (zum Beispiel Hyazinthen) haben auf der Tafel nichts zu suchen, ebenso langstielige Blumen in hohen Vasen oder sichtbehindernde Blumenarrangements.
▶ Prunkvolle Tafelaufsätze aus Porzellan oder Silber und farbenfreudige, aber in diesem Zusammenhang nutzlose Obstschalen und -körbe sind als Tafelschmuck aus der Mode gekommen.
▶ Salz- und Pfefferstreuer, gegebenenfalls auch Würzsoßen, Essig und Brotkörbchen sollten in ausreichender Zahl vorhanden sein, damit nicht zu viel zugereicht werden muß.
▶ Aschenbecher werden bei einem formellen Essen nicht aufgedeckt.

Das Decken der »großen« Tafel

Daß gerade bei einer Festtafel auf stilgerechte Übereinstimmung von Porzellan, Gläsern und Bestecken geachtet werden muß, ist selbstverständlich. Für das richtige Decken gelten folgende Regeln:
▶ Auf jeden Platz stellt man zuerst einen Stand- oder Platzteller, der als Unterteller während des ganzen Mahles stehenbleibt und erst vor dem Dessert abgeräumt wird.
▶ Auf den Platzteller gehört ein großer oder mittlerer flacher Teller, wenn es als ersten Gang eine Vorspeise gibt. Suppenteller werden am Serviertisch gefüllt und auf den Platzteller gesetzt. Die Suppentasse, die schon gefüllt auf dem Tisch stehen darf, wenn die Gäste Platz nehmen, wird auf einen mittelgroßen Teller gesetzt.
▶ Der Brotteller steht links oberhalb des Platztellers, er ist auch für Brot und Butter bestimmt, die eventuell zur Vorspeise gehören.
▶ Der Salatteller wird nicht vor Beginn der Mahlzeit aufgelegt, sondern erst zu dem betreffenden Gang. Sein Platz ist links neben dem Platzteller.
▶ Fingerschalen werden ebenfalls erst serviert, wenn sie gebraucht werden.
▶ Zu jedem Gang wird ein neuer (flacher) Teller auf den Platzteller gestellt. Bei warmen Gerichten sollen die Teller gut vorgewärmt sein.
▶ Bestecke werden, von links bzw. rechts außen gerechnet, in der Reihenfolge der Benutzung aufgelegt, und zwar nie mehr als vier Besteckteile auf einmal auf jeder Seite. Was darüber hinaus gebraucht wird, serviert man mit dem betreffenden Gang. Rechts liegen Dessertmesser für die Vorspeise, Suppenlöffel, Fischmesser und Tafelmesser, auf der linken Seite Dessertgabel, Fischgabel, Tafelgabel, oben Dessert-, Käse-, Obst- oder auch Kuchenbesteck. Messer liegen immer mit der Schneide nach innen, das zuletzt gebrauchte Besteck liegt dem Teller am nächsten.
▶ Vorlegebesteck hat beim Festmahl seinen Platz auf der Anrichte oder dem Serviertisch.
▶ Gläser stehen in der Reihenfolge der Benutzung rechts oberhalb des Tellers in einer schrägen oder geraden Reihe, das zuerst gebrauchte Glas steht dem Teller am nächsten. Reihenfolge: Südwein-, Weißwein-, Rotwein- und Sektglas. Davor steht das Wasser- bzw. Bierglas. Wenn zwei Weißweinsorten serviert werden, sind auch zwei Weißweingläser pro Gast nötig.

Servietten aus Papier oder Stoff sollen nicht scharf geknifft, sondern gefällig zusammengelegt werden.

Oben: Eine moderne Hochzeitstafel mit erlesenem Porzellan, Glas und Besteck. Blumenschmuck und Kerzen unterstreichen das festliche Äußere. Unten: Ohne Aufwand wurde hier ein kleiner Imbiß für einen Herrenabend einladend und farbenfroh zugleich serviert.

Die Kunst des Servierens

Wenn sich das Festmahl reibungslos abwickeln soll, muß man auf 6 bis 8 Gäste eine Servierkraft, auf etwa 12 Gäste außerdem eine Hilfe für das Einschenken der Getränke rechnen. Im Familienkreis werden sich in der Regel genug Hilfswillige finden. Bei einem offiziellen Essen muß sich die Hausfrau dagegen auf fremdes Personal verlassen, das mit dem Haushalt vertraut gemacht werden muß, damit keine Pannen passieren. Für das korrekte Servieren gibt es ein paar Grundsätze:

- ▶ Alle Speisen werden von links gereicht.
- ▶ Gebrauchtes Geschirr wird von rechts abgenommen.
- ▶ Getränke werden von rechts eingeschenkt.
- ▶ Begonnen wird bei einem Ehrengast, in der Regel bei der »ranghöchsten« Dame.
- ▶ Der Hausherr kommt als letzter an die Reihe.

Vorschläge für Menüs siehe S. 540.

Die Tischordnung — keine Geheimwissenschaft

Über die Tischordnung beginnt man sich bei einem offiziellen Festmahl schon Gedanken zu machen, wenn die Einladungen verschickt werden. Wer paßt zu wem? Wer darf nicht gleichzeitig mit wem eingeladen werden? Wer könnte aus welchem Grund absagen? Die Zahl der Gäste richtet sich nach dem verfügbaren Platz. Bei einer Platzbreite von 70 cm braucht man für 12 Gäste schon eine 3,50 m lange Tafel, deren Stirnseiten ebenfalls besetzt werden müssen. Mit der Gästeliste in der Hand und einem Tischgrundriß vor sich geht man an die Verteilung:

- ▶ Je ranghöher ein Gast ist, desto näher zur Hausfrau bzw. zum Hausherrn wird er placiert.
- ▶ Ehepaare setzt man auseinander, Brautleute zusammen. »Alleinstehende« Herren kann man an den Tafelenden placieren.
- ▶ Die Dame des Hauses sitzt in der Mitte der einen Tafel-Längsseite, links neben ihr der (männliche) Ehrengast, rechts von ihr der Gast mit dem zweithöchsten Rang.
- ▶ Der Hausherr sitzt seiner Frau gegenüber an der anderen Tafel-Längsseite, links von ihm die Frau des Ehrengastes, rechts von ihm die Frau des Gastes mit dem zweithöchsten Rang.
- ▶ Die übrigen Gäste werden nach dem gleichen Schema placiert; es gibt also kein »oben« und »unten« an dieser Tafel.

Wenn ein so förmliches »Placement« auch in einem normalen Haushalt selten oder niemals vorkommen dürfte, ist es doch ganz gut, wenn man diese Regeln wenigstens andeutungsweise kennt. Sie lassen sich in übertragenem Sinn auch auf eine Hochzeitstafel, das Essen zum 75. Geburtstag von Opa oder das Diner anläßlich des Chef-Besuches anwenden. Damit es beim Zutischgehen keine umständliche Sucherei gibt, sind Tischkarten bei größeren Festessen empfehlenswert. Bei sehr großen Festlichkeiten (etwa über 20 Personen) kann man im Empfangsraum einen Sitzplan auslegen.

Zwei vorbildlich gedeckte Tische, die durch ihre Schlichtheit bestechen: Ein Frühstückstisch mit bunten Sets und ansprechendem Porzellan (oben). Unten: Der Tisch ist zum Damenkaffee gedeckt. Die Bestecke mit traditionellem Dekor passen gut zu dem gemütlichen Porzellan.

Wenn Gäste kommen

»Jemanden einladen«, sagt Brillat-Savarin, »bedeutet, für das Glück des Gastes sorgen, solange dieser unter unserem Dache weilt.« Damit ist auch für heutige Verhältnisse alles ausgedrückt, was im Idealfall unter Gastlichkeit zu verstehen ist. Nicht auf den Aufwand kommt es in erster Linie an, nicht auf den kostbaren Rahmen, sondern auf den Inhalt. »Es gibt eine Art, Gastfreundschaft zu erweisen, die dem wenigen, was man darreicht, einen höheren Wert verleiht als große Schmausereien.« Dieser Ausspruch stammt von dem häufig, aber meistens falsch zitierten Freiherrn von Knigge. Er bestätigt, daß echte Gastfreundschaft keine Angelegenheit der sogenannten gesellschaftlichen Verpflichtung sein sollte, sondern der Herzlichkeit, keine Frage von Äußerlichkeiten, sondern der Persönlichkeit des Gastgebers. Damit soll nicht gesagt sein, daß es ganz ohne Formen abgeht – aber die Etikette allein tut es nicht, wenn der Gastgeber es nicht versteht, sie mit Leben zu erfüllen.

Vorbereitungs-Merkzettel:

Geschirr, Gläser ergänzen
Speiseplan aufstellen
Weinvorrat ergänzen
Rechtzeitig einkaufen!
Knabbereien zum Wein
Tabakwaren, Aschenbecher
Sodawasser besorgen!
Begrüßungscocktail?
Genügend Sitzgelegenheiten?
Beleuchtung kontrollieren
Sind Kerzen da?
Sektkühler, Eis
Untersetzer für Gläser!
Neue Schallplatten?
Blumen, Blumenvasen
Garderobe frei machen
Gästehandtücher!
Zeitplan für die Küche

Vorbereitungen sind wichtig

Von improvisierten kleinen Geselligkeiten abgesehen, sollten Festlichkeiten aller Art rechtzeitig vorbereitet werden. Je nach dem Anlaß lädt man schriftlich (Festessen, Hochzeiten, große Partys) oder mündlich (Fünfuhrtee, Herrenabend, Spargelessen) ein, und zwar vier bis sechs Wochen vorher bei Festen, die erhebliche Vorbereitungen erfordern (Ball, Hochzeit, Kostümfest), 14 Tage vorher bei offiziellen Essen und Partys, eine Woche vorher bei kleineren Festlichkeiten im Bekannten- oder Verwandtenkreis. Damit nichts vergessen wird, schreibt man sich alle für die rechtzeitige Vorbereitung wichtigen Punkte auf einen Merkzettel (Beispiel siehe nebenstehend) und hakt ab, was erledigt wurde. Für den idealen Gastgeber ein Tip von Immanuel Kant: Wer über eine Gästekartei (eine Liste tut es auch) verfügt, kann besser auf die Eigenarten der Eingeladenen eingehen. Kant schrieb sich zum Beispiel die Lieblingsgerichte und -gesprächsthemen seiner Gäste auf. Darüber hinaus könnte man sich notieren: Lieblingsgetränke, Zigaretten- oder Zigarrenmarke, Interessengebiete, Hobbys, Geburtstag, Kinder.

Achtung, Besucherüberfall!

»Ich bringe einen Geschäftsfreund zum Essen mit«, hat der Herr des Hauses am Telefon verkündet. Wahrscheinlich hat er seine Gründe dafür – aber was tut die Hausfrau in diesem Fall? Überraschender Besuch pflegt sich in den meisten Fällen dann anzusagen, wenn gerade »nichts Besonderes« auf dem Küchenzettel steht. Wenn die entsprechenden Einkaufsquellen in der Nähe sind, kann man sich mit Schnitzeln, Steaks, Hackfleisch oder anderem Fleisch mit kurzer Zubereitungszeit aus der Klemme ziehen oder ein fertig gegrilltes Hähnchen besorgen. Sonst hilft nur der häusliche Vorrat für alle Fälle: Fisch- und Fleischkonserven, Gemüse und Obst in Dosen, Käse, Suppen und Säfte (Vorschläge siehe nebenstehend). Schnell zubereitete Gerichte sind außerdem kalte Platten, im Ofen oder Grill überbackene Toastgerichte (ab S. 85 und S. 171) sowie die Rezepte der »Schnellküche« (S. 328).

Der häusliche Notvorrat

Neben tischfertigen oder fast tischfertigen Zutaten für den Notfall sollte in jedem Haushalt (mit 4 Personen) auch der von der Bundesregierung vorgeschlagene 14-Tage-Grundvorrat zur Verfügung stehen, der bei überraschendem Besuch einen guten Rückhalt bietet. Für einen 4-Personen-Haushalt sollte er bestehen aus beispielsweise (in Klammern die Haltbarkeitsdauer) 4 kg Reis oder Teigwaren (6 bis 12 Monate), 4 kg Zucker (2 bis 3 Jahre), 2 kg Salz, 2 kg Öl, Plattenfett oder Schweineschmalz (6 bis 12 Monate), 4 kg Fleischkonserven (1 bis 2 Jahre) und 2 kg Fischvollkonserven (4 bis 10 Monate). Dieser Grundvorrat muß je nach der Haltbarkeit der einzelnen Lebensmittel regelmäßig ausgetauscht und ergänzt werden. Man kann ihn durch andere Lebensmittel abrunden; empfohlen werden u. a. Mehl, Grieß, Haferflocken, Hartbrot, Hülsenfrüchte, kochfertige Suppen, Trockenobst, Marmelade, Honig, Dauerwurst, Räucherspeck, Dosenmilch, Käse in Dosen, ungemahlene Gewürze, Kaffee, Tee und Obstsäfte, also hochwertige Nahrungsmittel, die verhältnismäßig wenig Raum beanspruchen.

KLEINE EINLADUNGEN

Bei dieser Gruppe intimer Festlichkeiten sollen sich die notwendigen Vorbereitungen in Grenzen halten. Ganz ohne Aufwand und Vorausplanung geht es allerdings nicht. Klassische Form der kleinen Einladung ist das berühmte »Glas Wein nach dem Abendessen«. Es geht aber auch anders; ein bißchen Abwechslung auf diesem Gebiet wird dankbar begrüßt.

Einladung zum Wein

Gäste nach dem Abendessen werden nach Belieben mit einer Weinsorte oder auch wahlweise mit Weiß- und Rotwein bewirtet. Dazu gibt es kleine salzige und süße Knabbereien der verschiedensten Art. Ein Imbiß ist nicht unbedingt erforderlich, wird aber vielfach angeboten. Dabei kann es sich um belegte Brote (Kalte Küche, ab S. 317), Smörrebröd (S. 508), um Spießchen und kleine Appetithappen, ebensogut aber auch um eine herzhafte Suppe (Minestrone S. 517, Borschtsch S. 510, Gulaschsuppe S. 67, Hühnersuppe S. 61) handeln. Zur Abwechslung kann man aber auch einen gemischten Salat (S. 122) oder einen Obstsalat (S. 127) anbieten.

Vorrat für alle Fälle:

Lachs, Thunfisch
Ölsardinen, Sardellen
Schinken in Klarsichtpackung
Würstchen, Ragoût fin
Gulasch
Stangenspargel
Mischgemüse
Gewürzgurken
Mixed Pickles
Oliven
Erdbeeren, Ananas
Aprikosen
Käse in Frischhaltepackungen oder Dosen
Ochsenschwanz-, Hühnercreme- und Schildkrötensuppe
Tomaten-, Orangen- und Pampelmusensaft

Weißwein und/oder Rotwein, Tabakwaren
Knabbereien (Salz- und Käsegebäck, Chips, Kräcker, Salzmandeln)
Käsewürfel

Warum soll man Bowle, Kaltes Büfett und Mokkaservice zu einer Party für junge Leute nicht einmal auf dem Flügel aufbauen (rechts)? – Das mittlere Foto zeigt einen Ausschnitt aus einem zur Faschingsparty gedeckten Tisch. Links: Bowlennachmittag am Teewagen.

Braten- und Käseplatte
Deutsches Beefsteak
(S. 158)
Gekochte Rinderbrust
(S. 131)
Eisbein mit Sauerkraut
(S. 495)
Belegte Brote (ab S. 324)
oder warme Vorspeisen
(S. 84)
Bier, klare Schnäpse

Herrenabend

Ob es sich um einen Skatabend oder um ein Gespräch unter Männern handelt, spielt keine Rolle: Wenn der Hausherr seine Freunde einlädt, steht etwas Handfestes auf der Speisekarte, das in Ruhe vorbereitet werden konnte oder nicht viel Arbeit macht. Je nach Geschmack und Geldbeutel gibt es unzählige Möglichkeiten. Die gewählte Speisefolge darf keinen festlich gedeckten Tisch voraussetzen und soll für die meist in reichlichen Mengen genossenen Getränke die richtige Unterlage bilden. Die Hausfrau wird in der Regel Gerichte vorziehen, die sich vorbereiten lassen und ihr den »Rückzug« erlauben.

Damenkaffee

Diese oft respektlos »Kaffeeklatsch« genannte Festlichkeit spielt sich grundsätzlich am Nachmittag ab. In der Regel gibt es neben reichlich Kaffee mit Milch oder Sahne und Zucker, verschiedenen Kuchen und Torten, Kleingebäck, Schlagsahne und einem Likör oder Weinbrand nur dann zusätzliche Gerichte aus dem Bereich der kalten Küche, wenn sich der Kaffee bis in die späten Nachmittags- oder frühen Abendstunden ausdehnt.

Picknick-Ausflug

Der lange als altmodisch verschrieene Picknick-Ausflug ist wieder modern geworden. Zwar wird in der Regel kein appetitanregender Fußmarsch unternommen, sondern Auto, Bus oder Vorortbahn bestiegen, aber an den traditionellen Picknick-Rezepten hat sich nichts geändert. Das »Menü im Freien« sollte nur Gerichte enthalten, die am Ziel frisch und appetitlich zum Vorschein kommen (z. B. Salate, Braten, Aufschnitt, zerlegtes Geflügel, belegte Brote, Obst, Fruchtsaft, Bier).

EINLADUNG ZUM ESSEN

Formelle Diners gleich welcher Art machen viel Arbeit. Wenn nicht ein besonderer Anlaß bevorsteht, wird sich die Hausfrau die damit verbundenen Mühen und Kosten ersparen und eine weniger feierliche Form der Einladung wählen. Das ändert aber nichts an der Tatsache, daß ein festliches, sorgfältig vorbereitetes Essen auch heute noch als Höhepunkt der häuslichen Gastlichkeit betrachtet werden muß.

Das offizielle Frühstück *Sektfrühstück*

Für diese Art von offizieller Einladung, die zum Beispiel bei einer Hochzeit oder auch Verlobung das Festessen ersetzen kann, gibt es zwei Formen. Man richtet die Kleinigkeiten pikanter und auch süßer Art, die zum offiziellen Frühstück gehören, entweder in der Form eines Kalten Büfetts (S. 327) an und wählt dann nur solche Gerichte, die man auch im Stehen verzehren kann; oder man reicht auch Speisen, die nur im Sitzen gegessen werden können, muß dann aber vorschriftsmäßig decken, und zwar möglichst an kleineren Einzeltischen und nicht an der großen Tafel.

*Sherry oder Vermouth
kalte oder warme
Vorspeisen, kleine
Omeletts, raffinierte Salate
Hummercocktail
Kaviar, Gänseleberpastete
Sekt, nach Belieben
Fruchtsaft oder auch
Fleischbrühe
Konfekt und Petits fours*

Das festliche Mittagessen *Diner*

Kalte Vorspeisen bieten den Vorteil, daß sie in Ruhe vorbereitet werden können. Ebenso wie bei der warmen Vorspeise achtet man darauf, daß sich die Hauptzutat im weiteren Verlauf des Essens nicht wiederholt. Auf eine Käsevorspeise darf kein Käse zum Nachtisch folgen, auf eine Fischvorspeise kein Fischgang. Klare Suppen sollen nach Meinung der Etikettespezialisten in der Suppentasse, legierte Suppen im Teller

Kleines Diner:

*Kalte Vorspeise
Suppe
Fleischgang (Schlachtfleisch, Wild, Geflügel)
mit Gemüse und Salaten
Süßspeise, Mokka*

Drei Beispiele für originell gedeckte Tische: Partyhappen zur Selbstbedienung (Mitte); das mit Rezepten des weltberühmten Restaurants Maxim in Paris dekorierte Maxim-Service (links); Knusper-Eisenbahn und Porzellan für den Kindergeburtstag (rechts).

Großes Diner:

Suppe
Warme Vorspeise
Fischgang
Fleischgang, Salate
Zwischengericht
Gemüsegang
Süßspeise
Käse oder Dessert
Mokka

auf den Tisch kommen. Zum Fischgang werden Edelfische (wie Seezunge, Steinbutt, Forelle und Lachs) bevorzugt; Kaviar, Austern und Krustentiere werden nur als Vorspeisen gereicht. Der Fleischgang sollte nicht aus Ragouts, Frikassees oder Innereien bestehen, sondern aus einem ganzen Braten. Wenn zum Fleisch Gemüse gereicht werden, fällt der gesonderte Gemüsegang fort; er stützt sich sonst in erster Linie auf Edelgemüse (wie Spargel, Artischocken, Prinzeßbohnen, Blumenkohl). Die Süßspeise soll den Eindruck des Festmahles abrunden, sie darf deshalb nicht zu massiv ausfallen. Der Mokka wird nicht an der Tafel serviert, sondern anschließend in einem anderen Zimmer. Nach angelsächsischem Brauch nehmen die Damen den Mokka im Zimmer der Hausfrau ein, die Herren im Arbeitszimmer des Hausherrn. – Das große Diner ist heute nur noch selten anzutreffen. Auch bei Staatsempfängen begnügt man sich im allgemeinen mit fünf Gängen.

Das Decken der »großen« Tafel siehe ab S. 532; Servieren S. 535, Tischordnung S. 535, Getränkefolge, Trinktemperaturen ab S. 399.

Suppe oder Vorspeise
Fischgang
kleines Fleischgericht
mit Gemüse und Salat
Süßspeise

Das festliche Abendessen *Souper*

Obwohl die Speisenfolgen der großen Diners gelegentlich auch auf abendliche Essen übertragen werden, etwa bei großen Banketts, Jubiläums- oder Weihnachtsessen, sollte es zum Souper im Kerzenschimmer nicht so viele und keine zu schwerverdaulichen Gerichte geben. Fettes Geflügel, fette geräucherte Fische, stark sättigende Speisen müssen leichtbekömmlichen Gerichten Platz machen. Zur Einleitung kann eine Tasse mit klarer Fleischbrühe oder ein winziges Täßchen mit Schildkröten- oder Schwalbennestersuppe gereicht werden, Vorspeise und Fischgang (eins von beiden darf wegfallen) sollten sich auf kleine appetitliche Häppchen beschränken, das Fleischgericht braucht kein Braten zu sein, beim Gemüsegang haben zarte, duftige Gemüse den Vorzug und auch die Süßspeise muß sich dem allgemeinen Gebot der Bekömmlichkeit unterordnen. Mokka darf nach einem Souper fehlen.

FESTE DAS GANZE JAHR ÜBER

Auf Tanz- und Trubelfesten ist das Essen weniger wichtig als das Trinken, aber man kann es immerhin als wichtigste Nebensache bezeichnen. Da es bei solchen Gelegenheiten für die Hausfrau und ihre Helfer genug zu tun gibt, sollte der Speiseplan sich auf Gerichte stützen, die frühzeitig vorbereitet werden können und deren Fertigstellung kurz vor dem Auftragen nicht viel Arbeit macht.

Cocktailparty

Diese aus Amerika übernommene Form der Gastlichkeit wird vielfach als willkommene Gelegenheit betrachtet, Einladungsverpflichtungen gleich serienweise abzugelten. Der Gastgeber legt in der Regel eine Anfangszeit (etwa 17 oder 18 Uhr) fest, die aber für das Erscheinen der Gäste keineswegs bindend ist. Jeder kann kommen, wann er Lust hat, und gehen, wann es ihm beliebt. Sitzplätze werden nur für Gehbehinderte vorgesehen, die Party spielt sich im Stehen ab.

An Getränken haben sich der Martini (S. 397), Sekt mit Orangensaft, Whisky-Soda, Tomatensaft und Sodawasser besonders bewährt. Man kann darüber hinaus die Hausbar in Bewegung setzen, um nach Belieben raffinierte Bargetränke (ab S. 396) zu mixen – bei einer größeren Gästezahl ist das aber gar nicht mehr möglich, da die meisten

Der Aschensammler verhindert, daß sich die Zigarettenstummel in den Aschenbechern häufen.

Hier wurde ein runder Tisch in ein festliches Kaltes Büfett verwandelt. Bestecke und Teller stehen bereit. Auch die leckeren Speisen – von der gebratenen Ente im Vordergrund bis zur Schale mit frischem Obst im Hintergrund – sind von allen Seiten leicht zu erreichen (Rezepte im Kapitel »Kalte Küche«, ab S. 317).

Cocktails es nicht vertragen, gleich literweise gemixt zu werden. Vorschläge für die Speisekarte: Bunte Käsebissen (S. 321), Dips (S. 320), Bunte Spießchen (S. 323), kleine kalte Vorspeisen (ab S. 79), heiße Cocktailwürstchen. Bevorzugt werden alle Gerichte, die man ohne Messer und Gabel verzehren kann. Das klassische Kalte Büfett hat also auf einer stilgerechten Cocktailparty gar nichts zu suchen.

Gartenparty und Sommerfest

Für beide Feste ist ein großer, einigermaßen abgeschirmter Garten oder wenigstens eine große Terrasse am Haus Vorbedingung. Lampions, Windlichter und Kerzen sorgen für Beleuchtung und Stimmung. Lieblingsgetränk für Feste dieser Art sind Bowle (S. 395) und Kalte Ente, man kann aber auch beim Wein ohne Beimischung bleiben und später vielleicht zu Sekt übergehen. Eine nachmittägliche Gartenparty kann mit Kaffee und Kuchen beginnen und mit Wein und einem Imbiß enden; ein abendliches Fest könnte seinen Höhepunkt in einem Kalten Büfett (ab S. 327) finden, aber auch kräftige Suppen (Gulasch-, Hühner- oder Pariser Zwiebelsuppe), ein saftiger Zwiebelkuchen oder Piroschki mit Fleischbrühe sind beliebte Imbißgerichte.

Hausball und Kostümball

Auch diese beiden Festlichkeiten setzen genug Platz voraus; in der Mietwohnung kann man sie nur in den seltensten Fällen aufziehen. Sowohl für den klassischen Hausball als auch für das Kostüm- oder Faschingsfest braucht man neben einem großen Raum, in dem getanzt wird, wenigstens noch ein zweites Zimmer. Nach Lust und Laune kann man auch Flur und Treppenhaus einbeziehen. Bowle, Wein, Sekt und

Für eine Gartenparty wurde (links) die Steinbank im Grünen in ein Kaltes Büfett verwandelt. Farbige Gläser und Becher passen am besten dazu. Rechts: Festlich gedeckte Ostertafel.

wahlweise Fruchtsäfte und Sodawasser sind die favorisierten Getränke; zu vorgerückter Stunde kann man beim etwas förmlicheren Hausball ein Kaltes Büfett aufbauen, beim Kostümfest dagegen eher heiße Würstchen, eine inhaltsreiche Suppe oder auch kaltes Geflügel in Portionsstücken anbieten.

FESTE IM FAMILIENKREIS

Zur *Taufe und Konfirmation* lädt man normalerweise nur Verwandte ein; beide Feste sollten in angemessenem, nicht in übertrieben protzigem Rahmen gefeiert werden, wie es sich leider vielfach eingebürgert hat. Bei der Taufe kann man ein kleines Essen oder auch Frühstück veranstalten; ausgedehnte Tafeleien oder Gelage entsprechen weder dem Charakter *dieses* Familienfestes noch dem der Konfirmation. Für eine *Verlobungsfeier* lassen sich keine allgemeingültigen Regeln aufstellen. Man kann ihr zu Ehren ein kleineres oder größeres Mittagoder Abendessen veranstalten, bei einem größeren Freundeskreis aber ebensogut eine Cocktailparty oder ein Sommerfest aufziehen oder auch ein offizielles Frühstück vorbereiten.

Der dem Hochzeitstag vorangehende *Polterabend* wickelt sich meist in zwanglosem, auch auf kulinarischem Gebiet nicht anspruchsvollem Rahmen ab.

Am *Hochzeitstag* hat sich vielerorts das offizielle Frühstück (S. 539) an die Stelle des festlichen Mittagessens geschoben, weil es bei einer größeren Gästezahl auch in beengteren Räumlichkeiten die Möglichkeit bietet, die Hochzeit zu Hause zu feiern. Manchmal wird auch ein besonders festliches Kaltes Büfett aufgebaut. Ein Hochzeitsessen stellt man nach den Regeln für ein festliches Diner zusammen. Da es im allgemeinen Schwierigkeiten macht, Hilfskräfte für die Küche und das Servieren zu bekommen, kann man das Menü auch einschließlich Bedienungspersonal von einem guten Hotel, Restaurant oder einer Stadtküche besorgen oder (bei Raummangel und vielen Gästen) die ganze Festtafel in den Nebenraum einer Gastwirtschaft verlegen.

Oben: Korkenzieher-Beispiele. Mitte: Kostbarer Rotwein wird vorsichtig eingeschenkt. Das Körbchen verhindert, daß der Wein geschüttelt wird.

Einmachen und Tiefgefrieren

Rund hundert Seiten brauchte die westfälische Pfarrerstochter Henriette Davidis in ihrem vor 130 Jahren erstmals erschienenen »Practischen Kochbuch für die gewöhnliche und feinere Küche«, um ihre Zeitgenossinnen auf dem Gebiet des Einmachens und Trocknens, Dörrens und Entmostens »verschiedener Früchte und Gewächse« auf das eingehendste zu belehren. Nicht nur Landhaushalte betrieben damals eine planmäßige Vorratswirtschaft, auch die städtische Herrschaftsköchin setzte ihren ganzen Ehrgeiz in ein reichhaltiges Sortiment von Quitten in Kognak, sauren Morellen (Sehr gut! notierte die Davidis zu diesem Rezept), mit Zucker und Ingwer eingemachten, einstweilen in Deutschland noch sehr exotischen »Tomattos«, Champignons »in Blechbüchsen« und süßen Glas-Gurken. Ihre Behandlungsvorschriften lesen sich heute etwas kurios. Da heißt es unter anderem, daß auf dem Herd während des Einkochens von Früchten gleichzeitig nichts anderes gekocht werden und auch nicht im Herd gestochert werden dürfe, weil Dämpfe, Rauch und Gerüche dazu geeignet seien, die Haltbarkeit »nachtheilig zu beeinflussen«. Auch empfahl Henriette Davidis als »Hauptbedingung«, die gefüllten Gläser sofort mit einem reinen Tuch zu bedecken, »damit nicht Fliegen oder Mücken hineinfallen und Gährung bewirken«. Immerhin versuchte sie, die Hausfrauen beim Einkochen zu peinlicher Sauberkeit und Sorgfalt zu erziehen. Auch wenn die Davidis zu ihrer Zeit noch nicht begründen konnte, warum manche Erfahrung zu gewissen Vorschriften zwang, hatte sie im Grunde nicht unrecht. Nach ähnlichen Richtsätzen muß die Hausfrau auch heute noch verfahren, und überdies sind viele der leckeren Einmachrezepte aus dem »Practisen Kochbuch« heute wieder modern geworden.
Vorratshaltung in großem Stil ist heute nicht mehr aktuell. An die Stelle gewaltiger Obst- und Gemüsemengen sind kleine, aber feine Spezialitäten getreten: Gelees, Konfitüren, Essigfrüchte und -gemüse, Früchte in Alkohol. Im übrigen setzt sich das Tiefgefrieren immer mehr durch. Auch im Stadthaushalt ist das Gefriergerät selbstverständlich geworden, weil es Zeit, Arbeit und Geld sparen hilft. Tiefgefrieren gilt als zur Zeit bestes Verfahren der Haltbarmachung, weil es den Nährwert der Lebensmittel weitgehend erhält.

ALLGEMEINE EINMACHREGELN

Peinliche Sauberkeit und genaues Befolgen der Zubereitungsvorschriften sind die besten Mittel gegen Enttäuschungen beim Einkochen. Das bedeutet unter anderem:
▶ Zum Einkochen (Einwecken) darf nur frisch geerntetes, erstklassiges Obst und Gemüse verwendet werden. Überreste oder angestoßene Früchte eignen sich nur für Säfte, Marmeladen und Gelees; noch nicht ganz ausgereifte Früchte kann man wegen ihres höheren Pektingehaltes besonders gut zu Gelees verwenden.
▶ Gläser, Einkochgeräte und -gefäße müssen blitzsauber sein und dürfen vor allem keine Fettspuren aufweisen.
▶ Gekochte Früchte, Marmeladen, Gelees, Konfitüren und Fruchtsäfte werden heiß in saubere Gläser oder Flaschen gefüllt.
▶ Cellophan (Einmachhaut) zum Verschließen von Marmeladen- und Geleegläsern wird passend zugeschnitten, mit Wasser angefeuchtet und über das heiß gefüllte Glas gezogen, dann mit einem Gummiring festgehalten oder mit dünnem Bindfaden festgebunden.

Das Einkochen von Obst

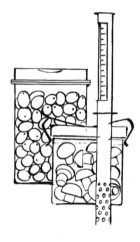

Neben dem normalen Einkochkessel aus emailliertem oder verzinktem Eisenblech gibt es elektrisch beheizte Einkocher, die für eine automatische Temperaturregelung sorgen. In beiden Fällen stehen die Gläser mit dem Einkochgut im Wasserbad, dessen Temperatur durch ein Thermometer kontrolliert werden muß. Als Gläserverschluß sind Einzelklammern besser als Klammern, die in einer Schiene des Apparateinsatzes laufen. Obst und Gemüse in Gläsern kann man auch im Backofen in heißer Luft sterilisieren. Außerdem gibt es verschiedene Verfahren, die auf den Einkochapparat verzichten und die über dem Einkochgut stehende keimhaltige Luft entweder absaugen oder mit Hilfe von Dampf keimfrei machen. Da sich nicht für alle Fälle gültige Regeln und Zeittabellen aufstellen lassen, empfiehlt es sich, die den entsprechenden Geräten beigefügten Vorschriften genau zu beachten. Obst wird im allgemeinen roh in gut gewaschene und ausgespülte Gläser gefüllt, und zwar nicht höher als bis 2 cm unter den Rand. Die Zugaben richten sich nach dem späteren Verwendungszweck. Zum Beispiel kann man Zwetschgen oder Kirschen entsteinen und mit wenig Zucker als Belag für Obsttorten einkochen, man kann aber auch fertig gewürzte Kompotte in die Gläser füllen oder tischfertiges Apfelmus einmachen. Je nach dem Säuregrad des Obstes rechnet man auf 1 kg Früchte 150 bis 450 g Zucker, und zwar streut man den Zucker bei saftreichen Beerenfrüchten während des Einfüllens dazwischen. Harte Früchte werden nach dem Einfüllen mit Zuckerlösung übergossen. Beim Füllen kann man die Gläser vorsichtig auf ein feuchtes Tuch aufstoßen, damit sie mehr fassen. Unzerteilte große Früchte sticht man mit der Gabel an, damit sie nicht platzen.
Der Rand der gefüllten Gläser wird sorgfältig mit einem sauberen Tuch abgewischt und getrocknet, dann legt man die sauberen, ebenfalls abgewischten Gummiringe und den sauberen Deckel auf und schließt das Glas mit der Klammer. Die Gläser werden auf den Einsatz des Gerätes gestellt und in den Einkochapparat gehoben. Bei kaltem Gläserinhalt füllt man mit kaltem Wasser auf, bei heißem mit lauwarmem Wasser. Nach der vorgeschriebenen Kochzeit läßt man die Gläser 3 Minuten im Apparat stehen, nimmt sie dann heraus, stellt sie zugedeckt auf ein feuchtes Tuch (oder läßt sie auf dem Geräteeinsatz) und läßt sie vollständig auskühlen, bevor die Klammern abgenommen werden.

Das Einkochen von Gemüse

Da die meisten Gemüsearten mit Bodenbakterien behaftet sind, denen die beim Obst üblichen Einkochtemperaturen und -zeiten nichts anhaben können, halten viele Hausfrauen das Einkochen von Gemüse für problematisch, weil es häufiger als bei Früchten vorkommt, daß ein Glas aufgeht. Grundsätzlich gelten für Gemüse die gleichen Regeln wie für Obst. Damit die Gläser mehr fassen, kann man das Gemüse einige Minuten vorkochen, bevor man es einfüllt. Bei vorgekochten Gemüsearten verkürzt sich die Einkochzeit normalerweise um ein Viertel. In der Regel übergießt man das eingefüllte Gemüse mit kaltem Wasser, das nicht gesalzen werden sollte. Mit Ausnahme von Gurken und Kürbissen werden alle Gemüsesorten bei 98° C eingekocht. Viele Hausfrauen schwören auf bessere Erfolge bei zweimaligem Erhitzen. Der zweite Kochvorgang liegt dabei 2 bis 3 Tage nach dem ersten. Zu bedenken ist allerdings, daß diese endlosen Kochprozeduren den Nährwert des Einkochgutes stark mindern. Einkochzeiten für das Normalverfahren (einmaliges Einkochen) siehe nebenstehend.

Gemüse-Einkochzeiten:

Blumenkohl 90 min
Grüne Bohnen 120 min
Dicke Bohnen 90 min
Erbsen 120 min
Mohrrüben 120 min
Kohlrabi 120 min
Rosenkohl 90 min
Bruchspargel 75 min
Weißkohl 90 min

Das Einkochen von Fleisch

Fleisch wird vor allem in Landhaushalten eingekocht, die noch nicht über eine Tiefgefrieranlage verfügen und regelmäßig selbst schlachten. Man kann sowohl rohes als auch gekochtes oder gebratenes Fleisch einkochen. Die Gläser dürfen mit Fleisch nur zu drei Viertel, mit Wurstmasse nur zu zwei Drittel gefüllt werden, damit das Fett nicht aufsteigen und die Gläser undicht machen kann. Fleischzubereitungen mit Mehl- oder Brotbeigabe eignen sich nicht zum Einkochen. Knochen sollten nach Möglichkeit entfernt oder gekürzt werden, damit Platz gespart wird. Wild zum Einkochen darf nicht zu lange abhängen, Geflügel muß frisch verarbeitet werden. Einkochzeiten siehe nebenstehend. Fleisch verlangt ausnahmslos eine Temperatur von 98 °C.

Fleisch-Einkochzeiten:

Schlachtfleisch 120 min
Hackfleisch 100–120 min
Schnitzel 60–70 min
Geflügel 60–70 min
Wildbraten 60–70 min
Wurstmasse 120 min
Gulasch, angebraten 60 min

DIE MARMELADE-ZUBEREITUNG

Für Marmelade läßt sich auch überreifes oder angestoßenes Obst verwenden. Das gereinigte Obst wird zerkleinert (Fleischwolf, Küchenmaschine) und in einem großen, möglichst flachen Topf unzugedeckt gekocht, bis die Masse dicklich wird. Dann wird der Zucker nach und nach eingerührt und die Marmelade noch etwa 30 Minuten unter ständigem Rühren weitergekocht. Die Marmelade ist fertig, wenn ein auf einen Teller geträufelter Tropfen rasch eine Haut bekommt und fest wird. Gut gesäuberte Gläser heiß oder kalt ausspülen, auf ein feuchtes Tuch stellen, die heiße Marmelade einfüllen und mit einem angefeuchteten Stück Cellophan überspannen, dann zubinden und abkühlen lassen. Als Zuckerzugabe rechnet man normalerweise 500 g auf 1 kg Obst; säurereiche oder sehr flüssigkeitshaltige Obstarten verlangen bis zu 50 Prozent mehr. Vorschläge für Mehrfrucht-Marmeladen siehe nebenstehend.

Mehrfrucht-Marmeladen:

Erdbeeren-Rhabarber
Kirschen-Stachelbeeren-Himbeeren
Johannisbeeren-Himbeeren
Äpfel-Brombeeren
Äpfel-Preiselbeeren-Birnen
Sauerkirschen-Aprikosen
Birnen-Brombeeren
Aprikosen

Apfelsinenmarmelade

Apfelsinen und Zitrone waschen, abtrocknen und die Haut mit einem scharfen Messer dünn abschälen und in feine Streifchen schneiden. Die Früchte kurz in kochendes Wasser legen, dann die weiße Haut abziehen. Fruchtfleisch in Stücke schneiden und entkernen. Kerne und weiße Außenhaut in ein Mullsäckchen binden, die Fruchtstücke mit zwei

1 kg Apfelsinen, 1 Zitrone
½ l Wasser, ½ l Apfelmost
2 kg Zucker

Drittel des Zuckers und mit Wasser und Apfelmost aufsetzen, die feingeschnittene Schale hineingeben und das Mullsäckchen hineinhängen. Die Masse zum Kochen bringen und etwa 30 Minuten unter Umrühren kochen, das Mullsäckchen nach 10 Minuten herausnehmen. Restlichen Zucker hineinrühren, die Marmelade bis zur Geleeprobe kochen und heiß in Gläser füllen, mit Cellophan schließen.

Ungekochte Marmelade

Himbeeren, rote und schwarze Johannisbeeren und Schattenmorellen lassen sich auch roh zu Marmelade verarbeiten. Himbeeren werden sauber verlesen und nicht gewaschen; Johannisbeeren wäscht man gründlich, läßt sie abtropfen und entstielt sie erst dann; Kirschen werden entsteint. Die gut zerkleinerten Früchte werden in einer Porzellanschüssel so lange mit dem Zucker (nach und nach dazugeben) gerührt, bis er sich vollständig aufgelöst hat. Die fertige Marmelade in Gläser füllen und zubinden, sie hält sich etwa 2 bis 3 Monate. Auf 1 kg Früchte rechnet man 1 kg Zucker. Nach demselben Rezept lassen sich auch Garten- und Walderdbeeren zu Marmelade verarbeiten.

Johannis- und Holunderbeeren zupft man mit der Gabel ab (oben). − Der Rand des gefüllten Einmachglases muß sorgfältig gesäubert werden, bevor man den Deckel auflegt.

Marmeladen mit Geliermittel

Die Verwendung eines flüssigen Geliermittels (Opekta) erlaubt eine wesentliche Verkürzung der Kochzeit, so daß fast kein Kochverlust eintritt und wichtige Aromastoffe erhalten bleiben. Bei gleichen Obst- und Zuckermengen braucht der gezuckerte Fruchtbrei in der Regel nur 10 Minuten bei starker Hitze gekocht zu werden, bei knapp 4 Teilen Zucker auf 3 Teile Früchte sogar nur 10 Sekunden. In der Regel gibt man bei nicht ausreichend sauren Früchten etwas kristallisierte Zitronen- oder Weinsäure dazu, um den Giliervorgang zu erleichtern. Beide Säuren können unbedenklich verwendet werden, da sie natürlichen Ursprungs bzw. den natürlichen Fruchtsäuren gleich sind.

Konfitüre

Zur Konfitüre verarbeitet man in erster Linie Obstarten mit empfindlichem Aroma, das unter zu langem Kochen leiden würde. Das grob zerkleinerte Obst wird in einer nicht zu flüssigen Zuckerlösung aufgekocht und mit dem Schaumlöffel herausgenommen, sobald es weich ist. Den Zuckersaft bis zur Gelierprobe kochen, das Obst wieder hineingeben und heiß in Gläser füllen. Bei Erdbeeren, Brombeeren, Himbeeren und Aprikosen rechnet man auf 1 kg Früchte 1 kg Zucker, bei Johannisbeeren, Sauerkirschen, Mirabellen und Reineclauden 750 g bis 1 kg Zucker.

Die Geleebereitung

Zu Gelee eignen sich unreife Früchte besser als stark ausgereifte, weil sie mehr Pektin enthalten. Pektinarme oder wasserreiche Fruchtsäfte müssen entweder länger kochen, damit das Wasser verdampft, oder mit Geliermittel zubereitet werden. Für die Saftgewinnung eignen sich Fruchtpresse, Entsafterapparat, Saftgerät des Fleischwolfs und Dampfentsafter, man kann sich aber auch mit einem über einen Topf aufgespannten Mulltuch behelfen. Saftreiche Früchte wie Erdbeeren, Johannisbeeren, Himbeeren, Brombeeren oder Kirschen werden gereinigt, gründlich zerkleinert und ohne Wasserzugabe unter Umrühren erhitzt, aber nicht zum Kochen gebracht. Den heißen Fruchtbrei gibt man in ein ausgespanntes Mulltuch und läßt den Saft über Nacht ablaufen. Der Rückstand kann am nächsten Tag ausgepreßt werden, der Saft wird aber dadurch getrübt, so daß man kein klares Gelee bekommt. Äpfel und Quitten werden gewaschen, von Stiel, Blume und wurmstichigen Stellen befreit (Schale und Kerngehäuse nicht entfernen) und grob zerschnitten, dann mit der halben Gewichtsmenge Wasser aufgesetzt und gar, aber nicht zu weich gekocht. Äpfel und Kochbrühe gibt man in ein ausgespanntes Mulltuch und läßt sie über Nacht ablaufen; auch hier wird das Gelee vom Auspressen der Rückstände trübe. Die manchmal bei der Saftgewinnung übliche Beigabe von Weinsteinsäure ist bei Saft zur Geleebereitung eher schädlich als nützlich, weil das Gelee nach anfänglicher Steife nachträglich wieder flüssig werden kann. Kristallisierte Wein- oder Zitronensäure kann man dagegen dem Saft zusetzen, wenn die verwendete Frucht (zum Beispiel Erdbeeren, Süßkirschen, Himbeeren) nicht genug Säure enthält.

Man rechnet auf 1 l Saft normalerweise 1 kg Zucker, bei Äpfeln, Quitten und schwarzen Johannisbeeren ein Viertel weniger. Der genau abgemessene Saft wird erhitzt, dabei rührt man den Zucker langsam nach und nach ein, so daß der Rest des Zuckers erst kurz vor dem Aufkochen mit der Flüssigkeit verrührt wird. Johannisbeer- und Brombeergelee kann man nach dem ersten Aufwallen vom Herd nehmen, abschäumen und in Gläser füllen. Apfel- und Quittengelee muß etwa 5 bis 15 Minuten kochen, dann macht man die Gelierprobe.

FRÜCHTE IN ALKOHOL

Alkohol wirkt konservierend, im Verein mit Zucker macht er aus frischen Früchten wohlschmeckende und vielseitig verwendbare Delikatessen – von Großmutters Rumtopf bis zu Weinbrand-Kirschen oder Armagnac-Pflaumen. Früchte in Alkohol sind als Nachspeisen beliebt, man kann sie aber auch zur Füllung von Obsttörtchen (S. 421), als Beigabe zu süßem Quark (S. 376) oder als Bestandteil von Fruchteisbechern (S. 384) verwenden.

Da der Alkohol sich mit der Fruchtflüssigkeit verbündet, beträgt die Alkoholstärke des Gemischs in der Regel (je nach Lagerdauer) nicht mehr als 22 bis 25 Prozent.

Großmutters Rumtopf

Alle Früchte, die vom Frühjahr bis zum Herbst reifen, werden nacheinander in den Rumtopf (Steinguttopf) eingelegt. Ausgenommen sind Äpfel, schwarze Johannisbeeren, Heidelbeeren und Brombeeren. Das ausgewählte Obst soll reif, aromatisch und einwandfrei sein, es wird gründlich gewaschen, bei Bedarf (Birnen, Aprikosen, Pfirsiche) grob geschnitten, mit der gleichen Gewichtsmenge Zucker vermischt und in den Topf gegeben, dann mit so viel Rum begossen, daß die Früchte bedeckt sind. Wenn neue Früchte eingelegt werden, kann bei Bedarf Rum nachgegossen werden. ½ l Rum reicht für 3 bis 4 kg Früchte, die reichlich Flüssigkeit ziehen. Es dauert etwa 6 Wochen, bis eine Lage »reif« ist. Vor dem Nachfüllen (und nach Belieben auch zwischendurch) rührt man mit einem sauberen Löffel um. Die Früchte müssen immer von Flüssigkeit bedeckt sein.

Abwandlung: Statt Rum die gleiche Menge Arrak verwenden, statt Zucker Honig.

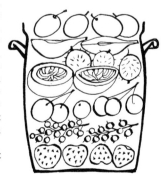

Weinbrand-Kirschen

1 kg Kirschen
1,5 kg Zucker
2 Flaschen (1½ l) Weinbrand

Kirschen waschen und abtropfen lassen, Stiele zur Hälfte mit einer Schere abschneiden, die Früchte mit einer Nadel mehrmals einstechen, in Gläser oder einen Steinguttopf füllen. Zucker in ¾ l Wasser sirupartig einkochen, abkühlen lassen und mit Weinbrand mischen. Die Mischung über die Kirschen füllen, Gläser bzw. Topf mit Pergamentpapier zubinden.

Armagnac-Pflaumen

1 Flasche (0,7 l) Armagnac
700 g Pflaumen oder Zwetschgen
750 g Zucker

Pflaumen waschen und ringsherum mit einer Nadel einstechen. Drei oder vier Pflaumen entkernen, die Kerne aufklopfen und den Inhalt zur Aromatisierung an die ganzen Pflaumen geben. Armagnac in einen Steinguttopf gießen, die Pflaumen abwechselnd mit Zucker hineingeben. Nach Belieben Pflaumen mit Zucker und Armagnac auch in Gläser füllen. Mit Pergamentpapier zubinden und 6 bis 8 Wochen bis zur ersten Probe-Entnahme stehen lassen, zwischendurch vorsichtig schütteln oder umrühren, bis der Saft die Pflaumen bedeckt.

Sauerkirschmarmelade mit Kirschwasser

1500 g Sauerkirschen,
2125 g Zucker,
1 Normalflasche Opekta 2 000,
⅛ l Kirschwasser

Kirschen waschen, abtropfen lassen, entstielen und entsteinen, 1500 g abwiegen und durch den Fleischwolf drehen. Den Fruchtbrei mit Zucker und Zitronensäure (liegt der Opekta-Flasche bei als »Citropekt«) in einem großen Topf unter Rühren zum Kochen bringen. Vom Beginn des brausenden Kochens an 10 Sekunden bei großer Hitze durchkochen lassen. Geliermittel einrühren, Topf von der Kochstelle nehmen, das Kirschwasser unterrühren. Die Marmelade heiß in gut gesäuberte Gläser füllen, mit Einmachcellophan verschließen.

Süßsaure Ginpflaumen

1500 g Pflaumen
¾ l Wasser
4 Eßlöffel Essigessenz
500 g Zucker
10 Schnapsgläser Gin

Pflaumen waschen, abtropfen lassen, mehrmals mit einem Holzspießchen anstechen (damit sie nicht platzen), auf gut gesäuberte Einmachgläser verteilen, raumsparend einschichten. Wasser mit Zucker und Essigessenz aufkochen, von der Kochstelle nehmen und den Gin hineinrühren (die Flüssigkeit darf dann nicht mehr zum Kochen gebracht werden, damit der Alkohol nicht verfliegt). Flüssigkeit auf die Gläser verteilen, sie muß die Pflaumen überdecken. Die Gläser verschließen und 30 Minuten im Einkochkessel sterilisieren. Ginpflaumen als Nachtisch reichen.

Kochen mit Wein und Spirituosen s. Seite 174.

DAS TROCKNEN VON OBST UND GEMÜSE

Das einfachste Verfahren ist das Trocknen an der Luft. Apfelringe, grüne Bohnen oder Pilze zieht man auf Fäden und hängt sie tagsüber ins Freie. Nachts müssen die Girlanden wieder in die Küche gebracht werden, damit sie nicht wieder Feuchtigkeit anziehen. Da diese Methode jedoch zu stark vom Wetter abhängig ist, zieht man das Trocknen im Backofen vor. Man verwendet dazu zwei mit Mull oder rostfreier Drahtgaze bespannte Trockenhorden, die in den Backofen eingeschoben werden können. Während der Trockenzeit werden die beiden Horden hin und wieder gegeneinander ausgetauscht. Die Backofentür bleibt in der Regel offen. Einige Zubereitungstips:

1. Äpfel schälen, vom Kerngehäuse befreien, in Ringe schneiden. Im Backofen bei 90° C 30 Minuten antrocknen, dann bei 60° C in etwa 60 bis 90 Minuten fertigtrocknen.
2. Birnen schälen, halbieren und vom Kerngehäuse befreien. Im Backofen bei 80° C 20 Minuten antrocknen, dann bei 50° C in 4 bis 6 Stunden fertigtrocknen.
3. Pilze sorgfältig aussuchen, nur vollkommen einwandfreie nehmen, putzen, nach Belieben halbieren oder vierteln und im Backofen bei 40 bis 50° C vorsichtig trocknen. In Schraubgläsern aufbewahren oder in Mullsäckchen an einen trockenen Platz hängen.
4. Tee- oder Küchenkräuter unter fließendem Wasser waschen, ausschleudern und in 1 bis 3 Stunden bei 40° C im Backofen trocknen, dabei mehrmals wenden. Kräuter sollen nicht an der Sonne getrocknet werden.

GEMÜSE – SAUER UND PIKANT

Fachleute stellen seit längerer Zeit einen deutlichen Zug zum Sauren fest. Das Angebot an Essigkonserven aller Art von Mixed Pickles bis zu eingelegten Gurken ist groß und vielseitig. Was liegt näher, als einige dieser Spezialitäten auch einmal selbst zu bereiten? Vor allem die Gurken, im Spätsommer und Herbst reichlich und preiswert auf dem Markt, verlocken dazu, einen Versuch zu riskieren.

Essiggurken

Kleine Gurken waschen, abbürsten und mehrmals mit einer Nadel sticheln, über Nacht in Salzwasser legen. ²/₃ Essig mit ¹/₃ Wasser, Zwiebelringen, Dill, Petersilie, Estragon, Zitronenmelisse, Pfeffer- und Senfkörnern, einer Prise Zucker und pro Liter Flüssigkeit 1 Teelöffel Salz aufkochen. Gurken aus dem Salzwasser nehmen, in einen Topf schichten und mit dem lauwarmen Sud übergießen. Wenn die Gurken längere Zeit aufbewahrt werden sollen, füllt man sie in Gläser, übergießt sie mit dem Sud und sterilisiert sie 20 Minuten bei 75° C.

Senfgurken

Größere Gurken schälen, die Kerne mit einem Silberlöffel sorgfältig auskratzen, das Gurkenfleisch in schmale, lange Streifen schneiden. ²/₃ Essig, ¹/₃ Wasser, Dill, Estragon, Zwiebelringe, 1 Lorbeerblatt, eine Prise Zucker und 2 Eßlöffel Senfkörner (oder 3 bis 4 Eßlöffel Senf) miteinander aufkochen, die Gurkenschnitten hineingeben und einmal aufkochen. Sie sollen glasig, aber noch stramm sein. Mit der Brühe in einen Topf oder ein großes Glas geben, bei Bedarf mit Brett und Stein beschweren, mit Pergamentpapier zubinden.

Melone in Zuckeressig

Eine mittelgroße Melone teilen, schälen und auskratzen, dann in beliebige Stücke schneiden und mit Zuckeressig (1 l Weinessig, 1 kg Zucker, ½ Stange Vanille, etwas Zimt und Ingwer, einige Nelken) heiß übergießen, drei Tage stehenlassen. Zuckeressig abgießen, nochmals aufkochen, über die Melonenstückchen gießen und nochmals drei Tage ziehen lassen. Dann den Sud wieder abgießen, die Melonenstücke in Gläser schichten und mit dem sirupartig eingekochten Zuckeressig übergießen. Gläser mit Pergamentpapier zubinden.

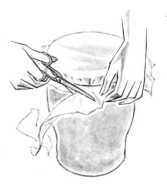

Steintöpfe werden mit Pergamentpapier oder Einmachhaut zugebunden. Den Rand des Papiers schneidet man sauber ab.

Mixed Pickles *Foto siehe unten*

Kleine Gürkchen gründlich waschen, in Salzwasser einige Stunden ziehen lassen. Mohrrübenwürfel, grüne Bohnen, Blumenkohlröschen, Selleriewürfel, Champignons, Perlzwiebeln und Maiskölbchen wie üblich vorbereiten, 5 Minuten in Essigwasser vorkochen und abkühlen, dann in Gläser schichten und mit einem Sud aus Essig, Wasser (2:1), Salz und einer Prise Zucker heiß übergießen, Pfefferkörner, Senfkörner, halbe Lorbeerblätter und Dill dazugeben. Die Gläser zubinden.

Paprikaschoten in Essigsud *Foto siehe unten*

1 Flasche Essig mit ½ l Wasser, 5 Eßlöffel Öl, 125 g Zucker, 125 g geschnittenen Zwiebeln und Salz aufkochen, kleine schlanke Paprikaschoten (Peperoni) darin unzerteilt und nicht entkernt 20 Minuten kochen, mit der Schöpfkelle herausnehmen und in Gläser legen. Kochsud etwas einkochen, über die Paprikaschoten gießen, Gläser zubinden.

Tomatenketchup nach Hausfrauenart

3 kg Tomaten waschen, den Kelch ausschneiden, die Tomaten zerkleinern und im eigenen Saft mit 250 g eingeweichten Rosinen und 1 bis 2 Zehen Knoblauch bei starker Hitze dicklich kochen, auf ein Sieb geben, abtropfen lassen (Flüssigkeit nach Belieben anderweitig verwenden) und passieren. Tomatenbrei mit ¾ l Essig auf 1 kg Tomatenmasse verrühren. Salz, Zucker, geriebene Muskatnuß, Nelkenpulver und weißen Pfeffer dazugeben, das Ketchup zur gewünschten Dicke einkochen und in weithalsige Flaschen oder Gläser füllen.

Rote Rüben im Steintopf

Rote Rüben kochen, schälen, in Scheiben schneiden, abwechselnd mit rohen Meerrettichscheiben, Kümmel- und Pfefferkörnern in einen Steintopf schichten, mit heißem, gezuckertem Essigsud übergießen, zubinden. Nach Belieben auch Zwiebelscheiben dazugeben.

Paprikaschoten in Essigsud (links) sind eine beliebte Beigabe zu Fleisch. Hier wurden schlanke, besonders scharfe Schoten verwendet. Rechts: Zu Mixed Pickles hergerichtetes Gemüse (Rezepte siehe oben).

TIEFGEFRIEREN IM HAUSHALT

Tiefgefrieren gilt heute als das beste Verfahren, Lebensmittel für längere Zeit haltbar zu machen, da Farbe, Geschmack, Beschaffenheit, Nährwert und Vitamine in größerem Umfang erhalten bleiben als bei anderen Techniken der Vorratswirtschaft. Darüber hinaus gibt es kein arbeitsparenderes Verfahren der Konservierung. Die nötigen Vorarbeiten verlangen weniger Zeit als etwa beim Einkochen. Außerdem kann man viele Speisen gleich in größeren Mengen bereiten, einen Teil davon sofort verbrauchen und zwei bis drei Familienportionen tiefgefrieren. Schließlich bietet das Tiefgefrieren auch noch die Möglichkeit, Obst, Gemüse und Fleisch dann einzukaufen und in den Gefrierschrank zu legen, wenn sie am billigsten sind.

Tips für den Gerätekauf lesen Sie bitte auf Seite 37 nach. Hinweise für die Verwendung fertig gekaufter Tiefkühlkost ab Seite 335.

Allgemeine Tiefgefrierregeln

Grundsätzlich können alle Lebensmittel tiefgefroren werden, die zum Kochen, Backen oder Braten bestimmt sind, außerdem fertige Speisen. Ausnahmen sind in den folgenden Abschnitten vermerkt. Beachten Sie:
▶ Nur Lebensmittel bester Qualität tiefgefrieren und dabei die Vorschriften des Geräteherstellers genau beachten.
▶ Das Tiefgefriergut in Portionen für jeweils eine Mahlzeit oder einen Tagesbedarf aufteilen, Inhalt auf der Packung kennzeichnen.
▶ Gemüse muß in der Regel vor dem Gefrieren blanchiert werden.
▶ Luftdichte Verpackung schützt die Lebensmittel vor dem Austrocknen. Das Verpackungsmaterial muß geruchfrei, luft- und feuchtigkeitsundurchlässig, säure- und fettbeständig sein.
▶ Der Gefriervorgang soll so schnell wie möglich verlaufen. Die meisten Geräte haben eine Schaltstufe für das Schnellgefrieren.
▶ Aufgetautes muß rasch verbraucht werden, es verliert Nährwert und Ansehnlichkeit beim erneuten Gefrieren.

Verpackungsmaterial und -technik

Unverpackte Lebensmittel sollten nicht einmal kurzfristig in das Gefriergerät gelegt werden. Als Verpackungsmaterial ungeeignet sind Pack- oder Pergamentpapier und Einmachcellophan. Die wichtigsten Verpackungsmöglichkeiten:
▶ Alufolie, ebenso Kunststoff-Folie (Polyäthylen, mindestens 0,05 mm stark) in Bahnen oder Schläuchen, eignet sich für Fleisch, Geflügel, größere Backwaren, sperrige Lebensmittel. Polyäthylenfolie kann man mit Spezialgeräten entlüften und luftdicht verschweißen.
▶ Kunststoff-Beutel (Polyäthylen, mindestens 0,05 mm stark) kommen vor allem für Gemüse, Obst, Kleingebäck und geschnittenes Fleisch (z. B. Gulaschfleisch) in Frage. Auch sie lassen sich problemlos entlüften und verschweißen.
▶ Behälter aus Kunststoff, imprägniertem oder gewachstem Karton oder Alufolie sind das ideale Verpackungsmaterial für flüssiges oder breiiges Gefriergut (z. B. Säfte, Apfelmus, Obst in Zuckerlösung), Fertiggerichte und fertig einzufrierende Backwaren.

Die Folien oder Beutel müssen das Gefriergut dicht umschließen. Die Öffnungen deckelloser Behälter verschließt man mit einem doppelten Folienstück und Gummiring. Jedes Portionspaket muß gekennzeichnet sein: Inhalt, Menge, Einlagerungszeit. Man kann bei Verpackung in Klarsichtfolie einen Zettel einlegen. Auf undurchsichtige Verpakkungen klebt man selbstklebende Etiketten oder kältebeständiges Klebeband und beschriftet mit Kugelschreiber, Filz- oder Fettstift. Verlassen Sie sich nicht darauf, daß der Inhalt bei Klarsichtverpackung »ohnedies zu erkennen« ist. Nach dem Gefrieren ist das nämlich oft nicht mehr der Fall.

Fleisch und Wurstwaren

Nur gut abgehangenes, zartes Fleisch verwenden. Schwere Braten brauchen zu lange zum Durchfrieren (Qualitätsverlust), deshalb Portionsstücke bevorzugen (mit Folien-Zwischenlagen verpacken). Sehr fettes Fleisch wird bei längerer Lagerdauer ranzig. Das Einfrieren von Suppenknochen lohnt sich nicht – besser konzentrierte Brühe kochen und tiefgefrieren. Würste brauchen auch dann eine zusätzliche Verpackung, wenn sie vom Darm umhüllt sind. Hackfleisch wird besser ungewürzt eingefroren.
Lagerdauer in Monaten: frischer Speck 2–4; Innereien 3–6; fettes Schweinefleisch, Hackfleisch, Würste und Aufschnitt, geräucherter Speck 4–6; Kalbfleisch, mageres Schweinefleisch, Knochen 6–8; Hammelfleisch 8–10; Rindfleisch aller Art 10–12.

Geflügel

Geeignet sind grundsätzlich alle Geflügelarten. Das Geflügel wird gerupft, ausgenommen, abgesengt und mehrmals gewaschen. Es muß mindestens 24 Stunden auskühlen bzw. abhängen. Größeres Geflügel (z. B. Gans, Puter) kann man vierteln oder halbieren. Flügel und Beine bindet man an den Rumpf, die Innereien werden gesondert verpackt und mitgefroren. Man kann Geflügel auch gefüllt einfrieren.
Lagerdauer in Monaten: Ente 4–6; Gans, Pute 6–8; Hähnchen, Hühner, Wildgeflügel (z. B. Fasan, Rebhuhn) 8–10.

Wild

Jede Art von Wild ist geeignet. Wie alle anderen Fleischarten wird auch Wildfleisch bratfertig hergerichtet: abgehängt, abgezogen, zerlegt, von Häuten und Sehnen befreit. Kleinfleisch, z. B. für Wildpfeffer und Ragout, verpackt man gesondert.
Lagerdauer in Monaten: gespicktes Wildfleisch 2–3; fettes Wildfleisch 6–8; mageres ungespicktes Wildfleisch 10–12.

Fische

Es kommt nur fangfrischer Fisch in Frage. Im Fischgeschäft gekauftes Fischfilet war vielleicht schon gefroren und darf nicht nochmals eingefroren werden. Dagegen kann man selbstverständlich Tiefkühlfisch im Gefriergerät lagern. Für den Hausgebrauch eignen sich also in erster Linie Süßwasserfische, die zubereitungsfertig (ausgenommen, gewaschen, geschuppt) hergerichtet sein müssen. Große Fische kann man in Portionen zerteilen, man kann aber auch lediglich Kopf und Schwanz entfernen, um Platz zu sparen.
Fische, die später blaugekocht werden sollen, friert man unverpackt 2–4 Stunden vor, taucht sie dann in kaltes Wasser, so daß sich ringsum eine dünne Eisschicht bildet, und verpackt sie.
Lagerdauer in Monaten: Karpfen, Hecht bis 2; Forelle, Schleie, Fischfilet 2–3 (Lagerdauer keinesfalls überschreiten).

Gemüse

Alle Gemüsearten, die gekocht gegessen werden, kommen in Frage, ausgenommen Tomaten, Zwiebeln, Paprikaschoten, Sellerie, Rettich, Radieschen und Blattsalate. Salatgurken schmecken nach dem Auftauen weich und labbrig, lohnen sich also auch nicht.
Gemüse muß grundsätzlich blanchiert werden (Ausnahme: bereits gekochtes Gemüse, z. B. Rote Bete). Dazu bringt man etwa 5 l Wasser in einem großen Topf zum Kochen, gibt das Gemüse portionsweise in einem Siebkorb hinein, läßt das Wasser wieder aufkochen und wartet die vorgesehene Blanchierzeit ab. Dann nimmt man das Gemüse im Korb heraus und taucht es in kaltes Wasser (am besten Eiswürfel zusetzen). Nach dem Abtropfen das Gemüse verpacken.
Blanchierzeiten ab Aufkochzeitpunkt in Minuten: Blumenkohl, Erbsen, Spinat, Suppengrün-Kräuter 2; Mohrrüben, Paprika 2–3; Rosenkohl, grüne Bohnen, Spargel, Kohlrabi, Pilze 3–4.
Lagerdauer in Monaten: Kohlrabi, Paprika, Spargel, Suppengrün 6–8; Blumenkohl, Pilze, Mohrrüben 8–10; grüne Bohnen, grüne Erbsen 9–12; Rosenkohl, Rote Bete, Spinat, Zuckermais 10–12.

Obst

Genußreifes (weder halb- noch überreifes) Obst aller Art läßt sich tiefgefrieren. Äpfel und Birnen müssen halbiert oder geviertelt, Pfirsiche und Aprikosen überbrüht und abgezogen werden. Pflaumen und Kirschen kann man entsteinen. Beerenfrüchte werden entstielt (Johannis- und Stachelbeeren) bzw. entkelcht (Erdbeeren) und sorgfältig verlesen. Alle Früchte können ungezuckert eingefroren werden. Zuckerbeigabe trägt aber zur Erhaltung von Aroma und Farbe bei. Man kann entweder trocken zuckern (50–60 g Zucker je 500 g Früchte) oder die Früchte mit Zuckerlösung (150–300 g Zucker auf einen halben Liter Wasser) übergießen. Im ersten Fall verpackt man in Beutel, im zweiten in Kunststoffbehälter.
Für Kuchenbelag vorgesehene Früchte (z. B. Erdbeeren) auf einer Platte einzeln gefrieren und dann erst verpacken.
Lagerdauer in Monaten: Mirabellen, Rhabarber 8–10; Äpfel, Apfelmus, Aprikosen, Birnen, Erdbeeren, Johannisbeeren, Kirschen 8–12; Brombeeren, Heidelbeeren, Himbeeren, Sauerkirschen, Pfirsiche, Stachelbeeren, Zwetschen und alle Fruchtsaftarten 10–12. Bei Obst ist die Überschreitung der Lagerdauer am ungefährlichsten.

Molkereiprodukte und Eier

Milch, Sahne, Butter und Käse wird man nur in Ausnahmefällen (z. B. besonders günstiges Angebot) einfrieren. Nicht alle Sorten sind gefriergeeignet. Eier erfordern umständliche Vorbereitungen.
▶ Milch am besten in der Originalverpackung einfrieren. Nur homogenisierte Milch (ohne oben schwimmende Fettschicht) kommt in Frage.
▶ Sahne vor dem Einfrieren zuckern, wenn sie später gesüßt verbraucht werden soll. Sowohl ungeschlagene als auch geschlagene Sahne kann eingefroren werden. Sie ist nach dem Auftauen als Kaffeesahne ungeeignet, weil sich Flocken bilden.
▶ Käse läßt sich als Weichkäse oder Quark gut einfrieren, als Hartkäse weniger gut. Am wenigsten eignen sich krümelige Käsesorten. Auch originalverpackten Käse zusätzlich einpacken, zwischen Schnittkäsescheiben Folienstücke legen.

▶ Butter läßt sich tiefgefroren am besten lagern, wenn sie ungesalzen und Süßrahmbutter ist. Gesalzene und Sauerrahmbutter eignen sich weniger gut. Für kurze Lagerdauer genügt die handelsübliche Alu-, nicht aber die Papierverpackung. Einmal aufgetaute Butter sollte in kurzer Zeit verbraucht werden.
▶ Eier kann man nicht in der Schale gefrieren; sie würde platzen. Entweder die Eier aufschlagen und Eigelb sowie Eiweiß jeweils gesondert gefrieren oder Eigelb mit Eiweiß verrühren und leicht gesalzen einfrieren. Eiweiß eignet sich nach dem Auftauen gut zum Schneeschlagen. Danach kann man die Portionen bemessen (z. B. durch Einfrieren von je einem Eiweiß in einem Fach des Eiswürfelbehälters): 1 Würfel gleich 1 Eiweiß.
▶ Eiscreme und Sahneeis sind für das Einfrieren gut geeignet.
Lagerdauer in Monaten: Eiscreme 2; Sahneeis (halbgefroren) 2–4; Milch, Sahne, Schlagsahne 2–3; Käse, Butter 6–8; Eigelb 8–10; Volleimasse 10; Eiweiß 10–12.

Backwaren

Sowohl Teige als auch fertige Backwaren kommen in Frage. Füllungen oder Beläge (z. B. Gelee, Marmelade, Obst) läßt man weg, auch das Glasieren unterbleibt – beides holt man nach dem Auftauen, also kurz vor dem Verbrauch, nach. Fertiggebäck am besten noch lauwarm einfrieren, um die Frische zu erhalten. Verzierte Cremetorten unverpackt vorgefrieren, dann einpacken und einlagern. Kleingebäck verpackt man in Kunststoffbehältern bzw. -beuteln. Für Teige und Fertiggebäck gibt es Formen aus Alufolie, in denen die Kuchen später gebacken bzw. nach dem Auftauen nachgebacken werden können. Geeignete Teige sind Hefeteig (vor dem ersten Gehen einfrieren), Mürb-, Rühr- und Blätterteig. Brandteig und Baisermasse kommen nicht in Frage.
Lagerdauer in Monaten: Biskuittorte (gefüllt) 1–1 1/2; Mürbteig 1–3; Hefe-, Rühr- und Blätterteig 2–3; Hefekleingebäck, Blätterteiggebäck (auch Pasteten) 2–4; Käsekuchen 3–4; Brötchen, Mürbteigböden, Biskuitböden, Obstkuchen oder -torte, Rührkuchen, Stollen, Brot 4–6.

Fertiggerichte

Fachleute haben ermittelt, daß es genau soviel Arbeit macht, für acht Personen Gulasch zu kochen wie für vier. Nicht nur Arbeit, sondern auch Energie (Strom, Gas) und Abwasch werden gespart, wenn man von bestimmten Speisen gleich mehr kocht und einen Teil zur späteren Verwendung tiefgefriert. In erster Linie sollten solche Gerichte eingefroren werden, die sehr viel Arbeit machen.
Nicht in Frage kommen alle Gerichte mit Mayonnaise und empfindliche Sahnespeisen. Da manche Gewürze bei längerer Lagerdauer »umschlagen«, würzt man nur sparsam und gibt dafür nach dem Auftauen frische Kräuter oder Gewürze dazu. Alle Fertigspeisen sollten mit Rücksicht auf das später notwendige Erwärmen nur knapp gegart werden, damit sie nicht zerfallen.
Besonders gefriergeeignet sind z. B. Gerichte mit Hülsenfrüchten, Gulasch, Frikassee, gekochte und gedünstete Gemüse, Kartoffelgerichte (mit Ausnahme von Salz- und Pellkartoffeln), eingedickte Suppen, mit Grieß oder Reis gebundene Süßspeisen (aber dabei kein Eiweiß unterziehen).
Lagerdauer von Fertiggerichten im allgemeinen bis zu 3 Monaten.

Küchendolmetscher

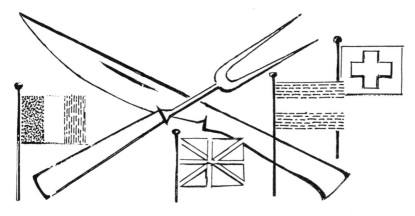

Woanders nennt man's anders – das kommt gerade auf dem Gebiet der Kochkunst so häufig vor, daß sich schon zwischen den Bewohnerinnen benachbarter Städte »Sprachschwierigkeiten« ergeben können. Ein österreichischer Lungenbraten ist nichts anderes als der altbekannte Lendenbraten, für Hackfleisch gibt es zwischen Hamburg und Wien ein gutes Dutzend verschiedener Bezeichnungen, und wer den Unterschied zwischen Schweizer »Gschwellti« und bayerischen »Gschwollenen« nicht kennt, bekommt vielleicht abgebräunte Wollwürste statt Pellkartoffeln serviert. Die wichtigsten küchen- und eßtechnischen Bezeichnungen (Abkürzungsschlüssel siehe am Schluß des Küchendolmetschers):

Adrio (schweiz.), Fleischroulade aus Hackfleisch und Lunge, im Schweinenetz gebraten.
Ananas (südd.-österr.), volkstümlich für Gartenerdbeere.
Anchovis, sauer marinierte Sardelle.
Apfelkraut (rheinl.), dicker Sirup aus frischen Äpfeln.
Aspik, Sülze, Sulz.
ausweiden, Wild ausnehmen.

Backerbsen (österr.), in Fett gebackene Teigtropfen (Suppeneinlage).
Bacon (engl.) Frühstücksspeck.
bähen (schweiz.), toasten, Brot in Butter anrösten.
Bärme (nordd.), Hefe.
Batate, Süßkartoffel.
Beeftea (engl.), sehr starke Rindfleischbrühe.

Beiried (österr.), Roastbeef.
Bertram(skraut), Estragon.
Besinge, Heidelbeere.
Beuschel (österr.), Lunge.
Bickbeere, Heidelbeere.
Birestunggis (schweiz.), Birnen mit Kartoffeln verkocht.
Biskotte (österr.), Löffelbiskuit.
Blaubeere, Heidelbeere.
Blaukabis (schweiz.), Rotkohl.
Blunzen (österr.), Blutwurst.
Bolle (nordd.), Zwiebel.
Bölle (schweiz.), Zwiebel.
Bouillon, Brühe.
Bouquet garni, Suppengrün.
Brägen (nordd.), Hirn.
Brägenwurst (nordd.), Wurst aus Schweinehirn.
Brät (schweiz.), rohe Bratwurstmasse; auch für Hackfleisch gebraucht.
Braunkohl (nordd.), Grünkohl.

Breitling, Sprotte.
Bries, Kalbsmilch.
Bröschen (südd.), Kalbsmilch.
Brösmeli (schweiz.), Semmelmehl.
Brotzeit (südd.), Vespermahlzeit, Zwischenmahlzeit.
Bruckfleisch (österr.), Ragout aus Herz, Leber, Milz, Bries und Kronfleisch.
Brüsseler Kohl, Rosenkohl.
Bulette (berl.), Frikadelle.
Bündner Fleisch (schweiz.), luftgetrocknetes Rindfleisch.
Butterteig (österr.), Blätterteig.

Canapés, pikant belegte kleine Weißbrotscheiben.
Caquelon (schweiz.), Fonduegefäß aus Steingut oder Gußeisen.
Catsup, *Catchup*, andere Schreibweisen für Ketchup.
Chäs (schweiz.), Käse.
Chäsbrätel (schweiz.), gebratener Käse, z. B. Raclette (S. 314).
Cholermues (schweiz.), Kaiserschmarren.
Chrut (schweiz.), Kraut.
Chueche (schweiz.), Kuchen.
chüschtig (schweiz.), würzig, herzhaft.
Cornet (schweiz.), Tüte.
Cornichons, kleine Essiggurken.
Cromesquis, Backteigkrusteln.
Croquettes, Kroketten.

Dampfel (österr.-südd.), Hefe-Vorteig.
Datschi, *Dootsch* (südd.), Hefeblechkuchen mit Obst.
Dekagramm (österr.), 10 Gramm, in österr. Kochbüchern als Mengenmaß üblich.
Dickmilch (nordd.), Sauermilch.
Dillenkraut (österr.), Dill.
Dorsch, Kabeljau.
Dorsche, Kohlrübe.
Dragun, *Dragon*, Estragon.
Dünkli (schweiz.), geröstete Weißbrotscheiben oder -würfel als Suppeneinlage.

Eierfrucht, Aubergine.
Eierkäse, Eierstich.
Eiklar (österr.), Eiweiß.
Eisbein (nordd.-berl.), gepökeltes Schweinedickbein.

Englisches Gewürz, Nelkenpfeffer, Piment.
Erbsmues (schweiz.), Erbspüree.
Erdäpfelstock (schweiz.), Kartoffelbrei.
Erdapfel, Kartoffel.
Eskariol, breitblätterige Endivie.

faschieren (österr.), durch den Fleischwolf drehen, fein wiegen (haschieren).
Faschiertes (österr.), Hackfleisch.
Feldhuhn, Rebhuhn.
Fisolen (österr.), Bohnen.
Flade (schweiz.), Blechkuchen, auch Eierkuchen.
Fleckerl (österr.), Spätzle.
Fleischpfanzel (österr.-südd.), Frikadelle.
Fleischspeck (österr.), durchwachsener Räucherspeck.
Fleuron, Blätterteig-Halbmond als Garnitur.
Flexe, *Flechse* (österr.), Sehne beim Schlachtfleisch.
Fliederbeere (niederd.), Holunderbeere.
Fondantglasur, gekochte Zuckerglasur.
Fotzelomelett (schweiz.), Kaiserschmarren.
Fotzgoschen (österr.-volkst.), Ochsenmaul.
Frivolités, kleine, ausgesuchte Leckerbissen, z. B. Canapés.

Gallertschüssel (sächs.), gekochte Schweins- oder Kalbsfüße in Sülze.
Gansbiegel (österr.), Gänsekeule.
Ganskragen (österr.), Gänsehals.
Gefrorenes (österr.), Speiseeis.
Gehacktes (mitteld.), Hackfleisch.
Gekröse, Kaldaunen, Kuttelfleck.
gelbe Rübe (österr.), Mohrrübe, Möhre.
Germ (österr.), Hefe.
Germbutterteig (österr.), Hefeblätterteig, Plunderteig.
Germteig (österr.), Hefeteig.
Geschnetzeltes (schweiz.), in feine Scheiben geschnittenes Fleisch.
Geschlinge, Innereien von Kalb, Hammel und Lamm mit Ausnahme von Herz und Leber.

Geselchtes (südd.-österr.), Rauchfleisch.
Gest (niederd.), Hefe.
Gestovtes (nordd.), Gedünstetes oder Gedämpftes, z. B. Obst.
Gewiegtes, Hackfleisch.
Gipfeli (schweiz.), Hörnchen.
Gitzi (schweiz.), Ziegenlamm, Kitz
Glace (schweiz.), Speiseeis.
Gnagi (schweiz.), gepökelte Schweineohren und -füße.
Goldapfel, Tomate.
Goldrübe, Karotte.
Gourmandise, kleiner Leckerbissen.
Grammeln (österr.), Grieben, Überbleibsel beim Ausbraten von Schweineschmalz.
Grapefruit, Pampelmuse.
Gratinpfanne (schweiz.), feuerfeste Form.
gratinieren, überbacken, überkrusten.
Grick (schweiz.), Ragout aus Kalbfüßen und -innereien.
Grünkohl, Braunkohl.
Gschmaß (österr.-volkst.), Kalbskopf und -füße.
Gschwellti, Geschwellte (schweiz.) Pellkartoffeln.
Gschwoll(e)ne (südd.), Wollwürste (ohne Haut), etwa den Weißwürsten vergleichbar.
Guetzli (schweiz.), kleines Gebäck.
Gugelhopf (schweiz.), Napfkuchen.
Guglhupf (südd.-österr.), Napfkuchen.
Gulyas, ursprüngliche Form des Wortes Gulasch, in Österreich heute noch so üblich.

Hackepeter (berl.-nordd.), Hackfleisch, in der Regel vom Schwein, fertig gewürzt.
Hägenmark, Hagebuttenmarmelade.
Hämmchen (rheinl.), gepökelte Schweinsfüße, Eisbein.
Häuptelsalat (österr.), Kopfsalat.
Hainbutte, Hagebutte.
Heidemehl (österr.), Buchweizenmehl aus Heidekorn (Buchweizen).
Herrenpilz (österr.), Steinpilz.

Hesse, Kalbs- oder Rinderhaxe
Hetschepetsche (österr.), Hagebutte.
Hirschenes (österr.), Hirschfleisch.
Holler, Holunder.
Hopfenspargel, Hopfensprossen.
Hüffen- oder *Hiffenmark,* Hagebuttenmarmelade.

Indian, Puter, Truthahn.
Indianerkrapfen (österr.), Mohrenkopf.

Jause (österr.) Zwischenmahlzeit, Vesper.
Jus, Bratensaft.

Kabeljau, Dorsch.
Kabis (schweiz.), Kohl.
Kaiserfleisch (österr.), gepökelter und geräucherter Brustspeck.
Kalbsmidder (niederd.), Bries, Kalbsmilch.
Kalbsstelze (österr.), Kalbshaxe.
Kaldaunen, Gekröse, Kuttelfleck.
Kaneel, Zimt.
Kapaun, Masthahn.
Kappes (rheinl.), Kohl, Sauerkraut.
Karausche, Süßwasserfisch aus der Familie der Karpfen.
Karfiol (österr.), Blumenkohl.
Katzenschrei (südd.), eine Art Eierkuchen mit feingeschnittenen Braten- oder gekochten Fleischresten.
Kebab, Kabab, Fleischspießchen (Schaschlik).
Kipfe(r)l (österr.-südd.), Hörnchen.
Kissel (balt.-russ.), Kompott, dessen Soße mit Speisestärke gebunden ist.
Kitz (österr.), Ziegenlamm.
Klaben (nordd.), Rosinenweißbrot.
Kletzenbrot (österr.-südd.), Weihnachtsgebäck mit getrockneten Birnen oder Äpfeln (Kletzen).
Klops (nordd.), Fleischkloß, meist gekocht, seltener gebraten.
Knöcherlsulz (südd.), gekochte Kalbs- oder/und Schweinsfüße in Sülze.
Knöpfli (schweiz.), Spätzle verschiedener Form.

köcheln (schweiz.), auf kleinster Flamme kochen lassen.
Körbelkraut, Kerbel.
Kohlrübe, Steckrübe.
Kohlsprossen (österr.), Rosenkohl.
Kräppel (mitteld.), Krapfen, Schmalzgebackenes.
Kranbeere, Kronsbeere (nordd.), Preiselbeere.
Kranewittbeere, Wacholderbeere
Krautstiele (schweiz.), Mangold.
Krautwickel, Kohlroulade.
Kren (österr.-südd.), Meerrettich.
Krenfleisch (österr.), gekochte Schweinebrust oder -schulter mit Meerrettich.
Kronfleisch (österr.), Rinderzwerchfell, wie Wellfleisch gekocht.
Krusebeere, Stachelbeere.
Krusteln, Kroketten.
Kukuruz (slaw.), Mais.
Kuschelemusch (rheinl.), überbakkener Restetopf.
Kuttelkraut (österr.), Thymian.

Lachs, Salm.
Laffli (schweiz.), geräucherte Schweineschulter.
Laiberl (südd.), Hefeteigsemmel.
Landjäger, harte, flachgepreßte, getrocknete und stark geräucherte Wurst.
Langustine, kleiner Seekrebs aus dem Mittelmeer.
Lattich, Kopfsalat.
Lauch, Porree.
Laubfrosch (schweiz.), Kohlroulade.
Leberkäs(e) (südd.), eine Art Pastete aus Kalbsleber, Rindfleisch und Speck.
Lembratel, Lendbraten (schweiz.), gebratene Rinderniere.
Liebesapfel, Tomate.
Liebesknochen, Eclairs (Brandteiggebäck mit Cremefüllung).
Löser (österr.), Kuttelfleck, Kaldaunen.
Luftsuppe, Einlaufsuppe.
Lungenbraten (österr.), Rinderfiletbraten, Lendenbraten.

Märkische Rübe, Teltower Rübchen.
Magsamen, Mohn.

Marillen (österr.), Aprikosen.
Marinade, Beize, Salatsoße.
Marone, Eßkastanie.
Maschin(en)rostbraten (österr.) Rinder-Rostbraten, der in kleiner Deckelform mit Kartoffeln und Champignons fertiggekocht wird.
Medaillon, kleine Fleischscheibe.
Melanzane, Aubergine.
melieren, mischen.
Milcher, Milchner, ganz allgemein der männliche Fisch im Gegensatz zum weiblichen, dem Rogner oder Rogener.
Milken (schweiz.), Kalbsmilch.
Mint, Pfefferminze.
Mögge (schweiz.), Kuchen.
Molukke (schweiz.), Muskatnuß.
Monatsrettich, Radieschen.
Mostrich, Mostert (nordd.), Senf.
Mürbebraten, Filetbraten, besonders vom Schwein.
Mutschelmehl, Semmelmehl.

Nagerl (österr.), Gewürznelke.
Navarin (franz.), Hammelragout.
Nektarine, Pfirsichart mit glatter Schale.
Nockerl (österr.-südd.), Spätzle, kleine abgestochene Klöße.
Nüßlisalat (schweiz.), Feldsalat, Rapunzel.

Oberrübe, Kohlrabi.
Obers (österr.), Sahne, Schlagsahne.
Oberskren (österr), Sahnemeerrettich.
Ochsenauge, Spiegelei.
Ochsenschlepp (österr.), Ochsenschwanz.
Ölsoße (schweiz.), Mayonnaise.

Pahlerbsen, Erbsenart in Hülsen mit hartschaliger Haut.
Pain, Fleischpasteten-Art.
Palatschinke (österr.), dünner Eierkuchen, Pfannkuchen.
Palten (balt.), mit Schweineblut zubereitete Speckklöße.
Pannhas (westf.), Gericht aus Buchweizenmehl, Wurstbrühe, Speck und Schweineblut.
Paradeis (österr.), Tomate; Mehrzahl: Paradeiser.

Passevite (schweiz.), Rührsieb zum Passieren.
Pasteke, Wassermelone.
Peperoni, kleine, sehr scharfe Paprikaschoten.
Pie, englische Schüsselpastete mit Teigdeckel.
Pignole, Pinienkern.
Pilzling (österr.), Pilz.
Pinkelwurst, Pinkel, Wurst aus roher Hafergrütze und Rindertalg, geräuchert.
Plat russe, feuerfeste Form.
Plattenmilch (schweiz.), im Ofen gestockte, mit Milch verquirlte Eier.
Platz, thüringischer Hefekuchen.
Plätzli (schweiz.), dünn geklopfte Fleischstücke, Schnitzel.
Plinse (ostd.), Eierkuchen, auch Buchweizen- oder Kartoffelplätzchen.
Pökeling, Bückling.
Pofesen (österr.), Pavesen, gefüllte, gebackene Weißbrotscheiben.
Porree, Lauch.
Poularde, Masthuhn.
Powid(e)l (österr.), Pflaumenmus.
Prägel (schweiz.), Kirschenspeise mit Brotwürfeln.
Preßsack (südd.), dicke Blut- oder Sulzwurst.
Preußen (schweiz.), Schweinsohren aus Blätterteig.
Pruntruter Kachel (schweiz.), Fonduegefäß aus Steingut.
Puffbohne, große Bohne.
Puter, Truthahn.

Radi (südd.), Rettich.
Räben (schweiz.), weiße Rüben.
Raine (südd.), Bratenpfanne.
Rande (südd.), rote Rübe.
Rapunzel, Feldsalat.
Rauchfleisch (nordd.), geräuchertes Rindfleisch.
Reindl (süd.-österr.), Kasserolle.
Ribisel (österr.), Johannisbeere.
Ringlotte (österr.-volkst.), Reineclaude.
Rippespeer (Kasseler R.), gepökeltes Schweinekarree, leicht angeräuchert.
Risi-pisi (Risibisi), Reis und Erbsen.

Rissolen (österr.), Pastetchen, den Maultaschen ähnlich.
Ritscher (österr.-schweiz.), Perlgraupen mit grünen Erbsen.
Rode Grütt (nordd.), Rote Grütze (Süßspeise).
Röster (österr.), gedünstetes Obst.
Rösti (schweiz.), gebratene Kartoffeln oder Knöpfli (Spätzle).
rote Beete, rote Rüben.
Roux (schweiz.), Mehlschwitze.
Rübenkraut (rhein.), Zuckerrübensirup.
Rübli (schweiz.), Karotten, Mohrrüben.
Rundstück (hamb.), Semmel.

Salm, Lachs.
Salmi, braunes Ragout von Wildgeflügel.
Sardine, in Öl gegarter heringsähnlicher Fisch.
Saubohne, große Bohne.
Savoyerkohl, Wirsingkohl.
Scampi (ital.), Mittelmeerkrebschen.
Schabefleisch (berl.), Rinderhackfleisch.
Schillerlocke, Blätterteigrolle mit Sahne- oder Cremefüllung; auch: goldbraun geräuchertes Dornhai-Fleisch.
Schlegel, Schlög(e)l (österr.), Keule.
Schmand, Schmant (ostd.), Sahne.
Schmer, Schweineschmalz.
Schmetten (schles.), Sahne.
Schneerute (österr.), Schneebesen.
Schöberl (österr.), Biskuits als Suppeneinlage.
Schöps (österr.), Hammel.
Schotten (südd.), Quark.
Schrippe (berl.), Semmelart.
schröpfen (österr.), kreuzweises Einschneiden der Schwarte beim Schweinebraten.
Schübling (schweiz.), Bauernwurst.
Schwamm, Schwammerl (österr.-südd.), Pilz.
Schwärtelbraten (südd.), Schweinebraten, mit der Schwarte zubereitet.
Schwartenmagen, Sulzwurst.
Schwarzbeere, Heidelbeere.
Schweinestelze (österr.), Schweinehaxe.

Schweser, Bries, Kalbsmilch.
selchen, räuchern.
Selchfleisch (österr.), geräuchertes Schweinefleisch.
Selchkarree (österr.), Kasseler Rippespeer.
Semmelbrösel, Paniermehl, Weckmehl, Semmelmehl.
Senf, Mostrich.
Setzei, Spiegelei.
Shrimp, Garnele.
Snacks, Gabelbissen.
Spagat (österr.), Bindfaden.
Spickaal (niederd.), Räucheraal.
Spickgans (nordd.), gepökelte und geräucherte Gänsebrust.
Sprossenkohl, Rosenkohl.
Stachys, aus Japan stammende Gemüseart, wie Kartoffeln gekocht; auch Knollenziest genannt.
Stanitzel (österr.), Tüte, auch Spritztüte.
Staubzucker, Puderzucker.
Steckrübe, Kohlrübe.
Sterz (österr.), gekochter Mehlbrei, ähnlich der Polenta.
Stielmus (westf.), Rübstiel, Streifrüben.
Stock (schweiz.), Kartoffelbrei.
Stövchen (niederd.), Rechaud.
Stotzen (schweiz.), Keule.
stoven, stowen (nordd.), dünsten, dämpfen.
Strauben (österr.), Schmalzgebäck.
Stuten (nordd.), längliches Weißbrot, auch mit Rosinen.
Suermoos (westf.), Sauerkraut.
Sukkade, Zitronat.
Sulperknochen, Solberknochen (hess.), gepökelte Schweineschnauze, -ohren, -bein und -schwanz.
Sulz, Sülze, Aspik.
Surfleisch (südd.), gepökeltes, oft auch angeräuchertes Fleisch.
Surhaxe (südd.), gepökelte Schweinsfüße; Eisbein.

Tafelspitz, Rindfleisch aus dem Schwanzstück nach der österr. Teilung.
Tarteletten, Torteletts, Törtchen aus Knet- oder Blätterteig, blind gebacken, für Obst-, Fleisch- oder Gemüsefüllung.
Tellerfleisch (österr.), gekochtes Rindfleisch, mit etwas Brühe und Suppengemüse serviert.
Thon (schweiz), Thunfisch.
Topfen (südd.-österr.), Quark.
Traufen (schweiz.), in Fett gebackene Teigtropfen (Suppeneinlage).
Tunke (nordd.), Soße.

Vogelheu (schweiz.), Eierspeise.
Vogerlsalat (österr.), Feldsalat, Rapunzel.

Wachseier (schweiz.), wachsweich gekochte Eier.
Wädli (schweiz.), gepökelte Schweinsfüße.
Wähe (schweiz.), süßer oder auch salziger Blechkuchen.
Wammerl (südd.), Schweinebauch.
Weichsel, Sauerkirsche.
Weitling (österr.), Rührschüssel.
Wellfleisch, kernig gekochtes Bauchfleisch des frischgeschlachteten Schweines.
Wruke (nordostd.), Kohlrübe.
Wurstebrot (westf.), mehlhaltige Blutwurst.
Wurstkraut, Majoran.

Zibebe (südd.), Rosine.
Ziemer, Rücken, bes. bei Wild.
Zipolle, Zwiebelart.
Znüni (schweiz.), zweites Frühstück, Neunuhrpause.
Zuckermehl, Puderzucker.
Züpfe (schweiz.), Hefeteigzopf.
Zvieri (schweiz.), Vesper, Vieruhrpause.

Abkürzungen: balt. = baltisch, berl. = berlinerisch, hamb. = hamburgisch, hess. = hessisch, mitteld. = mitteldeutsch, niederd. = niederdeutsch, nordd. = norddeutsch, österr. = österreichisch, ostd. = ostdeutsch, rheinl. = rheinländisch, russ. = russisch, sächs. = sächsisch, schweiz. = schweizerisch, schles. = schlesisch, slaw. = slawisch, südd. = süddeutsch, volkst. = volkstümlich, westf. = westfälisch.

Grundrezepte

Backwerk
Biskuit für Rollen 455
Biskuit für Torten 463
Blätterteig 441
Brandteig 438
Buttercreme 472
Hefeteig 407
Knetteig 417
Rührteig 431
Schaumgebäck 448
Zuckerglasur 470

Eierspeisen
Eierkuchen 97
Eierstich 63
Gekochte Eier 92
Omelett 98
Rühreier 95
Spiegeleier 94
Verlorene Eier 94

Eintopfgerichte
Bohnentopf 307
Himmel und Erde 307
Pichelsteiner Fleisch 303

Fisch
Fischfilet in Folie 172
Fischfilet gebraten 331
Forelle blau 213
Gedünsteter Fisch 203
Hecht nach Müllerin-Art 214

Fleisch
Filetbraten 132
Frikadellen 158
Gulasch 135
Hackbraten 158
Nürnberger Sauerbraten 501
Ragoût fin 140
Schaschlik 148
Schmorbraten 131
Schnitzel 138

Geflügel
Gänseklein 189
Gebratenes Huhn 183
Hähnchen vom Grill 169
Huhn in Reissuppe 183
Hühnerfrikassee 184

Gemüse
Erbsen und Karotten 244
Erbspüree 249
Gedünstete Mohrrüben 233
Gedünstetes Sauerkraut 231
Gefüllte Tomaten 241
Gekochter Stangenspargel 234
Spinat 230

Getränke
Ananasbowle 395
Glühwein 391
Kaffee 386
Kakao 390
Milchmischgetränke 393
Tee 389

Kalte Küche
Dips 320
Kalbsleberpastete 319
Pikante Butter 325
Spießchen 323
Sülze 322

Kartoffeln
Bratkartoffeln 264
Gebackene Kartoffeln 263
Kartoffelbrei 268
Kartoffelkroketten 269
Kartoffelpuffer 270
Pellkartoffeln 260
Pommes frites 267
Salzkartoffeln 263

Knödel und Klöße
Schlesische Hefeklöße 275
Semmelknödel 278
Thüringer Klöße 272

Mehlspeisen
Grießbrei 291
Kaiserschmarren 293
Mehlpudding 301
Semmelauflauf 296
Strudelteig 300
Zwetschgenknödel 293

Pilze
Gedünstete Pilze 254
Steinpilz-Bratlinge 253

Quark und Käse
Fondue 314
Käsetoast 313
Quark-Brotaufstrich 309

Reis und Teigwaren
Hafergrütze 287
Hausmachernudeln 288
Reis als Beilage 282
Risotto 283
Spätzle 289

Salate
Fleischsalat 124
Heringssalat 121
Kartoffelsalat 117
Käsesalat 122
Kopfsalat 113
Obstsalat 127

Soßen
Dunkle Grundsoße 105
Helle Grundsoße 101
Mayonnaise 109
Salatsoße 106
Vanillesoße 111
Weinschaumsoße 112

Süßspeisen
Apfelkompott 365
Grießpudding 372
Quarkspeise 377
Sahneeis 380
Vanillecreme 374

Suppen
Bunte Gemüsesuppe 69
Dunkle Einbrennsuppe 65
Helle Einbrennsuppe 65
Hühnerbrühe 61
Klare Fleischbrühe 60
Knochenbrühe 61
Milchsuppe 76
Obstsuppe 75
Schleimsuppe 65

Wild
Hasenbraten 194
Hasenpfeffer 197
Rehrücken 198

Schlagwortregister

293	Aufläufe	348	Krankenkost
503	Auslandsküche	48	Kräuter
401	Backen	218	Krustentiere
455	Biskuitteig	26	Kücheneinrichtung
441	Blätterteig	557	Küchendolmetscher
395	Bowlen	290	Mehlspeisen
438	Brandteig	396	Mixgetränke
492	Deutsche Leibgerichte	417	Mürbteig
348	Diätvorschläge	363	Nachspeisen
91	Eierspeisen	19	Nährstoffe
38	Einkaufstips	251	Pilze
543	Einkochen	372	Puddinge
303	Eintopfgerichte	377	Quarkspeisen
380	Eis	281	Reisgerichte
25	Ernährungsregeln	431	Rührteig
542	Familienfeste	356	Säuglingsernährung
539	Festessen	113	Salate
202	Fischgerichte	218	Schalentiere
176	Flambierte Gerichte	328	Schnellküche
129	Fleischgerichte	344	Schutzkost
114	Frischkost	57	Sonntagsfrühstück
55	Frühstück	100	Soßen
181	Geflügel	322	Sülzen
223	Gemüse	59	Suppen
385	Getränke	363	Süßspeisen
48	Gewürze	287	Teigwaren
163	Grillgerichte	335	Tiefkühlkost
563	Grundrezepte	543	Tiefgefriertechnik
406	Hefeteig	529	Tischdecken
317	Kalte Küche	460	Torten
75	Kaltschalen	21	Vitamine
310	Käsegerichte	34	Vorräte
259	Kartoffelgerichte	78	Vorspeisen
356	Kinderernährung	453	Waffeln
417	Knetteig	474	Weihnachtsgebäck
271	Knödel, Klöße	192	Wildbret
174	Kochen mit Wein		

Kalorienregister

Kursiv gedruckte Ziffern verweisen auf Abbildungen.
Bei allen Rezepten mit Mengenangaben sind die Kalorien
(Kal.) und Joule je Portion bzw. Stück angegeben

	Kal.	Joule
A		
Aachener Printen 480, 481, 483	95	398
Aal 211, 213, *218*	–	–
–, Hamburger 492, *494*	925	3873
– mit Maiskölbchen *316*, 320	234	980
Aalsuppe 493, *498*	566	2370
Aaltopf, feiner 217, *218*	440	1842
Abendbrottisch *525*, 530	–	–
Abendessen *525*, 540	–	–
Abzi l'amid 519	254	1063
Allgäuer Hirtenfrühstück 57, *57*	185	775
– Käsesuppe *67*, 68	278	1164
– Kässpätzle *497*, 501	787	3295
– Suppenknödel *277*, 278	527	2206
Allgemeine Grunddiät 349	–	–
Almkaffee 389	154	645
Alters-Schutzkost 345	–	–
Amerikanische Gurke 82, *83*	238	996
Ananas, gefüllte *126*, 127	400	1675
– Bowle 395	299	1252
– Buttercreme 473	206	862
– Granité 395	158	662
– mit Früchten 364, *364*	431	1805
– Punsch 391	334	1398
– Törtchen 421	262	1097
– vom Grill *162*, 170	111	465
Anbauküchen 28, *36*	–	–
Anchovisbutter 325	239	1001
Anis 48	–	–
– Kuchen *426*, 436	320	1340
– Plätzchen 483, *484*	26	109
Annakartoffeln 266, *266*	221	925
Antipasti 83	–	–
Äpfel, grillierte *162*, 170, *170*	204	854
Apfel im Schlafrock (Blätterteig) 447	442	1851
– (Knetteig) 430, *430*	515	2156
Äpfel und Zwiebeln 349, 354	337	1411
Apfel-Beignets 452, *452*	580	2428
– Himbeer-Pudding *112*, 374	301	1260
– Kompott 365	210	879
– Kuchen (Hefeteig) 412	178	745
– Kuchen (Knetteig) 423	239	1001
– Kuchen (Rührteig) *420*, 435	210	879
– Kuchen, gedeckter 427	329	1377
– Reis 291	698	2922
– Reissalat 123, *123*	314	1315
– Schmarren 293	670	2805
Apfelsinen-Bowle 395	291	1218
– Creme 374	273	1143
– Joghurt 394, *394*	202	846
– Kaltschale 76	323	1352
– Marmelade 545	–	–
– Quark 377	300	1256
Apfel-Soße 506	165	691
– Strudel *295*, 299, 300	804	3366
– Törtchen 422	274	1147
Apple Sauce 506	165	691
Aprikosen, flambierte 178	37	155
– Buttercreme 472	190	795
– Knödel 293	879	3680
– Punsch 391	334	1398
– Quark 377	339	1419
– Quarktörtchen 422	207	867
– Torte 418	245	1026
Arbeitsgerät (Küche) 32	–	–
Armagnac-Pflaumen 548	–	–
Arme Ritter 292, *294*	270	1130
Arrakcreme 471	75	314
Artischocken 137, *139*, 224	–	–
–, gekochte 226	120	502
– Böden Odessa 226, *245*	281	1176
– Böden Toselli 225	147	615
Aspik 322	–	–
– zum Garnieren 323	11	46
Aspikgerichte 322	–	–
Auberginen 238, 242, *242*	–	–
– ägyptisch *511*, 519	345	1444
– in Bierteig 542	479	2005
– mit Pilzreis 242, *242*	271	1135
Aufbaukost 348	–	–
Aufläufe 493	–	–
Auflauf aus Wildresten *196*, 200	387	1620
Aufschnitt 318, *325*	–	–
Ausbackteig 452, 453	331	1386
Ausgezogene 452, *452*	153	641
Auslandsküche 503	–	–
Austern 218, *219*, 220, *221*	–	–
Autofahrer-Schutzkost 346, *352*	–	–

	Kal.	Joule
Auto-Mix *387*, 394	715	2994
B		
Bacardi Cocktail *388*, 398	138	578
Backen 401	–	–
Backfertiger Teig 340	–	–
Backform 432, *432*	–	–
Backgeräte 32	–	–
Backgewürz 48	–	–
Backkorb 267	–	–
Backobsttörtchen 422	311	1302
Backpulver-Mehlklöße 276	534	2236
Backregeln 402	–	–
Backtemperaturen 403	–	–
Backwaren tiefgefrieren 556	–	–
Backzeiten 403, 405	–	–
Baisers *425*, 448, *449*	44	184
Baiserböden 449	73	306
Bananen vom Grill *162*, 169, *170*	189	791
– Quark *351*, 354	182	762
– Törtchen 422	249	1043
Barbecue 172	–	–
Barbottage *397*, 398	62	260
Basilikum 48, *50*	–	–
Baumkuchen (Kastenform) 458, *458*	300	1256
– Schnitten *425*, 458	294	1231
Bayerische Brennsuppe 501, *501*	326	1365
– Dampfnudeln *294*, 295	861	3605
– Küchel 452, *452*	153	641
– Reibeknödel 272	450	1884
Béarner Soße 104, *144*	237	992
Béchamelkartoffeln 260	511	2139
Béchamelsoße 103, *108*	298	1248
Becherglas 527	–	–
Becherpastetchen 507, *515*	282	1181
Beef international 304, *304*	514	2152
Beefsteak, deutsches 158, *333*	409	1712
– mit Essigmüse 329, *333*	409	1712
– Tatar 318, *352*	327	1369

565

	Kal.	Joule		Kal.	Joule		Kal.	Joule
Beete, rote 234	170	712	-Salat 119, *125*	406	1700	Buchweizen 286	–	–
Beifuß 48, *50*	–	–	-Suppe 70	169	708	- -Grütze 287	208	871
Beignets 452, *452*	580	2428	-, überbackener 225, *225*	166	695	- -Kascha 511	381	1595
Beikost für Säuglinge 361	–	–	Blütengemüse 224	–	–	- -Plinsen 510	574	2403
Beilagen zu gebratenem Huhn 183	–	–	Bœuf Stroganoff 135	389	1629	Bückling 210, 211, *212*	–	–
Beizen für Wild 193	–	–	Böhmische Griebenknödel 278	955	3998	Bücklingsrührei 171, 212	550	2303
Belegte Brote 324, *324*	–	–	Bohnen 244	–	–	Büfett, Kaltes 325, 327, *541*	–	–
Berliner Pfannkuchen 425, 450	204	854	- Burgunder Art 505, *505*	323	1352	Bunter Bohnentopf 307, *307*	757	3169
Bestecke 527, *529*	–	–	-, dicke 244, *247*	1058	4430	Bunte Brote 325	–	–
Beuschel, Wiener 155, *277*	370	1549	-, grüne 151, 247	211	883	- Gemüseplatte 245, 248	158	662
Biberle 478, *484*	44	184	-Kraut 49, *50*	–	–	- Gemüsesuppe 67, *69*	163	682
Bienenkorb 157, *157*	543	2273	-Salat 117	153	641	- Gewürzplätzchen 486	60	251
Bienenstich 413, *413*	189	791	-Salat in Paprikaschoten 118, *118*	278	1164	- Käsebissen 321, *321*	–	–
Bier-Kaltschale 77	268	1122	-Topf, bunter 307, *307*	757	3169	- Obstsülze 368	442	1851
- -Suppe 77	291	1218	-Topf mit Gänsefleisch 307, *307*	928	3885	- Obsttorte 410, 421	216	904
Bigosch 496	661	2767	- und Möhren mit Hammelkoteletts 250, *250*	870	3643	- Spießchen 323	–	–
Bircher-Raffel *343*	–	–				Burgunder Soße 105	224	938
Birne Hélène 383	539	2257	Borretsch 49, *50*	–	–	Buschbohnen 244	–	–
Birnen, pikante 365	185	775	Borschik 303, *304*	608	2546	Büsumer Krabben 84	229	959
- -Taschen 447, *447*	277	1160	Borschtsch 510	532	2227	Butter 20, 40	–	–
Biskuit (für Torten) 463	108	452	Bouillabaisse 504	450	1884	- -Creme, echte 471	183	766
- -Kastentorten 457, *462*	265	1110	Bouillonkartoffeln 263	222	929	- -Creme, einfache 471	174	729
- -Omeletts 457, 459	114	477	Bowlen-Garnitur *528*	–	–	- -Creme-Garnitur *473*	–	–
- -Plätzchen 459	41	172	- -Nachmittag *538*	–	–	- -Creme-Torte 464	356	1491
- -Ringe 459	158	662	- -Zubereitung 495	–	–	- -Kuchen 414	199	833
- -Rollen 455, *456, 462*	90	377	Brandteig 438	–	–	- -Kugeln *84*	–	–
- -Rollen mit Konfitüre 456, *457*	140	586	- -Schwänchen 439, *440*	281	1176	- -Locken *84*	–	–
- -Schnitten 457, *462*	265	1110	Brandy Cocktail 397	74	301	-, pikante 325	–	–
- -Teig 455, 460, *460*	–	–	- Crusta 398	88	368	Buttermilch 40	–	–
- -Waffeln 454	110	461	Bratäpfel für Feinschmecker 365, *365*	360	1507	- -Beize 193	–	–
Bismarck-Eier 96	290	1214	- vom Grill *162*, 170	204	854	- -Gelee 377	143	599
Bistecca alla Fiorentina 514, *514*	308	1290	Bratfisch, gefüllter 207	569	2382	- -Kaltschale 74, 76	239	1001
Bitki à la Mascotte *158*, 159	289	1210	Brathähnchen 181	–	–	Butterpilze, gebratene 254	177	741
Blätterteig 441	–	–	Bratheringe, eingelegte 211	872	3651	Butterreis 282	325	1361
- -Brezeln 447, *447*	202	846						
-, echter 441	703	2943	- Windsor 203, 211	1164	4873	**C**		
- -Halbmonde 445	115	481	Bratkartoffeln (aus gekochten Kartoffeln) 264	270	1130	Café Acapulco 389	201	842
- -Kleingebäck *443*, 445, *446*	–	–	- (aus rohen Kartoffeln) 264	426	1784	- brûlot 389	267	1118
- -Pastete 442, *515*	703	2943	Braune Kräutersoße 106, *107*	116	486	Camembert-Dip 321	121	507
- -Pastete mit Geflügelragout *334*, 337	569	2382	Breie 290	–	–	Capuccino 386	192	804
- -Schiffchen 146	230	963	Brieschen 152	205	858	Cassoulet 504, *504*	965	4040
- -Weihnachtsgebäck 484, *485*	105	440	Brillenschnecken 415	161	674	Cayennepfeffer 49	–	–
- -Zubereitung *442*	–	–	Brioches *415*, 416	153	641	Cevapcici 512	308	1290
Blattgemüse 226	–	–	Broccoli 248	349	1461	Champignons *247*	–	–
Blattsalate 113, *116*	–	–	Brot 38, 39	–	–	- in Käsesoße 253, *257*	973	4074
Blaukochen 213	–	–	Brote, belegte 324, *324*, 325	–	–	- vom Grill 258	265	1110
Blechgrumbeeren 500	788	3299	Brotaufstrich 309, 325	–	–	Champignons-Cremesuppe 74	183	766
Blechkuchen 412, *414*	–	–	Broteinheiten 349, *355*	–	–	- -Fondue 314	713	2985
Bleichsellerie 234, 237	114	477	Brotpudding 302, *302*	439	1838	- -Omelett 97, 98	845	3538
Blindhuhn, westfälisches 499, *500*	605	2533	Brotsuppe 67	248	1038	- -Reis *282*, 283	379	1587
Blini 510	574	2403	Brühe 459	–	–	Chantilly-Kartoffeln 270, *270*	511	2139
Blumenkohl *143*, 224	–	–	Brühkartoffeln 263	222	929	- -Soße *104*, 110	269	1126
-, gekochter 225	368	1541	Brühreis 282	560	2345	Charlotte Malakoff 375, *375*	608	2546
- mit Käsecreme 311, *315*	207	867	Brunch 54, 57	–	–	Chateaubriand 133, *144*	411	1721
			Brunnenkresse 114, *114*	–	–	Chaudeau 112	156	653
						Cheeseburger 520	335	1403
						Cheesecake 428, *428*	299	1252

	Kal.	Joule		Kal.	Joule		Kal.	Joule
Chicagosalat 118, *126*	192	804	Doppelrahm-Frischkäse 40	–	–	–, hell 63, 65	254	1063
Chicorée *233*, 234	–	–	Doppelrahmkäse 40	–	–	Einfache Baisers 449	44	184
– -Gemüse 236	265	1110	Doppeltes Quarkgelee			– Buttercreme 472	174	729
– -Salat 116, *126*	134	561	*378*, 379	295	1235	Einfacher Hefe-Napf-		
Chillies 53	–	–	Doppelzopf 411, *413*	328	1373	kuchen 408	185	775
Chillisoße 52	–	–	Dornhai 211	–	–	– Hefestollen 408, *412*	124	519
Christstollen 475	201	842	Dorsch 202	–	–	Einfaches Pfefferkuchen-		
Cocktailparty 540	–	–	Dosenmilch 39	–	–	haus 481, *482*	686	2872
Cocoa Flip 398	131	548	– -Schnellspeise *379*, 380	120	502	Einfacher Quarkstollen		
Consommé double 60	315	1319	Drehspieß 163, *164*, 168	–	–	476, *479*	170	712
Cordon bleu 139	400	1675	Dresdner Christstollen			Eingelegte Bratheringe 211	872	3651
Corn-Crisps 519, *519*	427	1788	457, *476*	201	842	– Heringe 210	516	2160
Corned-beef-Gulasch			Dressieren 187	–	–	Einkauf 38	–	–
330, *330*	438	1834	Dunkle Einbrennsuppe 65	247	1034	Einkochen 544	–	–
Courgettes 238	–	–	– Grundsoße 105	147	615	Einkochzeiten 545	–	–
Creme in Schokoladen-			– Pilzsoße 253	203	850	Einladungen 537	–	–
törtchen *369*, 376	–	–				– zum Essen 539	–	–
Cremes *372*, 374, 468	–	–	**E**			– zum Wein 537	–	–
Cremespeisen 374	–	–				Einlauf 63, 65	64	268
Crêpes Suzette 178, *179*	775	3245	Eberswalder Spritzkuchen			Einmachregeln 544	–	–
Cumberlandsoße *108*, 111	216	904	451, *451*	150	628	Einrichtung der Küche		
Curry 49, *53*	–	–	Echte Buttercreme 472	183	766	27, 28	–	–
– -Butter 325	236	988	Echter Blätterteig 441	703	2943	Eintopf-Gerichte 306	–	–
– -Mayonnaise 109, *161*	210	879	Echte Schildkrötensuppe			– aus der Languedoc 504	965	4040
– -Quark 309	57	239	65	150	628	–, irischer 151	604	2529
– -Reis *222*, 280, 283	374	1566	Eclairs 440, *443*	157	657	– -Zubereitung *306*	–	–
– -Soße 189	–	–	Edelsüß-Paprika 50	–	–	Einwecken 544	–	–
			Ei, pikantes *90*, 97	325	1361	Eis 380, *381*	–	–
D			Eier 42, 91, *404*	–	–	– aus der Dose 380	–	–
			– auf Geflügelresten			– aus Pulver 380	–	–
Dahorp *511*, 512	549	2299	*90*, 96	284	1189	Eisbein mit Sauerkohl 495	1182	4949
Damenkaffee *534*, 538	–	–	– -Auflauf 99	204	854	Eisblock, garnierter		
Dämpfeinsatz 224	–	–	– -Fleischbrühe 328, *329*	129	540	*369*, 384	305	1277
Dämpfel 406	–	–	– -Früchte 238	–	–	Eisbombe 384, *444*	348	1457
Dampfnudeln, bayerische			–, gefüllte 91, 92, *92*	319	1336	Eischwerkuchen *426*, 434	213	892
294, 295	861	3605	–, gekochte 92	90	377	Eiscreme-Soda 383, *384*	313	1310
Dänischer Fischsalat			– -Igel *92*, 93	312	1306	Eis-Domino 382, *382*	460	1926
121, *126*	100	419	– in Aspik *90*, 93	116	486	Eiseimer 397	–	–
Dansk Smörrebröd 508	–	–	Eierkuchen, einfach			Eisen 23	–	–
Datteltorte 437, *437*	290	1214	96, 97	439	1838	Eierkuchen 454, *454*	91	381
Delikateß-Becher 382,			–, fein 96, 97	239	1001	Eiszange 397	–	–
383	515	2156	–, indische Art 521, *521*	719	3010	Eiskaffee 389	378	1583
– -Paprika 50	–	–	– mit Schlagsahne 97	426	1784	Eis-Schokomilch *387*, 394	638	2671
Dessert 363	–	–	–, überbacken 99	627	2625	Eisspeisen 389	–	–
Deutsches Beefsteak			Eier mit Soße 93	–	–	Eistee *387*, 389, *394*	47	197
158, *333*	409	1712	– nach Hausfrauenart *90*,			Elektroherd 31	–	–
Diabetes-Diät *351*, 355	–	–	94	240	1005	Eiweißstoffe 20, 21	–	–
Diät 341, *351*	–	–	Eierpunsch mit Kirsch-			Elisen-Lebkuchen 477,		
– -Pilzreis 345, *352*	325	1361	wasser 391	354	1482	*480*, *483*	156	653
– -Tatar *316*, 318	357	1495	– mit Rotwein 391	334	1398	Elsässischer Hackfleisch-		
– bei Zuckerkrankheit 355	–	–	Eier-Quark 309	98	410	topf 160	606	2537
Dicke Bohnen mit Speck			– -Ringe *93*	–	–	– Käsekuchen 505, *518*	301	1260
247	1058	4430	– -Salat 123, 124	251	1051	Endiviensalat 114	118	494
Dicker Pickert 499	320	1340	– -Soße *90*, 111	170	712	Englische Vorspeisen 88	–	–
Dill 49, *50*	–	–	– -Speisen 91	–	–	Englischer Käse *425*, 435	295	1235
– -Kartoffeln 263	311	1302	– -Stich 63, *94*	66	276	Ente am Spieß 168	981	4107
– -Mayonnaise 109, *161*	206	862	– tiefgefrieren 555	–	–	– auf Kohl, geschmorte		
– -Soße 101	106	444	– -Teig 60	–	–	187, *188*	513	2148
Diner 539	–	–	– -Teigwaren 39	–	–	–, gebratene 184	1121	4693
Dips 320	–	–	–, verlorene 94	90	377	– nach St. Mandé 187, *189*	854	3576
Djuvec 512	335	1403	Einbrennsuppe, dunkel			Entrecôte double 165, *169*	398	1666
Dominosteine *480*, 481	92	385	63, 65	242	1013	Entsafter 33	–	–
						Erbsen 244	–	–

Eintrag	Kal.	Joule
-, gedünstete 244	272	1139
- in Béchamelsoße 244, 248	468	1959
- -Suppe 70, 71, 73	771	3228
- -Suppe, frische 73	291	1218
- -Suppe mit Kartoffeln 71, 73	633	2650
- und Karotten 144, 244	212	888
Erbspüree 249	471	1972
Erdbeer-Biskuitrolle 455	229	959
- -Bowle 395	301	1260
- -Buttercreme 473	177	741
- -Eisbecher 384	368	1541
- -Freeze 395	103	431
- -Gedicht 367, 367	318	1331
- -Most 394, 394	200	837
- -Nougattorte 410, 418	297	1243
- -Schnitten 340	160	670
- -Torte 418, 422	241	1009
- -Törtchen 421, 430	237	992
Erdnußöl 42	–	–
Ernährung des Kleinkindes 362	–	–
- des Kraftfahrers 346, 352	–	–
Ernüchterungscocktail 397, 399	86	360
Eskimo 393	472	1976
Essig-Beize 193	–	–
- -Früchte 316, 549	–	–
- -Gurken 549	–	–
- -Öl-Marinade 106	–	–
Estragon 49, 51	–	–
Extrastarke Kraftbrühe 60	315	1319

F

Eintrag	Kal.	Joule
Falscher Hase 158	725	3035
Fasan 182	–	–
-, gebratener 191, 191	625	2617
Faschingskrapfen 450	204	854
Faschingsparty 538	–	–
Feiner Aaltopf 217, 218	440	1842
Feine Buttercreme 472	230	963
Feiner Käseauflauf 311, 311	375	1570
- Mohnkuchen 436, 436	271	1135
- Osterzopf 409, 411	328	1373
- Quarkstollen 427, 429	207	867
Feiner Teekuchen 434	301	1260
Feines Ragout 140	422	1767
Feine Schichttorte 467, 467	504	2110
- Spargelsuppe 70, 72, 240	177	741
Feine Waffeln 454, 454	165	691
Feinschmecker-Bohnen 247, 249	290	1214
- -Forellen 214, 214	287	1202
- -Steak 136, 136	878	3676
Feldhasen 192	–	–
Feldsalat 114, 114	–	–
Fenchel, überbackener 244, 249	273	1143

Eintrag	Kal.	Joule
Fertiggerichte tiefgefrieren 556	–	–
Fessoudjan 518	1271	5321
Feste im Familienkreis 542	–	–
Festliche Eisbombe 384, 444	348	1457
Festlicher Sandkuchen 433, 433	314	1315
Fett 20, 22, 42	–	–
Fettgebackenes 450, 451	–	–
Fetthering 210	–	–
Fettopf 267	–	–
Feuerfestes Geschirr 526	–	–
Feuerzangenbowle 392, 392	593	2483
Fèves à la bourguignonne 505, 505	323	1352
Filet 130	–	–
- -Braten 132	506	2119
- -Steak 134	501	2098
- -Steak vom Grill 165	287	1202
Filterkaffee 386	–	–
Finger 450	254	1063
Fisch 42, 202	–	–
- -Eierkuchen 97	287	1202
- -Einkauf 42	–	–
Fischerfrühstück 212	292	1223
Fischfilet auf Feinschmeckerart 203, 204	477	1997
-, gebraten 331	212	888
-, gefüllt 203	487	2039
- in Folie 172	201	842
- in Weinsoße 336, 338	419	1754
Fisch-Frikadellen 209	331	1386
- Frikassee 207	567	2374
-, gedünsteter 203	233	976
-, geräucherter 205	–	–
Fischgerichte 202, 319	–	–
Fischgericht, flämisches 506	691	2893
-, Marseiller 504	450	1884
Fisch-Gulasch 330	286	1197
- -Hackteig 209	331	1386
- in Aspik 323	89	373
- -Klopse 209	331	1386
- -Öl 42	–	–
- -Pudding 209	331	1386
- -Ragout 208, 218	448	1876
- -Rollen, Stockholmer 208, 208	1170	4899
-, rotgekochter 522	129	540
- -Rouladen 207	499	2089
- -Salat 120	497	2081
- -Salat, dänischer 121, 126	100	419
- -Sülze 323	89	373
- -Suppe 66, 68	464	1943
- -Suppenklößchen 209	331	1386
- tiefgefrieren 554	–	–
- überbackener 209	744	3115
- vom Holzkohlengrill 173	205	858
Flädle 62, 62	260	1089

Eintrag	Kal.	Joule
Flambieren 176, 178	–	–
Flambierte Aprikosen 178	37	155
- Fondue 314	682	2855
- Lendenschnitten 177, 179	475	1989
Flambiertechnik 178	–	–
Flämisches Fischgericht 506	691	2893
Flaschenöffner 397	–	–
Fleisch 41, 134	–	–
- -Bällchen 509	253	1059
- -Bällchen, gegrillte 167	324	1357
- -Brühe 60, 64	173	724
- -Brühe mit Ei 328, 329	129	540
- -Brühe mit Gemüseeinlage 334	–	–
- -Eierkuchen 97	375	1570
- -Einkauf 42, 42	–	–
- -Einkochen 454	–	–
- -Fondue 134, 161	328	1373
- -Gerichte 129	–	–
- -Gerichte, kalte 318, 319	–	–
- -Gewürz 50	–	–
- in Aspik 322	145	607
- -Käse-Strudel 159, 160	539	2257
- -Klopse 158, 159	289	1210
- -Klößchen 64	107	448
- -Krauthäuptl 228, 239	510	2135
- -Pastete, kalte 159, 160	615	2575
- -Salate 123	–	–
- Salat, pikanter 124, 126	335	1403
- -Sülze 322	145	607
- -Taschen aus Blätterteig 340	502	2102
- -Teiggerichte 157	–	–
- tiefgefrieren 554	–	–
- -Tips 129	–	–
- -Tüten 319	–	–
- -Wolf 33	–	–
- -Würstchen vom Grill 512	308	1290
Florentiner 425, 482	166	695
Flunder 211	–	–
Flundern auf Kohl 210, 212	428	1792
Flußfische, grillte 168	–	–
Fondue 313, 314	–	–
- bourguignonne 134, 161	328	1373
- flambée 314	682	2855
- mit Champignons 314	713	2985
- mit Schinken 314	803	3362
- mit Trüffeln 314	716	2998
-, Neuenburger 314	682	2855
Forelle 213	–	–
- blau 213, 334	130	544
- blau aus der Tiefkühltruhe 334, 338	130	544
-, gefüllte 213, 215	–	–
-, gefüllte kalte 214, 216	263	1101
- nach Müllerin-Art 214	178	745
Formnudeln mit Fleischbällchen 288, 289	502	2102

	Kal.	Joule
Frankfurter Grüne Soße 105, 110	368	1541
– Kranz 434, 461	366	1532
Französischer Glühwein 391	234	980
Frikadellen 158	364	1524
Frikasseesoße 104	139	582
Frische Erbsensuppe 73	291	1218
Frischkäse 40, 81, 85	–	–
Frischkost-Brote 56, 57	292	1223
–, Rote-Rüben- 342, 342	119	491
–, -Salate 114	–	–
–, Sellerie-Apfel-, mit Joghurt 342, 342	129	540
–, Sellerie-Apfel-, mit Sahne 342, 342	199	833
Frischlinge 193	–	–
Frischlings-Rippenbraten 196, 201	356	1491
– -Rücken mit Apfelsinen 200, 201	427	1788
Frittaten 62, 62	260	1089
Fritüre 267	–	–
Frucht-Becher 367, 367	197	825
– -Creme 310	84	352
– -Eis mit Gelatine 382	128	536
– -Eis mit Sahne 381	234	980
– -Eisbecher 370, 384	381	1595
Früchte in Alkohol 547	–	–
– -Brot 437, 437	235	984
– -Reis mit Wein 291, 292	270	1130
– tiefgefrieren 555	–	–
Frucht-Gemüse 238	–	–
– -Milch 394	471	1972
Fruchtsaft-Creme 375	388	1624
– -Glasur 470	62	260
– -Soße 112	66	276
Fruchtsirupglasur 470	67	281
Frucht-Suppe mit Schwänchen 75, 75	267	1118
– -Törtchen 470, 421	–	–
Frühlings-Pilaw 280, 284	511	2139
– -Lorchel 253	–	–
Frühmastenten 182	–	–
Frühmastgänse 182	–	–
Frühstück 55	–	–
– für geistige Arbeiter 345	–	–
–, offizielles 539	–	–
Frühstücksgeschirr 525	–	–
Frühstückstips 55	–	–
Frühstückstisch 56, 530, 534	–	–
Füllungen für Eier 92	–	–
– für Gebäck 478	–	–
– für Geflügel 188	–	–
– für Kleingebäck 473	–	–
Fürstensoße, Wiener 111, 162	214	896
Fürst-Pückler-Eis 370, 383	228	955

G

	Kal.	Joule
Gabelfrühstück 58	–	–
Gallediät 353	–	–
Gans mit Geleeäpfeln 180, 187	499	2089
Gänse 182	–	–
Gänsehals vom Grill, gefüllter 162, 169	496	2077
Gänseklein in Aspik 180, 188	563	2357
– mit Currysoße 189, 189	673	2818
Gänseleber-Bissen 80	–	–
– -Pastete 80, 316	739	3094
Garnele 218	–	–
Garnierter Eisblock 369, 384	305	1277
– Lammrücken 150, 150	945	3957
Garnieren von Eiern 93	–	–
Gartengrill 168, 172	–	–
Gartenparty 541, 542	–	–
Garzeiten-Tabelle 44	–	–
Gasherd 30	–	–
Gäste 536	–	–
Gebäckgarnierung 372, 372	–	–
Gebackene Eier nach Hausfrauenart 90, 94	240	1005
– Kartoffeln 263, 264	282	1181
– Krebse 219	658	2755
– Paprikaschoten 241	478	2001
– Pflaumen 453	58	243
Gebackener Kürbis 513, 513	290	1214
Gebackenes Rinderherz 155	416	1742
Gebackene Teigtropfen 64	120	502
Gebratene Butterpilze 254	177	741
– Ente 184	1121	4693
– Gans 180, 187	499	2089
– Kartoffeln 263	270	1130
– Leber auf Berliner Art 154, 155	311	1302
– Pute 189	1035	4333
Gebratener Fasan 191, 191	625	2617
– Hallimasch 254	177	741
– Hecht 214, 214	519	2173
– Reizker 254	177	741
Gebratenes Huhn auf Gärtnerin-Art 183, 185	644	2696
Gebratene Scholle 338	263	1101
Gebratenes Kalbshirn 152	286	1197
Gebratene Steinpilze 254	177	741
– Tomaten 263, 264	–	–
Gebundene Suppen 65	–	–
Gedämpfte Kartoffeln 260	–	–
Gedeckter Obstkuchen 424	177	741
– Tisch 529	–	–
Gedünstete Erbsen 244	272	1139
– Karotten 351, 354	93	389
– Maronen 247	437	1830
– Mohrrüben 233, 351, 354	146	611

	Kal.	Joule
– Pilze 254	188	787
Gedünsteter Fisch 203	233	976
– Grünkohl 229	290	1214
– Wirsing 229	290	1214
Gedünstetes Kalbskotelett 350, 351	292	1223
– Sauerkraut 231	147	615
Geeiste Weintrauben 364, 365	142	595
Geflügel 41, 181	–	–
– aus der Tiefkühltruhe 336	–	–
– -Füllungen 188	–	–
– -Leber auf Ananas 85	282	1181
– -Leberknödel 188, 272, 273	513	2148
– -Risotto 283, 285	553	2315
– -Rupfen 182	–	–
– -Salat mit Krabben 124, 515	308	1290
– -Salat mit Spargel 127	296	1239
– -Sülze 83, 89	321	1344
– vom Grill 162	–	–
Gefriergeräte 33, 37	–	–
Gefüllte Ananas 126, 127	400	1675
– Äpfel 230, 231	–	–
– Eier 92, 92	319	1336
– Fischfilets 203, 208	487	2039
– Forellen 214, 216	263	1101
– Gurkenkürbisse 243	290	1214
– Heringsröllchen 211	878	3676
– Kalbsbrust 138	684	2864
– Kartoffelklöße 274	474	1985
– Kartoffelklöße auf Pfälzer Art 500	755	3161
– Kohlrabi 235	301	1260
– Kohlrabi, vegetarisch 235, 236	311	1302
– Melone 364	144	603
Gefüllter Bratfisch 207	569	2382
– Gänsehals vom Grill 162, 169	–	–
Gefüllte Selleriestangen 81, 85	207	867
Gefülltes Kalbsherz 155	543	2273
– Weißbrot 54, 58, 321, 325	700	2931
Gefüllte Tauben 182, 183	704	2948
– Tomaten 241	333	1394
– Zwiebeln 146, 237	141	590
Gegrillte Äpfel 162, 170, 170	204	854
– Fleischbällchen 167, 167	324	1357
– Pfirsiche 169	140	586
Gegrillter Lachs 166, 168	477	1997
Gegrilltes Schweinefilet 166	255	1068
Gegrillte Süßwasserfische 168	269	1126
– Würstchen 167, 168	370	1549
Gehacktes 157	–	–
Gekochte Artischocken 226	120	502

	Kal.	Joule		Kal.	Joule		Kal.	Joule
– Eier *91*, 92	90	377	Gespickte Rehkeule			Grunddiät 349	–	–
– Maiskolben 243, *248*	693	2901	199, *199*	681	2851	Grundrezepte 563	–	–
Gekochter Blumenkohl			Getränke 385	–	–	Grundschaltungen für		
225	368	1514	– -Folge 400	–	–	Herde 405	–	–
– Stangenspargel 234	37	155	Gewickelter Hefe-			Grundsoße, dunkle 105	147	615
Gekochtes Kalbshirn 152	268	1122	stollen 476, *476*	339	1419	–, helle 101	106	444
– Rindfleisch 130, *352*	414	1733	Gewürze 48, *53*	–	–	Grüne Bohnen 247	211	883
Gekochte Zucker-			Gewürz-Kastenkuchen			– Soße, Frankfurter		
glasur 469	62	260	*419*, 436	262	1097	105, *110*	368	1541
Gekröse 152	–	–	– -Nelken 50, *53*	–	–	Grüner Hering 210	–	–
Gelatine-Tortenguß 469	16	67	– -Plätzchen 482, *487*	47	197	Grünkohl-Eintopf		
Gelbe Rüben 233	–	–	– -Schnitten 482, *488*	237	992	304, *305*	702	2939
Geleeäpfel *180*, 187	–	–	Gin Fizz 399	104	435	–, gedünsteter 229	290	1214
Geleebereitung 546	–	–	– Sour *397*, 399	76	318	–, Hamburger Art		
Geleespeisen 376	–	–	Gläserkunde 526	–	–	494, *494*	675	2826
Geliermittel 546	–	–	Glasgow-Rumpunsch 391	318	1331	–, überbackener 228, *228*	583	2441
Gelierprobe 546	–	–	Glasreibe 357	–	–	Grünling 252	–	–
Gemischter Obstsalat 127	415	1738	Glasuren 468, *469*	–	–	Grütze, rote 373, *373*	196	821
Gemischte Salate 122	–	–	– für Torten und			Guglhupf *407*, 408	273	1143
Gemüse 41, 223	–	–	Gebäck 469	–	–	Gulasch 135	–	–
– -Brühe, klare 61	123	515	Gleichgewichtskuchen			–, Karlsbader 136	686	2872
–, eingemachtes 545	–	–	426, 434	213	892	– -Suppe 67	365	1528
– -Einkochen 545	–	–	Glühwein 391	234	980	–, Szegediner 136	707	2960
– -Eintopf aus Nizza	.332	1390	Glutamat-Streuwürze			–, ungarisches 135	684	2864
– -Gerichte 339	–	–	52, *53*	–	–	Gurken 238, *238*	–	–
– -Kartoffelsalat 117, *117*	275	1151	Gnocchi *275*, 276	582	2437	–, amerikanische 82, *83*	238	996
– -Maiskasserolle 243	683	2860	Goldbarsch 202	–	–	– -Bowle, rote 396, *396*	186	779
– -Pastete 249	625	2617	Gourmet-Hamburger			– -Gemüse 241	120	502
–, pikant 549	–	–	520, *520*	343	1436	– in Béchamelsoße		
– -Platte, bunte 244, *248*	158	662	Grammelknödel 278	955	3998	241, *243*	312	1306
– -Reis, chinesische Art			Griebenknödel,			– -Kürbisse 238	–	–
285, *286*	542	2269	böhmische 278	955	3998	–, Kürbisse, gefüllte 243	290	1214
– -Reis mit Hackfleisch			Grieß-Auflauf 296	774	3241	– -Pilz-Gemüse im		
280, 284	366	1532	– -Brei 291, 362	326	1365	Reisring 253, 257	224	938
– -Salate 116	–	–	– -Klößchen 60, 64	274	1147	– -Ragout mit Reis		
– -Salat in Aspik 119, *119*	318	1331	– -Klöße 276	544	2278	241, *243*	118	494
–, sauer 549	–	–	– -Kloß in der Serviette			– -Salat 114	117	490
– -Sülzchen, schwedische			277	544	2278	– -Salat aus der Tief-		
Art 82, *83*	86	360	– -Nockerl 60, 64	274	1147	kühltruhe 339	114	477
– -Suppe, bunte 67, 69	163	682	– -Pudding 372	390	1633	– -Suppe mit Weißwein		
– -Suppe, italienische 517	293	1227	– -Schmarren 293	426	1784	68, 70	317	1327
– tiefgefrieren 555	–	–	– -Schnitten 292	425	1779			
– -Tips 233	–	–	– -Suppe 62	140	586	**H**		
– -Trocknen 548	–	–	Grilleinrichtungen 163	–	–			
– -Zubereitung 224	–	–	Grillen 163	–	–	Hack 157	–	–
Geplauder 389	117	490	– im Freien 172	–	–	Hackbraten 158	725	3031
Geräucherte Flundern			– in der Folie 172	–	–	–, rumänischer *509*, 511	610	2554
auf Kohl *210*, 212	428	1792	Grill-Geräte 163, *164*, 168	–	–	Hackepeter 157	–	–
Gerichte, flambierte 176	–	–	– -Küche 162, 163	–	–	Hackfleisch 41, 157, 227	–	–
Geschirr, feuerfestes 526	–	–	– -Rost 164, 165	–	–	– -Kroketten 159	293	1227
– -Spülmaschine *31*, 34	–	–	– -Spezialschnitten			– -Schnellbrühe 328	94	394
–, Steingut 526	–	–	171, *171*	666	2788	– -Topf, elsässischer 160	606	2537
–, Werkstoff 525	–	–	– -Spieß 164	–	–	Hafer 286	–	–
Geschmorte Ente auf			– -Technik 164	–	–	Haferflocken 286	–	–
Kohl 187, *188*	513	2148	Grog 392, *392*	216	904	– -Frühstück 56, 57	390	1633
– Nieren 154, *154*	465	1947	Großes Büfett 327	–	–	– -Schnitten 292	–	–
Geschmortes Rehblatt			Großer Hans 493, *493*	580	2428	Hafergrütze 287	430	1800
199, *199*	782	3274	Große Menüs 539	–	–	Hähnchen, persische		
– Rinderherz 155	722	3023	– Tafel 532	–	–	Art 518	1271	5321
Geschmorte Zwiebeln			Großgeflügel 181	–	–	–, tiefgefrorenes 336	–	–
222, 238	208	871	Gröstl, Tiroler 265	376	1574	– vom Grill 169, *169*	691	2893
Geschnetzeltes Kalb-			Grundbegriffe der			Hahnenkämme 446, *446*	392	1641
fleisch 330	208	871	Kochtechnik 44	–	–			

	Kal.	Joule
Halbseidene Knödel 273	399	1671
Halbsüß-Paprika 50	–	–
Hallimasch, gebratener 254	117	490
Halver Hahn 496	–	–
Hamburger Aal 492, *494*	925	3873
– Aalsuppe 493, *498*	566	2370
Hamburgers 520	207	867
Hammelfleisch 148	–	–
– mit grünen Bohnen 151	387	1620
– mit Schwarzwurzeln 305	530	2219
Hammelgulasch mit Schwarzwurzeln 151	563	2357
Hammelhacksteak vom Grill 167	405	1696
Hammel-Koteletts 148	607	2541
– -Nierchen am Spieß 166, 167	327	1369
– -Nieren, mexikanische 520	665	2784
– -Pilaw 151	612	2562
– -Ragout 518	–	–
– -Ragout nach Jägerart 149	725	3035
– -Rippe gebraten 151	743	3111
– -Rücken 150, *150*	945	3957
– -Zungen in Biersoße 153	506	2119
Handelsklassen 41	–	–
Handrührgeräte *402*	–	–
Harte Eier in Aspik *90*, 93	116	486
Hartkäse 40	–	–
Hase 192, *194*	–	–
–, falscher 158	725	3035
Haselnußkranz 427	197	825
Hasen 192	–	–
– -Braten 194	732	3065
– -Pastete 197, *198*	356	1491
– -Pfeffer 197	439	1838
– -Rollen *193*, 194	626	2621
Hausball 541	–	–
Hausbar 396	–	–
Hausgeflügel 181	–	–
Hausmachernudeln 288	323	1352
Hautgout 192	–	–
Hawaiitoast 86	282	1181
Hecht 213, *213*	–	–
–, gebratener 214, *214*	519	2173
– nach Müllerin-Art 214	178	745
Hefe 406	–	–
– -Blätterteig 415	261	1093
– -Doppelzopf 411, *413*	328	1373
– -Kleingebäck 417	–	–
– -Klöße, schlesische 275, *275*	493	2064
– -Kloß mit Backpflaumen 294, *297*	1055	4417
– -Kloß in der Serviette 277	796	3333
– -Knödel, überbackene 295, *297*	861	3605
– -Kranz 408, 411, *414*	185	775
– -Mohnring 411	263	1101

	Kal.	Joule
– -Mohnstollen 476	260	1089
– -Mohnstrudel 412	264	1105
– -Napfkuchen *407*, 408	185	775
– -Nußring 408, *412*	288	1206
– -Nußstrudel 412	271	1135
– -Schnecken 415, *415*	161	674
– -Stollen, einfach 408, *412*	124	519
– -Stollen, gewickelt 476, *476*	339	1419
– -Taschen 416	125	523
– -Teig 406, *406*	–	–
– -Teig für Kleingebäck 414	–	–
– -Waffeln 453	146	611
– -Weißbrot 407, *408*	102	427
– -Zopf 411, *414*	180	754
Heidelbeer-Quarkcreme 345, *352*	146	611
Heidesand 487	43	180
Heilbot aan het spit 506, *518*	637	2667
Heilbutt 506, 211	–	–
Heiße Erdbeermilch 393	219	917
– Teegetränke 389	–	–
– Zitronenmilch 393	192	804
Helgoländer Krabbenpudding *218*, 219	654	2738
Helle Einbrennsuppe 65	254	1063
– Grundsoße 101	106	444
– Pilzsoße 253	162	678
Herdgrill 165	–	–
Heringe 213, *213*	–	–
–, eingelegte 210	516	2160
–, grüne 210	–	–
Herings-Creme 81	248	1038
– -Gerichte 209	–	–
– -Kartoffeln 260	632	2646
– -Röllchen, gefüllte 211	878	3676
– -Salat mit Kartoffeln *117*, 119	398	1666
– -Salat, rheinischer 121	432	1809
– -Soße 102	210	879
Herrenabend *533*, 538	–	–
Herz 152, 155	–	–
Herzhafter Käsetopf 312, *312*	535	2240
Herz-Kreislauf-Diät *351*, 354	–	–
Herzoginkartoffeln mit Champignons 269, *269*	296	1239
Himmel und Erde 307, *500*	563	2357
Himmelreich, schlesisches 496, *498*	844	3534
Hirn 152, *152*	268	1122
Hirsch 192	–	–
Hirse 286	–	–
– mit Hühnerfleisch *351*, 354	633	2650
– Pfannkuchen 286	322	1348
Hirtenfrühstück, Allgäuer 57, *57*	185	775

	Kal.	Joule
Hobelspäne 451, *467*	135	565
Hochhaustorte 467, *467*	517	2165
Hochzeitstafel 533	–	–
Hochzeit 542	–	–
Holländische Soße *102*, 103, *103*	222	929
Holsteiner Speckklöße 273, *274*	628	2629
Holunderbeeren 548	–	–
Holzwurm *397*, 398	155	649
Honig-Glühwein 391	289	1210
– -Nußkuchen 414, *426*	66	276
Hoppelpoppel 393	470	1968
Hors d'oeuvres 78	–	–
Huhn auf Gärtnerin-Art 183, *185*	644	2696
– »Chivry« *183*, 184	709	2968
– in Reissuppe 183	680	2847
– in Rotweinsoße 175, *175*	542	2269
– in Weißwein 175, *175*	550	2303
– mit Currysoße *516*, 522	320	1340
Hühner-Brühe 61, *143*	750	3140
– -Cremesuppe 66	532	2227
– -Frikassee 184	732	3065
– -Ragout 184, *188*	1416	5929
Hülsenfrüchte 223, 249	–	–
Hummer 218, *219*, 221	139	582
– -Cocktail 79	269	1126
– mit Mayonnaise-Eiern 218, *219*	372	1557
– -Obst-Salat 81	323	1352
– -Schwänze 218	–	–
Hutspot met klapstuk 506	708	2964

I

	Kal.	Joule
Indische Kalbfleisch-Pastetchen 521, *521*	668	2797
Indonesische Reistafel *516*, 522	–	–
Infrarotgrill *168*	–	–
Ingwer 49, *53*	–	–
– -Häufchen 484, *484*	66	276
– -Schnecken 416	160	670
Innereien 152	–	–
Irish Coffee 389	289	1210
– Stew 151	604	2529
Italienische Gemüsesuppe 517	293	1227
– Vorspeisen 83	–	–

J

	Kal.	Joule
Jagdzeiten für Wildbret 192	–	–
Jägersuppe 74	261	1093
Jelänger-jelieber 487	39	163
Joghurt mit Paprika 79, *85*	111	465
– mit Sanddorn 344, *352*	156	653
Johannisbeertorte 421, *423*	238	996

Eintrag	Kal.	Joule
Jugoslawischer Fleischtopf 512	335	1403
K		
Kabeljau 202, 211	–	–
– in Weinsoße 176	256	1072
– -Salat 120, *120*	497	2081
Kaffee 385	–	–
– -Mühle 33	–	–
– nach Hausfrauenart 386	–	–
– -Quark 378	331	1386
– -Tisch 530	–	–
– -Variationen 386	–	–
Kaiserschmarren 293, *295*	687	2876
Kaiserschoten 244	–	–
Kakao 385, 390	231	967
– -Biskuit für Torten 463	129	540
– -Glasur 470	86	360
Kalbfleisch 41, 137	–	–
–, geschnetzeltes 330	208	871
– -Schinken-Pastete 507, *515*	467	1955
Kalbsbraten 137	371	1553
Kalbsbries, Allgäuer Art 144, 152	205	858
Kalbsbrust mit Pilzreisfüllung 138	684	2864
– mit Semmelfüllung 138	712	2981
Kalbs-Frikassee 140	265	1528
– -Gulasch mit Paprika 140, *140*	489	2047
– -Haxe 137, 138	326	1365
– -Haxe am Spieß 166	356	1491
– -Herz, gefülltes 155	543	2273
– -Hirn 152, *152*	268	1122
– -Kotelett, gedünstetes 350, *351*	292	1223
– -Leberpastete 319	769	3220
– -Nieren am Spieß 154	536	2244
– -Nieren mit Weinbrand 175	250	1047
– -Nierenbraten mit Artischockenböden 137, *139*	616	2579
– -Röllchen mit Schinken 139, *140*	419	1754
– -Schnitzel in Papierhülle *351*, 353	108	452
– -Schnitzel mit Schinken 514	264	1105
– -Steak vom Grill 165	245	1026
– -Zunge, pikante 153, *153*	280	1172
Kalorien 20, 24	–	–
Kaltes Büfett *325*, 327, *541*	–	–
Kalte Ente 396	201	842
– Fischgerichte 319	–	–
– Fleischgerichte 318, 319	–	–
– Fleischpastete *159*, 160	615	2575
– Küche 317	–	–
– Platten *316*, 325	–	–
– Schnellgerichte 332	–	–
– Soßen 106	–	–
– Teegetränke 389	–	–
– Vorspeisen 79	–	–
Kaltschale *71*, 76	–	–
Kanarische Schnitzel 139, *139*	303	1269
Kaneel 49, *53*	–	–
Kaninchenbraten 194	952	3986
Kaninchencurry 198, *198*	858	3592
Kapern 49	–	–
Kapernsoße 101	131	548
Kapuziner 386	192	804
Kapuzinerkresse 114, *114*	–	–
Karamelbuttercreme 473	185	775
Karamelglasur 469	61	255
Karamelsuppe 76	279	1168
Kardamom 49, *53*	–	–
Karlsbader Gulasch 136	686	2872
Karotten 233	–	–
–, gedünstete *351*, 354	93	389
– -Pilz-Topf 257, *258*	396	1658
– -Salat mit Rettichblumen 115, *115*	338	1415
Karpfen 213	–	–
– auf polnische Art 217	486	2035
– bourguignon *216*, 217	460	1926
Kartäuser-Klöße 292, *294*	470	1968
Kartoffeln 40, 261	–	–
–, gebackene 263, *264*, 267	282	1181
–, gebratene 263	–	–
–, gedämpfte 260	–	–
–, gekochte 260	–	–
– vom Grill 170	170	712
Kartoffel-Blätterteig 441	202	846
– -Brei *144*, 228, *261*, 268, *331*	348	1457
– -Brei mit Dosenfleisch *331*, 332	545	2282
– -Breigerichte 268	–	–
– -Chips *261*, 268	329	1377
– -Gemüse 262, 265	410	1717
– -Gerichte 339	–	–
– -Gulasch 265, 266	550	2303
– -Heringssalat *117*, 119	398	1666
– -Klöße 271, 272, *272*, 274	–	–
– -Knödel 271	–	–
– -Knödelmehl 272, *273*, 273	–	–
– -Kroketten *186*, *261*, 268, 269	354	1482
– -Mischgerichte 265	–	–
– -Omelett mit Spargel 99, *99*	268	1122
– -Plätzchen 270	354	1482
– -Puffer 270	379	1587
– -Reibe 272	–	–
– -Ring 269	318	1331
– -Salat *117*, *117*, 118, *118*	275	1151
– -Schäler 306, *306*	–	–
– -Schnee 268, 351	267	1126
– -Schnellgericht 270, *270*	499	2089
– -Suppe 74	259	1084
– -Teig 268, *268*	–	–
– -Zubereitung 259	–	–
Käse 40, 308, 310, *315*	–	–
– -Auflauf, feiner 311, *311*	375	1570
– -Bällchen 64, *64*	273	1143
– -Bissen *310*, 311, 320	264	1105
– -Bissen, bunte 321, *321*	–	–
– -Butter 325	297	1243
– -Creme 81, 260, *264*, 311, *315*	–	–
– -Cremefüllung 439	–	–
– -Cremesoße 311, *315*	–	–
– -Datteln *316*, 321	–	–
– -Doubletten 491, *491*	58	243
– -Eier im Nest 92, 311	416	1742
– -Eierkuchen 97	444	1859
–, englischer *425*, 435	295	1235
– -Füllung 81	–	–
– -Gebäck 490	–	–
– -Hörnchen 491, *491*	299	1252
– -Kartoffeln 265, 266	645	2700
– -Knödel 273	562	2353
– -Küche 310	–	–
– -Kuchen, elsässischer 505, *518*	301	1260
– -Kugeln 321, *321*	–	–
– -Platte 315	–	–
– -Plätzchen 490, *491*	40	167
– -Quark 309	98	410
– -Reisring 343	404	1691
– -Reissalat 122, *315*	602	2520
– -Rösti 265	415	1738
– -Salat 120, 121, 122, 315	389	1629
– -Salat provençale *121*, 122	733	3069
– -Schnitzel 139	400	1675
– -Soße 103, 150, *253*, 257	260	1089
– -Soufflés 87	434	1817
– -Spießchen *321*, 322	–	–
– -Suppe, Allgäuer 67, 68	278	1168
– -Suppe, Urner 69	315	1319
– -Toast mit Zwiebeln 313, *315*	369	1545
– -Tomaten *321*, 322	–	–
– -Topf, herzhafter 312, *312*	535	2240
– -Torte 428, *428*	299	1252
– -Würfel *316*, 321	–	–
– -Zubereitungen 40	–	–
Kässpätzle, Allgäuer 497, 501	787	3295
Kasseler Rippespeer gebraten 146	553	2315
–, gekocht 146	340	1524
Kastanien 247	–	–
Kastenkuchen *419*, 434	457	1913
Kastenpickert 499	320	1340
Katerfisch 204	366	1532
Katerfrühstück 79, 204, *331*	–	–
Katerhäppchen *316*, 320	182	762
Kaviar *214*, 218, *221*, 318	–	–
– auf Eis, echter 220, *221*	–	–

	Kal.	Joule		Kal.	Joule		Kal.	Joule
–, deutscher 218	–	–	– vegetarisch, gefüllte			Kroepoek 516, 522	–	–
– -Eier 316, 318, 319	197	825	235, 236	311	1302	Krokant 489	47	197
– -Happen 80	418	1750	Kohlrouladen 226, 227,			Kroketten 261, 268, 269	354	1482
Keks-Obstbrei 362	175	733	227	278	1164	Krustentiere 218	–	–
– -Torte 488, 488	163	682	Kokosfett 42	–	–	Küche, kalte 317	–	–
Kerbel 49, 51	–	–	Kolatschen 417	131	548	Küchel, bayerische 452,		
Keta-Kaviar 220	–	–	Kollath-Frühstück			452	153	641
Kinderernährung 356	–	–	345, 346	397	1667	Kücheneinrichtung 28	–	–
Kinderfrühstück 56, 58	625	2617	Kommißbrot 38, 39	–	–	Küchengerätebedarf 32	–	–
Kirschenmichel 296	730	3056	Kondensmilch 39	–	–	Küchenkräuter 48	–	–
Kirschenstrudel 300	654	2738	Konfekt 488	–	–	Küchenmaschinen 30,		
Kirsch-Kompott 352, 366	207	867	Konfettisalat 117, 122	419	1754	43, 33, 403	–	–
– -Kuchen, gedeckter 424	342	1432	Konfirmation 542	–	–	Küchenplanung 26	–	–
– -Kuchen mit Streusel			Konfitüre 546	–	–	Kühler Sektpunsch 396,		
409, 413	268	1122	Königinsuppe 66, 66	420	1758	396	217	909
– -Mandarinen-Gelee			Königsberger Klopse 495	544	2278	Kühlschrank 28, 33, 34	–	–
376, 378	333	1394	Königskuchen 433, 433	303	1269	Kümmel 49, 53	–	–
– -Sahne-Becher 366, 369	381	1595	Kopenhagener 425, 448	301	1260	– -Bällchen 273, 274	289	1210
– -Törtchen 422	228	955	Kopfsalat 113	–	–	– -Kartoffeln 262, 264	326	1365
– -Torte, Schwarzwäder			– mit Harlekinsoße 226,			– -Quark 309	52	218
461, 468	401	1679	227	266	1114	Kürbis 238	–	–
Klare Fleischbrühe 60,			– mit Radieschen 113, 125	118	494	– -Gemüse 242, 242	430	1800
71	173	724	Koriander 49, 53	–	–	Kuskus mit Hammel-		
– Gemüsebrühe 61	123	515	Korkenzieher 542	–	–	ragout 518	628	2629
– Suppen 59	–	–	Kostümball 541	–	–	Kutteln 152, 155	–	–
Kleingebäck 401, 414,			Kotelett 141	–	–	Kuvertüre 470	–	–
415	–	–	– auf Apfelkartoffeln					
Kleingeflügel 187	–	–	145, 147	1036	4338	**L**		
Kleingerät in der Küche 32	–	–	Köttbullar 509	253	1059			
Kleinkinderernährung 362	–	–	Krabben 218, 221			Labkäse 40	–	–
Klopfschinken,			–, Büsumer 84	229	959	Labskaus 494	775	3245
pommerscher 496	695	2910	– -Butter 325	257	1076	Lachs, grillter 166, 168	477	1997
Klöße 271	–	–	– -Fischsuppe 66, 68	299	1252	– in Krabbensoße 205,		
– aus rohen Kartoffeln			– in Mayonnaise 220	318	1331	217	595	2491
272	–	–	– -Pudding, Helgoländer			Lagerungszeiten für		
– mit Speck und Back-			218, 219	654	2738	Lebensmittel 37	–	–
obst 274, 279	983	4116	– -Ragout 220	228	955	Lammbrust vom Rost		
–, Thüringer 272, 273	331	1386	– -Schnitten 81	360	1507	149, 149	619	2592
Knetteig 417	–	–	– -Soße 102, 205, 217, 225	197	825	Lamm-Fleisch 148	–	–
– -Böden 410	–	–	Kraftbrühe, extrastarke 60	315	1319	– -Rippchen mit Käse-		
– für Kleingebäck 428	218	913	Kraftfahrer-Schutzkost			soße 143, 150	896	3751
– für Tortenböden 418	142	595	346, 352	–	–	– -Rücken, garnierter		
– -Weihnachtsgebäck 479,			Krambambuli 392	–	–	150, 150	945	3957
480, 486	95	398	Krankendiät 348	–	–	– -Schulter 149, 149	527	2206
– -Zubereitung 417	–	–	Krankenfrühstück 56, 58	422	1767	Landschaftsküchen 492	–	–
Knetzusatz 403, 403	–	–	Kräuter 48	–	–	Langkornreis 282	–	–
Knoblauch 49	–	–	– -Butter 325	238	996	Languste 218	–	–
Knochenbeigabe zum			– -Eierkuchen 97	244	1022	Langustensalat 81	459	1922
Fleisch 41, 42	–	–	– -Käsebutter 325	292	1223	Lasagne 513, 513	678	2839
Knochenbrühe 61	93	389	– -Kartoffeln 263	481	2014	Lauch 234	–	–
–, feine 61	161	674	– -Klöße 274, 279	457	1913	– -Gemüse 236	185	775
Knödel 271	–	–	– -Pilzsoße 103, 106	185	775	Lebensmittelgesetz 38	–	–
–, halbseidene 273	399	1671	– -Quark 309	55	230	Leber 152	–	–
–, süße 293	–	–	– -Schmarren 293	470	1968	– auf Berliner Art 154,		
Knollen 132	–	–	– -Soße, braune 106, 107	116	486	155	311	1305
Kochwassergerät 31	–	–	Krauthobel 227	–	–	– -Galle-Diät 351, 353	–	–
Kochpudding 301, 301	–	–	Krebs 218, 219	74	310	– -Knödel 62, 62	196	821
Kohl 226, 227	–	–	–, gebackener 219	658	2755	– -Reis 156	532	2227
– auf westfälische Art 227	302	1264	Kreislauf-Diät 351, 354	–	–	– -Schaschlik 156	228	955
Kohlenherd 29	–	–	Kren 502	–	–	–, saure 155	299	1252
Kohlenhydrate 20	–	–	Krevetten 218	–	–	– -Schonkost 353	–	–
Kohlrabi 234, 235	301	1260	Kristallglas 526	–	–	– -Spätzle 500	200	837
–, gedünstete 236	149	624	Kristallzucker 397	–	–			

	Kal.	Joule		Kal.	Joule		Kal.	Joule
– -Spießli auf Schweizer Art 156	317	1327	– -Kissen 453, *483*	151	632	Melasse 39	–	–
– -Toast mit Mandarinen 86	237	1143	– -Köpfchen mit Erdbeermark 373, *373*	574	2403	Melone, gefüllte 364, *364*	144	603
– -Wurstgewürz 50	–	–	– -Kranz 427, *430*	194	812	– in Zuckeressig 549	–	–
Lebkuchen 477, 478, *478*	–	–	– -Kuchen 436, *436*	336	1407	Mengenbedarf 46	–	–
Legieren 59, 68	–	–	– -Milch 393	329	1377	Meringe 448	–	–
Leinsamenschleim 346	241	1009	– -Nougat 489, *489*	468	1959	Messer 32, *323*	–	–
Leipziger Allerlei 244	199	833	– -Splitter 484, *484*	85	356	Mett 157	–	–
Lendenbraten 132	506	2119	– -Stollen 475	209	875	Mexikanische Hammelnieren 520, *520*	665	2784
Liebesknochen 440, *443*	157	657	Mango-Chutney 516	–	–	Mexiko-Spezial 393	197	825
Liebstöckel 49, *51*	–	–	Mangold 226, 230	206	862	Milch 39	–	–
Liegnitzer Bomben 478, *479*	427	1788	Manhattan 398	93	389	Milchling, rotbrauner 253	–	–
Likörglasur 470	67	281	Maraschinobuttercreme 473	185	775	Milch-Mischgetränke 393	–	–
Linsen, saure 250	495	2072	Margarine 20, 42	–	–	– -Punsch mit Rum 393	688	2881
– -Eintopf, schlesischer 495	932	3902	Marillenknödel 293	879	3680	– -Reis 291	633	2650
– -Suppe 73	306	1281	Marinaden 210	–	–	– -Reis mit Äpfeln 291	698	2922
Linzer Törtchen 425, *429*	357	1495	Markklößchen 62, *62*	246	1030	– -Suppe 76	272	1139
– Torte, gerührt 466, *466*	251	1051	Marmelade-Hörnchen 416	103	431	– -Suppe mit Nudeln 76	320	1340
– Torte, Knetteig 423	300	1256	– -Kissen *480*, 486	44	184	Milokorn 286	–	–
Löffelbiskuits 459	41	172	– mir Geliermittel 546	–	–	Milz 152	–	–
Lorbeer 50, *53*	–	–	–, ungekochte 546	–	–	Mineralstoffe 23, *23*	–	–
Löwenzahn 114, *114*	–	–	– -Zubereitung 545	–	–	Minestrone 517	293	1227
Lukullus 488	163	682	Marmorkuchen 420, *431*, 432, *432*	278	1164	Mirabellentörtchen 422	231	967
Lunge 152, *152*	–	–	Maronen, gedünstete 247	437	1830	Mischgetränke 387, 393, 397	–	–
–, saure 156	348	1457	– -Püree 248	403	1687	Mittagstafel *524*, 530	–	–
Lungenhaschee 154	248	1038	Marseiller Fischgericht 504	450	1884	Mitternachtsimbiß 74, *331*, 332	–	–
			Martini dry *388*, 397	117	490	Mixed Grill 167	477	1997
M			Märzellerling 252	–	–	– Pickles 550, *550*	–	–
			Marzipan 488, *489*	87	364	Mixgerät 33	–	–
Macis 50, *53*	–	–	– -Füllung 473	133	557	Mixglas 397	–	–
Madeira 174	–	–	– -Rosinenstollen 475	234	980	Mockturtlesuppe 66, 72	322	1348
– -Soße 105, *176*, 274	255	1068	– -Torte *461*, 465	424	1775	Mohn-Füllung 474	77	322
Magen-Darm-Diät 350, *351*	–	–	Mastenten 182	–	–	– -Kuchen 436, *436*	271	1135
Magerkäse 40	–	–	Mastgänse 182	–	–	– -Ring 411	263	1101
Mainzer Handkäs 496	–	–	Masthähnchen 181	–	–	– -Striezel 412	264	1105
Mais 286	–	–	Mastküken 181	–	–	– -Strudel 412	264	1105
– -Grießschnitten 292	425	1779	Mate-Zubereitung 509	–	–	Möhren 233	–	–
– -Kolben, gekochte 243	693	2901	Matjeshering 210	–	–	Mohrenköpfe 459	377	1578
– -Öl 42	–	–	Matjesquark 309	79	331	Mohrrüben 232, 362	–	–
Majoran 50, *51*	–	–	Matrosenliebe 80, *80*	712	2981	–, gedünstete 233	146	611
Makkaroni-Bienenkorb 157, *157*	543	2273	Maultaschen 502, *502*	843	3529	– mit Schweinebauch 233	721	3019
– -Kasserolle 289, *289*	621	2600	Mayonnaise 106, 109	331	1386	– -Sellerie-Frischkost *351*, 355	145	607
Makrele *206*, 211	–	–	– -Zubereitung 102	–	–	Mokka 386	–	–
Makronen 483	107	448	Mazzagran 389	166	695	– -Buttercreme 473	174	729
– -Füllung 474	110	461	Meerrettich 502	222	929	– -Creme 374	188	787
Malossol-Kaviar 220	–	–	– -Butter 325	240	1005	– -Eis 381	324	1357
Malteser Soße 104, *240*	81	339	– -Dip 320, *320*	120	502	– -Glasur 470	69	289
Malzmilch 393	405	1696	– -Mayonnaise 110, *161*	203	850	– -Granité 395	262	1097
Mandarinen-Lebertoast 266	237	992	– -Quark 309	54	226	– -Nuß-Kastentorte 457	–	–
– -Törtchen 422	243	1017	– -Soße 103	209	875	– -Schnitten 458	–	–
Mandel-Baisers 449	48	201	Mehl-Brei 291	300	1256	– -Schokoladen-Buttercreme 473	191	800
– -Biskuit 463	155	649	– -Klöße mit Backpulver 276	534	2236	– -Schokoladen-Rolle 456, *462*	378	1583
– -Creme 471	89	373	– -Klöße mit Kartoffeln 275	765	3203	– -Torte 465, *465*	445	1863
– -Füllung 474	182	762	– -Knödel 275	–	–	–, türkischer 386, *390*	–	–
– -Kakao 390	296	1239	– -Pudding *300*, 301	607	2541	Molkereibutter 40	–	–
– -Kirsch-Speise 366, *366*	544	2278	– -Speisen 290	–	–	Molkereiprodukte tiefgefrieren 555	–	–
			Mehrfrucht-Marmeladen 545	–	–	Motten und Klöße 499	711	2977

	Kal.	Joule
Münchner Weißwürste 502	–	–
Mürbteig 417	–	–
Muscheln 218	–	–
Muskatblüte 50, 53	–	–
Muskatnuß 50, 53	–	–
Mutzenmandeln 451, *451*	179	749
Müsli, Weizenkeim- 343	338	1415

N

	Kal.	Joule
Nachspeisen 363	–	–
Nachtisch 363	–	–
Nährstoffe 19	–	–
Nahrungsbedarf 24	–	–
Nährwerttabelle 24	–	–
Nalesniki 509, *509*	154	645
Napfkuchen *407*, 408, 432, *432*	227	950
Naturkäse 40	–	–
Negus 391	234	980
Nelken 50, *53*	–	–
Nelkenpfeffer 50, *53*	–	–
Neuenburger Fondue 314	682	2855
Niederländisches Fischgericht 506, *518*	637	2667
Nieren 152	–	–
–, geschmorte 154	465	1947
–, saure 156	301	1260
– -Ragout 153	477	1997
Nocken, römische *275*, 276	582	2437
Nockerl, Salzburger 299	380	1591
Norddeutsche Spezialitäten 492	–	–
Nordsee-Kabeljau 202	–	–
Notvorrat 537	–	–
Nougat-Buttercreme 472	209	875
– -Torte *410*, 418	297	1243
Nudeln 39, 288	–	–
– mit Pilzen 258	632	2646
– mit Schinken 289	680	2847
Nudel-Milchsuppe 76	320	1340
– -Salat, schwäbischer 124, *126*	529	2215
Nürnberger Lebkuchen 478, *480*, *483*	131	548
– Sauerbraten 501, *501*	608	2546
Nuß-Biskuit 463	157	657
– -Butter 325	270	1130
– -Buttercreme 472	214	896
– -Creme 310	153	641
– -Füllung 474	128	536
– -Honigkuchen 414, *426*	66	276
– -Hörnchen 416	176	737
– -Plätzchen *481*, 486	63	264
– -Porridge 57	428	1792
– -Pudding 301, 302	634	2654
– -Raper 343	–	–
– -Ring 408, *412*	288	1206
– -Roulade 455	237	992
– -Schnitten 484, *484*	60	251

	Kal.	Joule
– -Streifen 416	270	1130
– -Strudel 412	271	1135
– -Torte 464, *464*	286	1197

O

	Kal.	Joule
Oberpfälzer Maultaschen 502, *502*	843	3529
Obst 41	–	–
– -Eierkuchen 97	260	1089
– -Einkochen 544	–	–
– -Käsesalat 122	467	1955
– -Krümeltorte 340	286	1197
– -Kuchen 424, *424*	236	988
– -Messer 397	–	–
– -Quark 377	440	1842
– -Quarkcreme 377	409	1712
– -Salat 127, *351*	–	–
– -Salat, gemischter 127	415	1738
– -Salat im Pampelmusenkörbchen 128, *128*	207	867
– -Salat mit Haselnüssen *351*, 355	250	1047
– -Salat mit Quarksahne 128	321	1344
– -Schnitten mit Rahmfrischkäse 310, *310*	–	–
– -Speisen 332	–	–
– -Speisen, süße 363	–	–
– -Sülze, bunte 368	442	1851
– -Suppe *71*, 75	242	1013
– tiefgefrieren 555	–	–
– -Torte *410*, 421	216	904
– trocknen 548	–	–
Ochsenbrust 130	–	–
Ochsenmaulsalat 81	349	1461
Ochsenschwanz 130	–	–
– -Suppe *64*, 67	565	2366
Ochsenzunge auf Toast *316*, 319	346	1449
Ockertäubling 253	–	–
Ofenküchlein, Schweizer 439	282	1181
Offizielles Frühstück 539	–	–
Ohio Cocktail 398	138	578
Old Fashioned *388*, 398	119	498
Öle 42	–	–
Olivenöl 42	–	–
Omelett *96*, 98	–	–
– auf ungarische Art 98, *99*	1311	5489
– Barcelona 517	180	754
– mit Champignons *97*, 98	845	3538
– mit Kirschen *97*, 98	961	4024
Omelette soufflée 99	204	854
Orangeat 50	–	–
Ossiotr 220	–	–
Oster-Sahnetorte *444*, 464	244	1022
– -Tafel *409*, *542*	–	–
– -Zopf *409*, 411	328	1373

P

	Kal.	Joule
Paella valenciana 517, *518*	701	2935
Palatschinken 97	439	1838
Pampelmusenkörbchen 128	207	867
Pannenhilfen 47	–	–
Pantry-Küche 27	–	–
Paprika 50, *53*	–	–
– -Butter 325	236	988
– -Quark 309	57	239
– -Reistopf *282*, 284	805	3370
– -Salat 115, *352*	125	523
– -Schnitzel 512	275	1151
– -Schoten 238, *238*	478	2001
– -Schoten, gebackene 241	–	–
– -Schoten in Essigsud 550, *550*	–	–
– -Schoten mit Schinkenreis 238	573	2399
– -Zwiebeln *146*, 237	141	590
Pariser Zwiebelsuppe 504, *505*	349	1461
Partyhappen 539	–	–
Party-Obstsalat 128	374	1566
Pasta asciutta 514	–	–
– alla Bolognese 514	713	2985
– alla Napolitana 514	617	2583
– con melanzane 514	630	2638
Pasteten *336*, 337, 442, *515*	–	–
– -Haus *218*, 445	352	1474
Patnareis 282	–	–
Pellkartoffeln 260, *261*, *352*	213	890
– mit Käsecreme 260, *264*	317	1327
Peperoni *53*	–	–
Perlzwiebel 52	–	–
Petersilie 50, *51*	–	–
Petersilienkartoffeln 260, 263	322	1348
Petits fours 489, *489*	34	142
Pfannen 32, 44	–	–
– -Gerichte 290	–	–
– -Grill 163	–	–
Pfannkuchen 97	–	–
–, Berliner *425*, 450	204	854
Pfeffer 50, *53*	–	–
–, schwarzer *53*	–	–
–, weißer *53*	–	–
Pfefferkuchen 481	–	–
– -Haus 481, *482*	686	2872
Pfefferminz-Mix 387, 395	169	708
Pfeffernüsse 477, *480*	64	268
Pfifferlinge 251, *252*, 254	–	–
Pfirsiche, grillte 169	140	586
Pfirsich-Bowle 395	301	1260
– Melba *370*, 384	395	1654
– Montblanc *177*, 371	351	1470

	Kal.	Joule		Kal.	Joule		Kal.	Joule
– -Punsch 391	334	1398	Plumpudding 298, 507	521	2181	– -Keulchen 496	526	2202
– -Torte 418, 423	205	858	Plunderteig 415	–	–	– -Köpfchen 379	183	766
Pfitzauf 429	253	1059	Pochierte Eier 94, 94	90	377	– -Mayonnaise 110	246	1030
Pflanzenfette 20	–	–	Pökelrinderbrust 131, 135	486	2035	– -Nudeln 309	581	2433
Pflanzenöle 20	–	–	Polenta 287	567	4374	– -Pampelmusen 54, 58	270	1130
Pflaumen, gebackene 453	58	243	Polnischer Mohnstrudel			–, pikanter 348, 353	145	607
– -Gucker 447, 447	277	1160	510	388	1624	– -Schichtspeise 378	409	1712
– im Speckmantel 88	366	1532	Polnische Quark-			– -Schnellspeise 378, 378	157	657
– -Kompott 365	186	779	pfannkuchen 509, 509	154	645	– -Speise 377	271	1135
– -Kuchen 413	175	733	– Soße 101, 101	188	787	– -Speisen, süße 377	–	–
– -Kuchen, gedeckter 424	394	1650	Polterabend 542	–	–	– -Stollen, einfach 476,		
– -Kuchen mit Streusel			Pommerscher Klopf-			479	170	712
422	349	1461	schinken 496	695	2910	– -Stollen, fein 427, 429	207	867
– -Musknödel 294	836	3500	Pommes frites 261, 267,			– -Stollen mit Mohn-		
– -Pompadours 452, 452	161	674	334	329	1377	füllung 476, 477	245	1026
– -Törtchen 422	222	929	Porree 234	–	–	– -Strudel 301	970	4061
Pharisäer 389	263	1101	– -Eintopf 305, 306	395	1654	– -Tomaten 344	88	368
Philadelphia-Käsetorte			– -Gemüse 236	185	775	– -Torte 427, 429	352	1474
428, 428	299	1252	– mit Schinken und			– -Trunk 346	193	808
Pichelsteiner Fleisch 303,			Käse 508	634	2654	– -Vanillecreme 378	269	1126
497	431	1805	– überbacken 236	337	1411	– -Vorspeise 79	201	842
Pickert, dicker 499	320	1340	Porterhouse-Steak 133, 133	502	2102	Querrippe 130	–	–
Picknick-Ausflug 538	–	–	Porzellan 524	–	–	Quiche lorraine 505, 518	301	1260
Piemonter Tomaten-			Poularden 181	–	–			
toast 87, 87	341	1428	Poulets 181	–	–	**R**		
Pies 507, 515	–	–	Powidlknödel 294	836	3500			
Pikante Birnen 365	185	775	Prairie Oyster 397, 399	86	360	Rabbit, Welsh 313	244	1022
– Butter 325	–	–	Preiselbeeraspik 199, 377	323	1352	Raclette 314	–	–
Pikantes Ei 90, 97	325	1361	Preiselbeerquark 378	481	2014	Räderkuchen 451, 451	135	565
Pikanter Fleischsalat			Printen, Aachener 480,			Radieschen-Garnituren 82	–	–
124, 126	335	1403	481, 483	95	398	– -Rosen 82	–	–
Pikante Kalbszunge 153,			Prinzeßbohnen 244, 247	211	883	– -Schneider 82	–	–
153	280	1172	Proteine 20	–	–	Raffel, drehbare 343, 343	–	–
– Käseschnitten 312, 312	631	2642	Provenzalischer Käse-			Ragoût fin 140	632	2646
Pikanter Makkaroni-			salat 121, 122	733	3069	– aus Wildresten 201	287	1202
salat 329, 331	672	2814	Prunes in Bacon 88	366	1532	– vom Huhn 184, 188	1416	5929
– Quark 348, 353	145	607	Pudding 299, 372, 372	–	–	Rahmfrischkäse 40	–	–
Pilaw mit Safran 280, 284	435	1897	Puffbohnen 244	–	–	Rahmschnitzel 138	330	1382
Pillekuchen 499	696	2914	Pumpernickel 39	–	–	Rahmstrudel 301	958	4011
Pilze 246, 251	–	–	– -Quark 377	372	1557	Rapunzel 114, 114	–	–
–, gedünstete 254	188	787	Pußtagulasch 136	856	3584	Rarebits, Welsh 313, 313	526	2202
– mit Rührei 258	246	1030	Pute auf englische Art			Ratatouille niçoise 505	332	1390
Pilz-Eierkuchen 97	249	1043	190, 190	1246	5217	Räucheraal mit Mais-		
– -Kartoffeln 260, 267	399	1671	– auf portugiesische Art			kölbchen 316, 320	234	980
– -Ragout mit Tomaten			186, 189	1247	5221	Räucherfisch 205, 211	–	–
252, 254	402	1683	–, gebratene 189	1035	4333	– -Gerichte 211	–	–
– -Reis 242, 242, 345,			Putenfleisch im Ausback-			– -Kroketten 211	331	1386
352	325	1361	teig 190	735	3077	– mit Reis 212	567	2374
– -Rouladen 257	660	2763	Puter 182	–	–	– -Salat à la Waldorf		
– -Salat 257	316	1323	Putzgerät 19	–	–	120, 121	486	2035
– -Soße, dunkle 253	203	850				Rebhuhn 182	–	–
– -Soße, helle 253	162	678	**Q**			Rebhühner auf Brabanter		
– -Suppe 74	261	1093				Art 190, 191	308	1290
Piment 50, 53	–	–	Quark 308	–	–	Reformkost 341	–	–
Pimpinelle 51	–	–	– -Blätterteig 442	145	607	Rehe 192	–	–
Pinnchenskuchen 499	696	2914	– -Füllung 474	47	197	Reh-Blatt, gesmortes		
Piroggen 88	650	2721	– -Gelee, doppeltes			199, 199	782	3274
Piroschki 88	650	2721	378, 379	295	1235	– -Keule 198, 199	681	2851
Pistazien 51, 53	–	–	– -Gerichte 308	–	–	– -Keule, gespickte 199	681	2851
Pizza alla Napolitana			– -Johannisbeergelee			– -Ragout 200	306	1281
513, 513	582	2437	379, 379	282	1181	– -Rippchen mit Reis		
Plaaten in de Pann 499	572	2395	– -Kartoffeln 309	544	2278	200, 200	678	2839
Platten, kalte 317	–	–						

	Kal.	Joule		Kal.	Joule		Kal.	Joule
– -Rücken *195, 197*, 198	520	2177	– in Aspik *210*, 211	486	2035	– -Eier 92, *92*	319	1336
– -Rücken (Gebäck) 435,			Römische Nocken *275*,			– -Pas'cha 380	824	3450
435	316	1323	*276*	582	2437	– -Soße 110	210	879
– -Steaks 199	180	754	Roqueforttoast 171	264	1105	– -Vorspeisen 88	–	–
– -Steaks mit Klößen			Rosenkohl 229, 339	309	1294			
336, 337	785	3287	Rosenpaprika 50	–	–	**S**		
Reibekuchen 270	379	1587	Rosinen-Hefekranz 411	180	754			
Reibeknödel, bayerische			– -Pfitzauf 429	253	1059			
272	450	1184	Rosmarin 51, *52*	–	–	Sachertorte *425*, 466	305	1277
Reis 281	–	–	Rostbraten 130	–	–	Sächsischer Mandel-		
– als Beilage 282, *283*	325	1361	Rösti, Tessiner 264	432	1809	stollen 475	209	875
– -Brei 291	633	2650	Röstkartoffeln *162*, 264	259	1084	Safran 51, *53*	–	–
– -Fleisch, serbisches			Rotbarsch 202, 211	–	–	Saftbraten, Schweizer 132	545	2282
150, *280*	744	3115	Rotbrauner Milchling 253	–	–	Saftpresse 357	–	–
– -Gericht aus Valencia			Rote Beete 234, 550	170	712	Sagobrei 291	295	1235
517, *518*	701	2935	– -Grütze 373, *373*	196	821	Sahne-Baisers 448	163	682
– -Gerichte, süße 368	–	–	– -Gurkenbowle 396, *396*	186	779	– -Eis 380	231	967
– -Klöße 278	626	2621	– -Rüben 234, 550	170	712	– -Kräutersoße 101, *101*	269	1126
– -Küche 281	–	–	– -Rüben-Frischkost 342	119	498	– -Pilze auf ungarische		
– -Ring *177*, 284, *286*	560	2345	– -Rüben-Salat 117	52	218	Art 254	216	904
– -Suppe 61, 183	158	662	Rotgekochter Fisch 522	129	540	– -Soße 109	83	348
–, süßer 291	–	–	Rotkappe 251, 253	–	–	– -Torte, Oster- *444*, 464	224	938
– -Tafel, indonesische			Rotkohl 229	262	1097	Sake 516	–	–
515, 522	–	–	Rotkraut 229	262	1097	Sakuska 88	–	–
– -Topf mit Paprika			Rotwein 174, 400	–	–	Salate 113, *116*, 226	–	–
282, 284	805	3370	– -Beize 193	–	–	Salat Caroline 123, *123*	278	1156
– -Törtchen mit Wein-			– -Gelee 175, *176*	133	557	Salate, gemischte 122	–	–
soße 112, 371	512	2144	– -Suppe 77	198	821	Salat, grüner *351*, 352	–	–
– -Trauttmansdorff 371	593	2483	– -Punsch 391	223	934	– -Herzen mit Harlekin-		
Reizker, gebratener 254	177	741	Rouladen auf Berner			soße *226*, 227	266	1114
Remouladensoße *104*, 110	400	1675	Art 135, *135*	1147	4802	– -Kartoffel 259	–	–
Remsen Cooler *397*, 398	50	209	Rübchen, Teltower 234	160	670	– mit Radieschen 113	118	494
Rettich 232, 234	34	142	Rüben 232	–	–	– Ninon 114, *126*	178	745
– -Blumen 115	–	–	–, gelbe 233	146	611	– -Schiffchen 81	443	1855
– -Quark 309	53	222	–, rote 234, 550	170	712	– -Soße 106	106	444
Rhabarber-Gelee *143*, 376	326	1365	Rüböl 42	–	–	– mit Sahne 109	90	377
– -Kaltschale 77, *77*	467	1955	Rührei 94, 95	236	988	Salbei 51, *52*	–	–
– -Kompott *350, 351*, 355	79	331	– in Blätterteigpasteten			Saltimbocca 514	264	1105
– -Torte 421, *422*	295	1235	*90*, 95	834	3492	Salzburger Nockerl 299	380	1591
Rheinischer Herings-			– mit Bückling 212	550	2303	Salzgebäck, Hefeblätter-		
salat 121	432	1809	– mit Pilzen 258	246	1030	teig 490, *490*	40	167
Riebele 63	115	481	– mit Schinken 146	715	2994	–, Knetteig 490, *490*	45	188
Rinderbrust, gepökelte			Rührteig 431	–	–	Salzhering 210	–	–
131, *135*	486	2035	– -Apfelkuchen *420*, 435	210	879	Salzkartoffeln 259, *261*,		
Rinderherz, gebacken 155	416	1742	– -Tortenboden 437	134	561	263	213	892
–, geschmort 155	722	3023	Rumänischer Hackbraten			Sambals 516	–	–
Rinderrouladen 134, *134*	694	2906	509, *511*	610	2554	Sanddorncreme 310	76	318
Rindfleisch 41, 130	–	–	Rum-Buttercreme 473	180	754	Sandkuchen 433, *433*	314	1315
–, gekochtes 130	414	1733	– -Creme 471	75	314	Sandtorte 466, *466*	157	657
– -Ragout 136	611	2558	Rumfordsuppe 73	335	1403	Sandwiches 324, 326	–	–
– -Salat 124	384	1608	Rum-Glasur 470	66	276	Sardellenbutter 325	238	996
Rippchen in pikanter			– -Herzen 486, *486*	58	243	Sardellenquark 309	67	281
Soße 145	803	3362	– -Kugeln *484*, 489	59	247	Sardinenschnitten *321*,322	–	–
Risotto 283, *283*	405	1696	Rumpsteak 132, *334*	640	2680	Saubohnen 244	–	–
Ritterling, violetter 252	–	–	– vom Grill 165	245	1026	Sauce aux fines herbes		
Roastbeef 130, 132, *133*,			– mit Pommes frites 337	917	3839	106, *107*	116	486
319, 326	868	3634	Rum-Punsch 391	318	1331	– Chantilly *104*, 110	269	1126
Rodonkuchen 432	350	1465	– -Ringe 450, *451*	237	992	– Mornay 10³	467	1955
Roggen 218	–	–	– -Soße 112, *298*	230	963	– Soubise 103	327	1369
Roggenbrot 38, *39*	–	–	– -Topf 547	–	–	– Tyrolienne 109	202	846
Rohkostsalate 114	–	–	Rundkornreis 282	–	–	– Vinaigrette *105*, 111	350	1465
Rokokotorte 467	316	1323	Rundstück, warm 493	317	1327	Saucièren *110*	–	–
Rollmops 210	–	–	Russische Biersuppe 77	291	1218	Sauerampfer 114, *114*	–	–

	Kal.	Joule		Kal.	Joule		Kal.	Joule
Sauerbraten 130, 501, *501*	608	2546	Schlagsahne 40	453	1897	- -Gerichte *352*	-	-
Sauerkirschenmarmelade			- -Füllungen 439	-	-	- für Kraftfahrer 346, *352*	-	-
mit Kirschwasser 548	-	-	Schlankheits-Schutz-			- im Alter 345, *352*	-	-
Sauerkraut 226, 231	-	-	kost 347, *352*	-	-	Schwäbischer Nudel-		
- auf elsässische Art 232, *239*	243	1017	Schlaraffenland 383	491	2056	salat 124, *126*	529	2215
- -Frischkost 116	392	1641	Schleimsuppe 65	48	201	Schwarzwälder Kirsch-		
-, gedünstetes 231	147	615	Schlesische Hefeklöße 275, *275*	493	2064	torte *461*, 468	401	1679
- mit Fisch *351*, 355	286	1197	Schlesisches Himmel-			Schwarzweiß-Kasten-		
- mit gefüllten Äpfeln *230*, 231	308	1290	reich 496, *498*	844	3534	kuchen 419, 434	457	1913
- -Salat 116, *119*	139	582	Schlesischer Linsen-			Schwarzwurzeln 232, *233*, 305	-	-
- -Suppe 510	151	632	eintopf 495, *495*	932	3902	- in Sahne 232, *232*	322	1348
-, überbackenes 230, 231, *351*, 355	-	-	Schloßkartoffeln 267, *267*	282	1181	- mit Ravigotesoße 232, *232*	447	1871
Sauermilchbeize 193	-	-	Schmalznüsse *486*, 487	48	201	Schwarzwurzelsuppe 69	191	800
Sauermilchkäse 40	-	-	Schmarren 290	-	-	Schwedenplatte 508	-	-
Säuglingsbeikost 360	-	-	Schmelzkäse 40	-	-	Schweinebauch mit		
Säuglingsernährung 359	-	-	Schmorbraten 131	548	2294	Fleischfüllung 145, *146*, 325	1464	6129
Saure Leber 155	299	1252	Schnellbrühe 328	94	394	- mit Mohrrüben 233	721	3019
- -Linsen 250	495	2072	Schneller Mitternachts-			- mit Obstfüllung 142, *493*	1254	5250
- -Lunge 156	348	1457	imbiß 332	-	-	Schweinebraten 142, *176*		
- -Nieren 156	301	1260	Schnellgerichte, kalte 332	-	-	- mit pikanten Birnen 142	1207	5053
Savarin mit Obstfüllung *298*, 302	642	2688	Schnellkocher 30	-	-	- vom Rost 142, *162*	706	2956
Savouries 88	-	-	Schnellküche 328	-	-	Schweinefilets, gegrillte 166	255	1068
Scampi 218	-	-	Schnittkäse 40	-	-	Schweinefleisch 41	-	-
Schalotte 52	-	-	Schnittlauch 51, *52*	-	-	- gekocht, mit Gemüse 141	283	1185
Scharfpaprika 50	-	-	- -Kartoffeln 263	322	1348	Schweinekamm in		
Schaschlik 148, *280*	530	2219	Schnitzel, kanarische 139, *139*	303	1269	Weißbier 145	991	4149
Schaumgebäck *425*, 448, *449*, 487	44	184	- »Roi René« 174	272	1139	Schweinekarree 142, *146*	947	3965
Schaumomelett 98	533	2232	-, Wiener 138	329	1377	Schweinepfeffer 145	684	2864
- mit Pilzen *90*, 99	559	2340	Schoko-Eisbecher 383, *383*	722	3023	Schweinerollbraten am		
Scheiterhaufen *295*, 296	608	2546	Schokolade 390	318	1331	Spieß 176	342	1432
Schellfisch 202, 211	-	-	Schokoladen-Baisers 449, *449*	58	243	Schweinesteaks in Folie 172	590	2470
Schichttorte 467, *467*	504	2110	- -Buttercreme 472	209	875	Schweinsohren (Gebäck) 446	122	511
Schildkrötensuppe, echte 65	150	628	- -Creme (Füllung) 471	88	368	Schweinswürstel mit		
-, falsche 66, *72*	322	1348	- -Creme (Süßspeise) 375	639	2675	Kraut 502	625	2617
Schillerlocken (Fisch) 211	-	-	- -Eis 381	410	1717	Schweizer Leberspießli 156	317	1327
- (Gebäck) 445, *447*	301	1260	- -Gelee 376	300	1256	- Ofenküchlein 439	282	1181
Schinken 141	-	-	- -Glasur 470	79	331	- Reis 371	445	1836
- -Bananen auf Reis 86, *86*	307	1285	- -Kranz mit Nüssen 433	328	1373	- Saftbraten 132	545	2282
- -Bananen Panama *80*, 87	303	1269	- -Pudding 373	390	1633	Schwemmklößchen 64, *498*	182	762
- -Butter 325	292	1223	- -Quark 378	362	1516	Schollen 209	-	-
- -Fondue 314	803	3362	- -Soße 111	184	770	-, gebratene 338	263	1101
- im Mantel 147, *147*	913	3823	- -Suppe 76	295	1235	Schonzeiten für Wild-		
- in Burgunder 146	576	2420	- -Torte 464, *464*	381	1594	bret 192	-	-
- -Kartoffeln 260, 267	389	1629	- -Wurst 488, *489*	30	126	Schweser 152	-	-
- -Käse-Rouladen 312	510	2135	Schokomilch 394	505	2114	· Scotch Woodcock 88	235	984
- -Käsetoast *171*, 172	344	1440	Schollen 209	-	-	Seefische 202, *204*, 206, *207*	-	-
- -Knödel 278	633	2650	-, gebratene 338	263	1101	-, Zubereitung *207*	-	-
- -Kroketten 146	389	1629	Schottische Wald-			Seehasenrogen 218, 220	-	-
- mit Rührei 146	715	2994	schnepfen 88	235	984	Seehund 391	212	888
- -Pastetchen 83	220	921	Schrankteile 28	-	-	Seelachs 202	-	-
- -Pudding 147, *159*	937	3923	Schtschi 510	151	632	Seelentröster 393	266	1114
- -Quark 309	101	423	Schulterfleisch 130	-	-	Seezunge, überkrustete *207*, 208	397	1662
- -Reis-Pain 285, *285*	574	2403	Schüsseln 32	-	-	Seezungenröllchen in		
- -Schaum 85	192	804	Schüsselpasteten *515*	-	-	Weißwein 203	554	2319
- -Schnitzel vom Grill 166	298	1248	Schutzkost 341, 344, *352*	-	-			
- -Toast, überbackener 85, *87*	450	1884	- für geistige Arbeiter 344, *352*	-	-			

	Kal.	Joule		Kal.	Joule		Kal.	Joule
Sekt 174, 400	–	–	Spargel 233, 234	–	–	Stampfkartoffeln 268	269	1126
-Cocktail 397	–	–	– auf Malteser Art 235,			Stangenbohnen 244	–	–
-Frühstück 539	–	–	240	146	611	Stangenspargel, gekochter		
-Punsch 396, 396	217	909	-Kohl 248	–	–	234	37	155
Sellerie 232, 233	181	758	– mit Käse überbacken			Stärke 20, 22	–	–
-Apfel-Frischkost 342, 342	129	540	235	375	1570	Steaks vom Holzkohlen-		
			– mit Lachseiern 82, 85	279	1168	grill 173	287	1202
– Salat mit Bohnen 120, 125	198	829	– mit Sauce Chantilly 235, 240	460	1926	Steckdosen 28	–	–
						Steinpilze 251, 253		
-Scheiben in Bierteig 233	192	804	– Salat mit Mayonnaise 351, 355	234	980	– im Ausbackteig 258	474	1985
						Steinpilzbratlinge 253,		
-Stangen, gefüllte 81, 85	207	867	– Salat mit Salatsoße			253	172	720
-Suppe 69	136	569	116	129	980	Steinpilzragout 84, 89	324	1357
Semmel-Auflauf 296	569	2382	– Suppe, feine 70, 72, 240	177	741	Stengelgemüse 234	–	–
-Knödel 275, 276, 277, 278	527	2206	Spätzle 63, 287, 289	161	674	Stockholmer Fischrollen 208, 208	1170	4899
-Schmarren 292	414	1733	– -Maschine 287	–	–	Stollen 475	–	–
Senf-Gurken 549	–	–	Speckklöße, Holsteiner			– -Bäckerei 474, 476	–	–
– -Butter 325	258	1080	273, 274	628	2629	Streichholz-Kartoffeln		
– -Kartoffeln 260	318	1331	Specklinsen, süßsaure			267	329	1377
– -Soße 102	106	444	250, 250	1166	4882	Streichschmelzkäse 40	–	–
Serbischer Eintopf 511, 512	549	2299	Speckpfannkuchen 57	620	2596	Streuselkuchen 413	252	1055
			Speck-Pfifferlinge 252, 254	292	1223	Streuwürze 52	–	–
Serbisches Reisfleisch 150, 280	744	3115	Speckstippe 495	–	–	Strohkartoffeln 261, 267, 269	329	1377
Servieren 535	–	–	Speisekartoffeln 259	–	–	Strudel 299	–	–
Servietten 529, 532	–	–	Speisestärke-Torten-			– -Füllungen 300	–	–
– -Kloß 276, 277	544	2278	guß 468	21	88	– -Teig 1 300	336	1407
Sewruga 220	–	–	Speisewürze 52	–	–	– -Teig 2 300	292	1223
Shaker 397	–	–	Spekulatius 480, 483, 486	43	180	– -Zubereitung 299	–	–
Sherry 174	–	–	Spezial-Dip 320, 321	189	791	Stubenküken 181	–	–
Smörgasbord 509	–	–	– -Fettopf 267	–	–	Süddeutsche Speziali-		
Smörrebröd 508	–	–	– -Spiegeleier 329, 333	183	766	täten 497, 500	–	–
Sodawasser 397	–	–	Spicken 193	–	–	Südtiroler Polenta 287	567	2374
Sojaöl 42	–	–	Spiegeleier 93, 94, 329, 333	169	708	Sukiyaki 522	–	–
Sojasoße 52	–	–	– auf Bananen 90, 95	445	1863	Sukkade 51	–	–
Soleier 93	90	377	– auf Tomaten 95	236	988	Sülzen 322	–	–
Sommerfest 541	–	–	Spießchen vom Holz-			Suppen 59, 63, 71, 72	–	–
Sommerliche Milch- getränke 393	–	–	kohlengrill 173	789	3303	– -Einlagen 61, 62	–	–
			Spinat 226, 230	221	925	–, gebundene 65	–	–
Sommertraum-Eisbecher 382, 383	701	2935	– auf italienische Art 229, 230	159	666	Suppengrün 59, 60	–	–
Sommerzwiebel 52	–	–	– -Brei 362	115	481	Suppen-Hühner 181	–	–
Sonnenblumenöl 42	–	–	– mit Reis 229, 231	794	3324	Suppen, klare 59	–	–
Sonntagsfrühstück 54, 57	–	–	– -Soufflé 339	230	963	– -Knödel 62, 62	–	–
Soße, holländische 102, 103, 103	222	929	– -Suppe 70	438	1834	– -Knödel, Allgäuer 277, 278	527	2206
–, Malteser 104, 240	81	339	Spirituosen 174	–	–	–, süße 75	230	963
–, polnische 101, 101	188	787	Spitzbuben 486	45	188	– -Würfel 59	–	–
–, russische 110	210	879	Spitzkuchen 478	56	234	– -Würze 52, 59	–	–
Soßen 100	–	–	Springerle 480, 485	35	147	Süße Knödel 293	–	–
Soßen, kalte 106	–	–	Springtime-Drink 395	73	306	– Obstspeisen 363	–	–
Soßen, süße 111	–	–	Spritzbeutel 473	–	–	– Quarkknödel 294	616	2579
–, warme 100	–	–	Spritzgebäck 480, 487	40	167	– Quarkspeisen 377	–	–
– -Gefäße 110	–	–	Spritzglasur 470	50	209	– Reisgerichte 368	–	–
– -Würzen 52	–	–	Spritzkuchen 451, 451	150	628	– Süßer Reis 291	–	–
Soßklopse 495, 495	544	2278	Sprotte 211	–	–	– Reisring 177, 291	622	2604
Soufflé aus Spinat 339	230	963	Spülmaschine 34	–	–	– Süße Soßen 111	–	–
Soupe à l'oignon 504, 505	349	1461	Spültisch 34	–	–	– Suppen 75	–	–
Souper 540	–	–	Spurenelemente 23	–	–	– Wurstbrote 485	79	331
Spaghetti 514	–	–	Stachelbeerköpfchen 367, 370	435	1821	Süßigkeiten 488	–	–
– mit Fleischbällchen 286, 288	502	2102	Stachelbeertorte 421, 423	233	976	Süßsaure Ginpflaumen 548	–	–

579

	Kal.	Joule
– Specklinsen 250, *250*	1166	4882
Süßspeisen 332, 363, *372*	–	–
– -Garnierung *368*	–	–
Süßwasserfische 213, *215*	–	–
Szegediner Gulasch 136	707	2960

T

	Kal.	Joule
Tabascosoße 52	–	–
Tafel, festliche 531	–	–
Tapiokabrei 291	326	1365
Tauben 181	–	–
– auf Jägerart 182, *185*	747	3128
–, gefüllte 182, *183*	704	2948
Taufe 542	–	–
Tee 389	–	–
– -Flip 389	287	1202
– -Gebäck 430	152	636
– -Kuchen 434	301	1260
– -Tisch 530	–	–
– -Punsch 392	306	1281
Teig, backfertiger 340	–	–
Teigtropfen, gebackene 64	120	502
Teigwaren 39, 281, 287	–	–
Teltower Gurkenpfanne 234, *235*	345	1444
– Rübchen 232, 234	160	670
Tessiner Rösti 264	432	1809
Teufelssoße 104	231	967
Thermostat 30, 32, 405	–	–
Thorner Katharinchen 477	57	239
Thunfisch 211	–	–
– -Käsesalat 329, *331*	555	2324
Thüringer Klöße 272, *273*	331	1386
Thymian 51, *52*	–	–
Tiefer Süden 305, *306*	618	2587
Tiefgefrorenes Fleisch 337	–	–
Tiefgefrorene Hähnchen 336	–	–
Tiefgefrorenes Obst 340	–	–
Tiefkühlkost 335, 553	–	–
Tiroler Gröstl 265	376	1574
– Speckknödel 278	1000	4187
Tischdecken 529	–	–
Tischgrill 162, 163, 168, *168*	–	–
Tischgrillgerät 164, *164*	–	–
Tischordnung 535	–	–
Toast 87, *87*	–	–
– -Gerichte vom Grill 171, *171*	–	–
– mit Bücklingsrührei 171	378	1583
Tocatura *509*, 511	610	2554
Tom Collins 399	204	854
Tomaten 238	–	–
– -Butter 325	254	1063
– -Cocktail 79, *80*	202	846
– -Eier 87	102	427
– -Fleisch 304, *305*	531	2223
– -Frischkost 115	141	590

	Kal.	Joule
–, gefüllte 241	333	1394
– -Gurken-Frischkost *351*, 354	43	180
– in Folie 172	198	829
– -Kaltschale 73	83	348
– -Kartoffeln 263, *329*, 331	321	1344
– -Käse-Eier *95*, 96	299	1252
– -Ketchup 52	–	–
– -Ketchup nach Hausfrauenart 550	–	–
– -Mayonnaise 109	202	846
– mit Fleischsalat *316*, 319	205	858
– mit Käsesalat 121, *121*	350	1465
– -Quark 309	70	293
– -Reis 285	565	2366
– -Salat 115	137	574
– -Soße 104	108	452
– -Suppe *71*, 73	161	674
– -Toast, Piemonter 87, *87*	341	1428
– vom Grill *162*, 170	61	255
Tomato Cocktail 399	11	46
Töpfe 32, *44*	–	–
Topfen-Knödel 294	616	2579
– -Strudel 301	970	4061
Topinambur in Bierteig 248	748	3132
– -Püree 248	383	1604
Torten 460, *462*	–	–
– -Boden *410*, 418	–	–
– -Güsse für Obsttorten *468*, 469	–	–
Tournedos exquisit 133, *136*	620	2596
– mexicain 178	327	1369
Trinkmengen für Säuglinge 360	–	–
Trinktemperaturen 399, 400	–	–
Trockenpflaumen im Speckmantel 88	366	1532
Trüffeln in Blätterteig 258	864	3617
Trüffelfondue 314	716	2998
Truthahn 182	–	–
Türkischer Hammelpilaw 151	612	2562
– Mokka 386, *390*	–	–
Tutti-Frutti-Becher 383, *383*	431	1805

U

	Kal.	Joule
Überbackene Eierkuchen 99	627	2625
– Hefeknödel 295, *297*	861	3605
– Hirse mit Hühnerfleisch *351*, 354	633	2650
– Kartoffeln 266, 267	447	1871
– Nudeln mit Schinken 289	680	2847
– Quarkkartoffeln 309	544	2278

	Kal.	Joule
Überbackener Blumenkohl 225, *225*, 236	166	695
– Fenchel 244, *249*	273	1143
– Fisch mit Makkaroni 209	744	3115
– Grünkohl 228, *228*	583	2441
– Kartoffelbrei *330*, 331	350	1465
– Porree 236	337	1411
– Schinkentoast 85, *87*	450	1884
– Spinat mit Reis *229*, 231	794	3324
– Tomatentoast 313, *315*	381	1595
– Weißkohl 228	583	2441
Überbackenes Sauerkraut *230*, 231	308	1290
– Wildfleisch 201	449	1880
Überbackene Tomaten 353	96	402
– Wildreste 200	387	1620
Überflammen 176	–	–
Überkrustete Seezunge 207, *208*	397	1662
Überraschungs-Apfelsinen *369*, 384	206	862
– -Champignons 254, *258*	136	569
– -Kuchen *422*, 434	303	1269
– -Toast 86, *86*	185	775
Ungarisches Gulasch 135	684	2864
Ungarische Käsepastete 512	1074	4497
Ungekochte Marmelade 546	–	–
Urner Käsesuppe 69	315	1319

V

	Kal.	Joule
Vanille 51, *53*	–	–
– -Buttercreme 473	175	733
– -Creme 374	643	2692
– -Creme mit Gelatine 471	71	297
– -Eis 381	323	1352
– -Eiskrem *334*	–	–
– -Kipferl *480*, 482	52	218
– -Milch 393	212	888
– -Mokkacreme 471	80	335
– -Pudding 372	373	1562
– -Sahnecreme 471	102	427
– -Schnitten 457	–	–
– -Schokoladencreme 471	111	465
– -Soße 111, *112*	163	682
Veal and Ham-Pie 507, *515*	467	1955
Verlängerte Mayonnaise 109	350	1465
Verlobungsfeier 542	–	–
Verlorene Eier 94, *94*	90	377
– auf baltische Art 90, *94*	257	1076
Violetter Ritterling 252	–	–
Vitamine 21, 22, 23	–	–
Vitaminmangel 21	–	–

	Kal.	Joule
Vitaminträger 19	–	–
Vollhering 210	–	–
Vollwertkost 341	–	–
Vorratshaltung 34	–	–
Vorspeisen 78	–	–
–, englische 88	–	–
–, italienische 83	–	–
–, kalte 79	–	–
–, russische 88	–	–
–, warme 84	–	–
Vorteig 406	–	–

W

	Kal.	Joule
Wacholder 51, *53*	–	–
Wachsbohnen 244	–	–
Waffeln 453, *454*	–	–
–, feine 454, *454*	165	691
Waffeleisen 453	–	–
Waldhasen 192	–	–
Waldorfsalat 120	339	1419
Waldschnepfen, schottische 88	235	984
Warme Heringssoße 102	210	879
Warmer Kartoffelsalat 118, *118*	253	1059
Warme Käsesoße 103	260	1089
– Soßen 100	–	–
Waterzooi 506	691	2893
Weichkäse 40	–	–
Weihnachts-Kleingebäck *484*	–	–
– -Gebäck 474, 479, *480*, 486	–	–
– -Schaumgebäck 485, *487*	77	322
– -Stollen 475, *487*	201	842
Wein-Äpfel 176	114	477
Weinbrand-Kirschen 548	–	–
Wein-Einladung 537	–	–
– -Kaltschale 76, *77*	202	846
– -Küche 174	–	–
– -Mandarinen-Turm 369, 376	202	846
– -Quark 377	379	1587
– -Schaumsoße 112, 177	156	653
– -Soße 112, *112*, 176, 338	136	569
– -Trauben, geeiste 364, *365*	142	595
– -Traubentörtchen 422	248	1038
Weißbrot 39, *39*, 407, *407*	–	–
– mit Füllung 54, 58, *321*, 326	700	2931
Weißer Pfeffer *53*	–	–
Weißkohlsalat mit Äpfeln 115, *115*	251	1051
Weißwein 174, 400	–	–
– -Gurkensuppe 68, 70	317	1327
– -Teepunsch 392, *392*	306	1281
Weißwürste *502*	–	–
Weizenkeim-Müsli 343	338	1415
Weizenkeimöl 42	–	–
Weizen-Rohbrei mit Backobst 343	358	1499
Welsh Rabbit 313	244	1022
– Rarebits *312*, 313	526	2202
Westfälisches Blindhuhn 499, *500*	605	2533
Whiskybecher *528*	–	–
White Lady 397	137	574
Wiener Beuschel 155, 277	370	1549
– Erdbeerschnitten 340	160	670
– Fürstensoße 111, *162*	214	896
– Marillenknödel 293	879	3680
– Sahnebaisers 448, *448*	163	682
– Schnitzel 138	329	1377
– Serviettenkloß 277	881	3689
– Zwiebelsoße 106	209	875
Wiesbadener Törtchen *425*, 429	704	2948
Wildauflauf *196*, 200	387	1620
Wildbret 192	–	–
Wildente 482	–	–
– mit Bratäpfeln *186*, 191	1244	5208
Wildgeflügel 182	–	–
Wildgeschmack 192	–	–
Wildkaninchen 192, 197, 198	–	–
Wildkeule 197	–	–
Wildragout 197	287	1202
Wildreste, überbackene *196*, 200	387	1620
Wildsalate 114, *114*	114	477
Wildschwein 193	–	–
– -Braten 201	358	1499
Wildsuppe 67	371	1553
Wild tiefgefrieren 554	–	–
Windbeutel 438, *440*, 443	281	1176
– -Füllungen 438	–	–
Windsor-Salat 123	365	1528
Winterliche Milchgetränke 393	–	–
Wirsing, gedünsteter 229	290	1214
– -Pudding *158*, 159	539	2257
Wochenspeiseplan 43	–	–
Woodcock, Scotch 88	235	984
Worcestersoße 52	–	–
Wrasenabzug 28	–	–
Wurstbrote, süße 485	79	331
Würstchen *318*	–	–
–, gegrillte *167*, 168	370	1549
– im Blätterteigmantel 54, 58	450	1884
– vom Holzkohlengrill 173	583	2441
Wurstsalat 124	519	2173
Wurst tiefgefrieren 554	–	–
Würzbissen 88	–	–
Wurzelgemüse 232	–	–
Wurzeln 232	–	–
Würzfleisch 131	604	2529
Würzsoßen 52	–	–
Würzstoffe 48	–	–

Z

	Kal.	Joule
Zedrat 51	–	–
Zerlegen von Geflügel 187	–	–
Zieteig 415	–	–
Zigeunerfisch 204	571	2391
Zimt 51, *53*	–	–
– -Eierkuchen 97	337	1411
– -Hörnchen 417	164	687
– -Kissen 453, *483*	136	569
– -Sterne 483, *484*	68	285
Zipolle 52	–	–
Zitronat 51	–	–
Zitrone 51, 397	–	–
Zitronen-Butter 325	238	996
– -Buttercreme 473	184	770
– -Creme 367, 374	248	1038
– -Garnituren 84	–	–
– -Glasur 470	62	260
– -Melisse 52, *52*	–	–
– -Presse 397	–	–
– -Quark (Diät) 350, *351*	205	858
– -Quark (Süßspeise) 377	304	1273
– -Ringe 450, *451*	234	980
– -Schaum 394, *394*	293	1227
Zitrusfrüchte 40	–	–
Zitruspresse 33	–	–
Zucchini 328	–	–
Zucker 20, 22, 39	–	–
– -Glasur aus Puderzucker 470	62	260
– -Glasur zum Überbacken 471	205	858
– -Kuchen 414	199	833
Zunge 152, 153, *153*	–	–
Zwetschgenknödel 293	895	3747
Zwetschgenkuchen 413	175	733
Zwetschgenstrudel 300	687	2876
Zwiebackbrei 362	207	867
Zwiebel 52	–	–
– -Kartoffeln 263	389	1629
– -Kuchen 237	272	1139
Zwiebeln, gefüllte *146*, 237	141	590
–, geschmorte *222*, 238	208	871
Zwiebel-Quark 309	57	239
– -Soße 102, *262*	177	741
– -Soße, Wiener 106	209	875
– -Suppe 70, *71*, 504, *505*	194	812
– -Suppe mit Käse 70, *74*	425	1779
Zwiemilchernährung 357	–	–
Zwischengerichte 78	–	–

Quellenhinweise

Für die Bereitstellung von Informationsmaterial, Rezepten und abgebildetem Küchen- und Tafelgerät danken Verfasser und Verlag folgenden Fachverbänden und Firmen:
AEG, Nürnberg und Oldenburg; AID Land- und hauswirtschaftlicher Auswertungs- und Informationsdienst, Bad Godesberg; Alexanderwerk AG, Remscheid; Allgäuer Alpenmilch AG, München; Arbeitsgemeinschaft der Verbraucherverbände, Beuel/Rh.; Aust & Hachmann, Vanilleimport, Hamburg; H. Bahlsens Keksfabrik KG, Hannover; BASF Badische Anilin- und Sodafabriken, Ludwigshafen; Ludwig Bartsch, Bad Homburg v. d. H.; Bierwerbe GmbH, Bad Godesberg; Harry N. Boström, Börlänge/Schweden; Robert Bosch GmbH, Stuttgart; Braun AG, Frankfurt/Main; BSF Bremer Silberwarenfabrik; Bückeburg-Kunstkeramik; Bundesforschungsanstalt für Lebensmittelfrischhaltung, Karlsruhe; Caviar-Christensen, Hamburg; Ceramano-Keramik W. J. Schwaderlapp, Baumbach; Deutsche Landwirtschaftsgesellschaft, Frankfurt/Main; Deutsche Gelatine-Fabriken, Göppingen/Württ.; Deutsche Heringshandelsgesellschaft mbH, Bremen; Deutsche Nestlé AG, Frankfurt/Main; Ch. Gervais AG, München; Gralglashütte GmbH, Dürnau; Keramik-Gustavsberg/Schweden; HAG AG, Bremen; Fritz Homann AG, Dissen; C. J. van Houten & Zoon AG, Krefeld; Informationsstelle Edelstahl »rostfrei«, Düsseldorf; Institute of American Poultry Industries, Frankfurt/Main; Jenaer Glaswerk Schott & Gen., Mainz; AB Jie Johnson, Gantofta/Schweden; C. H. Knorr KG, Heilbronn; Gewürzwerk Hermann Laue, Hamburg; Gebr. Leicht, Schwäb.-Gmünd; Gesellschaft für Linde's Eismaschinen, Wiesbaden; Maggi-Kochstudio, Frankfurt/Main; Margarine-Institut für gesunde Ernährung, Hamburg; Marktforschungszentrale Zucker, Bonn; Marktinformationsstelle der dänischen Molkereiwirtschaft, Düsseldorf; Maybaum, Sundern/Sauerland; Ernst Müller & Co, Regensburg-Neutraubling; Müller & Co KG, Gelsenkirchen; Neff-Werke KG, Bretten; Nordsee Deutsche Hochseefischerei GmbH, Bremerhaven; Opekta-Gesellschaft mbH & Co, Köln; Karl Ostmann, Bielefeld; Pfanni-Werk Otto Eckart KG, München; Fr. Poggenpohl KG, Herford; Reichardtwerk GmbH, Köln; Reis Einkauf und Werbe GmbH, Frankfurt/Main; Rheinkristall Glashütte Leichlingen/Rhld.; Anton Riemerschmid, München; Rörstrand, Lidköping/Schweden; Rosenthal Porzellan AG, Selb/Bayern; Rowenta Metallwarenfabrik, Offenbach/Main; Sarotti AG, Hattersheim/Main; Schwaben-Nudel-Werke B. Birkel Söhne, Endersbach bei Stuttgart; Schweizerische Käseunion AG, Bern; Sell Haus- und Küchentechnik GmbH, Herborn; Solo Feinfrost GmbH, Wunstorf/Hannover; Glashütte Richard Süßmuth, Immenhausen Bz. Kassel; Thomas Porzellan AG, Weiden; »Die Tischrunde«, München; Upsala-Ekeby, Ekebybruk/Schweden; Verband der deutschen Essigindustrie, Bonn; Verband der Deutschen Fleischwaren- und Feinkostindustrie, Köln; Vereinigte Farbenglaswerke, Zwiesel; Verein zur Förderung des Milchverbrauchs, Frankfurt/Main; Metallwarenfabrik Christian Wagner, Eßlingen/Neckar; Werbeausschuß Obst und Gemüse, Bonn; WMF Württembergische Metallwarenfabrik, Geislingen/Steige; F. Woldemar Fischverarbeitungs-GmbH, Emden; World Coffee Promotion Committee, Hamburg; Blechwarenfabrik Fritz Züchner, Seesen/Harz.

Fotonachweis

VERTRAGSFOTOGRAF UND VERSUCHSKÜCHE: Hanse-Studio, Hamburg (68 Farbfotos, 337 Schwarzweiß-Fotos)

FARBFOTOS: AEG, Nürnberg; Bavaria-Verlag, Gauting vor München; Rolf Bublitz, Hamburg (2); C. Bertelsmann Verlag, Gütersloh: Lore Schlösser; »Die Tischrunde« e. V., München (2); Kraft GmbH, Frankfurt/Main; laenderpress, Düsseldorf; Juliette Lasserre, Hamburg (5); Gebr. Leicht, Schwäb.-Gmünd; Elisabeth Röttgers, Wiesbaden; H. Süß, Frankfurt/Main; Christian Teubner, Füssen (3); Dr. Peter Weller, Frankfurt/Main; WMF, Geislingen/Steige (2)

SCWARZWEISS-FOTOS: AEG, Nürnberg (7); Alexanderwerk, Remscheid (2); BASF, Ludwigshafen; Bavaria-Verlag, Gauting vor München (6); Robert Bosch GmbH, Stuttgart; Braun AG, Frankfurt/Main (3); Rolf Bublitz, Hamburg (4); C. Bertelsmann Verlag, Gütersloh: K. H. Klubescheidt; »Die Tischrunde« e. V., München (9); Ch. Gervais AG, München; Goethemuseum, Frankfurt/Main; Roland Gööck, München (6); Gralglashütte GmbH, Dürnau; Jenaer Glaswerk Schott & Gen., Mainz; Kraft GmbH, Frankfurt/Main (40); Linde AG, Wiesbaden; Maggi-Kochstudio, Frankfurt/Main (2); Neff KG, Bretten; Pfanni-Werk, München; Fr. Poggenpohl KG, Herford (2); Pressedienst der deutschen Fischwirtschaft, Bremerhaven (2); Rosenthal Porzellan AG, Selb (4); Sell Haus- und Küchentechnik GmbH, Herborn; Hans Joachim Soltau, Hamburg; Glashütte Richard Süßmuth, Immenhausen Bz. Kassel (3); Vereinigte Farbenglaswerke, Zwiesel; Dr. Peter Weller, Frankfurt/Main (2); WMF, Geislingen/Steige (7)